Vehicle
Intelligent Safety

汽车智能安全

王建强　聂冰冰　王　红　著

人民交通出版社股份有限公司
北京

内 容 提 要

本书阐述汽车智能安全技术的研发现状及发展趋势,从人-车-路系统角度进行分析,将碰撞事故分为碰撞前、碰撞中、碰撞后三个阶段,建立覆盖汽车智能安全领域各个关键环节的全新理论与技术架构,通过对面向汽车的新型安全技术进行分析和挖掘,为读者清晰介绍汽车智能安全的基础理论、核心方法、关键技术、主要系统、测试评价和创新实践等知识,为汽车智能安全系统开发提供理论和实践基础。

本书适合作为汽车领域相关专业课程的教材,可供从事汽车智能安全领域研究的人员使用,也可供相关管理部门的管理者学习参考。

图书在版编目(CIP)数据

汽车智能安全 / 王建强,聂冰冰,王红著. — 北京:
人民交通出版社股份有限公司,2022.9
ISBN 978-7-114-17579-4

Ⅰ.①汽… Ⅱ.①王… ②聂… ③王… Ⅲ.①汽车—
安全技术 Ⅳ.①U461.91

中国版本图书馆 CIP 数据核字(2021)第 171022 号

Qiche Zhineng Anquan
书　　　名:**汽车智能安全**
著 作 者:王建强　聂冰冰　王　红
策划编辑:韩　敏
责任编辑:屈闻聪
责任校对:孙国靖　魏佳宁　卢　弦
责任印制:刘高彤
出版发行:人民交通出版社股份有限公司
地　　　址:(100011)北京市朝阳区安定门外外馆斜街 3 号
网　　　址:http://www.ccpcl.com.cn
销售电话:(010)59757973
总 经 销:人民交通出版社股份有限公司发行部
经　　　销:各地新华书店
印　　　刷:北京印匠彩色印刷有限公司
开　　　本:787×1092　1/16
印　　　张:33
字　　　数:713 千
版　　　次:2022 年 9 月　第 1 版
印　　　次:2023 年 10 月　第 2 次印刷
书　　　号:ISBN 978-7-114-17579-4
定　　　价:246.00 元

AUTHORS 作者
PROFILE 简介

▶ **王建强**　清华大学车辆与运载学院教授,国家杰出青年科学基金获得者,教育部"长江学者"特聘教授,中国汽车工程学会会士。现担任清华大学车辆与运载学院党委书记,清华大学-滴滴未来出行联合研究中心主任,车联网教育部-中国移动联合实验室副主任,国际学术期刊 *Journal of Intelligent and Connected Vehicles* 主编,*IET Intelligent Transport Systems* 副主编,《中国公路学报》《汽车安全与节能学报》等期刊编委。主要从事汽车智能安全、车辆智能化技术等领域的研究工作。先后获得各类科技奖励 10 余项,包括国家技术发明二等奖 2 项、国家科技进步二等奖 2 项、教育部技术发明和科技进步一等奖各 1 项。发表 SCI/EI 论文 150 余篇,获国际学术会议最佳论文奖 5 项、期刊优秀论文奖 2 项,参著 4 部中英文著作,授权国家发明专利 120 余项,制定国家/行业标准 7 项。2004 年获得中国汽车工业优秀青年科技人才奖,2007 年入选北京市科技新星,2008 年入选教育部新世纪优秀人才支持计划,2018 年入选科技部中青年科技创新领军人才。曾获清华大学先进工作者、优秀班主任、SRT 优秀指导老师、优秀军工定向生导师等荣誉。

▶ **聂冰冰**　清华大学车辆与运载学院副教授、博士生导师,现担任清华大学车辆与运载学院党委副书记。主要学术兼职包括国际汽车工程师学会(SAE)行人安全分会主席,国际损伤生物力学学会(IRCOBI)、国际汽车医学学会(AAAM)、中瑞交通安全研究中心(CTS)科学评审委员等。主要从事汽车安全、智能决策与先进防护、应用生物力学等领域的研究工作,近年来发表 SCI/EI 论文 50 余篇,授权国际专利 2 项、中国发明专利 10 余项,获国际学术会议最佳论文或报告奖 4 次、省部级科技进步奖 2 项。长期工作在车辆工程教书育人与学术研究一线,入选中国科协青年人才托举工程、北京市优秀人才培养资助项目等。曾获批教育部首批国家级一流本科课程,获得清华大学学术新人奖,北京高校青年教师教学基本功比赛一等奖,北京市高等教育教学成果奖二等奖,清华大学优秀党建与思想政治工作者、就业工作先进个人、优秀辅导员标兵等。

▶**王红** 清华大学车辆与运载学院副研究员、智能出行所副所长,入选 2020 年中国科协青年人才托举工程。长期致力于自动驾驶决策与预期功能安全领域的研究工作,近 5 年在汽车领域高水平学术期刊及会议发表论文 60 余篇。近年来主持或作为骨干参与研究项目 10 余项。目前担任 CAICV-智能网联汽车预期功能安全工作组执行副组长及中国汽车工程学会青年工作委员会副秘书长职务,主要学术兼职包括 *IEEE Transactions on Vehicular Technology* 副主编、*IEEE Transactions on Intelligent Vehicles* 副主编、*Engineering* 青年通讯专家、*Automotive Innovation* 科学编辑等。

PREFACE 序一

　　随着移动互联、大数据、云计算、人工智能及新能源、新材料等技术的快速发展，汽车技术正在发生重大变革，推动了"智能化、网联化、电动化、共享化"的汽车"新四化"发展趋势。汽车技术的新发展引发了人们对汽车的新期待，形成了一波又一波的汽车热，汽车保有量不仅在我国持续增长，在全球也呈现同样趋势。汽车安全问题一直是人们普遍关注的社会问题和科学技术进步面临的重大课题，新汽车技术的应用给汽车安全带来了新的挑战，特别是在智能交通系统背景下，安全内涵变得更加丰富和深刻，对汽车行驶安全提出了更高的要求。

　　交通智能化背景下各交通要素强交互作用，传统汽车的主被动安全技术已难以满足行车安全需求，汽车智能安全成为汽车安全的重要课题。汽车智能安全以人-车-路微观交通系统中的智能汽车为核心要素，以保障行车安全和交通参与者（包括驾乘人员与弱势交通参与者）不受伤害为目标，基于系统思想、协同理论和智能技术等，实现汽车设计过程性能可靠、运用过程风险可控及碰撞过程防护有效。在智能交通系统和先进安全车辆迈向信息化、网络化、智能化的进程中，车-车/车-路通信技术为其实现人-车-路信息的实时共享提供了途径，同时也促进了以事故预防为主的协同式汽车智能安全系统的技术进步，尤其是基于对车载传感、车辆定位、高精度地图、车-车交互等多源融合信息的综合利用，驾驶人的观察、认知和决策能力得到增强，可有效提高行车安全性和畅通性，促进汽车行驶智能安全。

　　"新四化"发展趋势下，交通对象间耦合关系不断增强，作用机理动态演变，汽车智能安全将面临诸多新的科学问题和关键挑战。复杂动态人-车-路交通环境中，不确定天气状况、混行交通要素、复杂交通环境、多变出行工况等均给汽车智能安全技术带来一系列难题，如恶劣行驶环境的感知难、多类交通要素的认知难、复杂人车混行场景的决策难、动态运行路况的控制难等。同时，由于涉及系统复杂性、技术多元交叉性及涉及实体的多样性,目前仍然没有在汽车智能安全系统方面形成成熟、系统的安全开发指南和最佳实践。为促进汽车系统逐步实现本质安全,亟待研发一套汽车智能安全的新理论、新方法和新技术,以保障其在复杂交通环境和多变出行工况中运行的安全性和稳定性。

在本书中,作者对汽车智能安全领域关键科学问题开展了系统、深入的研究,将碰撞事故过程分为碰撞前、碰撞中、碰撞后三个阶段,分别阐明系统安全、运行安全、智能防护和安全测评几个主要方面的理论方法与技术体系,实现对汽车智能安全问题的准确理解,为汽车运行本质安全提供基础支撑。同时,尝试建立汽车智能安全领域全新体系架构,解析目前汽车智能安全技术的研发现状及发展趋势,通过对汽车新型安全技术进行分析和挖掘,提出并阐述了汽车智能安全的基础理论、核心方法、关键技术、主要系统、测试评价和创新实践等内容,为提升汽车安全性和稳定性提供重要保障。整本书的体系架构完整,逻辑清晰,内容翔实,可为汽车智能安全技术研发提供重要依据,也可作为教材或参考书,为这一领域的教学与人才培养提供一个较好的工具。希望能借本书的出版搭建起一个学术和技术交流平台,让读者和作者共同探讨汽车智能安全新方向、新理论。期待大家共同致力于增强我国汽车安全出行领域的新知识积累、提升我国汽车技术自主创新能力、加快汽车面向"新四化"的产业升级,携手推动我国汽车强国梦早日实现。

中国工程院院士

钟志华

2021 年 11 月

PREFACE 序二

在智慧城市-智能交通-智能车辆融合一体化的发展过程中,道路交通特性与驾乘人员行为均在发生显著变化。智能交通系统要素日益丰富,耦合特性愈发复杂,为汽车安全带来了新的、重大的需求、挑战和机遇。智能汽车的感知和决策等技术使安全协同成为可能,以此为契机,有望形成提升行车安全的创新性理论和技术体系。

传统汽车安全研究通常分为主动与被动两大研究领域,其中主动安全研究多聚焦工况感知、主动控制等方面开展工作,被动安全研究则多依据损伤机理、驾驶行为等方面实施保护,这两大研究领域之间还未能深度融合。事实上,随着汽车智能化与网联化的发展,交通对象间的耦合关系不断增强,人、车、路在交互运动中构成了一个实时变化的非线性系统,相互作用机理也在变化。面向汽车安全这一重大需求,应从人-车交互机理角度开展研究,进行安全决策,实现车辆主动安全与被动安全融合的最优智能安全保护。

汽车智能安全一书正是从这一角度出发,以人-车-路系统这一整体作为研究对象,探讨其内在运行机理,建立汽车智能安全研究方法和开发技术。本书作者结合系统工程安全开发理论,阐述了智能网联汽车功能安全、预期功能安全与信息安全三大保障技术;基于运行安全理论,深入厘清了风险辨识与量化评估的基础规律,构建了单车智能与群体智能安全决策与控制关键技术;面向智能防护需求,全面建立了交通参与者损伤机理研究方法,阐明了协同防护系统设计理念。此外,书中一并梳理了汽车安全测评相关理论与系统开发核心技术,为读者全面展示了面向行驶安全保障、事故预防、损伤风险降低及系统性能测评全过程的智能网联汽车安全研究体系。

本书由清华大学车辆与运载学院汽车智能安全方向的多名师生共同撰写完成。全书聚焦智能安全这一核心概念,形成了完整、清晰的写作逻辑与文风。著作内容涉及机械、车辆、人工智能、电子信息、自动控制、生物力学诸多学科知识，同时又较好地兼顾了不同学科的交叉融合，对概念与技术的介绍准确生动、详略得当，内容前后贯穿形成系统完整的有机体系。

汽车产业正在面对复杂多变的内外部环境和百年未遇之大变革，汽车安全的基础研究和技术发展应密切关联起来，学界与业界应紧密协作起来，为加快推进"电动化、智能化、网联化、共享化"转型发展提供安全保障。本书的出版，恰恰为汽车智能安全领域的科学研究、教学、人才培养以及安全技术研发提供了理论基础和学习材料，将对从事汽车安全领域研究与应用工作的读者大有裨益。相信本书能够建立起广泛和成熟的交流平台，让广大读者与作者团队共同探讨智能安全研究的新理论、新方法和新技术，面向未来，主动拥抱新一轮汽车产业变革。

中国工程院院士
清华大学教授
中国汽车工程学会理事长

李骏

2021 年 11 月

PREFACE 序三

在信息与物理融合的工业4.0和中国制造2025大背景下,当前汽车领域不断涌现颠覆式创新成果。在智能化、网联化、电动化和共享化发展趋势推动下,汽车安全内涵也在大幅度扩展,给技术迭代升级和产业变革带来巨大挑战。

智能网联汽车是工业4.0和物联网的最佳应用,也是世界范围内汽车产业发展的一次重大机遇。中国高度重视智能网联汽车产业创新,并积极推动在新一轮科技革命中的核心技术研发。要实现汽车强国目标,就要让汽车从真正意义上体现出安全高效、节能减排、舒适便捷、个性宜人等多方面优势,满足人民出行需求。安全是汽车行业发展过程中最重要的性能之一。智能网联和其他智能驾驶核心技术的发展,包括基础设施的互联互通、车路云协同等,在减少汽车行驶事故的同时,也增加了新的风险形式,对汽车这一动态复杂对象的系统功能安全、运行时效保障、信息体系安全以及智能防护等提出了更高要求。

近年来,由传统安全技术和人工智能等方法融合而产生的汽车智能安全成为行业研究热点。按照作用对象、时间、阶段等不同,可将其划分为系统安全、运行安全、智能防护和安全测评四个主要方面,以针对性地解决安全系统开发和设计、车辆运行过程风险辨识和安全行驶、交通参与者安全防护以及汽车智能安全系统测试与评价等难题。各个方面之间紧密结合,共同保障人-车-路系统整体安全。

本书从汽车智能安全的概念、内涵和发展历史出发,梳理其研究现状,并在国际上率先提出完整的汽车智能安全体系架构。它首先介绍了智能网联汽车对安全性能的需求以及对应的系统安全开发理论和方法;其次,阐述了汽车运行过程中的风险辨识与评估方法,并结合决策与控制的具体过程对运行安全进行了详细论述;然后,针对碰撞事故影响要素,充分讲解了人-车系统损伤机理、量化方法和智能防护技术;接着,阐明了面向智能汽车安全性能测试与评价的理论和方法;最后,瞄准当前发展动态,展望了发展方向和未来需求。

全书结构完整、条理清晰,各部分之间衔接紧凑、关联性强,各项关键技术概念清晰、梳理完善;各章节描述生动、举例详细,可读性好,便于读者对汽车智能安全涉及的理论、方法和技术形成较为深刻的认识,建立全面、完备的知识体系。书中涉及的知识面广,充分体现了现代科学研究多学科交叉融合的特点。本书适合从事汽车智能安全领域研究的高等院校师生以及业界工程技术人员阅读。

中国工程院院士
清华大学教授
汽车安全与节能国家重点实验室主任

2021 年 11 月

PREFACE 序四

　　道路交通事故是世界范围内重大的公共健康问题。汽车安全技术能提供关键保障,极大改善道路交通安全。现代智能交通系统是由驾驶人、车辆、道路环境相互耦合形成的复杂广义系统,随着汽车智能化和网联化技术的发展,衍生出一系列内容丰富、内涵深刻、富有挑战性的科学问题。针对单车系统,须解决人机共驾的挑战,保障人-车行驶安全;针对多车系统,须实现多车协同的高效决策,保障车-车交互安全;针对整个路网系统,则须实现车-路信息的深度融合,保障交通系统运行安全。

　　车-路协同是智能交通系统的发展方向。车-路协同系统基于无线通信、传感探测等技术获取车辆和道路的动态信息,并通过车-车、车-路信息交互、共享、协同,达到提高道路交通安全水平的总体目标。其技术内涵聚焦多模式交通网络与信息交互、区域大规模联网联控等方面。随着车-路协同环境的发展,人-车-路微观交通系统要素耦合关系进一步增强,汽车智能安全研究应运而生,并与车-路协同相关技术深度交叉融合。

　　相比传统安全技术,智能汽车安全有三个维度上的变化:首先是感知模式的变化,现实道路交通系统中环境复杂,智能汽车可通过自主环境感知及车-路协同感知来获取道路结构化信息及路网交通流状态信息,实现全方位、全时段、超视距感知,提高感知层面的环境理解正确性、准确性;其次是决策模式的变化,车辆运行过程中不仅需要完成单车行驶任务,还需要动态输出群体决策策略,以优化整体交通性能,从决策层面推进出行智能化、提升安全性和效率;最后是管控模式的变化,通过融合人工智能技术及交通大数据实现信息的宏观优化管控,综合提升道路交通管控能力,确保系统层面的动态运行稳定。

　　汽车智能安全的实现离不开对人-车-路系统内在机理的深入理解。本书以人-车-路微观交通系统中的智能汽车为研究对象,基于系统安全开发理论,利用相关设计开发方法实现系统安全保障,构成了典型系统应用;基于运行安全理论,构建了风险辨识与量化评估方法,梳理了安全决策与控制技术,最终研发单车与群体的智能运行安全系统;基于智能防护理论,提出了人车损伤表征与量化方法,发展和完善了协同防护技术;基于安全测评理论,对汽车开展多方面性能测试和评价,形成了成熟的汽车安全测评系统。基于全阶段、多维度、系统化的基础理论、关键技术和典型系统,汽车智能安全可为交通参与者智慧出行提供基础保障。

本书全面阐述了汽车智能安全发展的现状、机遇和挑战,构建了完整的知识体系,逻辑清晰严谨,内容丰富翔实。本书既适合作为汽车领域相关专业课程的教材或参考书籍,也可供感兴趣的读者阅读学习。相信广大读者可以通过阅读本书,全面、深入地认识、理解及掌握汽车智能安全领域的前沿内容。

中国工程院院士
北京航空航天大学教授
北京航空航天大学副校长

2021 年 11 月

FOREWORD 前言

　　在新一轮科技革命驱动下,智能化、网联化、电动化、共享化等新四化趋势深刻影响着汽车产业变革,为我国汽车产业发展和技术升级带来新的历史机遇。面对复杂行驶场景,安全问题成为高等级智能汽车大规模应用的主要障碍。汽车智能安全是保障交通出行的重要基础,也是推进"交通强国"战略实施的关键需求,然而由于其理论复杂性、技术交叉性及系统多样性,目前尚未形成系统的、成熟的研究体系和最佳实践。

　　避免道路交通事故是汽车安全发展的愿景。当前汽车系统安全、运行安全、智能防护和安全测评等诸多方面尚存在明显技术短板,亟须梳理其内涵与外延,探明汽车、交通参与者与环境各要素间的耦合关系,突破汽车智能安全科学理论,攻克感知、决策、控制以及测评技术等难题,构建前瞻的安全保障系统,以保证人-车-路系统安全运行。在此需求驱动下,我们通过多学科交叉研究,在理论突破、方法创新、技术革新、系统研发等多方面取得了一些实际进展;基于研究工作不断研讨,反复斟酌,对汽车智能安全发展状况、未来趋势和存在问题进行了深入细致的剖析,从基础理论、核心方法、关键技术、主要系统四大层次尝试建立完整的体系架构,编写了《汽车智能安全》这一著作。

　　本书瞄准汽车智能安全国际前沿,重塑其定义与内涵,分别形成系统安全、运行安全、智能防护和安全测评基础理论与技术方法。在系统安全方面,以系统思维为导向,统一了功能安全、预期功能安全和信息安全三类概念及其开发设计架构,构建了新一代系统安全架构下的风险量化评估方法,并针对其各自特点总结了相应的危害机理和保障技术。在运行安全方面,从人-车-路系统视角出发,将单一对象扩展至人-车、人-路、车-路交互,提出了复杂系统建模方法,揭示了行车风险产生与交通事故致因机理,构建了环境理解、风险评估、安全决策、协同控制等基础理论和保障技术。在智能防护方面,阐明了人-车系统的损伤机理、损伤容限及评定指标,构建了危险场景损伤预测、一体化协同防护技术及相关系统,以期实现对车内外交通参与者的最优保护。在安全测评方面,梳理了安全评价通用原则、安全性能测评理论,构建了汽车系统测试与集成验证技术体系,并形成可规范执行的安全测评系统,实现对汽车智能安全多维度测评。

对汽车安全新技术的分析和挖掘,可为汽车安全发展提供一套兼顾理论研究和工程应用的知识体系,对重塑智能安全定义具有重要意义,希望本书为涉足这一领域的学术研究人员和工程技术人员提供参考。书中内容涉及众多学科的知识,也希望能够得到来自更多领域读者的认可和共鸣。

本书出版得到国家杰出青年科学基金项目"汽车智能安全"(编号:51625503)的资助,感谢国家自然科学基金委员会对本研究工作的长期支持。王建强主持全书写作,通过总结二十多年来教学和科研的经验,与聂冰冰(第四章、第六章)、王红(第二章、第六章)一起构思、撰写、推敲,从着手编写到出版历时两年最终完成。在撰写过程中,黄荷叶协调推进了诸多具体工作,并与刘科、蔡孟池、郭宇昂、陈超义、杨路、刘巧斌、崔明阳、刘凯琪、邹翀昊、涂茂然、谢杉杉等师生共同参与了第一、三、五、六章的编写和修订,尚诗、甘顺、李泉、陈文韬、王情帆、杨赛超等参与了第四、五、六章的编写和修订,邵文博、吴思宇、杨凯、彭亮、徐彦超、彭利明、于文浩等参与了第二、三、六章的编写和修订,张玉新、王璐瑶、俞瑞林等师生对第二章进行了修订。同时连小珉、许庆、高博麟、徐少兵、曹耀光等老师也提供了许多宝贵资料与建议,在此一并表示衷心感谢。

汽车智能安全研究作为探索性成果,还需要不断深入与完善,同时,受限于作者知识与研究水平,难以穷尽这一领域的所有技术问题,书中难免存在不足之处,敬请各位学者、专家批评指正,以期一起挖掘这一理论体系内涵、一道拓宽其应用范围、共同推进汽车安全水平提升。

作 者
2021 年 11 月

本书总体架构

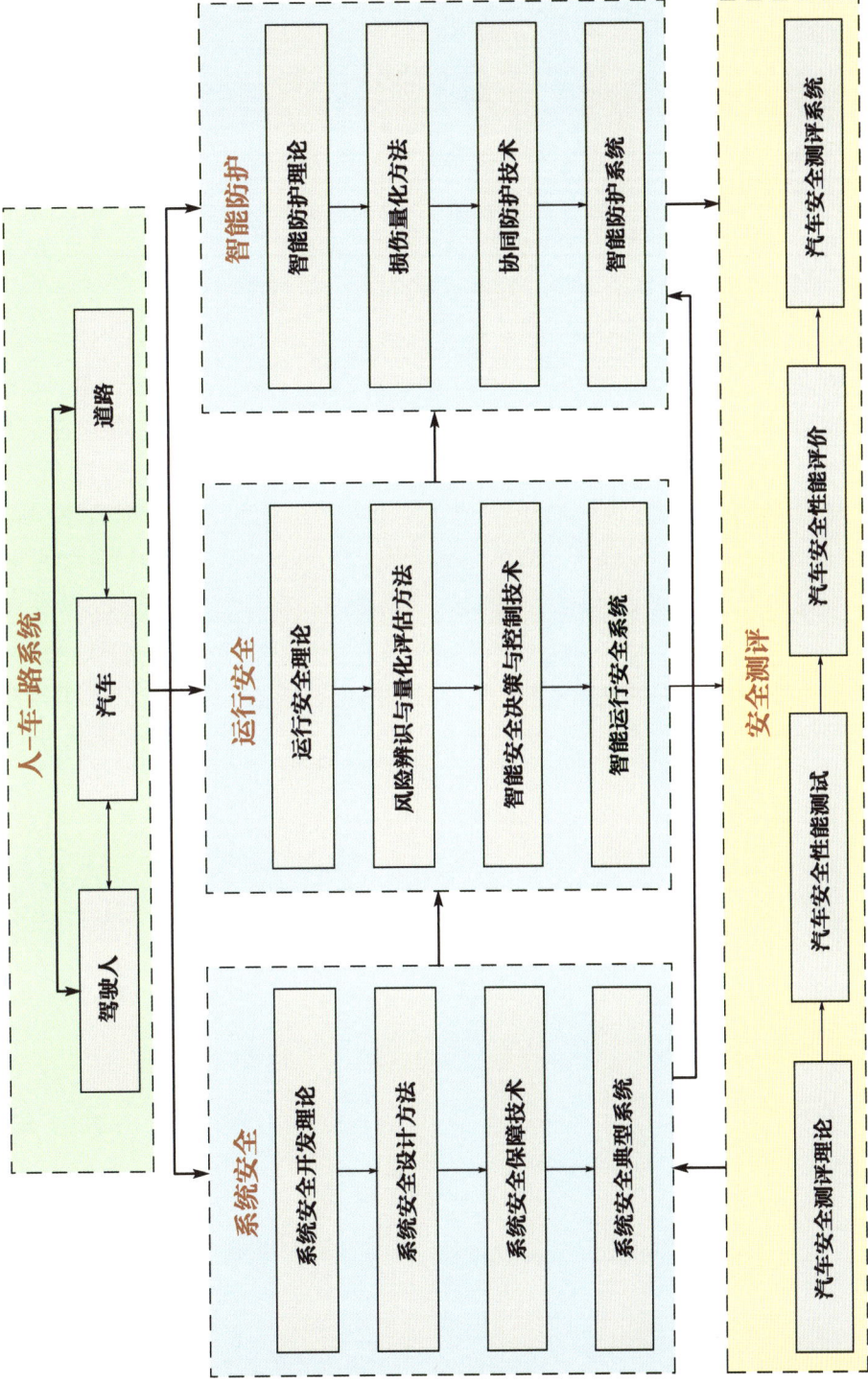

人-车-路系统

驾驶人 ⟷ 汽车 ⟷ 道路

智能防护

智能防护理论 → 损伤量化方法 → 协同防护技术 → 智能防护系统

运行安全

运行安全理论 → 风险辨识与量化评估方法 → 智能安全决策与控制技术 → 智能运行安全系统

系统安全

系统安全开发理论 → 系统安全设计方法 → 系统安全保障技术 → 系统安全典型系统

安全测评

汽车安全测评理论 → 汽车安全性能测试 → 汽车安全性能评价 → 汽车安全测评系统

CONTENTS 目录

第三章　运行安全 …………………………………………… 123

第一章

绪论

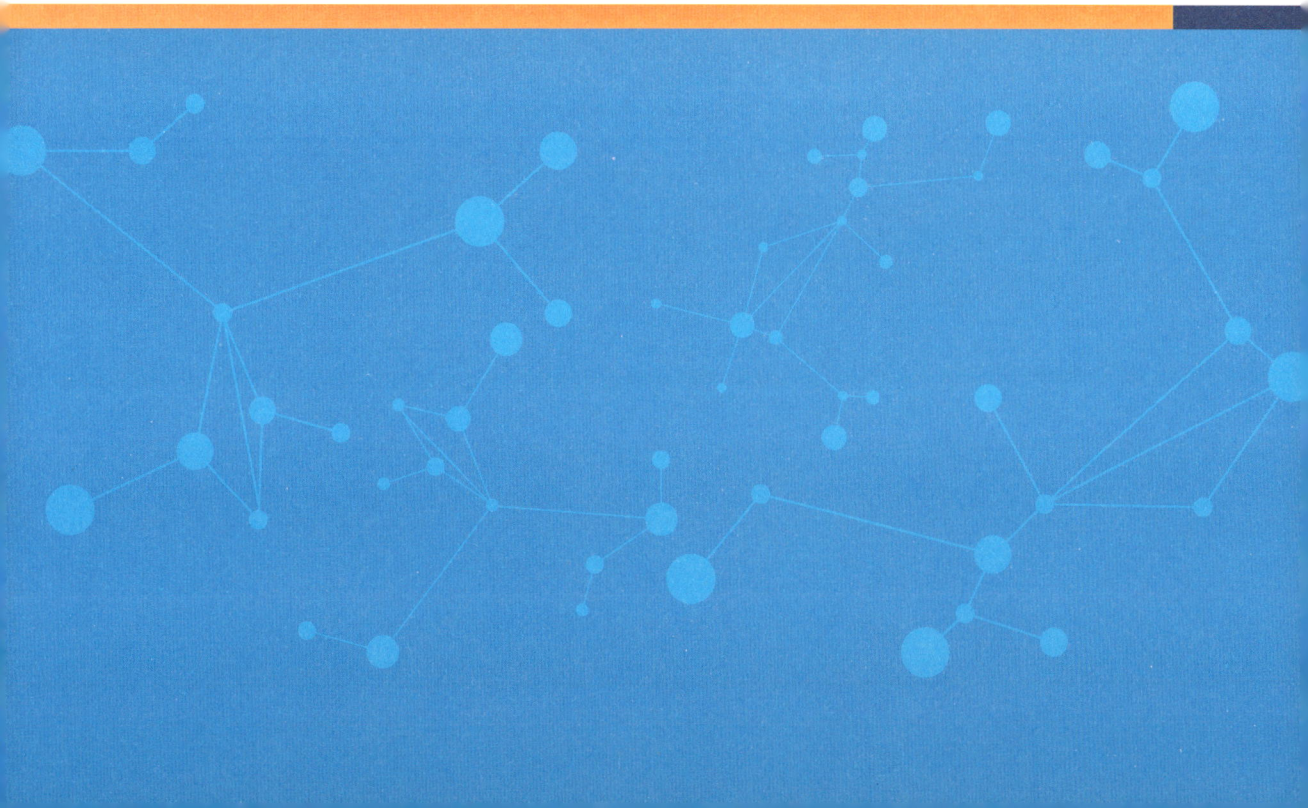

第一节　引言

一、汽车智能安全的概念与内涵

汽车智能安全（Vehicle Intelligent Safety）是指通过先进理论方法和技术,实现智能汽车安全性能可靠、运行风险可控及碰撞防护有效的全过程安全保障。它是以人-车-路微观交通系统中的智能汽车（Intelligent Vehicles）为核心要素,基于系统思想、协同理论和智能技术等,建立汽车在设计、开发及运用阶段中体系化的安全基础理论、核心方法、关键技术和应用系统,并对其进行综合测评,从而实现汽车的系统安全、运行安全和防护安全等。

随着汽车智能化和网联化技术的发展,交通对象间耦合关系不断增强,交通参与者行为特性和人-车-路相互作用机理随之变化,对汽车行驶安全提出了更高的要求。传统汽车的主、被动安全技术难以满足交通要素强交互作用下的行车安全需求,需要以系统性、协同性和智能化的思想去研究汽车的安全问题。汽车智能安全正是在这样背景下发展起来的一套保障汽车行驶安全的理论方法和技术体系。它是以人-车-路微观交通系统为对象,以人-车-路相互作用下的智能汽车为核心要素,以保障行车安全和交通参与者（包括驾乘人员与行人）不受伤害为目标,基于汽车运用过程中风险产生和事故致因机理,融合系统设计开发、运行风险辨识、碰撞损伤防护、安全性能测评等相关理论,综合利用人工智能、大数据、网联通信等先进技术手段和保障措施,形成结构共用、信息共享、感知融合、决策统一、控制协同的汽车智能安全系统,进而实现汽车设计过程性能可靠、运用过程风险可控及碰撞过程防护有效的安全能力。

二、汽车智能安全的重要意义

发展汽车智能安全是降低道路交通事故率、改善道路交通安全的重要措施,符合国家汽车产业发展规划,具有重要的社会经济意义。2019 年,工信部发布了《新能源汽车产业发展规划（2021—2035 年)》,规划指出,要坚持创新、协调、绿色、开放、共享的发展理念和坚持电动化、网联化、智能化的发展方向。智能化、网联化技术的逐渐普及,为汽车智能安全的理论发展和技术应用奠定了良好的基础。

与传统的汽车主、被动安全相比,汽车智能安全在多方面具有显著特征,主要体现在以下几个方面:

（1）智能网联化道路交通中的汽车安全性能已不局限于单纯的碰撞保护,而是包括了功能安全、预期功能安全、信息安全、智能防护等面向运行全阶段的诸多要素。传统的主、被动安全技术已经难以满足新的安全性能要求。基于汽车智能安全理论、方法与技术,开发并应用新型安全保障系统,能够更有效地降低交通事故发生率,实施智能化保护,有效保障人民生命财产安全。

（2）汽车智能安全研究本身可形成一套系统完备的、自我强化的体系架构,囊括了系统安全、运行安全、智能防护和安全测评等,各部分之间彼此关联、相互促进,能够牵引形成更加完善的综合理论方法体系,促进各项子技术的快速、成熟发展。

（3）汽车智能安全技术相关系统与产品的研发和部署,从正面促进了汽车智能化和网联化技术的发展和应用,能够带动包括智能制造与加工、整车系统设计、智慧道路建设等关联产业的发展和成果落地应用,满足人民出行需求,服务交通强国建设。

三、汽车智能安全的研究对象与总体架构

人-车-路微观交通系统由驾驶人系统、汽车系统和道路系统构成。汽车智能安全以人-车-路系统为研究与应用对象,以人-车-路相互作用下的智能汽车为核心要素,如图1-1所示。在"新四化"(网联化,智能化,电动化,共享化)的发展趋势下,交通出行与汽车形态存在多方面变化,交通对象间耦合关系不断增强,作用机理动态演变。人-车-路系统中的三个单一对象具备不同特征,带来了相应的研究挑战。作为智能安全研究的核心要素,"车"这一对象具有动态复杂性、非线性、强耦合性等特性,会带来模型高精度与实时性难以兼顾、复杂极限工况下汽车动力学难以适应等研究挑战,此外,汽车智能化过程中的感知、认知、决策、控制、执行等技术的应用会引起要素属性的变化,也带来诸多安全问题;"人"(驾驶人)这一对象,具有随机性、时变性、差异性等特性,会带来人群认知机理与个性特征、个体特定需求与其行为机制之间作用关系辨识困难等研究挑战;"路"这一对象指广义的路,主要包括交通参与者(如行人)与环境,具有不确定性、动态性和交互性等特性,构成要素十分复杂,会带来风险准确评估困难等研究挑战。同时,人与车、车与路、人与路之间相互作用、深度耦合,对人-车-路复杂系统中的汽车安全提出了新要求,推进了新理论、新方法和新技术的衍生。

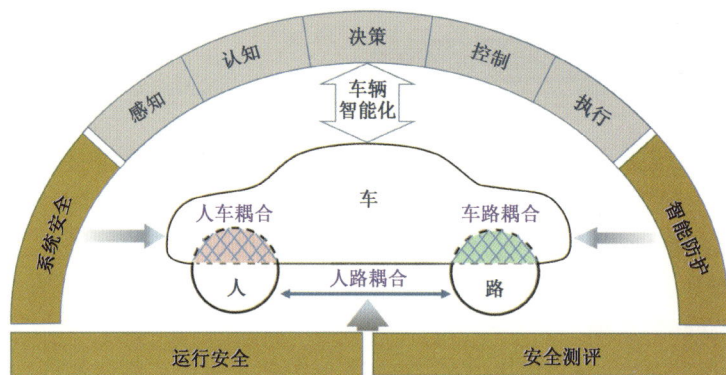

图1-1 人-车-路系统各要素耦合关系示意图

按照微观交通的人-车-路系统作用对象、作用时间、安全目标、技术手段等不同维度,汽车智能安全研究领域可划分为系统安全、运行安全、智能防护和安全测评四个层面,各层面包括基础理论、核心方法、关键技术和典型系统,其总体架构如图1-2所示。在系统安全层面,以系统工程安全开发理论为基础,应用功能安全、预期功能安全与信息安全三大保障技术,建立典型安全系统,确保汽车设计开发阶段安全功能的实现。在运行安全层面,从运行安全理论出

发,建立风险辨识与量化评估方法,以单车与群体智能安全决策与控制为关键技术,开发完整的智能运行安全系统。在智能防护层面,通过碰撞事故数据深度挖掘与交通参与者损伤机理辨识,构建损伤风险量化与协同防护方法与技术,设计开发自适应、一体化的防护系统。在安全测评层面,基于性能安全评价理论,建立多维度综合评价体系,构建汽车智能安全评价系统,为技术改进提供帮助。汽车智能安全整体通过全阶段、多维度、成体系的理论方法、技术研发和系统应用,有效保障交通参与者的出行安全。

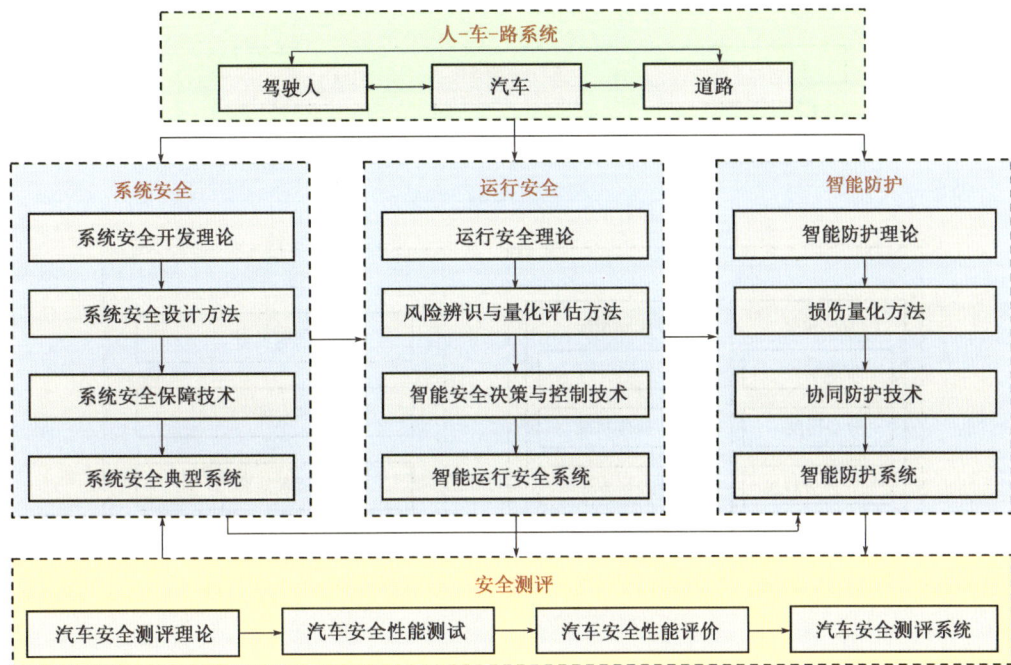

图1-2 汽车智能安全总体架构图

第二节 汽车安全研究现状

汽车安全研究及相关技术已有多年发展历史。在"人-车-路"体系下,现有汽车安全研究可以分为针对驾驶人的安全研究、针对汽车的安全研究和针对道路的安全研究,以及人-车-路协同安全研究。汽车智能安全是汽车安全研究在智能化背景下的发展前沿。

一、针对驾驶人的安全研究

驾驶人是传统汽车行驶的感知与决策核心,也是智能汽车决策系统设计的重要学习参考对象。现有相关研究针对驾驶人感知特性、驾驶风格、驾驶意图、驾驶行为、人机共驾策略和关键心理、生理因素等开展,对于分析事故发生原因,建立驾驶人感知、认知、决策模型,设计拟人化驾驶策略等具有重要意义。

针对驾驶人的安全研究主要包括统计指标和驾驶人模型两类,如图1-3所示。其中,统计指标类研究是指利用统计方法分析某些因素和交通事故的潜在关系,提取与事故直接相关的关键指标,进而开展事故预警及避免等安全性研究;涉及的统计指标主要有心理指标和生理指标两类,其中心理指标包括驾驶人对自车速度的估计、分心程度、精神疲劳程度等,生理指标包括驾驶人反应时间、操作机能、体力疲劳程度等。驾驶人模型类研究是指通过驾驶人特性辨识和风格分类,建立驾驶人模型,以探究驾驶人风险认知及预测机理或描述驾驶意图等安全性研究。合理、准确的驾驶人模型也可服务于智能汽车决策系统设计。

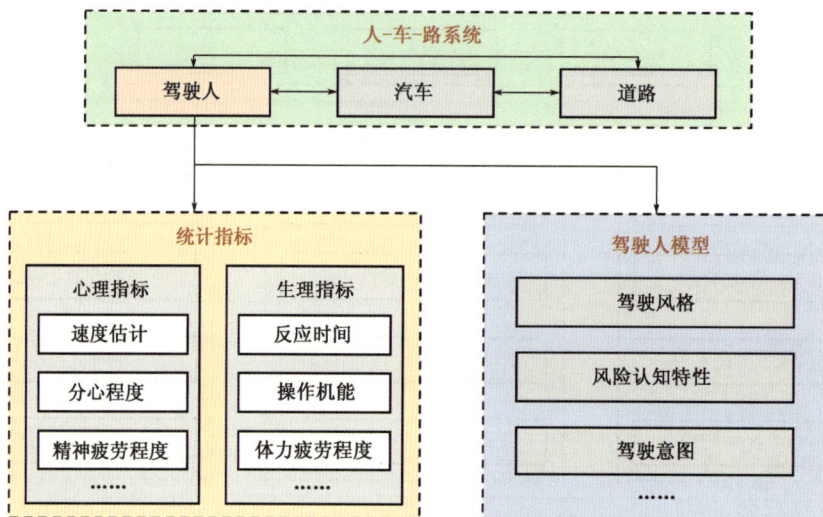

图1-3 针对驾驶人的安全研究

(一)统计指标

国内外统计指标研究起步较早,已有大量研究成果,其中大部分研究对心理指标和生理指标同时进行了数据统计,揭示了其与交通事故发生之间的关系。现有研究可进一步细分为两种,一种是对照研究,即设置事故组与非事故组对照,从而探索事故成因,另一种是相关性研究,重点分析各项心理、生理指标的统计学相关性。对照研究将驾驶数据按事故组和非事故组进行分类,并对每类中的关键差异指标进行重点分析,辨识导致事故的关键因素。驾驶人反应时间、操作时间[1]、速度估计能力[2]、消极情绪(如愤怒、疲劳、慌乱、紧张、抑郁)[3]等指标在事故组与非事故组之间存在显著差异。其中,驾驶人反应时间和操作时间与交通事故倾向性成正相关,非事故组速度估计能力优于事故组,故可以用来作为事故表征关键因素。此外,这些关键因素也与自身车速、行驶工况、年龄、驾龄等因素存在关联。以货车驾驶人为例,非事故组的速度估计准确性优于事故组,两者数据在一般低速条件下差异不显著、在高速及低速长距离条件下存在明显差异;事故组驾驶人的速度高估次数高于非事故组,同样在高速条件下呈现较大差异。驾驶人年龄与速度估计准确性无明显关联[4],但对其精力状态有显著影响;驾龄对驾驶人情绪状态无明显影响[3]。

在相关性研究方面,典型分析指标包括动视野、动视力、暗适应、听力、掩蔽听力、短时记忆力、判断能力、注意力、反应时、操纵能力等。按性别、年龄、驾驶里程对驾驶人予以分组,进行连续模拟驾驶测试和分析,结果表明,反应时间、注意力、判断能力三项指标在各分级间差异显著,故可作为驾驶行为险态辨识主因子[5]。驾驶人心理、生理素质状况和其事故记录也存在一定相关性,通过聚类数据处理,可以建立适合中国国情的驾驶人检测体系、制定相关检测标准[6]。此外,现有相关性研究还发现,缺乏驾驶技能和经验的驾驶人极易产生操作失误,尽管这种失误较为容易评估和控制,但严重影响交通安全的随机失误却极难预测[7];驾驶人对交通系统中危险因素识别的不足,和对自己驾驶技能的过高估计,降低了驾驶行为的安全裕度,并且驾驶失误的产生也与驾驶人在失误状态下自我恢复能力低下存在强相关性[8];驾驶过程中驾驶人的心理、生理状态变化与其疲劳程度相关,惰性在心理适应机制中是疲劳开始的先兆信号[9]。

(二)驾驶人模型

驾驶人模型研究的本质是针对驾驶人驾驶风格、风险认知特性及驾驶意图的研究,相比于统计指标,其更加具体地展现驾驶人主观因素,对于预测驾驶行为和行驶风险演化规律至关重要。现有驾驶风格测评主要包括主观测评和客观测评。其中,主观测评主要通过驾驶人自填式调查问卷[10]、专家打分[11]等方法对其驾驶风格进行评价,这类方法对评价问卷的正确有效性和专家的打分经验要求较高,容易受到主观因素和不可控外加因素的影响。客观测评主要通过驾驶模拟器[12]或实车道路实验[13]获得大量驾驶数据,从而对驾驶风格进行分析,这类方法依赖于可靠数据,可以直观反映驾驶风格。除了单一利用某一要素开展的研究之外,也有结合主观打分和客观驾驶模拟器测评的方法研究,揭示驾驶风格对驾驶行为的影响规律[14]。例如,首先通过驾驶风格问卷调查结果将被试驾驶人分为谨慎型、正常型和激进型三类,接着使用搭载眼动仪的驾驶模拟器对被测驾驶人模拟在高速公路行车环境下开展的驾驶实验,采集感知层的视觉特性参数和操作层的驾驶绩效参数,对注视、扫视、横纵向控制行为等方面的相关参数进行综合评价。结果表明,驾驶风格越激进,驾驶人对周围环境关注越少,对汽车的横向控制稳定性越差,急加速和急减速行为发生的频次越高;对后视镜的注视次数、转向盘转角熵值、加速踏板开度、制动踏板开度等参数在不同风格驾驶人群中的差异均较为显著,因此可作为表征驾驶风格的特征参数。现有针对驾驶风格的研究还表明,频繁换道、鲁莽换道、近距离跟驰等驾驶模式发生的频率是激进驾驶人的显著表征[15];使用驾驶模式转移概率来测评驾驶风格,并加入对驾驶人眼动行为的分析后,其测评效果会更好[16]。

驾驶人风险认知及其对风险演化的预测机制,是决定驾驶行为的关键因素之一。通过问卷法可以对驾驶人感知交通风险的关键因素进行筛选。驾驶人风险认知机制受到自身事故记录、驾驶历程、人格特质、持照时间、违规记录等因素的显著影响[17],并在有经验和无经验驾驶人群中也存在显著差异。通过虚拟驾驶仿真实验,对比经验组驾驶人和无经验组驾驶人在危险场景下的反应差别,结果表明经验组驾驶人的反应时间更短[17]。根据风险认知基础对象的不同,驾驶人对风险的认知机制又可分为"基于未来潜在碰撞轨迹的风险认知"和"基于异常驾驶行为的风险认知"两类[18]。基于碰撞轨迹对风险认知机制进行研究时,还应考虑交通参与者心理相互影响[19],并平衡驾驶行为的潜在收益和碰撞风险[20]。异常驾驶行为多发生在恶劣天气、视觉遮挡等环境或疲劳、厌烦情绪等状况下,因此,考虑这些语义化信息的风险评估方法,可以在复杂环境下对风险进行更加准确的量化[21]。

驾驶人往往表现出不稳定的驾驶特性,例如换道、超车等,因此,准确的驾驶意图识别对于驾驶辅助系统和自动驾驶系统设计都有重要意义。"作为内心状态的驾驶人意图可通过驾驶行为等外在表现进行推断"这一重要思想于 1997 年被首次提出[22]。在随后的研究中,主流思路为通过建立多种因素之间的相互作用关系模型,探索不同因素对于驾驶意图识别准确性的影响,其中,换道意图和制动意图是重点关注对象。针对换道意图识别的研究中常考虑的因素有转向盘转角和转角速度、加速踏板位置、制动压力、汽车加速度或车速等。转向盘转角是最有效反映换道及转弯意图的特征参数[23],将转向盘转角和转角速度组合作为观察序列时,基于车道保持、紧急换道和正常换道等多模态换道模型的意图识别准确率最高[24]。驾驶人视觉特性对于换道意图也有重要影响,采集多类驾驶人的驾驶数据,分析其在不同驾驶阶段的视觉特性,对其感兴趣区域进行划分,能够基于支持向量机等方法最终建立驾驶人换道意图识别模型[25]。

在针对制动意图识别的研究中,制动踏板力、车速等被认为是识别制动意图的关键因素。通过研究不同参数及其组合对制动意图识别效果的影响,并综合考虑驾驶习惯等多种因素,可以发现制动踏板位移是最为有效的反映驾驶人制动意图的关键参数[26]。针对制动意图的研究在汽车制动控制策略优化等方面有重要作用[27]。其余部分研究对多种横纵向驾驶意图进行联合识别,典型方法是建立由车速、加速踏板开度、加速踏板开度变化率到驾驶人意图的多输入、单输出的意图识别模型,该模型可有效识别停车、减速、车速保持、加速、急加速五种驾驶意图,量化后的驾驶意图结果能够应用于自动变速器换挡策略的选择和修正[28]。

除利用关键参数对驾驶意图进行描述和预测之外,也可建立驾驶人驾驶决策机制,从而推断在特定环境下的驾驶意图。"驾驶人驾驶决策机制遵循最小作用量原理"这一理论于 2020 年被提出,其受自然界物理、生物行为的众多极值现象启发,通过建立抽象描述驾驶过程的物理模型,形成了最小作用量决策模型。该研究的实验结果表明,驾驶人在驾驶过程中的实际作用量和最小作用量之间没有显著差异,证明驾驶人驾驶意图遵循最小作用量原理[29]。

二、针对汽车的安全研究

汽车的诞生提升了日常出行的效率,促进了社会的进步和发展。第一辆内燃机汽车诞生以来,技术的进步一直推动着汽车本身以及整个行业快速发展和逐渐成熟。从最初的手工小批量生产,到福特 T 型车的首次流水线生产,再到第一次世界大战之后的汽车种类多样化和 20 世纪 50 年代之后的产品多样化,汽车在全球范围内实现了普及,汽车产业已经成为多个国家的支柱产业。在新四化的发展背景下,汽车产业迎来了新的变革。与传统汽车系统不同,智能汽车是一个集环境感知、决策规划、多等级驾驶辅助等功能于一体的综合系统;自动驾驶汽车(Autonomous Vehicles,或 Self-driving Vehicles)是智能汽车发展的高级形态,通过计算机系统实现无人驾驶。

随着汽车的普及,交通事故频繁发生,汽车发展带来的安全问题受到各个国家和各大汽车厂商的重点关注。针对汽车的安全研究主要从传统被动/主动安全、先进驾驶辅助、汽车智能安全三个方面进行阐述,如图 1-4 所示。传统被动和主动安全技术主要包括安全带、气囊、制动防抱死系统、车身电子稳定系统等,发展较为成熟。随着传感器在汽车上的广泛应用,先进驾驶辅助迎来了快速发展和应用,形成了前向碰撞预警、车道偏离预警、自动紧急制动和盲点探测等技术。在新四化的发展背景下,智能安全技术正在成为当前汽车领域的主流发展方向,其涵盖系统安全、运行安全、智能防护、安全测评等多项具体技术。

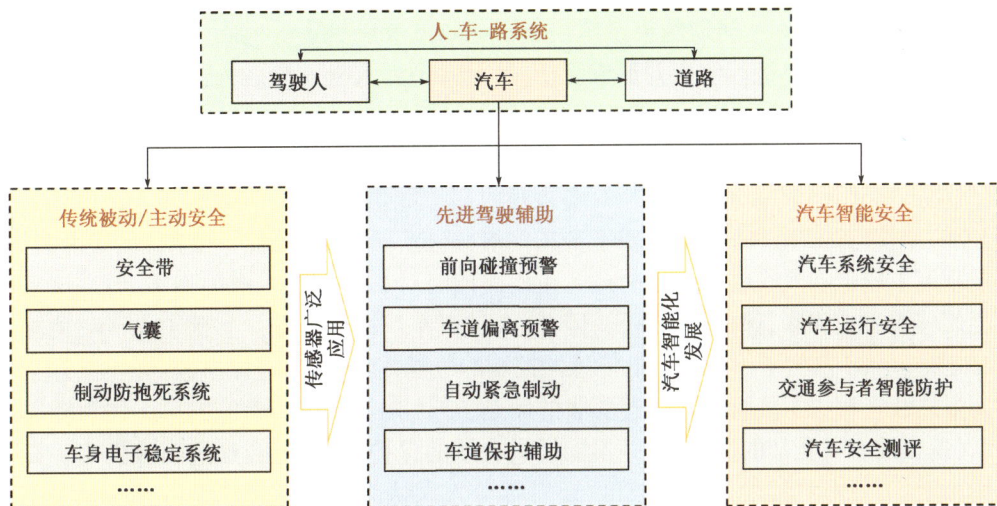

人-车-路系统

驾驶人 ⟷ 汽车 ⟷ 道路

传统被动/主动安全
- 安全带
- 气囊
- 制动防抱死系统
- 车身电子稳定系统
- ……

传感器广泛应用 →

先进驾驶辅助
- 前向碰撞预警
- 车道偏离预警
- 自动紧急制动
- 车道保护辅助

汽车智能化发展 →

汽车智能安全
- 汽车系统安全
- 汽车运行安全
- 交通参与者智能防护
- 汽车安全测评
- ……

图 1-4 针对汽车的安全研究

(一)传统被动/主动安全

被动安全相关研究较早,涵盖具体技术较多,主要以乘员约束系统为核心,降低碰撞过程对乘员造成的直接伤害,能够有效地降低事故发生后的损失。安全带是最典型的乘员保护装置之一,它在碰撞时对乘员进行约束,避免其与转向盘、仪表盘、内饰板等发生二次碰撞甚至冲到车外,其发展历程如图 1-5 所示。1885 年,在汽车发明之前,马车上就出现了安全带的雏形,目的是防止乘客摔倒。1902 年,一名赛车手受到儿童车内防止婴儿摔倒的布条的启发,在自己的赛车上安装了绳带,这在一起事故中很好地保护了他。1922 年,赛车普遍使用安全带来保护赛车手安全,这个阶段安全带在民用车上还未得到普及。第二次世界大战之后,汽车工业迎来了快速发展时期,人们对汽车性能的追求主要体现在车速上,使得如何更好地保护驾乘人员安全成为一项备受重视的研究。1955 年,福特等汽车厂商将安全带技术应用到汽车上,但还缺乏科学的结构设计,例如,在受到正面碰撞时,老式的两点式安全带难以避免乘员上半身前倾。1958 年,沃尔沃汽车的工程师发明了三点式安全带,克服了上述两点式安全带的缺陷,并宣布三点式安全带专利无偿开放。1967 年,美国交通安全大会发布数据证明了三点式安全带能够在事故中将乘员损伤减少 50% ~ 60%。1968 年,美国规定轿车必须配备安全带,安全带开始被广泛应用和普及。

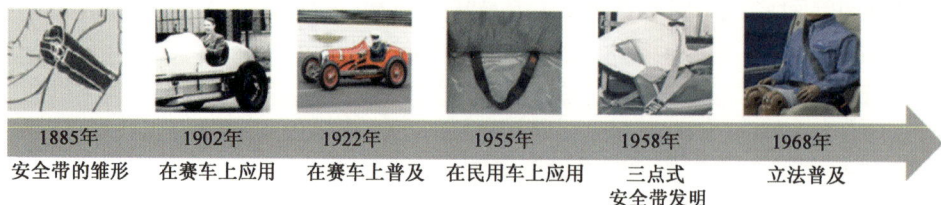

1885年	1902年	1922年	1955年	1958年	1968年
安全带的雏形	在赛车上应用	在赛车上普及	在民用车上应用	三点式安全带发明	立法普及

图 1-5　安全带的发展历程

气囊（Airbag），也称为辅助约束系统（Supplemental Restraint System，SRS），在碰撞过程中配合安全带对乘员身体进行约束并形成缓冲，从而保护其人身安全。气囊系统主要由防撞气袋、传感器和电子控制器组成。碰撞事故发生时，传感器接收撞击信号，并在信号达到一定强度时，将其发给电子控制器，电子控制器会向气袋中的气体发生器发送启动信号，产生大量气体，使气袋迅速展开，为乘员提供弹性气垫来吸收碰撞能量，从而避免或减轻人员受伤。1953年，美国工程师 John W. Hetrick 发明了汽车气垫，这是一种基于压缩空气系统的缓冲装置，能在一定程度上降低在汽车紧急制动时或者正面碰撞时对车内乘员造成的伤害，但是该系统由于不能使气囊迅速膨胀，保护效果有限，因此，未被汽车厂商所采纳。直到 1967 年，美国工程师 Allen K. Breed 发明了一种由机电传感器控制的气囊，能够感知碰撞事故的发生，并且用一个小型爆炸装置解决了气囊不能迅速膨胀的问题，被认为是现代气囊的雏形。作为辅助约束系统，气囊在没有安全带的情况下，并不能提供有效的保护，甚至还会加重事故伤害。在气囊的应用初期，消费者对其的认可度较低，还有部分人误认为有了气囊就不需要安全带。1980年，奔驰公司推出世界上第一款将气囊作为标准配置的轿车，其安全系统由安全带和气囊组合发挥作用。1995 年，美国国会通过法案，使得气囊成为汽车的标准配置（图 1-6）。除安全带与气囊以外，碰撞过程中驾驶人也可能与转向盘碰撞造成伤害，因此，除安全带与气囊以外，安全转向系统对乘员人身安全也具重要作用，其可对转向盘的刚度进行优化，在保证刚度的同时，对表面的塑胶覆盖层进行软化处理，并装配可在碰撞中产生位移的压溃式转向管柱，将碰撞力限制在一定范围内。

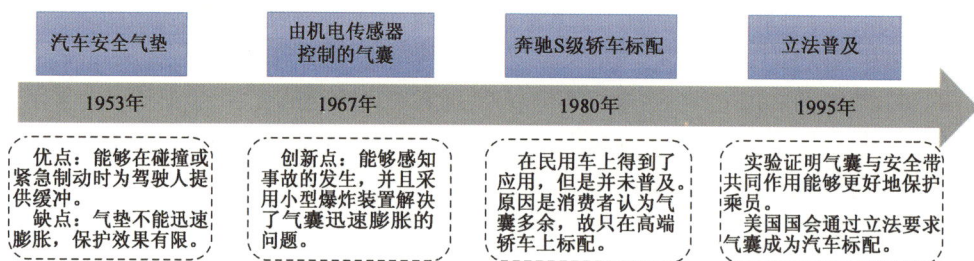

汽车安全气垫	由机电传感器控制的气囊	奔驰S级轿车标配	立法普及
1953年	1967年	1980年	1995年
优点：能够在碰撞或紧急制动时为驾驶人提供缓冲。 缺点：气垫不能迅速膨胀，保护效果有限。	创新点：能够感知事故的发生，并且采用小型爆炸装置解决了气囊迅速膨胀的问题。	在民用车上得到了应用，但是并未普及。原因是消费者认为气囊多余，故只在高端轿车上标配。	实验证明气囊与安全带共同作用能够更好地保护乘员。 美国国会通过立法要求气囊成为汽车标配。

图 1-6　气囊的发展历程

随着被动安全技术的逐渐成熟和普及，人们不再满足于减小事故造成的伤害，而是期望能够进一步对汽车状态进行实时监测，提升稳定性及避免发生失稳，进而减少甚至避免事故的发生。汽车主动安全技术能够有效地帮助驾驶人避免事故发生，其工作原理一般是利用装在车身各部位的雷达、摄像头等传感器，在车辆临近危险时向驾驶人提供必要预警信息或者采取一定措施，有效防止事故发生。例如，汽车动力学稳定性控制技术通过对汽车行驶状态的监测，合理分配纵向和侧向轮胎附着力,精确控制极限附着情况下的汽车动力学行为,从而提升汽车行驶过程中的稳定性[30],其具体发展历程如图 1-7 所示。

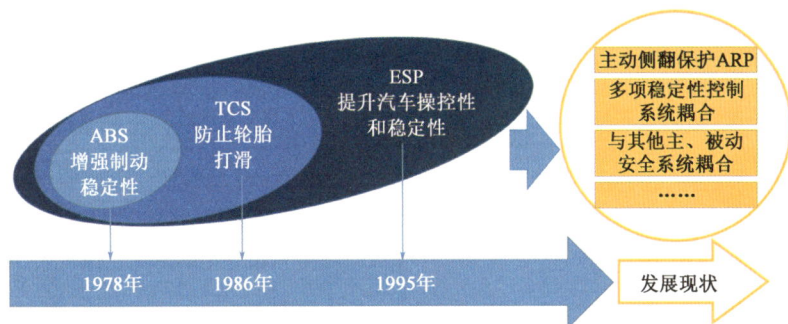

图 1-7 汽车动力学稳定性控制技术发展历程

主动安全技术较典型的应用之一是制动防抱死系统(Anti-locked Braking System,ABS),其在汽车制动时自动调节制动力大小,防止车轮抱死,增强制动稳定性。ABS 最早出现在航空领域,早在 1920 年,法国飞机设计师 Gabriel Voisin 就尝试调节飞机制动器的液压制动压力,以降低轮胎打滑风险。1950 年,英国 Dunlop 公司发明的 Maxaret 防滑系统在航空行业得到广泛应用,能够缩短 30% 的制动距离,同时增加轮胎使用寿命。此后,ABS 逐渐在汽车工业得到一定应用,如 1954 年林肯汽车上搭载了法国航空公司的 ABS 装置。现代 ABS 由菲亚特研究中心的 Mario Palazzetti 发明,后来专利被卖给了博世,博世将其命名为 ABS。1978 年,博世联合奔驰开发出三通道四轮带有数字式控制器的 ABS,该技术的突破奠定了 ABS 的基本模式。此后,ABS 得到了快速普及和应用,市场占有率迅速上升。20 世纪 80 年代中期,随着电子控制技术的进步,ABS 功能愈发完善,成本也更低,越来越多中小型家用车也安装了 ABS。1987年,欧洲颁布法规规定,从 1991 年起,所有新车型必须装备 ABS。

随着 ABS 一起得到广泛应用的还有牵引力控制系统(Traction Control System,TCS),又称驱动防滑控制系统(Anti-Slip Regulation,ASR)。随着汽车发动机功率不断增大,轮胎与地面之间的作用力容易突破临界值,驱动轮过度滑转的现象时有发生,而道路抓地力的丧失会影响汽车转向控制和稳定性。TCS 通过控制发动机节气门开度限制发动机输出功率,或通过制动器系统调节制动力以实现防止驱动轮打滑的目的。1972 年,日本首次登记注册了一种控制发动机汽缸点火的系统,当车轮加速度超过某一阈值时,停止汽缸点火。1978 年,德国登记了一种减少汽缸供油来实现驱动防滑功能的装置。此后,还出现了例如在驱动轮施加制动力矩或调节离合器接合程度等一系列装置。20 世纪 80 年代中期,TCS 迎来了快速发展。1985 年,沃尔沃汽车将电子牵引力控制系统率先应用在了实际量产车型上。1986 年,通用汽车在底特律汽车展览中展出了装有 TCS 的克尔维特汽车。同年,博世首次将 ABS 和 TCS 结合在一起,并装配到奔驰 S 级轿车上,标志着 TCS 逐渐成熟并走向市场应用。

ABS 和 TCS 的功能较为单一,例如 ABS 只在制动时起作用,而 TCS 只在驱动时起作用,因此,ABS 和 TCS 的简单集成难以解决制动转向、高速转向等极限工况引起的汽车侧向失稳问题。1992 年,博世和宝马合作开发了集两项技术于一体的新一代汽车动力学稳定性控制(Electronic Stability Program,ESP)系统,对制动防抱死和牵引力控制功能进一步扩展。1995 年,

ESP 系统首次在奔驰 S 级轿车上得到了应用。ESP 系统的组成如图 1-8 所示,各个传感器采集信号,通过 CAN 总线和发动机管理系统进行通信,然后通过电子控制单元(Electronic Control Unit,ECU)分析信号来判断汽车行驶状态,通过制动和转向等系统的调控来改善汽车进入危险工况时的稳定性和可操控性[30]。ESP 系统的普及有效地提升了汽车的行驶安全性能。美国国家公路交通安全管理局(National Highway Traffic Safety Administration,NHTSA)的调查显示,ESP 系统能够减少35%的碰撞事故并降低43%的致命碰撞可能性[31-32]。2011 年,美国联邦机动汽车安全标准(Federal Motor Vehicle Safety Standards,FMVSS)126 法规规定在北美生产和销售的汽车必须安装 ESP。近年来,围绕汽车稳定性控制系统的研究仍在不断推进。例如,基于 ESC 系统开发的主动侧翻保护系统(Active Rollover Protection,ARP)[33],进一步考虑汽车在垂直方向上的受力与侧倾,并通过制动、降低发动机输出转矩等方式,避免发生侧翻。

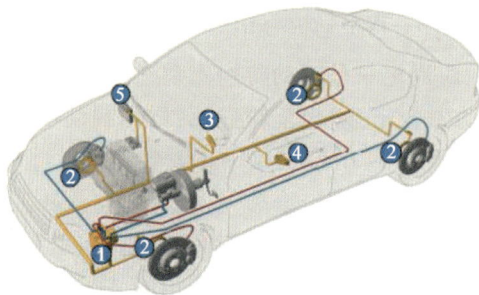

图 1-8　ESP 的组成示意图[30]

1-ESP 电控液压单元和 ECU;2-主动式轮速传感器;3-转向盘转角传感器;4-横摆角速度传感器和侧向加速度传感器;5-通过 CAN 总线与发动机管理系统通信

(二)先进驾驶辅助

大多数道路交通事故与驾驶人的因素密切相关[34]。为了减少由于驾驶人技能不高、习惯不良、疏于观察、决策失误、错误操控等因素导致的事故,先进驾驶辅助系统(Advanced Driver Assistance Systems,ADAS)借助现代电子信息和传感技术,感知道路交通环境并为驾驶人提供行车信息,同时从路况和车况的综合信息中辨识风险,在危险时向驾驶人提供预警或者进行驾驶辅助,预防交通事故的发生或降低事故损失[30],最大限度减少人为错误并降低伤亡[35]。

进入 20 世纪 70 年代后期,汽车被动安全技术逐渐成熟和普及,能够在事故发生时对乘员进行较好的保护,为了进一步帮助驾驶人避免事故发生,研究重点转为 ADAS 相关开发。相较于 ABS、ESP 等系统多依靠汽车自身状态数据,ADAS 侧重行车环境感知,以及车辆与环境相对运动状态的判断,采用的传感器包括摄像头、激光雷达、毫米波雷达等,或通过无线通信技术直接获取来自其他车辆或道路基础设施的信息。在感知信息的基础上,ADAS 能够在危险情况下对驾驶人做出预警或者直接采取措施避免事故发生。常见的 ADAS 技术应用有前向碰撞预警(Forward Collision Warning,FCW)、自动紧急制动(Autonomous Emergency Braking,AEB)、自适应巡航控制(Adaptive Cruise Control,ACC)、车道偏离预警(Lane Departure Warning,LDW)、车道保持辅助(Lane Keeping Assist,LKA)等,如图 1-9 所示。

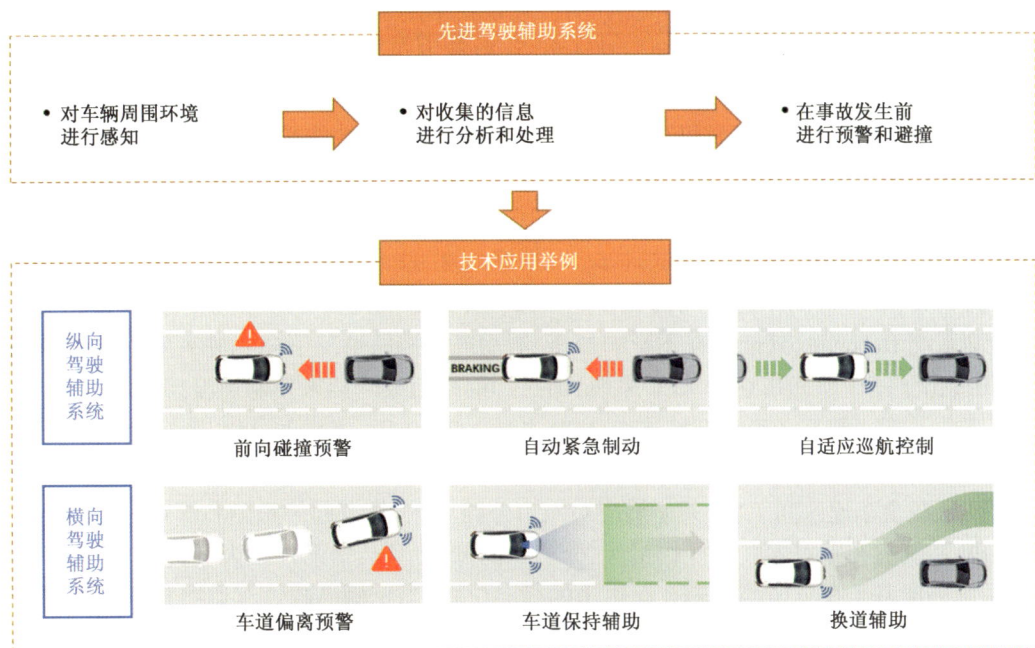

图 1-9　先进驾驶辅助系统示意图

FCW 系统能够通过雷达等传感器实时获取前方汽车或物体的位置信息,对自车与前方物体的相对距离和相对速度进行判断和分析,当存在碰撞风险时对驾驶人以警示灯闪烁或声音等方式进行警告。传统的前向碰撞预警算法一般通过固定参数的风险评估模型来判断是否存在危险。为了适应不同驾驶人特性,可以根据驾驶人行为变化(包括行为波动和个体差异)实时调整预警阈值,提高对驾驶人的适应性,并降低系统误报率[36]。前向碰撞预警系统能够提高驾驶人在接近碰撞情景下的危险感知能力(约 23%),在 45 ~ 60km/h 的速度范围内可使驾驶人风险响应时间减少 36.4%[37]。FCW 系统能够对前方汽车或物体进行监测,当存在碰撞风险,且驾驶人未采取制动措施或者制动力过小时,系统将自动制动以避免或减轻碰撞。关于主动避撞的研究较早始于 1960 年,由于当时微波技术水平的限制,加之成本过高,并没有取得实质性成果。之后,雷达技术的发展和普及促使了主动防撞技术的研发和突破。1986 年,以奔驰为主的 10 余家欧洲汽车制造商意图研发一款能够商业应用的智能主动避撞系统,并于1999 年成功推出 Distronic 系统,具有巡航、车距保持和避撞等功能。随着技术的发展和市场需求的扩大,对避撞的要求不仅是能够实现预警,而是需要汽车在紧急情况下能够辅助制动实现避撞。于是,研究机构和各大厂商对 AEB 功能的开发投入大量精力。在驾驶人未对 FCW 预警做出反应并采取措施时,AEB 能够在危险情况下实现紧急制动,以避免碰撞发生。1991年,日本交通运输部实施了先进安全汽车(Advanced Safe Vehicle, ASV)计划,在该计划的支持和推动下,丰田设计研发了一款主动预防安全系统,能够实现辅助制动功能。进入 20 世纪后,各大汽车制造商开发和推出了各自较为成熟的 AEB 产品,如本田的 Collision Mitigation Brake System(CMBS)和沃尔沃的 City Safety 系统等。2015 年一项基于欧洲和澳大利亚数据的研究表明,AEB 系统可以减少 38% 的追尾事故[38]。

ACC 系统是目前量产车型上常见的配置,它是在早期巡航控制技术基础上发展而来的自动控制系统,它通过车载传感器感知驾驶环境,获取前方车辆位置和速度信息,结合定速巡航和安全间距保持控制,在一定程度上实现自动跟随前车行驶。例如,当与前车距离过近时,ACC 控制单元可以通过与 ABS 和发动机控制系统协调动作,使车轮适当制动,并控制发动机的输出功率下降,从而使车辆能够保持一个安全合理的跟车距离。ACC 系统能够在一定程度上减轻驾驶人的操作任务,提升行驶安全性。其工作原理最早在 20 世纪 60 年代由密歇根大学提出,随着传感器和计算机技术的进步,ACC 系统在 90 年代迎来快速发展,起初主要针对高速公路场景,在一定的车速区间内工作。1992 年,三菱率先在日本市场上提供基于激光的距离检测系统 Debonair,其能够在不影响加速、制动或换挡的情况下向驾驶人发出警告。1997 年,丰田提出了基于激光雷达的 ACC 系统,通过加速踏板或降挡来控制速度。1999 年,奔驰 S 级轿车搭载了第一款基于毫米波雷达的 ACC 系统。2000 年,丰田的 ACC 系统增加了制动控制,能够操作制动系统控制车速。进入 21 世纪以来,ACC 系统仍在持续发展并不断改良,逐渐发展到可在全车速区间工作,并能够应对城市公路场景,具有起停跟随和低速跟车功能。

LDW 系统旨在针对驾驶人操作错误、分心和困倦等情况,辅助驾驶人避免车道偏离行为。LDW 系统一般基于视觉监测车辆在车道中的横向位置,当车辆已越过车道线且驾驶人未开启转向灯时,系统将向驾驶人发出预警信号。2000 年,第一个 LDW 系统首次亮相,由美国公司 Iteris 为奔驰 Actros 商用货车开发,其通过车辆偏离车道产生的声音来警告驾驶人出现了无意中的偏离。如果驾驶人发出主动转向信号,则不会产生警告。2012 年,Mobileye 开发了一种检测车道标记的 LDW 系统,并通过发出视觉和听觉警告提示驾驶人集中注意力。2014 年,特斯拉 Model S 在发布时配备了先进的 LDW 系统,其通过前置摄像头使用计算机视觉字符识别技术读取交通速度限制,然后将其传送到汽车。当汽车以每小时 48 公里以上的速度远离车道时,系统会发出警告,转向盘会产生振动,提醒驾驶人察觉其出现的意外变道。2009 年至 2015 年期间,来自美国 25 个州的警方数据显示:将 LDW 系统作为可选配置的车型的侧滑和正面碰撞的发生率降低了 11%,且此类碰撞中的伤害降低了 21%[40]。车道保持系统的功能与车道偏离预警系统相似,其同样能够在检测到车辆脱离行驶车道时提醒驾驶人。除此之外,LKA 系统还能控制转向盘,轻微修正航向,主动使车辆保持在行驶车道内。为了提高系统可靠性,避免频繁的转向修正,减轻驾驶负担,有研究提出了具有车道偏离预警和车道保持辅助两种可切换模式的 LKA 系统[39]。2001 年,日产第四代 CIMA 最先配置了 LKA 系统。2006 年,雷克萨斯在 LS 460 车型中引入了多模式 LKA 系统,该系统利用立体摄像头和更复杂的模式识别处理器,能够发出视听警告,或使用电动助力转向引导车辆保持车道行驶。2012 年,福特在多个高端车型应用了 LKA,其技术由 Mobileye 提供。目前,Mobileye 的安全技术已集成到来自世界主要汽车制造商的数百款新车型中。上述几类典型 ADAS 的发展历程如图 1-10 所示。

从 2011 年开始,美国新车评价规程(United States New Car Assessment Program,US-NCAP)将部分 ADAS 纳入汽车安全评分,引入 FCW 和 LDW 作为测试加分项。2014 年,欧盟新车认证测试项目(European New Car Assessment Programme,E-NCAP)将 ADAS 纳入安全评分体系,引入了对 AEB 和 LDW 的评价。从 2014 年起,汽车装配 ADAS 已经成为获得 E-NCAP 五星的必要条件。现如今,中国的新车评价规程 C-NCAP 也已经将部分 ADAS 纳入评价体系中。除了在新车评价体系提升 ADAS 的重要性,各国还推出了法规来推动 ADAS 的强制安装。例如,欧洲强制要求新生产的重型商用车安装 AEB 系统和 LDW 系统。

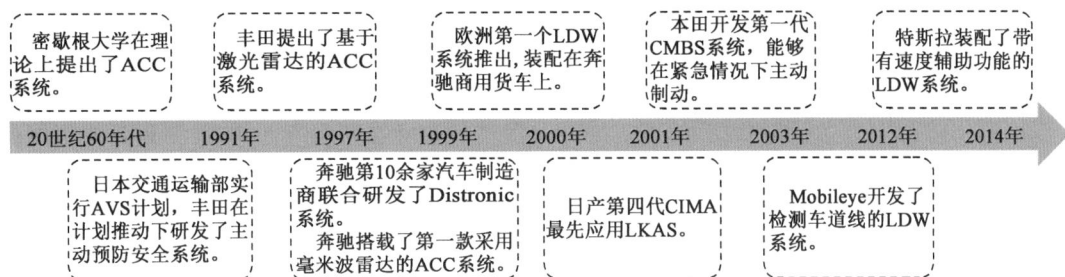

图 1-10 典型 ADAS 的发展历程

(三)汽车智能安全

随着先进的电子、通信及信息技术的快速发展,面向智能化、网联化的新一代汽车技术革新正在世界范围内展开。智能安全成为当前汽车安全领域的主流技术,涵盖系统安全、运行安全、智能防护及安全测评等多个方面。

在系统安全方面,研究重点是如何通过合理的保障技术改善功能安全、预期功能安全、信息安全。已有分别针对这三类系统安全问题发布的 ISO 26262[41]、ISO 21448[42] 以及 SAE J3061[43]、ISO 21434[44] 等标准,规定了基本设计开发流程,涉及安全分析、验证确认等方法的应用。功能安全保障技术针对由电子电气系统功能异常引发的风险,实现对故障的检测和隔离,并进一步控制故障对系统的影响;现有技术体系相对完备,典型技术包括故障检测与诊断、容错控制等。前者包括基于解析模型、基于信号处理和智能故障检测与诊断的方法等,以点到点通信为例[45],基于汽车开放系统架构(Automotive Open System Architecture,AUTOSAR)开发的点到点通信技术可采用 E2EProfile2 方法,有效检测通信过程中的重复发送、校验及发送序列错误等问题,确保 ECU 内不同核之间数据的安全通信。后者则包括被动容错控制和主动容错控制技术,如冗余机制等。冗余系统[46]可提供多线程框架,作为硬件错误检测和恢复的重要操作系统服务,并尽量降低冗余复制所增加的成本。预期功能安全保障技术针对由系统预期功能或其实现的不足而引发的风险,相关研究处于起步阶段,尚未建立完善的技术体系。其技术主要包括预期功能安全状态监测、感知预期功能安全保障、决策预期功能安全保障、人机交互预期功能安全设计等。其中预期功能安全状态监测通过微机电系统(Micro-Electro-Mechanical System,MEMS)传感器,采用基于三维加速度传感器,基于正方体四顶点的 12 个加速度计,可实现车身运动姿态参数(Motion Attitude Parameters,MAP)检测配置方案[47]。通过对汽车、环境和驾乘人员状态估计,为风险防护提供参考,并为汽车运行过程中感知、决策、人机交互部分的实时保障提供输入;通过传感器抗干扰、车联通信等硬件改进和数据修复、多源信息融合等软件改进,实现对感知预期功能安全的保障;通过对决策算法的改进、混合决策以及考虑上下游算法的风险监测及防护等技术的应用,实现对决策预期功能安全的保障;通过误操作行为分析和防护技术的研究,实现对人机交互预期功能安全设计。例如,当通过神经网络技术实现感知与决策功能时,通过对抗样本确保神经网络对外来干扰的鲁棒性[48]、采用容错策略提高神经网络的故障恢复能力[49]均有利于提升感知-决策预期安全功能保障。信息安全保障技术针对由网络攻击威胁引发的风险,从人工智能(Artificial Intelligent,AI)算法、控制理论、传染理论、博弈论和图论等角度进行开发,典型技术包括信息安全网络拓扑结构设计、信息安全入侵检测与防御以及信息安全加密与通信等。其中,网络拓扑结构包括传统分布式架构、基于功能域的架构和中央计算式架构三种,并为其他信息安全保障技术提供基础架构参考。入侵检测与防御作为主动防御技术,可实现对入侵攻击的警告和响应,并提供结果反馈给加密和通信等被动防御技术,可实现对信息安全的有效保障。通过设计车联网结构下的身份认证方案,使用数字证书、挑战响应、多因子认证等技术手段,能够确保智能车辆及云服务平台在口令攻击、重放攻击、中间人攻击等多种入侵手段中信息传输的可靠性与安全性[50]。

在运行安全方面,研究重点是如何通过准确的行车风险评估、合理的决策与控制,保证单车或多车群体运行过程中的安全性。单车智能安全决策技术以汽车运动学模型和动力学模型为基础,考虑行驶过程动态风险,能够通过分层式决策和安全决策算法实现全局路径规划、行为决策和轨迹规划等,保障轨迹跟踪控制和临界失稳控制等。围绕单车智能安全决策与控制,前沿决策与控制技术包括基于行车安全场的安全决策技术和基于最小作用量的多目标协同决策技术[29,51]等。其他典型技术还包括基于多簇多项式曲线、贝塞尔曲线的行驶轨迹规划技术[52]、基于模型预测控制(Model Predictive Control,MPC)的汽车横、纵向控制技术[53]和基于机器学习的智能决策技术[54]等。在单车智能安全决策中,周围其他汽车的状态对自车安全的影响很大,因此对他车的意图识别、轨迹预测及对自车的行车风险评估是主要研究重点。对于汽车行为意图识别,可以采用结合隐马尔可夫模型(Hidden Markov Model,HMM)和贝叶斯滤波(Bayesian Filtering,BF)技术的算法来识别驾驶人变道意图,实验表明,该算法对左右车道变道的识别精度分别达到93.5%和90.3%[55]。对于汽车轨迹预测,结合基于物理模型的轨迹预测方法和基于行为的轨迹预测方法,可建立交互式多模型轨迹预测方法,能够在较长的预测期内更准确地预测轨迹[56]。对于汽车风险评估,研究人员考虑人-车-路交互耦合特性,提出了复杂动态环境下的行车风险场模型,能有效量化多要素耦合的综合行车风险,辅助智能汽车安全出行[57]。群体智能安全决策技术能够通过分场景式决策和安全决策算法实现队列编队、路口通行优化和协同避撞等功能。多车群体智能安全决策与控制技术的典型代表是多车队列协同技术[58]。借助车-车通信及车-路-云协同控制技术,将多车系统的信息收集并广播给队列系统中的汽车,各车基于自身传感器感知及通信手段获取他车信息,综合得出当前安全跟车策略,例如合适的跟车距离、速度等。多车队列协同技术除了适用于单车道路段之外,还可以在多车道路段、交叉路口等场景下进行拓展,保障多车系统的安全性。例如,在路段场景下,以最小化追尾碰撞风险为目标,采用一种基于模型预测控制框架的多车协调制动控制策略,能够降低车群之间碰撞的可能性,并在碰撞不可避免的情况下减轻碰撞影响[59]。在交叉路口场景下,基于多源信息融合技术对汽车精准定位,利用车路交互技术得到路口红绿灯相位及其预期变化,结合汽车运动状态,通过反映驾驶人减速特性的速度阈值算法来实时判断行车危险度。在危险情况下,系统可以对驾驶人进行预警,或基于减速度反馈控制的自适应制动控制方法实现汽车的自动制动[60]。

在智能防护方面,研究重点是如何利用碰撞风险预警和安全防护技术,对危险场景进行提前预判、针对交通参与者和汽车关键系统提供有效保护。从结构功能方面尝试设计和研发新型的约束系统,有望解决现有及未来复杂多变交通场景中的保护需求。例如,可提供均匀约束力的安全带系统能够将集中载荷分散,有效降低胸部压缩量,为正面碰撞乘员保护提供新的解决思路[61]。预紧式安全带与车载预警系统协同作用,通过电子稳定性控制或制动辅助装置等主动安全系统所采集的数据进行激活,或基于雷达等环境传感器的数据触发,在紧急情况下进行可逆式安全带回缩预紧,通过延长安全带预紧时间,降低因安全带高速回收所造成的乘员损伤风险。对行人等弱势交通群体,利用车载摄像头、传感器等感知行人,对其行为进行预测,并通过控制系统对汽车进行操纵以避免碰撞发生;若碰撞无法避免,则触发行人气囊、弹起式发动机舱盖等系统部件,以降低行人碰撞损伤严重性。随着新能源汽车的发展,智能防护的另一热点研究是针对动力系统的安全防护。相关技术不仅要考虑碰撞事故的外部冲击载荷,还要考虑新能源动力系统自身的安全问题。以动力蓄电池的热模型和电化学模型研究为例[62],其包括能量存储特性研究、动力蓄电池电化学特性分析、热管理系统研究以及电池箱箱体结构力学研究等。电池管理系统可以通过基于先进材料的传感器在电池内部采集关键部位的电压、温度、气体等信息,对电池组进行监测甚至预警。

在安全测评方面,研究重点是如何全面、准确、高效、安全地实现对汽车性能的测试与评价。汽车测试过程以测试场景为输入数据,通过各类在环测试、封闭场地测试和开放道路测试技术,可以实现从虚拟到真实、从部件到整车、从具体功能到综合性能的测试。在测试场景生成时,常用方法包括典型场景自动生成[63]和高风险场景加速生成[64]。在对汽车进行测试时,经典技术包括:基于各类仿真软件的虚拟测试技术[65-67]、通过模拟电波暗室内射频环境的雷达在环测试技术[68]、基于封闭场地[69]或转毂平台[70]的汽车在环测试技术等。前沿技术包括:基于模块化设计思路的数字化网联测试场地构建技术[71]、结合虚拟和真实环境的端到端测试技术[72]等。汽车性能评价基于测试过程中得到的数据,对汽车的某一功能或整车性能给出定性或定量的评价结果。

在对汽车性能进行评价时,应遵循安全评价的基本原则,经评价指标的筛选、优化与分级过程,建立汽车安全性能评价指标体系[73],明确评价侧重点与关键指标。在选择评价方法时,可以结合反映驾乘主观感受的主观评价方法[74]与体现汽车客观性能的客观评价方法[75],综合表征汽车的理论安全水平。同时,单一功能评价技术与整车系统评价技术可以探究汽车各功能与整车系统在实际测试环境中响应的安全程度,更加真实地反映汽车安全水平。基于评价结果的分析结论,不仅可以为汽车各模块软硬件的优化提供理论基础[76],减少高风险行为与场景,还可以指导测试评价方法的改进,使评价结果更为准确合理。

三、针对道路的安全研究

针对道路的研究与新结构、新工艺、新材料的不断涌现密切相关。国内外对道路本身的研究主要集中于路基工程、路面工程、公路支挡结构、道路几何设计四个方面[77]。路基工程主要研究路基沉降变形特征、沉降控制、边坡稳定性方法等;路面工程则更关注路面材料、路面特性对滑移率等因素的影响;公路支挡结构着眼于设计最合理的支挡方式,如重力式、锚杆式等;道路几何设计则需要考虑道路的方方面面,包括载荷、速度、地理因素等。随着智慧城市、智慧交通等概念的提出,关于道路的研究还引入了路侧感知、路侧通信、边缘计算、云控互联等新兴技术,这对道路设计提出了更高要求。

针对道路的安全研究主要可以分为道路安全设计和道路智能安全两方面,如图 1-11 所示。道路安全设计主要指在设计道路及相关交通设施时所需要考虑的道路线型、路基路面、特殊路段和道路附属设施等要素。道路智能安全主要指道路安全设计后,利用智能安全技术与设备维护及提升道路安全的方式,主要包括路侧感知、信息服务、紧急调度及智能公路等。

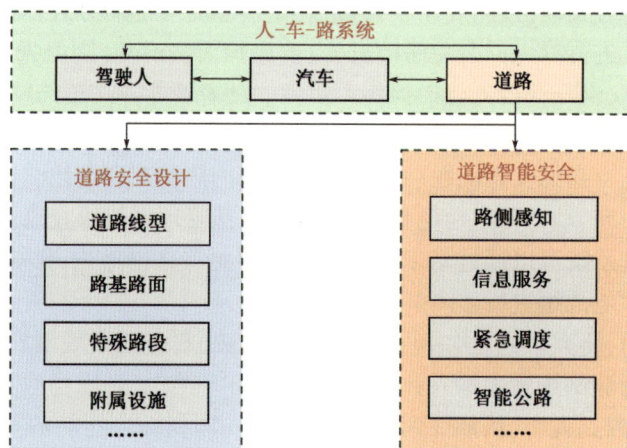

图 1-11　针对道路的安全研究

(一)道路安全设计

随着对道路安全重视程度的提高,道路交通事故集中路段的存在促进了对道路线形的研究。早在 1985 年,国外研究者就提出了适用于高速公路的平面线形事故预测模型[78],阐明了交通事故总量与道路曲率的正相关性。1991 年,部分学者又根据数据提炼出“交通事故与平面线形曲线长度呈正相关,与缓和曲线设置和行车道宽度呈负相关”的统计规律[79]。国内对道路线形的研究起步相对较晚,直到 2009 年,我国才首次提出了公路线形综合指标的概念[80],并建立了相关评价模型。该模型以曲率及其变化率、曲线转角、纵坡度、车道宽度及车道数、左右路肩宽度等指标为依据,评价公路线形的好坏。同年,长下坡路段道路线形设计标准的合理性也借助评价模型得到了验证[81]。道路线形设计的好坏直接影响着道路交通安全,国内外研究表明[82-83],部分交通事故的发生是由不良的道路条件直接引起的,而大部分由驾驶人因素导致的交通事故也在一定程度上受到道路交通条件的影响。良好的道路线形设计有利于减少交通事故发生。

路基路面对交通事故的发生同样具有重要影响。路面状态通常包括路面强度、稳定度、平整度、路面病害等,影响路基路面内部因素主要包括路基高度、坡度、路面宽度、平整度等,外部因素主要包括天气、养护管理水平等。我国提出了多种技术标准,建立了完整的公路路基路面安全检查体系,主要包括国内公路项目安全性评价指南、公路工程技术标准、公路路基设计规范、公路路面设计规范等。路基路面设计应在符合环境地形条件及满足国家规范的基础上,结合人的行为学和安全心理学进行设计[84]。例如,对城市公路而言,高填方路基应较少,以避免翻车、坠车事故的发生;路面宽度在 3.4～3.7m 之间,能最大限度降低事故率[85]。基于聚合物混凝土新材料,具有良好辉度和持续时间的自发光路面保障了夜间的行车安全[86]。用于地基加固处理的现浇混凝土大直径管桩（Large Diameter Pipe Pile by Using Cast-in-place Concrete, PCC）等新工艺则对路基的稳定性和安全性作出了重要贡献[87]。良好的路基路面设计有利于减少汽车侧滑等极限工况的出现,降低事故率。

在完成主要道路的设计后,还需要对特殊道路路段,如匝道、隧道、交叉路口等,进行进一步的安全检查与设计,以确保道路安全。以隧道为例,2002 年起,立足于中国本土道路设计状况,多位学者提出了适用于中国隧道交通流特点的模型,再现了隧道交通的运行情况,并研究了多种交通状况下的隧道交通控制诱导措施[88-89]。2006 年,特长公路隧道安全预警问题得到讨论,隧道交通的阻塞预警和交通事故预警方法被一并提出[90]。此外,国内外交通主管部门均针对隧道安全颁布了相关法律法规,建立了相关评价体系。此类法律法规对道路安全性评价和管理维护加固提供了重要指导作用。道路特殊路段由于其功能、环境、地理位置等因素的特殊性,线性和路基路面设计往往存在较大约束,因此,需要高效的监督、管理及维护手段进行安全保障。

现代化道路需要有与之配套的道路附属设施,才能确保行车安全性与经济性。道路安保设施是安全相关的道路附属设施的总称,包括安全护栏、交通标志标线、防眩设施、隔离封闭设施、视线诱导设施、视频监控设施等,可为交通参与者提供诱导、指示、警告、禁止等多种信息,且能在事故发生后最大限度保障交通参与者的安全[91]。其中,安全护栏主要可分为路侧护栏、中央分隔带护栏、桥梁护栏、活动护栏、过渡段护栏、渐变段护栏、端部护栏等,其目的在于利用其弹（塑）性形变吸收碰撞能量。交通标志、标线主要包括警告标志、禁令标志、指示标志、指路标志等,具体可在国家标准《道路交通标志与标线》（GB 5768—2009）中查询。防眩设施用于防止夜间行车受对向来车前照灯炫目的影响,包括防眩板、防眩网、防眩棚等,路旁树木也可作为防眩设施的一种。封闭隔离装置是对汽车专用道路进行隔离封闭的构造物统称,主要包括立交桥、防护网等。视线诱导设施是指设置在车行道两侧,用于指示道路线型、方向、边界等信息的设置,主要包括轮廓标、分流合流诱导标、指示警告诱导标、突起路标四种,对不良气候条件下的驾驶人导航具有重要意义。路面振动标线是一种道路设施新结构,由于其抗污染和白度好的特性,可产生良好的减速防滑、雨夜反光的作用,用途集中且投资不大,因此应用较为广泛。视频监控设施则主要包括路侧摄像头、视频传输装置等,用于违规行为检测和事故信息搜集等行为。道路附属设施的完善有利于提高行车安全性,并为后续道路智能安全提供相应的硬件基础与支持。

道路安全设计需要在道路进行实际使用前考虑并完成,以最大限度保障道路预期安全。但在实际使用过程中,由于驾驶人及其他交通参与者复杂的行为模式与偶发因素的诱导,仍需要采用具有实时性的道路智能安全方法对道路进行监管和调控,以满足复杂人-车-路混合交通场景的需要。

（二）道路智能安全

路侧感知是道路智能安全的基础,通过架设在路侧的摄像头、雷达等路侧传感器进行协同感知,获取所需的实时道路信息。路侧感知功能主要包括多目标检测、多目标跟踪、意图识别、轨迹预测等。2018 年,借助问卷调查与网联通信获取的输入信息,研究者使用相场理论分析了行人-自行车混合路段内行人与其余交通参与者的相互影响机理,并使用模糊逻辑方法建立了行人意图识别模型[92]。实验验证表明,行人运动意图识别模型的结果与实际情况基本相符。然而,在应用过程中,路侧感知系统难以获得行人的心理数据,需要根据客观信息获取行人意图。2021年,有研究采用方差分析获得了影响行人意图的观测变量和潜在变量,并通过路侧感知系统采集相关数据,使用贝叶斯网络对行人意图识别过程进行了建模。试验结果显示,该方法在多个典型场景下都具有较好的意图识别效果[93]。在短期轨迹预测方面,目前主要使用卡尔曼滤波和粒子滤波[93]等运动预测方法对轨迹进行预测,运动预测方法基于目标历史观测位置进行预测,当目标运动状态不变时,其预测误差较小。为了更精确地对目标长期轨迹进行预测,部分研究者会先预测目标运动状态的变化,再对目标轨迹进行预测。如在2020年,研究者[94]使用动态贝叶斯网络,利用路侧监控视角下的环境特征和运动学信息,通过概率推理来推断行人的运动意图,然后使用序列-序列(Sequence-to-Sequence)模型,结合运动意图信息和过去轨迹,将轨迹预测视为序列生成任务,生成未来轨迹。可见,丰富的路侧感知信息是后续决策控制的基础,也为多种应用提供了可能。

路侧感知信息不仅十分丰富,其使用方法也多种多样。早期主要以人工干预和投入为主,传感器配合为辅,如道路监控系统需要通过人工观看视频信息才能获知当前道路是否曾经发生异常事件,无法实现及时响应。后期则主要希望通过传感器的互相配合智能完成任务。例如将路侧感知设备和压敏电阻结合,完成车重检测,防止道路因过载而损坏等。路侧感知功能在各阶段都对交通系统的安全监管起到了巨大作用,对维护道路安全具有重要意义。

随着万物互联思想的普及,为提高交通安全,道路同时承担着提供信息服务的作用。如图1-12所示,道路信息服务以路侧通信设施为载体,将路侧感知信息、汽车感知信息、道路历史信息、当前环境信息(如天气、路面状况)等客观信息通过无线或有线方式传播到道路区域内的其他智能体中,实现道路区域内的信息共享与传播[95]。这一举措有利于规避驾驶人视觉死角等单车智能难以解决的问题,使汽车拥有超距感知能力,提高行车安全性。除此之外,道路信息服务同样可存储驾驶人行驶风格、驾驶人意图、环境风险等主观信息,并基于该信息辅助整体交通环境作出更安全的决策。道路信息服务还能将信息上载到云服务中心,以供后续处理。例如,当发生交通事故时,警报信号与事故信息能迅速通过路侧通信设施上载到云服务中心,服务顾问会立刻与事故参与者取得联系,并了解其安全状况,以便于救援,从而有效降低事故的死亡率。

除为交通参与者提供信息服务外,道路本身也可以基于决策与控制技术,实现紧急调度,提高交通安全。首先,道路通过信息融合技术,融合多个路侧传感器所感知到的信息,获取最真实的道路环境信息。其次,道路将对环境进行态势评估,确认环境中是否存在危险区域,即可能发生交通事故的区域,并通过信号灯控制、车道控制等方式避免交通事故的发生。若交通事故已经发生,需要尽快将救援汽车运输到事故现场。此时,道路将评估救援汽车往来道路的交通态势,并通过交通标志标识等信息的调节,实现紧急调度功能,避免安全通道拥堵,尽量保证事故的救援效率。

随着路侧设备的布置、万物互联的发展以及边缘计算等基于大数据的技术发展,道路将逐渐脱离传统定义,成为一种能承担感知、通信、计算、决策等任务,为交通参与者提供信息服务的载体,即智能公路。智能公路应基于路侧设备的硬件支持,实现基于数据驱动的信息服务模式和交通管理模式,提供相比人类驾驶更优的分析研判和决策实施的能力支撑。夜光路面的设置能改善夜间行车环境,进行路面警示信息传达,降低夜间事故发生率,感温变色漆可以在天冷路滑时让驾驶人清晰地辨认出冰面所在。交互感应灯可根据车辆与指示灯距离自动调节灯光,实现最佳指示效果。智能公路需要结合道路安全设计手段及道路智能安全功能,通过智能算法形成交通组织、管理、控制的最优方案,创建安全有序的交通环境。对系统尚不完善时出现的交通事故,智能公路需要完善事故边缘分析机制,加强事故处理与救援能力,并对系统自身进行迭代优化。总之,智能公路是道路安全技术的理想集成方式之一,是智慧城市的重要组成部分,对实现汽车智能安全具有重要意义。

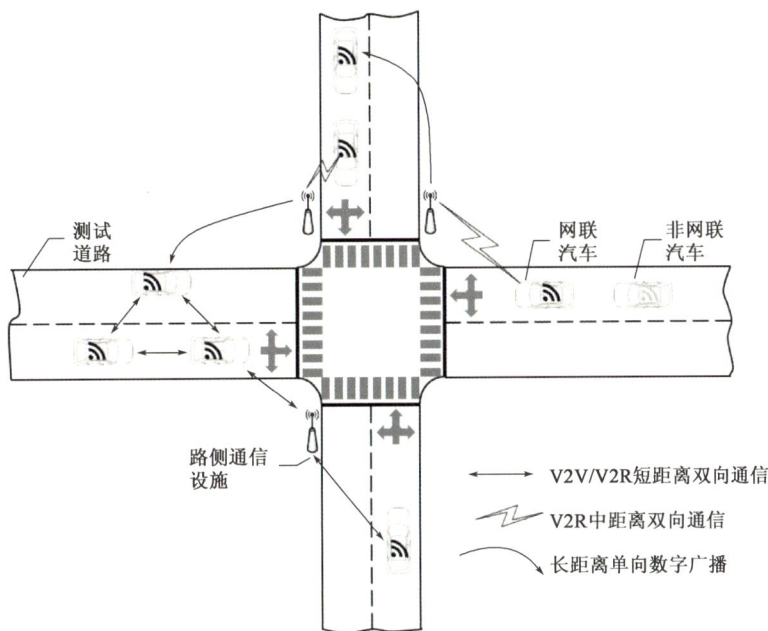

图 1-12 道路信息服务

四、人-车-路协同安全研究

人-车-路协同安全综合考虑驾驶人、汽车、道路等多类要素,利用网联通信等手段,实现多要素耦合的协同安全,对于保障交通安全、提升交通效率、减少能源消耗、优化出行体验等方面都具有重要意义。现有研究应用的典型代表包括车-路/车-车协同安全,以及在此基础上进一步考虑驾驶人特性的人-车-路协同安全。

车-路/车-车协同安全是发展较早的方向之一,其基于无线通信、传感探测等技术获取道路及其使用者的信息,进而实现车与路侧设施以及车与车之间的智能协同与配合,达到提高道路交通安全性的目的。国家层面的车-路/车-车协同代表性项目主要有 2000 年前后开展的美国 VII(Vehicle Infrastructure Integration)项目、日本 Smartway 项目和欧盟 eSafety 项目等。美国车路协同系统典型代表 VII 从 2003 年开始,以道路设施为基础,通过信息与通信技术实现汽车与道路基础设施的集成,获取实时交通数据,感知行车风险,为驾驶人提供安全辅助,保障车辆行驶安全[96]。开始于20世纪末的日本Smartway项目,建立了车载单元的统一平台,通过路侧传感检测前方道路转弯处或视线盲区是否存在交通拥堵或障碍物等情况,并利用车路通信系统向驾驶人提供实时道路信息,以减少交通事故[97]。于2003年开始开展的欧盟eSafety项目,也是应用通信技术为道路交通提供更为全面的安全解决方案,除自主式的车载安全装置外,还考虑了车-路/车-车协同合作方式,即通过通信技术获取道路环境信息,有效评估行车潜在危险并优化车载安全系统功能,其针对汽车事故预防与保护所研发的子系统包括车载智能终端系统、事故前安全驾驶辅助系统、事故中车内乘员保护系统、事故后紧急救援系统等[98]。

车-路/车-车协同技术的典型应用有协同式自适应巡航控制(Cooperative Adaptive Cruise Control,CACC)、道路危险预警、闯红灯警告、交叉路口协同控制等。传统的ACC技术通过雷达等自车传感器获取前车位置和速度等信息,其信息精度和种类均受限。CACC技术在其基础上,通过车-车、车-路通信等手段获取雷达等传感器难以获取的他车加速度等控制状态信息,并通过路侧辅助定位等获取更精确的车辆位置信息[99-100],获取信息范围更广,因此可以实现更大的队列规模、更好的队列稳定性[101]。此外,CACC技术还可以支持定量分析不固定的通信拓扑结构、包含时延和丢包等在内的非理想通信条件对多车队列行驶过程的影响,对于提升队列行驶安全性也有很大意义[102-103]。道路危险预警技术可以在路侧设备检测到有道路湿滑、结冰、大风、大雾时,或存在危险路段时,基于车路通信向一定范围内的网联汽车以广播形式发送道路预警信息,减少可能发生的交通事故。闯红灯警告技术则可以在路侧设备检测到路口有汽车闯红灯行驶后,对路口范围内所有网联汽车广播发送该危险信息,为无法直接观测到该闯红灯汽车的其他汽车及时提供信息补充,降低路口交通事故发生概率[98]。交叉路口协同控制可以综合利用无线通信等手段,获取路口范围内的网联汽车和交通信号灯相位等信息,综合优化交通信号灯相位配时以及汽车行驶速度轨迹,实时判断行车危险程度,在危险情况下对驾驶人发出预警或对汽车进行紧急制动控制[104]。此外,无信号灯交叉路口环境下的车群与路侧单元的协同优化调度可以实现多车的无冲突通行,既可保证行驶安全,也可消除因信号灯相位切换带来的汽车起停能耗[105]。

人-车-路协同安全是在车-路/车-车协同的基础上,进一步考虑驾驶人特性和需求而形成的研究和应用,为汽车及驾驶人提供全方位的安全保障。交通数据统计表明,对动态交通系统中人-车-路耦合风险进行准确量化和评估,能够有效避免或减少可能发生的碰撞事故[106]。人-车-路闭环系统的"行车风险场"研究从场论思想出发,综合考虑人-车-路各要素对汽车行驶安全性造成的风险度,包含由道路中机动车、非机动车等运动物体决定的"动能场"、道路环境要素决定的"势能场"和驾驶人个体特性决定的"行为场",从而为复杂环境行车风险量化评估和汽车安全决策控制提供判决依据[107]。例如,基于行车风险场理论的碰撞预警算法,综合考虑人-车-路各要素中可能引发碰撞的特征参数,形成统一的风险场描述,为安全决策与控制提供重要输入[108]。另一种典型研究思路是协同考虑人、车、路多种要素以确定安全车速,即基于道路参数、驾驶人对道路附着系数的利用程度来实时修正控制器参数,使车速符合驾驶人个体的速度偏好和风险水平。驾驶模拟器实验结果表明,该方法能及时有效地为驾驶人提供与其驾驶习惯相符合的车速辅助方式,提高驾驶安全性和舒适性[109]。此外,研究揭示人-车-路综合作用下汽车运行状态的失稳机理,构建包含驾驶人、汽车、道路、协调中心、人机接口等在内的多智能体稳态安全仿真框架,从而建立驾驶人预瞄控制与跟随模型、汽车多体动力学模型、道路三维空间仿真模型,能够从汽车稳定性和驾驶人操作负荷等方面分析稳态安全性能[110]。

五、汽车安全研究现状总结

保障安全是汽车发展过程中最重要的目标之一。为了保障驾驶人及其他乘员、交通参与者和汽车的安全,世界各国的研究机构和汽车企业开展了大量理论研究与技术开发。

针对驾驶人的安全研究,研究者从统计指标和驾驶人模型两个角度切入,从大量事故数据中提取关键心理、生理指标,建立了用于描述驾驶特性、风险认知特性和驾驶意图的驾驶人模型,这可以帮助研究者更好地了解驾驶人,设计更合理的拟人化驾驶算法。关键事故指标的梳理还有助于事故预警等技术发展。

针对汽车的安全研究,从传统的被动、主动安全向先进驾驶辅助演化,并逐渐催生了汽车智能安全。被动安全用于减少乘员损伤、降低事故损失。主动安全和先进驾驶辅助依靠传感器信息对可能发生的事故进行判断、预警,并提醒驾驶人或直接对汽车进行安全控制,降低事故发生率或严重程度。汽车智能安全更进一步地借助智能化与网联化技术,从系统安全、运行安全、智能防护和安全测评等多个方面持续保障汽车安全。

针对道路的安全研究,主要包括道路安全设计和道路智能安全两类。道路安全设计研究依靠对道路本身的线型、路基路面等设计来减少事故发生的可能性,道路智能安全研究则借助传感、信息通信、云计算等先进技术,进一步保障交通参与者安全。

以车-路/车-车协同为起点并逐渐发展完善的人-车-路协同安全研究,同时考虑驾驶人、汽车、道路中的多个要素,实现多要素的耦合与协同,更加全面地保障道路交通出行安全。

综合来看,借助先进的智能化、网联化技术,并考虑人、车、路多要素的智能安全技术在保护对象的全面性、作用时间的持续性和防护性能的可靠性等方面都展现出巨大优势,是汽车安全的主要发展方向。

第三节　汽车智能安全技术体系

汽车智能安全技术由系统安全保障、智能安全决策与控制、智能协同防护以及安全性能测评四类技术构成,其体系架构如图 1-13 所示。

系统安全保障技术从系统角度设计整体体系,明确各系统功能需求和应用时机,具体包括功能安全保障、预期功能安全保障以及信息安全保障等技术。其中,功能安全保障技术通过故障检测与诊断方法获取信息,应用容错控制进行故障消除。预期功能安全保障技术通过状态监测获取系统状态与外部环境、驾驶人状态,进而由感知预期功能安全保障从数据中进行环境理解,并将感知结果输出到决策预期功能安全保障,采用非学习类或基于学习的决策算法优化,实现混合决策。人机交互预期功能安全设计根据获取的驾驶人状态来进行误操作行为分析和行为防护。信息安全保障技术以汽车信息安全拓扑结构为基础,设计纵深防御系统架构,通过汽车信息安全入侵检测与防御实现对入侵信息收集、分析检测和危险防御。信息安全加密与通信技术能够保障车内与车外信息安全。

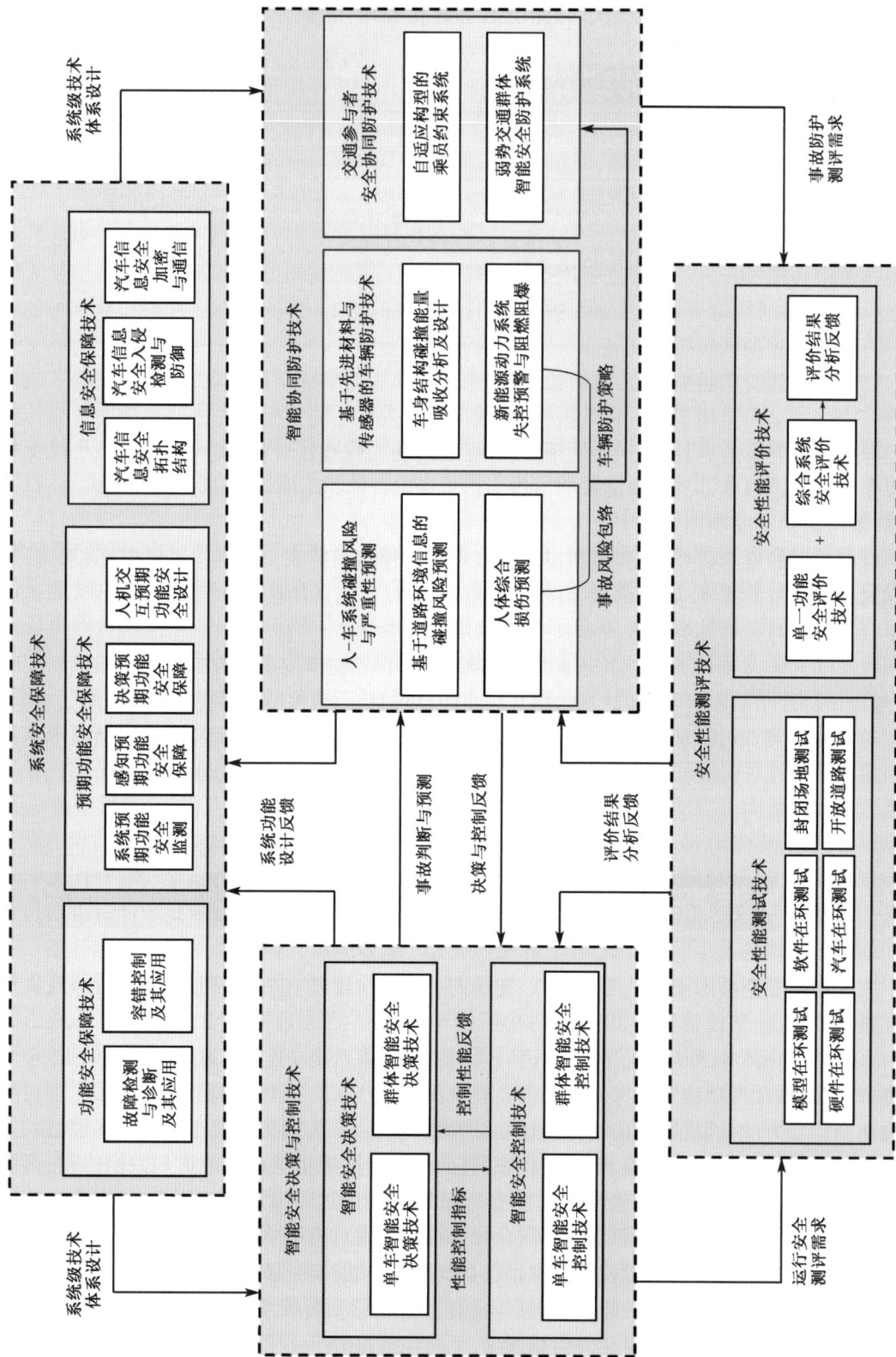

图1-13 汽车智能安全技术体系架构图

智能安全决策与控制技术负责行车过程中的安全保障,其能在判断或预测事故的同时,降低事故风险及其严重性,并为协同防护技术提供输入,具体包括单车与群体两大层级。单车智能安全决策技术通过分层式决策和安全决策算法实现全局路径规划、行为决策和轨迹规划等。单车智能安全控制技术以汽车运动学模型和动力学模型为基础,根据单车安全控制指标,设计安全控制算法,以实施汽车轨迹跟踪控制和临界失稳控制等。群体智能安全决策技术能够通过分场景式决策和安全决策算法实现队列编队、路口通行优化和协同避撞等功能。群体安全控制技术以四元素模型等车群模型为基础,根据群体安全控制指标,设计理想通信下群体协同控制和非理想条件下车群控制。

智能协同防护技术负责在事故过程中降低汽车、自车乘员以及其他交通参与者的损伤风险和严重性,为决策与控制技术提供事故伤害反馈,并与之一起完善系统功能,具体包括人-车系统碰撞风险与严重性预测、基于先进材料与传感的汽车防护和交通参与者协同防护技术。人-车系统碰撞风险与严重性预测能够根据交通参与者损伤机理和结果数据,建立损伤指标,根据道路环境信息实现事故前碰撞风险预测以及事故后综合损伤预测。基于先进材料与传感器的汽车防护技术通过车身结构碰撞能量吸收分析与设计,制定结构耐撞指标,也包括针对新能源动力系统进行的电池包布置优化、阻燃阻爆技术和碰撞保护结构设计等,以实现热失控预警和防护。根据对象的不同,交通参与者安全协同防护技术包括针对自车乘员的自适应构型约束系统和针对车外行人等弱势交通群体的智能安全防护系统。

安全性能测评技术基于安全与事故防护系统的测评需求,开展汽车智能安全性能的多维度测评,并通过反馈测评结果来指导改善智能决策与控制及协同防护技术,具体包括性能测试与评价。安全性能测试技术根据测试效率和真实程度的不同,可通过虚拟仿真实现模型在环测试和软件在环测试,通过部分实物实现硬件在环测试和汽车在环测试,通过试验场实现封闭场地测试并通过真实道路实现开放道路测试。安全性能评价技术针对汽车的单一功能和整车系统进行安全评价,并利用综合评估结果推断风险,改进技术问题。

本章小结

汽车智能安全是指通过先进理论方法和技术,实现智能汽车安全性能可靠、运行风险可控及碰撞防护有效的全过程安全保障;其以人-车-路微观交通系统为对象,以智能汽车为核心要素,充分利用智能化、网联化等先进技术,提高车辆的安全性;其涵盖了系统安全、运行安全、智能防护和安全测评等多个方面,在减少交通事故、改善交通环境等方面具有重要意义。针对汽车的安全研究与技术开发已有多年历史,主要包括针对驾驶人(统计指标、驾驶人模型)、汽车(传统主被动安全、先进驾驶辅助、汽车智能安全)、道路(道路安全设计、道路智能安全)和人-车-路一体化系统(车-路/车-车协同安全、人-车-路一体化协同安全)等的研究,并催生了一系列汽车安全技术。汽车智能安全具备全面的保护范围、较长的保护时间以及可靠的保护性能,且与智能化、网联化等先进技术融合,建立起了由系统安全保障、智能安全决策与控制、智能协同防护以及安全性能测评组成的技术体系,能够全方位保障人-车-路系统的安全,是汽车安全领域的重要发展方向。

本章参考文献

［1］ 王生昌,李新耀.驾驶人动作、反应特性与交通事故的相关性研究［J］.西安公路交通大学学报,1995 (04):59-65.

［2］ 毛恩荣,周一鸣.机动车驾驶人场依存性和速度估计能力对行车安全性的影响［J］.中国农业大学学报, 1997(02):114-118.

［3］ 何存道,汤震东,郑宁华.卡车驾驶人情绪状态研究［J］.人类工效学,2001(02):18-21＋70.

［4］ 李小华,何存道,彭楚翘,等.卡车驾驶人速度估计研究［J］.心理科学,1997(06):525-529＋575-576.

［5］ 郭孜政.驾驶行为险态辨识理论与方法［D］.成都:西南交通大学,2009.

［6］ 李百川,孙建宏,肖利军.中国职业汽车驾驶人适宜性检测标准制订研究［J］.安全与环境学报,2001 (03):7-10.

［7］ BREHMER B. Variable errors set a limit to adaptation［J］. Ergonomics, 1990, 33(10-11): 1231-1239.

［8］ BROWN I D. Drivers´margins of safety considered as a focus for research on error［J］. Ergonomics, 1990, 33 (10-11): 1307-1314.

［9］ RAGGATT P T F, MORRISSEY S A. A field study of stress and fatigue in long-distance bus drivers［J］. Behavioral medicine, 1997, 23(3): 122-129.

［10］ 张磊,王建强,杨馥瑞,等.驾驶人行为模式的因子分析和模糊聚类［J］.交通运输工程学报,2009,9 (05):121-126.

［11］ HOLMAN A C, HAVÂRNEANU C E. The Romanian version of the multidimensional driving style inventory: Psychometric properties and cultural specificities［J］. Transportation research part F: traffic psychology and behaviour, 2015, 35: 45-59.

［12］ CHEN S W, FANG C Y, TIEN C T. Driving behaviour modelling system based on graph construction［J］. Transportation research part C: emerging technologies, 2013, 26: 314-330.

［13］ JOHNSON D A, TRIVEDI M M. Driving style recognition using a smartphone as a sensor platform［C］//2011 14th International IEEE Conference on Intelligent Transportation Systems (ITSC). IEEE, 2011: 1609-1615.

［14］ 侯海晶,金立生,关志伟,等.驾驶风格对驾驶行为的影响［J］.中国公路学报,2018,31(04):18-27.

［15］ BERDOULAT E, VAVASSORI D, SASTRE M T M. Driving anger, emotional and instrumental aggressiveness, and impulsiveness in the prediction of aggressive and transgressive driving［J］. Accident Analysis & Prevention, 2013, 50: 758-767.

［16］ MUÑOZ M, REIMER B, MEHLER B. Exploring new qualitative methods to support a quantitative analysis of glance behavior［C］// Proceedings of the 7th International Conference on Automotive User Interfaces and Interactive Vehicular Applications. 2015: 125-132.

［17］ 郑东鹏.驾驶人危险感知及影响因素研究［D］.上海:上海交通大学,2013.

［18］ LEFÈVRE S, VASQUEZ D, LAUGIER C. A survey on motion prediction and risk assessment for intelligent vehicles［J］. ROBOMECH journal, 2014, 1(1): 1-14.

［19］ LAWITZKY A, ALTHOFF D, PASSENBERG C F, et al. Interactive scene prediction for automotive applications ［C］//2013 IEEE Intelligent Vehicles Symposium (Ⅳ). IEEE, 2013: 1028-1033.

［20］ HILLENBRAND J, SPIEKER A M, KROSCHEL K. A multilevel collision mitigation approach—Its situation assessment, decision making, and performance tradeoffs［J］. IEEE Transactions on intelligent transportation systems, 2006, 7(4): 528-540.

［21］ WORRALL S, ORCHANSKY D, MASSON F, et al. Improving vehicle safety using context based detection of risk［C］//13th International IEEE Conference on Intelligent Transportation Systems. IEEE, 2010：379-385.

［22］ LIU A, PENTLAND A. Towards real-time recognition of driver intentions［C］//Proceedings of Conference on Intelligent Transportation Systems. IEEE, 1997：236-241.

［23］ BERNDT H, EMMERT J, DIETMAYER K. Continuous driver intention recognition with hidden markov models ［C］// 2008 11th International IEEE Conference on Intelligent Transportation Systems. IEEE, 2008：1189-1194.

［24］ KUGE N, YAMAMURA T, SHIMOYAMA O, et al. A driver behavior recognition method based on a driver model framework［J］. SAE transactions, 2000：469-476.

［25］ 侯海晶. 高速公路驾驶人换道意图识别方法研究［D］. 长春:吉林大学,2013.

［26］ 王英范,宁国宝,余卓平. 乘用车驾驶人制动意图识别参数的选择［J］.汽车工程,2011,33(03):213-216 + 230.

［27］ 王庆年,唐先智,王鹏宇,等.基于驾驶意图识别的混合动力汽车控制策略［J］.吉林大学学报(工学版), 2012,42(04):789-795.

［28］ 王玉海,宋健,李兴坤.驾驶人意图与行驶环境的统一识别及实时算法［J］.机械工程学报,2006(04): 206-212.

［29］ 王建强,郑讯佳,黄荷叶.驾驶人驾驶决策机制遵循最小作用量原理［J］.中国公路学报,2020,33(04): 155-168.

［30］ 宋健,王伟玮,李亮,等. 汽车安全技术的研究现状和展望［J］. 汽车安全与节能学报,2010,1(2): 98-106.

［31］ FERGUSON S A. The Effectiveness of Electronic Stability Control in Reducing Real-World Crashes: A Literature Review［J］. Journal of Crash Prevention & Injury Control, 2007, 8(4):329-338.

［32］ Insurance Institute for Highway Safety (IIHS). Electronic stability control could prevent nearly one-third of all fatal crashes and reduce rollover risk by as much as 80%; effect is found on single- and multiple-vehicle crashes［EB/OL］. News Release (2006-06-13)［2021-07-03］. http://www.iihs.org/news/rss/pr061306. html.

［33］ Volkswagen. Active roll-over protection system. Retrieved 28 August 2012. https://www.volkswagen.co.uk/ technology/car-safety/crumple-zones.

［34］ HAMID A, ZAKIR U, et al. Autonomous emergency braking system with potential field risk assessment for frontal collision mitigation［J］. 2017 IEEE Conference on Systems, Process and Control (ICSPC). 2017: 71-76.

［35］ JOAN L. Studies: Automated safety systems are preventing car crashes［EB/OL］. AP News. (2017-08-27) ［2020-11-23］. https://phys.org/news/2017-08-automated-safety-car.html.

［36］ WANG J, YU C, LI S, et al. A Forward Collision Warning Algorithm With Adaptation to Driver Behaviors ［J］. IEEE Transactions On Intelligent Transportation Systems. 2016,17(4), 1157-1167.

［37］ LI Y, ZHENG Y, WANG J, et al. Evaluation of Forward Collision Avoidance system using driver's hazard perception［ ］. Intelligent Transportation Systems (ITSC), 2016 IEEE 19th International Conference on. IEEE, 2016：2273-2278.

［38］ "New study confirms real-world safety benefits of autonomous emergency braking". European Transport Safety Council. 11 July 2015. Retrieved 8 June 2019.

［39］ BIAN Y, DING J, HU M, et al. An Advanced Lane-Keeping Assistance System With Switchable Assistance Modes［J］. IEEE Transactions on Intelligent Transportation Systems, (IF = 5.744). 2020, VOL: 21 NO: 1

PP. 385-396.

[40] JOAN L. Studies：Automated safety systems are preventing car crashes［J］. AP News. Archived from the original on 2017-08-27.

[41] ISO. Road vehicles—Functional safety：ISO 26262［S］. Geneva, Switzerland：ISO；2018.

[42] ISO. Road Vehicles—Safety of the Intended Functionality：ISO/DIS 21448：2021［S］. Geneva, Switzerland：ISO；2021.

[43] Cybersecurity Guidebook for Cyber-Physical Vehicle Systems：SAE J3061［S］. Geneva：ISO，2016.

[44] Road Vehicles-Cybersecurity Engineering：ISO/SAE DIS 21434［S］. Geneva：ISO，2020.

[45] 钟再敏，黄熙，章鸿滨. 基于 AUTOSAR 的点到点安全通信的实现［J］. 计算机测量与控制，2017，25（10）：5.

[46] DÖBEL B. Operating system support for redundant multithreading［J］. 2012.

[47] 高屹. 机动车运行安全状态监测系统优化调度方法研究［D］. 广州：华南理工大学，2012.

[48] ZHENG S, SONG Y, LEUNG T, et al. Improving the Robustness of Deep Neural Networks via Stability Training［J］. Computer Vision & Pattern Recognition，2016：4480-4488.

[49] SANTOS F，DRAGHETTI L，WEIGEL L, et al. Evaluation and Mitigation of Soft-Errors in Neural Network-Based Object Detection in Three GPU Architectures［C］// 2017 47th Annual IEEE/IFIP International Conference on Dependable Systems and Networks Workshop（DSN-W）. IEEE，2017.

[50] 刘楠. 智能车联网信息安全中身份认证机制的设计与原型开发［D］. 北京：北京邮电大学，2020. DOI：10.26969/d. cnki. gbydu. 2020. 001589.

[51] ZHENG X, HUANG H, WANG J, et al. Behavioral decision-making model of the intelligent vehicle based on driving risk assessment［J］. Computer-Aided Civil and Infrastructure Engineering，2021，36（7）：820-837.

[52] URMSON C, ANHALT J, BAGNELL D, et al. Autonomous driving in urban environments：Boss and the urban challenge［J］. Journal of Field Robotics，2008，25（8）：425-466.

[53] LI S, LI K, RAJAMANI R, et al. Model predictive multi-objective vehicular adaptive cruise control［J］. IEEE Transactions on control systems technology，2010，19（3）：556-566.

[54] SCHWARTING W, ALONSO-MORA J, RUS D. Planning and decision-making for autonomous vehicles［J］. Annual Review of Control, Robotics, and Autonomous Systems，2018：357-366.

[55] LI K, WANG X, XU Y, et al. Lane changing intention recognition based on speech recognition models［J］. Transportation Research Part C：Emerging Technologies，2016，69：497-514.

[56] XIE G, GAO H, QIAN L, et al. Vehicle trajectory prediction by integrating physics-and maneuver-based approaches using interactive multiple models［J］. IEEE Transactions on Industrial Electronics，2018，65（7）：5999-6008.

[57] WANG J, WU J, LI Y. The driving safety field based on driver-vehicle-road interactions［J］. IEEE Transactions on Intelligent Transportation Systems，2015，16（4）：2203-2214.

[58] 郑洋. 基于四元素构架的车辆队列动力学建模与分布式控制［D］. 北京：清华大学，2015.

[59] WANG J, LI S E, ZHENG Y, et al. Longitudinal collision mitigation via coordinated braking of multiple vehicles using model predictive control［J］. Integrated Computer-Aided Engineering，2015：171-185.

[60] 王建强，王海鹏，刘佳熙，等. 基于车路一体化的交叉口车辆驾驶辅助系统［J］. 中国公路学报，2013，26（4）：169-175.

[61] 《中国公路学报》编辑部. 中国汽车工程学术研究综述·2017［J］. 中国公路学报，2017，30（06）：1-197.

[62] 陈宁川. 车用动力电池组的热管理系统设计及控制［D］. 北京：清华大学，2016.

[63] 陈君毅，冯天悦，刘力豪，等. 面向决策规划系统测试的具体场景自动化生成方法［J］. 汽车技术，2020

（10）：45-50.

[64] HALLERBACH S, XIA Y, EBERLE U, et al. Simulation-based identification of critical scenarios for cooperative and automated vehicles [J]. SAE International Journal of Connected and Automated Vehicles, 2018, 1 (2018-01-1066)：93-106.

[65] 李霖，朱西产，董小飞，等. 自主紧急制动系统避撞策略的研究 [J]. 汽车工程，2015，37（2）：168-174.

[66] ZHU B, YAN S, ZHAO J, et al. Personalized lane-change assistance system with driver behavior identification [J]. IEEE Transactions on Vehicular Technology, 2018, 67(11): 10293-10306.

[67] SUNDARAVADIVELU K, SHANTHARAM G, PRABAHARAN P, et al. Analysis of vehicle dynamics using co-simulation of AVL-CRUISE and CarMaker in ETAS RT environment [C] // 2014 International Conference on Advances in Electrical Engineering (ICAEE). IEEE, 2014：1-4.

[68] HUANG H, PAN M, LU Z. Hardware-in-the-loop simulation technology of wide-band radar targets based on scattering center model [J]. Chinese Journal of Aeronautics, 2015, 28(5): 1476-1484.

[69] TETTAMANTI T, SZALAI M, VASS S, et al. Vehicle-in-the-loop test environment for autonomous driving with microscopic traffic simulation [C] // 2018 IEEE International Conference on Vehicular Electronics and Safety (ICVES). IEEE, 2018：1-6.

[70] XU Z, WANG M, ZHANG F, et al. PaTAVTT: A hardware-in-the-loop scaled platform for testing autonomous vehicle trajectory tracking [J]. Journal of Advanced Transportation, 2017, 2017.

[71] 李骁驰，赵祥模，徐志刚，等. 面向智能网联交通系统的模块化柔性试验场 [J]. 中国公路学报，2019，32（06）：137-146.

[72] WANG J, SHAO Y, GE Y, et al. A survey of vehicle to everything (V2X) testing [J]. Sensors, 2019, 19（2）：334.

[73] 孙扬，熊光明，陈慧岩. 基于 Fuzzy-EAHP 的无人驾驶车辆智能行为评价 [J]. 汽车工程，2014，36（01）：22-27.

[74] 郭章勇. 自适应巡航控制系统驾驶员接受性评价方法研究 [D]. 长春：吉林大学，2014.

[75] 熊光明，高利，吴绍斌，等. 无人驾驶车辆智能行为及其测试与评价 [M]. 北京：北京理工大学出版社，2015.

[76] 余荣杰，田野，孙剑. 高等级自动驾驶汽车虚拟测试：研究进展与前沿 [J]. 中国公路学报，2020，33（11）：125-138.

[77] 《中国公路学报》编辑部. 中国道路工程学术研究综述·2013 [J]. 中国公路学报，2013，26（03）：1-36.

[78] GLENNON J C, NEUMAN T R, LEISCH J E. SAFETY AND OPERATIONAL CONSIDERATIONS FOR DESIGN OF RURAL HIGHWAY CURVES. FINAL REPORT [R]. 1983.

[79] VOGT A, BARED J. Accident models for two-lane rural segments and intersections [J]. Transportation Research Record, 1998, 1635(1): 18-29.

[80] 郭忠印，杨漾，曹继伟，等. 基于高速公路线形综合指标的安全评价模型 [J]. 同济大学学报：自然科学版，2009（11）：1472-1476.

[81] 史扬，陈永胜. 下坡路段的道路线型设计安全评价方法 [J]. 西部交通科技，2008（5）：43-46.

[82] 侯涛. 基于运行速度的干线公路安全性评价方法研究 [D]. 重庆：重庆交通大学，2009.

[83] 裴玉龙，马骥. 道路交通事故道路条件成因分析及预防对策研究 [J]. 中国公路学报，2003，16（4）：77-82.

[84] 徐忠阳. 公路路基路面设计安全检查体系研究 [D]. 西安：长安大学，2006.

[85] 郭忠印，方守恩，等. 道路安全工程 [M]. 北京：人民交通出版社，2003.9.

［86］支帆,吕润华,刘应强.基于聚合物混凝土的自发光路面材料性能研究［J］.热固性树脂,2022,37(01)：38-43. DOI:10.13650/j.cnki.rgxsz.2022.01.017.

［87］刘汉龙,费康,马晓辉,等.振动沉模大直径现浇薄壁管桩技术及其应用(Ⅰ)：开发研制与设计［J］.岩土力学,2003(02):164-168. DOI:10.16285/j.rsm.2003.02.005.

［88］陈劲风.长大隧道交通诱导与控制研究［D］.西安:长安大学,2002.

［89］单永欣.公路隧道交通诱导与控制策略研究［D］.西安:长安大学,2004.

［90］韩直,彭建国,郑浩.雪峰山特长公路隧道异常分类与预警技术研究［J］.中南公路工程,2006(01):76-78+119.

［91］易威.高速公路道路安全保障设施安全性评价研究［D］.广州:华南理工大学,2012.

［92］LIU Z, WANG X, WANG J, et al. Pedestrian movement intention identification model in mixed pedestrian-bicycle sections based on phase-field coupling theory［J］. Advances in Mechanical Engineering, 2018, 10(2)：1687814017746515.

［93］XU Q, WU H, WANG J, et al. Roadside pedestrian motion prediction using Bayesian methods and particle filter［J］. IET Intelligent Transport Systems, 2021, 15(9)：1167-1182.

［94］LI Y, LU X, WANG J, et al. Pedestrian Trajectory Prediction Combining Probabilistic Reasoning and Sequence Learning［J］. IEEE transactions on intelligent vehicles, 2020,5(3):461-474. EI:20200308051536.

［95］张长隆,鲍海兴,杜仙童,等.路侧感知在智能网联汽车中的应用与未来［J］.人工智能,2019(01):58-66. DOI:10.16453/j.cnki.issn2096-5036.2019.01.007.

［96］王笑京.智能交通与道路交通安全-发展动态及建议［C］//2008第四届中国智能交通年会论文集.2008:21-32.

［97］MAKINO H. Smartway project［J］. Development, 2005.

［98］陈超,吕植勇,付姗姗,等.国内外车路协同系统发展现状综述［J］.交通信息与安全,2011,29(01):102-105+109.

［99］VAN AREM B, VAN DRIEL C J G, VISSER R. The impact of cooperative adaptive cruise control on traffic-flow characteristics［J］. IEEE Transactions on intelligent transportation systems, 2006, 7(4)：429-436.

［100］NAUS G J L, VUGTS R P A, PLOEG J, et al. String-stable CACC design and experimental validation：A frequency-domain approach［J］. IEEE Transactions on vehicular technology, 2010, 59(9)：4268-4279.

［101］LI S, LI K, RAJAMANI R, et al. Model predictive multi-objective vehicular adaptive cruise control［J］. IEEE Transactions on control systems technology, 2010, 19(3)：556-566.

［102］ZHENG Y, LI S E, WANG J, et al. Stability and scalability of homogeneous vehicular platoon：Study on the influence of information flow topologies［J］. IEEE Transactions on intelligent transportation systems, 2015, 17(1)：14-26.

［103］LI K, BIAN Y, LI S E, et al. Distributed model predictive control of multi-vehicle systems with switching communication topologies［J］. Transportation Research Part C：Emerging Technologies, 2020, 118：102717.

［104］王建强,王海鹏,刘佳熙,等.基于车路一体化的交叉口车辆驾驶辅助系统［J］.中国公路学报,2013,26(04):169-175+183.

［105］XU B, LI S E, BIAN Y, et al. Distributed conflict-free cooperation for multiple connected vehicles at unsignalized intersections［J］. Transportation Research Part C：Emerging Technologies, 2018, 93：322-334.

［106］WANG J, HUANG H, LI Y, et al. Driving risk assessment based on naturalistic driving study and driver attitude questionnaire analysis［J］. Accident Analysis & Prevention, 2020, 145：105680.

［107］王建强,吴剑,李洋.基于人-车-路协同的行车风险场概念、原理及建模［J］.中国公路学报,2016,29(01):105-114.

［108］ WANG J，WU J，ZHENG X，et al. Driving safety field theory modeling and its application in pre-collision warning system［J］. Transportation research part C：emerging technologies，2016，72：306-324.

［109］ 贾兴利,杨宏志,刘晨. 人-车-路耦合环境中车辆稳态安全仿真［J］.中国安全科学学报,2015,25（01）：40-45.

［110］ 陈小磊. 基于人-车-路协同的弯道安全车速辅助系统［D］.北京:中国农业大学,2014.

系统安全

第二章 内容构架

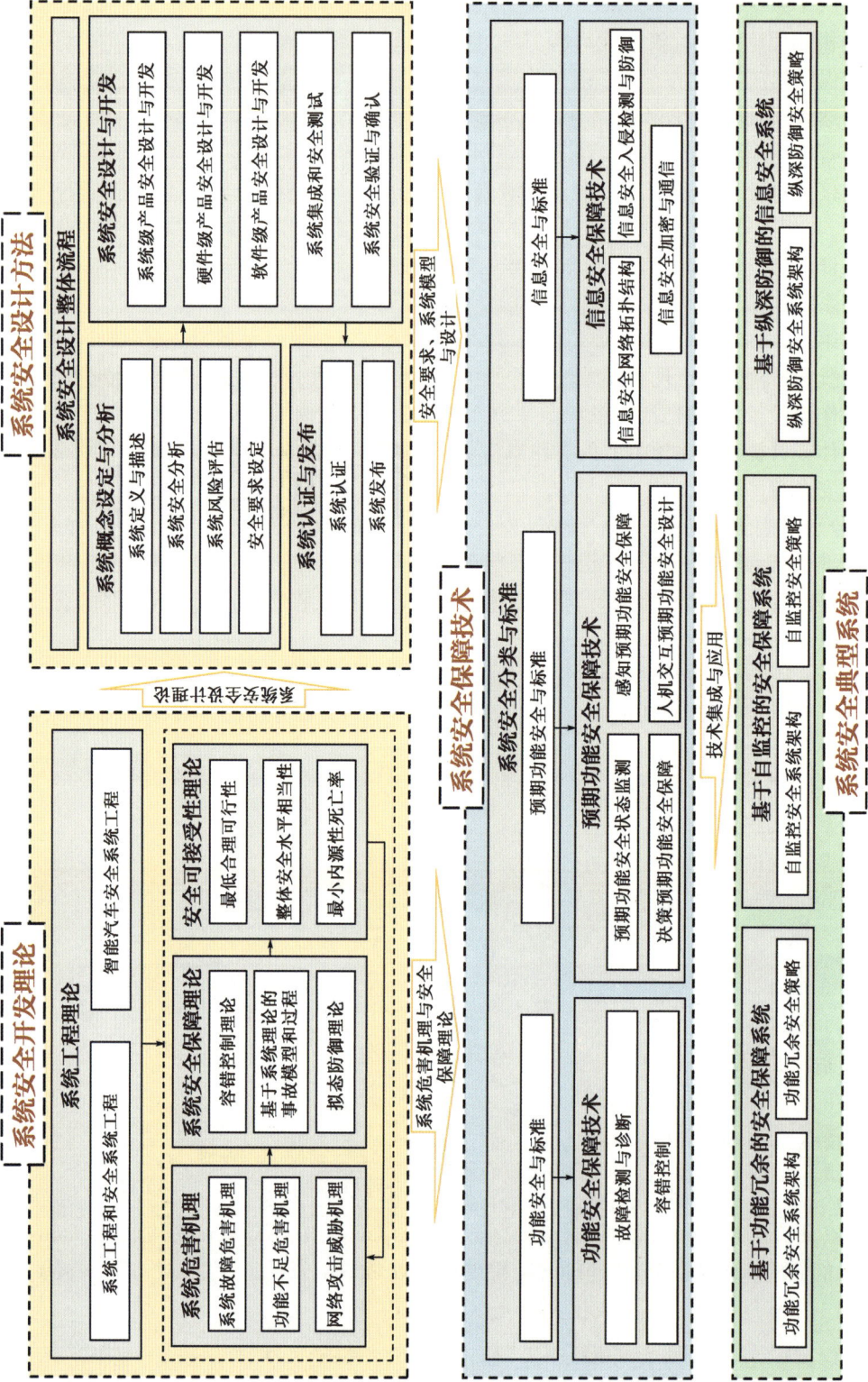

系统安全设计方法

系统安全设计整体流程

- 系统安全设计与开发
  - 系统级产品安全设计与开发
  - 硬件级产品安全设计与开发
  - 软件级产品安全设计与开发
  - 系统集成和安全测试
  - 系统安全验证与确认
- 系统概念设定与分析
  - 系统定义与描述
  - 系统安全分析
  - 系统风险评估
  - 安全要求设定
- 系统认证与发布
  - 系统认证
  - 系统发布

（安全要求、系统模型与设计）

系统安全开发理论

系统工程理论
- 智能汽车安全系统工程
- 系统工程和安全系统工程

系统危害机理
- 系统故障危害机理
- 功能不足危害机理
- 网络攻击威胁机理

系统安全保障理论
- 容错控制理论
- 基于系统理论的事故模型和过程
- 拟态防御理论

安全可接受性理论
- 最低合理可行性
- 整体安全水平相当性
- 最小内源性死亡率

（系统危害机理与安全保障理论）

系统安全保障技术

系统安全分类与标准
- 信息安全与标准
- 预期功能安全与标准
- 功能安全与标准

信息安全保障技术
- 信息安全网络拓扑结构
- 信息安全入侵检测与防御
- 信息安全加密与通信

预期功能安全保障技术
- 感知预期功能安全保障
- 人机交互预期功能安全设计
- 预期功能安全状态监测
- 决策预期功能安全保障

功能安全保障技术
- 故障检测与诊断
- 容错控制

（技术集成与应用）

系统安全典型系统

基于纵深防御的信息安全系统
- 纵深防御安全系统架构
- 纵深防御安全策略

基于自监控的安全保障系统
- 自监控安全系统架构
- 自监控安全策略

基于功能冗余的安全保障系统
- 功能冗余安全系统架构
- 功能冗余安全策略

汽车系统安全(Vehicles System Safety,VSS)是指在汽车系统生命周期内应用安全系统工程等相关理论和系统安全设计等方法,辨识整车、零部件及算法等的潜在危害,并采取有效的安全保障措施及技术将其系统风险降至可接受水平,从而使汽车在规定的性能、时间和成本范围内达到最佳安全状态。

智能汽车是汽车、交通、信息等方面深度融合的典型复杂系统,各组成要素间以复杂关系相连接。系统安全研究是系统工程和安全工程的有机结合,主要用于解决复杂系统的安全性问题,其相关安全活动贯穿系统生命全周期,是开发具备高可靠性与高安全性的智能汽车的重要保证,其内容涉及安全开发基础理论、系统安全设计流程方法、系统安全保障关键技术及其典型系统。

第二章内容架构如上页框图所示,其中系统安全开发理论以系统工程理论为基础,探究复杂系统的故障、功能不足和网络攻击三类主要危害机理,研究安全保障和安全验证等理论,并以之作为设计和保障的理论基础;系统安全设计是研究和保障系统安全的核心方法,基于"V"字整体设计流程,依次开展系统概念设定与分析、系统安全设计与开发和系统认证与发布,为系统安全保障技术提供安全要求、系统模型与设计依据;系统安全保障技术针对三类危害机理,分别衍生出功能安全、预期功能安全和信息安全三项关键技术,形成相应的实现方法、特点和标准框架;系统安全典型系统是以上理论、方法与技术集成应用的载体,包括基于功能冗余与自监控的安全保障系统、纵深防御信息安全系统等。

第一节 系统安全开发理论

系统安全开发理论是开发方法和保障技术的基础,总体框架呈"V"字模型,如图 2-1 所示。基于系统设计输入,V 模型左侧的系统危害理论可以对安全需求进行识别,进而通过系统安全保障理论进行系统安全开发和实现;而 V 模型右侧的安全可接受理论则可以对安全实现进行验证,如果满足安全需求,则可以进行产品安全发布。

一、系统工程理论

系统工程理论支撑系统安全分析、安全保障和验证技术,是实现系统安全开发的基础。如图 2-1 所示,面向智能汽车应用领域,系统工程理论依次衍生出系统工程、安全系统工程和智能汽车安全系统工程。

(一)系统工程和安全系统工程

系统工程是实现系统安全的前提,而安全系统工程是其典型专业工程之一。

1.系统工程

人类在长期的生产实践活动中,逐渐形成了朴素的系统思想——把事物的各个组成部分联系起来,从整体上进行综合分析。系统思想古已有之,但是"系统工程"这个概念出现的时间还不到一百年,其主要起源于 20 世纪 40 年代以来定量化系统思想方法的实际应用[1]。作为新兴专业,系统工程处在快速发展过程中,相关的方法和技术还在不断涌现和改进,应用领域不断拓展。

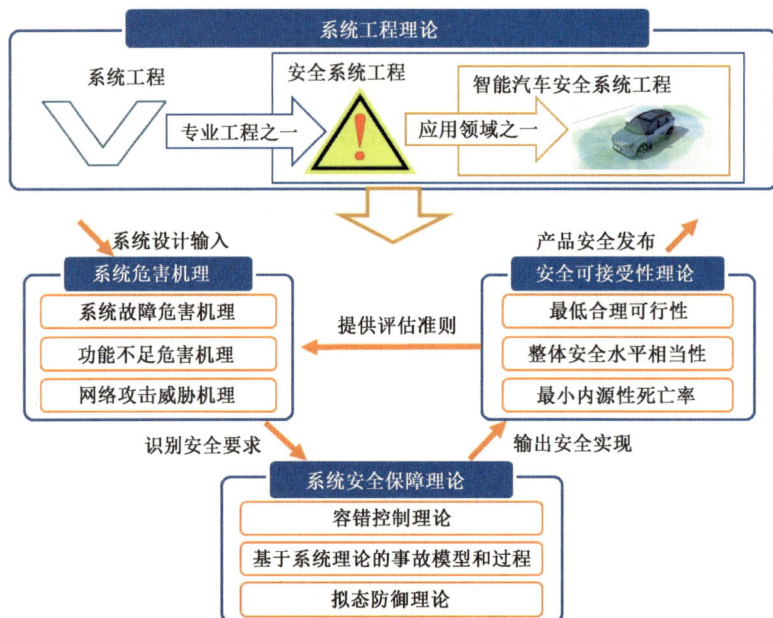

图 2-1 系统安全开发理论框架

系统工程在系统思想指导下,综合应用自然科学和社会科学中的相关理论、方法和工具,以达到最优规划设计和控制管理的目的,对系统的功能、构成和信息流等实际问题进行分析和处理。它既是一门统筹全局和综合协调研究系统的科学,又是一项系统开发、设计、测试验证、实施和运用的工程技术[2]。系统工程涉及的基础学科包括系统理论、控制论、运筹学和信息论等,这些基础学科的研究进展极大地促进了系统工程的实际运用。

系统工程的主要研究对象是较为复杂的大系统。早期发展过程中,在美国航空航天和相关武器领域发挥了巨大的促进作用。在当今社会,系统工程已经在交通运输、能源动力、军事、农业以及社会经济中得到了广泛的应用,并形成相应的系统专业工程[3],新的应用领域还在不断地被开辟和扩展[4]。

1957 年,美国密歇根大学的古德(Harry H. Goode)首次在其著作《系统工程学》中引入了排队论、线性规划、决策论等数学分支,为系统科学与工程奠定了数学基础[5]。1965 年,麦克霍尔(R. E. Machol)概括了系统工程学的各个方面[6],促成了系统工程早期最成功的范例,即 1969 年的阿波罗登月计划。国际系统工程协会(International Council on Systems Engineering, INCOSE)从 1994 年开始发布《系统工程手册》(Systems Engineering Handbook, SEH),目前已经发布了 4.0 版,对系统工程领域相关理论、方法及应用进行系统性的阐述[7]。对系统工程的讨论,经常引用"V"字模型来描述系统工程的分解-集成过程[8],如图 2-2 所示,其中,文字描述部分增加了对安全与可靠性的考虑。

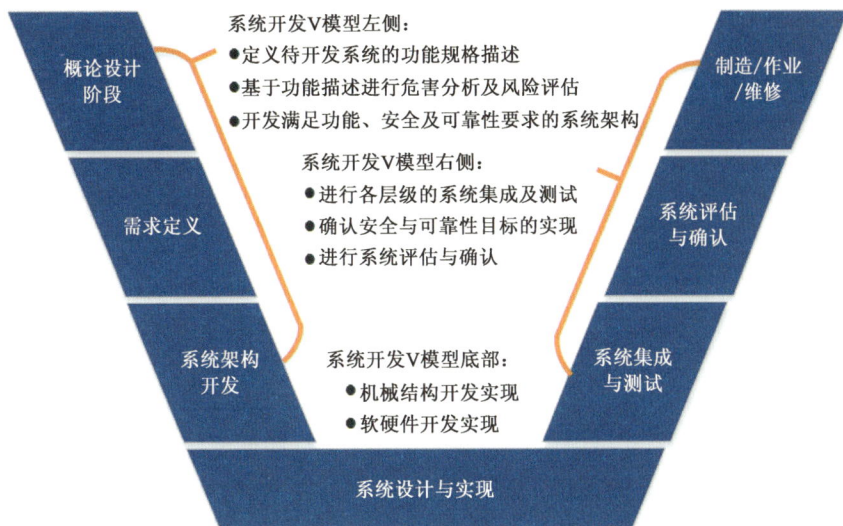

图 2-2 系统工程"V"字模型

随着信息技术的发展,系统间的交互和耦合使得系统复杂度提升。20世纪90年代末,以复杂自适应理论为指导的体系(System of Systems,SoS,也称系统的系统或分散复杂系统)应运而生,此类体系及其对应的体系工程成为系统工程的重点研究领域。典型的体系包括:军事体系、计算机体系、全球地面观测体系、智能交通体系、社会体系等。当前迅速发展的智能汽车、车联网及智能交通系统等也可看作是由多个系统协作集成的规模庞大、结构复杂的体系。

2.安全系统工程

系统工程将知识维度分为传统学科工程与专业工程两个方面。传统学科工程指力学、热学、电学等各学科的专门技术,其多从自然科学角度延伸,考虑由人类创造出来的工程系统必须服从的普遍规律。专业工程从系统的各种利益相关者与系统的联系和矛盾出发,其通常跨学科地应用特殊专业知识和理论方法提升系统的功能特性[9]。依据 INCOSE《系统工程手册》对各个专业工程的简要介绍,可按具体内涵将其分为 6 类,见表 2-1。

INCOSE《系统工程手册》中的专业工程分类   表 2-1

序号	分　类	专　业　工　程
1	与经济、价值有关的专业工程	经济可承受性(Affordability); 价值工程(Value Engineering)
2	与系统本身特性有关的专业工程	物量特性工程(Mass Property Engineering); 电磁兼容性(Electromagnetic Compatibility)
3	与型号系统的环境有关的专业工程	环境工程/影响分析(Environmental Engineering / Impact Analysis); 互操作性分析(Interoperability Analysis)
4	与制造相关的专业工程	制造与可生产性分析(Manufacturing and Producibility Analysis)

续上表

序号	分　　类	专 业 工 程
5	与使用和操控有关的特性	易用性/人-系统集成(Usability Analysis/Human-Systems Integration); 训练需求(Training Needs Analysis); 系统安全性工程(System Safety Engineering)
6	与可用性有关的专业工程	可靠性、可用性、维修性(Reliability, Availability, and Maintainability, RAM); 安全系统工程(Safety Systems Engineering); 后勤工程(Logistics Engineering); 弹性(抗灾性)工程(Resilience Engineering); 安保工程(System Security Engineering)

　　安全系统工程(Safety Systems Engineering)是系统工程面向安全特性的重要专业工程,即在系统思想指导下,运用先进的系统工程的理论和方法,对安全及其影响因素进行分析和评价,建立综合集成的安全防控系统并使之持续有效运行。安全系统工程的科学理论基础包括系统论、控制论、信息论、运筹学优化理论、可靠性工程、人机工程、行为科学、工程心理学等。

　　安全系统工程的具体研究内容主要包括:危险的识别、分析与事故预测;消除、控制导致事故的危险;分析构成安全系统各单元间的关系和相互影响,协调各单元之间的关系,取得系统安全的最佳设计;通过对安全设计和措施的验证和确认,证明相应安全需求得到了实现,最终实现系统设计和运行安全化,使事故减少到可接受的水平范围内。在国际上,安全系统工程的研究及应用已经有了较长的历史,其主要应用于军工、航天航空、化工石油、铁路及公路交通等安全关键系统(Safety-Critical Systems)。

(二)智能汽车安全系统工程

　　智能汽车安全系统工程是安全系统工程在智能汽车中的具体应用,总体开发流程架构[10]如图2-3所示,关键步骤包括:①在系统模型建立的基础上进行安全分析,包括基于系统工程使用综合利用失效模式及影响分析(Failure Mode and Effect Analysis,FMEA)、故障树分析(Fault Tree Analysis,FTA)、系统理论过程分析(Systems-Theoretic Process Analysis,STPA)等方法;②基于安全分析结果,提出技术安全要求,包括软件安全要求及硬件安全要求,以指导并跟踪具体开发与实现;③基于安全要求的安全机制开发,实现系统的安全架构设计;④基于安全分析及需求,生成测试用例,指导测试与验证评价;⑤利用目标结构表示法(Goal Structure Notation,GSN)、观点-论据-证据(Claims-Arguments-Evidence,CAE)等方法进行安全论证。

1. 系统模型的建立

　　从系统工程出发,利用基于模型开发的方法,通过各类开发工具与行业最佳实践,构建智能汽车的综合系统架构模型,是贯穿安全分析、安全要求、系统功能架构及安全验证等工作的基础。

图 2-3 智能汽车安全系统工程

将所有安全要求映射到智能汽车系统功能架构中,即可得到需求与功能架构的追踪关系。此外,基于系统模型建立起"用户需求→安全要求→功能架构→测试用例"等一系列安全活动之间的追溯关系。其中,安全要求源于用户需求,并被功能架构所满足,最终被测试用例所验证,这也是进行高级别智能汽车系统安全论证的基础。

2.安全分析

在系统模型的基础上,可以对智能汽车整车及其安全关键系统进行安全分析。智能汽车面临着各个层面的安全挑战,因此,其安全分析也涉及多个不同层面,需要综合利用多种安全分析方法才能得到系统的、完备的安全要求。

(1)危害分析及风险评估(Hazard Analysis and Risk Assessment,HARA):综合利用危害与可操作性分析(Hazard and Operability Study,HAZOP)、失效模式及影响分析(FMEA)、故障树分析(FTA)等,分析系统失效及硬件故障造成的整车级别危害事件,并对其进行风险定级,得出安全目标。

(2)系统理论过程分析(STPA):发现组件失效造成的危害,并可更深层地发掘更多组件间的非功能交互、人为误操作等导致的危险。

(3)责任敏感安全模型(Responsibility Sensitive Safety,RSS):对智能汽车与周围其他交通参与者的交互行为进行建模和分析,确保不会由于智能汽车本身的决策失误造成交通事故。

(4)威胁分析及风险评估(Threat Analysis and Risk Assessment,TARA):发现系统可能遭受的网络攻击,并对其风险进行评估和分级。

3.安全要求

基于综合安全分析,导出智能汽车各个层面的安全要求,即被动安全(Passive Safety)、功能安全(Functional Safety,FuSa)、预期功能安全(Safety of The Intended Functionality,SOTIF)、信息安全(Cyber Security)和行为安全(Behavior Safety)等,这是一个非常庞杂的系统工程[11]。

值得注意的是,上述安全分析的分类仅是基于"由内而外"的安全系统采用的一种分类形式,还可以有其他方法对其进行分类。例如,2017 年由美国交通部(USDOT)发布的《自动驾驶系统 2.0:安全展望》(Automated Driving Systems 2.0 A Vision for Safety)中提出了自动驾驶汽车开发需要优先考虑的 12 个安全设计要素(包括系统安全、运行设计域、目标与事件探测与响应、最小风险条件、验证方法、人机交互(Human-Machine Interaction,HMI)、信息安全、被动安全、碰撞后行为、数据记录、消费者教育与培训、法律法规),并建议所有开展自动驾驶研发的企业均按照这些安全设计要素公开其自动驾驶汽车的安全设计,这些安全设计要素在一定程度上成为智能汽车安全开发的最顶层安全要求[14]。

4. 安全措施的开发及验证

安全开发中最为核心的一步是基于相对完整的安全要求,推动相应措施开发与验证,利用安全功能对相应安全要求进行覆盖,最终形成整体安全架构。由于安全要求涉及多种不同类型,需要开展大量的系统测试对安全措施进行验证,确保其符合安全要求。例如:

(1)针对功能安全的测试验证包括:①车辆、系统、子系统和组件级性能测试;②基于需求的系统、子系统和组件的验证;③安全关键控制输入、输出、计算和通信的故障注入测试;④在容错时间间隔内故障转换(在主路径故障时转换到辅助控制路径)到安全状态的验证;⑤侵入性测试,如电磁干扰以及电磁兼容性测试,以及其他环境元素暴露测试(包括温度、湿度、射频、光能);⑥耐久性试验;⑦基于回归和仿真的软件验证。

(2)针对预期功能安全的测试验证,包括:①智能汽车在运行设计区域内性能边界的暴露程度;②识别和迭代测试挑战智能汽车的驾驶场景和边缘情况;③执行车辆的目标和意外的检测与响应能力,以及识别需要采用安全行为响应的环境对象和情况的能力;④对车辆行为是否满足标准进行定性与定量的评价。

(3)针对信息安全的测试验证,包括:①基于需求的测试;②接口测试;③资源使用率评估测试;④控制流及数据流验证;⑤渗透测试、漏洞扫描及模糊测试等。

在智能汽车的设计过程中,会将上述过程循环往复,以验证落实各种安全性能,安全要求将会被不断满足,系统工程中的系统架构也将不断得到完善,形成更为完备的系统安全架构。

5. 安全论证

通过系统安全活动,形成完整的安全档案,最终利用目标结构标记法(GSN)、结构化论证用例元模型法(Structured Assurance Case Metamodel,SACM)等安全论证模型进行自动驾驶产品安全的论证。应当指出的是,为了确保智能汽车的安全性,需要横跨多个功能层次的多学科方法,包括硬件容错设计、机器学习算法、与驾驶传统汽车的其他驾驶人的和谐交互、在高度非结构化环境中验证系统的正常运行以及适用的法律监管方法等,这已远超安全工程本身的研究范畴,还需要从硬件、软件、机器人、安全、测试、人机交互、社会接受和法律监管等多个学科角度进行研究和合作。

二、系统危害机理

基于系统的物理构成、工作原理和运行特性,系统危害机理主要是对系统危害的形成原因和演进过程进行原理性分析。根据由内而外的危害形成原因顺序,系统危害机理可分为由系统自身故障引发的系统故障危害机理、由系统内外部交互导致的功能不足危害机理和完全由外部恶意引发的网络攻击危害机理。

(一)系统故障危害机理

系统故障危害机理主要关注由系统自身物理原理和设计缺陷引发系统危害的因果推导过程。通常而言,故障是指因系统中部分元器件功能失效而导致整个系统功能恶化的事件,以及能够引起要素或相关项失效的异常情况。按照危害机理的不同,故障可分为系统性故障和随机硬件故障[13]。

系统性故障是由设计或生产流程、操作规程、文档等设计规范不足及其他相关因素导致的,包含软件故障和部分硬件故障。系统性故障会以确定方式产生,即存在系统性故障时,系统性失效一定会发生,容易对其进行复现,因此,通过更新设计或生产流程、规范流程等可以相对容易地进行规避。

随机硬件故障起因于物理过程,比如疲劳、物理退化或环境应力,是在硬件要素的生命周期中,非预期发生并服从概率分布的客观规律。例如某些硬件由于氧化作用非预期地不工作,最终导致组件失效。由于不是所有的随机硬件故障都会导致危害事件,我们的关注点为是否会违背整车安全目标。据此对随机硬件故障进行分类,如图2-4所示。

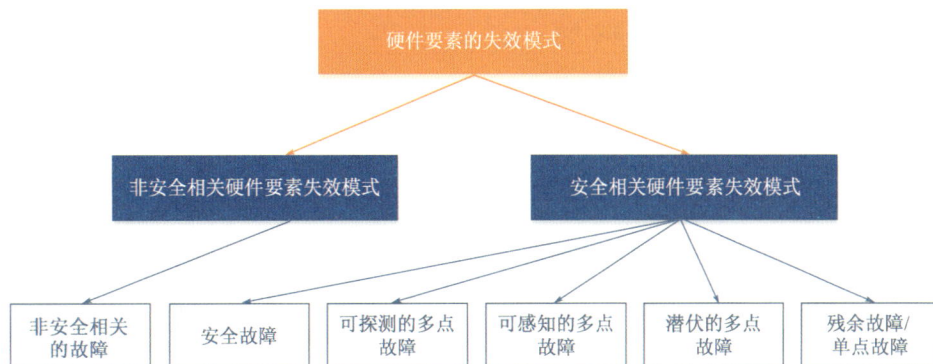

图2-4 随机硬件故障分类

在研究随机硬件失效时,有必要区分"故障(fault)""错误(error)""失效(failure)"这三个概念之间的差别和联系,这是理解随机硬件失效众多相关概念的基础。

(1)故障:可引起要素或相关项失效的异常情况。

(2)错误:计算的、观测的、测量的值或条件与真实的、规定的、理论上正确的值或条件之间的差异。

（3）失效：要素按要求执行功能的能力的终止。

在同一层级中，故障是失效的原因，失效是故障的结果，错误是故障的表现形式。在不同层级间，组件水平的失效是系统水平的故障。

故障、错误和失效之间的关系如图2-5中的案例所示，从三个不同类型的原因（系统性软件问题、随机硬件问题和系统性硬件问题）描述了从故障到错误并从错误到失效的发展过程。系统性故障起因于设计和规范的问题；软件故障和部分硬件故障是系统性的。随机硬件故障起因于物理过程，比如疲劳、物理退化或环境应力。

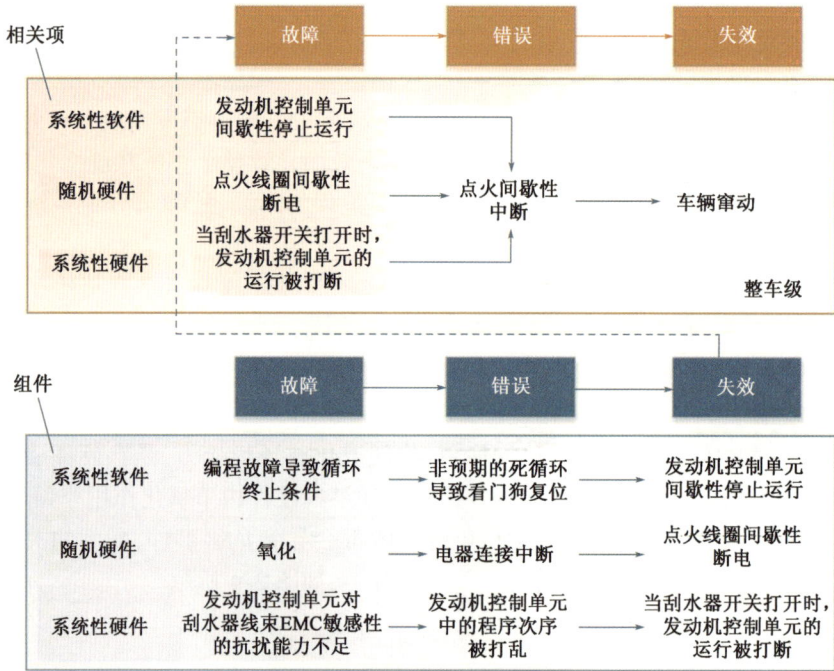

图2-5　故障、错误和失效之间的关系示例

（二）功能不足危害机理

随着智能汽车功能架构日趋复杂，仅考虑系统故障风险导致的系统安全问题已无法满足高度复杂系统的安全性要求，在系统不发生故障或功能不足的情况下引起的安全风险越发受到重视。功能不足危害机理从系统自身物理原理出发，结合外部触发环境的诱导，阐明系统内外部交互耦合条件下由于系统功能不足导致系统危害形成的机理。

传感器是智能汽车获取内外部信息的手段，其功能不足来自两个方面：一是极端天气（如雨、雪、雾、不利光照）影响传感器的周围感知能力；二是针对某些特定目标物探测的传感器自身存在原理限制，如激光雷达在探测到强反射镜面（如地面上的水洼、光滑铁板等）、毫米波雷达在探测到特定材质（如强反射物体、非金属材质等）时，会存在漏检或误检。

感知算法功能不足的主要原因来自算法的不确定性。以深度学习模型为例，其通过标注大量数据来进行误差后向传播，进而优化参数，该学习方法被比喻为"黑盒子"，人们很难理解深度学习模型中隐藏层层数、神经元个数、激活函数形式等对结果产生的影响,使得深度学习模型的解释性较弱,输出结果具有一定的不确定性。在实际应用过程中,"黑盒子"问题导致深度学习模型在个别情况下的输出结果很差,且难以找到原因,这可能导致严重的交通事故。

规划决策算法主要有基于规则的方法和基于学习的方法。其中,基于规则的方法通常忽略导致决策实物的环境细节,进而使得其无法覆盖智能汽车在真实道路上的所有潜在危害场景;此外,状态切割划分条件、行为规则库触发条件易重叠、场景深度遍历不足等问题,也使得该方法存在功能不足。基于学习的算法依赖数据数量和质量,样本数量不足、数据质量交叉、不合理的网络等,会导致学习算法的过学习或欠学习,从而导致功能不足。

控制功能不足主要来源于车辆动力学层面。大曲率弯道、大侧风及路面湿滑等工况下,车辆动力学模型不足以表征车辆动态特性。目前智能汽车的横、纵向控制一般是基于线性二自由度模型进行控制器设计,而该模型是在假设小转角条件下的一种近似模型,当跟踪的目标曲线具有大曲率的特征时,模型并不适用,这将会导致大的跟踪偏差。此外,在低地面附着率条件下,车辆控制也存在局限性。

(三)网络攻击威胁机理

随着电动化、智能化、网联化、共享化的快速发展,智能网联汽车还需要解决黑客入侵等网络攻击问题。当接入车联网时,智能网联汽车与车主的隐私信息随时随地都可能暴露在危险环境中,从而容易被窃取、干扰甚至修改。同时,网络攻击还关乎人身和财产安全,一旦别有用心之人攻击私人车辆,不仅可能造成车内财物丢失或私人车辆被盗,还可能危害驾乘人员的生命安全。另外,智能网联汽车的信息漏洞还会引发系统性风险,造成社会安全问题,比如犯罪分子可能通过控制智能网联汽车进行恐怖袭击。

从隐私、财产与社会安全的角度来看,网络攻击的主要目标包括窃取敏感信息或记录、停止提供服务、中断通信、损害嵌入式网络物理系统的功能等。表2-2列出了一些常见的网络攻击风险。其中,网络应用程序攻击针对客户端与服务端的通信过程,通过嗅探等方式在智能网联汽车与云端或终端之间通信时发起攻击,轻易获得各种网络应用的账号和口令等[14];社会工程攻击针对客户端,通过钓鱼邮件等方式欺骗客户主动提供隐私信息;拒绝服务攻击针对服务端,通过消耗服务器的网络带宽等方式使得车联网服务被暂停。

常见网络攻击风险的归类   表2-2

网络安全风险	常见攻击方式
网络应用程序攻击	嗅探,代码注入,跨站点脚本,中间人攻击,Wi-Fi渗透等
恶意软件攻击	广告软件,攻击软件,犯罪软件,间谍软件等
社会工程攻击	面对面,欺骗,网络钓鱼,社交媒体等
黑客攻击	访问控制漏洞,云侧信道攻击,域名服务器重定向,密码攻击等
拒绝服务攻击	分布式拒绝服务攻击(Distributed Denial of Service,DDoS),勒索(Ransom DDoS)等
高级持续性攻击	僵尸网络,工业蠕虫病毒,恶意网络,rootkits技术等

依据攻击主体或侵入接口可将车联网中的网络攻击威胁分为以下几种类别[15]。首先,智能网联汽车本身可作为被攻击的主体,其数据、代码以及功能设计薄弱环节中有潜在的网络攻

击威胁,入侵接口包括车载网关、传感器、ECU、空中下载技术(Over-The-Air, OTA)等关键部件或功能,尤其是车载信息娱乐系统(In-Vehicle Infotainment, IVI)和车载智能互联终端(Telematics-BOX, TBOX)容易受到入侵,对整车系统安全有较大影响。如针对与后台和手机 App 通信的 T-BOX,容易进行拒绝服务攻击;而针对 IVI,则容易获取权限、窃取数据,造成远程恶意控制、敏感信息泄露等高风险威胁。其次,车联网中的通信也会遭受攻击,图 2-6 展示了智能网联汽车、OEM 与第三方服务平台、移动设备等元素之间存在的信息交互关系。按照访问边界可以将车联网中错综复杂的信息交互划分为车内域、车外通信(Vehicle-to-Everything, V2X)域和基础设施设备域,各域中的主要安全威胁各有不同。如车内域的网关、ECU 和 CAN 总线所受到的威胁,以篡改通信数据包和软件系统等为主;V2X 通信域的车对车(Vehicle-to-Vehicle, V2V)、车对基础设施(Vehicle-to-Infrastructure, V2I)等通信易受到窃听、干扰、伪造身份等威胁;信号灯、基站等交通基础设施与通信基础设施则易受到拒绝服务、数据窃取等威胁。

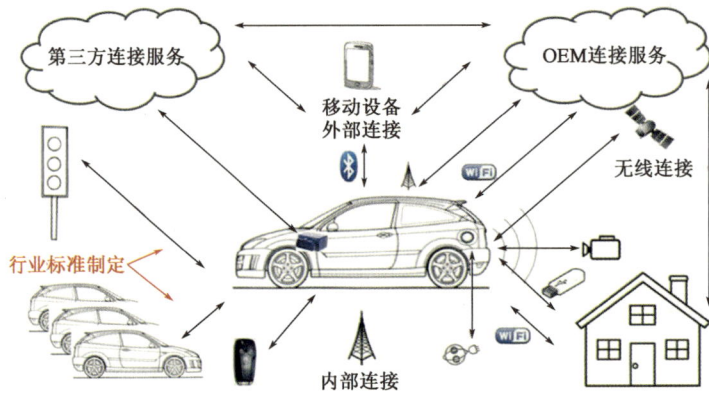

图 2-6　智能网联汽车周围的信息交互

为智能网联汽车提供导航、娱乐、管控等功能的汽车远程服务提供商(Telematics Service Provider, TSP)平台也容易成为攻击对象,相关威胁包括跨站脚本攻击、结构化查询语言(Structured Query Language, SQL)注入、信息泄露、拒绝服务等。由于车联网服务平台的开放性,攻击者和普通用户拥有相同的权限,可以接入和共享车联网服务平台提供的各种资源,因此,这种网络攻击成本低、物理接触少且危害严重。智能网联汽车的移动应用也面临着各种网络攻击隐患,攻击者可以介入移动端与智能汽车的蓝牙或 Wi-Fi 模块进行通信,实现界面劫持、越权控制等攻击。最后,车联网数据安全的威胁也不可小觑,其采集、传输、存储、使用、迁移、销毁等过程都面临被篡改、假冒、泄露等风险,其中对未完全销毁数据的恢复尤为常见[16]。此外,UNECE R155(WP.29)网络安全管理系统(Cybersecurity Management System, CSMS)法规还要求完善安全流程设计与监管来减少人员误操作[17]。为了管理这些风险,汽车制造商必须加强和规范他们的安全设计流程,监督供应商与合作伙伴,寻找具有潜在弱点的客户,以保护他们自己以及供应商的产品和服务。

为了生成正确的指导方针来应对各种网络攻击,需要结合其发生的可能性与后果进行威胁分析与风险评估(TARA),然后定义应对措施。表 2-3 为一个简单的定性分析示例,表中内容表示风险量化等级。判断某种网络攻击发生的可能性,一方面依据经验,另一方面依据对系统攻击面的分析。中国汽车技术研究中心数据资源中心于 2019 年 5 月发布了首个汽车网络攻击风险前 10 位的因素排名[18]，图 2-7 展示了各风险发生概率的统计值。某种网络攻击对应的后果威胁程度取决于该网络攻击的动机、发动地点、系统安全受到威胁的程度等。可能性越高、威胁越大的网络攻击，其风险等级越高，越需要重点防护。

考虑网络攻击发生可能性和后果的模糊风险量化等级   表 2-3

后果威胁程度	可 能 性		
	很有可能	可能	不太可能
高	很高	高	中
中	高	中	低
低	中	低	很低

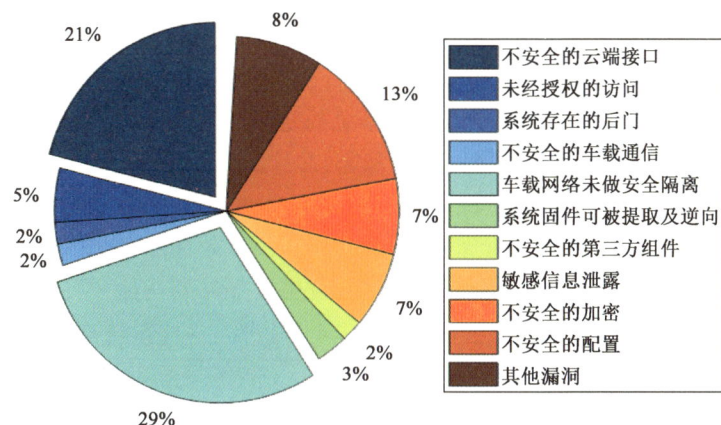

图 2-7 汽车网络攻击风险前 10 位的因素发生概率统计及综合排名(自上而下)

汽车网络攻击风险前 10 位的因素排名就是由风险发生概率、利用难度及危害程度等多种因素来决定的。如图 2-7 所示，"车载网络未做安全隔离"发生的可能性最高，为 28.9%，是最常见的设计失误，但由于其相关攻击为本地攻击，且利用难度相对较大，最终排名为第 5 位。而"不安全的云端接口"发生率高、威胁大，可能造成数据库存放的隐私信息泄露、数据表被篡改、硬盘数据破坏甚至导致服务器崩溃宕机等，因此综合排名为第 1 位。

综上所述，网络攻击风险等级主要取决于网络攻击的来源、对象、动机、手段，以及智能网联汽车在各攻击阶段中受到威胁时的危险程度等。

网络攻击的入侵周期一般包括数据泄露、软件安装、横向移动、维持攻击、凭证获取、系统渗透、目标侦察等若干阶段[14]。首先，攻击者能够提取并篡改被攻击的数据，在目标系统或网络上安装恶意软件；随后，攻击者可以从系统或网络中的一个访问点横向移动到另一个访问点并保持一段时间，同时可能会在受损的系统或网络上安装后门以便将来重复访问；最后，当攻击者获得根用户或管理员权限后就可以深入访问目标系统或网络，观察目标后制定进一步的攻击计划，直到计划完成或被制止。其中，各类网络攻击能够对车联网中的信息造成不同威胁，例如披露未经授权的信息威胁到保密性，截断、篡改、破坏数据威胁到完整性，拒绝服务攻击威胁到可用性等。

三、系统安全保障理论

在系统工程理论和系统危害机理的基础上,针对分析得出的系统危害从容错控制理论、系统理论事故模型和过程理论以及拟态防御理论等角度阐述安全保障相关理论。

(一)容错控制理论

以 1971 年尼德林斯基(Niederlinski)提出的完备性控制为标志,容错控制(Fault Tolerant Control,FTC)的概念逐渐引起学术界重视[19]。作为系统故障危害处理技术的重要基础之一,容错控制是一门跨学科的综合理论,其理论基础涵盖了现代控制理论、信号处理、最优化方法、决策论以及统计数学等内容。在系统运行的过程中,其不可避免地会发生某些部件的故障,并且导致功能降级。但是人们通常可以接受不影响系统稳定性的功能降级。容错控制的目标是,在运行过程中使系统能够在部件发生故障时保持稳定,并且能够实现较小或可接受的功能降级。

复杂系统的容错控制通常包含硬件冗余和解析冗余两部分,其中硬件冗余容错控制起源于可靠性分析理论。根据可靠性分析理论,并联系统可以有效保障系统的安全性,因为并联系统中的任何一个部件失效,其余的并联部件能够完成失效部件的功能[20]。假如并联部件发生故障,将不影响系统正常工作。但是由于空间及成本等原因,一些系统部件并不适合使用硬件冗余容错控制,例如执行器等。

在主要部件失效的情况下,系统因功能降级而无法实现预期的性能,此时的控制目标是将系统状态维持在可接受范围内。解析冗余通过控制算法被动或主动地实现系统对于故障的容错控制。其中,被动的解析冗余方法主要在控制算法设计阶段将系统的不确定性以及可能受到的干扰和故障考虑在内,旨在减少系统对于单个部件运行情况的依赖性,提高系统对于故障的鲁棒性,但被动的解析冗余方法需要提前知道影响系统稳定性的干扰和故障。主动的解析冗余方法是指通过系统故障的检测和诊断,进行故障的识别和定位,根据具体的故障进一步对控制器进行在线重构和更新,以保持系统的稳定性。因此,故障的检测和诊断对于主动的解析冗余方法十分重要,任何来自故障检测与诊断模块的错误信息都将导致容错控制效果的下降。由于主动的解析冗余方法不受限于对故障的先验知识,故而对于在线处理复杂故障系统来说,其效果要优于被动的方法。

(二)基于系统理论的事故模型和过程

系统安全分析是智能汽车系统安全开发"V"字模型的重要组成部分,其基于系统初始设计输入,针对三类系统危害机理,采用合适的事故因果关系模型,进行各类系统安全问题分析和需求导出。其中因果关系模型的建立为系统安全分析方法提供了理论基础。

传统因果关系模型主要为事件链模型,其将事故发生建模为随时间推移的一系列独立事件,其中前一事件是后一事件的直接诱因;传统模型主要从分析分解的角度看待系统,通过将物理或功能组件分解为更小的子部分,并假设其以直接或已知的方式相互作用,从而在单独检查分析各部分后进行组合,以处理复杂性。基于传统因果模型衍生出了一系列安全分析方法,如FTA、FMEA等,然而,此类模型对系统各部分之间的独立性、危害事件间的直接相关性等假设较强。

智能汽车系统采用先进的通信、计算机、网络和控制技术,实现智能感知、预测、决策、控制和人机交互等功能,带来了事故本质改变、系统复杂度和耦合度增加、人机交互复杂化等系统属性的变化,对充分深入分析具体的故障、功能不足和网络攻击等系统危害造成了更大的挑战,因此传统因果关系模型难以完全适用,需要结合更有效的模型作为理论基础。20世纪初期,美国麻省理工学院的南希·莱文森(Nancy G. Leveson)提出了基于系统理论的事故模型和过程(System-theoretical Accident Modeling and Process, STAMP)[21],它是一种基于系统理论的新事故模型。系统理论将系统视为整体而非各部分的简单总和,应急属性是系统理论的主要关注点,其源于系统各组件之间的相互作用和综合。从系统理论视角出发,STAMP将传统因果关系模型扩展到一系列直接相关的系统危害事件或组件故障之外,以囊括更复杂的流程和系统组件之间的不安全交互。

STAMP将安全视为控制问题,由嵌入系统中的控制结构来管理,控制结构的目标是对系统开发和导致安全行为的系统操作实施约束;当外部干扰、组件故障或系统组件之间的功能失调的相互作用没有被控制系统充分处理时,事故就会发生;因此,在该框架中,了解事故发生的原因需要确定导致控制结构无效的原因,预防潜在事故则需要设计一个控制结构来强制执行必要约束。STAMP的基本概念包括约束、控制循环和控制模型以及控制层次。约束在系统安全中发挥着核心作用,事故原因不应从一系列事件的角度来理解,而应被视为缺乏对系统设计和操作施加约束的结果;系统安全工程师的角色是确定维护安全所必需的设计约束,并确保系统设计能够执行它们。

控制回路和过程模型是STAMP的建模形式,区别于传统基于事件的模型将系统和事故解释分解为结构组件和事件流的做法,STAMP根据自适应反馈机制的控制层次描述系统和事故;其中开放系统被视为相互关联的组件,它们通过信息和控制的反馈回路保持在动态平衡状态。如图2-8所示是一种典型的控制回路及其涉及的过程模型,其中自动控制器由人工控制器监督,基于各自的过程模型共同对受控过程进行监测和控制,该回路对应智能汽车中驾驶人与智能汽车系统共同控制车辆的过程,虚线表示驾驶人可以直接访问系统状态信息,并且可以通过手动操作控制受控过程。

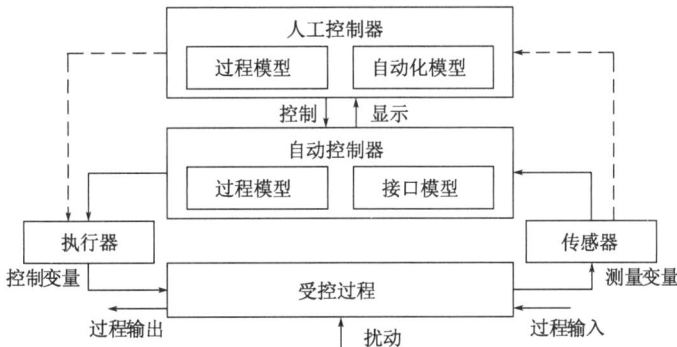

图2-8　典型的控制回路及其涉及的过程模型

　　此外,在对复杂组织或系统建模时会将其划分为合理的层次结构,其中每一层对其下一层施加约束。在每个控制结构的层级之间需要有效的沟通渠道,向下的参考渠道提供对下级施加约束所必需的信息,向上的测量渠道提供关于如何有效地执行约束的反馈。在每个级别上,控制不充分可能是由于缺少约束、未充分传达约束或在较低级别没有正确执行约束导致的。

　　基于 STAMP 对事故原因的基本假设——控制不足,可将其进一步分类为如下问题:①对安全约束的执行不足,具体原因包括未识别危险(及其相关约束)和控制措施没有充分执行约束,其中后者可能由控制算法缺陷、控制算法使用不一致、不正确的过程模型以及多个控制器和决策者之间的协调不充分等因素导致;②控制动作执行不充分,如控制命令的传输或执行过程中出现问题;③反馈不足或缺失,具体原因如反馈未包含在系统设计中、监控或反馈沟通渠道存在缺陷、反馈不及时或传感器运行问题等。

　　STAMP 采用自上而下的工作机制,相比传统模型更适用于复杂系统;其包含软件、人类等作为事故或其他损失的致因因素,无须以不同方式处理多种因素,适用于包含故障、功能不足、网络攻击等在内的多种类型系统危害分析;此外,基于 STAMP 可进一步创建更强大的分析工具,如 STPA 等。

(三)拟态防御理论

　　针对网络攻击威胁,传统保障理论基于特征库、规则库等检测并处理拒绝服务、嗅探等典型网络攻击,此类防御方法需要一定的反应时间,且无法应对层出不穷的新威胁。而网络空间拟态防御(Cyber Mimic Defense, CMD)为应对网络中的各种未知漏洞、后门、病毒等未知威胁,创新地提供了具有普适意义的防御理论和方法[22]。

　　拟态防御的核心是一种闭环的动态异构冗余架构,如图 2-9 所示,其动态、异构、冗余的特性使得威胁难以被成功利用,将目标信息系统基于此框架进行重构即可使其在系统结构上具备内生性安全防御能力。该框架不依赖先验知识进行匹配检测,而是将风险感知为一种扰动,通过反馈、调度机制将异常的处理单元进行清洗调度,确保系统在面对未知威胁攻击时可以实现实时的安全保障。利用功能相同但运行条件相异的多个异构执行体,对同一输入数据的处理结果进行多模裁决体现了拟态防御的冗余思想,当某执行体出现异常时说明其存在漏洞且被攻击者利用,系统就感知到了威胁和风险;利用负反馈控制器将异常执行体用可重构执行体进行替换,体现了拟态防御的动态收敛特性,其通过将威胁归一化为扰动来感知、处理,确保系统安全性不随着时间的推移而降低。

　　传统的信息安全理论重点检测系统外信息传输环节中的已知威胁,而创新的拟态防御理论主要关注利用漏洞入侵系统内部的未知威胁,两者是互补关系。实际应用中,拟态防御的未知威胁感知功能可以与传统的溯源手段相结合,通过溯源学习将未知威胁转化为先验知识,从而服务于传统信息安全理论,因此拟态防御技术与传统防御技术能够共同构成完整的信息安全解决方案。

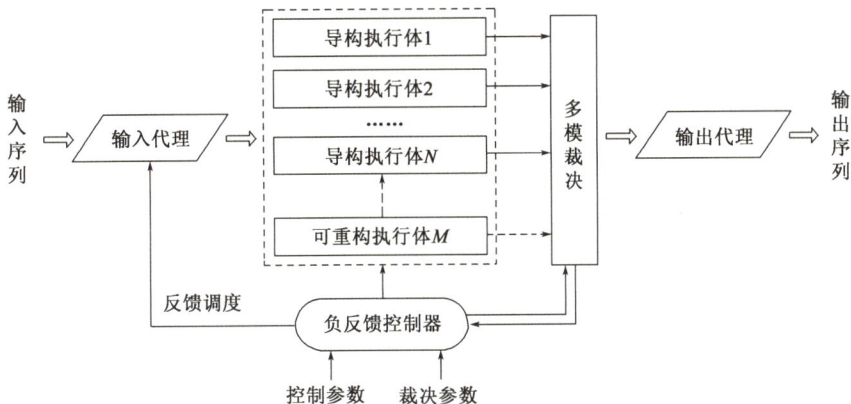

图 2-9 拟态防御的动态异构冗余架构

四、安全可接受性理论

安全可接受性理论是安全系统工程"V"字模型右侧的重要组成部分,用于确认系统是否能够达到合适的安全水平,进而决定是否允许其进入最终的产品安全发布。与任何复杂系统一样,智能汽车也无法做到绝对安全,避免一切交通事故的发生。相反地,由于智能汽车自身系统的复杂性和驾驶环境的未知性,对其安全可接受水平的判断也存在很大难度。

通常,真实的交通事故数据、试验场测试数据及相关统计数据能够为车辆系统的可接受水平提供一定的参考。然而,由于在智能汽车领域仍缺少上述数据统计,可以通过适当的可接受性理论进行对智能汽车及其主要系统的安全可接受水平的评估。目前,能够参考的可接受性理论包括最低合理可行性(As Low As Reasonably Practicable, ALARP)、整体安全水平相当性(Globalement Au Moins Equivalent, GAMEB)和最小内源性死亡率(Minimum Endogenous Mortality, MEM)。

ALARP 是指残余风险需要被降低到合理可行范围之内的最低水平。ALARP 将风险分为三类:其一,高风险,即指从当前阶段的社会规则来看,风险太高无法容忍,必须通过安全措施来进行缓解;其二,低风险,即可以忽略的风险,在系统部署的社会体系中可以接受,系统可以直接投入使用,但是一旦风险被识别需要被记录下来,并且监测此类风险是否会增加;其三,介于高风险和低风险两者之间的 ALARP 风险,即在"收益-成本"平衡的前提下可以容忍的风险。

如图 2-10 所示,风险区域被分为三部分,其中 ALARP 区域在不同项目中具有不同的边界。在特定项目的风险分析初期,需要对 ALARP 区域的边界达成一致。假设某个风险 A 标记在图中所示的 ALARP 区域之内,可以通过降低风险造成伤害的严重程度将其过渡至风险 B,或者通过降低风险的发生概率将其过渡至风险 C,同时采用上述两种手段则可以将风险 A 过渡至风险 D。在降低 ALARP 区域风险的过程中,需要考虑降低风险带来的成本与所得的效益之间的平衡。针对 ALARP 区域的风险,需要采取适当的方法降低风险,直至可以证明进一步降低风险的成本已经远大于降低风险后所得的效益。

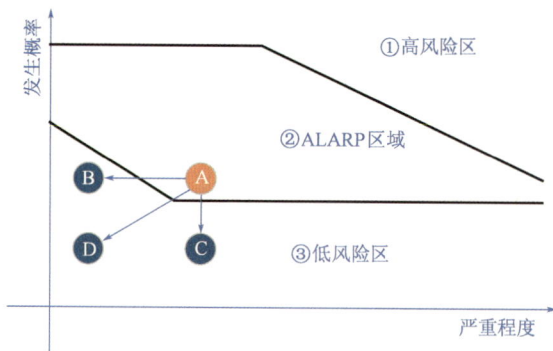

图 2-10 基于 ALARP 的风险区域划分

GAMEB 可接受性准则来源于法国,是指任何新系统或者对现有系统的任何修改,在全局范围内的安全性应比现有公认的参考系统更加安全。它没有通过特定的风险级别来考虑安全性,而是通过全局使用要求来研究系统的全局安全性级别。这代表设计人员可以自由地将风险分配给系统内有相似风险级别的子系统。根据产品的不同,全局安全指标可以是每年的人员伤亡人数、每小时使用该系统的受伤人数或其他适当的衡量指标。

MEM 是一种基于特定年龄段的人类自然死亡率得出风险接受绝对值的方法。对于个人来说,所承受的各个系统的风险总和不得大于人类的自然死亡率;对于单个系统来说,带给个人的致命风险不得大于 10^{-5} 次/年,该数值可以进一步分解到子系统[23]。MEM 主要用于铁路领域,其在其他技术领域的使用率不及上述两种方法。

第二节 系统安全设计方法

一、系统安全设计整体流程

安全是包括智能汽车设计在内的各类系统设计与研发的基本要求和关键指标。标准的系统设计流程和原则能够有效降低软硬件失效或性能不足的概率。当前,ISO 26262[13]、ISO 21448[24] 等一系列国际标准明确了汽车设计开发过程中安全相关流程。如图 2-11 所示,智能汽车系统安全设计整体流程分为系统概念设定与分析、系统安全设计与开发以及系统认证与发布三个阶段。首先,从系统概念出发,通过智能汽车相关项的设定和分析,明确潜在的系统风险和安全要求;随后,基于系统安全概念,分别从智能汽车的软件级、硬件级进行安全设计开发,并同步进行系统级的设计开发与集成;最后,基于智能汽车产品的相关安全标准进行认证并发布产品,完成系统整体安全设计流程。

概念定义系统概念设定与分析阶段包含系统的项目安全定义、危害分析和风险评估、安全概念确定三个子阶段:

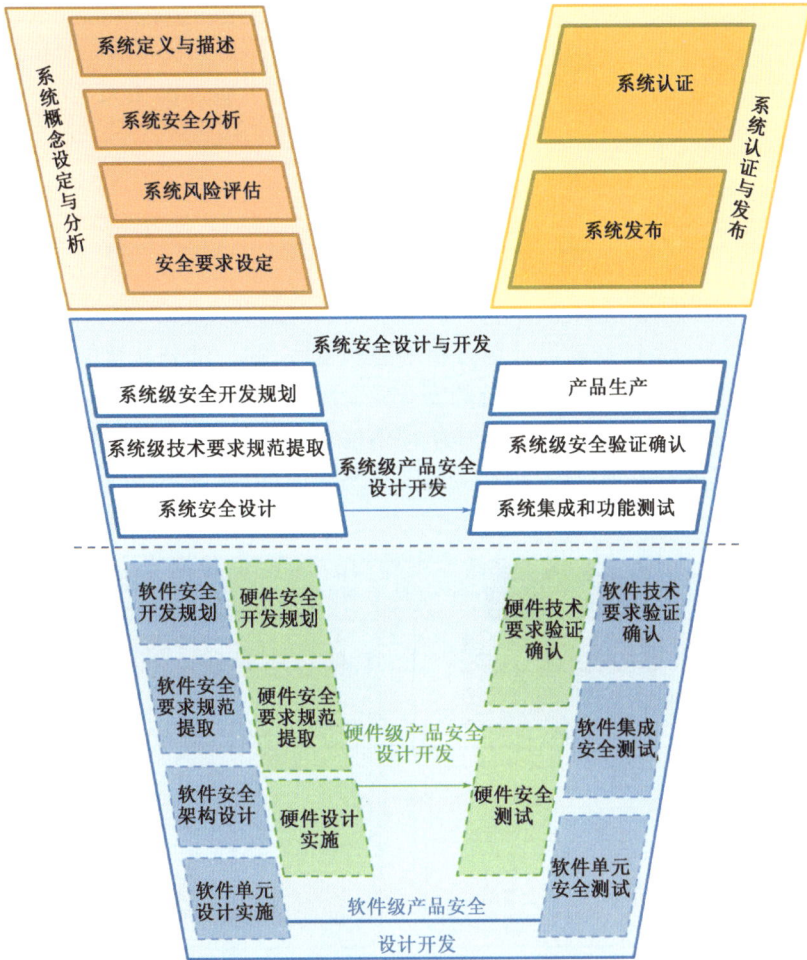

图 2-11 智能汽车系统安全设计整体流程

（1）项目安全定义，即对智能汽车的开发项目（包含至少一个系统）进行全面描述，明确相关项定义的内容，进行产品安全生命周期的初始化工作；

（2）危害分析和风险评估，即识别智能汽车系统潜在危险，并按照一定原则对风险进行量化分级，从而针对不同等级风险设定具体的安全目标；

（3）安全概念确定，即基于设定的安全目标，考虑智能汽车的基本架构，对各系统要素指定的安全要求进行细化，形成完整安全概念。

系统安全设计与开发阶段分为系统级、硬件级和软件级产品开发三个环节。系统设计各环节均遵循"V"字开发模型：

（1）进行系统级的智能汽车安全开发规划，并提取技术要求规范，基于规范开展包括系统架构在内的系统设计；

（2）在系统设计的同时进行软硬件产品研发，其中软硬件设计和要求规范提取在"V"字开发模型的左侧分支，软硬件的测试、验证和确认在右侧分支；

（3）进行系统级的功能集成和测试，对系统进行验证与确认，完成验证与确认后可以进行相关试制生产工作。

系统认证与发布是智能汽车安全设计的最后一个阶段。系统发布前需要按照事先指定的智能汽车通过准则进行审核认证。在通过相关审核取得许可后提供相关文档,从而进行产品的批量生产、销售和使用。

二、系统概念设定与分析

系统概念是智能汽车系统安全设计开发的基础,通过对其设定和分析,能够完整理解系统与安全需求。图2-12为系统概念设计与分析的逻辑流程,第一部分从智能汽车相关项出发,确定项目安全定义的关键内容,明确系统的安全生命周期规划的关键项目;第二部分说明系统安全分析的经典方法;第三部分展示系统风险评估的重要工具;第四部分说明如何将安全目标逐一分配给项目定义的相关项,并进行相应的安全等级匹配,从而实现安全要求设定,形成完整的系统安全概念。

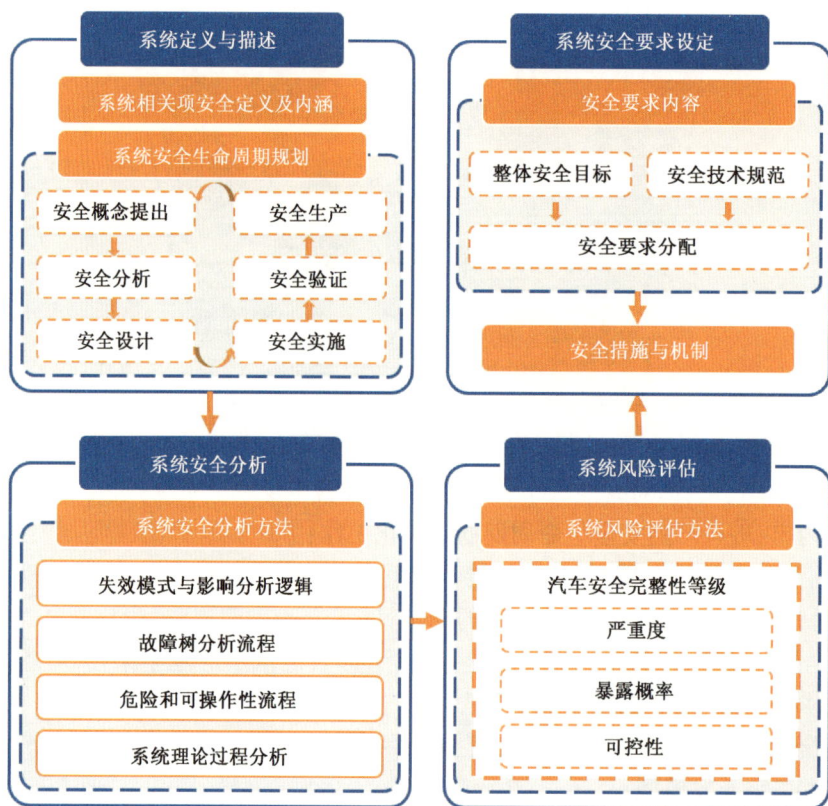

图2-12　系统概念设定与分析流程

(一)系统定义与描述

系统定义与描述阶段需要在安全层面对智能汽车的待研发系统(如决策系统、底盘控制系统或整车系统)进行详尽的定义和描述,对系统相关项概念进行初始化,保证相关设计人员能够对系统有充分理解,从而完成安全生命周期规划。

1. 系统相关项安全定义及内涵

系统相关项(Item)是指实现智能汽车的功能或部分功能的系统或系统组合,包含架构(Architecture)、组件(Component)、单元(Unit)等要素。在传统汽车架构上,智能汽车主要系统一般分为感知系统、定位系统、通信系统、决策系统、控制系统和人机交互系统。进一步来看,系统相关项则包含电气架构、底盘、传感器、音响、车载计算机等。

在系统定义与描述的初期阶段需要对相关项信息进行安全定义,定义的内容包括相关项目的、功能要求、非功能性要求(如操作要求、环境限制等)、相关项的法规要求、国家标准和国际标准、对系统预期行为的构想、已知的失效模式和功能局限造成的潜在影响等。同时,智能汽车的相关项安全定义还需要包括项目边界条件和相关项之间的接口条件,其中包括相关项自身要素与其他相关项要素或者环境要素的相互影响和约束、各要素间功能定位和资源分配,及各要素交互关系对相关项功能运行情况的影响等。

系统相关项安全定义在智能汽车正式进行分析设计前,对系统概念进行了完整、全面的描述,保证设计人员能够在充分了解智能汽车设计需求和边界的基础上,针对待研发内容规划合理的安全生命周期,为后续安全分析和设计开发提供基础。

2. 系统安全生命周期规划

在系统安全设计流程中,安全生命周期(Safety Lifecycle)是一个重要概念,指安全相关项在从产品概念提出到产品制造过程中的全部安全相关阶段,通常包含安全概念提出、安全分析、安全设计、安全实施、安全验证和安全生产六个概念阶段。在系统定义与描述阶段需要对智能汽车进行安全生命周期的规划,即落实细化相关项具体流程。在细化过程中,需要区分智能汽车项目开发是全新系统开发还是对既有系统改造:如果是全新系统开发,则需要从系统相关项安全定义开始进行,对安全生命周期的所有子阶段都需要执行完整的安全流程;如果是既有系统的改造,那么在安全生命周期的规划中可以采用既有审核认证文件,对项目安全流程进行调整定制,省略部分不必要的重复流程。例如,对于智能汽车软件升级或更新来说,则只需要对接口部分定制安全流程,并落实软件安全生命周期规划,无须重新执行硬件安全生命周期流程。

在对系统的升级改造过程中,首先,需要注意对系统和应用环节进行全面的安全考察,以明确系统需要执行的升级改造内容,并进一步评估系统升级改造对智能汽车所造成的安全影响。其次,需要表述清楚系统改造前后条件的差别(如运行条件、操作模式、环境接口、安装特征等),从而确定需要更改或补充的安全流程。此外,还需要明确系统变更情况及其安全影响程度。如果不能明确系统变更内容对智能汽车相关要素及其运行环境的安全影响,则需要记录相关安全测试数据,以待进一步分析。同时,在上述过程中,与变更相关联的项目环节也需要满足智能汽车的安全要求。

（二）系统安全分析

系统安全分析阶段是为了避免不合理风险，对智能汽车的安全问题进行识别、归类与分析，以防止或减轻相关危害的重要阶段。图2-13为系统安全分析的逻辑流程图，其以系统相关项的定义与描述为基础，对智能汽车的安全问题进行分析，评估危害潜在来源，并对安全问题产生的风险进行量化评估。进一步地，在后续阶段实施相关危害控制手段，判断危害控制后的风险是否可被相关人员接受。如果无法接受相关风险，则考虑对智能汽车设计运行条件进行修改限制；如果能够接受，则进行后续开发安全设计工作，并在生产、使用过程中持续开展周期性的系统评估。若后续开发设计或使用过程中检测出之前未能发现的危害，则执行相应的风险管理措施，重新进行系统安全分析流程。

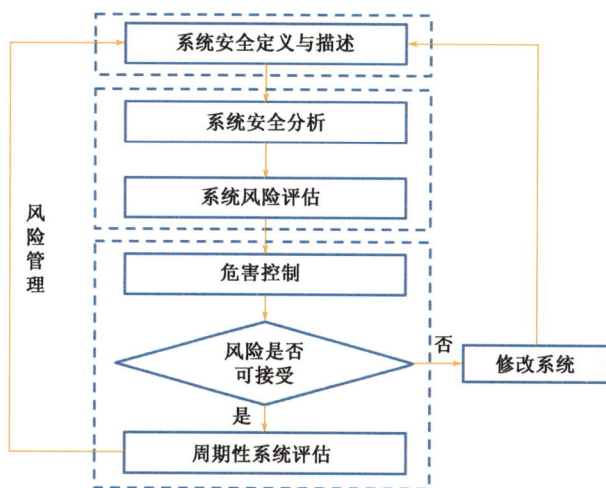

图2-13　系统安全分析逻辑流程

危害（Hazard）是由系统相关项的功能异常而导致的伤害（Harm）的潜在来源。系统安全分析是通过一定的方法来对智能汽车的系统及部件进行解析研究，寻找可能导致伤害的潜在原因（如失效、功能不足等）。常见的危害风险分析方法有失效模式及影响分析（FMEA）、事件树分析（Event Tree Analysis，ETA）、故障树分析（FTA）、基于模型的系统安全分析方法（Model-Based Safety Analysis，MBSA）、危害与可操作性分析（HAZOP）、系统理论过程分析（STPA）等。

FMEA是由美国宇航局于20世纪60年代基于多米诺骨牌理论提出的归纳安全分析方法，其逻辑流程如图2-14所示。其开发进程如下：首先，根据系统定义与描述列出所有潜在的失效模式，推演各种失效模式的后果和原因；其次，判定失效模式的影响程度并对其进行排序，依次改进并评估改进后情况。在智能汽车开发和投产运行过程中，需要对新出现的失效情况进行记录、分析和管理，对用户质量体验和建议进行收集记录，并对系统安全最大影响项进行相应安全控制。

FMEA可以进一步分为设计失效模型与影响分析（Design Failure Mode and Effects Analysis，DFMEA）和潜在失效模式与影响分析（Potential Failure Mode and Effects Analysis，

PFMEA）。DFMEA 主要应用于智能汽车的设计过程,即对软件、硬件、算法、功能、整车的失效情况进行分析,检查系统设计是否满足所有安全要求,不考虑智能汽车制造过程中的失效。PFMEA 则应用于系统的生产环节(装配、制造),即分析对智能汽车性能和交付能力产生影响的生产因素,确认风险并提出改进措施。二者的区别详见表 2-4。

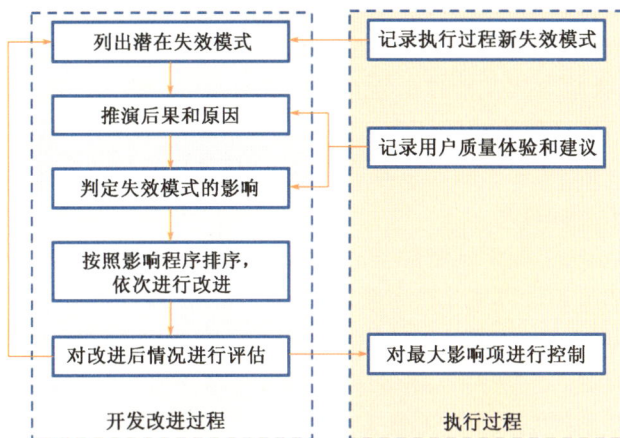

图 2-14 FMEA 逻辑流程

DFMEA 和 PFMEA 区别

表 2-4

分析方法	负责部门	启动节点	完成节点	假　设
DFMEA	产品设计	概念定义前	生产图纸正式发放	制造无失效
PFMEA	制造工艺	可行性分析前	生产用工装制造完成前	设计无误

失效模式影响与危害分析(Failure Mode, Effects and Criticality Analysis,FMECA)和失效模式影响与诊断分析(Failure Modes Effects and Diagnostic Analysis,FMEDA)是在 FMEA 基础上衍生出来的定量分析方法。FMECA 在 FMEA 的基础上加入了危害性分析(Criticality Analysis,CA),即针对产品所有的潜在故障进行故障模式分析,确定其对产品正常工作的影响,找出单点故障,并按故障模式的影响确定其危害性,根据危害程度选择相关的优化和补偿措施[25]。FMEDA 将在线诊断引入标准的 FMEA 分析中,根据技术质量文件、历史数据和客户要求等综合信息分析智能汽车的系统构成、维护维修和运行环节,进而识别危害场景,分析引起危害的原因,并利用统计方法估算危害的程度,通过比较危害度确定改进措施的优先级[26]。

ETA 同样属于归纳分析方法,按照事件发展的时间顺序,利用树形事件图从初始事件推演可能的危害,从而为安全策略的制定提供依据。ETA 逻辑流程如图 2-15 所示。首先,根据系统设计、系统危险性评价、智能汽车运行经验或传统车辆事故经验等确定初始事件。然后,从初始事件开始,按事件发展过程自左向右绘制事件树,

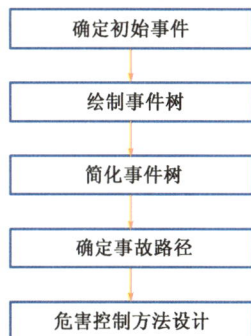

图 2-15 ETA 逻辑流程

用树枝代表事件发展途径。把可以发挥设计功能的状态画在上分枝,不能发挥功能的状态画在下分枝,直到到达系统故障或整车事故为止。完成事件树绘制后,应用专家知识将与系统安全无关的事件分枝去除,对事件树进行简化。随后则是事故路径的确定,事件树中的分支表示从初始状态到对应事件的发展路径,其中,导致事故的分支即为事故路径。通常,事故路径不止一条。最后,基于事故路径的分析,可以提供危害控制方法的指导。通过增加安全保障路径来预防事故的发生是事件树分析的重要方法,例如,通过智能汽车中冗余电源路径的引入,来保障主电池系统进入失效事故路径时避免危害事件的发生。进一步地,可以基于事件树定量计算事故的发生概率,即导致事故的各发展途径的概率和。ETA 可以进行应用于智能汽车的故障诊断、薄弱环节分析、交通事故发生概率计算等,从而提升智能汽车优化设计,预防事故发生,增加系统连续安全运行时间。

以智能汽车感知系统错误识别侧翻车辆为例,将其定义为危害事件,从感知系统的结构组成为起点,按照从摄像头到计算单元判定拆解感知流程,绘制感知系统所有可能事件分支,并简化如风、道路宽度等未对事故路径造成影响的分支。完成事故树后,搜索所有能够到达感知失误的潜在路径,如交通参与物异形、非正常观测角度等,针对潜在路径改进感知系统或重新补充训练集,实现感知系统错误辨识的危害控制。

FTA 是 1961 年由美国贝尔电话实验室的沃森(Watson)和默恩斯(Mearns)提出的一种演绎安全分析方法。FTA 将事故描述为以特定时间顺序发生的离散事件结果,其逻辑流程如图 2-16 所示。首先,根据系统定义与描述确定危害事件,将其作为失效树的根事件。然后,对所有影响根事件的原因和记录进行系统安全分析,研究相关性和发生概率,绘制相应故障树。故障树一般自上而下采用事件符号和逻辑门逐级建立,用原部件状态(基本事件)来显示系统状态(顶事件),路径交叉处用传统逻辑门符号进行标记。完成故障树绘制后,分析和评估系统的改善方式,控制所识别的风险,降低危害事件发生概率。

```
┌──────────────────┐
│   危害事件确定    │
└──────────────────┘
          ↓
┌──────────────────┐
│ 系统安全分析和致因分析 │
└──────────────────┘
          ↓
┌──────────────────┐
│    故障树绘制     │
└──────────────────┘
          ↓
┌──────────────────┐
│    故障树评估     │
└──────────────────┘
          ↓
┌──────────────────┐
│     风险控制      │
└──────────────────┘
```

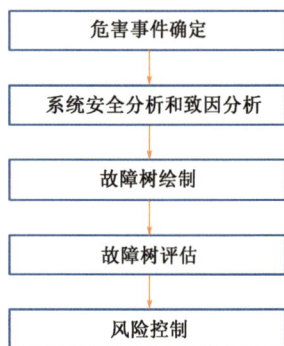

图 2-16 FTA 逻辑流程

FTA 分析的特点是直观且逻辑性强,可以用于定性分析,也可在已知各部件故障率的情况下进行定量分析。FTA 定量分析过程是对故障树的数学描述,可以通过底事件发生概率或最小割集计算顶事件发生的概率,也可进行底事件重要度的评估[27]。其中根事件(即危害事件)发生概率根据不同的逻辑结构可以分为:

(1)与门结构根事件发生概率 $F_s(t)$ 的计算公式:

$$F_s(t) = F_1(t)F_2(t)\cdots F_n(t) \tag{2-1}$$

(2)或门结构根事件发生概率 $F_s(t)$ 的计算公式:

$$F_s(t) = 1 - [1 - F_1(t)][1 - F_2(t)]\cdots[1 - F_n(t)] \tag{2-2}$$

(3)任意结构根事件发生概率 $F_s(t)$ 的计算公式:

$$F_s(t) = \sum_{j=1}^{r}\left[\prod_{i \in k_j} F_i(t)\right] \tag{2-3}$$

其中,r 表示互不相交的最小割集数;$F_i(t)$ 表示时刻 t 第 j 个最小割集中第 i 个分支故障发生的概率。

此外,为了判别分支事件对引起根事件发生的影响程度,可以进行分支事件概率重要度计算。概率重要度定义为分支事件由正常状态转为故障状态时造成根事件发生概率的变化。概率重要度 $I_p(i)$ 的计算公式为:

$$I_p(i) = \frac{\partial g(Q)}{\partial q_i} = g(1_u, Q) - g(0_u, Q) \tag{2-4}$$

其中,$g(1_u, Q)$ 表示第 u 个分支事件一定发生时,根事件的发生概率;$g(0_u, Q)$ 表示第 u 个分支事件一定不发生时,根事件的发生概率。

随着智能汽车算法和模型的引入,传统的安全分析方法发展出基于模型的系统安全分析(Model-Based Safety Analysis, MBSA)方法。MBSE 在模型化系统构成要素的基础上,进一步将安全要素(如故障模式、故障影响等)进行系统建模,将物理模型抽象成由系统及其组件的故障行为组成的形式化模型,结合各个相关项的相互联系与逻辑关系得到的系统特性,描述系统出现一个或多个故障时的特性。基于系统模型及特征,可以自动生成 FTA 和 FMEA。MBSA 有利于促进智能汽车开发不同工程师之间的协作,并且可以应用自动化工具开展安全分析工作,进而节省人力、物力,并提高智能汽车的安全性。

基于系统建模语言 SysML,对象管理组织(OMG)也推出了面向安全建模的 SafeML,进而形成包含安全组件模型的系统安全模型。此外,相关机构也推出了安全建模或分析方法,如基于架构分析和设计语言(Architecture Analysis & Design Language, AADL)及分层危险源和传播研究(Hierarchically Performed Hazard Origin and Propagation Studies, HiP-HOPS)的安全性分析方法、用于描述系统安全行为与分析的形式语言 AltaRica 等。

危险和可操作性(HAZOP)的逻辑流程如图 2-17 所示。首先,针对开发系统建立描述模型,将系统分解为基本逻辑单元。同时,一个或多个逻辑单元组合构成部件或系统。针对每个部件或系统确定设计要求和相关参数,并为每个参数配备若干引导词。最后,根据参数和引导词的组合,逐一检查确定系统各单元可能产生的偏差,分析偏差的原因和后果,制定相应控制策略,并将其汇总填写到危害与可操作性研究分析表。在填写分析表时应保证详尽而无遗漏。

引导词是指在危害和可操作性逻辑中用于定性或定量描述设计开发指标的简单词语,引导识别系统开发过程的危险情况。

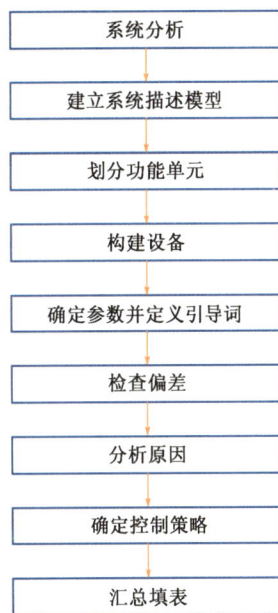

图 2-17　HAZOP 逻辑流程

偏差是指通过使用引导词对每个分析节点的参数进行分析后确定的指标与设定值的偏离情况。常见引导词的名称及其含义见表 2-5。

常见引导词及其含义　　　　　　　　　　表 2-5

引导词	偏差	含义	说明
No	否	对设计意图的否定	设计或操作要求的指标/事件完全不发生

引 导 词	偏 差	含 义	说 明
Less	少	数量减少	与标准值相比数值较小
More	多	数量增加	与标准值相比数值较大
Part of	部分	仅有部分操作被完成	只能完成既定功能的一部分
As well as	伴随	出现噪声或执行额外操作	完成既定功能同时伴随多余事件发生
Reverse	相逆	设计意图的逻辑反面	出现与设计要求完全相反的事物
Other than	异常	与设计意图相异	出现与设计要求不同的事物

以智能汽车的自动巡航控制系统为例,若车距监控模块没有向计算单元传输数据,则引导词记录为"No";若跟车输入车距超过计算单元所给出的建议值,则引导词记录为"More",反之记录为"Less";若在车距过近应当减速时,反而出现了加速控制信号,则引导词记录为"Reverse"。再以自动驾驶行人辨识模块为例,如摄像头由于损坏,在拍摄的同时数据出现大量噪声,则引导词记录为"As well as";如出现未知物体且无法识别,需要声音和图像同步警示时仅出现图像警示,则引导词记录为"Part of"。

系统理论过程分析(STPA)具体步骤如图 2-18 所示。首先,STPA 针对已知的高层级危险,确定相应的高层级安全约束。然后,建立系统的分层控制结构,明确系统各相关项和层级之间的控制关系。进而,根据控制结构,推演引发系统危险情况的控制行为。针对危险控制行为进行分析,在系统原有安全要求上细化安全约束。最后,对危险控制行为进行致因场景分析,找出导致危险情况的控制行为在整个控制回路中可能发生的所有具体原因。对于 STPA 分析得到的最终要求,采用形式化语言描述得到形式化约束模型,进一步验证模型设计的正确性。

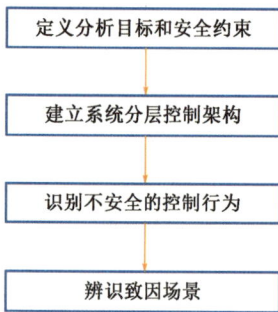

定义分析目标和安全约束

建立系统分层控制架构

识别不安全的控制行为

辨识致因场景

图 2-18　STPA 理论过程分析具体步骤

(三)系统风险评估

系统风险(Risk)是指伤害在系统层面可能发生的概率、伤害可控性及其发生后严重度的组合。风险在智能汽车危害事件中通常与系统危害事件的发生频率(f)、通过特定行为来避免对系统伤害的能力(C)以及系统危害事件的严重程度(S)相关。

汽车安全完整性等级(ASIL)描述系统能够实现指定安全目标的概率高低,是智能汽车领域的系统风险分析中等级量化的一种重要方式[13]。暴露(Exposure)概率表示在给定环境和操作条件下系统暴露于危险中的可能性,可以作为衡量系统危害事件发生频率的指标;可控性(Controllability)则衡量事件所涉及人员(包括驾驶人、乘员或车外邻近人员)通过及时反应来避免特定伤害或损失的能力;严重度(Severity)用于评估潜在系统危害事件中对可能影响到一个或多个相关目标的伤害程度。系统风险可以通过一定方法对上述三个指标进行量化评估,并最终对系统风险进行分级。其中一种量化评估分级的方式见表 2-6。

系统风险评估指标分级　　　表 2-6

暴露概率	E0	E1	E2	E3	E4
	几乎不发生	发生概率很低	发生概率低	发生概率中等	发生概率高
可控性	C0	C1	C2	C3	
	通常可控	简单可控	正常可控	很难控制或不可控	
严重度	S0	S1	S2	S3	
	无伤害	轻微有限伤害	严重或危及生命（幸存）	危及生命或致命伤害	

基于暴露概率、可控性和严重度，根据实际的设计运行条件与操作模式可以确定对应的汽车安全完整性等级（ASIL），并进一步转化为安全目标。ASIL 分为 A、B、C、D 四个等级，ASIL A 是最低安全等级，ASIL D 是最高安全等级。除了这四个等级外，还有一个 QM 等级表示不影响安全。在风险分析过程中，相近的安全目标可以进行合并，但是合并后的 ASIL 为所合并项中最高的等级。相应地，安全目标也可以逐步分解到智能汽车运行环境下的具体要求。S、E、C 与 ASIL 之间的 QM 关系详见表 2-7。

ASIL 等级　　　表 2-7

严重性等级	暴露度等级	可控性等级		
		C1	C2	C3
S1	E1	QM	QM	QM
	E2	QM	QM	QM
	E3	QM	QM	A
	E4	QM	A	B
S2	E1	QM	QM	QM
	E2	QM	QM	A
	E3	QM	A	B
	E4	A	B	C
S3	E1	QM	QM	A
	E2	QM	A	B
	E3	A	B	C
	E4	B	C	D

除了上述采用 ASIL 对风险进行量化之外，还可以采用历史资料法、专家打分法、理论分步法、外推法、敏感度分析法、决策树分析法、模拟法等对风险进行量化评估，进而准确描述系统的风险。

（四）系统安全要求设定

在系统概念设定和分析阶段，通过危害分析和风险评估得到智能汽车整车的安全目标，确定系统或软硬件具体的技术安全要求规范，进一步将上述安全要求分配到初步设计架构。最后,提出必要的安全措施和机制,以满足相关安全要求,形成完整安全概念。

1. 安全要求内容

安全要求定义了独立于具体实现方式的安全行为或安全措施,其中包含了安全目标、安全技术规范的概念,规定了安全相关的属性要求,并最终分配到具体系统和软硬件中。安全目标是整车层面危害分析和风险评估结果在最高层面的安全要求,安全技术规范是基于指定的安全要求得到的技术约束。如智能汽车的整体安全目标是在设计运行条件中能够实现比人类驾驶者更少的事故发生率,那么分配到感知系统的安全要求则是正确辨识所有实体,分配到决策系统的安全要求则是正确应对所有行为轨迹避免碰撞。相应地,其安全要求可以进一步拆解为计算单元的计算速度、摄像头分辨率、训练集用例数等安全技术规范。设定安全要求的目的是通过考虑确定的危害事件,使系统相关项达到或保持在安全运行状态。

基于分析得到的具体安全要求,结合来自外部的预想架构、功能、操作模式及系统状态等,对安全要求进行适当的分配,将所设定 ASIL 合理地分配到子系统中。对所有具有一定关联性的元素,按照安全重要性和元素的关联性分配安全要求。在分配过程中,ASIL 和安全要求考虑的内容在传递过程中需要被继承,即子元素需要保留或高于上级元素安全要求中的相关内容。如果多个安全要求被分配到同一个系统要素,那么这个系统要素应以所有安全要求中最高的 ASIL 为准。智能汽车通常由多个系统组成,则每个独立系统和相互关联的接口安全要求需要从预设的系统安全要求中获得,而这些安全要求也相应需要分配到对应系统和功能中去。对于已经确定的要素和设计,则不再考虑其 ASIL 要求,对于其安全要求的实现,可以考虑通过冗余或其他路径进行保障。对于与外部风险降低措施关联的安全要求,则其技术安全规范也需要从相应的外部风险降低措施中获得,并进一步分配到对应部件中。此外,需要明确与外部风险降低措施相关的接口安全要求,并确保所实施的外部风险降低措施能够被正确执行。

从智能汽车整车的安全目标开始,安全要求在开发过程中会被分解和继承。ASIL 作为安全目标的一个属性,会被每一个后续的安全要求所继承。从开始的基本结构到最后的软硬件要素,功能和技术安全要求被分配到每个要素中。在进行 ASIL 分解过程中,一个 ASIL Z 如果被分解为新的 ASIL X 和 ASIL Y,那么应标记为 ASIL X(Z) 和 ASIL Y(Z),若 ASIL X(Z) 进一步被分解为新的 ASIL X1 和 ASIL X2,那么需要保留原始标记,记为 ASIL X1(Z) 和 ASIL X2(Z)。具体分解策略如图 2-19 所示。

汽车安全完整性等级分解过程中应单独考虑每一个初始安全要求,每一个分解的安全要求也都需要遵循其自身初始安全要求。如果在软硬件层级进行 ASIL 分解,则应在系统级检查软硬件要素之间要求分解的充分独立性。如果不是充分独立,那么在软硬件级、系统级都要采用适当的措施以实现充分的独立性。如果对一个初始安全要求的 ASIL 进行分解会导致项目功能和相关安全机制的重分配,那么相关安全机制则需要分配到更高一级的 ASIL 中。在每一级的分解继承过程中,相应分解要素的集成和后续安全活动应基于分解前的 ASIL 要求逐步开展。

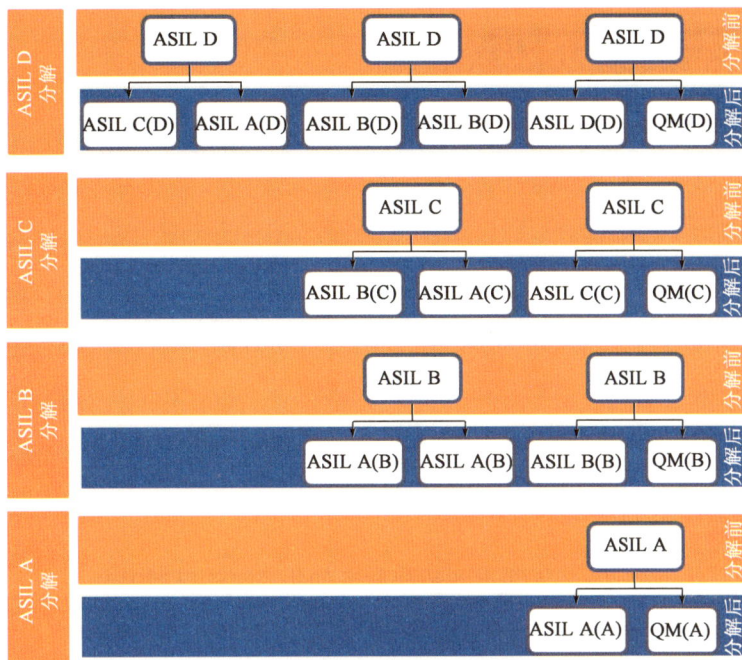

图 2-19　ASIL 分解策略示意图

2.安全措施和机制

相比于传统汽车,智能汽车开发所涉及范围更广,相关软硬件系统更加复杂,其具体的安全要求需要采用一定的措施和机制来保障。通过基本的安全机制和措施,使得安全要求能够较好地在智能汽车系统开发设计过程中得到满足。

故障容错机制是一种常见的安全保障机制,即通过一定措施(如降级)使系统在故障产生时依然保持安全运行状态,保证故障不会直接引起违背安全目标的事件。如增加电源冗余系统,以保障电力传动和电气化故障时能够得到可靠保护。

故障检测和失效缓解机制要求在系统识别到相应故障信号时,为降低或消除失效情况带来的风险,需要采取一定措施。如在检测到暴雨天气或智能汽车打滑情况时主动降低车速。故障检测和驾驶人警示装置是故障检测和失效缓解一种常用的典型措施。这种措施要求在系统识别到相应故障信号时,能够在危害出现之前向驾驶人发出明确的警告提示。如在智能汽车面对陌生场景,需要驾驶人进行接管时,在进入该陌生场景前向驾驶人发出语音接管提示。

安全运行状态切换机制要求在面对可能引起系统伤害的情况下,过渡到能够有效保障智能汽车安全运行的状态。如智能汽车临时紧急停靠或远程接管。当不同系统功能同时触发了多个任务请求时,通过逻辑仲裁机制选择合适的顺序控制流程,以避免出现任务冲突和资源抢占等潜在风险。如在音乐播放、地图语音引导和接管语音提示同时发生导致智能汽车音响系统资源抢占时,考虑任务与安全关系的优先级,应先依次进行接管语音提示、地图语音引导任务,最后在二者任务完成后回到音乐播放。

三、系统安全设计与开发

系统级产品开发需要确定并规划系统开发各个子阶段的安全活动,对技术安全要求进行说明,并形成安全规范。在系统设计过程中,首先,建立智能汽车安全架构并将技术安全要求分配到对应软硬件部分及其接口部分;然后,对技术安全要求具体项进行细化,根据体系结构复杂程度将各要素的安全要求依次导出。在完成软硬件设计后,进一步进行软硬件部分集成与测试;最后,进行系统和项目的集成与测试,通过验证和确认活动来提供相关记录和客观证据,以证明应用该系统设计的智能汽车能够达到整车安全目标和满足相关安全要求。

(一)系统级产品安全设计与开发

系统级安全设计与开发阶段的第一个目标是进行系统设计,开发符合项目技术安全要求规范的功能;第二个目标是检验系统设计和功能要求。智能汽车系统架构设计开发需要兼顾安全要求和功能要求。因此,安全要求和功能要求都在该阶段过程中得到处理。

1.系统安全开发规划

系统安全开发规划应考虑分配给系统设计要素的安全性,即系统设计应满足具体技术安全规范。为满足技术安全规范,在系统设计中应遵循考虑系统设计的可验证性、软硬件的技术可实现性,以及系统集成过程的执行测试能力。此外,还应预设相关场景作为智能汽车运行操作条件的代表,以便进行系统的测试规划。

系统和子系统架构应满足各自 ASIL 的安全目标和技术安全要求。此外,安全相关的软硬件接口需要被明确定义,并按照一定标准对接口处的软硬件接口特性、交互模式、资源分配、运行机制、配置和约束等进行规范,以避免由于接口匹配问题对软硬件运行、交互及接口自身产生安全影响。

2.系统技术要求规范

系统技术规范除了功能性规范和设计准则外,还应根据智能汽车架构设计和安全目标,指定影响系统或要素实现安全目标的相关机制,包括安全相关的工作模式和系统定义的失效情况及导致该状态的系统要素组合。安全技术规范所要求的安全机制通常由相关措施实现,如系统自身检测、指示和故障控制措施(包括系统或元件对随机硬件故障的检测、系统故障的自我监控措施)与系统交互的外部设备故障检测、故障指示以及故障出现时控制措施、使系统达到或维持安全运行的措施、警告和降级概念的细化和实施措施、防止故障被隐藏的措施等。

由于智能汽车系统的复杂性,故障探测和解决的时序尤为关键。其中,故障时间间隔的相关概念是解决故障的基础,包含如下基本概念:故障探测时间间隔(Fault Detection Time Interval),即从故障发生到被探测到的时间间隔;故障响应时间间隔(Fault Reaction Time Interval),即从探测到故障到进入安全运行或进入紧急运行(Emergency Operation)的时间间隔;故障处理时间间隔(Fault Handling Time Interval),即故障探测时间间隔和故障响应时间间隔的总和;

故障容错时间间隔（Fault Tolerant Time Interval），即在安全机制未被激活的情况下，从相关项内部故障发生到可能发生危害事件的最短时间间隔；诊断测试时间间隔（Diagnostic Test Time Interval），即安全机制进行在线诊断测试的时间间隔。故障时间间隔对应时序关系如图 2-20 所示。

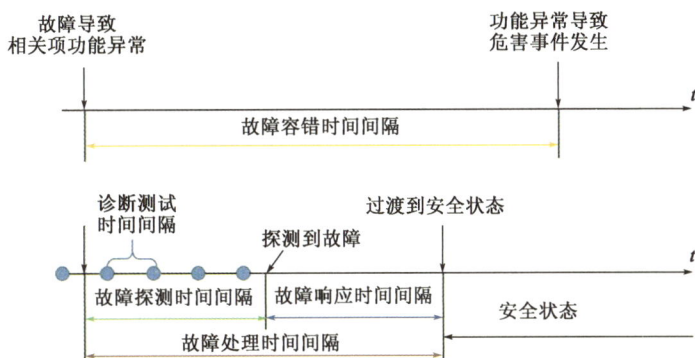

图 2-20　故障时间间隔对应时序关系

在为保障智能汽车达到或维持安全运行的机制中，应规定安全运行状态的切换、容错的时间间隔和维持安全运行措施。在故障容错时间间隔内，如果系统相关项保持在安全运行状态中，或者在过渡到安全运行状态及紧急运行模式的过程中，则表明安全机制及时对故障进行了处理。一般地，应在项目层面定义故障容错时间间隔，在要素层面定义最长故障处理时间间隔和故障处理后要求达到的安全运行状态，以满足安全要求。当诊断测试时间间隔远短于故障探测时间间隔，即故障探测时间间隔可以容纳多个诊断测试时间间隔时，能够进一步实现错误扰动边沿的消除。

如果不能立即达到安全运行状态，那么智能汽车需要进入紧急运行模式。紧急运行模式是指系统故障发生时，从故障发生到安全运行这一系统过渡期间所执行的功能操作。常见的一种紧急运行模式就是智能汽车的远程接管。紧急运行时间间隔（Emergency Operation Time Interval）是指保持紧急运行模式所持续的时间间隔。紧急运行容错时间间隔（Emergency Operation Tolerance Time Interval）是指在没有发生不合理风险的情况下，能够维持紧急运行模式的特定时间间隔，即允许保持紧急运行模式的最大时间间隔。在紧急运行容错时间内，紧急运行模式能够保障智能汽车安全。紧急运行对应的时序关系如图 2-21 所示。

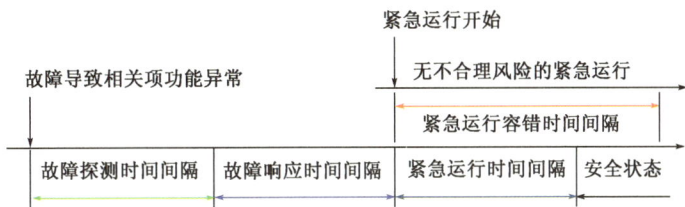

图 2-21　紧急运行对应时序关系

其中，警示和降级（Warning and Degradation）是紧急运行概念下的两种常见操作，在感知到潜在功能出现非预期情况时，通过一定方式提醒（警示）驾驶人，并实现合理的功能降低（降级）以达到安全运行状态。例如智能汽车在遇到暴雨以致摄像头无法正常识别时，对驾驶人语音提出接管提醒并自动减速至停靠路边，直到驾驶人能够安全接管智能汽车。警示和降级的策略包括以触觉、声音或视觉提示来提醒驾驶人,提醒内容包括即将发生的降级情况、当前安全运行状态的描述、向安全运行状态过渡的条件、从安全运行状态恢复的条件和适用情况下的紧急运行及相应的紧急运行容错时间间隔等。

(二)硬件级产品安全设计与开发

硬件级产品安全设计与开发首先需要对软件开发安全活动进行规划,并提取相应的安全要求规范,进而实施相关硬件设计开发工作。完成硬件设计工作后,需要对安全相关情况进行测试,并对技术要求进行验证确认。在硬件层面,必要的产品开发活动和过程包括对技术安全概念的硬件实现、潜在的硬件故障及影响分析以及与软件开发的协调。硬件安全要求规范提取阶段的第一个目标是参考技术安全要求和系统安全规范,规定硬件安全要求;第二个目标是验证硬件安全要求与技术安全要求和系统安全规范的一致性;第三个目标是详细描述硬件接口安全要求。

根据硬件设计安全要求规范,硬件及其相关安全机制的属性需要能够控制硬件单元内部的故障情况,匹配外部单元安全要求并应对潜在故障的影响。此外,还需要能够检测并提示硬件相关内外部单元故障。例如在智能汽车能量系统中,能够通过硬件对电池进行温度检测,并在温度过高时通过物理措施避免温度过高导致的电池爆炸。

硬件设计阶段的第一个目标是根据系统设计规范和硬件安全要求对硬件进行设计,第二个目标是检验设计。硬件设计包括硬件架构设计和硬件单元设计,硬件架构设计应表示出所有硬件单元及单元之间关系,硬件单元设计是指相关单元原理、结构、时序、电气等设计。其中,硬件架构设计应遵循包括分层设计、减少冗余等安全设计原则。

除了上述六个设计原则,对于安全相关的硬件组件潜在故障而言,在硬件设计过程中的非功能性条款还应考虑温度、振动、湿度、灰尘、电磁干扰以及其他硬件或环境带来的干扰。

同时,对硬件的安全分析应考虑单点故障、多点故障、安全故障或残留故障。在大多数情况下,分析可限于双点故障。双点故障的识别需要对每个硬件组合的潜在故障进行故障辨识,其辨识过程包含了单个硬件的故障分析和组合后引起的故障分析。

(三)软件级产品安全设计与开发

软件级产品安全设计与开发首先需要对软件开发安全活动进行规划,并提取相应的安全要求规范,从而实施软件相关设计开发工作。完成设计工作后,需要分别对软件单元和集成的安全相关情况进行测试,并对软件技术要求进行验证确认。对于智能汽车而言,软件部分是其智能性的重要体现,也是保障智能汽车安全的核心所在。智能汽车软件包含网络、算法、系统等一系列不同层级开发项目和子阶段,需要根据项目发展程度和复杂性,按照一定方法提取相应规范,使之符合有关规定和各自的 ASIL 评估。

软件安全要求规范提取阶段的第一个目标是参考技术安全要求和系统安全规范,规定软件安全要求;第二个目标是验证软件安全要求与技术安全要求和系统安全规范的一致性;第三个目标是详细描述软件接口安全要求。

软件体系设计阶段的第一个目标是设计软件体系结构以实现软件安全要求;第二个目标是检验软件体系结构。软件单元设计阶段第一个目标是按照软件体系设计及相关的软件安全要求,提取软件单元技术安全要求;第二个目标是实现所指定的软件单元功能;第三个目标是在安全层面检验软件单元的设计和实现。软件单元的实现包括源代码的生成和目标代码的编译。

1. 软件架构安全设计规范

为了支持设计和实现过程的安全性,在设计和建模语言或编程语言的选择上应首先考虑复杂度较低的语言。软件设计和实现过程应积极使用语言子集、网络攻防技术、明确的图形表示方法和约定的命名等手段,并采用既定的设计原则和指南来保障安全。

同时,为了避免高复杂性造成的故障,软件体系结构设计应具有模块化、封装性和简单化的性质,这些性质也有益于智能汽车系统或算法快速迭代更新的特性。在体系结构设计中应遵循分层结构的单元设计,考虑软件单元和接口的大小限制、单元之间的耦合限制、中断使用的限制以及软件单元的高内聚性,并采用合适的调度属性。特别地,对于软件分区之中的资源共享,应该通过机制来避免相互干扰,以满足其 ASIL 和安全要求。

依据 ADAS 国际标准 ISO 26262-9:2018,智能汽车系统开发过程应包含软件架构层面的安全分析,以便识别或确认软件安全相关部分,并验证软件安全机制效率。为得到软件架构安全分析结果,可采用输入输出的数据范围检测、真实性检测、数据错误检测、外部检测、控制流监控以及多样化方法来进行安全检测分析。

根据软件架构层面的安全分析结果,应在软件架构层面指定必要的软件安全机制,如静态恢复机制、故障软化、独立并联冗余、数据纠错码等。

2. 软件单元安全设计规范

软件单元安全设计应考虑所有软件单元涉及的相关要素,主要分为静态设计和动态设计两个部分。其中,软件单元的静态设计包括软件结构、数据处理的逻辑顺序、数据类型及其特点、内外部接口、约束条件和外部依赖单元等。软件单元的动态设计包括单元功能、行为、控制流、并发、交互数据流、外部接口与数据传递、时序限制等。

每一个与安全相关的软件单元可被归类为新开发单元、修改重复利用单元或无法修改重复利用单元中的一类。这三类单元在使用过程都应符合相应的安全标准。智能汽车系统或算法的更新,都是由上述三类单元综合而成。其中,软件的最高安全要求应逐步分解并分配给各软件单元。因此,每个软件单元应精细设计,以满足其被分配的最高汽车安全完整性等级要求。对于智能汽车系统或算法新版本的更新,需要严谨认真地确认更新前后的变化,以及更新后的整车安全。必要时可以对更新后的一段时间进行整车安全性监控。

软件单元设计规范要求对软件的功能行为和内部设计进行详细描述,以便于相关开发人员实施验证。同时,软件单元的源代码在设计和实现中应该遵守时序、接口、信息流的相关规范,并注意代码可读性、鲁棒性和简洁性。

(四)系统集成和安全测试

系统集成过程包括三个阶段和两个验证目标。集成过程的第一个阶段为每个组件是硬软件集成,第二个阶段是将系统要素集成为一个完整系统,第三个阶段是项目中系统的集成验证。集成验证的第一个目标是验证各相关项符合分配的 ASIL 和相应安全要求,第二个目标是验证系统设计所提出的各项安全措施能够被正确实施以满足安全要求。

系统集成在完成软硬件开发后进行。系统集成从软硬件单元开始,集成相关系统,最后形成产品(如整车系统)。安全测试可能在系统开发的各阶段执行,以证明相关项满足安全要求,并能够被正确地执行。安全测试需要重点考虑系统的安全特性包括功能特性的精确度、安全机制时序的正确性、接口一致性、鲁棒性以及安全机制诊断和故障检测覆盖度。对于部件级的技术安全要求而言,可以采用需求导向测试、故障注入测试或者背靠背测试等方法;对于性能、执行精确度和时序正确性而言,可以采用背靠背测试和性能测试等方法;对于安全机制的诊断覆盖率而言,可以采用故障注入和测试错误猜测(Error Guessing)测试等方法;对于鲁棒性而言,可以采用资源使用率和压力测试等方法;对于接口一致性和正确性而言,需要分别进行接口内部测试、接口外部测试和接口一致性检查。

基于智能汽车开发经验,系统集成和安全测试流程规范通常在项目的集成和测试计划基础上进一步细化,分为软硬件甚至部件的集成和测试。其中,项目集成和测试要求应具体为系统级和整车级,确保有相应的验证手段来解决存在的开放性安全问题,并重点考察智能汽车内部接口、子系统(包含内外部相关项)和运行环境问题。对于整车级测试,除了上述测试方法外,还应采用长期测试、交互测试或通信测试、真实用户条件测试以及实地经验推导测试等方法进行测试。

(五)系统安全验证与确认

验证活动(如安全验证、安全分析、硬件、软件和系统集成和确认)的目的是提供证据来证明每个特定活动流程的结果符合规定安全要求。在整车集成项目中,确认活动目的是提供恰当的证据,以证明在整车预期使用范围内,其安全措施充分满足智能汽车的安全要求。

系统安全验证存在于不同阶段。在概念定义阶段,系统安全验证要确保概念对项目的边界条件是正确、完整、一致的,且所有安全概念是可以实现的。在设计阶段,系统安全验证进行系统设计评估,确保系统设计保持先前建立安全要求的正确性、完整性和一致性。在测试阶段,系统安全验证是在指定测试环境下评估工作产品,以确保符合安全要求。在生产经营阶段,系统安全验证是确保在生产、修理和维护等方面能够实现相应的安全要求,并体现在用户手册中,此外,还需要通过生产过程中的控制措施满足项目安全要求。

安全确认的第一个目标是提供符合安全目标和适用于项目所提出的安全概念的安全性证据;第二个目标是提供证据证明安全目标是正确、完整的,并且在整车级层面可以实现。

相同地,系统安全验证和安全确认活动都是为系统安全提供证据,以证明智能汽车符合"安全"的定义。同时,安全验证和安全确认又是从不同角度来证明系统安全。安全验证需要证明的是系统设计各个阶段的活动都符合相关安全规范和要求,从流程上保障系统安全。安全确认需要证明的是所开发的系统及其对应功能是安全的,这种安全是符合使用者和相关人员的要求。

对安全目标的评估应包含可控性、随机故障和系统故障安全处理措施的有效性、外部措施的有效性以及相关安全技术的有效性等。在整车级层面,需要对安全目标和预期用途进行测试确认。对于每一个安全目标,检验过程和测试用例都应明确智能汽车的配置、环节、驾驶、操作使用等情况,并制定详细的通过或未通过准则。对于安全确认来说,除了采用指定的检验流程外,还可以结合分析、长期测试、用户测试、专家测试、盲审、复审等方法进行确认。同时,考虑到智能汽车对于应用场景的依赖性,可以基于场景进行仿真、硬件在环和实地对比等不同维度的全面测试,以获得公众和监管机构的认可

四、系统认证与发布

(一)系统认证

系统认证是通过一定的方式对功能性和安全性进行论证,并提供相应证据支撑论证目标。系统或部件的认证可以通过测试或分析两种不同的方式来实现,根据其特性可以单独或组合使用相关方法。测试时,将系统或部件置于目标环境和运行条件中,评估其功能表现和兼容性。分析时,依赖于所使用的分析方法和假设,根据测试数据推断安全性。对于智能汽车来说,测试和分析通常共同进行,即通过设置一定安全指向性的挑战场景和测试流程,采集评估数据进行分析,以获得安全性的表征,作为认证证据。当已经完成测试的单元需要进行变更时,则需要分析其变更带来的相应影响,如对于智能汽车操作界面更新迭代来说,需要分析其是否会对驾驶者人机交互产生影响,进而导致相关潜在风险。

即使使用不同的评定方法,都应在认证报告中展示其最终结果(认证报告可以由一组文档组成,包括报告、证据、笔记、注释等),并提供系统或部件假设、限定条件、测试用例和结果的证据。如果条件允许,最好制定综合的方式进行检查,检查内容通常包括性能数据、认证过程、结果和基本原理。

系统或部件应根据相关认证规范提供材料以判别其能否通过认证。这些材料通常包含系统或部件的安全情况,包括要求、失效情况下的行为、配置的描述、接口描述、应用功能描述、组件集成描述、异常操作条件下的功能反应、系统或部件与其他单元或组件依赖关系、异常情况下紧急处理措施等。此外,系统或部件还应表明安全机制的覆盖度,提供在相关部件失效的情况下回到正常运行状态的操作或条件,以及导致违反安全目标的行为及其结果。对于智能汽车整车来说,通常还应提供适用的预期行为及其安全证明,并说明其系统或部件的开发过程所应满足的相应国家标准或国际标准。

特别地,对于定义和使用条件与已发布产品具有相同或极高通用性的新研发产品来说,应论证证明该新产品可以适用于原产品相关的工作产品,即论证表明产品可重用或可替代。但是,除非证明新产品符合上级产品使用的指定产品的标准,否则,不能因为新产品满足原始功能而被认为可以替换使用。单元、组件、系统等都可以视作产品来进行产品可重用或可替代论证活动。此时,可以依据技术安全概念、算法、模型、源代码、目标代码、配置或标定数据等对单元、组件、系统等进行论证证明。

在制定认证计划、论证计划和分析后,应依据标准化的测试规范对系统及部件进行资格通过测试。开发和测试计划应包含系统或部件的功能描述、测试方案、组装和连接的要求、考虑系统或部件所处运行条件的老化情况、模拟运行和环境条件、环境说明以及环境参数测量方法、通过/未通过准则等。

（二）系统发布

系统发布是在完成规定项目开发后对系统标准进行发布说明。系统发布要求该项目在整车级层面符合安全要求。系统发布是后续生产和经营大批量生产的先决条件。发布要求在开发过程中完成软硬件单元、组件、系统、产品的验证和确认，并由系统发布负责人签署整体评估发布文档。其中，系统安全文档在发布时应包含负责人的姓名和签名、项目发布的版本、项目发布的配置、相关的参考文档以及发布日期等信息。

系统安全设计首先从系统概念的设定与分析出发，建立对智能汽车系统安全的基本认识和要求；随后分层级对智能汽车的硬件、软件和系统进行设计、开发与集成，并通过测试、验证等手段进一步保障智能汽车的安全性；最后，基于智能汽车产品相关安全标准进行系统认证，并于系统发布阶段完成项目。基于"V"字形架构的系统安全设计流程通过规范、完整的实践，保障设计开发的可靠性，并通过落实每个环节中的安全原则和细节，保障最终产品的安全性。

第三节 系统安全保障技术

针对三类系统危害机理，衍生出对三大系统安全保障技术（功能安全、预期功能安全和信息安全）的需求。当前行业已发布或正在制定相应标准以实现对系统安全设计方法的具体化和规范化，同时也形成了各自的安全保障技术体系。

一、系统安全分类与标准

根据系统危害来源的不同，可将系统安全问题分为三类：系统故障导致的功能安全问题、功能不足导致的预期功能安全问题、网络攻击导致的信息安全问题，对这三类安全问题的解决共同构成了当前系统安全的研究体系，此外还有相关标准作为行业规范，将重点阐述三类问题的定义和标准。

（一）功能安全与标准

功能安全（FuSa）[13]针对系统故障危害，具体指避免由于电子电气（Electrical and Electronic，E/E）系统的功能异常表现引发危害所产生的不合理风险。智能汽车中的动力蓄电池管理系统、防抱死制动系统、车身稳定系统等都可能面临系统级、硬件级和软件级的功能安全挑战，表现为运行过程中的制动失效、转向失效、气囊弹出失效等问题，进而导致严重的系统危害。随着系统复杂性的提高以及软件和机电设备的大量使用和快速迭代，智能汽车面临的功能安全问题呈现出复杂化和困难化的趋势。

功能安全标准规范了系统安全设计方法在功能安全领域的具体实现和要求，国际标准化组织（International Organization for Standardization，ISO）于 2011 年 11 月 11 日发布了道路车辆领域的第一版功能安全标准——ISO 26262:2011[28]，作为 IEC 61508 对 E/E 系统在道路车辆方面的功能安全要求的具体应用，其主要针对最大净质量 3500kg 的量产乘用车；第二版功能安全标准——ISO 26262:2018[13]于 2018 年 12 月发布,将覆盖对象范围从乘用车扩展到了除轻便摩托车以外的所有道路车辆。

ISO 26262:2018 包括十个规范性部分与两个指南部分,如图 2-22 所示,其强调了在整个系统生命周期中进行功能安全的开发和保障。十个规范性部分指第 1~9 部分和第 12 部分,除了定义和规范概念阶段、系统层面产品开发、硬件层面产品开发、软件层面产品开发以及开发后的生产、运营、服务和报废等全生命周期流程活动外,还包含功能安全管理、支持过程、准则、以 ASIL 和安全性为导向的分析等;两个准则部分指第 10 部分的 ISO 26262 指南和第 11 部分的半导体应用指南。其中整个产品功能安全开发以及硬件和软件层面的功能安全开发均遵循"V"字模型,如图中三个"V"字所示。

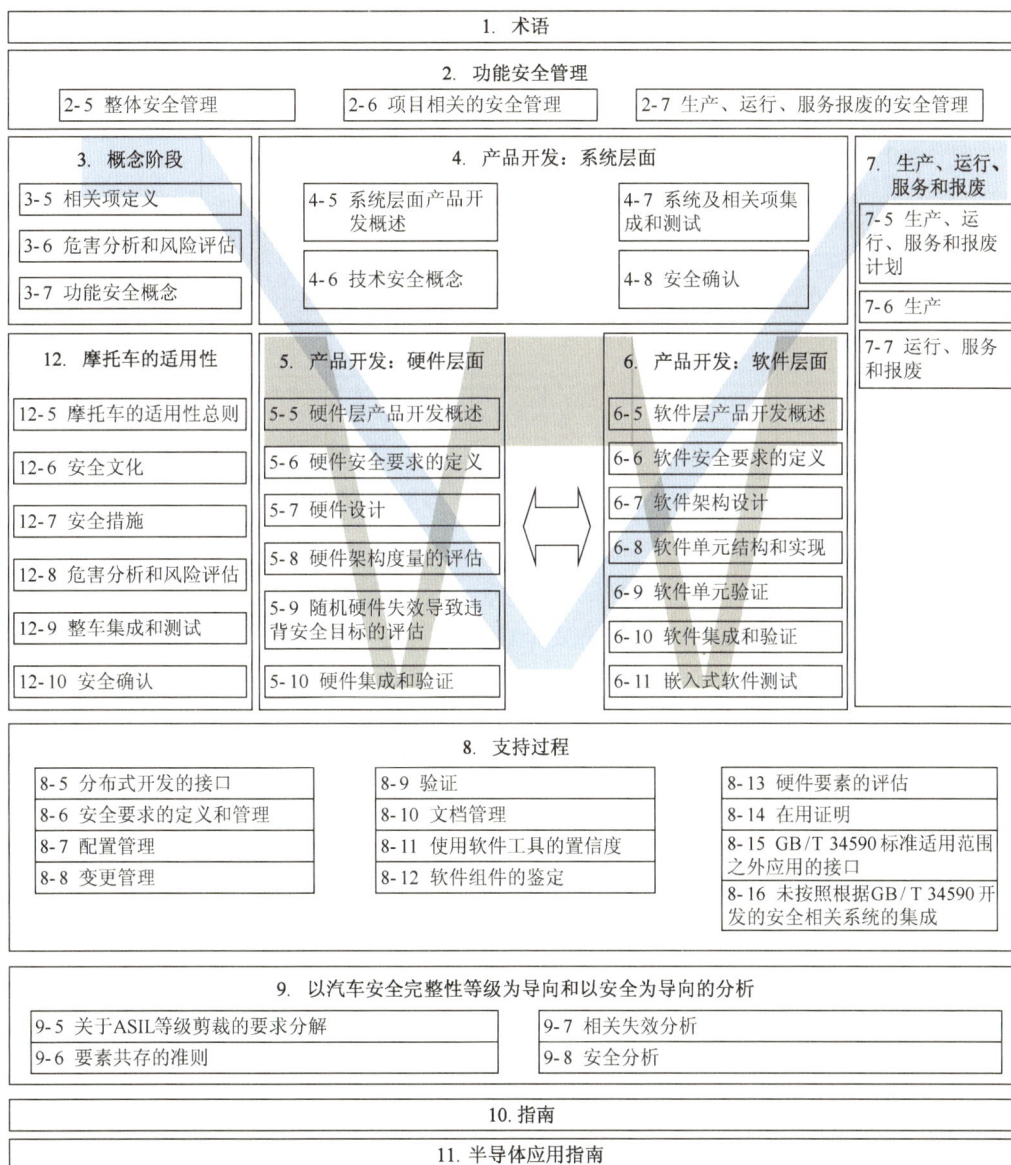

1. 术语

2. 功能安全管理
2-5 整体安全管理　　2-6 项目相关的安全管理　　2-7 生产、运行、服务报废的安全管理

3. 概念阶段	4. 产品开发:系统层面	7. 生产、运行、服务和报废
3-5 相关项定义	4-5 系统层面产品开发概述　　4-7 系统及相关项集成和测试	7-5 生产、运行、服务和报废计划
3-6 危害分析和风险评估	4-6 技术安全概念　　4-8 安全确认	7-6 生产
3-7 功能安全概念		7-7 运行、服务和报废

12. 摩托车的适用性	5. 产品开发:硬件层面	6. 产品开发:软件层面	
12-5 摩托车的适用性总则	5-5 硬件层产品开发概述	6-5 软件层产品开发概述	
12-6 安全文化	5-6 硬件安全要求的定义	6-6 软件安全要求的定义	
12-7 安全措施	5-7 硬件设计	6-7 软件架构设计	
12-8 危害分析和风险评估	5-8 硬件架构度量的评估	6-8 软件单元结构和实现	
12-9 整车集成和测试	5-9 随机硬件失效导致违背安全目标的评估	6-9 软件单元验证	
12-10 安全确认	5-10 硬件集成和验证	6-10 软件集成和验证	
		6-11 嵌入式软件测试	

8. 支持过程
8-5 分布式开发的接口　　8-9 验证　　8-13 硬件要素的评估
8-6 安全要求的定义和管理　　8-10 文档管理　　8-14 在用证明
8-7 配置管理　　8-11 使用软件工具的置信度　　8-15 GB/T 34590标准适用范围之外应用的接口
8-8 变更管理　　8-12 软件组件的鉴定　　8-16 未按照根据GB/T 34590开发的安全相关系统的集成

9. 以汽车安全完整性等级为导向和以安全为导向的分析
9-5 关于ASIL等级剪裁的要求分解　　9-7 相关失效分析
9-6 要素共存的准则　　9-8 安全分析

10. 指南

11. 半导体应用指南

图 2-22　功能安全标准架构[13]

(二)预期功能安全与标准

预期功能安全(SOTIF)[24]针对功能不足危害,具体指避免由于预期功能或其实现的功能不足引发危害所产生的不合理风险,其中功能不足的具体表现包括:①在车辆级别上预期功能的规范不足;②在系统 E/E 元素实现过程中的规范不足或性能局限。随着近年来车辆智能化产品的实际应用和问题暴露,预期功能安全是基于功能安全逐渐延伸出的一类系统安全概念。

与预期功能安全相关的危害事件演变过程如图 2-23 所示,在包含触发条件的场景下,由于功能不足将导致危害行为出现,如果场景中存在可能导致伤害的因素,将进一步演化为危害事件,并在可控性不足的情况下导致伤害。典型触发条件如恶劣天气、不良道路条件和交通参与者非预期行为等。此外,驾乘人员对预期功能或整个智能汽车系统合理可预见的误操作等也是潜在的触发条件。

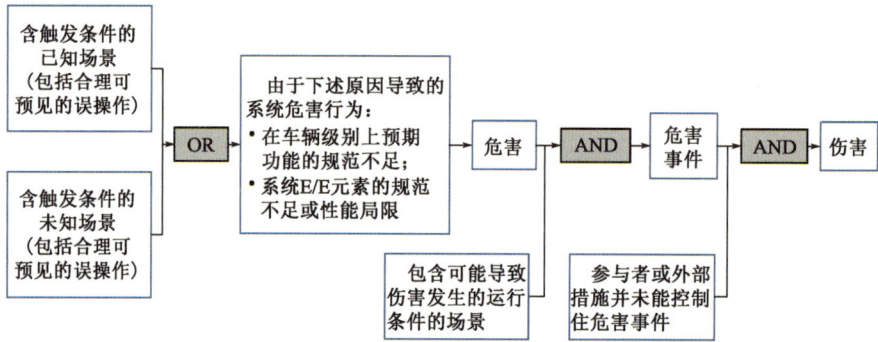

图 2-23 与预期功能安全相关的危险事件模型

根据驾驶经验、行车数据以及专家分析等方法可归纳演绎已知的智能汽车运行场景,但由于交通环境的开放性,始终会存在部分未知的场景。根据是否已知和是否危险,可将场景分为四类:已知安全场景、已知不安全场景、未知安全场景、未知不安全场景,如图 2-24 所示。预期功能安全目标可通过几类场景之间的转化得以说明。对于区域 1(已知安全场景),应最大化或保持已知场景集,同时实现其他区域向该区域的转化;对于区域 2(已知不安全场景),评估其潜在风险,并采取功能改进和限制等技术措施将危险场景转化为安全场景,从而将该区域缩小至可接受水平;对于区域 3(未知不安全场景),可通过随机测试等确认活动将未知转化为已知,进而结合功能改进等措施将整体风险降低到可接受水平;对于区域 4(未知安全场景),其场景虽然未知但不产生风险,可通过发现、记录和报告该区域的场景来帮助最大化区域 1。

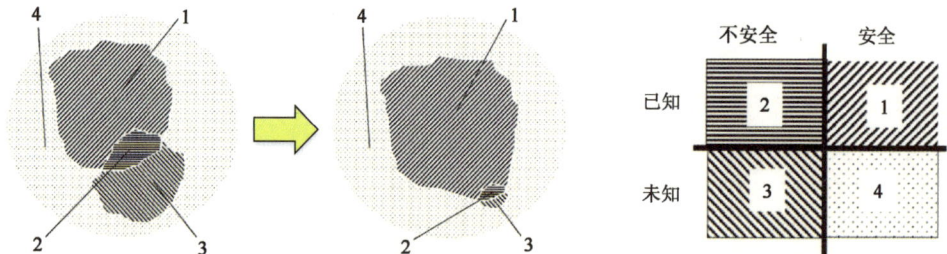

图 2-24 四类场景可视化以及预期功能安全目标(区域大小代表场景数量)

预期功能安全标准是指对系统安全设计方法在该领域的具体实现和要求的规范。随着汽车智能化水平的提高,其运行场景呈现高维、开放和动态随机的发展趋势,智能汽车系统的复杂度和耦合性也日益增加,此外,人工智能等技术在带来性能提升的同时也产生了不确定性、难解释性和难验证性等问题,因此,预期功能安全标准的制定和实践工作亟待加快和深入。近年来频发的自动驾驶和驾驶辅助事故揭示了预期功能安全问题的严峻性。2018 年 3 月,美国亚利桑那州坦佩市一辆路测无人车撞上了一名横穿马路的妇女,这是全球首例自动驾驶撞死行人的事故。该车有两个预测模块:主预测模块和副预测模块。主预测模块基于对象历史轨迹等信息进行预测,在无法获得足够长的历史轨迹时启用副预测模块,其根据对象类型预设可能的运动目标,以进行路径预测。调查报告显示,事故原因为感知功能不足下分类效果不稳定导致的主预测模块失效,而副预测模块未考虑行人穿越马路行为导致预测错误,同时由于安全监管员的分心(属于误操作)最终导致车辆避障不及时而发生碰撞。

2016 年 2 月以来,ISO 下设预期功能安全工作组(ISO/TC22/SC32/WG8)启动了 SOTIF 标准——ISO 21448 的研究制定工作,参与成员包含来自中国、法国、德国等多个国家的专家,现已形成了 ISO/PAS 21448[29]、ISO/CD 21448[30]、ISO/FDIS 21448[28]等版本并征集各国建议,最终标准于 2022 年 6 月发布。现有的 ISO 21448 标准草案确定了预期功能安全开发流程的九大活动:规范和设计、危害识别与评估、潜在功能不足和触发条件识别与评估、功能改进、验证和确认策略定义、已知不安全场景评估、未知不安全场景评估、SOTIF 发布准则、运行阶段活动。预期功能安全开发活动逻辑关系如图 2-25 所示。其中,圆圈内的数字对应标准中相应章节的编号。

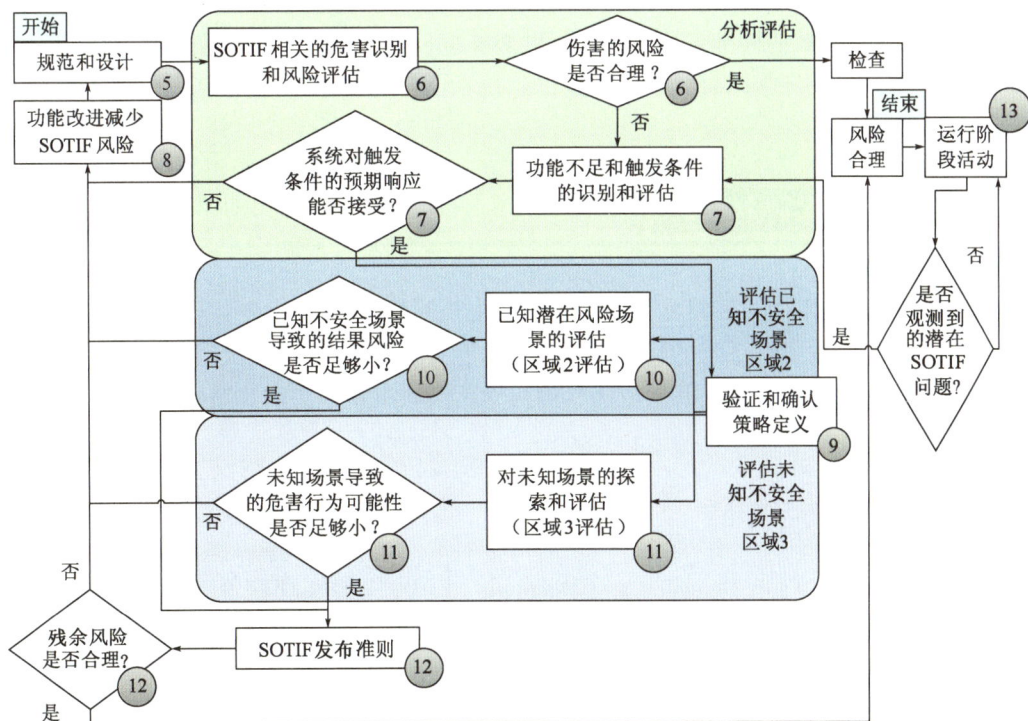

图 2-25　预期功能安全开发活动逻辑关系[28]

(三)信息安全与标准

信息安全(Cybersecurity)[15,31]针对网络攻击威胁,具体指保护汽车及其功能以避免其电子电气组件受网络攻击威胁而产生不可接受的风险。信息安全的保护对象主要分为三类:车内系统(如软件系统、电子电气硬件、车内数据和通信)、车外通信(如车外远距离通信和车外近距离通信)和车外系统(如共享感知系统和后端服务器)。车辆网联化与智能化趋势导致系统需要应对更加多样化和更具针对性的网络攻击威胁,且被攻击后承担的安全后果更加严重,因此对信息安全保障提出了更高的要求。

信息安全标准规范了系统安全设计方法在该领域的具体实现和要求,2016 年 1 月 14 日,美国汽车工程师学会(SAE International)发布了 SAE J3061《信息物理车辆系统网络安全指南(Cybersecurity Guidebook for Cyber-Physical Vehicle Systems)》[15],其参考"V"字开发模型,将信息安全纳入信息物理车辆的概念、生产、运行、服务和报废阶段中;2021 年 8 月,SAE International 和 ISO 基于 SAE J3061 联合发布了 ISO/SAE 21434(Road Vehicles-Cybersecurity Engineering)标准[31],旨在取代原有的 SAE J3061。

ISO/SAE 21434 标准提供了关键术语、目标、要求与指导方针等内容(图 2-26),可以指导网络安全政策和流程、管理网络安全风险以及培育网络安全文化。针对车辆完整的生命周期流程,该标准从概念、产品开发、网络安全验证、生产、运行和维护以及设备报废等阶段描述了网络安全的系统开发;此外,为保证各阶段活动的有效开展,该标准还规定了网络安全管理、持续网络安全活动和分布式网络安全活动等内容。

三大系统安全领域的标准细化和规范了针对不同问题的系统安全设计流程与要求,而在实际产品开发过程中,还需结合具体的安全保障技术以分别实现对功能安全、预期功能安全和信息安全的改善。

二、功能安全保障技术

功能安全保障技术的主要目标是针对由电子电气系统的功能异常引发的风险,实现故障检测及隔离,以控制故障对系统的影响。成熟的功能安全保障体系通常包含两部分,即故障检测与诊断模块和容错控制模块,其中故障检测与诊断模块主要为主动容错控制模块提供信息,如图 2-27 所示。

(一)故障检测与诊断

故障检测与诊断(Fault Detection and Diagnosis, FDD)主要实现监督整体系统安全、处理各种系统异常以及辨别和分离系统故障等功能。依据故障发生的部位,功能安全保障技术针对的故障主要包括传感器故障、执行器故障以及元器件故障[32]。一个完备的故障检测与诊断系统通常包括系统表示方法、数据获取和预处理方法、信号处理方法和故障归类方法等,如图 2-28 所示[33]。具体而言,基于解析模型的方法、基于信号处理的方法以及智能故障检测与诊断方法是常见的三类故障检测与诊断技术。

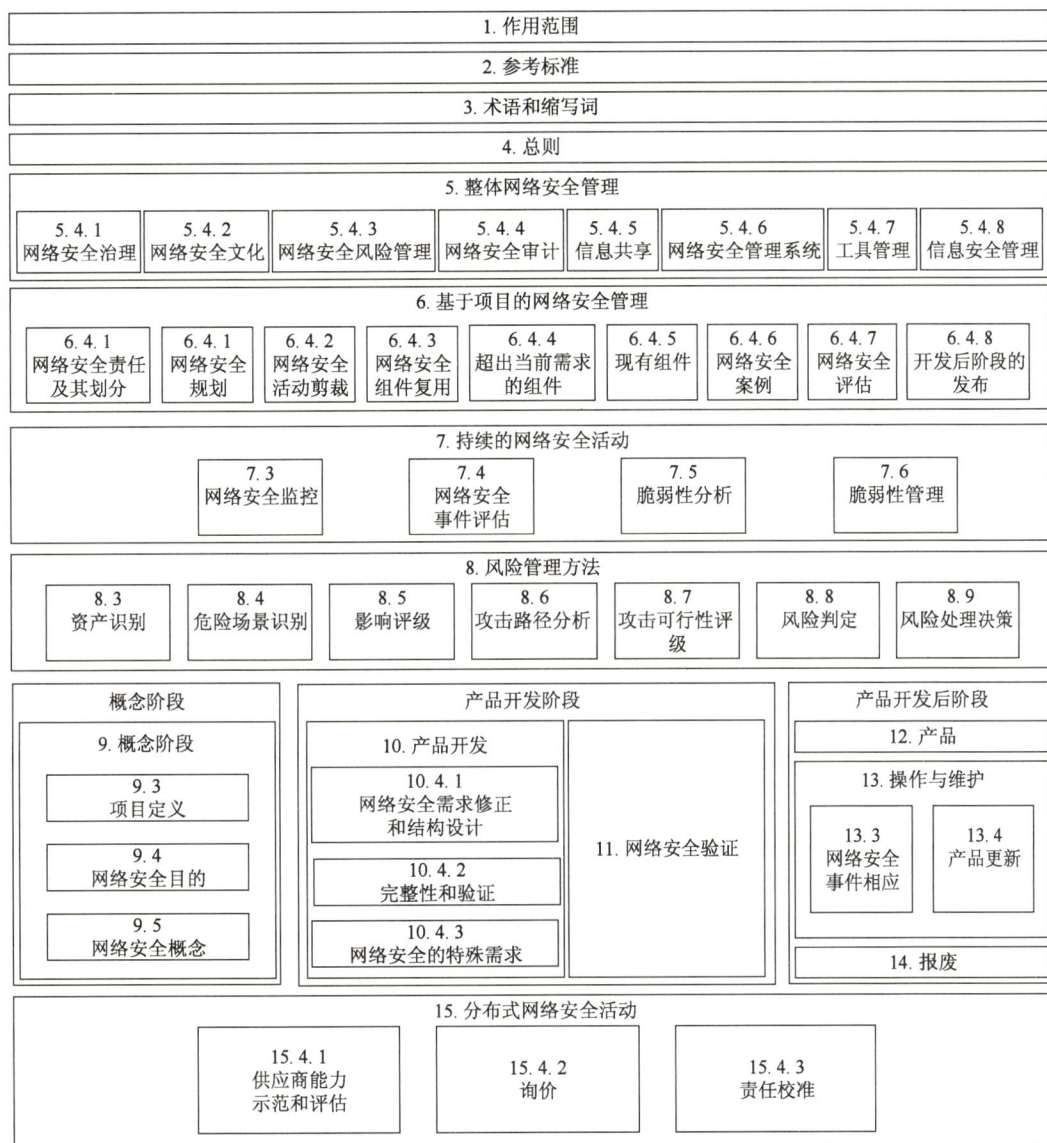

1. 作用范围

2. 参考标准

3. 术语和缩写词

4. 总则

5. 整体网络安全管理

5.4.1 网络安全治理	5.4.2 网络安全文化	5.4.3 网络安全风险管理	5.4.4 网络安全审计	5.4.5 信息共享	5.4.6 网络安全管理系统	5.4.7 工具管理	5.4.8 信息安全管理

6. 基于项目的网络安全管理

6.4.1 网络安全责任及其划分	6.4.1 网络安全规划	6.4.2 网络安全活动剪裁	6.4.3 网络安全组件复用	6.4.4 超出当前需求的组件	6.4.5 现有组件	6.4.6 网络安全案例	6.4.7 网络安全评估	6.4.8 开发后阶段的发布

7. 持续的网络安全活动

7.3 网络安全监控	7.4 网络安全事件评估	7.5 脆弱性分析	7.6 脆弱性管理

8. 风险管理方法

8.3 资产识别	8.4 危险场景识别	8.5 影响评级	8.6 攻击路径分析	8.7 攻击可行性评级	8.8 风险判定	8.9 风险处理决策

概念阶段	产品开发阶段	产品开发后阶段
9. 概念阶段 9.3 项目定义 9.4 网络安全目的 9.5 网络安全概念	**10. 产品开发** 10.4.1 网络安全需求修正和结构设计 10.4.2 完整性和验证 10.4.3 网络安全的特殊需求 11. 网络安全验证	12. 产品 13. 操作与维护 13.3 网络安全事件相应 ｜ 13.4 产品更新 14. 报废

15. 分布式网络安全活动

15.4.1 供应商能力示范和评估	15.4.2 询价	15.4.3 责任校准

图 2-26　ISO/SAE 21434 标准架构[31]

1. 基于解析模型的方法

基于解析模型的方法通常基于现代控制理论和现代优化方法,通过对系统进行数学建模,并使用参数模型的估计与辨识以及卡尔曼(Kalman)滤波器等方法产生残差序列,进一步通过一定的阈值或准则评估上述残差序列,实现故障诊断[34]。其中,解析模型是指模型中的初始条件、模型参数以及输入输出关系等信息均通过数学公式建立。该方法需要精确地建立被诊断对象的数学模型,主要适用于输入输出较少且有明确数学模型的小规模系统。通常,其又可细分为状态估计诊断法和参数估计诊断法等。运用状态估计诊断方法的前提是系统可观测或部分可观测，一般可用各种状态观测器或滤波器进行状态估计。首先，其通过对比重构的被控系统的状态量与实际系统的可测变量，可得到状态量的残差序列。其次，构造合适的模型，结合模型与统计检验法对残差序列进行评估，进而实现故障检测。

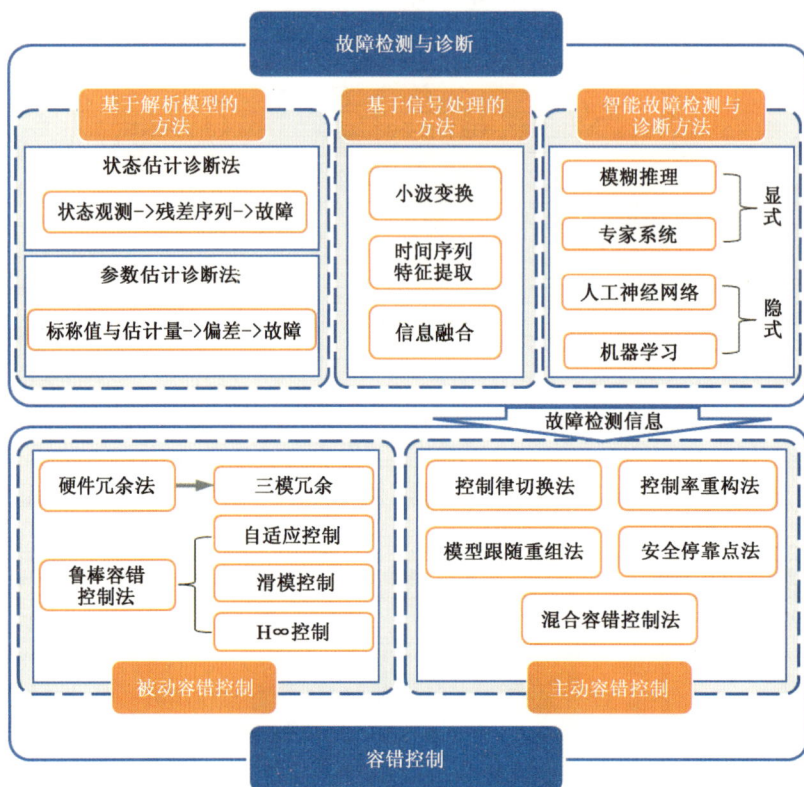

图 2-27　功能安全保障技术

与状态估计诊断方法不同，参数估计诊断方法主要依据参数变化的统计特性来检测故障。当系统的故障导致特定参数的显著变化时，可以运用参数估计诊断方法来检测故障信息，即通过参数的标称值与估计量两者之间的偏差情况来检测故障的存在。

任何来自传感器的故障都会对实际控制系统的控制效果产生影响。通常，传感器的故障检测与诊断使用基于状态估计的诊断方法进行。以半主动悬架系统为例，传感器的故障将影响智能汽车的平顺性，故而对传感器进行故障检测与诊断是十分必要的。首先，对传感器的故障进行分类，包括传感器卡死、传感器偏移和传感器噪声故障，以及两者的合成故障等。其次，根据目标系统的特性选取适合的状态估计方法，进行系统状态的估计以及与传感器数据的比对，进而实现故障检测。针对半主动悬架系统的非线性特性，应选择无迹 Kalman 滤波器进行状态估计，其中七自由度悬架模型可表示为：

$$\begin{cases} X(k+1) = f[X(k), u(k)] + W(k) \\ Z(k) = h[X(k)] + V(k) \end{cases} \tag{2-5}$$

其中，$u(k)$ 为确定性控制项；f 为非线性状态函数；h 为非线性观测函数。

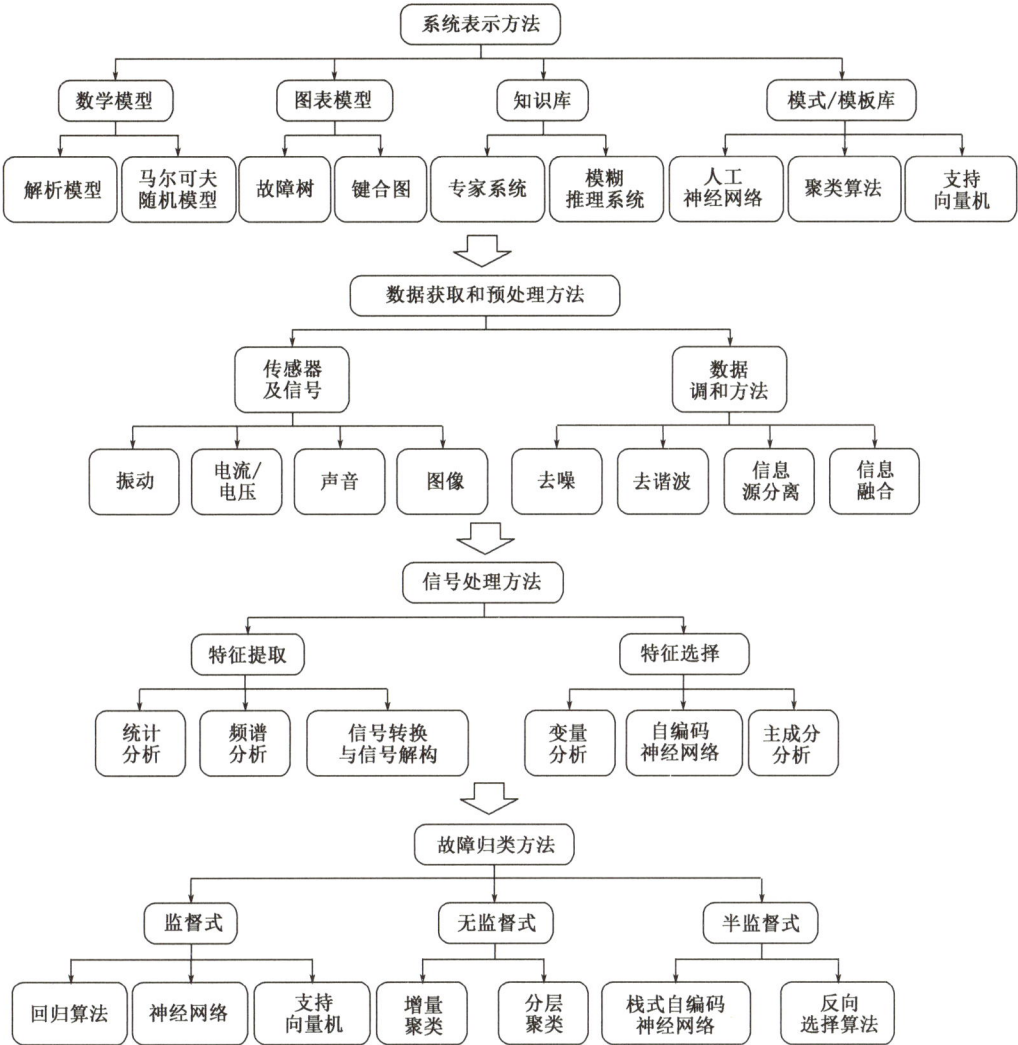

图 2-28　故障检测与诊断系统

假设 $V(k)$ 的协方差阵为 R，$W(k)$ 的协方差阵为 Q，则在不同 k 时刻，无迹 Kalman 滤波实现流程为：

首先，获得 k 时刻的非线性映射点集，即 $2n+1$ 个 Sigma 采样点。

$$X^i(k|k) = \begin{bmatrix} \widehat{X}(k|k) \\ \widehat{X}(k|k) + \sqrt{(n+\lambda)P(k|k)} \\ \widehat{X}(k|k) - \sqrt{(n+\lambda)P(k|k)} \end{bmatrix}^{\mathrm{T}} \tag{2-6}$$

其中，$X^i(k|k)$ 表示 k 时刻第 i 个 Sigma 采样点，$i = 0,1,2,\cdots,2n$；$\widehat{X}(k|k)$ 表示 k 时刻的状态预测；$P(k|k)$ 表示 k 时刻的协方差矩阵；$\lambda = \theta^2(n+\kappa) - n$ 是用来降低预测误差的缩放比例系数。

其次，计算 $2n+1$ 个 Sigma 采样点集的一步预测，$i=0,1,2,\cdots,2n$。

$$X^i(k+1|k)=f\left[X^i(k|k),u(k|k)\right] \tag{2-7}$$

系统状态的一步预测与协方差矩阵由 Sigma 采样点集的预测值结合加权系数计算得到。

$$\hat{X}(k+1|k)=\sum_{i=0}^{2n}\omega^i X^i(k+1|k) \tag{2-8}$$

$$P(k+1|k)=\sum_{i=0}^{2n}\omega^i\left[X^i(k+1|k)-\hat{X}(k+1|k)\right]\cdot\left[X^i(k+1|k)-\hat{X}(k+1|k)\right]^T+Q \tag{2-9}$$

再次，结合一步预测结果，以无迹变换产生新的 Sigma 采样点集。

$$X^i(k+1|k)=\begin{bmatrix}\hat{X}(k+1|k)\\ \hat{X}(k+1|k)+\sqrt{(n+\lambda)P(k+1|k)}\\ \hat{X}(k+1|k)-\sqrt{(n+\lambda)P(k+1|k)}\end{bmatrix}^T \tag{2-10}$$

随后，将产生的新 Sigma 采样点集代入观测方程产生新的观测结果。

$$Z^i(k+1|k)=h\left[X^i(k+1|k)\right] \tag{2-11}$$

然后，将产生的新观测结果进行加权运算得到系统的预测均值与相应协方差。

$$\hat{Z}(k+1|k)=\sum_{i=0}^{2n}\omega^i Z^i(k+1|k) \tag{2-12}$$

$$P_{Z_kZ_k}=\sum_{i=0}^{2n}\omega^i\left[Z^i(k+1|k)-\hat{Z}(k+1|k)\right]\cdot\left[Z^i(k+1|k)-\hat{Z}(k+1|k)\right]^T+R \tag{2-13}$$

$$P_{Z_kX_k}=\sum_{i=0}^{2n}\omega^i\left[X^i(k+1|k)-\hat{Z}(k+1|k)\right]\cdot\left[Z^i(k+1|k)-\hat{Z}(k+1|k)\right]^T \tag{2-14}$$

进而，计算 Kalman 滤波增益矩阵：

$$K(k+1)=P_{Z_kX_k}P^{-1}_{Z_kZ_k} \tag{2-15}$$

之后，进行状态更新和协方差更新：

$$\hat{X}(k+1|k+1)=\hat{X}(k+1|k)+K(k+1)\left[Z(k+1)-\hat{Z}(k+1|k)\right] \tag{2-16}$$

$$P(k+1|k+1)=P(k+1|k)-K(k+1)P_{Z_kZ_k}K^T(k+1) \tag{2-17}$$

最后，结合车辆的七自由度悬架模型设计上述无迹 Kalman 滤波器，得到滤波器的输出值与传感器采集的数据之差形成的残差序列，进而将其与预先设定的阈值对比，进行故障判定[35]。

然而，基于解析模型的方法容易受到未在参考模型中建立的系统干扰和不确定性因素等的影响，导致故障检测效果不佳，且实际中存在着一些无法建立被测对象解析模型的系统。

2. 基于信号处理的方法

基于信号处理的方法直接利用谱分析方法、自适应信号处理和时间序列特征提取方法等信息处理和特征提取的方法来进行故障诊断，规避了建立被测对象的数学模型的难点。小波变换法、时间序列特征提取法以及信息融合法是目前几类主要的基于信号处理的方法。

小波变换法是一种对观测信号的时频域分析法，具有多分辨率分析的特点。利用观测信号的奇异性以及观测信号频率结构的变化是基于小波变换的故障诊断方法的两种主要方式。

时间序列特征提取法则通过选取与故障直接相关的状态变量，构建时间序列过程模型，然后以模型参数作为特征矢量来评定故障的类型。

信息融合法主要解决故障诊断时单一信息源存在的信噪比低和诊断可信度低等问题,其通过融合多源信息进行故障诊断。

作为智能汽车的主要执行器之一,永磁同步电机的安全性和可靠性直接影响车辆的运行安全性。由于其散热条件差、工作空间小以及机械等因素的影响,不可避免地会发生各种故障。其中,常发生的故障之一是匝间短路故障,其破坏性强,连带效应大。为避免永磁同步电机的功能失效,对于匝间短路初期故障的检测十分重要。通常采用基于离散小波变换(Discrete Wavelet Transform,DWT)的诊断方法,对定子电流或零序电压进行信号处理,排除噪声和其他谐波的干扰,将幅值较小的基波分量精准地提取出来,以有效地检测初期故障,其具体流程如图2-29所示[36]。

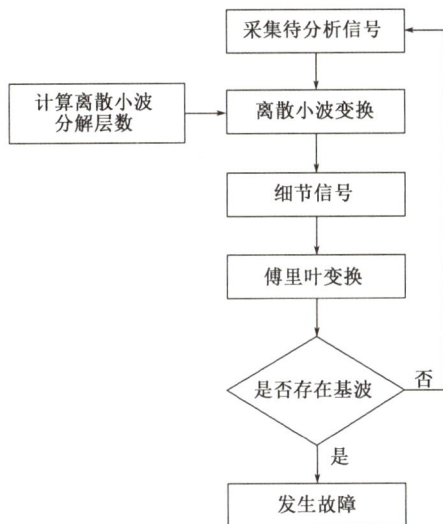

图2-29　基于离散小波变换法的故障诊断流程

3. 智能故障检测与诊断方法

智能故障检测与诊断方法(Intelligent Fault Detection and Diagnosis,IFDD)是一种基于计算机技术和人工智能技术的新型故障诊断方法。智能故障检测与诊断方法的优势在于能够从被测对象的大量数据中得到故障知识库,进而基于知识对故障进行聚类和检测[37]。两种常见的知识呈现形式为显式知识形式和隐式知识形式。其中,基于显式知识形式的智能故障检测与诊断方法包括模糊推理和专家系统等;而基于隐式知识形式的智能故障检测与诊断方法包括人工神经网络方法和机器学习方法等。

基于专家系统的诊断方法是依据领域内的大量专家经验和已形成的知识规律,在计算机中建立对应的存储方式和运算规则,模拟专家的推理决策过程,从而进行故障的检测和诊断。图2-30为专家系统的组成图。人机接口负责输入专家规则的功能以及向用户显示对应的状态和诊断建议的功能。推理机分为解释模块和规则推理模块。其中解释模块负责输出故障诊断的结果以及维修意见。规则推理模块的功能是利用知识库中的规则,结合当前获取的数据和信息,按照正向推理或者反向推理的方式实现故障诊断。知识库主要存储相关专家规则,包括知识获取模块和知识库管理模块。数据库包含信号检测与数据采集模块获得的各项性能参数和工作状态的记录[38]。

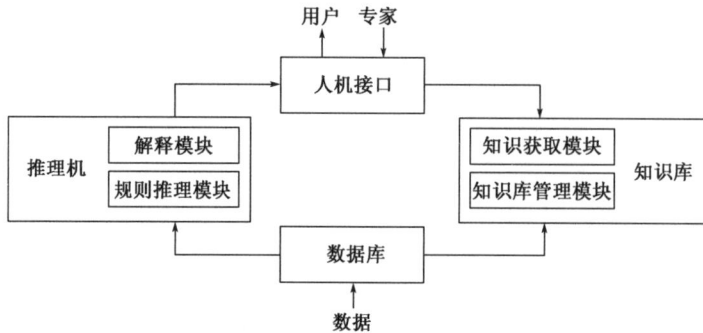

图 2-30　专家系统组成图

人工神经网络具有处理复杂非线性映射问题,以及联想、推理和记忆等的功能。因此,人工神经网络法非常适合于对难以建立模型的被测系统的故障检测与诊断。它具有自组织和自学习的能力,能够克服传统专家系统推理规则的局限性问题。基于人工神经网络的诊断方法主要有两种工作方式,即离线诊断和在线诊断。图 2-31 展示了故障诊断中常用的神经网络模型[34]。

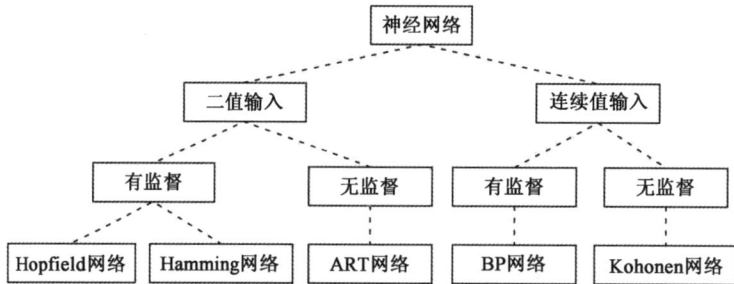

图 2-31　故障诊断中常用的神经网络模型

(二)容错控制

根据容错原理的不同,将容错控制分为主动容错控制(Active Fault Tolerant Control,AFTC)与被动容错控制(Passive Fault Tolerant Control,PFTC)两类,两者的主要区别见表 2-8。

容错控制对比[39]　　　　　　　　　　　　　　　　　　　　　表 2-8

系 统 特 性	主动容错控制	被动容错控制
结构	复杂	简单
响应速度	慢	快
计算量	大	较小
故障类型	多样	针对预设的固定故障类型
是否需要故障检测与诊断模块	是	否

续上表

系 统 特 性	主动容错控制	被动容错控制
是否需要控制器重构	是	否
噪声影响	受干扰	对噪声具有鲁棒性
时间延迟	可能存在	无时间延迟

1. 被动容错控制

无论系统是否有故障发生，被动容错控制都可以在不需要改变控制器的结构的情况下维持系统的稳定。由于不需要检测和分离故障、不改变控制器结构，因此，被动容错控制不需要故障检测和诊断模块，且响应速度快。目前，主要的被动容错控制包括硬件冗余法和鲁棒容错控制法等。

硬件冗余容错控制是将多个功能相同的部件并联在一起形成功能冗余。目前广泛运用的是三模冗余（Triple Modular Redundancy，TMR），主要思想是三个并联的器件同时工作，然后通过表决机制将多数结果作为系统的输出，如图 2-32 所示。

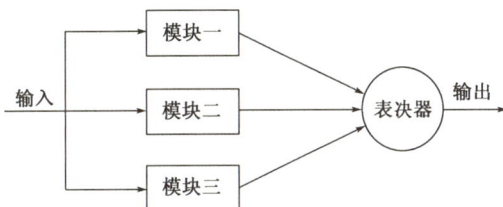

图 2-32　三模冗余工作原理

鲁棒容错控制法主要在设计阶段将系统的不确定性以及可能受到的干扰和故障考虑在内，进而制定一定的性能指标，设计相应的鲁棒控制器，使得系统在有故障发生的时候能够保持一定的性能。鲁棒容错控制法大致可分为可靠镇定、完整性、联立镇定三种类型，主要涵盖了自适应控制、滑模控制以及 H∞ 控制等方法。

作为线控底盘的重要组成，线控转向系统对于车辆的行驶安全性是至关重要的。目前的线控转向系统通常会备有一套机械转向系统，作为一种硬件冗余，以防止系统故障和失效的发生。此外，鲁棒容错控制，如自适应控制和 H∞ 控制等，也被运用于线控转向系统的容错控制[40]。然而，由于离线设计的原因，被动容错控制难以处理未经考虑的系统故障。对于种类繁多且发生时序不定的故障而言，被动容错控制的功能局限性十分突出。

2. 主动容错控制

主动容错控制能够根据具体的故障对控制器进行在线重构和更新，以保持系统的稳定性，其与被动容错控制同时考虑多种故障的离线控制不同。主动容错控制方法通常包括三部分，即故障检测与诊断模块、重构机制以及可重构的主动控制器。其工作流程如下：首先，故障检测与诊断模块进行故障的识别和定位，并将故障信息发送给主动容错控制系统；然后，系统根据故障信息进行控制器的更新与重构，进而补偿输出。依据故障补偿方式的不同，主动容错控制可以分为控制律切换法、控制律重构法、模型跟随重组法、安全停靠点法和混合容错控制法等[41]。

控制律切换法的基本思想在于,针对各种不同的故障,离线设计相应的候选控制律。当故障检测与诊断模块对故障进行辨识与定位后,主动容错控制系统将选取适合的控制律进行控制[32],如图 2-33 所示。

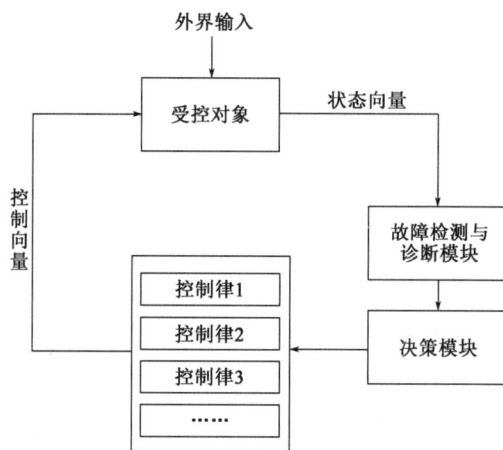

图 2-33　基于控制律切换的容错控制

控制律重构法是在故障检测与诊断模块确诊故障之后,对控制律进行在线重构。控制器的重构方法包括自适应控制策略和滚动时域控制策略等[31]。模型跟随重组法主要采用模型参考自适应控制的思想,其容错控制的实现是通过保持被控对象的状态量自适应地跟随参考模型的状态量[32]。安全停靠点法旨在解决冗余控制或容错控制不能处理的瞬态故障引起的系统失衡,当故障发生时,其首先保证被控对象维持在安全停靠点,直到由主动容错控制器接管系统时,将系统状态改变至标称平衡状态[42]。

混合容错控制法同时包含主动容错控制模块和被动容错控制模块。当故障发生时,首先由被动容错控制器负责系统的控制,在故障检测与诊断模块对故障进行识别和定位后,由主动容错控制器接管系统。这样既可以克服主动容错控制的时间延迟问题,利用被动容错控制保证故障发生后系统的稳定性,又可以利用主动容错控制的优点,对相应故障进行针对性的控制。

以智能汽车的驱动系统为例,其控制变量数量远大于运动维数,属于典型的过驱动多输入多输出(Multi-input Multi-output,MIMO)系统,其容错控制问题多采用控制律重构法,即采用基于控制重构的线控系统容错算法对智能汽车的驱动系统进行容错控制[43]。

引入轮胎负荷率 η_{ij},用以评价车辆稳定性:

$$\eta_{ij} = \frac{\sqrt{F^2_{xij} + F^2_{yij}}}{\mu F_{zij}} \quad (0 < \eta_{ij} < 1) \tag{2-18}$$

其中,F_{xij}、F_{yij}、F_{zij} 分别表示对应车轮的纵向力、横向力以及垂向力;μ 表示路面摩擦系数。

同时,引入失效因子 c_{ij} 用以表征线控驱动系统的执行能力:

$$c_{ij} = \frac{F_{xij}^{*}}{F_{xij} + \zeta} \quad (0 < c_{ij} < 1) \tag{2-19}$$

其中，F_{xij}，F_{xij}^{*} 分别表示轮胎纵向力的目标值和实际值；ζ 表示补偿系数，以防止出现失效因子分母为 0 或由于驱动电流波动导致的失效因子大于 1 的情况。

正常行驶时，采用控制力优化分配，以最小化轮胎负荷率为优化指标，其目标函数定义为：

$$J_{CA} = \min \| B u_{CA} \|_{2}^{2} \tag{2-20}$$

$$u_{CA} = \begin{bmatrix} F_{xfl} & F_{xfr} & F_{xrl} & F_{xrr} & F_{yfl} & F_{yfr} & F_{yrl} & F_{yrr} \end{bmatrix}^{T}$$

$$B = \begin{bmatrix} \dfrac{1}{\mu F_{zfl}} & \dfrac{1}{\mu F_{zfr}} & \dfrac{1}{\mu F_{zrl}} & \dfrac{1}{\mu F_{zrr}} & \dfrac{1}{\mu F_{zfl}} & \dfrac{1}{\mu F_{zfr}} & \dfrac{1}{\mu F_{zrl}} & \dfrac{1}{\mu F_{zrr}} \end{bmatrix}$$

驱动失效时，采用基于失效因子和故障约束的控制力重构分配，以最大化满足车辆纵向力及横向力矩需求为优化指标，以此兼顾车辆稳定性，其目标函数定义为：

$$J_{RCA} = \min \| W_{RCA}(B^{*} u_{CA} - y_{d}) \|_{2}^{2} \tag{2-21}$$

$$W_{RCA} = diag\{112/b\}$$

$$y_{d} = \begin{bmatrix} F_{xd} & F_{yd} & M_{zd} \end{bmatrix}^{T}$$

$$B^{*} = \begin{bmatrix} c_{fl} & c_{fr} & c_{rl} & c_{rr} & 0 & 0 & 0 & 0 \\ 0 & 0 & 0 & 0 & 1 & 1 & 1 & 1 \\ -c_{fl}\dfrac{b}{2} & -c_{fr}\dfrac{b}{2} & -c_{rl}\dfrac{b}{2} & -c_{rr}\dfrac{b}{2} & l_{f} & l_{f} & -l_{r} & -l_{r} \end{bmatrix}$$

其中，W_{RCA} 表示平衡车体运动总力与横摆运动总力矩 M_z 的权重系数；b 表示轮距；l_f，l_r 分别表示质心距前、后轴的距离；F_{xd}，F_{yd}，M_{zd} 分别表示期望的整车纵向力、横向力以及横摆总力矩。

如图 2-34 所示，首先，基于车辆运动跟踪算法提供期望的整车控制量。进而，由故障检测与诊断模块检测是否发生驱动失效。然后，通过上述基于控制重构的线控系统容错算法实现对于四轮驱动车辆的控制输出。

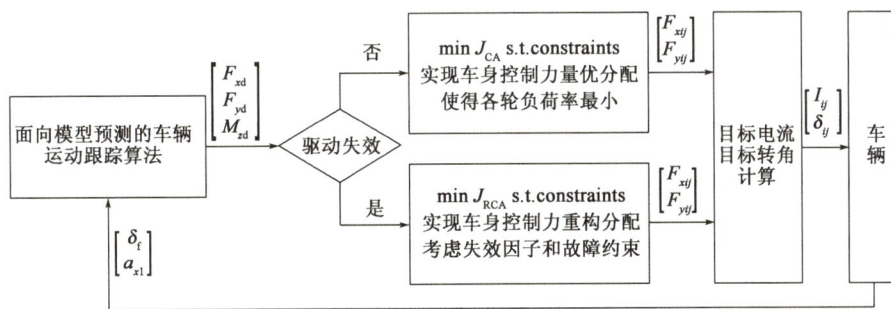

图 2-34 控制重构分配框图[43]

三、预期功能安全保障技术

智能汽车预期功能安全设计改进主要考虑三类原则：系统改进、功能限制、驾乘人员接管与误操作处理。针对性能局限与规范不足等内在问题,可通过系统设计改进与性能优化等减少运行风险;由于系统改进存在上限与道路场景的开放性,可通过限制预期功能或使用场景来保障安全;考虑驾乘人员的安全接管能力与误操作风险,可在系统功能不足时进行驾驶权的妥善移交,并对合理可预见误操作进行预防和处理。

基于以上三类原则,结合汽车各功能子系统的特点,对预期功能安全保障技术进行梳理,如图 2-35 所示:通过预期功能安全状态监测技术可在线发现潜在风险,为基于系统调整、功能限制和驾驶人接管等的风险防护提供信息输入;在智能汽车系统层,根据功能实现不同可分为感知、决策、控制等模块,其中以感知和决策的功能不足问题最为显著,需要结合相应技术进行预期功能安全保障,如针对感知功能实现所需硬件和软件的功能改进技术、针对不同决策算法的性能优化技术等;此外,通过人机交互预期功能安全设计技术可实现驾乘人员接管与误操作处理,以进一步保障系统预期功能安全。

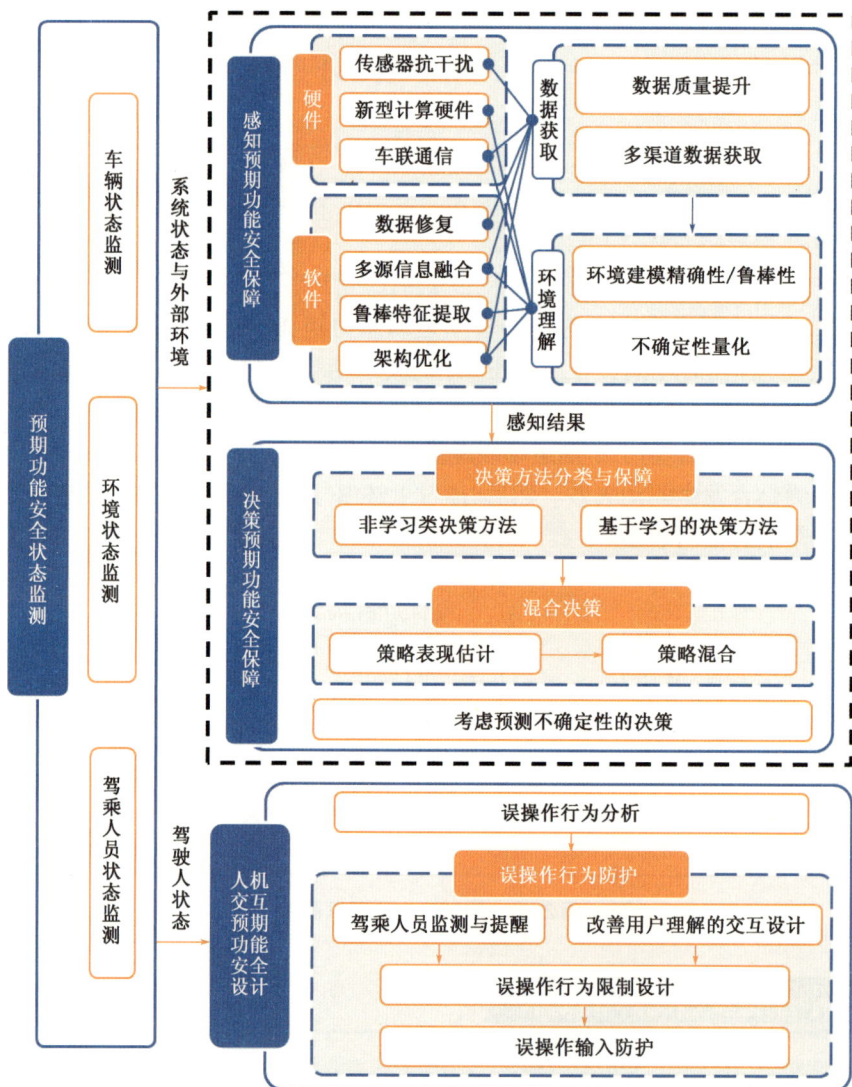

图 2-35　预期功能安全保障技术

（一）预期功能安全状态监测

实时、动态和有效的系统状态监测是实现预期功能安全问题预防和处理的前提。预期功能安全问题本质是预期功能或其实现的功能不足,而功能不足是在特定环境或合理可预见误操作等触发条件下演化为危害的,因此预期功能安全状态监测主要考虑车辆自身状态、外部环境触发条件、驾乘人员潜在误操作三个方面。

1. 车辆状态监测

车辆状态指各个系统从硬件到具体功能的运行状态,从系统架构层面划分,包含传感器、执行器等硬件和感知、决策、控制等算法及其软件实现。通过对车辆状态的监测,可直接识别出系统可能出现的功能不足问题;从功能属性层面划分,包含感知功能、定位功能、决策规划功能、控制功能和人机交互（Human-Machine Interaction, HMI）功能等。一些可用于车辆状态监测的方法见表2-9。

可用于车辆状态监测的方法   表2-9

方法类型	方法说明	优 点	缺 点
多源信息互检	利用多源信息（如空间和时间维度）相互检测[44],识别单源信息对应模块可能存在的功能不足问题	· 多源信息提供相互参照和冗余,可提高检测的可靠性; · 可处理单源信息由于不同触发条件产生的问题	· 冗余设计成本与运行时的计算成本较高; · 存在多源信息间有矛盾时的优先级问题
不确定性评价	利用贝叶斯模型等方法获取不确定度输出信息,通过评价不确定性[45]以监测相应功能模块对当前输入的性能表现	· 不确定性不需要真值对比信息便可获取; · 不确定性具有表征真实世界随机性和算法可靠性的含义	· 对不确定性的建模难度与计算成本较高; · 存在不确定性校准问题; · 不确定性有主观性,缺少统一标准
异常检测	通过对模型输入数据或输出数据进行分布建模,识别"未知"（如训练样本未覆盖）输入,具体技术如新奇检测[46]、域失配估计[47]等	· 对识别"未知"场景具有一定应用潜力; · 从数据角度建模,对不同功能模型具有一定通用性	· 分布偏移准确建模的难度较大; · 分布偏移对算法性能影响机制的较难准确量化
决策结果安全性评价	对决策结果进行安全性评价,如利用碰撞时间（Time-to-collision, TTC）[48]、安全势场[49]等指标	· 是对决策结果安全性最直接的评价; · 对不同决策模型具有一定通用性	· 评价指标自身的合理性和代表性较难验证; · 决策和评价应避免使用相同模型或指标

以不确定性评价为例,系统中基于深度学习算法的 AI 模型被普遍使用,但由于其黑箱性质,一般方法难以预测其性能和失效情况。不确定性作为一种表征模型状态的指标,理论上模型的不确定性越高,其输出结果的可信程度就越低,因此可将算法的不确定性量化纳入系统状态监测中,制定应对策略以确保安全要求。

蒙特卡罗 dropout(Monte-Carlo Dropout，MC Dropout)[50]是一种神经网络模型不确定性的推断方法，其基本操作是对同一输入执行多次网络前向传播过程，并随机取消网络中间层的一些连接(称为 dropout)，采样得到"不同网络结构"的输出。将这些输出进行统计，即可得到模型的预测结果及不确定性。以目标检测的分类为例，如图 2-36 所示，YOLO 是一种用于目标检测的神经网络模型，能够输出目标的所属类别及相应的概率估计值。对于输入图像来说，若在多个经 dropout 的网络模型的检测结果中，对于同一目标的概率分类结果差异很大，则说明模型对于输入图像目标分类的不确定度高，此时系统可以采取一些后备保护措施。

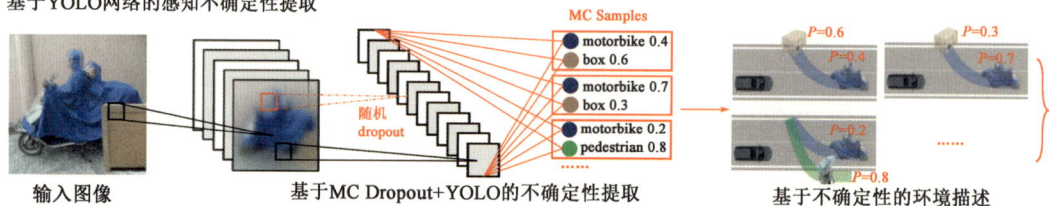

图 2-36　使用 MC-dropout[50]方法估计 AI 目标检测中的不确定性

不过总体而言，当前的车辆状态监测技术尚未建立起成熟的体系：一方面，理论方法仍有较大探索空间；另一方面，实际应用的转化也并不充分，机器学习等领域的异常检测等方法或可进一步用于系统预期功能安全状态的实时监测技术实现，具有一定的研究价值。

2.环境状态监测

系统各功能部件的性能局限或规范不足问题在相应的外界环境触发条件下可能导致系统危害行为，表 2-10 总结了可能触发不同功能部件预期功能安全问题的典型环境条件。表 2-11 总结了环境状态监测的典型信息获取方式。

可能导致系统预期功能安全问题的外界环境条件及说明　　　　　表 2-10

功能部件	外界环境条件及说明(示例)
激光雷达	雨、雪、雾天气(大分子物质对激光造成阻挡干扰)
摄像头	雨、雪、雾天气(降雨、降雪、大雾造成图像模糊，雨水、雪花等可能附着于摄像头镜头上造成干扰)； 特殊光照条件(如阳光直射、黑夜以及进出隧道等导致明暗度变化等)
雷达	特殊道路条件(如弯道、坡道、凹陷等)； 特殊道路设施材料属性(如透射率或吸收率高)
全球导航卫星系统(Global Navigation Satellite System,GNSS)	信号阻挡或反射场景(如高架桥、隧道、地下车库、城市高层建筑、山区等)
决策算法	复杂道路情况(如复杂路口)、临时交通事件、交通参与者的不确定或极端行为等
控制器	道路坡度、弯道、路面缺陷、路面附着系数(如山路、雨雪路面等)； 天气条件(如强风天气)

环境状态监测的典型信息获取方式[51]   表2-11

环 境 条 件	典型信息获取方式
道路类型(如十字路口、隧道、弯道等)、周围建筑情况	高清地图; 管理系统后台(如云端平台); 环境模型(车载传感器融合)
摩擦系数	管理系统后台(获取摩擦特性图); 环境模型(测量摩擦系数)
侧向风	相对预定轨道的偏离; 管理系统后台
温度	温度传感器
道路表面和几何形状(如斜坡、横坡、坑洞等)	环境模型; 高清地图
雨、雪、雾	天气传感器; 环境模型
极端天气条件	管理系统后台

以降雨监测技术的实现为例,可利用雨量传感器进行直接测量,其主要包括光学式、电容式、电阻式、压电振子式、电荷耦合器件成像式等类型,其中光学式雨量传感器根据光的折射与全反射原理制成,由于精准性和便捷性优势得到了相对广泛的应用,包括发射模块、接收模块、玻璃棱镜等部分,结合光电转换原理,将光强度变化转化为电流信号变化;另外一些研究则尝试利用从摄像头等传感器获取的原始数据,设计雨量识别算法以建立更真实的环境模型,从而进行降雨水平的估计。

此外,外界环境因素对系统功能不足的影响机理有待通过理论研究和试验验证深入探究,并梳理更加完备的潜在触发条件,为环境状态监测提供明确、可执行的对象;同时针对具体监测指标和监测技术的研究也有待进一步开展,以提高环境状态监测的准确性和效率。

3.驾乘人员状态监测

在L3及以下的智能汽车中,驾驶人是智能汽车的直接使用者,承担在危险情况下及时接管的责任,并对系统有最高权限。以驾驶人疲劳状态监测为例,美国交通运输研究委员会(Transportation Research Board, TRB)的一项研究表明,约7%的交通事故与驾驶人疲劳有关。为保证驾乘人员与系统的安全交互,需要对其状态进行监测,以及时发现可能导致合理可预见误操作的情况,如疲劳状态、注意力分散状态、位姿状态(如驾驶姿态正常/不正常、在/不在驾驶位)、极端异常状态(如酒驾、毒驾)、安全带状态等;乘客受系统运行的直接影响,可能对系统操作产生一定干扰,因此也需要监测其基本状态,如位姿状态(如有/无抢夺驾驶设备行为)、极端异常状态(如愤怒或暴躁行为)、儿童约束系统状态、安全带状态等。

不同的传感器及相关技术可支持对驾乘人员各类状态的监测,表2-12总结了一些业界先进技术。

可用于监测驾乘人员状态的典型传感器[52]　　　表 2-12

驾乘人员状态属性	驾驶人监控摄像头	座椅位置传感器	位于转向盘上的传感器	乘员传感器	制动/加速踏板传感器	变速杆传感器	转向盘扭矩传感器
用户意图	+		+ +		+ +	+	+ +
用户接管能力	+	+	+		+		+
用户注意分散	+ +			+			
模式混淆	+ +	+	+ +		+ +		+ +
驾驶人缺席	+ +			+ +			

注:更多"+"表示传感器信号具有正确推断出左侧驾乘人员状态属性的更高潜力。

一种典型的监测技术实现如图 2-37 所示,可利用传感器感知到的疲劳症状(如瞳孔反应、注视模式、转向反应和脑电图等)进行驾驶人疲劳监测。此外,该系统还可以预测随后的疲劳行为,并为每个驾驶人生成一个近似的行为模型,以便进行更加个性化的干预。

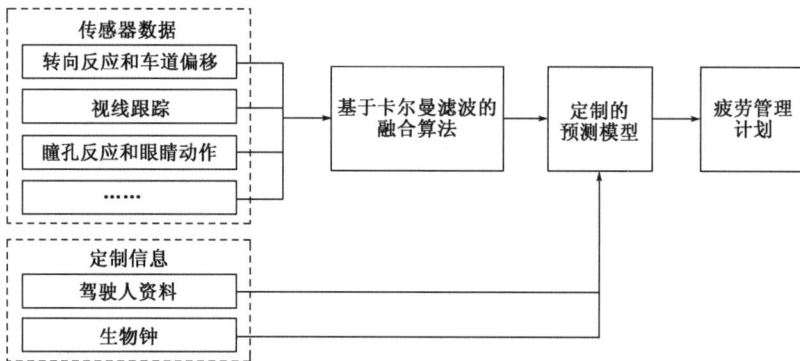

图 2-37　驾驶人疲劳监测与预测模型[53]

(二)感知预期功能安全保障

感知系统获取智能汽车自身状态和周围环境信息以作为后续决策控制的输入,其关键要求在于行驶环境建模的准确性和鲁棒性。感知功能整体上可按过程划分为数据获取和环境理解两部分,涉及具体的功能不足主要包括环境感知覆盖范围有限、实时性差、感知算法性能局限等。针对感知功能,围绕数据质量提升和环境理解强化,在硬件和软件方面的一些保障手段详见表 2-13。

典型感知预期功能安全保障技术　　　表 2-13

技术类型	技术手段	技术说明	具体技术
硬件	传感器抗干扰	考虑传感器自身特性,保证精度、覆盖范围,减少环境因素干扰	·选用更高精度、更大覆盖范围的传感器; ·传感器套件的组合使用; ·使用抗干扰的传感器技术(如多次回波或面阵激光雷达技术); ·参数实时动态校正技术

技术类型	技术手段	技术说明	具体技术
硬件	车联通信	使得智能汽车本身和外部节点实现信息交互共享,对于感知系统而言可以获取来自外部的环境信息,提高环境建模的完整性、准确性、鲁棒性	·V2X技术; ·高速无线通信技术
	新型计算硬件	感知任务的庞大计算量对算力的要求极高,为了达到低延时目的,对于不同的计算需求采取针对性设计可显著提升性能	·AI芯片设计技术[包括中央处理器(CPU)、图形处理器(GPU)、现场可编程逻辑门阵列(FPGA)、专用集成电路(ASIC)的组合]; ·边缘计算硬件技术
软件	数据修复	由传感器获取的数据常存在噪声、环境干扰、部分缺失等情况,在利用数据提取环境信息前,对其进行修复,以提高感知算法环境建模可靠性	·降噪技术(点云滤波等); ·点云上采样技术(加密、补全); ·图像增强技术(提升图像视觉效果); ·图像复原技术(基于图像退化模型对图像进行还原)
	鲁棒特征提取	特征提取作为环境理解的关键步骤,应兼顾准确性、快速性、鲁棒性;对于目前使用得越来越多的机器学习算法,应采取相应的措施保障以上性能,同时可量化不确定性以服务于安全监测	·训练样本增强技术(数据增广、对抗样本生成等); ·模型优化技术(模型剪枝、模型量化、知识蒸馏等); ·不确定性量化技术(对检测[49]、分割等任务)
	多源信息融合	对不同来源的信息在一定准则下加以分析、综合,得到环境对象的一致性描述,获得比单一信息源更优越的感知性能	·多传感器信息融合技术; ·组合定位导航技术; ·使能赋能融合感知技术
	架构优化	传感器和其他来源的庞大数据需要进行实时处理以执行安全的感知,通过系统方法设计优化软硬件架构,满足功能需求,并达到安全与成本的平衡	·数据库管理技术; ·计算框架技术; ·混合式计算架构技术

　　在表2-13中,从感知上保障预期功能安全的一般思路在于改善环境理解的精确性和鲁棒性,即感知性能本身的提升,如图像复原被广泛用于提升图像信息质量,多传感器信息融合可显著提高系统的冗余度和容错性,而随智能网联背景出现的使能赋能融合感知,能应对更多复杂和挑战性的场景,以综合全面地保障感知功能的安全性,这将是未来的发展方向。实际情况下,受硬件条件、场景、算法性能等因素限制,难以从感知端完全消除感知功能不足问题,通过前述不确定性量化技术对感知模型状态进行监测,并作为参考信息考虑到决策过程中,也是一种从系统整体上解决感知功能不足问题的有效手段。

1.图像复原

对于传感器普遍受环境干扰的问题,常结合干扰过程和传感器数据性质进行针对性数据修复,对图像数据而言被称为图像复原(Image Restoration)技术。对由于大气粒子、成像光源散射等因素导致的图像退化,图片复原技术通过建立退化过程的数学模型,利用退化过程的先验知识对图像进行还原。例如,由雾导致的图像退化情况,常使用大气退化模型[54],其成像表达式为:

$$I(x) = J(x)t(x) + A[1 - t(x)] \tag{2-22}$$

其中,$I(x)$表示观察到的有雾图像;$J(x)$表示待恢复的无雾图像。

该模型中成像分为反射衰减部分$J(x)t(x)$和环境光部分$A[1 - t(x)]$,因此,基于该模型的图像去雾算法核心在于估计大气光强度A和透射率$t(x)$。A和$t(x)$的估计主要依靠一些人工假设(如经典的暗通道先验[55])或基于深度学习的算法[56,57]。复原处理后的图像能更好地用于后续的目标检测等任务。

2.多传感器信息融合

感知系统中,单一类型传感器在信号接收和数据处理上面临的干扰、信息完整性等问题难以完全得到解决,而多传感器信息融合技术(Multi-Sensor Information Fusion,MSIF)不仅能够校正测量误差,还能发挥各类型传感器的优点,显著增加环境信息建模的准确性和鲁棒性。多传感器信息融合是将来自多传感器的信息在一定的准则下加以分析和综合,以完成所需要的决策和估计而进行的信息处理过程。多传感器融合主要按照数据融合的抽象层次进行分类,见表2-14。

数据融合层级及其特点、融合方法　　　　　　表2-14

融合层级	特　　点	常 用 方 法
数据级	进行同类型的传感器数据在数据层面上的融合	自适应加权平均法、神经网络等
特征级	对来自传感器的原始信息进行特征向量提取(特征可以是目标的边缘、方向、速度等),融合不同来源的特征信息执行后续感知任务	特征压缩和聚类算法、参数模板法、基于深度学习的算法等
决策级	每种传感器组件在特征提取的基础上独立完成一定的识别、分类、追踪等感知任务,然后按一定的准则及传感器间的可信度进行协调,作出最优决策	贝叶斯推断、D-S 证据理论、模糊逻辑理论等

数据级融合主要利用加权平均等统计方法减小偶然误差和干扰的影响,其保留了尽可能多的信息,但数据传输与处理负担大,且只能进行同类型数据之间的融合。

特征级融合是从不同模态(点云、图像等)传感器采集的数据中提取共同的特征信息(物体的位姿、速度、边缘、方向等),将对应特征信息经过匹配,在此基础上执行后续具体感知任务。特征级融合可细分为目标状态信息融合与目标特征信息融合,前者的融合利用不同传感器得到的目标状态信息进行联合状态估计以降低不确定性,主要用于多目标追踪领域;后者的融合主要在于聚合较低层的特征以提高精度和鲁棒性,实际属于模式识别问题。特征级融合的优点在于保留主要的环境信息并显著降低数据量,但仍损失部分信息,可见,合适特征的选取是一个难点。近年来,深度学习方法在特征融合领域日渐升温,其主要依赖神经网络强大的特征自动提取能力,进行特征信息的融合,譬如使用卷积网络融合激光点云和 RGB 图像特征,端到端地输出目标的三维轨迹[58]。

在决策级融合中,利用各模态传感器数据分别建立模型对目标(如位置、速度等状态量)进行描述,并独立执行"决策"级(识别和追踪等)任务,然后对这些局部的"决策"进行融合处理。决策级融合是最高级的融合,损失了数据和特征中的许多相关信息,降低了环境信息完整性,但通信量小,抗干扰能力强。

不同层级的融合方式各有利弊,实际应用中常多方面考虑任务类型、传感器特性和速度、精度、可靠性等需求,进行具体融合方案的制定。

对于多目标追踪任务(Multiple Object Tracking, MOT),常用目标状态信息融合方法,以激光雷达和摄像头的融合为例:如图 2-38 所示,该方法利用图像和点云单独进行目标检测,并对检测结果分别建立状态模型,利用卡尔曼滤波预测和估计目标在下一时刻的运动状态,其中点云检测的目标运动状态因为包含旋转,其状态更新非线性,故使用扩展卡尔曼滤波方法。首先,融合需要将从视觉和点云数据中检测得到的目标转换到同一坐标系下,从而进行目标间关联。通常根据传感器间的参数关系将从点云中检测的目标三维边界框投影到摄像头平面上,计算投影框与摄像头视图中原有检测目标框的重叠率,以该指标作为目标关联的依据,经阈值判定关联相同的所属目标。其次,在对应帧完成目标关联之后,分别对图像和点云检测结果和状态估计结果计算前后帧目标的特征关联度,融合得到关联矩阵;随后,可以使用匹配算法对关联矩阵进行帧间目标关联,并更新卡尔曼滤波器和目标的追踪轨迹,常用匹配算法有匈牙利算法、Kuhn-Munkres (KM)算法等。

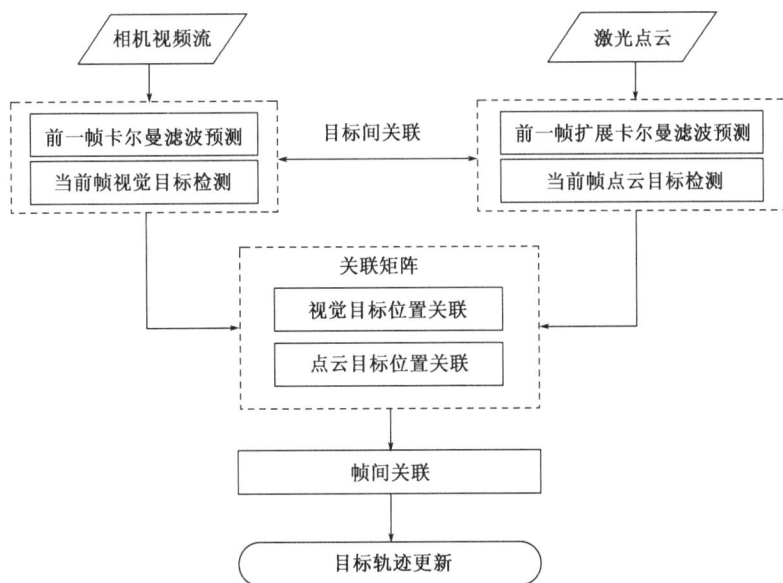

图 2-38　激光雷达与摄像头融合的检测与追踪流程

整个融合过程的核心步骤在于求取前后帧目标特征关联度及关联矩阵的过程:

视觉目标检测算法得到像素坐标系下目标边界框的中心点位置及长与宽,以此作为目标 i 的视觉状态向量,以 D_i^C 表示:

$$D_i^C = (x_i^C, y_i^C, w_i^C, h_i^C)^{\mathrm{T}} \tag{2-23}$$

其中,x_i^C、y_i^C 分别表示目标 i 的视觉边界框中心的横、纵坐标;w_i^C、h_i^C 分别表示目标边界框的像素宽和高。

在前一时刻使用状态模型预测了当前时刻的多个目标中心点的位置,其与当前时刻的目标检测结果之间,可通过马氏距离衡量视觉目标位置关联度,以 $C_{i,j}^{(1)}$ 表示:

$$C_{i,j}^{(1)} = (D_j^C - Y_i^C)^{\mathrm{T}} P_C^{-1} (D_j^C - Y_i^C) \tag{2-24}$$

其中,i,j 分别表示前后帧中的检测目标;D_j^C 表示由视觉检测,并计算得到的目标 j 的当前时刻的状态变量;Y_i^C 表示在前一时刻对目标 i 当前时刻状态变量的预测(假设恒速、横加速度等);p_C 表示通过卡尔曼滤波更新得到的当前时刻观测变量的协方差矩阵。我们可以认为关联度越大,属于同一目标的概率就越高。

类似地,以点云目标检测算法得到的目标三维框的位置、长、宽、高作为状态,以向量 D_i^l 表示:

$$D_i^l = (x_i^l, y_i^l, w_i^l, h_i^l, l_i^l)^{\mathrm{T}} \tag{2-25}$$

其中,x_i^l、y_i^l 表示点云目标中心点的 x、y 轴坐标(忽略目标 z 轴方向的位移);w_i^l, h_i^l, l_i^l 分别表示物体长、宽、高。

前后帧点云目标位置关联度 $C_{i,j}^{(2)}$ 同样通过马氏距离衡量:

$$C_{i,j}^{(2)} = (D_j^l - Y_i^l)^{\mathrm{T}} P_l^{-1} (D_j^l - Y_i^l) \tag{2-26}$$

其中,D_j^l 表示当前时刻点云检测的目标 j 的状态变量;Y_i^l 表示上一时刻预测的目标 i 的状态变量;P_l 表示扩展卡尔曼滤波预测的当前时刻观测空间的协方差矩阵。

接下来要进行点云位置和视觉位置的关联度融合:

$$\begin{cases} C_{i,j} = \lambda_1 C_{i,j}^{(1)} + \lambda_2 C_{i,j}^{(2)} \\ \lambda_1 + \lambda_2 = 1 \end{cases} \tag{2-27}$$

其中,$C_{i,j}$ 表示融合后的帧间目标特征相关值;λ_1、λ_2 表示关联度权重因子(手动或采取自适应方法调整)。

除了视觉目标位置关联度和点云目标位置关联度外,还可融入来自其他目标状态模型的关联度。经过上述计算得到前后帧间识别目标的关联值后,后续的匹配算法便在关联值构成的关联矩阵基础上进行。该方法能够融合视觉和激光点云信息,对多样化的场景具有更好的适应性,有利于保证行驶安全。

3. 使能赋能融合感知

相对智能汽车日益提升的安全期望而言,由车载传感器获取的感知信息难以完全满足各种环境下的安全运行需求,而立足于智能网联的使能赋能融合感知将是克服这类问题的有效手段。传统的感知系统执行感知任务主要依靠智能汽车自身传感器数据,这称为车载使能感知。利用来自路侧基础设施等自车以外的其他来源信息完成感知任务被称为赋能感知。通过网联技术引入赋能感知信息,同车端使能感知信息融合以实现感知任务,称为使能赋能融合感知。使能赋能融合感知技术是 V2X 技术、高速通信技术、高精度地图等技术的综合运用,如图 2-39 所示。

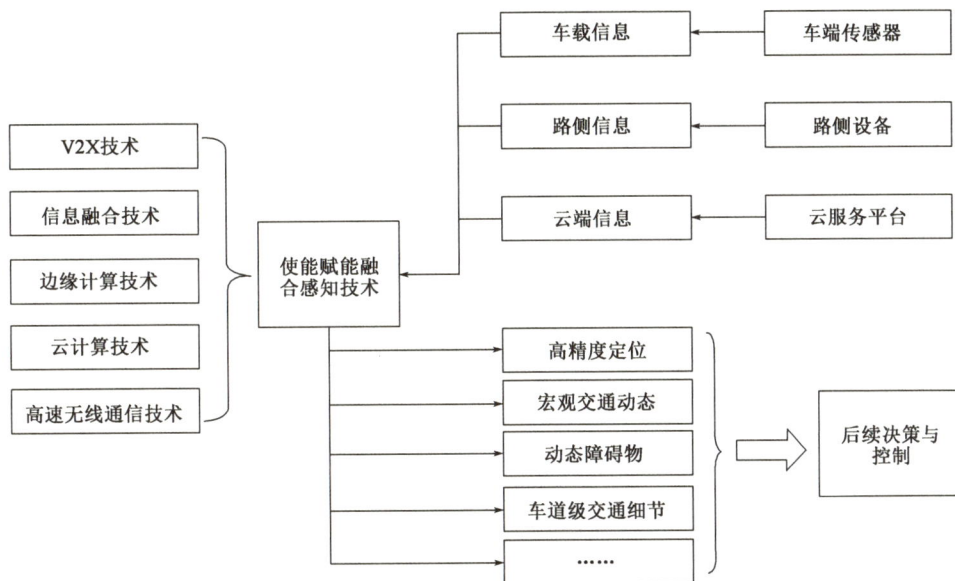

图 2-39　使能赋能融合感知技术图

车端、路侧、云端信息的使能赋能融合,能够有效解决传感器覆盖受限、干扰、复杂场景等对于仅通过传统车端使能感知无法解决或者不便解决的性能局限,例如遮挡、视野盲区、复杂环境感知与计算性能不足等问题,极大提升开放环境下的智能汽车安全运行能力。

4. 基于感知不确定性的决策

在决策端融入感知不确定性,可在一定程度上弥补感知功能不足的影响。一种考虑目标分类不确定性的强化学习安全决策方法框架如图 2-40 所示。

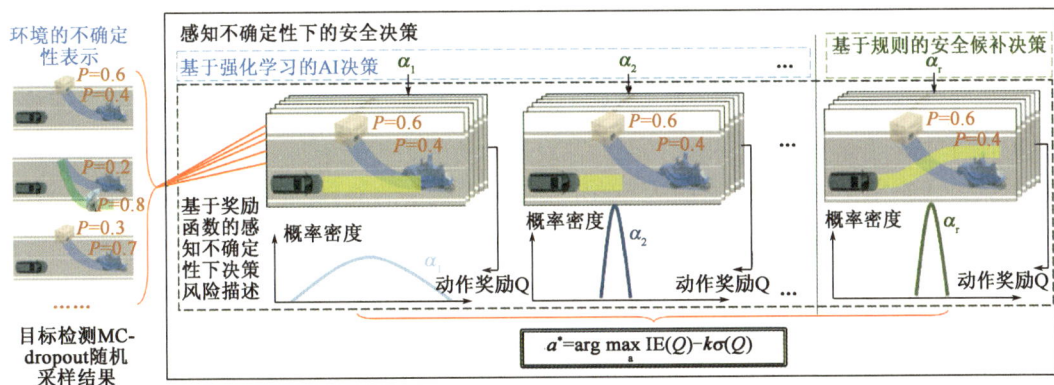

图 2-40　基于感知不确定性的智能汽车 AI 决策框架

基于深度强化学习的决策方法由于其具有在复杂环境下求解最优策略的潜力而被广泛研

究和应用于自动驾驶领域。一类基于动作值函数的强化学习策略可估计在每个环境状态下的不同动作的价值,并选择最高价值的动作。然而,这类方法的一个缺陷是完全依赖于感知的结果,当感知结果出错时,其策略会选择在错误的环境状态下的最优动作,导致系统性能降低,产生预期功能安全风险。本方法的中心思想是在感知层估计感知结果的不确定性,在决策层,以基于动作值函数的强化学习方法为基础,在其值函数估计中考虑感知的不确定性,进而使得决策系统能够在获取感知结果的同时,得到感知的不确定性信息,从而在感知具有不确定性条件下,作出优化决策,进而提高自动驾驶智能安全性。

如图 2-40 左侧所示,目标检测算法输入图像,输出目标所属的概率向量:

$$c = [p_1, p_2, \cdots, p_N]^T$$

其中,$p_k, k = 1, 2, \cdots, N$ 表示属于第 k 类目标的概率。对目标检测模型进行多次 MC-dropout 采样,不同的分类概率检测结果可反映模型当前存在的不确定性。根据多次采样的结果,可建立环境的不确定性表示,进而用于融合不确定性的决策中。

假设进行 T 次 dropout 采样,以采样结果构建不确定性的驾驶场景,数学表示如下:

$$\{s_1, s_2, \cdots, s_T\} = \mathcal{L}(I, e) \tag{2-28}$$

其中,I 表示输入待检测的图片;e 表示如自车状态在内的规划所需的其他信息;s 表示以每次采样结果构建的驾驶环境的状态表示。其中,s 包含分类和其他非语义信息,表示为:

$$s_i = [s_r, c] \tag{2-29}$$

其中,$i = 1, 2, \cdots, T$;s_r 表示除目标类别的其他非语义信息。假设 s_r 是准确的,而仅考虑目标的分类不确定性。所有目标分类代表的可能状态的集合被记为 S:$S\{s^k \mid \forall k, c[k]\}$

建立了不确定性状态后,实现当前最优动作的选择可表示为值优化问题:

$$a^* = R[\mathcal{L}(I, e)] = \arg \max_{a \in A} Q_u[a, \mathcal{L}(I, e)] \tag{2-30}$$

其中,A 是一个离散集合,可以是离散的动作空间全集。对连续或高维的动作空间,可令 $A = \bigcup_{\forall s^k \in S} \{\pi(s^k)\}$;$\pi$ 表示不考虑不确定性的 AI 策略;Q_u 表示基于不确定性的价值函数(Valuefunction)。

Q_u 的构建需要将基于分类不确定性的环境表示纳入考量。在基于动作值函数的强化学习决策过程中,通过最大化价值函数来选择策略,从而在动作空间中选择最佳动作,值函数(为区分后续,称为普通值函数)可通过深度 Q 网络进行估计:

$$Q = \widetilde{Q}(s^k, a) \tag{2-31}$$

其中,$\widetilde{Q}$ 表示值估计网络。值估计网络可以通过深度 Q 学习等方式来求解。

对某一状态采样结果 s,考虑偶然不确定性即分类概率的混合价值函数 Q_p 为:

$$Q_p(s, a) = \mathbb{E}_{s^k \sim P(s^k \mid s)}[\widetilde{Q}(s^k, a)] = \sum_k c[k] \widetilde{Q}(s^k, a) \tag{2-32}$$

采用 MC-dropout 进行 T 次采样得到的 T 个检测结果 c,构成 T 个环境状态 s_i。认知不确定性的融入通过使用 T 次采样的结果近似值函数的标准差来实现:

$$\sigma[Q_p(s, a)] \approx \sqrt{\frac{1}{T} \sum_i^T \{Q_p(s_i, a) - \mathbb{E}[Q_p(s, a)]\}^2} \tag{2-33}$$

$$\mathbb{E}[Q_p(s, a)] \approx \frac{1}{T} \sum_i^T Q_p(s_i, a) \tag{2-34}$$

越高的 $\sigma[Q_p(s,a)]$ 意味着由于检测时模型存在的不确定性越高,动作 a 估计的不准确性也越高。因此,综合考虑不确定性的价值函数表示为:

$$Q_u(a|I,e) = \mathbb{E}[Q_p(s,a)] - \theta\sigma[Q_p(s,a)] \tag{2-35}$$

其中,δ 是一个参数,决定决策中不确定性的比重。考虑不确定性的决策过程可以表示为:

$$a^* = \arg\max_{a \in A} Q_u(a|I,e) \tag{2-36}$$

δ 值越高,则智能汽车会表现得更加保守,因为 $\sigma[Q_p(s,a)]$ 作为惩罚项,当感知不确定性越高时,规划器倾向于选择在大多数情况下更安全的动作。相应地,对于感知不确定性较低的情况,规划器会给出接近使得普通值函数最优的动作,即一般确定环境下的最优动作。

在高感知不确定性的情况下,真实状态 s 可能并不在检测到的可能状态集合 S 中,此时即便 A 中最保守的动作也未必能确保安全性。解决该问题的思路是利用除分类信息外的其他低不确定性非语义信息 s_r,设计候补策略(backup policy)π_r,并生成确保安全的动作:$a_r = \pi_r(s_r)$,为了安全决策效率的考虑,a_r 是基于规则设计的。

最终的混合动作空间 $A_h = A \cup \{a_r\}$,通过候补策略修改的感知不确定性决策过程可描述为:

$$a_h^* = \arg\max_{a \in A_h} Q_u(a|I,e) \tag{2-37}$$

总体而言,该方法通过量化分类不确定性,建立了不确定性环境表示,并建立不确定性状态下的强化学习决策方法,平衡了决策性能与安全性考虑。对于高不确定性环境,设计了候补策略,确保高不确定性条件下的最低安全要求。该方法的框架可以扩展到更大适用范围,改善实际存在的感知功能不足问题,具有较好的环境适应性。

(三)决策预期功能安全保障

决策系统获取感知结果输入,通过对交通参与者等的合理预测执行行为决策、轨迹规划与紧急避障等任务,但场景的复杂多变性和算法自身的局限性导致了决策的预期功能安全问题。可能触发决策预期功能安全危险的典型环境因素有:高复杂性的交通场景、高随机性和非预期的交通参与者行为、算法设计时未考虑到的"未知不安全"用例等;此外,从决策算法角度分析,模型/规则设计、参数训练/标定和实时运行等阶段出现的问题可能导致各种形式的决策功能不足表现。

在对决策预期功能安全的保障中,首先应根据不同决策方法的特点及差异性问题进行针对性保障,另外可结合不同方法特点进行优势互补,此外,考虑预测过程中可能出现的功能不足问题可进一步提高决策结果的安全性。

1. 决策方法分类与保障

将决策方法分为两大类:非学习类决策与基于学习的决策,前者包括基于规则、搜索和优化求解等的方法,后者主要指数据驱动下的机器学习类方法。表2-15列出了两种决策类型的典型潜在功能不足问题和保障技术。

两类决策方法的潜在功能不足问题和保障技术示例　　表 2-15

决策类型	潜在功能不足问题	问 题 说 明	保障/缓解技术(示例)
非学习类决策	规范不足	决策规则或模型不够全面,如缺少对个别道路条件(如匝道)、交通参与者行为(如行人闯红灯)、天气情况(如雨雪雾造成的可视距离降低)等决策场景的对应规则	·决策逻辑优化(如提取碰撞时间、车头时距等通用性安全性指标作为规则条件); ·基于系统理论过程分析(如 STPA)的决策系统设计
	建模准确性和对复杂差异化场景的适应性与可拓展性不足	由于真实交通场景的复杂性、交互性、不确定性,难以建立能有效应对动态复杂场景的规则、模型或方法; 由于场景开放性和差异性,设定的规则、模型等可能难以涵盖所有运行场景,进而触发未知场景下的危险;此外每次针对新的场景可能需要重新手工设计模型或规则	·采用新建模理论(如人工势场、部分可观测马尔夫模型、博弈论等); ·引入新建模信息(如人车/车车交互信息、驾驶人信心度指数等); ·场景模板技术(提取场景共性特征与差异性特征); ·基于大数据样本的模型参数标定
	模型求解困难问题	模型目标函数/约束复杂、非线性、非凸性、存在多个局部最优等问题可能导致模型求解困难或时间成本高	·非线性模型的线性化技术; ·特定求解方法的采用(如粒子群算法、遗传算法、模拟退火算法、次梯度方法、临近点方法等)
基于学习的决策	可解释性不足	由于模型(如神经网络)的高度复杂性,基于学习的决策算法存在难解释性,对安全性验证、驾驶人信任建立以及事故分析与算法改进等造成挑战	·主动/被动解释方法; ·基于示例/属性/隐藏语义/规则的解释方法; ·局部/半局部/全局解释方法; ·模型前/模型中/模型后解释方法
	训练样本不足	训练样本场景覆盖度不足、分布不合理、不均衡以及边缘危险案例遗漏均可能造成训练算法决策安全性能的下降	·数据增广技术; ·数据扰动技术; ·对抗样本生成技术
	训练过程问题	由于模型的复杂性与高度非凸性,训练过程中可能出现存在多个局部最优、过拟合/欠拟合、梯度爆炸/消失、收敛困难/发散等问题	·优化求解技术; ·权重正则化技术; ·Dropout、批归一化等技术
	计算复杂性	由于数据量大且模型复杂,AI 算法存在计算复杂度高的问题,影响决策实时响应和紧急情况响应的能力	·硬件升级与算力提升技术; ·并行计算技术; ·模型简化技术(如神经网络剪枝)

表 2-15 所述功能不足中的部分问题可通过列举的技术基本得到解决,但相当一部分问题只能得到初步缓解。

2. 混合决策

近年来,融合两类方法的混合决策逐渐受到关注,其能利用优势互补和冗余原理克服或缓解单一类型决策方法的功能不足问题。如非学习类决策难以建模高维不确定性的环境,但可靠保守的规则或模型可用于制定底层安全保障,缓解基于学习的决策方法在部分场景下泛化性不足导致的风险。

一种典型的混合决策[59]架构如图 2-41 所示,两类决策方法接收来自当前交通场景的环境状态信息 s 进行并行决策,依据策略表现估计进行策略的融合。具体可通过对策略激活函数 C 的计算实现对策略表现的估计:

$$C(\pi_{\mathrm{AI}}, \pi_{\mathrm{b}}, s) = E_{\pi_{\mathrm{AI}}}\left(\sum_{k=h}^{h+H} \gamma^{k-h} r_k \mid s_h = s\right) - E_{\pi_{\mathrm{b}}}\left(\sum_{k=h}^{h+H} \gamma^{k-h} r_k \mid s_h = s\right) \tag{2-38}$$

其中,h 表示当前时刻;s_h 表示对应状态;H 表示决策长度;r_k 表示在不同状态下决策收益量;γ 表示收益时序损失常量;E 表示期望;π_{b}、π_{AI} 分别表示通过规则/模型决策方法和 AI 决策方法确定的策略。

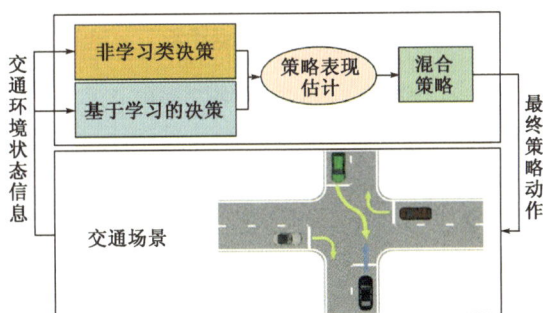

图 2-41 混合决策方法

式(2-38)等号右边两项分别为两种策略下的策略表现估计结果,可用最短距离、碰撞次数等直接反映安全性的指标作为奖励函数;也可采用不确定性评价、异常检测等技术实现对决策模型当前状态的评估。该式可直观理解为:当 $C(\pi_{\mathrm{AI}}, \pi_{\mathrm{b}}, s) > 0$ 时,就认为基于学习的决策策略性能优于非学习类决策策略;当 $C(\pi_{\mathrm{AI}}, \pi_{\mathrm{b}}, s) < 0$ 时则相反。

在最终策略制定阶段,可采取策略切换或策略混合等方式。策略切换指根据实际运行情况选取综合策略表现更好的一种决策方法;策略混合则指通过加权等方式实现两种策略的融合与平稳过渡,如下式所示:

$$\pi_{\mathrm{h}} = \pi_{\mathrm{b}} + \frac{\pi_{\mathrm{AI}} - \pi_{\mathrm{b}}}{1 + e^{\left[-wC(\pi_{\mathrm{AI}}, \pi_{\mathrm{b}}, s)\right]}} \tag{2-39}$$

其中,π_{h} 表示最终的混合策略;w 表示影响因子决定了策略激活函数对混合策略演化趋势的影响程度。

3.考虑预测不确定性的决策

对于决策过程而言,特别是局部的运动规划任务,其很大程度依赖于对周围运动物体未来轨迹的预测。但一方面物体未来的运动轨迹本身是不确定的,另一方面预测所依赖的深度学习算法本身具有黑箱性质,亦具有不确定性,该不确定性的存在会在一定程度上影响决策的安全性。如图 2-42 所示,智能汽车在行进过程中,右前方车辆可能的切入行为使得未来轨迹本身存在不确定性,这种情况下,若预测模块未能及时准确地判断目标车辆的未来轨迹,则存在导致潜在碰撞的风险。

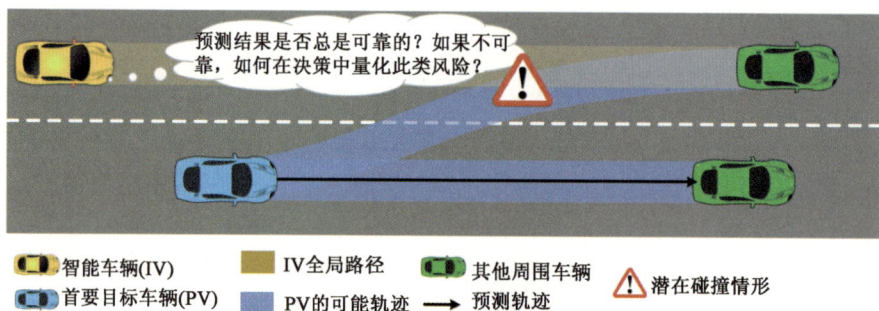

图 2-42　轨迹不确定性场景

预测不确定的量化及融入不确定性的决策机制是缓解上述问题的一种有效途径。一方面,车辆未来轨迹本身存在不确定性,可将未来时刻的轨迹点建模为混合高斯分布来表示。另一方面,现存的预测算法主要基于循环神经网络[60],通过前述不确定性量化技术可表征预测模型功能不足,具体可采用深度集成(Deep Ensemble)方法[61]。深度集成方法的主要思路是使用多个随机初始化的模型,对同一个输入进行预测,取多个预测的均值作为最终预测结果,方差作为不确定性。该方法的优点在于其易用性,适合于分布式计算,且具有良好的不确定性提取效果[62]。

如图 2-43 上半部分所示,存在 M 个随机初始化的完整预测模型。

对于要进行预测的目标车辆,使用基于 LSTM 的模型进行预测,在每个模型中加入卷积 Social-pooling 模块[63]以考虑与周围其他车辆的交互影响。其中,每个模型 m 的输出均是对目标车辆未来位置的预测。未来时刻 t 的位置可建模为二元高斯分布,其可表示为:

$$R(X)_m = \left[E_m^t, cov_m^t\right] \tag{2-40}$$

其中,$E_m^t = \left[E_{x_m}^t, E_{y_m}^t\right]$,$cov_m^t = \begin{bmatrix} \sigma_{x_m}^t 2 & \rho_m^t \sigma_{x_m}^t \sigma_{y_m}^t \\ \rho_m^t \sigma_{x_m}^t \sigma_{y_m}^t & \sigma_{y_m}^t 2 \end{bmatrix}_m$

其中,X 和 Y 分别表示道路纵向和横向;由模型输出的 E_x 和 E_y 是 X,Y 方向的预测均值;σ_x 和 σ_y 是方差;ρ 则是相关系数;角标 m、t 指第 m 个模型对应 t 时刻的输出值(由于运算的各个变量都属同一时刻 t,因此后续书写时略去)。将 M 个高斯分布合成为一个混合高斯分布,整体的不确定性的预测表示为:

$$E_{y*}(X) = \left[E_{x*}, E_{y*}\right] = \frac{1}{M}\sum_{m=1}^{M} E_m \tag{2-41}$$

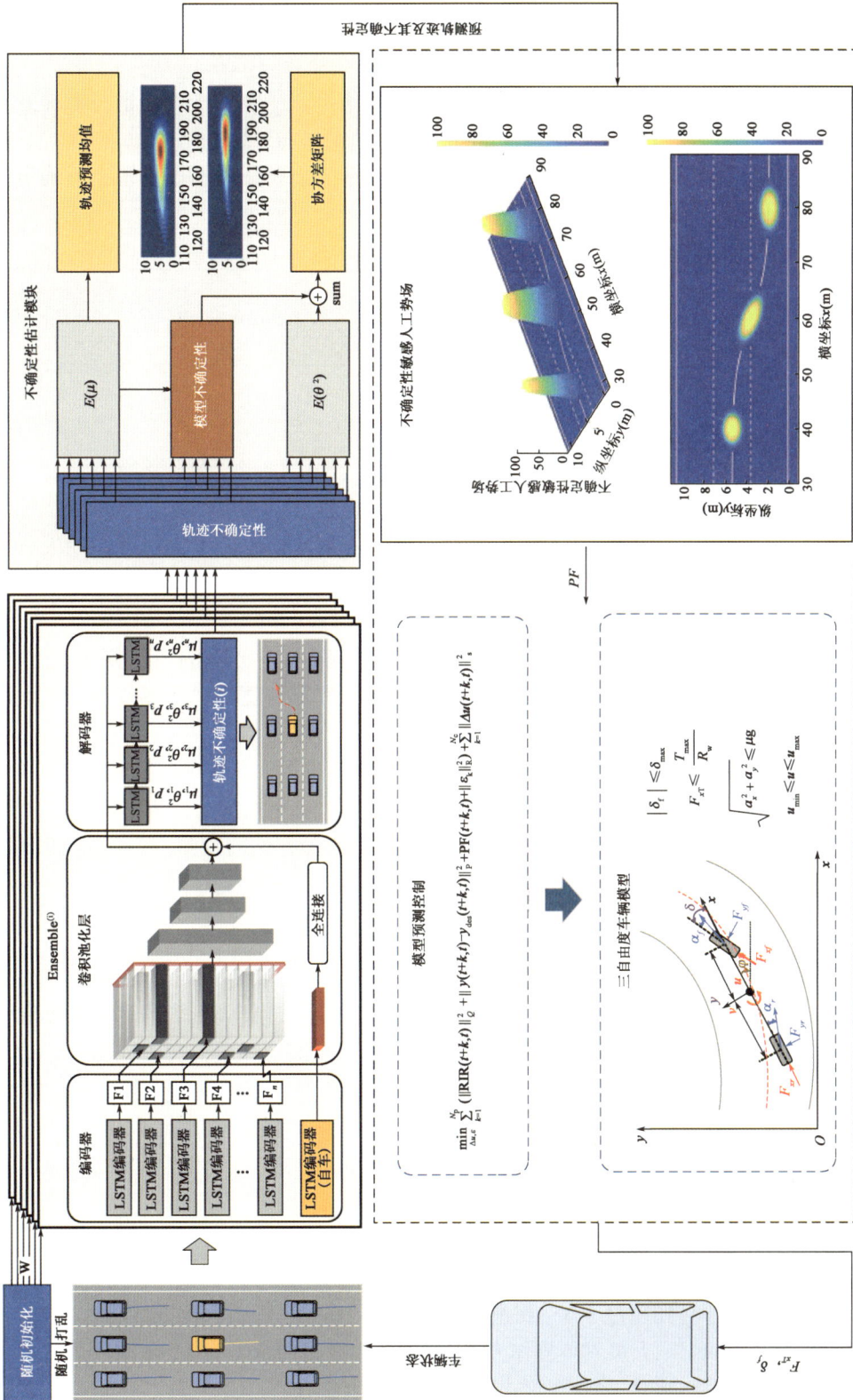

图2-43 不确定性轨迹预测及规划控制框架

$$cov_{y*}(X) = \frac{1}{M}\sum_{m=1}^{M}\begin{bmatrix} \sigma_x^2 + E_x^2 & \rho\,\sigma_x\sigma_y + E_xE_y \\ \rho\,\sigma_x\sigma_y + E_xE_y & \sigma_y^2 + E_y^2 \end{bmatrix}_m - \begin{bmatrix} E2_{x*} & E_{x*}\cdot E_{y*} \\ E_{x*}\cdot E_{y*} & E_{y*}^2 \end{bmatrix} \tag{2-42}$$

针对不确定性的预测结果，设计考虑不确定性的决策可在预测不准确的情况下提升安全性。以一种基于势场和模型预测控制的局部规划为例，如图 2-43 整体所示。

以混合高斯分布协方差矩阵在 X 和 Y 方向上的分量作为表征周围车辆轨迹不确定性的参数，构建融入预测不确定性的人工势场函数：

$$UPF_i(X,Y) = a_i e^{\beta_i} \tag{2-43}$$

$$\beta_i = -\left\{ \frac{[(X-E_{x*})\cos\vartheta + (Y-E_{y*})\sin\vartheta]^2}{2\lambda_{x_i}^2} + \frac{[-(X-E_{x*})\sin\vartheta + (Y-E_{y*})\cos\vartheta]^2}{2\lambda_{y_i}^2} \right\}^{b_i}$$

$$\lambda_{xi} = L_{xi} + M - 1\sum_{m=1}^{M}(\sigma_x^2 + E_x^2)_m - E_{x*}^2$$

$$\lambda_{yi} = L_{yi} + M - 1\sum_{m=1}^{M}(\sigma_y^2 + E_y^2)_m - E_{y*}^2$$

其中，i 表示道路上的车辆编号；$UPF_i(X,Y)$ 表示第 i 辆车产生的人工势场；a_i 和 b_i 分别表示势场的强度和形状参数；X 和 Y 分别表示智能汽车的纵、横向全局坐标；ϑ 表示车辆的航向角；L_{xi} 和 L_{yi} 表示与智能汽车自身形状相关的参数。

如图 2-43 右下部分所示，当目标车辆 i 处于换道过程中时（如 $[58m,4m]$ 处），UPF_i 会根据不确定性的大小自适应地调整强度，不确定性大的目标车辆有更高的势场峰值和更大的高值区域。

不确定性敏感的人工势场考虑了对周围车辆的安全避障需求。基于模型预测控制的规划器则在根据全局规划好的轨迹和不确定性人工势场的同时，考虑控制约束和车辆动力学约束，以控制车辆进行安全避障和路径跟随。这种方法相对使用确定性的预测，在不确定性环境下能够达到更好的安全规划控制效果，提高系统的适应能力。

(四) 人机交互预期功能安全设计

合理可预见的误操作是 SOTIF 的重要触发条件。例如在城市环境下，若驾驶人误激活一项仅用于高速公路环境的自动驾驶功能，则可能导致系统在识别和应对行人或骑行者运动时出现功能不足，进而产生风险。避免驾乘人员误操作的前提是系统推导和分析此类潜在场景，如图 2-44 所示。针对分析所得的潜在误操作行为，需要进行系统地防护。现有误操作行为防护技术主要包括四类：驾乘人员监测与提醒、改善用户理解的交互设计、误操作行为限制设计和误操作输入防护。

通过预期功能安全状态监测技术中的驾乘人员状态监测，可进行误操作行为或风险的提前识别，从而进行及时提醒。考虑到驾乘人员的反应时间与注意力，在复杂的道路环境下，提醒信息应持续一定时间（如超过 3s）。提醒的第一目标为警示，即引起驾乘人员注意；第二目标为行动建议，即告知驾乘人员具体操作方法（如需要手握转向盘）。典型驾乘人员提醒功能的技术实现可采取视觉、听觉、触觉等形式，具体实现见表 2-16。

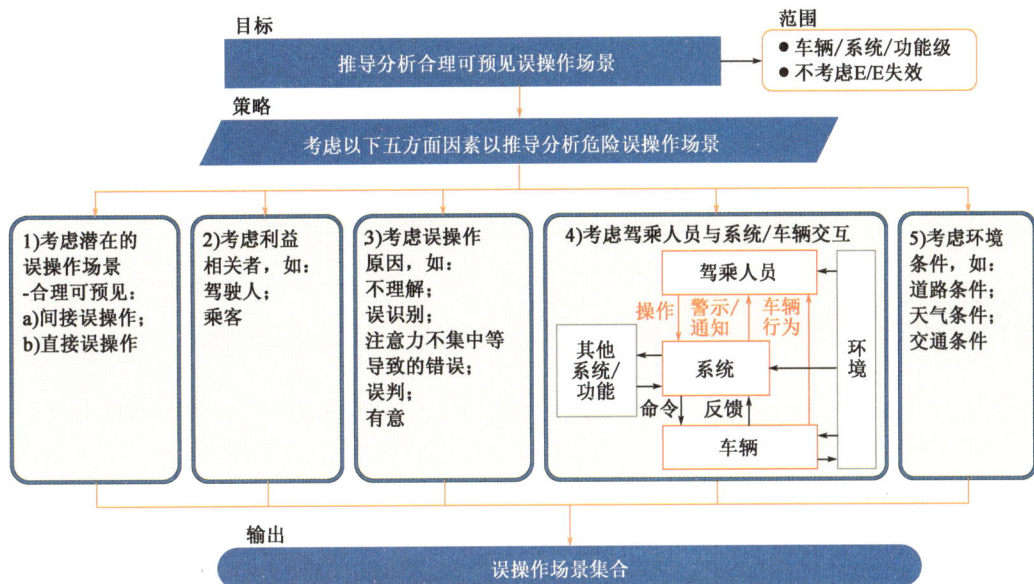

图 2-44 驾乘人员 SOTIF 误操作场景系统推导分析过程[28]

HMI 驾乘人员提醒的技术实现   表 2-16

类 型	技术实现
视觉	警示灯:不同位置(仪表板、转向盘、车门等)、不同颜色、不同闪烁方式
	显示屏:通过危险色以及图像闪烁等实现驾乘人员警示,以文字、图像形式传达行动建议
听觉	警报声(警示作用)、语音提示(行动建议)
触觉	座椅振动、转向盘振动、安全带振动

对系统不熟悉以及紧急情况下的压力可能导致驾乘人员对系统功能不理解或理解错误,进而产生误操作。针对此类问题,除增加用户培训和改进 HMI 说明手册外,提高 HMI 功能的直观性和易理解性也是重要技术手段之一。现有技术常通过多渠道信息交互方式进行 HMI 设计,通过冗余信息增强驾乘人员对功能的理解,并针对不同功能开关采取差异性标准(如形状、大小、位置、颜色等)以进行区分。在具体设计中应向驾乘人员明确传递以下信息:当前的驾驶模式(如手动驾驶、自动驾驶激活、部分辅助功能激活等)、当前允许/禁用的操作(如高速公路上城市功能的禁用)、当前系统状态(如部分功能故障或失效)、系统接管请求等。此外,可增强交互信息,如提供驾乘人员开启自动驾驶功能时的视觉、听觉、触觉反馈等。

在部分情况下,驾乘人员可能由于未收到提醒信息、紧张、下意识动作或无意识行为而产生误操作动作,因此,在 HMI 设计中需要考虑限制此类动作的安全设计。其典型技术实现见表 2-17。

针对误操作动作的安全设计   表 2-17

技术类型	说 明
位置安全设计	将安全关键操作按钮放置在接触概率低的位置
操作方式安全设计	特殊的确认或解锁机制,如多次确认操作或多指同时操作; 特殊的激活动作,如根据人类操作习惯设计使用概率低的激活手势
驾乘人员限制	高级自动驾驶功能开启时的驾驶人限制,如座椅自动后退、加速或制动踏板及转向盘锁定等

最后,虽然以上 HMI 预期功能安全设计技术能在较大程度上避免驾乘人员误操作,但仍需要考虑在特殊情况下误操作动作完成的情况,以确保此时系统对误操作输入具有一定的防护能力:一方面,可针对特定场景下的部分不匹配功能进行限制,如在高速公路场景禁止自动停车功能的激活;另一方面,可针对误操作输入进行监测和纠正,如在本田 L3 的交通堵塞导航(Traffic Jam Pilot,TJP)系统中,当驾驶人在系统反复提醒后仍不响应交接请求时,系统将协助智能汽车减速和停车,同时使危险报警灯闪烁并鸣笛以提醒周围车辆。

四、信息安全保障技术

随着自动驾驶技术与车联网技术的发展,智能汽车信息物理系统的功能模块越来越多,可攻击面越来越大,使得恶意网络攻击更有可能趁虚而入。同时,传统网络攻击工具可以很方便地直接应用于车联网中,对智能汽车系统的信息安全威胁极大。这些网络攻击的数量之大、速度之快、方式之多,使得有效防御十分困难。为了抵御它们为智能汽车信息物理系统带来的信息安全威胁,专家学者从 AI 算法、控制理论、传染理论、博弈论和图论等角度对信息安全的保障技术进行了研究[64-65]。AI 算法可通过人工神经网络、进化算法、模糊集合、遗传算法以及深度学习等方式构建并训练智能体,且可在大多数情况下分析网络攻击并启动适当的应对措施;控制理论一般应用于考虑数据延时、丢包等情况下的控制分析与设计;传染理论的动力学模型常应用于信息安全风险传播控制方法与装置的设计;博弈论可应用于多模块交互的决策设计;图论则可用来设计复杂网络的拓扑结构。

信息安全保障技术可归纳为如图 2-45 所示的三部分。其中网络拓扑结构分为传统分布式架构、基于功能域的架构和中央计算式架构三种,为其他信息安全保障技术的研究提供了基础的安全架构。入侵检测与防御系统是保障信息安全的主动防御技术,可通过状态监测、入侵检测与入侵防御三个阶段化解入侵攻击。其中,状态监测阶段使用车联网的通信数据监测网络状态,入侵检测阶段使用存储在车内的历史数据和知识库来识别入侵攻击,而入侵防御结果可通过 V2V 通信传达至周围智能汽车,并通过 V2C 通信告知云端;加密与通信技术是保障信息安全的被动防护技术,其中加密体制设计了适用于车联网环境的对称密码、公钥密码、数字摘要、数字签名等算法,并由公钥基础设施提供密钥管理服务;通信体系考虑了车内通信、近端通信、V2X 通信、卫星通信等不同距离的信息交互,并由公钥基础设施提供身份认证服务。

(一)信息安全网络拓扑结构

随着智能汽车与移动设备、蜂窝网络和道路基础设施的智能互联化,车外环境与车内系统间的交互逐渐增加,越来越多的 ECU 之间的数据交换也需要变得更快、更可靠、更便利且更经济,这带动了汽车车载网络架构由分布式向混合式再到中央计算式架构的巨大变革,其特点见表 2-18。传统的分布式架构是一种扁平的体系,其组合方式简单,成本低,但要求所有节点之间信息同步,且设计时未考虑信息安全。混合式架构是现在最常见的一种架构,采用关注点分离的技术思维,将系统依据功能分为连接域、驾驶人替代产品域、传动与动力系统域、车身与舒适系统域和车载体验域五大区块域,并引入网关实现隔离,在各不同域内实现专注、高效。在中央计算式架构中,所有原始数据处理与决策都在中央处理器完成,不会有数据篡改和失真,但这对数据传输频率与处理器算力的要求很高,目前只在一些小型初创自动驾驶汽车上使用[66]。控制器区域网络(Controller Area Network,CAN)、局域互联网络(Local Interconnect Network,LIN)和 FlexRay 是三种为车载网络定制的总线系统,其中 CAN 是应用最普遍的总线系统之一。车载网络架构的总线拓扑结构则主要有线形、星形和环形三种,其成本、部署难度、抗电缆故障的鲁棒性都依次提高。

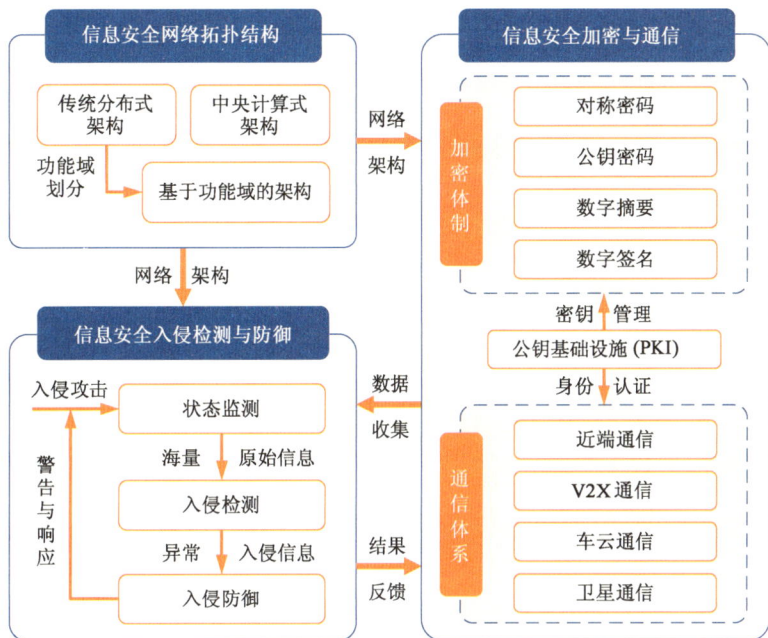

图 2-45　信息安全保障技术

汽车车载网络架构的工作方式与特点　　　　　　表 2-18

网 络 架 构	工作方式与特点
传统分布式架构	终端传感器处理数据后向中央处理器传递对象或元数据,由中央处理器整合后进行决策;只能应对少量 ECU 且数据交换量较小的网络,对于雷达和摄像头数据无能为力
基于功能域的架构	各域内可由域处理器进行集中的数据处理,也可采用分布式架构;整体上可逐步采用最新的域控制器及传输总线技术如以太网,同时局部还能沿用传统框架以提高可靠性,降低开发成本
中央计算式架构	终端传感器不进行数据的修改、过滤,中央处理器能获取最原始的信息来进行运算和决策;每个终端节点都知道其他节点的动向,但此时数据的传输达到 GB 的量级,而且需要及时处理

基于功能域的架构,其各个域之间通过汽车网关进行数据转发和传输,它相当于一道防火墙,不仅能控制外部接口到车辆内部网络的访问,还可以保证内部功能域之间的隔离。汽车网关一般分为 CAN 网关、以太网网关以及新一代的混合网关三类,其中,典型的 CAN 网关拓扑结构如图 2-46 所示[67]。在基于 CAN 或以太网的车内网络结构中,大多数 ECU 和域处理器之间会通过 CAN 或以太网进行通信,拥有 CAN 总线接口或以太网接口的网关分别被称为 CAN 网关或以太网网关,而同时拥有以太网接口和传统通信协议接口的则被称为混合网关。

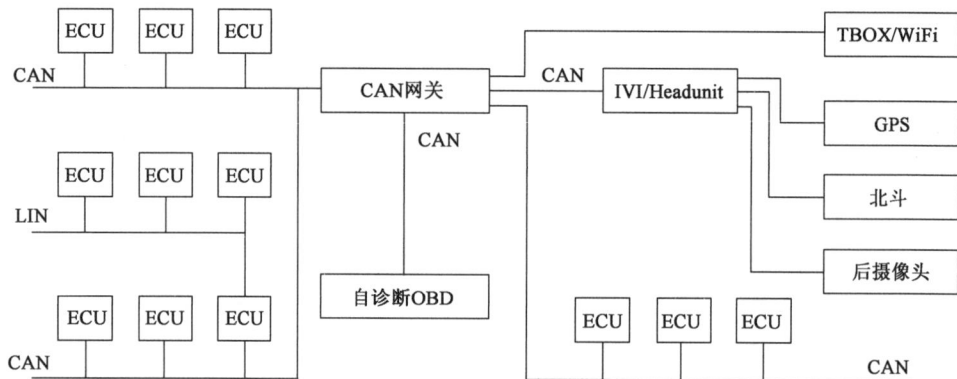

图 2-46　汽车 CAN 网关拓扑结构示例

CAN 总线在最初设计时没有对信息安全问题做足够的考量,而随着相关事故的不断发生,越来越多的研究注重于提高网络的信息安全属性,如系统的机密性、真实性、可靠性、完整性、抗抵赖性等方面。其中,抗抵赖性确保在信息交互过程中,所有参与者都不能抵赖或否认曾经完成的操作和承诺,具体来说,其可以利用信息源证据防止发信方否认已发送的信息,并利用递交接收证据防止收信方否认已接收的信息。

保障网络的信息安全可以通过对网络拓扑结构进行安全优化设计来实现。当 ECU 数目较少且总线负载率低于 50% 时,车辆通常只有一路 CAN,采用分布式架构;当 ECU 数目较多或总线负载率大于 50% 时,通常会有多路 CAN 线,采用混合式架构,与同一总线直连的电子控制器(ECU)之间通过直连的总线通信,与不同总线直连的电子控制器之间通过网关转发来通信。一般来说,拓扑结构会根据电子控制器单元所控制设备的距离来划分网络,这样动力相关 ECU、车身相关 ECU、底盘相关 ECU 会被分到不同的网络中,一旦 TBOX 和 CAN 网关受到攻击,可能导致这些 ECU 之间无法正常通信,从而使车辆的基本功能出现异常,如无法完成制动等基本驾驶操作,造成严重的安全威胁。为了解决这个问题,不同汽车生产厂家做了不同设计,例如可以根据操纵驾驶相关性对转向助力、车身稳定等电子控制器进行网络划分,这样即使 TBOX 和 CAN 网关受到攻击,由于操纵驾驶相关的电子控制器之间的通信无须网关转发,车辆依然可以保证基本的驾驶功能,如图 2-47 所示[68]。

(二)信息安全入侵检测与防御

智能汽车关键任务组件是网络攻击的主要对象之一,攻击者寻找和利用网络、设备和应用程序的漏洞进行攻击,进而获得相关的敏感信息、系统配置等资源。由于车联网环境的开放性与动态性,攻击者一旦通过某种途径入侵到车联网内部,将给被攻击的智能汽车造成严重的信息安全问题。因此,入侵检测和防御是汽车制造商、原始设备制造商(Original Equipment Manufacturer,OEM)和供应商面临的关键问题之一。入侵检测系统相当于网络实时监控系统,它能判断数据源信息和用户行为模式是否异常;入侵防御系统则是入侵检测系统的延伸,检测系统识别出可能正在发生的入侵并记录相关信息,由防御系统提供保护措施并尝试阻止,两者共同组成汽车信息安全的主动防御技术。

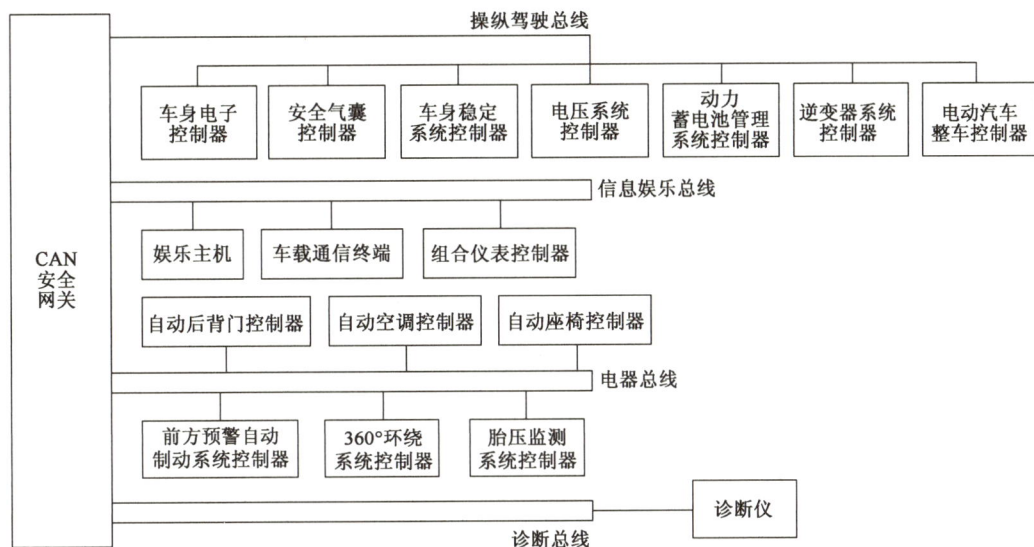

图 2-47　依据操纵驾驶相关性划分网络的智能汽车信息安全拓扑结构

车联网中有很多种入侵攻击类型,对于车联网通信而言,主要包括重放、篡改、中断和伪装等,见表 2-19[69]。各种入侵攻击会使得用户系统表现反常,例如:多次密码输入错误是一种可疑的异常行为;异时异地登陆是一种可疑的对输入/输出(I/O)接口的异常使用;木马病毒造成的可执行文件快速重写或存储则是一种可疑的对 CPU 的异常使用。这些可疑的异常行为使得对入侵的检测与防御成为可能。

车联网通信中一些常见的入侵攻击类型　　　　　　　　　　表 2-19

网络攻击类型	攻击方法
重放	当车辆与外界通信时,攻击者反复发送无用信息,占用车辆资源
篡改	当车辆与外界通信时,攻击者非法修改外界的信息并发送给车辆
中断	攻击者通过 DoS 等方式中断车辆的通信能力,使其无法接受信息
伪装	攻击者伪装成合法设备与车辆通信,从而获取信息或者误导车辆

入侵检测与防御系统的工作主要有三个阶段,即状态监测阶段、入侵检测阶段、入侵防御阶段。状态监测阶段体现了监控特性,系统需要收集车联网中的智能汽车和一些关键节点的网络状态、系统状态、用户行为等信息。系统往往不能从收集到的海量原始信息中直接看出问题,因此需要在入侵检测阶段进行信息分析,从中过滤出异常入侵信息。这一阶段采用的方法包括统计分析、模式匹配、完整性分析和神经网络等,从中提取出入侵相关的重要数据,如果判断是网络攻击,则进行攻击警报,并锁定入侵者试图攻击的组件或子系统,同时确定攻击事件的风险和严重性[70-71]。在入侵防御阶段,系统会采取措施阻止入侵行为,常见的几种警告与响应的对策包括:①系统自身直接将入侵连接切断,如终止正在被入侵攻击的网络连接或用户对话;②改变安全环境,如重新配置防火墙、路由器、交换机等网络设备以阻止入侵者的访问;③过滤安全信息,如删除邮件中受感染的附件,然后允许清理后的邮件正常到达收件箱;④向管理员发送警告信息,并将攻击时间、类型、目标等入侵行为相关信息与响应措施记录在日

志中[72]。

入侵检测与防御系统的实现一般有两种途径:一种途径是将检测问题转化为模式匹配,通过监测到特定的系统状态变换来表明系统受到了入侵,这种方法需要基于先验知识构建规则库,目前得以广泛应用,但理论上人为定义的规范通常不足以覆盖所有可能的入侵场景;另一种途径是构建人工神经网络,这种方法可以检测新的攻击,但容易出现漏报、误报等现象,还需要进一步研究以提升其有效性[73]。

基于规则库的方法充分利用了车联网各节点面对入侵时的异常表现,将每一种可能的异常测度定义为一个二值变量A_i,值为1时表示行为或状态异常。令H为车联网正被入侵的假设,$\overline{H}$表示其对立事件。每种异常测度的可靠性(reliability)和敏感性(sensitivity)可用下式来表示:

$$\begin{cases} reliability = p(A_i = 1 \mid H) \\ sensitivity = p(A_i = 1 \mid \overline{H}) \end{cases} \tag{2-44}$$

根据贝叶斯定理,可以利用发生入侵与否时异常表现的先验知识,来根据异常表现反推发生入侵的概率:

$$p(H \mid A_1, A_2, \cdots, A_n) = \frac{p(A_1, A_2, \cdots, A_n \mid H) p(H)}{p(A_1, A_2, \cdots, A_n \mid H) p(H) + p(A_1, A_2, \cdots, A_n \mid \overline{H}) p(\overline{H})} \tag{2-45}$$

其中,需要注意的是,异常测度A_i与A_j之间可能是相关的,因此,在将所有异常测度编码成向量A后,还需要对其协相关矩阵进行建模[74]。

未知漏洞的检测和防御是一个亟待开发的领域,需要通过人工神经网络与机器学习来进行扩展。人工神经网络的训练与测试需要收集大量数据,并从中提取特征实体,包括车辆间传输的包数、包传输的延迟、丢失的包数等。入侵检测 AI 系统一般使用一个前馈神经网络来描述,其过程如下:首先输入提取到的特征,随后经过数个隐藏层,然后输出最终的分类性决策结果,最后基于阈值对异常行为进行预警或接受[75]。网络的评价常使用一些统计数据,包括检测率(正确检测出入侵的次数与攻击次数之比)、虚警率(错误检测出入侵的次数与未攻击次数之比)、准确率(正确分类次数占总数据量之比)等。

根据入侵检测与防御系统监视的对象类型和部署的方式,可以将其分为表 2-20 中展示的几种类别。基于主机的系统以车载系统日志、应用程序日志作为信息源,可以识别攻击意图,实时性好,但其中系统日志提供的信息有限,可能无法察觉隐秘的入侵。基于网络的系统将每个网络数据包作为信息源,能检测多个车辆节点的相关信息,但无法检测事先加密的数据包。针对潜在的车联网入侵攻击,无线局域网技术也是入侵防御系统中的重要技术之一,多数入侵防御系统能为每种类型的警报指定预防能力配置,包括启用或禁用预防,以及指定哪种类型的预防。

入侵检测与防御系统的类型   表 2-20

系 统 类 型	运 作 方 式
基于主机的系统	监视单个主机的特征和该主机上发生的可疑活动及事件
基于网络的系统	监控特定网段或设备的网络数据,分析网络和应用协议活动
分布式检测系统	以前两种系统为基础,结合车载自组织网络特点设计的系统
网络行为分析系统	检查网络流量,识别产生异常流量的威胁,如 DoS 攻击
无线局域网(WLAN)监控系统	监控无线网络流量并分析,以识别涉及无线网络协议的可疑活动

分布式入侵检测与防御系统是契合于车载自组织网络的特点设计的,由网络中的各个节点组成,图 2-48 展现了两车辆节点之间的系统结构与信息传递过程[76]。车辆节点采用改进的朴素贝叶斯分类算法启动本地检测,并采用更新算法不断更新特征库,使其中的异常数据特征足够丰富,提高了本地检测效率和能力。当节点检测到异常时会将其存入本地特征库,同时会向相邻节点发送异常警报和异常特征,使相邻节点也使用自己的特征库进行独立的本地检测,并断开与源节点的连接,从而提高网络分析检测能力,降低整体攻击危害。

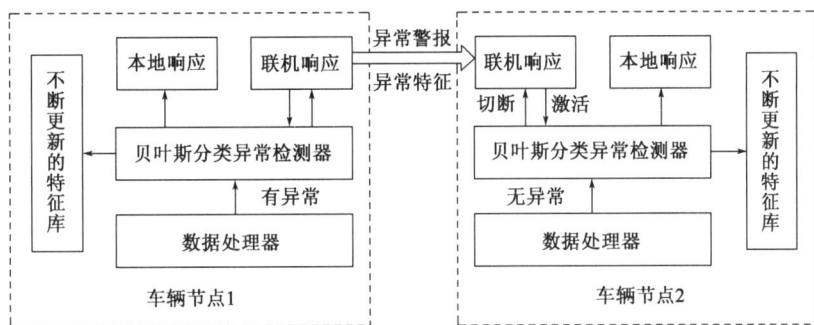

图 2-48 分布式入侵检测系统的结构

(三)信息安全加密与通信

相对于主动对通信环境和内容进行监测、分析与保护的入侵检测与防御系统来说,安全加密与通信技术则是在信息被不断拦截、破解、伪造的过程中被动地发展。在传统的计算机通信领域中,对称密码、公钥密码等基础密码学与数字签名、访问控制等应用密码学的相关理论与技术具有非常悠久的历史,对车联网的信息安全保障具有一定的参考价值。然而,由于车联网中通信网络切换频繁,有效链接相对短暂,且对实时性的要求非常严格,因此传统加密措施不完全适用于智能网联汽车,需要针对车联网的特殊安全需求设计更快更安全的信息安全保障技术。

一般来说,基础加解密算法主要分为对称密码体制和公钥密码体制(非对称加解密算法)两种。其中,对称密码体制具有相同的加密和解密密钥,其计算速度快,且其安全性完全依赖于密钥,主要分为流密码和分组密码两类,例如,著名的高级加密标准(Advanced Encryption Standard,AES)就是利用了分组加密的思想。公钥密码体制计算较慢但相对更安全,比较流行的有基于大整数因子分解的非对称加密 RSA❶ 体制、基于有限域上离散对数问题的 Differ-Hellman 公钥体制、基于椭圆曲线上离散对数问题的椭圆曲线密码学(Elliptic Curve Cryptography,ECC)公钥体制等[77]。

RSA 被 ISO 推荐为标准的公钥加密算法,能够抵御绝大多数密码攻击,其基本思想是:两个大质数相乘十分容易,但对乘积进行因式分解却非常困难,预计直到 2030 年才能破解长度为 2048 比特的 RSA 密钥。RSA 算法的相关理论如下:

---

❶ 由 Rivest、Shamir、Adleman 3 位设计者的姓氏开头字母组合而成。

任意给定正整数 n，在小于 n 的正整数中，与 n 互质的个数记为欧拉函数 $\varphi(n)$ 的值，如 $\varphi(7)=6,\varphi(8)=4$。后文这些欧拉函数相关的引理会用到如下内容：①若 n 为质数，则 $\varphi(n)=n-1$；②若 n 可以分解成两个质数之积，则 $\varphi(n)=\varphi(p \cdot q)=\varphi(p) \cdot \varphi(q)$；③欧拉定理，即如果两个正整数 m 和 n 互质，那么 m 的 $\varphi(n)$ 次方减去 1 可以被 n 整除，即：

$$m^{\varphi(n)} \bmod n \equiv 1 \tag{2-46}$$

将式（2-46）在左右两边进行 k 乘方运算，再乘以 m，根据取模运算的规律，可推出：

$$m^{k \cdot \varphi(n)+1} \bmod n \equiv m \tag{2-47}$$

还有一个定义可被描述为：如果两个正整数 e 和 x 互质，那么必然可以找到整数 d，使得 $e \cdot d$ 减去 1 可以被 x 整除，此时可以说 d 就是 e 相对于 x 的模反元素。

$$(e \cdot d) \bmod x \equiv 1 \tag{2-48}$$

若将 $\varphi(n)$ 视为 x，即认为 $e \cdot d=k \cdot \varphi(n)+1$，则可以得到：

$$m^{e \cdot d} \bmod n \equiv m \tag{2-49}$$

该式成立的条件为，m 与 n 互质，且 e 与 $\varphi(n)$ 互质。引入中间量 c，使得：

$$m^{e} \bmod n=c \tag{2-50}$$

则可以推出：

$$c^{d} \bmod n=m \tag{2-51}$$

以上两式就是 RSA 算法中的密钥交换的工作原理，其中 m 代表需加密的明文，c 代表发出去的密文，(n,e) 为公开的公钥，(n,d) 为保密的私钥。该算法涉及的参数 n,e,d 选择方法为：①将 n 选为两个大质数 p 与 q 的积，即 $n=p \cdot q$，此时 n 的二进制表示所占用的位数就是密钥长度；②e 要求与 $\varphi(n)$ 互质，而 $\varphi(n)=\varphi(p) \cdot \varphi(q)=(p-1) \cdot (q-1)$，因此 e 的取法只要求与 $(p-1) \cdot (q-1)$ 互质；③d 的选取与 e 相关，是 e 相对于 $\varphi(n)$ 的模反元素。RSA 算法的安全性依赖于大数分解，攻击者在知道公钥 (n,e) 的情况下要推出私钥 (n,d)，就要知道欧拉函数 $\varphi(n)$ 的值，还要计算 e 相对于其的模反元素，这在 n 十分大的情况下是难以计算的。

非对称加解密算法常与数字摘要算法配合使用，生成数字签名。其中数字摘要算法又称哈希算法或散列算法，只进行单向的加密而不需要密钥，只有输入相同的明文且经过相同的数字摘要算法才能得到相同的摘要。因此，发信者可以用私钥加密报文的摘要来生成数字签名，将其与报文一同发送，随后收信者用公钥解密数字签名，并用相同的数字摘要算法处理收到的报文，如果结果一致，就可以证明报文未被篡改。

由于非对称加解密算法的优点突出，且公钥技术的应用发展迅速，从而逐渐衍生出一系列网络安全管理体系，其中公钥基础设施（Public Key Infrastructure，PKI）是基础的认证体系，利用公钥密码体制，可实现透明地为网络应用中的加密、签名等操作提供密钥管理和证书管理服务。公钥基础设施一般包含认证中心（Certificate Authority，CA）、注册机构、策略管理、密钥管理、证书管理、密钥备份、密钥恢复、撤销系统等功能模块。在公钥加密系统中，证书认证中心签署数字证书，证明公钥与用户的所属关系，为用户提供身份认证或签名认证等服务。收信者使用 CA 的公钥解密发信者的数字证书,就能拿到发信者的真实公钥,随后便可以对收到的报文和数字签名进行处理。这种加密与认证思路在车联网环境中可被借鉴,但 RSA 算法的密钥生成速度较慢,在主频 5GHz 的情况下需要 2~3s,这在车联网的环境中无法接受[78]。长期以来,在国家重要领域都采用三重数据加密算法(Triple Data Encryption Algorithm,3DES)、安全散列算法 1(Secure Hash Algorithm 1,SHA-1)、RSA 等国际通用的密码算法体系及相关标准,但随着国际形势不断变化和新技术的突破性发展,在安全产品密码算法这一领域实现国产自主可控也已迫在眉睫。近年来,我国自主研发了 SM❶ 系列算法、ZUC 祖冲之算法等算法,表 2-21 总结了车联网中可适用的国家商用密码算法与相对应的国际算法。SM1 算法安全保密强度及相关软硬件性能与 AES 相当,该算法不公开,仅以知识产权核(Intellectual Property Core, IPC)的形式保存于芯片中。SM2 算法是 ECC 的一种,相对于 RSA 算法而言更先进、更安全,其在密码复杂度高的同时存储空间小、处理速度快,在我国商用密码体系中被用来代替 RSA 算法。SM3 算法是在安全哈希算法 SHA-256 基础上改进实现的,适用于商用密码应用中的数字签名和验证以及随机数的生成。SM4 算法则是我国专门为 WLAN 产品自主设计的分组对称密码算法,比 3DES 更快,用于保证数据和信息的机密性。利用 SM2 与 SM3 算法,可在我国的 5G-V2X 通信安全可信体系中实现 V2X 信息签名、短证书、密钥衍生和重构等多种自主创新的技术和方法[79]。如图 2-49 所示,基于 PKI 技术和 V2X 安全芯片的智能交通数字证书系统(Intelligent Transportation Certificate Authentication System, ITS-CA),构建统一的车、路、云端身份认证体系,为车企构建车联网信息安全支撑平台,为车路协同提供端到端的安全防护产品[80]。

车联网中可适用的国密算法与对应的国际算法　　　　　　表 2-21

国密算法	国际算法	算法类型
SM1	AES	分组密码算法
SM2	RSA	公钥密码算法
SM3	SHA-256	数字摘要算法
SM4	3DES	分组密码算法

智能网联汽车与外界的通信按照距离由近及远可以划分为车内通信、近端通信、V2X 通信和卫星通信等层面。其中,车内通信层面主要涉及各域之间的信息交互,与隔离域和网关的设计相关;近端通信层面包括 Wi-Fi、蓝牙等近端无线通信安全技术和 USB、光驱等物理接触设备安全技术,例如,通过无线通信设备防御系统分析可疑开放热点中的网络安全隐患;V2X 通信层面包括车-车、车-人、车-路、车-云等通信,涉及车辆终端与路侧设备的物理接口安全等技术和蜂窝网络与直连通信场景下的网络接入安全等技术,例如,在车云通信中可以通过 OTA 技术进行车辆系统的远程更新;卫星通信层面则主要涉及定位和导航等安全技术,例如,通过异常检测、开放服务导航消息身份验证(Open Service Navigation Message Authentication, OS-NMA)等技术来缓解干扰和防止欺骗。

---

❶ "商密"("商用密码"的简称)的拼音首字母缩写。

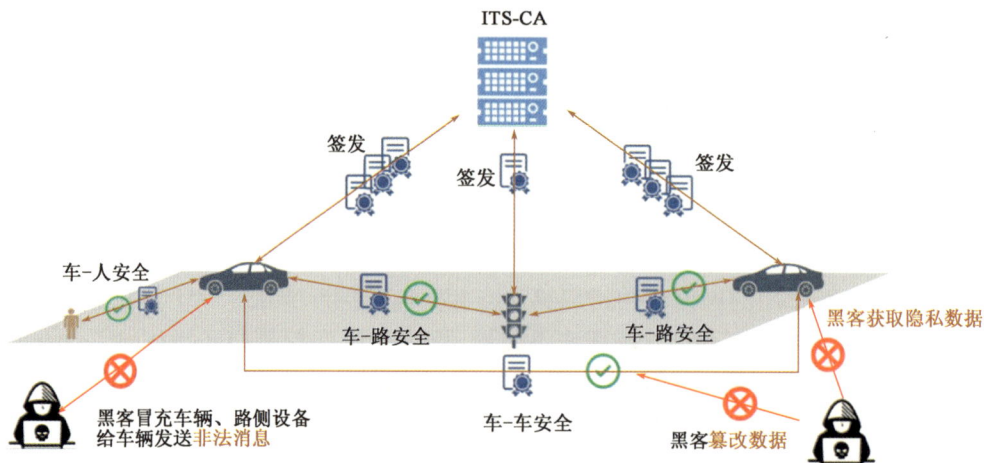

图 2-49　ITS-CA 安全认证系统

第四节　系统安全典型系统

在智能汽车开发过程中,需要基于系统安全开发理论和设计方法,将系统安全保障技术融入具体设计中,以开发能够保障系统安全的车辆系统。由于设计依据的主要原则不同,可分为三类典型系统:基于功能冗余的安全保障系统、基于自监控的安全保障系统和基于纵深防御的信息安全系统。

一、基于功能冗余的安全保障系统

基于功能冗余的安全保障系统可通过重复配置智能汽车系统的一些部件,并结合相应的监视器和管理器,降低单功能模块潜在故障和功能不足所造成的风险,以提高系统整体容错能力,实现对系统安全,尤其是对功能安全和预期功能安全的综合保障。

(一)功能冗余安全系统架构

功能冗余系统的总体实现架构主要包括电源模块冗余、环境感知模块冗余、定位模块冗余、决策控制模块冗余、执行模块冗余以及架构冗余等方面,如图 2-50 所示。

在电源系统方面,可设置备用电源,在主电源失效时继续提供一段时间的动力支持,以保证智能汽车安全停车;通过在每个关键驱动系统中设置独立电源,可确保这些系统在单次电路故障或电路中断时仍能安全运行一段时间。

在环境感知方面,采取超声波传感器＋毫米波雷达＋摄像头＋激光雷达等多传感器冗余的系统方案,可充分利用不同传感器的优势互补作用和传感器状态监测等技术,根据每种传感器对不同应用场景的适用性,进行多传感器融合方式的自适应调整和对个别传感器故障或功能不足问题的处理,从而使环境信息建模更具可靠性。

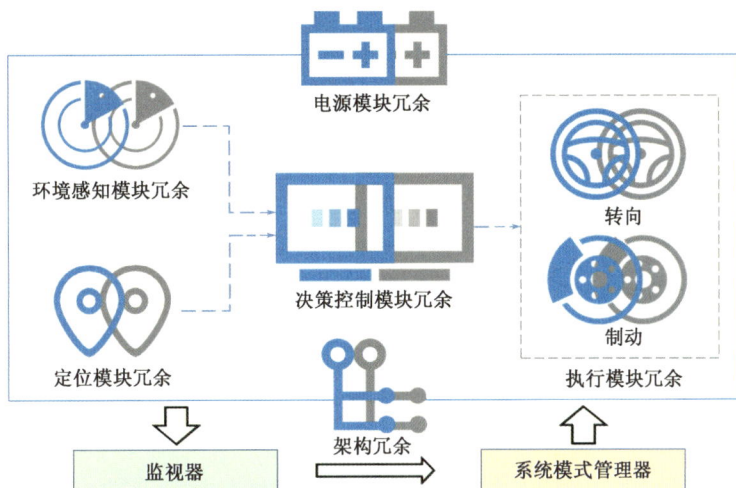

图 2-50 功能冗余系统的总体实现架构

在智能汽车定位方面,可采用基于卫星信号的绝对定位和基于道路特征的相对定位组成的冗余定位方案。前者可基于卫星定位智能传感器,其集成了 GNSS 信号接收器、高精度惯性传感器(Inertial Measurement Unit, IMU)和信号纠偏服务,从而保证多种工况下的定位稳定性;后者可通过摄像头、雷达等多种车载传感器采集并上传对比道路特征,实现高精度的定位。这两种方案的组合实现了更进一步的冗余,可在恶劣天气或遮挡等不利条件下相互校验,保证了定位系统的可靠性。

在决策控制方面,可配置两套核心运算单元,保证在单个系统失效时另一系统能及时接管,使智能汽车仍可安全运行或降级停车;此外通过备份多个碰撞检测和避免系统,可连续扫描周围环境,在主系统因故障或功能不足等导致未能有效识别风险时智能汽车仍能安全避障。

在执行方面,其包括制动系统冗余和转向系统冗余。车辆制动可配置主副两套系统,如博世(BOSCH)采用 ESP 9.3 与 iBooster 形成了制动的双重保障,其中 iBooster 为电控制动系统,可在 ESP 失灵情况下帮助车辆安全制动;车辆转向亦可实现多个部件的冗余,如双绕组电机、双桥驱动、双传感器等,从而形成两套并行的独立转向系统,保证一套系统故障时可及时切换到另一套系统[81]。

在架构方面,可设计安全通信的冗余架构。如长城汽车采用双通讯架构,搭建了三条独立物理通信链路,以在单一链路中断时及时衔接,其通过建立十种软件逻辑控制通路实现了通信线路的"公私分明",并达成了三十余种传感器之间信息的透传和共享。

为保证上述冗余系统能够得到合理的调配,需要设计监视器以监测系统要素在性能、安全事件和故障等方面的状态和行为,如系统是否达到特定标称性能、是否发生系统失效、失效降级能力的可用性以及信息安全事件等,从而及时识别系统危害事件并分析具体原因。如果监视器识别到系统出现功能不足或故障失效等情况,则将此信息发送到系统模式管理器,模式管理器在接收上述失效情况以及标称性能指示、降级性能指示、车辆及用户状态等信息后,可进一步控制车辆采取合理的安全策略,以保证系统的安全运行。

(二)功能冗余安全策略

考虑系统失效导致的不同风险条件,将最低风险状况(Minimal Risk Condition,MRC)定义为当系统因失效导致功能不完全可用(如主系统故障、触发条件导致功能不足等)时需要达到的一种风险最小的安全运行状态,如驾驶人接管、受限运行、结束运行等;将最低风险策略(Minimal Risk Maneuver,MRM)定义为一系列到达 MRC 的紧急操作,如转换请求、有限功能状态、平缓停车和安全停车等,其目的在于使车辆在其可以支持的功能水平下达到可容忍的风险水平。MRM 与 MRC 的关系如图 2-51 所示[52],其中标称运行指在系统功能完全可用情况下的运行状态。如果由于系统失效导致标称运行状态的条件无法满足,可以根据实际情况执行不同的 MRM,实现降级运行,以达到合适的 MRC。根据系统和影响因素的复杂性,可连续经历多个 MRC 和 MRM。

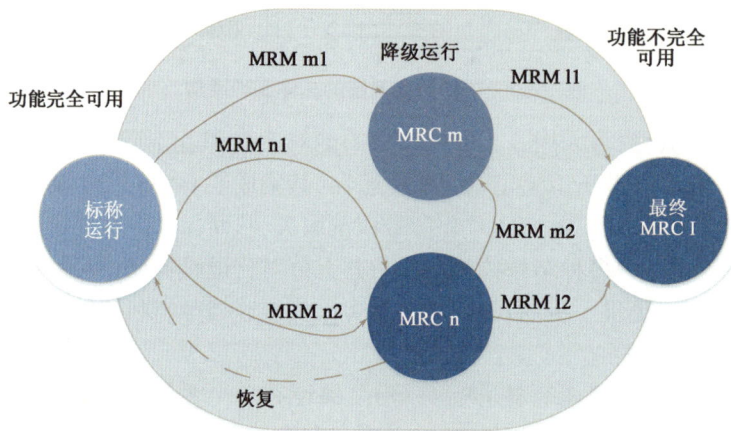

图 2-51 最低风险状况和最低风险策略的关系[52]

根据最低风险状态的不同,可将场景具体分为三类[51]:失效运行(Fail Operational,FO),即系统中一个传感器故障,但冗余传感器可以保持系统的安全运行;失效降级(Fail Degraded,FD),即通过降级操作保证故障发生时系统仍可运作,但可能不具备全部功能;失效安全(Fail Safe,FS),即系统不再运行,但故障不会再造成不安全的后果,如安全停车。基于不同场景需求,可将智能汽车系统须具备的基本能力分为失效安全能力和失效降级能力[51],二者关系如图 2-52 所示。失效安全能力可以中断,是因为其不可用性与安全性的相关性足够低或被失效降级能力覆盖。失效安全能力主要包括七类:感知相关物体、确定位置、预测相关对象的未来行为、制定无碰撞且合法的驾驶规划、正确执行驾驶规划、与其他弱势交通参与者沟通和互动、确定是否达到特定标称性能。失效降级能力需要在发生系统失效的情况下也能保持一定的性能水平,从而实现向最低风险状况的安全转化,其主要包括六类:确保驾驶人的可控性、检测降级模式是否可用、确保安全模式转换和用户认知、应对标称性能不足和其他失效、在失效时降低系统性能、在减少的系统限制范围内执行降级模式。

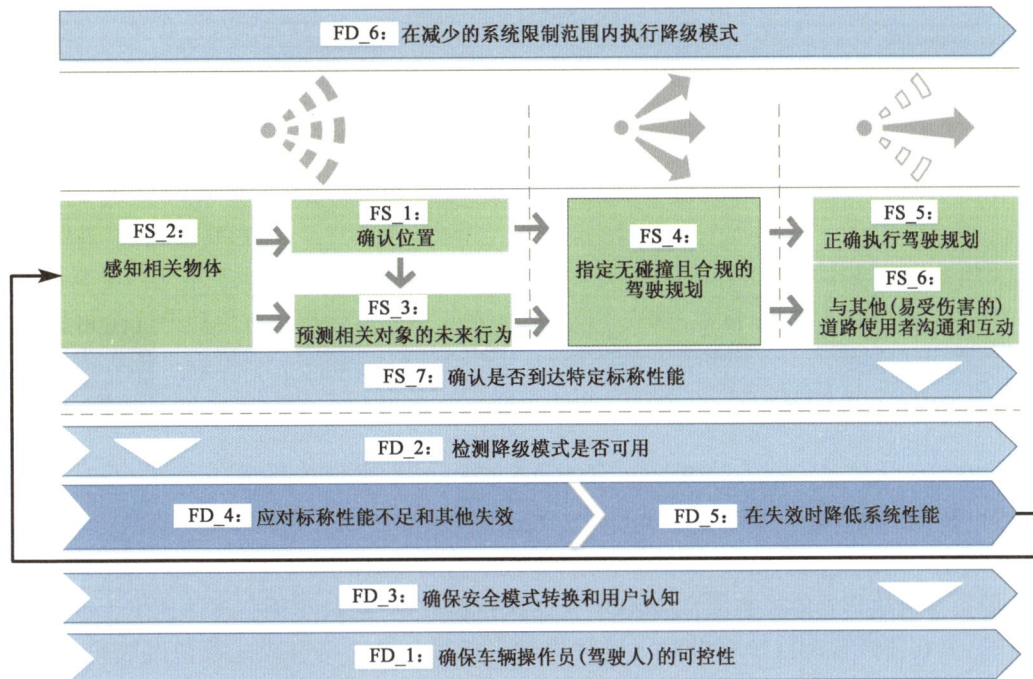

图 2-52 失效安全能力与失效降级能力的关系[52]

二、基于自监控的安全保障系统

自监控的安全保障系统重点关注对系统"自我意识"的提升和利用。系统"自我意识"是指系统识别自身状态、可能行为以及这些行为对系统自身和环境的影响,并进行安全应对的能力[82]。智能汽车是一个复杂的安全关键系统,如感知、决策和控制等不同层间"自我意识"的冲突可能导致灾难性的后果,因此必须考虑跨层的解决方案,确保来自不同层次的指标能够聚合成系统的一致性自我表示,以实现整体安全监控。

(一)自监控安全系统架构

自监控安全系统通常以安全模块的形式集成在智能汽车系统中,一种典型的实现架构如图 2-53 所示,布伦瑞克工业大学将相关安全模块(红色框显示)集成在其自动驾驶汽车 Leonie 的导航控制系统(Guidance and Control System, GCS)中。系统的数据采集部分获取环境、交通参与者、车辆状态和自身位置等信息,并输入安全监控模块,进而根据监测到的系统状态进行自适应安全控制。

安全监控系统从功能模块和传感器收集数据,计算性能指标并判断执行降级动作,其核心元素是控制看门狗和安全单元。控制看门狗可监控横纵向控制器等模块,并从关联的硬件中收集心跳等信号,以计算位置精度、可见区域、系统运行状态、反应时间等性能指标。安全单元结合来自智能汽车传感器和 GPS/INS 的动力学数据,根据道路和天气状况估计抓地性指标,动态调整驾驶策略,以防止在恶劣道路天气条件下的事故。

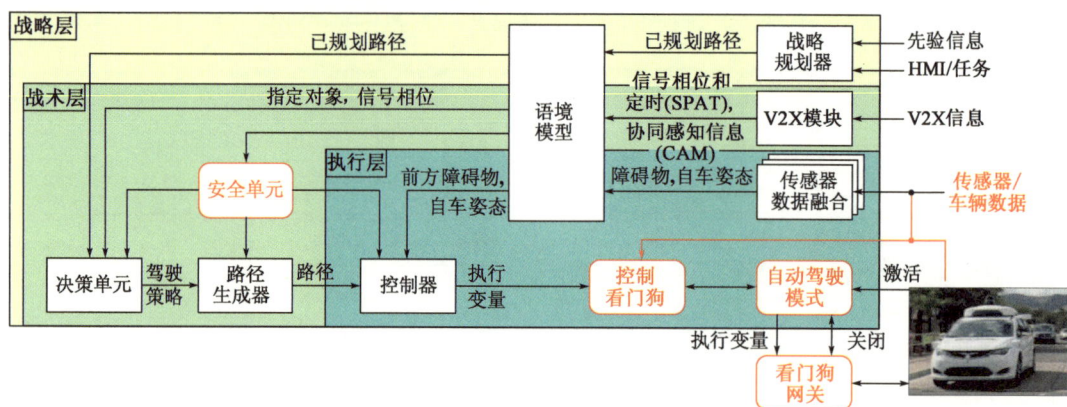

图 2-53 自监控安全系统架构[83]

看门狗网关和自动驾驶模式模块共同负责自动驾驶模式的激活和停止。看门狗网关是智能汽车系统与车辆之间的接口,其任务包括:监视车辆 CAN 信号,以提供有关重要车辆参数的信息;验证车辆执行器的控制值,以确保安全的执行器控制;限制车辆在当前速度下的转向角度;此外,其在测试智能汽车系统时可监测驾驶人干扰。自动驾驶模式模块接收来自车辆、HMI 和控制看门狗的输入,只有当所有车门都关闭、电子稳定程序(ESP)被激活、看门狗网关和控制看门狗发出信号、系统和车辆状况良好且驾驶人请求激活自动驾驶时,该模块才向看门狗网关请求激活。

(二)自监控安全策略

系统安全自监控的实现需要与系统安全设计阶段的活动紧密结合,具体可采用能力图和技能图进行辅助[84],如图 2-54 所示。能力指实现驾驶任务某一部分所必需的全部条件,在系统安全设计的概念阶段,能力图设计可与项目定义并行,并用于支持进一步的安全开发,其主要组成包括能力节点和质量需求边;技能被定义为对特定任务相关活动的描述,如性能水平等,技能图是能力图中的抽象概念实例化后的具体技术解决方案,其主要组成包括技能节点、性能影响边,此外,在技能图中需要强调冗余机制的实现。技能图是系统安全自监控的重要依据,如果可以衡量每个技能的性能水平,并且有足够完备的数学模型表达上述性能水平在整个图中的传播,技能图则可为在线监控系统安全提供重要支持。

实际安全自监控过程主要包含性能监测和问题处理两个阶段,前者可依托具体的性能指标,表征系统可能出现的功能安全或预期功能安全问题,后者可通过功能降级等方式保障系统安全。图 2-55 为一种典型的自监控安全系统策略。该策略通过监控系统参数实现对性能指标的度量。其中,系统反应时间是从外部事件发生到智能汽车作出反应之间的等待时间;系统运行状态包含所涉及的所有软硬件模块的信号跳动和周期信息;可视区域表示智能汽车周围被传感器所覆盖的空间;抓地性反映车辆动力学性能,并根据道路、天气等环境条件动态变化;位置精度则是对当前智能汽车位置估计准确性的评估。根据性能指标计算结果,可进一步采取适当的功能降级动作,如修改驾驶参数(如减小车速、增加安全时距)、修改驾驶策略(如变道、转弯)、强制执行安全策略或禁止驾驶策略(如禁用失效的传感器或执行器部件)等。

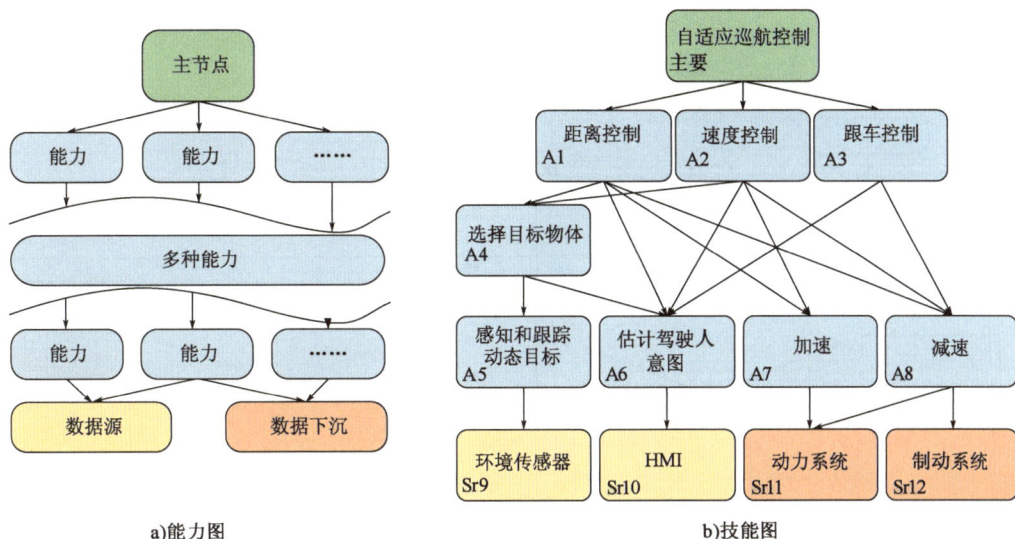

a)能力图

b)技能图

图 2-54 能力图与技能图示例[84]

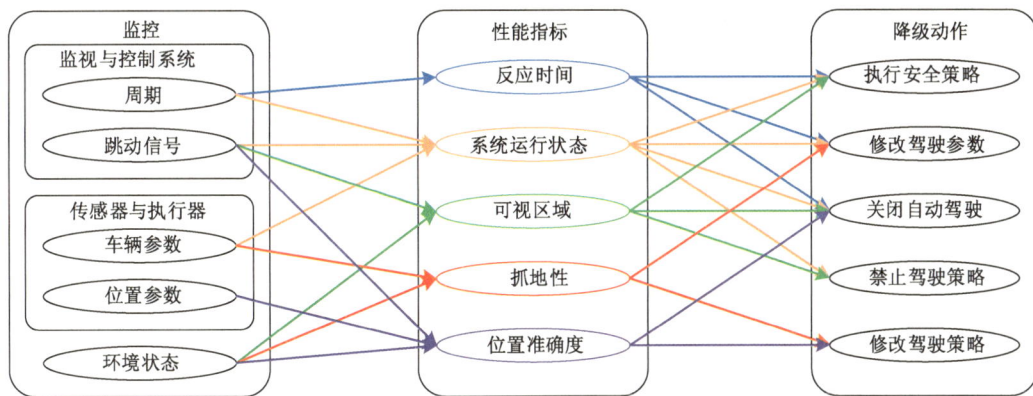

图 2-55 一种典型的自监控安全系统策略[83]

以车辆附着性能(抓地性)为例[85],可通过对此类指标的监控以适应变化的道路和天气条件,从而依据系统性能限制实时调整到合适的安全策略。具体而言,通过 IMU(提供当前侧滑角)、Lidar、数字地图(存储交通信号灯信息)、雨量传感器、温度传感器、轮速传感器以及部分功能[如 ESC、牵引力自动控制(Automatic Traction Control,ATC)和 ABS]的状态监测器可收集系统状态数据,进而计算对应的性能指标,计算方式如图 2-56 所示。

其中,初始附着性能指标g_{n-1}依次根据传感器识别出的 ESC、ATC 和 ABS 等功能受干扰情况、前后轮速度平均值之差δ_v、侧滑角s_c、降雨量r、温度T等参数进行条件判断和修正,最终获取当前附着性能指标g_n。图中x_i为针对功能干扰情况改变的附着性能指标;t_v、t_s、T_{max}为判断阈值;c_v、c_s、c_t为比例系数。

性能指标值可进一步与车辆纵向控制策略结合,以智能驾驶人模型为例,其通过输出纵向期望加速度$\dot{v}$来实现安全稳定的跟车行为:

113

$$\dot{v} = a \cdot \left[1 - \left(\frac{v}{v_0} \right)^d - \left(\frac{s^*}{s_a} \right)^2 \right] \tag{2-52}$$

其中，v 表示当前车速；v_0 表示期望速度；s_a 表示前后车间距；a 表示最大加速度；d 表示加速度指数；s^* 表示安全距离。

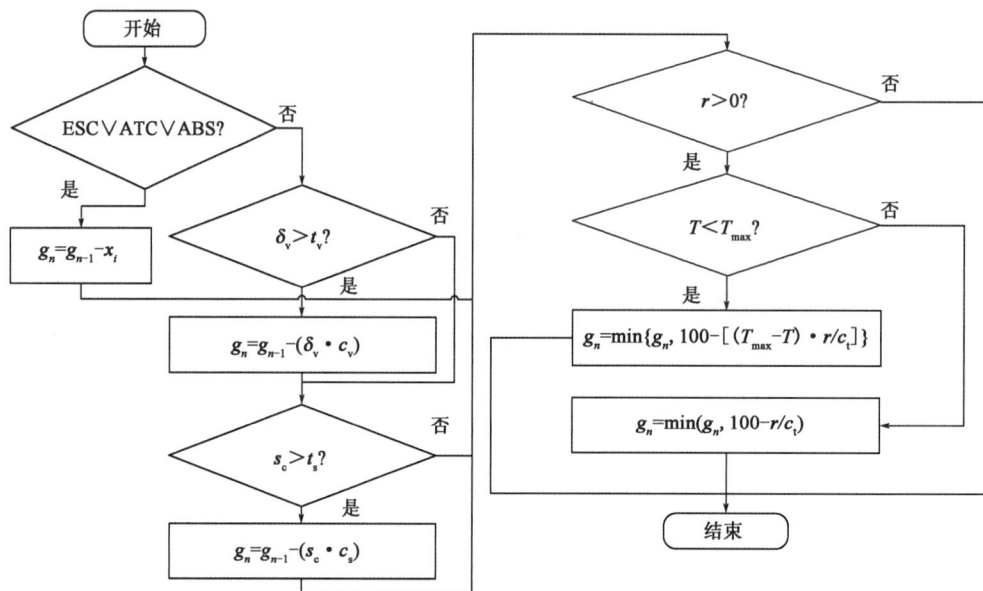

图 2-56　附着性能指标计算[85]

s^* 与拥堵间距 s_0、安全车头时距 T、自车与前车速度差 Δv、期望减速度 b 等参数的计算关系如下：

$$s^* = s_0 + T \cdot v + \frac{v \cdot \Delta v}{2 \sqrt{a \cdot b}} \tag{2-53}$$

通过降低期望速度 v_0，可使车辆行驶更保守，从而在恶劣的道路和天气条件下更加安全，具体可通过抓地性指标与纵向控制器融合的速度系数 c_{vf} 来实现：

$$v_0' = v_0 \cdot \left[(1 - c_{vf}) + \frac{g_n \cdot c_{vf}}{100} \right] \tag{2-54}$$

其中，v_0 和 v_0' 分别表示调整前后的期望速度。

如果抓地性指标值低于 100，则可适当延长安全车头时距 T，从而通过更早的制动来保证在跟车时的安全性，同时在遇到障碍物和交通灯时也更加安全：

$$T' = T \cdot \left(2 - \frac{g_n}{100} \right) \tag{2-55}$$

其中，T 和 T' 分别表示调整前后的安全车头时距。

此外，可通过直接降低加速度值 a_n 以实现对抓地性的自适应安全策略。

$$a_n' = \min \left(a_n, c_f + a_n \cdot g_n \cdot \frac{1 - \frac{c_f}{100}}{100} \right) \tag{2-56}$$

其中，参数 c_f 用于确定下界以及 g_n 的影响因子；a_n 和 a_n' 分别表示调整前后的加速度值。

三、基于纵深防御的信息安全系统

这一系统是指将"纵深防御"概念引入智能网联汽车的信息安全系统解决方案中,在外部世界威胁和车联网之间建立尽可能多层次的防护,通过部署多层次的、具有不同针对性的安全措施,保护关键的智能网联汽车通信与控制等应用的安全。

(一)纵深防御安全系统架构

智能网联汽车的信息安全系统一般采用纵深防御安全系统架构,在此架构下,即使浅层防御被突破,深层防御也能有效化解网络攻击。此外,纵深防御还能保证问题发生时得到有效控制,不会迅速蔓延至智能汽车的其他系统。车联网信息安全基础平台的发展,需要应用端-管-云信息安全防护技术、自主可控的车载密码技术和安全漏洞智能检测技术等关键技术,以构建智能网联汽车车载纵深防御安全架构和端-管-云纵深防御体系。

车载信息安全纵深防御架构可归结为 4 个通用层次,即安全的接口、安全的网关、安全的网络、安全的处理,分别用序号①~④表示在图 2-57 中。此外,还有各种安全汽车门禁和防盗系统作为补充[67]。安全的接口实现硬件加密,其功能主要包括安全的人机交互(Machine-to-Machine/Man,M2M)认证与安全的密钥存储,可保护智能汽车的远程信息控制单元(Telematics Control Unit,TCU)与车载自诊断系统(On Board Diagnostics,OBD)端口的访问权限。安全的网关实现车载网络系统的关注点分离,并保证安全进行无线更新,其功能主要包括隔离域、防火墙、入侵行为集中式检测等。安全的网络实现安全的车载网络通信,其功能主要包括报文信息认证、危险消息阻断、入侵行为分布式检测等。安全的处理部署在实现车辆互联的各控制单元与处理器之上,其功能主要包括 ECU 的安全启动、运行完整性保障等。安全的汽车门禁则包括基于智能手机的远程开关与远程车辆监控等。这种多层次的架构从整体思路出发,保障了汽车信息安全,使得黑客要想侵入需要克服重重困难。

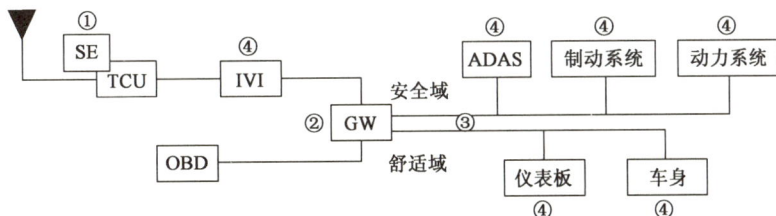

图 2-57　纵深防御信息安全系统的 4 层通用架构

日本电装株式会社(DENSO)在 2016 年发布了其单车车载信息安全纵深防御系统架构,其分为外部连接(External Connection)、网关(Gateway)、局域网(LAN)和 ECU 四个保护层,保护人与汽车免受各种网络攻击的侵扰,如图 2-58 所示。DENSO 的外部接口有抵御外界异常数据包等攻击的功能;网关有将攻击阻挡在系统之外的功能;身份认证对车辆和局域网安全发挥着重大的作用,如图 2-58 中的红线所示,某个针对 ADAS 系统的网络攻击在突破 V2X 的接口与网关后,因身份认证失败,在 LAN 层被瓦解,保证了局域网安全;ECU 保护措施还能通过电力线通信(Power Line Communication,PLC)技术在充电时保护 ECU 不受损坏[86]。DENSO 部署的纵深防御系统展示了通用 4 层架构的实施方案,在业内树立了标杆,此后,德国 Continental 于 2017 年、中国百度 Apollo 于 2018 年、韩国 AutoCrypt 于 2020 年也分别发布了其信息安全纵深防御解决方案。除了上述各通用层的部署外,表 2-22 还总结了它们的一些特点。

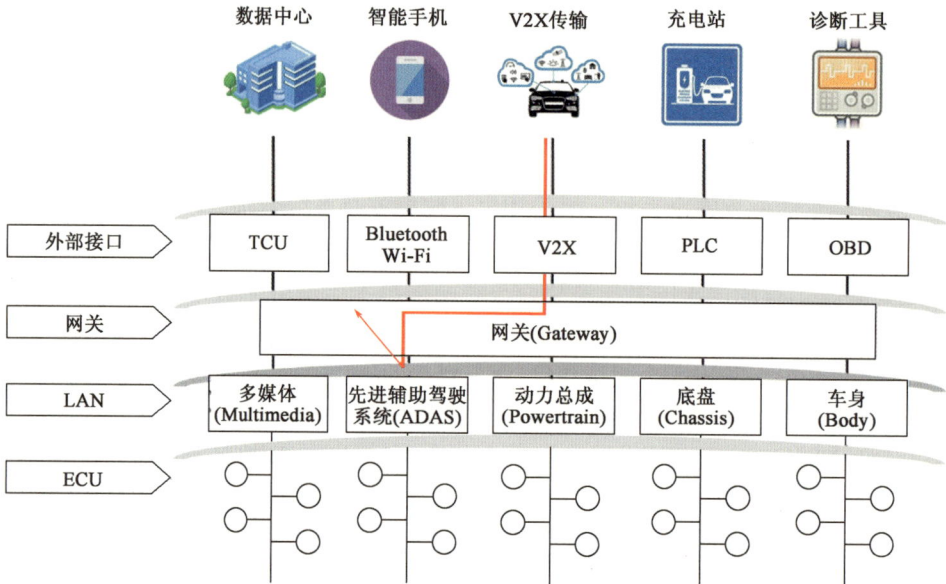

图 2-58　DENSO 的信息安全纵深防御系统架构

不同企业发布的信息安全纵深防御解决方案　　　　　　表 2-22

企　业	方　案　特　征
Continental	端到端、模块化,由安全运营中心提供车辆健康状况的监控和 OTA 等服务,还可以对车队进行实时的大数据分析与监控以及威胁响应[87]
Baidu Apollo	在对外通信、接入网关和车内应用 3 个重点层面实施车规级的信息安全,对云端平台进行防火墙等工具的部署,注重保障云端信息安全[88]
AutoCrypt	全面、安全、支持 5G,验证技术几乎可以在智能交通系统内完美实现 5G 通信,车队管理系统也能保证车队数据的安全收集与分析[89]

(二)纵深防御安全策略

纵深防御系统架构的第一层为安全的接口。如果接口不够安全,黑客能够取得 TCU 或 OBD 端口的访问权限,就可以进行伪造攻击,并通过发送假冒的 CAN 报文,从而获取制动与动力系统等关键安全要素的控制权。因此,为了设置第一道障碍,需要通过安全地加密数据、验证交换报文等措施来防御黑客对数据的非法读取与窜改。具体来说,可以安装一个安全单元来最大限度地增强 TCU 的安全性,该安全单元可在普通蜂窝连接或 Wi-Fi 连接上使用传输层安全性协议(Transport Layer Security,TLS),同时还配有高级加密加速器和有效的高级物理及电气攻击抗击机制,是具有极高安全性的密钥和证书保险箱。

纵深防御系统架构的第二层为安全的网关。如果网关不够安全,黑客一旦入侵网络,就能在任意时间、地点发送报文。如前文所述,中央网关将整个网络划分为不同的功能域,由网关防火墙决定哪些节点可以合法地与其他节点通信。对于跨域的,甚至是来自车外的控制和传输请求,需要网关进行身份识别、消息认证和权限控制,然后决定同意转发或拒绝访问。同时,在执行加解密、消息认证、随机数生成等涉及安全的任务时,需要用到一些敏感数据,也会产生一些敏感数据的缓存,如认证时产生的用于比对的带密钥的消息认证码(Message Authentication Code,MAC),它们需要被保存在一个非常安全的范围内,而非安全域的节点则不允许直接访问它们。为了实现这些安全机制,网关需要安全可靠的对称与非对称加解密算法,以及真、伪随机数发生器,如硬件模块规范(Security Hardware Extension,SHE)中基于 AES-128 的分组加解密算法及相应消息认证码(Cipher-based MAC,CMAC),以及基于非对称 RSA、ECC 的签名算法等。另外,实时风险监测机制也需要基于中央网关来部署,一旦 AI 从车内网络通信情况中发现任何异常,就要通知网关采取预警等响应措施。

纵深防御系统架构的第三层为安全的网络。如果网络不够安全,虽然分解为功能域后的可攻击面减小很多,但子网络仍容易受到攻击与入侵,汽车的漏洞可能被恶意利用,如恶意软件、特洛伊木马等。为了保障网络的安全,采取的策略包括:①增加一个报文认证机制,通过加密代码来扩展每条报文,保证发送者的真实性,确定报文被接收时没有经过窜改;②增加一个加密过程,通过加密车内不同 ECU 之间交换的报文来阻止攻击者对数据和身份的窃取;③增加一个网络型的入侵检测系统,通过模式识别和规则库检测网络流量中的异常情况,从而阻止伪造或被窜改的恶意数据包到达微控制器,还可以对报文发送速率加以限制来防范 DoS 攻击等。

纵深防御系统架构的第四层为安全的处理。如果处理不够安全,黑客可能利用系统缺陷进行代码注入等网络攻击,使软件功能不能正常运行,甚至被恶意取代。为了确保处理器上运行的软件真实可信且未经窜改,微控制器搭载了安全启动和实时完整性检查机制。同时,生产过程中还需要采用 MCU 和 ECU 受控锁死的机制,以禁止黑客进行调试。此外,在检测到系统的缺陷或安全漏洞时,需要快速、无缝、安全地通过 OTA 技术更新车载软件。

本章小结

智能汽车系统安全的开发理论、设计方法、保障技术和典型系统,能够保证系统开发的科学性、可靠性和全面性。其中,功能安全、预期功能安全和信息安全是系统安全的三大关键研究领域,它们既存在共性特征,又对应不同的危害机理、技术特性和设计保障思路:

(1)系统工程、安全系统工程和智能汽车安全系统工程等基础理论是系统安全设计的指导思想。在设计过程中,需要对三类系统安全问题(系统故障、功能不足、网络攻击)各自的危害机理分别进行研究;容错控制理论、基于系统理论的事故模型和过程、拟态防御理论等为系统安全保障提供了重要基础;此外,安全可接受性、论证和确认等安全验证相关理论是证明系统安全是否得到足够保障的理论依据。

(2)系统安全设计方法的共性架构呈"V"字形,整体流程分为三个阶段:首先,进行系统概念设定与分析,用以定义系统,并进行安全分析和风险评估,设定安全要求;然后,进行安全设计与开发,分别从系统级、硬件级和软件级进行,通过系统集成、安全测试、验证确认保证安全要求得到满足;最后,进行系统认证与发布。

(3)现有标准从功能安全、预期功能安全和信息安全三大领域对系统安全设计共性架构进行了细化和规范。此外,还需要考虑其各自特点以开发针对性的保障技术,包含以下几个方面:①功能安全,该领域的研究相对成熟,其中故障检测与诊断、容错控制两类关键保障技术能够较好地解决相关问题;②预期功能安全,该概念较新,目前在系统预期功能安全监测、感知和决策预期功能安全保障以及 HMI 预期功能安全设计等方面有初步研究,但尚未形成完善的安全保障技术体系;③车内外信息安全,其具有特定的保障技术体系,其中,安全拓扑结构设计、入侵检测与防御以及安全加密与通信是三类典型的关键技术。

(4)基于系统安全开发理论、设计共性方法,采用特定的系统安全保障技术,可进一步开发保障系统安全的智能系统,如基于功能冗余的安全保障系统、基于自监控的安全保障系统和基于纵深防御的信息安全系统等,并依托安全系统架构实施安全策略。

本章参考文献

[1] 钱学森. 论系统工程. 新世纪版[M]. 上海:上海交通大学出版社,2007.

[2] 郭宝柱,王国新,郑新华. 系统工程:基于国际标准过程的研究与实践[M]. 北京:机械工业出版社, 2020.

[3] 郭宝柱. 大型复杂工程项目的系统管理研究[D]. 北京:北京航空航天大学,2006.

[4] 郑新华,曲晓东. 钱学森系统工程思想发展历程[J]. 科技导报,2018,36(20):6-9.

[5] GOODE H H,MACHOL R E,TEICHMANN T. System engineering[J]. Physics Today,1957,10(9):34.

[6] HALL A D. Systems engineering from an engineering viewpoint[J]. IEEE Transactions on Systems Science and Cybernetics,1965,1(1):4-8.

[7] HASKINS C,FORSBERG K,KRUEGER M,et al. Systems engineering handbook[M],INCOSE,2006.

[8] MOOZ H ,FORSBERG K . 4.4.3 A Visual Explanation of Development Methods and Strategies including the Waterfall,Spiral,Vee,Vee + ,and Vee + + Models[J]. INCOSE International Symposium,2001.

[9] 国际系统工程学会. 系统工程手册:系统生命周期流程和活动指南[M]. 北京:机械工业出版社,2017.

[10] 张玉新. 自动驾驶安全系统工程方法及应用[R]. 长春:吉林大学,2019.

[11] 张玉新,何文钦,陈虹,等. 自动驾驶汽车安全技术专利分析综述[J]. 中国科学:信息科学,2020,50(11):1732-1755.

[12] National Highway Traffic Safety Administration. Automated driving systems 2.0:A vision for safety[J]. Washington,DC:US Department of Transportation,DOT HS,2017,812442.

[13] International Standardization Organization. Road vehicles — Functional safety:ISO 26262:2018[S]. Geneva,Switzerland:ISO:2018.

[14] JOHNSON M. Cyber Crime,Security and Digital Intelligence[M]. New York:Routledge,2016.

[15] Vehicle Cybersecurity Systems Engineering Committee. Cybersecurity Guidebook for Cyber-Physical Vehicle Systems:SAE J3061[J/OL]. SAE International,2016,128[2016-01-14]. DOI:https://doi.org/10.4271/J3061_201601.

[16] 中汽数据中心. 车联网网络安全白皮书(2020 年)[EB/OL]. [2020-10-12]. https://www.secrss.com/articles/26174.

［17］ The United Nations Economic Commission for Europe. Proposal for a new UN Regulation on uniform provisions concerning the approval of vehicles with regards to cyber security and cyber security management system［EB/OL］.［2020-04-02］. https：//undocs. org/ECE/TRANS/WP. 29/2020/79.

［18］ 中汽数据中心. 数据资源中心发布首个汽车行业信息安全风险 TOP10［EB/OL］.［2019-05-24］. https：//www. auto-testing. net/news/show-101871. html.

［19］ 周东华,等. 现代故障诊断与容错控制［M］.北京：清华大学出版社,2000.

［20］ ARSLAN A A,KHALID M H. A review of Fault Tolerant Control Systems：Advancements and applications ［J］. Measurement,2019,143.

［21］ LEVESON N. A new accident model for engineering safer systems［J］. Safety science, 2004,42（4）：237-270.

［22］ 邬江兴. 网络空间拟态安全防御［J］. 保密科学技术, 2014(10)：7.

［23］ 燕飞,唐涛. 轨道交通信号系统安全技术的发展和研究现状［J］. 中国安全科学学报,2005,15（6）：94-99.

［24］ International Standardization Organization. Road Vehicles—Safety of the Intended Functionality：ISO/FDIS 21448：2021［S］. Geneva：ISO,2021.

［25］ 康锐,石荣德. FMECA 技术及其应用［M］.北京：国防工业出版社,2006.

［26］ 邵维贵. FMECA 和 FTA 在某型飞机起落架系统故障分析中的应用研究［D］.成都：西华大学,2019.

［27］ IEC 61025 Technical Committee. Fault tree analysis［S］. Geneva,Switzerland：International Electrotechnical Commission：2006.

［28］ International Standardization Organization. Road vehicles—Functional safety：ISO 26262：2011［S］. Geneva：ISO,2011.

［29］ International Standardization Organization. Road Vehicles—Safety of the Intended Functionality：ISO/PAS 21448：2019［S］. Geneva：ISO,2019.

［30］ International Standardization Organization. Road Vehicles—Safety of the Intended Functionality：ISO/CD 21448：2019［S］. Geneva：ISO,2019.

［31］ International Standardization Organization. Road Vehicles—Cybersecurity Engineering：ISO/SAE 21434［S］. Geneva：ISO,2020.

［32］ 周东华,等. 现代故障诊断与容错控制［M］.北京：清华大学出版社,2000.

［33］ ANAM A,MUHAMMAD T K,JAVAID I. A review on fault detection and diagnosis techniques：basics and beyond［J］. Artificial Intelligence Review,2020(prepublish).

［34］ 钱华明. 故障诊断与容错技术及其在组合导航系统中的应用研究［D］.哈尔滨：哈尔滨工程大学,2004.

［35］ 邓学才. 整车磁流变半主动悬架系统主动容错控制方法研究与原型研制［D］.合肥：合肥工业大学,2020.

［36］ 方洁. 基于小波分析的永磁同步电机匝间短路初期故障检测方法研究［D］.合肥：安徽大学,2020.

［37］ 王仲生. 智能故障诊断与容错控制［M］.西安：西北工业大学出版社,2005.

［38］ 熊秋芬. 燃料电池发动机信号检测及故障诊断系统研究与实现［D］.武汉：武汉理工大学,2018.

［39］ ARSLAN A A,KHALID M H. A review of Fault Tolerant Control Systems：Advancements and applications ［J］. Measurement,2019,143.

［40］ CHAO H,FAZEL N,HAIPING D,et al. Fault tolerant steer-by-wire systems：An overview［J］. Annual Reviews in Control,2019,47.

［41］ ABBASPOUR A,MOKHTARI S,SARGOLZAEI A,et al. A Survey on Active Fault-Tolerant Control Systems ［J］. Electronics,2020,9(9).

[42] RAHUL G, PRASHANT M. A safe-parking framework for plant-wide fault-tolerant control[J]. Chemical Engineering Science,2009,64(13).

[43] 李春善. 四轮独立线控电动汽车驱动系统主动容错控制策略研究[D]. 长春:吉林大学,2018.

[44] SRINIVASAN RAMANAGOPAL M, ANDERSON C, VASUDEVAN R, et al. Failing to Learn：Autonomously Identifying Perception Failures for Self-Driving Cars[J]. IEEE Robotics and Automation Letters, 2018,3(4)：3860-3867.

[45] KENDALL A, GAL Y. What uncertainties do we need in bayesian deep learning for computer vision? [J]. arXiv preprint arXiv:1703.04977,2017.

[46] CHALAPATHY R, CHAWLA S. Deep learning for anomaly detection：A survey[J]. arXiv preprint arXiv:1901.03407,2019.

[47] LOHDEFINK J,FEHRLING J,KLINGNER M,et al. Self-Supervised Domain Mismatch Estimation for Autonomous Perception[C]// Proceedings of the IEEE/CVF Conference on Computer Vision and Pattern Recognition Workshops. 2020：334-335.

[48] HAYWARD J C. Near-miss determination through use of a scale of danger[J]. Highway Research Record,1972.

[49] WANG H,HUANG Y,KHAJEPOUR A,et al. Crash Mitigation in Motion Planning for Autonomous Vehicles [J]. IEEE Transactions on Intelligent Transportation Systems,2019,20(9)：3313-3323.

[50] GAL Y, GHAHRAMANI Z . Dropout as a Bayesian Approximation：Representing Model Uncertainty in Deep Learning[J]. JMLR. org, 2015.

[51] GROUP B. BMW Safety Assessment Report[R/OL]. [2020-11-06]. https：// www. bmwusa. com/content/ dam/bmwusa/innovation-campaign/autonomous/BMW-Safety-Assessment-Report. pdf.

[52] WOOD M,ROBBEL P,MAASS M,et al. Safety first for automated driving[R/OL]. [2019-10-25]. https：// www. daimler. com/documents/innovation/other/safety first for automated driving. pdf.

[53] ABBOOD H,AL-NUAIMY W,AL-ATABY A,et al. Prediction of driver fatigue：Approaches and open challenges [C] // Computational Intelligence. IEEE,2014.

[54] MCCARTNEY E J. Optics of the Atmosphere：Scattering by Molecules and Particles[J]. Phys. Today,1977.

[55] HE K,SUN J,TANG X. Single image haze removal using dark channel prior[J]. IEEE transactions on pattern analysis and machine intelligence,2010,33(12)：2341-2353.

[56] LI B,PENG X,WANG Z,et al. AOD-Net：All-in-One Dehazing Network[C]// 2017 IEEE International Conference on Computer Vision (ICCV). IEEE,2017.

[57] ZHANG H,PATEL V M. Densely Connected Pyramid Dehazing Network[C]// 2018 IEEE/CVF Conference on Computer Vision and Pattern Recognition (CVPR). IEEE,2018.

[58] FROSSARD D,URTASUN R. End-to-end Learning of Multi-sensor 3D Tracking by Detection[J]. 2018：s635-642.

[59] 曹重. 无人驾驶汽车规则与自学习混合决策方法研究[D]. 北京：清华大学,2020.

[60] MOZAFFARI S,AL-JARRAH O Y,DIANATI M,et al. Deep Learning-Based Vehicle Behavior Prediction for Autonomous Driving Applications：A Review[J]. IEEE Transactions on Intelligent Transportation Systems, 2020, PP(99)：1-15.

[61] LAKSHMINARAYANAN B, PRITZEL A, BLUNDELL C. Simple and scalable predictive uncertainty estimation using deep ensembles[J]. Advances in neural information processing systems, 2017, 30.

[62] OVADIA Y, FERTIG E, REN J, et al. Can you trust your model's uncertainty? evaluating predictive uncertainty under dataset shift[J]. Advances in neural information processing systems, 2019, 32.

[63] DEO N, TRIVEDI M M. Convolutional social pooling for vehicle trajectory prediction[C]// Proceedings of the

IEEE Conference on Computer Vision and Pattern Recognition Workshops. 2018：1468-1476.

［64］ MÖLLER D P F，HAAS R E. Guide to Automotive Connectivity and Cybersecurity［M］. New York：Springer，2019.

［65］ 青骥安全公益组. 汽车信息安全知识能力全景图第一版［EB/OL］. ［2020-11-06］. http：// www. hackdig. com/11/hack-188561. htm.

［66］ 工业和信息化部人才交流中心. 智能互联汽车的网络安全技术及应用［M］. 北京：电子工业出版社，2018.

［67］ 全国汽车标准化技术委员会. 汽车网关信息安全技术要求（2020 标准征求意见稿）［EB/OL］. ［2020-04-26］. https：//www. doc88. com/p-19416996817839. html.

［68］ 郑悦，赵旭光，钟志杰. 车辆网络拓扑结构：中国，CN109167712A［P］. 2019-01-08.

［69］ 刘宴兵. 车联网安全关键技术解析［M］. 北京：科学出版社，2019.

［70］ KONRARDY B，CHRISTENSEN S T，HAYWARD G，et al. Autonomous vehicle component malfunction impact assessment：U. S. Patent 10,168,703［P］. 2019-01-01.

［71］ LANDRUM R，PACE S，HU F. Cyber-Physical System Security—Smart Grid Example［J］. Cyber-Physical Systems：Integrated Computing and Engineering Design，2013：1121.

［72］ SCARFONE K，MELL P. Guide to intrusion detection and prevention systems（idps）［J］. NIST special publication，2007，800（2007）：94.

［73］ KUMAR S，SPAFFORD E H. An application of pattern matching in intrusion detection：The COAST Project，Department of Computer Sciences，Purdue University，West Lafayette［R］. USA，Technical Report CSD-TR-94-013，1994.

［74］ SMAHA S E. Haystack：An intrusion detection system. Proceedings of the 4th Aerospace Computer Security Applications Conference［C］. USA：Orlando，1988，44.

［75］ KARIM M E，PHOHA V V. Cyber-physical systems security［M］// Applied Cyber-Physical Systems. New York：Springer，2014：75-83.

［76］ 刘兴伟，汪丽，黄渊，等. 一种车载自组织网络的分布式入侵检测方法：中国，CN103237308A［P］. 2013-08-07.

［77］ STINSON D R，PATERSON M. Cryptography：theory and practice［M］. Los Angeles：CRC press，2018.

［78］ 王良民，李婷婷，陈龙. 基于车辆身份的车联网结构与安全［J］. 网络与信息安全学报，2016，2（2）：41.

［79］ 国汽智联. 基于我国商密算法的车联网 5G-V2X 通信安全可信体系［EB/OL］. ［2020-03-17］. https：// www. auto-testing. net/news/show-106138. html.

［80］ 广东省商用密码协会. 基于国密算法的车路协同安全解决方案［EB/OL］. ［2020-08-24］. https：//www. gdcca. net. cn/log/67.

［81］ BOSCH. Automated Driving Redundancy For Sure！［EB/OL］. ［2021-7-19］. https：// www. bosch. com/ stories/redundant-systems-automated-driving.

［82］ SCHLATOW J，MOOSTL M，ERNST R，et al. Self-awareness in autonomous automotive systems［C］// Design，Automation & Test in Europe Conference & Exhibition（DATE），2017. IEEE，2017：1050-1055.

［83］ RESCHKA A，BÖHMER J R，NOTHDURFT T，et al. A surveillance and safety system based on performance criteria and functional degradation for an autonomous vehicle［C］//2012 15th International IEEE Conference on Intelligent Transportation Systems. IEEE，2012：237-242.

［84］ RESCHKA A，BAGSCHIK G，ULBRICH S，et al. Ability and skill graphs for system modeling，online monitoring，and decision support for vehicle guidance systems［C］//2015 Ieee intelligent vehicles symposium（Iv）. IEEE，2015：933-939.

［85］ RESCHKA A,BÖHMER J R,SAUST F,et al. Safe,dynamic and comfortable longitudinal control for an autonomous vehicle［C］//2012 IEEE Intelligent Vehicles Symposium. IEEE,2012：346-351.

［86］ DENSO Official Channel. Vehicle Cyber Security［EB/OL］.［2016-10-10］. https：//www. youtube. com/watchv＝3Kb_QQzeTR8.

［87］ Continental Automotive Global. Cyber security @ automotive connectivity by Continental［EB/OL］.［2017-10-23］. https：//www. youtube. com/watchv＝WEq6SC0Rcb0.

［88］ 百度. 阿波罗系统安全报告,Apollo Pilot Safety Report［EB/OL］.［2018-07-11］. https：//apollo-homepage. bj. bcebos. com/Apollo-Pilot-Safety-Report-2018. pdf.

［89］ AUTOCRYPT. Introducing AUTOCRYPT—Automotive Cybersecurity Solutions［EB/OL］.［2020- 08-13］. https：//www. autocrypt. io/automotive-cybersecurity.

第三章

运行安全

第 三 章 内 容 构 架

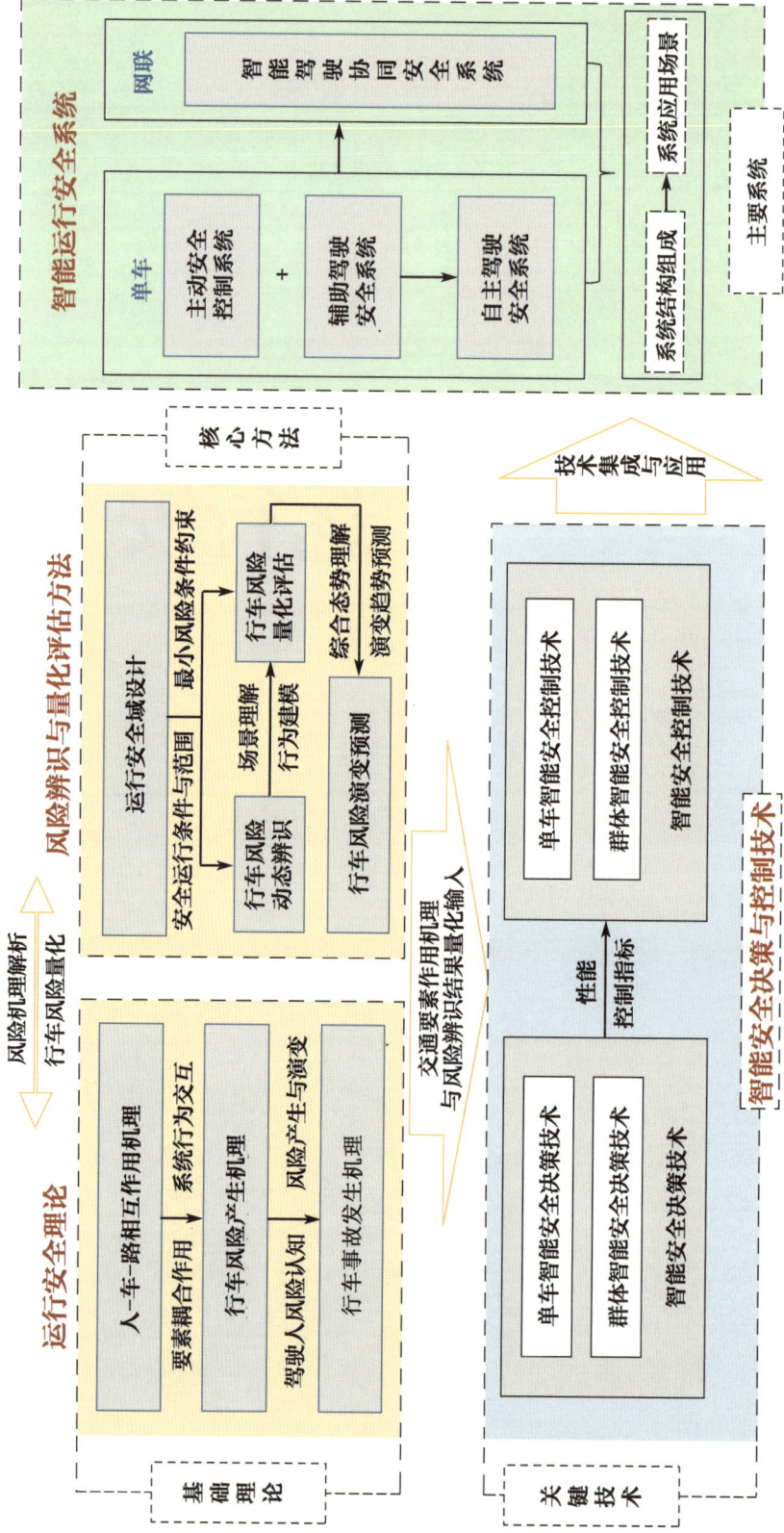

智能运行安全系统

网联

智能驾驶协同安全系统

单车

主动安全控制系统 + 辅助驾驶安全系统 → 自主驾驶安全系统

系统结构组成 → 系统应用场景

主要系统

风险辨识与量化评估方法

核心方法

运行安全域设计

安全运行条件与范围 — 最小风险条件约束

场景理解 行为建模 — 行车风险量化评估

行车风险动态辨识

行车风险演变预测 — 综合态势理解 演变趋势预测

风险机理解析 ⇕ 行车风险量化

运行安全理论

基础理论

人-车-路相互作用机理

要素耦合作用 → 系统行为交互

行车风险产生机理

驾驶人风险认知 → 风险产生与演变

行车事故发生机理

交通要素作用机理 与风险辨识结果量化输入

智能安全决策与控制技术

关键技术

智能安全决策技术

单车智能安全决策技术

群体智能安全决策技术

性能 控制指标

智能安全控制技术

单车智能安全控制技术

群体智能安全控制技术

技术集成与应用

汽车运行安全(Vehicle Driving Safety,VDS)是指通过综合行车风险的量化评估和预测,实现车辆智能安全决策与控制,从而保证车内外交通参与者避免承受不可接受的风险。

汽车运行安全涉及要素耦合及事故致因基础理论、风险辨识与量化评估核心方法、智能安全决策与控制关键技术、智能运行安全系统四个方面。它是以碰撞前事故预警和运行过程安全预防为目的,综合应用风险辨识、系统动力学、最优控制等相关理论和方法,以人-车-路微观交通系统为对象,通过研究交通参与者交互行为特性实现行车风险的量化评估和预测,并采取智能决策与控制技术提升汽车行驶安全性,确保汽车面对复杂动态的交通环境能够及时作出安全响应,全面提升行车安全水平。

第三章内容架构如上页框图所示,其中运行安全理论主要从交通系统组成对象出发,探究人-车-路相互作用机理、行车风险产生机理及行车事故发生机理,为运行安全提供基础理论支撑;风险辨识与量化评估是保障汽车运行安全的核心方法,通过运行安全域设计明确智能汽车安全运行条件与范围,在满足最小风险条件约束的情况下,开展行车风险动态认知和量化评估,继而进行时空域风险演变预测。智能安全决策与控制是实现汽车运行安全的关键技术,从单车自主决策到多车协同决策,从单车轨迹跟踪控制到多车协同控制,使车辆可以安全、高效地完成驾驶任务;智能运行安全系统是运行安全理论、方法与技术集成应用的载体,从单车到网联多车智能运行安全系统,结合工程技术应用剖析主动安全控制系统、辅助驾驶安全系统、自主驾驶安全系统和智能驾驶协同安全系统等关键系统的结构组成、工作原理和应用场景。

第一节　运行安全理论

一、人-车-路相互作用机理

在交通场景中,驾驶人、车辆和周围环境三者的交互共同塑造了交通态势,以上三类要素分别简称为"人""车""路"。总结相关研究,可将现有人-车-路交互研究的方法分为心理动机方法、双层交互方法、控制论方法和虚拟力学方法四大类,本节将首先对四类方法的基本建模思路和优缺点进行概述说明。进一步,从要素特性、要素交互和耦合机理三个层次对人-车-路作用机理进行阐述。随后,从三类要素的特性分析出发,对两两要素之间的交互作用进行深入探究,旨在揭示人车、人路和车路之间交互的约束和响应机制。最后总结人-车-路作用机制及人-车-路系统运行规律,并系统阐述人-车-路耦合机理(图3-1)。

(一)人-车-路交互分析方法概述

针对现有人-车-路系统要素交互作用和耦合关系分析的方法,将现有研究方法分为四大类,即控制论方法、双层交互方法、心理动机方法和虚拟力学方法,且分别对各种方法的内涵、外延和研究思路进行总结,并对各类方法的优缺点和未来发展趋势进行分析。

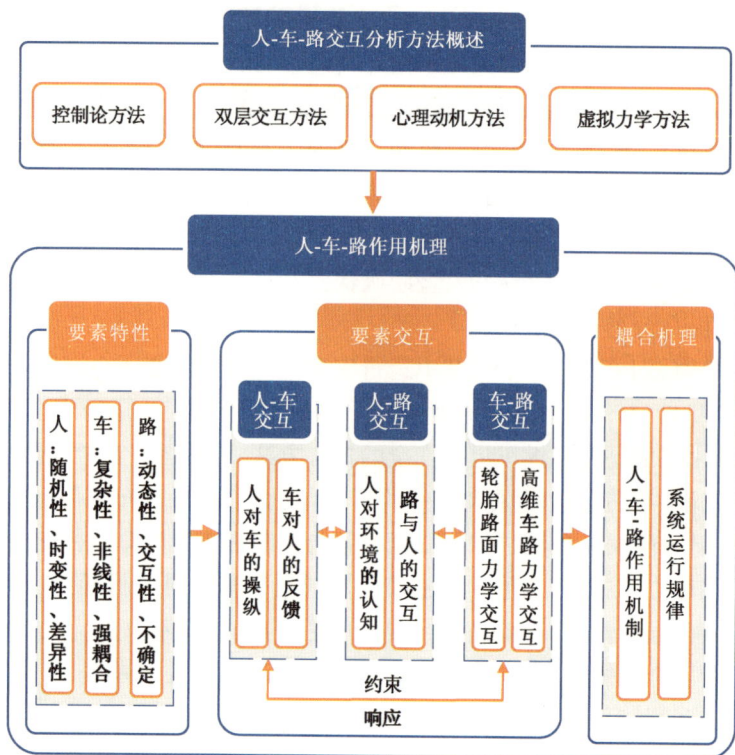

图 3-1　人-车-路相互作用机理内容逻辑框图

1. 控制论方法

控制论方法通过借鉴自动控制理论中的传递函数方法,建立人-车-路系统的闭环反馈函数,实现驾驶人和车辆动力学的建模,并应用于人-车-路系统各要素的耦合交互分析。

在驾驶人驾驶车辆的过程中,所涉及的人-车-路三要素里,驾驶人承担了控制车辆的所有责任,并通过操控车辆来影响环境,车辆状态的变化则直接改变环境形态。这种交互关系可用如图 3-2 所示的三要素闭环结构表述。在控制论视角下,人-车-路系统的核心为驾驶人,驾驶人通过对环境信息的感知实现与环境的交互,综合考虑环境信息和自车状态,形成对环境和车辆的认知,进而通过转向盘和踏板操控车辆,实现对车辆的实时控制。人-车-路系统的控制主体为车辆,环境对其的作用主要通过轮胎力和空气阻力等媒介实现,驾驶人对其的影响主要是对车的操控操作。对于智能汽车,其运动将受到智能驾驶系统的控制。人-车-路系统中的环境不仅可以通过路面与车轮、空气与车身的力学作用直接实现与车辆的交互,还可对人的认知产生影响,间接地与车辆交互,如通过天气条件、交通情况和交通法规(红绿灯、道路标识等)等环境因素影响人的认知,驾驶人则根据环境变化和驾驶需求操控车辆改变其状态,因自车与其他交通参与者的耦合关系会影响他们的行为并改变交通环

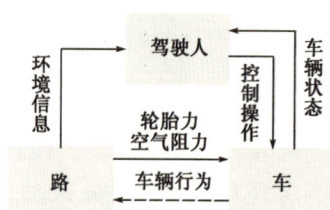

图 3-2　控制论视角下的人-车-路系统内部交互关系

境状态,即交通态势,由此人-车-路就形成了相互耦合和作用的一体化系统。

采用控制论方法建立人-车-路闭环系统的核心是如何对驾驶人、人-车的交互特性进行数学描述。基于最优控制、模糊控制和模型预测控制等方法建立的驾驶人转向操控行为模型,可实现对驾驶人操纵行为的客观描述[1]。预瞄-跟随理论是采用控制论方法研究人-车-路闭环系统的经典方法之一,图3-3是基于预瞄-跟随理论的人-车-路闭环反馈控制系统的框图[2]。整体框图可分为预瞄器$P(s)$和跟随器$F(s)$两部分,熟练驾驶人的操控行为满足$P(s)F(s) = 1$。其中,y_0为预期轨迹,y为实际输出轨迹。通过预瞄和跟随两个环节实现对环境感知、轨迹决策和控制执行三个步骤的客观建模,理想的预瞄跟踪环节能够实现对预期轨迹和实际轨迹的实时准确跟踪,且具备较好的抗干扰能力和纠错能力,在误差允许的范围内基本实现$y_0 = y$的控制目标。在图3-3中,传递函数$H(s)$用于描述驾驶人的控制策略,反馈环节$B(s)$用于描述驾驶人的预测行为,$G(s)$用于描述车辆动力学模型,环境的扰动可通过车辆动力学模型$G(s)$对闭环控

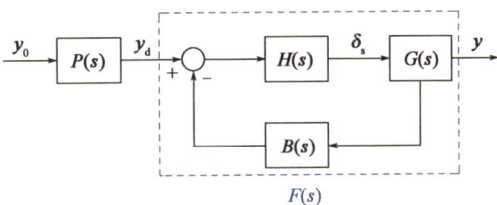

图3-3 基于预瞄-跟随理论的人-车-路闭环反馈控制框图[2]

制系统产生影响,也可间接反映在驾驶人控制策略$H(s)$中,通过改变驾驶人的环境认知结果影响驾驶人的操纵行为。

驾驶人驾驶车辆过程中,采用预瞄器实现对汽车行驶轨迹的决策,同时,采用跟随器实现对车辆和环境认知结果的综合,并控制车辆进行反馈校正,以跟随目标行驶轨迹。因此,预瞄-跟随理论通过经典控制论方法将驾驶过程中驾驶人的环境感知、轨迹决策和控制校正等环节用量化的方法表述,并形成控制框图,实现对驾驶行为的数学抽象,为后续的智能汽车决策控制技术和拟人化的自动驾驶提供理论支撑。

总之,采用控制论方法建立人-车-路系统交互模型的难点在于各传递函数的建模和模型参数的准确标定。对于采用控制论方法的驾驶人建模领域来说,其挑战问题和研究热点是为了提高轨迹决策的合理性,将天气、道路和驾驶人个性等因素准确全面地融入原有控制系统,在保证建模效率的同时提高传递函数的建模精度,以提高轨迹决策的合理性。

2. 双层交互方法

双层交互方法将人-车-路系统分为智能层和物理层两个层次,并定义双层之间各要素的连接关系,该方法可用于智能汽车的人-车-路系统要素交互关系分析。

随着自动驾驶技术的发展,交通环境中将存在不同智能化等级的车辆。人、车、路三者之间的交互不仅包括原始信息的传递,同时也包含一些经过智能处理输出的判断和决策。控制论体系下的三要素闭环分析框架已经不能够清晰明了地解释人-车-路系统内部的交互关系。在此背景下,文献[3]提出了双层交互分析方法,将人-车-路系统分为智能层和物理层。其中,智能层定义为一个区别于物理执行载体的独立层次(图3-4),智能层不仅赋予驾驶人处理信息、作出决策的智能,同时认为车辆和环境也可拥有一定的智能,能够对信息进行初步处理,因此智能层包括人、车、路三个单元。与智能层相对应的物理层也包括同样的三个单元,主

要用来描述这三类要素的物理特性,如驾驶人的操作时延、车辆动力学、轮胎动力学等。同时,由于环境实际上由所有的交通参与者共同构成,不只包括自车,还应包括周边车辆、交通信号灯等,人-车-路系统各要素之间的交互关系用连接线表示,则各要素之间的整体关系形成要素之间的"总线",因此采用"总线"的形式来表征环境更为合适。这条总线能够收集所有交通参与者的信息,并且根据各个车载智能单元的需求发布信息。这种形式有助于清晰地分析车群的交互关系。在智能层,驾驶人理解交通环境、作出决策,车辆和环境也可分别通过车载智能单元和路侧智能单元判断交通态势、提供必要信息;在物理层,车辆单元接收来自各方的控制指令,更新自车状态,产生描述系统的原始数据(表3-1)。智能层背后的机理是感知特性和决策机理,而物理层背后的机理是驾驶人物理特性(或者称为生理特质)和车辆动力学。

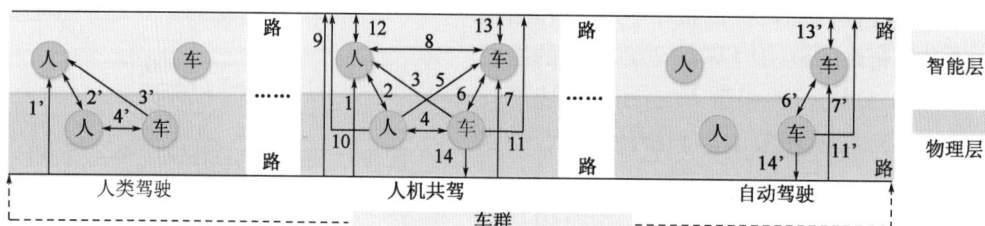

图3-4 基于双层交互方法的人-车-路交互耦合分析[3]

基于双层交互方法的人-车-路系统交互内容[3]　　　　　　　　表3-1

线　　条	内　　容
线1',1,2'(↑),2(↑),3',3	驾驶人分别接受环境、自身和车辆状态信息,以作出决策
线2'(↓),2(↓)	驾驶人发布车辆控制指令
线4'(←),4(←)	车辆的响应影响驾驶人感觉
线4'(→),4(→)	驾驶人操控转向盘、踏板等
线5,6,6'(↑),7(↑),7'(↑)	车辆通过车载传感器或者网联手段分别获取驾驶人、自身和环境状态信息,以作出决策
线6(↓),6'(↓)	车辆执行命令或经过一些如路径跟踪控制器等[3]的基本功能单元得出响应
线8(←)	车辆为驾驶人提供提示或警示信息,如驾驶人疲劳警示系统(Driver Fatigue Warning, DFW)[4]、车道偏离提醒系统(Lane Departure Warning, LDW)[5]等
线8(→)	驾驶人参与驾驶,与车辆协同共驾
线9,10,11,11'	环境基于传感器或网联手段分别获取环境、驾驶人和车辆状态信息,以作出决策
线12(↓),13(↓),13'(↓)	环境分别为驾驶人和车辆提供提示或规划辅助,如车速和交通灯相位规划等[6-7]
线12(↑),13(↑),13'(↑)	驾驶人、车辆向环境中路侧或云端智能单元提供辅助信息
线14,14'	车辆状态的变化更新环境状态

如图 3-4 所示的框架可同时用于分析有人驾驶、人机共驾或者无人驾驶的场景,三种驾驶场景间直观的区别体现在各元素之间的连接关系。其中,智能层的环境单元仅与智能层的驾驶人和车辆单元进行交互,而不与物理层的驾驶人和车辆单元进行交互。若智能层的环境单元直接为车辆提供即时的控制指令,将对车辆和基础设施之间远程通信的实时性和可靠性提出较高要求。现阶段该架构并未列出智能层的环境单元与物理层车辆单元直接交互的情形。在未来网联环境下,若通信技术取得突破,能够保证信息的实时性和可靠性,那么以上交互关系是可行的。为保证安全驾驶,智能层的环境单元通常不为车辆提供即时的控制指令。整体上,与原来简单的三要素分析框架相比,新架构能够更直观、清晰地解释自动驾驶环境下人-车-路系统内部的交互。同时表明自动驾驶并不是简单减轻了驾驶人的认知任务,而是在减轻某方面驾驶负担的同时也引入了其他的认知任务。

双层交互方法是一种新兴的人-车-路系统交互分析方法,在智能层和物理层的双层架构下,可实现人工驾驶、人机混驾和完全自动驾驶三种不同类型驾驶条件下的人-车-路系统交互分析,但其中各要素的信息交互过程的量化表述还有待进一步完善,特别是网联环境下的自动驾驶车辆和人工驾驶车辆之间的信息交互机制等关键科学问题亟须深入探索。

3. 心理动机方法

心理动机方法借鉴心理学中的概率分析方法,对影响驾驶行为的主客观因素进行量化,并建立驾驶操控表征参数与人-车-路系统各要素之间的数学表达,对系统各要素和驾驶操控行为进行客观描述。

瑞典沃尔沃汽车公司所开展的"自适应人车集成交互界面"(Adaptive Integrated Driver-vehicle Interface, AIDE)[8]项目中,设计了人-车-路(Driver-Vehicle-Environment, DVE)系统模型,旨在支持开发更安全可靠的面向具有辅助驾驶功能或其他丰富信息功能的车辆人机交互界面。依托于 AIDE 研究所获得的人-车-路系统数据,文献[9]提出了心理动机方法,用于分析人-车-路三要素的交互耦合机理。该模型包括五个常用于驾驶人心理动机建模的心理学概念,即经验(Experience)、态度(Attitude)、任务需求(Task Demand)、驾驶人状态(Driver State)和情景意识(Situation Awareness)。以上五个心理学概念的组合能够用来描述任一时刻的驾驶人状态(图 3-5),并采用模糊规则建立各概念之间耦合关系的量化表达模型,如式(3-1)所示,在模型中对人-车-路系统涉及的各影响因素,可通过表 3-2 所述的各分项因素分别进行量化描述。

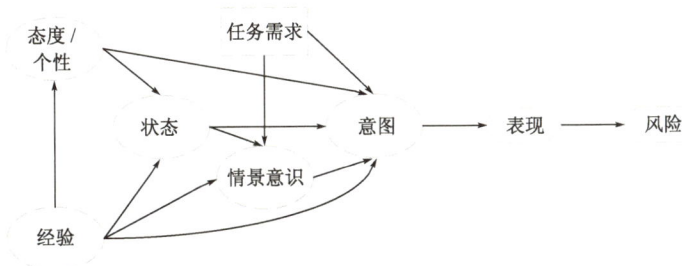

图3-5　基于心理动机模型的人-车-路系统交互[9]

$$\text{Speed}_{\text{intended}} = \left[1 + 0.2 \cdot (\text{Attitude} - \text{Experience} + 1 + \text{Task}_{\text{demand}}) + 0.2 \cdot \varphi(\text{Road}_{\text{condition}}) \right] \cdot \text{Speed}_{\text{max\_allowed}}$$

(3-1)

式(3-1)中，Experience 表示驾驶经验，取值选择为 0、1、2，分别对应新手、有中度经验、有丰富经验的驾驶人。Attitude 表示驾驶风险倾向类型，取值 0、1、2，分别对应低、中、高风险倾向者。$\text{Task}_{\text{demand}}$ 表示任务负荷，取值 -1、0、1，分别对应高、中、低任务负荷的情况。$\varphi(\text{Road}_{\text{condition}})$ 表示道路条件，取值 -1、0、1，分别对应差、中、好的道路条件。对于其他要素，比如交通环境特性(包括道路特性、天气情况和交通状态等)以及驾驶人的视觉扫描策略，将共同影响对环境信息的表达。系统中车辆模型是基于车辆动力学方程的模型，比如横向车辆模型可采用自行车模型。驾驶人心理概念参数的量化基础见表 3-2。

驾驶人心理概念参数的量化基础[9]   表 3-2

驾驶人参数	定　义	可测量参数
经验	驾驶人在驾驶过程中积累的知识和技能	(1)每年行驶的里程数； (2)拥有驾驶证的年数
态度	驾驶人对于一些驾驶行为的态度和理念	(1)车速水平； (2)车道保持频率； (3)超车频率； (4)与前车的车头时距水平
任务需求	为了达到一定的任务目标所需要付出的努力	(1)交通环境复杂度； (2)天气； (3)车灯； (4)车速限制； (5)驾驶方向
驾驶人状态	驾驶人的物理和精神状态，如疲劳、困倦等	(1)车道保持、车距保持的控制表现； (2)持续驾驶时间； (3)天气、道路情况； (4)交通环境复杂度； (5)车速
情景意识	驾驶人在一定时空范围内对各要素的状态感知以及预测	(1)分心； (2)驾驶人状态； (3)任务需求

基于心理动机模型的人-车-路系统交互方法，其侧重点在于借用心理学方法建立驾驶人驾驶行为背后所隐藏的认知行为规律，并将驾驶人对车辆和环境的认知过程用数学语言进行量化描述。该方法的优点在于可对不同驾驶人驾驶行为背后的社会学动机进行深入阐述，难点在于如何获取真实驾驶环境下的主客观心理学数据，以克服现有模拟器数据的局限性，提高分析结果的可靠性，从而为更加科学、准确地描述驾驶行为认知过程提供理论依据。

4. 虚拟力学方法

虚拟力学方法通过借鉴物理学中的虚位移和虚功等效思想，建立人车路各要素之间的等效力或虚拟力，从而对驾驶行为及驾驶操控机制进行阐述，并为拟人化的智能汽车决策提供参考。

文献[10]提出社会力的概念,并成功应用于行人交通流系统的研究。社会力所阐述的人与人之间交互作用的研究思路,有力推动和启发了其他同类虚拟力学方法在交通建模领域的发展。在人-车-路系统中,各交通要素之间的交互作用可视为广义的力学作用,在等效建模的思路下,文献[11]采用等效驱动力描述驾驶人操纵行为对人-车-路闭环系统的作用力,采用惯性力描述车辆惯性运动对人车路系统产生的作用力,采用等效阻力描述路面、交通规则和他车运动对自车产生的作用力,并通过最小作用量原理证明了以上三个力之和满足人-车-路虚拟力学系统的力平衡。人-车-路虚拟力学系统的力平衡实现了驾驶人主观驱动力与等效阻力之间的平衡,当主观驱动力大于等效阻力时,行驶效率高,而当等效阻力大于主观驱动力时,行车风险较小,因此,力平衡从理论上而言是驾驶人追求行驶效率和行车安全的最优化结果,但实际中,驾驶人总是趋向于承担一定的风险并使之保持在一定的阈值内,以追求更高的行驶效率,故实际驾驶中,驾驶人的主观驱动力通常大于等效阻力。文献[12]借鉴"场"的思想,通过"行车安全场"的理论方法实现对人-车-路系统各要素风险的量化评估,通过分析各要素产生的潜在风险,构建各要素产生风险的量化表征函数,实现了采用场强对行车风险的量化评估。在此基础上,定义了人-车-路系统的各等效场力(图3-6),基于场力对人-车-路三要素之间的交互作用进行刻画,采用场力进行交互作用建模的实践为虚拟力学系统的等效力建模提供了一种新思路。

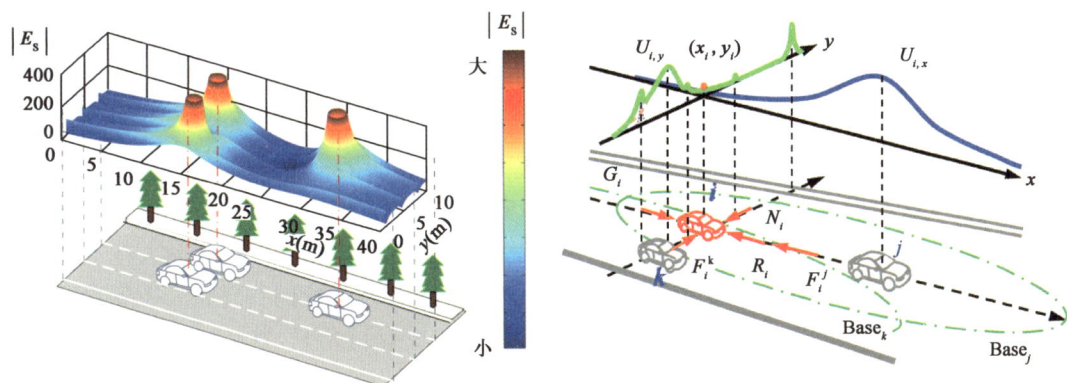

图 3-6 基于行车安全场的各交通要素交互示意图

基于虚拟力学方法所建立的人-车-路系统模型,在原有机械力学的基础上,将驾驶人对环境和车辆的认知和操纵机制简化为广义的力学作用,增加了社会力、等效力和场力等广义的虚拟力。此类建模方法优点在于物理意义清晰,可解释性强,而挑战在于综合考虑道路条件、交通流情况、天气状况、车辆动力学特性和驾驶人特性情况下的各广义虚拟力的建模及其参数辨识。

(二)人、车、路作用机理

本节从要素特性出发,首先分析人-车-路系统各组分的特殊属性和本质特征,进而分析各要素间的交互关系,随后从人-车交互、人-路交互和车-路交互三个角度对交互关系进行系统总结,并在此基础上,阐明人-车-路系统的运行规律和作用机制,揭示人-车-路系统的耦合机理。

1. 要素特性

1）驾驶人特性

驾驶人特性主要指驾驶人驾驶过程中所反映出的生理和心理特性，可分为视听觉特性、认知特性和操纵特性三个方面，分别对应于驾驶过程中驾驶人通过眼睛和耳朵（视听觉系统）获得环境信息、通过大脑（认知系统）对环境信息进行处理并形成驾驶策略、最终通过手和脚（操纵系统）实现驾驶策略的实时动态调整这三个过程中所体现出的科学规律。驾驶人特性是从驾驶人驾驶行为中总结出的共性规律，同时也存在一定的个性规律，驾驶人的个性规律无法单独存在，仍需要通过共性规律起作用。驾驶人个性主要体现在驾驶人视听觉信息获取的随机性、认知特性的差异性以及在前两个特性基础上所采取的驾驶策略的时变性，这三个方面的特性的描述和刻画是目前驾驶人建模领域的难点。

在驾驶人视听觉信息获取的随机性方面，不同行驶工况、不同天气和不同驾驶人之间，驾驶人对环境感知的范围及对象存在一定的不确定性，且驾驶人对信息的敏感度存在一定的波动，导致感知结果符合一定的数学分布规律，这将影响驾驶人的认知结果。例如，在跟车过程中，驾驶人对前车车速以及与前车距离的感知存在一定的随机性，不同条件下车速和车距的感知结果的波动将直接影响驾驶人对前车运动状态的判断，以及下一步对自车所采取的驾驶策略。

在驾驶人认知特性的差异方面，由于年龄、性别、心理状态和驾驶经验等的不同，驾驶人对环境的认知能力存在差异性。这种差异性在处理复杂驾驶任务（如通过交通流密集的非信控交叉路口、城市拥堵状况下的变道，高速公路匝道汇入、汇出时的抢行等）时更为显著，在这些工况下驾驶人的错误认知容易诱发交通堵塞和危险，导致通行效率的降低和交通风险的激化。

在驾驶人驾驶策略时变性方面，不同人群的驾驶风格存在差异，且相同驾驶人在不同工况下所产生的驾驶策略也不尽相同。驾驶人驾驶策略时变性的产生原因是驾驶人视听觉信息获取随机性和驾驶人认知特性差异性综合作用的结果。在现有研究中，为了对驾驶人的驾驶策略时变性进行量化描述，通常采用聚类方法将驾驶策略分为激进型、适中型和保守型三种类型，通过自然驾驶寻找各类驾驶人驾驶数据的聚类中心，进一步为高级辅助驾驶系统和人机共驾系统控制策略的制定和拟人化智能汽车决策提供参考。

驾驶人特性的研究，一直是人-车-路闭环系统研究的核心和关键，驾驶人特性的深入研究，不仅有助于寻找交通事故的产生根源，同时也能够为智能汽车决策提供理论依据。

2）车辆特性

车辆特性主要指车辆系统动力学具有的动态复杂性、非线性和强耦合特征。车辆特性将直接影响其动力性、制动性、操纵稳定性、平顺性、燃油经济性和通过性等性能。其中，动力性和制动性描述的是车辆的纵向动力学特性，动力性反映的是车辆的纵向加速能力，制动性反映的是车辆的纵向减速能力；操纵稳定性描述的是车辆横向动力学的响应特性；平顺性描述的是车辆的垂向动力学特性；燃油经济性反映的是车辆的能耗情况；通过性表征的是车辆的越野能力。以上车辆的六类性能都可通过微分方程或传递函数等方法建立数学模型，进行量化表述。

在动态复杂性对车辆的性能影响方面，不同工况下车辆的动力学特性差别较大，车辆动力学系统是高维动态变化的机电系统,其动力学性能因为时空的不同和使用者操纵特性的不同会产生动态的变化,即车辆动力学系统将随着使用环境、使用年限和驾驶人操纵特性的差异而呈现出不同的传递函数。

在非线性特性对车辆的性能影响方面,无论纵向的驱动和制动模型,还是横向的转向模型,以及垂向的振动模型,乃至于燃油消耗模型,都具有非线性特性,随着车速和轮胎侧偏角的增加,动力学模型进入非线性区域的可能性以及非线性程度都将急剧增加,这将进一步增加系统的控制难度,带来系统失稳等问题。

在耦合性对车辆的性能影响方面,车辆存在力学耦合和机电液耦合两个层面。首先,力学耦合指的是车辆动力学在横-纵-垂的三向耦合。针对车辆动力学的三向耦合特性,建立一体化的底盘控制模型,形成"结构共用,控制协同"的高级驾驶辅助系统,凝聚了越来越多的行业共识,成为一种推动车辆动力学系统耦合控制的有效途径。其次,机电液耦合指的是车辆原有机械系统、液压系统和电子电气系统之间的关联,如车辆的制动防抱死系统(Anti-Brake Lock System,ABS)是一个典型的机电液耦合系统。耦合性导致车辆的性能在不同时空尺度和系统维度上存在一定的矛盾,需要设定合理的综合目标函数,对整体性能进行综合的优化。

在人-车-路系统中,车辆的动态复杂、非线性和强耦合性使得闭环系统的动力学特性可能存在混沌特性,如何改进车辆的结构和控制算法,将动态复杂性考虑在内,并保持非线性在可预测的范围内,同时考虑耦合特性对车辆整体性能的影响,从而提高模型的预测能力,是车辆动力学领域的重要课题。

3)环境特性

环境特性不仅包括道路的附着特性、几何特性(横纵向坡度和曲率等)、道路表面力学特性(在土壤、雪地等松软地面此特性对系统的影响更为显著)等道路特性,还包括天气情况、照明情况、交通流状况和交通规则约束(交叉口通行信号、道路限速和行驶方向等)等。人-车-路系统中的环境具有不确定性、动态性和交互性的特征。

在不确定性方面,不同道路、不同天气下的道路附着条件各不相同,不同道路的几何特征也不尽相同,不同地域、不同时段的交通规则错综复杂。例如,在冰雪路面上,道路的附着系数较低,可能导致车辆打滑、转向跑偏以及甩尾问题,影响车辆的行驶安全。如何将环境的不确定特性进行数学抽象和简化,建立数学模型,进而对环境属性进行客观描述,已成为研究者重点关注的研究点之一。

在动态性方面,同一道路在不同时刻的天气情况、照明情况、交通流状况和交通规则可能存在一定的区别。例如,同一路段的交通流存在早高峰、晚高峰的拥堵交通流,以及非高峰时段的稀疏、畅通交通流情况,在人-车-路模型中,拥堵交通流的交互行为更为频繁,异常驾驶行为对系统稳定性常数的扰动传播影响范围更大。在建模中,应充分考虑环境参数的动态性,以提高模型的普适性。

在交互性方面,交通环境中的其他交通参与者与自车存在一定的交互行为,这些交互行为使得环境对自车决策的影响机理十分复杂,现有针对交互行为的研究包括基于知识的推理方法和基于数据的学习性方法,前者包括博弈论方法、马尔科夫过程、贝叶斯网络等,后者则包括深度学习和强化学习等。针对环境交互机理的进一步深入探索,有助于提升人-车-路系统更为准确和客观的描述,为下一步的风险认知和操纵决策的研究奠定基础。

综上，道路环境的不确定性、动态性和交互性可直接作用于车辆，从而改变车辆的动力学特性，也可通过驾驶人对环境的应激响应产生间接的车辆控制动作而改变车辆状态。

2. 要素交互

1）人-车系统交互

人-车系统交互是指驾驶人与所驾驶车辆之间的交互。具体的交互内容、方式及作用详述如下。

（1）人与车之间的体感交互。驾驶人通过体感等方式感知车辆的状态，如车速、稳定性状态等。对此，驾驶人的多感知通道以互补的方式工作。一些研究发现，如正面、周围视野和噪声水平等能够帮助驾驶人判断车速，周围视野比正面视野更有效，噪声水平降低容易导致驾驶人低估车速[13]。另外，驾驶人的感知结果通常存在偏差。以感知踏板力为例，如图 3-7 所示，当踏板力较小时，驾驶人的感知结果偏大；当踏板力较大时，驾驶人的感知结果偏小；同时，驾驶人感知踏板力的结果随着踏板结构的不同而发生变化[14]。需要说明的是，图 3-7 中，R^2 为可决系数（Coefficient of Determination），表示回归平方和与总平方和之间的比值，反映了自变量对因变量的可解释比例，图 3-7 右图中 R^2 值为 0.9023，表示自变量能够解释约 90% 的因变量变化。Steven 提出的幂次法则（$\psi = k\varphi^n$，其中，k、n 均为与当前条件相关的标量常数）[15]，常被用来确定感知结果随着真实值增长的速率。基于这种定律，以感知转向盘力为例，随着力的增加，稳定状态下转向盘力的观测结果以 1.39 的指数增加；随着角度的增加，稳定状态下角度的观测结果增长指数为 0.93[16]。人-车体感交互的研究有助于提升驾驶辅助系统的拟人化和舒适性程度，为智能汽车拟人化设计提供支撑。

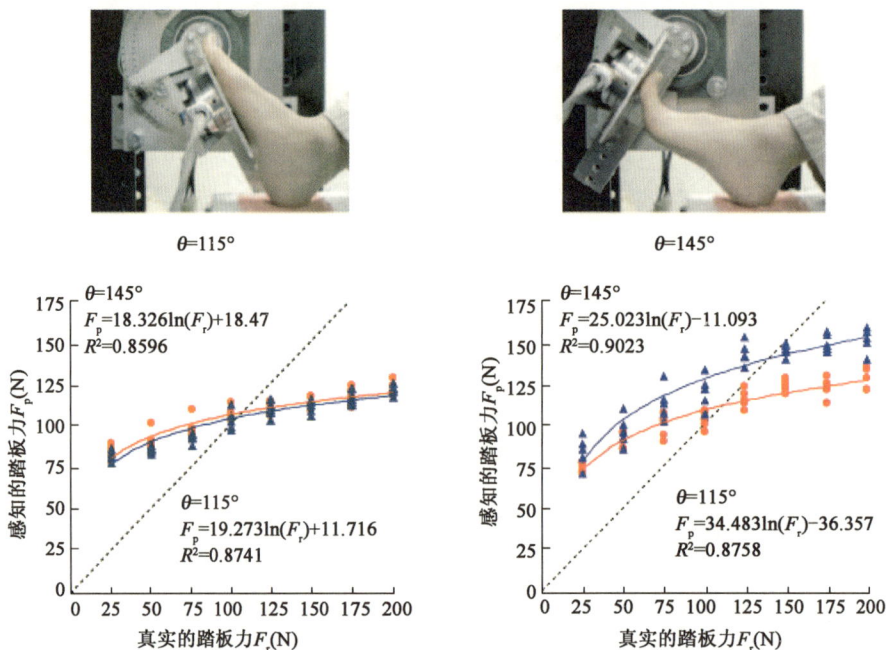

图 3-7　不同踏板结构下驾驶人感知踏板力与真实踏板力的关系[14]

（2）人与车之间的视听及界面交互。驾驶人通过视听觉等系统感知周围车辆的行为特征，同时也可通过人机交互界面（Human Machine Interface，HMI）获取车辆信息，进而理解车辆的智能行为；并与车辆智能单元协作，作出互补决策。良好的 HMI 设计能够有效地改善驾驶人的情景意识，如在界面中增加不确定信息提示[17]；灯光提示的方式比图形化标记提醒的方式更为有效[18]，如图 3-8 所示，C 组比 B 组更有效。此外，未来智能车辆还有望通过界面交互的形式与智能单元实现协同决策与共享控制权的切换，因此如何避免控制权冲突成为关键，现有研究探索了控制量加权[19-20]和非合作型博弈[21]等方案，进一步地，对科学合理且舒适的人机控制权切换的研究将有助于提升人们对智能车辆的接受度。

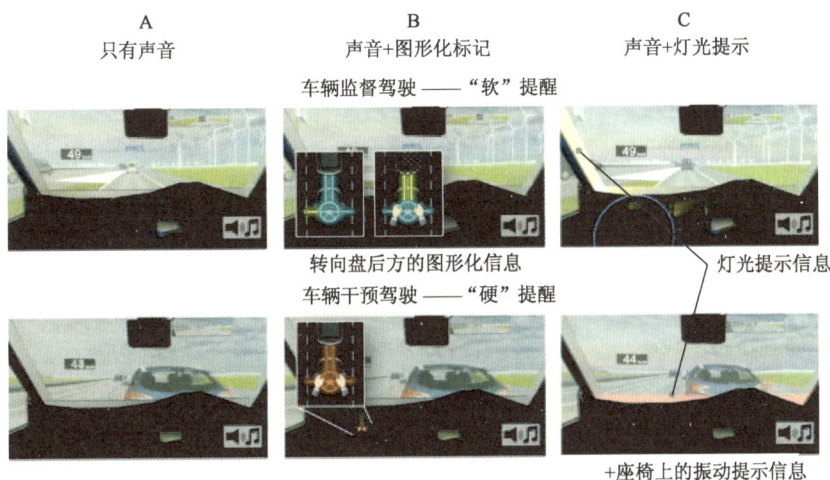

图 3-8　不同的信息提示方式对比[18]

（3）人与车之间的机械交互。机械交互过程指驾驶人通过操控车辆的转向盘、踏板和换挡手柄等装置改变车辆的运行状态。在人与车机械交互中，最关键的因素是时延，其带来的不利影响通常反映在控制系统中。时延包括驾驶人时延和机械系统时延，其中，机械系统时延受到行驶工况和外界环境的影响较小，而驾驶人时延的动态性和时变性较为突出。Crossover 模型将驾驶人时延分为大脑响应时延和行为时延两个部分[22]。文献[23]提出的以转向控制和车速控制为主要部分的非线性驾驶人模型中，随着驾驶人时延的增长，预瞄时间也增长[23]如图 3-9 所示，若预瞄时间不足，则驾驶人操纵汽车行驶方向的稳定性难以保证。机械交互是驾驶人建模考虑的重点，为提升驾驶人模型的准确性，还需要进一步拓展人与车之间机械交互的研究。

人-车系统交互中的两大难点发生在驾驶人与智能驾驶系统交互的过程中。一方面，由于交通环境复杂多样，多种交互任务耦合，同时驾驶

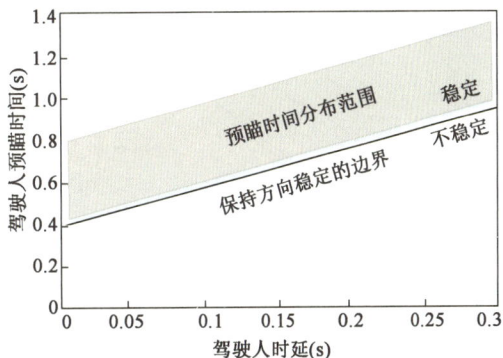

图 3-9　驾驶人预瞄时间与时延的关系[23]

人具有个性化需求,人机交互界面需要提供的有效信息种类和数量尚不明确。因此,解析驾驶人信息交互特性与机制,是建立高效且适应复杂环境的人-车信息交互系统的关键。另一方面,驾驶人意图难理解,且驾驶人注意力状态不稳定,人机共驾时如何安全地切换控制权极具挑战性。因此,解析驾驶人的注意力分配模型、反应决策时间与行为绩效,是实现安全、可靠的人-车协同控制的关键。

2)人-路系统交互

人-路系统交互是指驾驶人与周围交通环境的交互。周围交通环境包括交通使用者、交通法规、道路结构、天气、路面等。目前,依托于网联技术的路侧智能单元或云端智能平台能够为驾驶人提供智能决策或控制信息的辅助,但相关的应用尚不够成熟,有待进一步深入探索和改善。下面重点介绍有人驾驶条件下的驾驶人与环境的交互。

(1)人与周围交通参与者的交互。周围交通参与者包括周边车辆、行人、非机动车等。当周围交通参与者的潜在行驶轨迹与驾驶人的目标轨迹存在冲突时,驾驶人通过预测周围交通参与者的轨迹趋势,并判断其风险,进而作出合理决策,以便在不发生碰撞的前提下实现舒适和高效的行驶。此外,周围交通参与者也能够预测驾驶人的可能行为,并据此决定自车的轨迹。整体的交通态势在这种动态交互过程中体现出来。在车辆群体的轨迹预测方面,采用神经网络等方法模拟人车之间的交互关系成为研究的热点[24-28],未来机器学习、强化学习等算法在该领域的越发广泛和深入的应用,有望为精准、实时的轨迹预测和风险评估奠定基础。

(2)人与交通法规的交互。现有研究表明,交通法规对驾驶人的决策有明确的影响,而在人与交通法规交互过程中,难点在于厘清交通规则对驾驶人科学决策和合理引导的有效程度。部分交通标志,如禁止掉头标志等,影响驾驶人的轨迹选择;部分交通标志,如信号灯、道路限速等交通信息,则影响驾驶人的速度选择。为了量化评估不同交通规则对驾驶行为的可能影响,提升交通规则制定的科学性,有必要从合理性、地域性和动态性等方面深入探索驾驶人与交通法规的交互机制,以提升驾驶人对交通法规的主观认可程度和遵守意识,并协助交通管理部门进行科学合理的法规修订,以减少驾驶人违章驾驶造成的交通隐患,提升交通效率和安全。

(3)人与环境的交互。道路结构、天气、路面附着条件等因素都能够影响驾驶人的决策,尤其是驾驶人的车速选择。研究表明,在曲率较大的弯道上,驾驶人通常倾向于减速行驶[29](图3-10),从而为转向操作留下充分的调整时间。在天气影响驾驶人决策方面,大雾、雨雪等天气导致驾驶人视野受限,增加了驾驶人对驾驶环境认知的不确定度,为预留充分的反应时间,保证安全行驶,驾驶人也倾向于降低车速。在路面附着条件影响驾驶人决策方面,在湿滑路面或坑洼不平的路面,为了保证车辆稳定性或舒适性,驾驶人也倾向于降低车速。如何从优秀驾驶人在极限工况的操纵中总结科学决策机制,并量化地评价环境因素对驾驶决策的影响,有助于厘

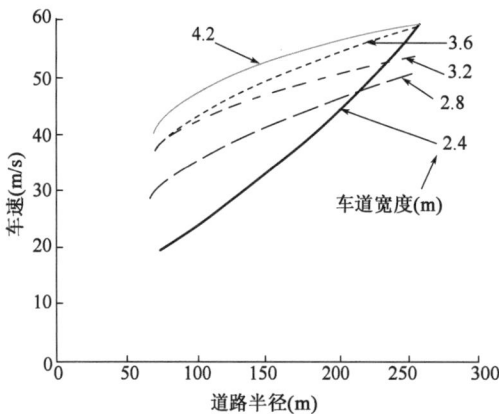

图3-10 车辆行驶速度与道路半径的关系[29]

清极限和极端环境下的事故致因机理和科学操纵机制,提高车辆的行驶安全性。

在人-路系统交互中,驾驶人的环境态势认知存在主观性,且驾驶人行为具有时变、不确定性等特征,这些特征增加了驾驶人环境认知和驾驶策略形成机制的解析难度。在高度交互的交通场景中,交互过程所传递的显、隐性信息并存,同时人的行为非完全理性,这些都为阐明驾驶人-道路使用者行为交互机制提出了巨大的挑战,而以"学习人、模拟人、超越人、服务人"为理念的拟人化决策方法为捕捉和探明混合交通环境下的人-路交互机理提供了一种可行的思路。

3)车-路系统交互

车-路系统交互是指车辆与周围交通环境的交互。车-路交互在控制论的角度可视为车辆与道路的交互。从更广义的角度出发,可将车辆与环境的交互纳入车-路交互的范畴内,如车辆与空气的交互而产生的空气阻力也可视为广义的车-路交互作用。传统意义上的车辆与道路之间的交互,主要通过轮胎完成,包括横向、纵向和垂向三个维度[30];车辆与道路在纵向上的交互受轮胎的滚动阻力系数、附着性能等特性的影响;两者在横向上的交互受到轮胎的侧偏特性的影响;在垂向,可应用阻尼、弹簧和质量块等基本模块建立车轮的振动模型,分析轮胎的刚度特性、振型和固有频率等。在纵向和横向耦合上,附着椭圆代表了车辆和路面横纵向之间的耦合关系,也就是驱动力和制动力在不同侧偏角条件下的曲线的包络线,根据该包络线可确定切向力与侧偏力合力的极限值(图 3-11)。此外,应特别指出的是,一些主动安全系统(如 ABS 和 ESP 系统)的安装能够改善车辆横纵向动力学的响应特性。

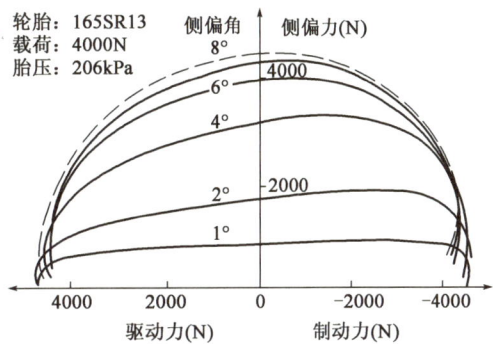

图 3-11　附着椭圆[30]

车-路系统交互中,轮胎力学参数难以实时测量且不确定性强,此外,极限工况下轮胎力学特性具备强非线性,建立适用于全工况的高精度、高实时性的胎-路力学模型,成为提升复杂环境下控制性能的关键问题。另外,车-路动力学模型结构复杂、非线性强、不确定性大,建立高精度高维车-路动力学模型成为提升车辆控制安全性与舒适性的另一个关键点。现有研究中,所提出的一种可行方案是借鉴轨道车辆的车辆轨道耦合动力学[31]建模方法,在分析移动车辆载荷作用下道路的动力学响应后,建立二维和三维车-路耦合系统,进而研究垂向的车-路耦合动力学[32]。

随着智能化技术的发展,传统意义上的车路交互内涵发生了变化,出现了智能层的车路交互。智能层的车路交互更多指的是利用路侧智能单元或云端智能平台,进行车辆信息发布与引导。智能层的车路交互,有助于提升车辆的安全性以及交通系统的通行效率。

3.耦合机理

1)人-车-路作用机制

在人-车-路要素特性和要素交互分析的基础上,可将人-车-路作用总结为以"人"为中心,综合考虑动态环境影响和实时非线性车辆动力学特性的闭环反馈系统机制。进一步，人-车-路作用机制能够真实客观地反映出实际驾驶过程中驾驶人对环境的认知和对车辆的操纵，并能根据扰动和实时动态环境信息和车辆状态反馈，控制车辆进行校正操纵，最终实现驾驶任务的准确实施。具体地，人-车-路作用机制可分为感知认知机制、智能决策机制和控制执行机制三个方面。

感知认知机制方面，主要表现为驾驶人与环境的交互作用关系。驾驶人通过感知外部环境信息，形成对环境安全性、可行驶区域以及车辆状态的理解和认知，并指导驾驶人下一步的决策，所涉及的理论主要为认知心理学。近年来，驾驶人感知认知机制研究表明，道路曲率、路面附着系数、交通法规、他车行为和天气状况等环境要素对驾驶人感知特性均有显著影响：在恶劣环境下，驾驶人的认知负荷明显增加，持续的高负荷工作导致驾驶人驾驶能力衰退，进而诱发各种交通事故。同时，驾驶人年龄、性别和驾龄等内在因素也是影响其感知认知能力的重要因素，研究表明：高龄、女性和缺乏驾驶经验的驾驶人感知认知能力明显低于均值，由其引发的道路交通事故可能性显著增加。

智能决策机制方面，主要探寻驾驶人在环境感知认知基础上作出的决策响应所遵循的内在机制。典型的决策行为包括直行、左转、右转、掉头、停车等，是驾驶人应对行驶环境所产生的驾驶行为策略。现有研究表明，驾驶人决策行为存在一定的模糊性和随机性，但就驾驶人本身而言，整体遵循安全与高效的协调统一，协调阈值与驾驶人个性特征呈现明显的相关性。另一方面，智能汽车决策研究多集中于机理驱动和数据驱动（又称基于模型和基于学习）两类，两者在泛化能力、可解释性、鲁棒性等方面具有明显的优势互补，因而机理-数据混合决策成为智能汽车决策技术发展的重要趋势。加之脑科学与技术的快速发展，类脑决策和驾驶人决策认知机制有望被进一步揭示，这些将为人-车-路耦合机制下的智能决策提供强有力支撑。

控制执行机制方面，主要表现为驾驶人与车辆的交互作用关系。在驾驶人或智能驾驶系统决策响应下，经规划、跟踪模块或驾驶人直接操控转向盘和加速/制动踏板，以响应车辆驾驶意图。研究表明，汽车实际控制中不可避免地出现控制延迟和死区效应，势必影响驾乘体验，现有研究多通过补偿策略和状态反馈予以消除，但对于极限工况下的汽车控制执行仍难以满足其高实时性需求。线控技术的发展为汽车的精准控制和指令的高效执行提供了新的技术支撑，主要包括线控转向、线控制动、线控驱动等，通过将车载传感及控制单元控制指令传递给各执行机构，极大地提高了控制执行效率。与此同时，域控制器的引入为底盘线控技术提供了强大的软件架构支撑，这些为控制执行效率的提升提供了软硬件基础。

2) 系统运行规律

人-车-路系统是典型的闭环反馈系统，驾驶人（智能驾驶系统）的操控输入在影响车辆动态响应的同时也受到车辆及道路环境的影响，三者相互影响、彼此耦合，构成复杂的微观道路交通系统。与其他闭环系统类似，该系统在稳定性、可观性、可控性等方面存在显著特征规律，具体如下：

稳定性方面，无论从控制论的角度，还是虚拟力学的角度，都可证明人-车-路系统存在客观的稳定性，满足李雅普诺夫稳定性和虚拟力学系统的平衡性。人-车-路系统的稳定性是常态，而系统的环境扰动、车辆故障或驾驶人操纵不当等因素都可导致系统失稳的非常态，从而诱发事故。在以"人"为中心的人车路系统作用机制下，通过驾驶人的环境认知和操纵控制保证人-车-路系统处于稳定状态,并实现系统多方面性能的综合协同最优化控制。研究表明,正常工况下的人-车-路系统是局部稳定且渐进稳定的,若干扰(如湿滑路面、爆胎、碰撞)达到一定的程度,系统可能出现失稳,从而诱发交通堵塞或者交通事故的发生。常用的稳定性分析方法有相平面法和李雅普诺夫温度系数法。

可观性方面,为实时估计车辆的质量、质心侧偏角和横摆角速度等车辆状态参数以及道路坡度和路面附着系数等道路参数,通常通过设计状态观测器和卡尔曼滤波等手段实现对状态的间接估计。研究表明,人-车-路系统可近似转化为线性闭环系统,智能交通技术的发展,为系统关键参数的状态估计和观测提供了极大的便利,对人-车-路系统状态参数的实时监测,可为宏观交通管理与控制提供科学依据,同时有助于智能汽车实现更高等级的自动驾驶。路面附着系数、车辆质心侧偏角和横摆角速度这三个参数是智能汽车控制所关注的关键参数,而交通流流量、交通流密度和交通流平均车速是智能交通管理要获取的关键参数。

可控性方面,稳定状态下的人-车-路系统是线性系统,且系统是可观可控的,可通过驾驶人的操纵改变系统的运行状态,并有效应对外界环境的扰动,但处于大侧偏角大滑移率等轮胎力学极限工况下的车辆动力学方程是非线性的,此时系统的可控性难以保证。因此,智能底盘控制系统要实时监测车辆状态参数,并控制车辆轮胎特性在线性的工作范围内,保证系统的实时可控。在人-车-路系统中,驾驶人通过操纵转向盘和踏板实现车辆的运动响应,转向盘的操纵实现横向控制,加速踏板、制动踏板和挡位的操纵实现纵向控制,横纵向耦合人-车-路系统控制需要考虑车辆和环境中的随机干扰影响,进行实时动态修正,随机干扰因素可能为他车驾驶行为、路面附着条件、天气状况和自车动力学特性等。现有的底盘主动控制和辅助驾驶技术可辅助驾驶人进行紧急工况下车辆的控制和巡航工况下车辆运动状态的保持。

此外,驾驶人或智能驾驶系统作为闭环系统的核心调控单元,对于保证和改善闭环系统的安全、舒适、节能、高效等性能至关重要。当前对于闭环系统运行规律的研究多围绕上述性能展开。人-车-路闭环系统作用下的汽车运动安全相关研究表明,约80%的道路交通事故是由驾驶人引起的,究其原因主要是道路交通环境和车辆状态突变情况下驾驶人难以准确、及时应对所致;而舒适性与驾驶人个性特征关系密切,通过人车路协同方式降低行车环境对驾乘敏感性的影响成为提升系统舒适性的重要途径;不同驾驶风格和驾驶习惯对汽车能耗的影响显著,结合系统动力参数匹配实现动力和能耗的最佳配置是提升闭环系统能效的常用手段和方式;而如何在保证安全、舒适、节能等的条件下实现道路交通系统的高效运行,是人-车-路闭环道路交通系统亟待解决的新问题。

综上,人、车、路所构成的复杂系统,各要素的特性十分复杂。具体而言,驾驶人存在随机性、时变性和差异性,车辆存在复杂性、非线性和强耦合性,环境存在动态性、交互性和不确定性,这使得系统不仅具有机械系统和信息系统的特性,同时还具备生理学和心理学特性。在系统建模研究中,如何充分应用生物力学方法、认知心理学方法、广义动力学方法、自动控制理论方法以及以深度学习和强化学习为代表的机器学习等方法去深入挖掘各子系统的交互作用,并阐明其作用机制和运行规律,是实现更全面、客观的人-车-路系统建模、性能分析和优化控制的客观需要。

二、行车风险产生机理

行车风险受到人-车-路系统中多种因素的综合影响。人-车-路系统中,驾驶人担任决策者的角色,驾驶人的感知-决策-操控特性直接影响车辆操纵稳定性和行驶安全性,对行车风险有着重要影响。实现具备"学习人、模拟人、超越人"特性的辅助驾驶或自动驾驶技术建立在深刻理解复杂交通环境中驾驶人风险认知及响应机制的基础之上。因此,本节首先从行车风险影响因素、产生机理及演变规律等方面揭示客观行车风险如何产生;其次,从驾驶人对交通情境中潜在客观风险的主观理解角度出发,探究驾驶人对交通环境潜在风险的共性认知机制和个性操控规律;最后,在总结驾驶人风险响应决策方法的基础上,阐明驾驶人操纵行为规律及其动因,探讨驾驶人风险响应的根本遵循。行车风险产生机理的逻辑架构如图3-12所示。

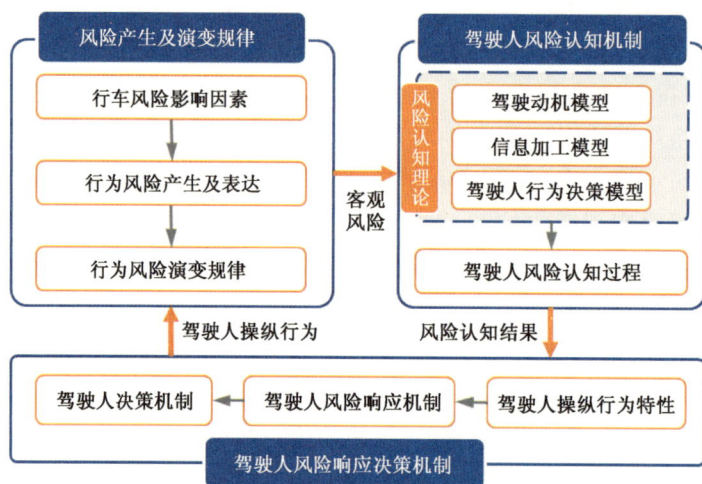

图3-12 行车风险产生机理的逻辑架构

(一)风险产生及演变规律

为阐明行车风险产生机理,以人-车-路微观交通系统为研究对象,首先,给出行车风险定义,并对产生行车风险的交通要素进行分类,分析其对行车风险的影响;然后,分析行车风险特性及其产生过程,并基于行车安全场理论对行车风险进行量化表达;最后,分析行车风险随时间的演变特征,揭示行程风险演变规律。

1. 行车风险定义及影响因素

1)行车风险定义

现有研究对风险的定义可归为两类:一类是把风险看成系统内有害事件或非正常事件出现可能性的度量;另一类是把风险定义为发生一次事故的后果大小和该事故出现概率的乘积。而系统安全工程研究认为,事故的根本原因是存在危险源。通过控制和消除系统中的危险源可以防止意外事故的发生。通常危险源可以分为两类:一是系统中可能意外释放的能量或危险物质;二是指导致能量或危险物质约束失效的各种不安全因素,主要包括系统故障、人为失误和环境因素。本书中将损失的不确定性定义为风险,它包含两个层面:一是损失可能存在;二是损失具有不确定性。损失的不确定性具体体现在是否发生以及发生的时间、空间、过程、结果等多个方面。

2)行车风险影响因素

影响行车风险的因素归纳起来主要包括驾驶人(人)因素、道路使用者(车)因素和道路环境(路)因素。如图 3-13 所示为人-车-路组成的交通系统中影响行车风险的主要因素,以及致使行车风险突变进而导致交通事故发生的各类交通因素状态[33]。其中,驾驶人导致行车风险演变的原因主要包括:①驾驶人因疏忽大意、注意力不集中等导致对行车环境的观察错误或不周;②因对当前车辆状态和行车环境状态及变化趋势估计错误导致的决策失误;③因驾驶技能不熟练、遇有突然情况惊慌失措等导致的操作失误;④不按交通法规和其他交通安全规定行车等交通违法行为。道路使用者相关因素导致行车风险演变的原因主要包括:①车辆方面,技术性能差,如制动性能低下或丧失、转向系统失效、灯光系统失效等;②行人方面,不遵守交通法规穿越道路,如闯红灯、在机动车专用道上行走等。道路环境因素导致行车风险演变的原因主要包括:①道路状况不良,如道路附着系数低、坡度过大、曲率半径过小等;②缺少道路安全措施,如急弯、窄路、陡坡、交叉路口和铁路道口等未设置警告标志,在限重、限高等处未设置明确的限令标志;③风、雪、雾等恶劣气候条件致使道路状况恶化、视线不良等。

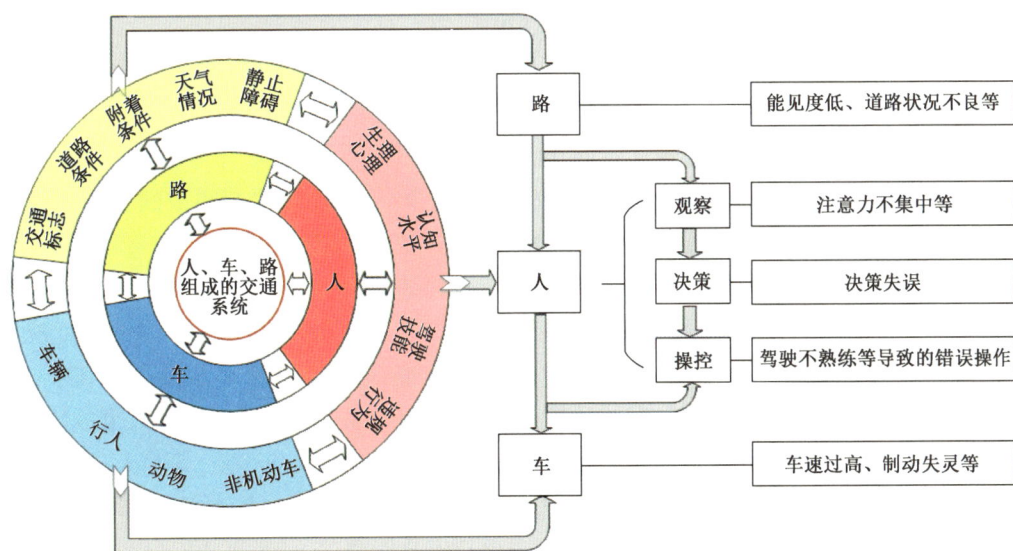

图 3-13　行车风险影响因素分类

(1)驾驶人相关因素。

表 3-3 所示是国际驾驶人行为研究协会(International Drivers' Behavior Research Association,IDBRA)分别对不同国家和地区中 1500 ~ 2000 位驾驶人的调查结果,从中可以看出交通事故主要与驾驶人有关。因此,驾驶人因素对行车风险的影响一直是研究重点,主要包括四个方面:生理与心理因素、驾驶人认知能力、驾驶经验和驾驶人违规行为。

各国交通事故中驾驶人因素所占比例(单位:%)   表 3-3

国家和地区	驾驶人因素占比	国家和地区	驾驶人因素占比
英国	56.1	俄罗斯	52.7
西班牙	92.0	日本	40.0
法国	85.5	南美洲	85.7
瑞典	81.1		

在生理与心理因素方面,其包括年龄、性别、性格和心情状态等。从年龄来看,年轻驾驶人通常比老年驾驶人更容易发生交通事故,并且更容易出现超速、不系安全带、跟车过近、激进驾驶(包括酒后驾驶等)行为[34]。从性别来看,男性年轻驾驶人比女性年轻驾驶人更容易出现危险驾驶行为[35]。在驾驶人主观风险评估方面,研究者针对驾驶人性别、驾驶人年龄和居住环境(一线城市、二线城市和农村)对行车风险主观预测的影响开展了探究[36],得到如下结论:相同场景下农村驾驶人和女性驾驶人比其他类型驾驶人对风险更为敏感;与其他驾驶人相比,年轻驾驶人在低风险场景下主观风险评价更低;调查中的男性年轻驾驶人更倾向于出现违规和激进驾驶行为;与女性驾驶人相比,男性驾驶人出现违规和激进驾驶行为的比例更高,并且违规和激进驾驶行为的发生概率随年龄增长显著降低。从驾驶人性格来看,激进驾驶行为的风险性更高,更易导致交通事故发生[37],且驾驶人追求刺激的性格与酒驾、超速行驶、竞速、禁行区违规通行等多种危险驾驶行为的关联性更强[38]。

在驾驶人认知能力方面,认知水平主要用于表征驾驶人的信息处理能力。现有对驾驶人认知水平进行研究的成果通常仅能体现驾驶人整体驾驶行为及认知过程之间的关系,而对不同驾驶人认知水平的差异关注较少。不同驾驶人个体属性、驾驶习惯、思维方式千差万别,导致在面对同样的场景时,不同驾驶人采取的决策有所差异,这甚至会造成事故的发生。驾驶人认知水平的影响因素主要包括驾驶技能、风险感知能力、环境因素等。

在驾驶经验方面,因驾驶人经验欠缺导致的错误操作是造成交通事故的原因之一。驾龄属于表征驾驶经验的指标之一,根据对中国交通事故深度调查(China In-Depth Accident Study,CIDAS)数据库中 5664 起乘用车事故案例的致因分析,总结出 6967 个事故致因。其中,驾驶人因素导致的事故案例为 4488 起,事故致因占比约为 81.5%。在乘用车驾驶人事故致因中,约 20.1% 是由驾驶人能力受限导致的。因驾驶行为不规范或不熟练驾驶,驾驶人难以在面对潜在风险时作出正确动作响应。其中,因无法有效留意到存在潜在冲突的事故参与者而发生事故的占比最高,其次是因未与其他交通参与者保持安全距离等。

在违规行为方面,针对 CIDAS 数据库中乘用车驾驶人事故致因分析,约 79.9% 是由于驾驶人主观错误导致。因主观错误的存在,驾驶人无法提前识别和感知危险,其中,因未按规定让行发生的事故占比最高,达 43.4%,其次是因速度过快、车道的违规使用、酒驾、违反交通信号灯和疲劳驾驶。近几年,我国开始为机动车礼让行人制定相应的法律和交规。在 CIDAS 数据库中,因未礼让行人导致的事故占所有未按规定让行导致事故总数的 27%,事故地点常为交叉口或信号指示灯等处。

（2）交通参与者相关因素。

交通参与者主要包括机动车、非机动车、行人，甚至道路上的动物等。与机动车辆和非机动车辆相关的风险影响因素主要包括车辆的类型、整车质量、车辆技术条件和运动状态参数，而与行人和动物等相关的风险影响因素主要包括其位置和运动状态等。针对交通参与者中机动车对行车风险的影响，大多数评价模型基于车辆运动学和动力学理论，根据车辆状态信息（速度、加速度、横摆角速度等）和两车相对运动关系信息（相对速度、相对距离等）对车辆受到的行驶风险进行估计。此外，也有研究者将机器人技术领域的人工势能场理论用于分析交通参与者对行车风险的影响，用势能场描述车辆行驶过程中的风险程度，并建立人工势能函数。

（3）道路环境相关的因素。

道路环境相关因素分为两类：一类是道路上或路侧的静态障碍物，如路侧沟渠、路中间隔离带等；另一类可概括为道路属性特征，包括道路附着性、环境能见度、道路坡度、弯道曲率、车道宽度等。路况因素对驾驶风险的影响表现在两个方面，一个是约束行驶，另一个是影响驾驶人的主观判断，例如，驾驶人容易过高估计水平弯道和狭窄车道导致的风险，而倾向于低估交叉路口、路侧障碍物造成的风险；驾驶人对道路相关行车风险主观评价近80%的差异可以通过道路的如下五个主要特征来解释：道路曲率、道路宽度、路肩宽度、道路坡度和障碍物[39]。

2. 行车风险产生及表达

1）行车风险产生

交通系统各组成因素都有产生行车风险的可能，对行驶在道路上的车辆所造成的风险是客观的，不以人们主观意志为转移。车辆行驶过程中，其安全受众多因素的影响，而这些因素（如驾驶人行为特性、车辆行驶状态和道路交通环境等）是动态变化的，所以行车风险的可能性、风险程度、危险类别也是动态变化的，具有不确定性。对于行驶在道路上的车辆，正确辨识行车风险的本质特征，即行车风险的产生及其演化规律的宏观表现，对于建立和完善基于行车风险量化评估的车辆决策与控制以及交通管控措施具有重要的指导意义。

驾驶人是人、车、路组成的交通系统的核心要素，车辆行驶过程受驾驶人"感知-决策-执行"过程的影响，不同驾驶人的行为特性（激进或谨慎）决定了驾驶人采用的操纵方式和驾驶行为。同时，道路上所有车辆的交互作用会引起交通环境的动态变化，交通场景的变化又将造成驾驶人视觉观测信息的改变，驾驶人当前观测信息将成为下一步操纵行为决策的依据[33]。驾驶人（人）、交通参与者（车）和道路环境（路）对行车风险产生的影响如图3-14所示，其中，驾驶人生物学特性、驾驶经验、驾驶操纵熟练程度等驾驶人相关因素直接影响驾驶人操控能力，车辆性能、其他交通参与者、道路交通环境等因素决定了驾驶任务要求。当操控能力足以满足驾驶任务要求时，车辆处于可控状态，此时车辆面临的行车风险也将处于安全水平；当驾驶人对车辆的操控能力不足以完成车辆驾驶目标任务要求时，车辆运动状态将会失去控制导致行车风险增加，此时，若行车风险超过安全阈值，则极有可能引发交通事故，若周围车辆采取合理避险操作，则可降低自车面临的行驶风险，进而避免交通事故的发生。

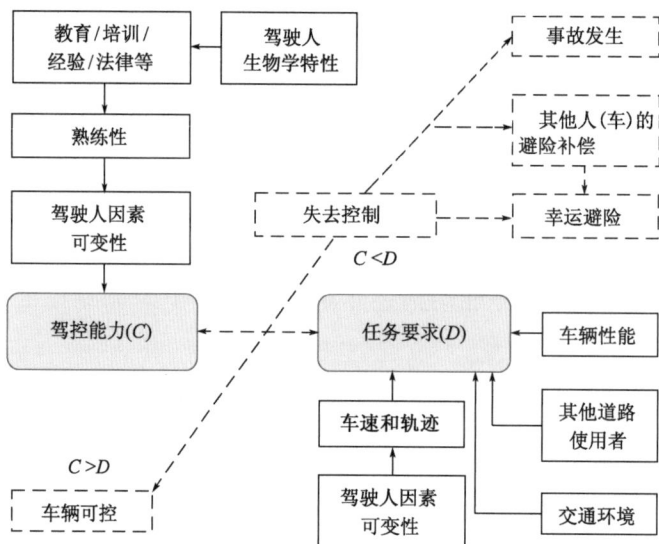

图 3-14　各要素对行车风险的影响机理

2) 行车风险表达

准确表达行车风险是智能汽车实现辅助或自动驾驶功能的基础。正确认识行车风险的特征,即行车风险的本质及其发展规律的外在表现,对于建立和完善行车风险的控制措施具有重要意义。行车风险的特征包括客观普遍性、不确定性、可估计性等。交通系统的各组成因素都可能产生风险,行车风险是客观存在的且具有普遍性;车辆行驶过程中,其安全受众多因素的影响,而这些因素是动态变化的,所以行车风险的可能性、风险程度、危险类别也是动态变化的,具有不确定性;交通事故的发生是偶然的,但是通过对各种行车风险的观察和分析,发现其影响因素与事故存在一定的因果关系,呈现出明显的规律性,表明行车风险是可估计的。

行车风险由交通要素产生,与物理中由场源引起场类似,且行车风险与场具有类似的基本特性。物理学中把某个物理量在空间特定区域内的分布称为场。场是物质存在的一种基本形式,具有能量、动量和质量,能传递实物间的相互作用。在物理场中,场量通常采用时空函数来进行表征,距离场源越远,对应的场量就越弱,同样的,交通因素对行车风险的影响也与时间和空间相关,交通要素距离行驶车辆越远,其产生的行车风险就越小。鉴于交通因素对行驶车辆产生的风险与物理学中的场理论具有相似的特性,因此,可采用场论思路来研究如何表征行车风险。本书采用行车安全场来表征交通各要素(类似不同场源)对道路上的行驶车辆所产生的风险(场强)[33]。道路交通环境中,所有对行驶车辆能够造成风险的物体都将产生一个行车安全场,形成该场的物体会排斥与之接近的其他物体。

道路交通环境中能够造成行车风险的物体可以划分为“人”(驾驶人)、“车”(道路上所有运动的物体,包括机动车、非机动车等)和“路”(交通场景中的静态要素,例如交通信号灯、交通标线等)三种类型。相应地,可以将这三类物体形成的行车安全场分别定义为“行为场”“动能场”和“势能场”[33]。图 3-15 详细描述了三类行车风险与三类行车安全场的对应关系。

基于前述分析,行车安全场可以定义为表征车辆行驶场景中人、车、路各要素对行车安全影响的一种物理场,其具有三个方面的内涵:①驾驶场景中,任何能够导致驾驶过程出现危险的物体都将形成一个行车安全场;②任何物体在其他物体所形成的行车安全场中都将被排斥与之接近;③物体所形成的行车安全场的场强矢量受自身物理属性、运动状态以及其所处道路条件的共同影响,场强矢量可以表征该物体引起的行车风险大小与方向[33]。具体而言,行车安全场由与"路"有关的"势能场"、与"车"有关的"动能场"、与"人"有关的"行为场"组成。

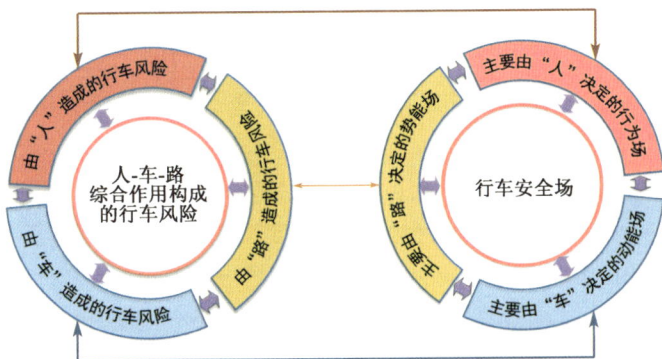

图 3-15 交通要素产生行车风险与行车安全场的对应关系

由"路"决定的势能场用于描述道路上静态物体对行车风险的影响。道路上静态物体包括但不限于路侧停靠的车辆、隔离带、减速带、交通标线、交通标识等。静态物体的属性(类型、质量)和道路条件决定了势能场场强的大小和方向。静止物体 a 形成的场强可以用下式来表示:

$$E_R = E_R(M_a, R_a, r_{aj}) = \frac{K \cdot R_a \cdot M_a}{|r_{aj}|^{k_1}} \cdot \frac{r_{aj}}{|r_{aj}|} \tag{3-2}$$

其中,r_{aj} 为从物体 a 质心位置指向目标点 j 的距离矢量;M_a 为静止物体 a 的虚拟质量;R_a 为物体 a 质心位置处的道路条件影响因子;$K(>0)$ 和 $k_1(>1)$ 是待定常数。E_R 的方向是场强梯度下降方向。

由"车"决定的动能场用于描述道路上运动物体对行车风险的影响。道路上的运动物体包括但不限于行驶中的车辆、行人、非机动车、动物等。物体属性(类型、质量和速度)、运动状态和道路条件决定了动能场场强的大小和方向。运动物体 b 形成的动能场场强具体公式如下:

$$E_V = E_V(M_b, R_b, r_{bj}, v_b) = \frac{K \cdot R_b \cdot M_b \cdot k_3}{(k_3 - |v_b|\cos\theta_b) \cdot |r_{bj}|^{k_1}} \cdot \frac{-\text{grad}E_V}{|\text{grad}E_V|} \tag{3-3}$$

其中,M_b 是物体 b 的虚拟质量;R_b 是物体 b 质心位置处的道路条件影响因子;r_{bj} 是从物体 b 质心位置指向目标点 j 的距离矢量;v_b 表示物体 b 的速度矢量;θ_b 是 r_{bj} 和 v_b 的夹角(逆时针为正);$K(>0)$、k_3 和 $k_1(>1)$ 是待定常数;E_V 的方向是场强梯度下降方向。

由"人"决定的行为场用于描述驾驶人行为特性对行车风险的影响。驾驶人行为特性主要受驾驶人的生理-心理因素、认知水平、驾驶技能和违规行为四个方面因素的影响。驾驶人行为特性决定了行为场场强的大小和方向。通常情况下,激进型驾驶人比谨慎型驾驶人的驾驶行为风险等级更高,其引起的"行为场"场强就会更高,驾驶经验不足的驾驶人通常比驾驶经验丰富的驾驶人的"行为场"场强要高[33]。实际上,驾驶人对行车安全的影响是通过其驾驶的车辆向外界传递的,因此,可用表征驾驶人特性影响的驾驶人风险因子和其驾驶车辆形成的动能场强的乘积来表示驾驶人形成的行为场场强。车辆 c 的驾驶人形成的行为场场强矢量 E_D 具体公式如下:

$$E_D = E_V \cdot DR_c = \frac{-Kk_3R_cM_cDR_c}{(k_3 - |v_c|\cos\theta_c) \cdot |r_{cj}|^{k_1}} \cdot \frac{grad E_V}{|grad E_V|}$$
(3-4)

其中,DR_c(取值在(0,1]的无量纲的量)是车辆 c 驾驶人的驾驶人风险因子;M_c 是车辆 c 的虚拟质量;R_c 是车辆 c 质心位置处的道路条件影响因子;r_{cj} 是从车辆 c 质心位置指向目标点 j 的距离矢量;v_c 表示车辆 c 的速度矢量;θ_v 是 r_{cj} 和 v_c 的夹角(逆时针为正);$K(>0)$、k_3 和 k_1(>1)是待定常数;E_D 与 E_V 方向相同,也是场强梯度下降方向。

综上,行车安全场由道路上静止物体形成的势能场、运动物体形成的动能场和驾驶人形成的行为场组成,即:行车安全场 = 势能场 + 动能场 + 行为场。用 E_S 表示行车安全场场强,E_R 表示势能场场强,E_V 表示动能场场强,E_D 表示行为场场强,则基于行车安全场的行车风险可表示为下式,它可以描述客观道路场景中由发生事故的可能性及严重程度确定的行车风险程度:

$$E_S = E_R + E_V + E_D$$
(3-5)

3. 行车风险演变规律

行车风险演变规律是指道路交通系统中的人、车辆、道路、环境各要素之间的作用方式,及其特定驾驶环境下互相作用所导致的行车风险动态变化及其特征。对其研究的目的在于解析行车风险随交通要素的时空演变,预测风险发展趋势并将风险控制在合理范围内,研究的核心是在厘清风险因子的基础上再探究风险因子之间的相互关系、蔓延衍生以及耦合演化[40]。人、车、路作为道路交通系统的组成要素,共同决定了行车风险的演变规律,道路交通要素的和谐交互,是保证道路交通系统安全运行的关键。因此,驾驶人行为、车辆运行状态、道路交通环境的变化情况与道路交通系统在安全、风险、事故三种状态之间的演变密切相关。现有针对行车风险演变规律的研究大多关注于风险突变导致交通事故发生的过程,即道路交通事故的发生机理[41-42],但无法揭示整个行车过程中风险演变的模式与规律。根据道路交通事故在时间维度上发展的形态特征,有研究者在事故链理论基础上提出了道路交通事故链,分析了交通或行为事件沿着不同的风险演化路径最终形成道路交通事故或临近道路交通事故的过程,并基于马尔可夫链理论研究了交通事件、行车风险状态和车辆运动状态之间的耦合关系,通过研究交通事件不同状态的初始概率和状态之间的转移概率实现了行车风险演变过程的形式化描述,如图 3-16 所示。

道路交通系统作为一个动态的开放系统,时刻与外界进行物质、信息和能量交换,在道路行车风险演化过程中,系统安全不但受驾驶人、车辆因素变化的影响,还会受到外界各种因素突变的影响,使系统原有平衡不断被打破,始终处于向新平衡态演变的趋势。客观世界中存在着两种不同的演变形式:一种是光滑连续的变化,另一种是不连续的突变。道路交通事故的发生通常伴随行车风险的突变,因此,道路行车风险演变过程存在从一种形式突然跃迁到另一不同形式的不连续变化。突变理论常用于解析这种不连续变化过程的演变规律,采用突变理论揭示系统行车风险演变规律的关键在于构建评价安全尖点突变势函数,考虑交通系统动力学特性,基于状态空间中的势函数、特征演化曲线与分叉集即可阐明行车风险演变过程中交通系统任意参数的连续变化与系统状态突变之间的因果关系。

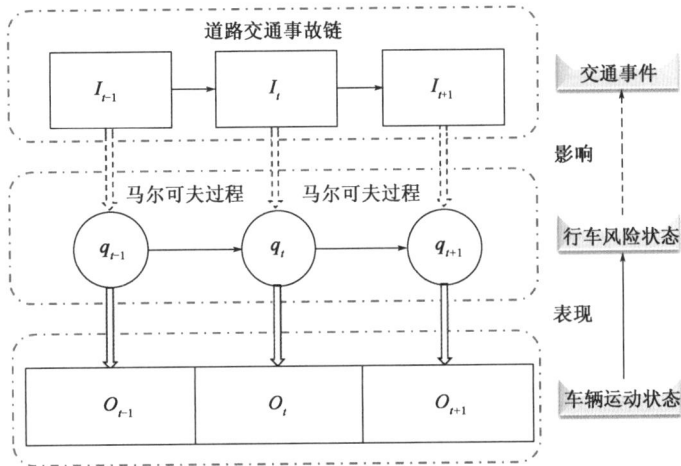

图 3-16 交通事件、行车风险状态和车辆运动状态耦合关系

行车风险演变过程伴随着交通系统的结构、状态、行为等的演变。整个行车过程可以分解为多个交通事件串联而成的连续过程,且前后交通事件间存在一定的因果关系,前一过程的结果促进了后一过程的发展,通过分析每个时间段内交通系统中各要素所处的状态,了解它们之间的相互作用关系,进而把握整个交通场景内行车风险的演变规律。以如图 3-17 所示的多车道换道避障场景为例,行车风险演变机理可利用时间-状态分析法进行阐述[42]。初始时刻,驾驶人驾驶车辆在路况良好的平直路段正常驾驶,此阶段产生的行车风险对应状态 A;当前方出现障碍(低速运动车辆),驾驶人将会开始松开加速踏板或踩下制动踏板实现车辆减速,以保持和前方障碍车的相对安全距离,由于人-车-路系统状态变化,行车风险将由上阶段状态 A 演变为状态 B;随后驾驶人持续减速过程中,车速不断降低,自车与障碍车之间的距离不断缩短,由于自车速度的变化,以及与障碍车之间距离的变化,行车风险由上一阶段状态 B 演变为状态 C;驾驶人为提高行车安全与效率,选择换道操作避开障碍,车辆行驶到路况良好的目标车道后,驾驶人操纵加速踏板,车速逐渐恢复至目标车速,行车风险将从状态 C 演变为状态 D。

行车风险在道路交通环境中时刻存在,其演变规律受交通要素及其相互作用关系影响,如图 3-18所示。驾驶过程中驾驶人通过视觉、听觉等方式观测道路交通环境,交通要素的变化将影响其操纵意图;驾驶人操纵车辆行为的变化将进一步影响车辆自身速度与交通流速在内的车辆运动学状态,同时,车辆也会对驾驶人行为特性产生影响;交通车辆状态的变化将影响交通环境,同时路况也会影响车辆的行驶性能。正是由于人、车、路之间的交互作用,任意交通要素状态的变化,都会导致行车风险的变化。

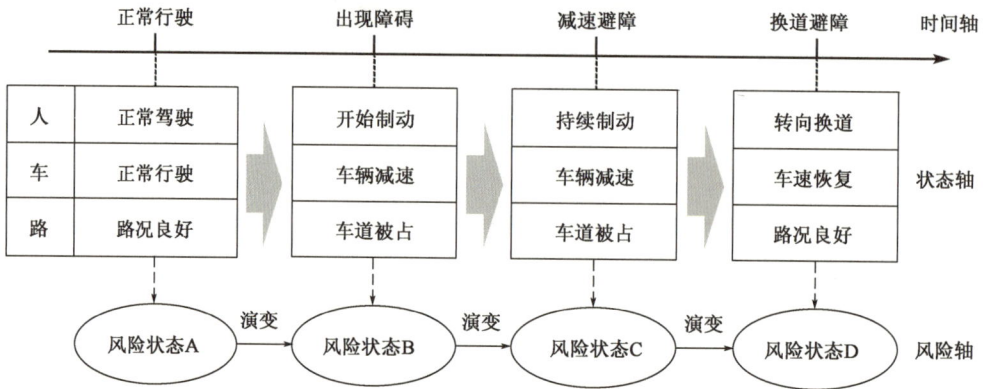

图 3-17　换道避障行车风险演变规律分析

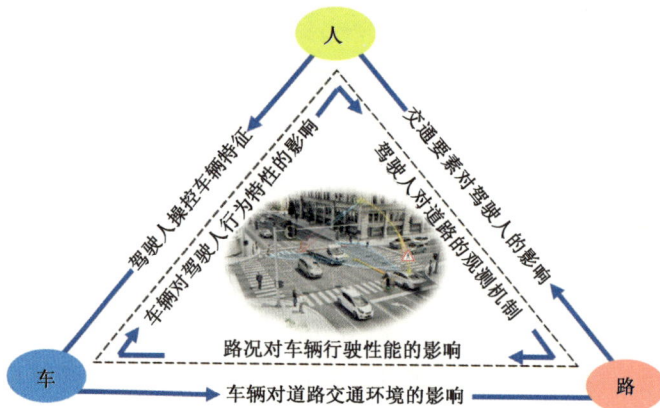

图 3-18　人、车、路交互作用关系

(二)驾驶人风险认知机制

交通场景中驾驶人主要通过视觉、听觉、触觉等来接收外界动态信息输入并对信息进行认知处理,然后输出控制指令操控车辆。不同的驾驶人行为特性复杂,存在认知、决策、操控等多个过程,特征多样,差异性大。驾驶过程决策行为受到多种外界因素影响,如道路交通环境和车辆本身的动力学特性等,而行车过程中的风险产生与驾驶人的实时操纵和交通环境的动态变化密切相关。驾驶人对各要素耦合作用的交通环境的认知会影响其决策行为,而行为输出也反映其风险认知能力。因此,为了探寻道路条件和车辆属性等诸多因素与驾驶人风险认知机制之间的关系,需要全面挖掘驾驶人风险认知特性和内在驱动决策机制。

人的行为随机性大、不确定性高,可以通过对其外部活动的观测以解决预测困难的问题,即将驾驶人行为输出理解为是从抽象认知层转化为具象行为层。例如,在车辆换道切入场景下,进行车辆的左换道、右换道以及保持当前车道等行为,也有在高速公路进行加减速、动态换道等行为以规避周边车辆的现象等,如图3-19所示。因此,驾驶人对于不同场景的风险认知过程,内在实质是抽象的认知过程,外在体现为具象驾驶行为,换言之,面对复杂动态场景时,驾驶人的不同操纵行为能在一定程度上表征驾驶人风险认知水平高低。

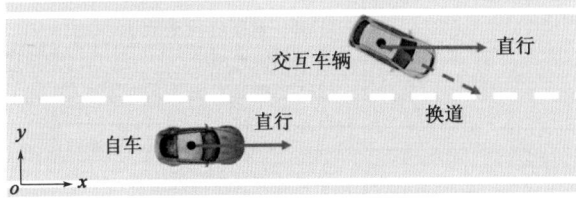

图3-19　多车交互换道行为

　　针对驾驶人认知与行为规律的研究,目前主要包括基于风险规避行为的驾驶动机模型、基于驾驶人信息处理的信息加工模型和基于控制理论建立的驾驶人行为决策模型[43]等。其中,基于风险规避行为的驾驶动机模型在20世纪60—70年代开始被提出并逐渐演化和投入实际应用,其基本假设为驾驶行为是一种自控行为,驾驶人可选择自己所能承受的风险度,以及决定行为的动机,主要包括风险补偿模型、风险阈限模型及回避风险模型等。驾驶动机模型一般通过描述驾驶人动态感知风险并进行动作输出,模拟驾驶人认知机制[44]。驾驶动机模型能反映心理认知过程,能更好地对人的特性进行模拟,但模型精确度很难保证。

　　信息加工模型以驾驶人信息处理过程的一系列阶段来进行表示,它包括感知、决策、选择反应及行为反应。早期的信息加工模型和理论方法不适用于复杂的驾驶行为,难以单独处理和分析风险认知过程,导致结果在一定程度上与实际不相符[45]。

　　基于控制理论建立驾驶人行为决策模型的发展历程长,理论基础深厚,主要从局部、整体多方面对驾驶人决策行为进行系统深入的研究,从"以人为中心"的角度上展开行为分析的理论体系和方法模型构建,主要包含了驾驶行为形成过程、操纵行为输出过程、主观决策机制及相关参数的量化方法。驾驶人行为决策模型与理论方法是驾驶风险认知理论的新探索,其与行驶目的和重要性有关的动机在整个行驶过程中都会影响驾驶行为,而对情境中所遇到的偶然、突发事件的处理可能只是由驾驶人瞬时的操纵输出来解决问题。

　　构建风险认知的基本机制和理论方法,设计风险认知模型,实现对交通事故的有效分析和精准防控,已成为该领域研究热点。因此,对驾驶人风险认知理论方法进行了系统分类,详见表3-4。

驾驶人风险认知理论方法　　　　　　　　　　　　　　表3-4

模 型 类 型	典 型 方 法	优　　点	缺　　点
驾驶动机模型	风险平衡理论	①主观风险度是一个相对稳定的参数; ②更好地控制驾驶人操纵	①群体和个体差异区分不明; ②效度高低有争议; ③驾驶模拟器试验不真实; ④模型精确度较差; ⑤无法满足复杂场景需求
	风险阈限模型	①更好地模拟驾驶人心理; ②对人的特性进行模拟	

续上表

模 型 类 型	典 型 方 法	优 点	缺 点
驾驶动机模型	风险回避模型	相比其他动机模型,准确度较高,动机明确	
信息加工模型	过滤器理论 衰减理论	①以一系列阶段来表示,可实现多阶段信息加工; ②能模拟真实场景下的驾驶人风险认知规律	①不适应复杂的驾驶行为; ②无法模拟未知场景; ③无法描述驾驶人个性
驾驶人行为决策模型	层级控制理论 一般错误模型系统 横纵向驾驶辅助模型	①提高驾驶人驾驶体验; ②提高智能车辆接受度; ③减少系统犯错可能性	①没有指出各层级之间的动态关系; ②目前研究不够成熟; ③个性分类存在困难

1. 驾驶动机模型

驾驶动机模型假设驾驶行为是一种自控行为,同时驾驶人可选择自己所能承受的风险度。风险认知关注暂时或特定的情境因素,强调个体对外部世界中存在的各种客观风险的感受和理解,同时也包括个体从直觉判断和主观感受中获得的经验对其认知的影响。而驾驶人个体是一个极其复杂的动态微观系统,影响其具体动机的多样化因素包括年龄、性别、驾驶经验、职业类型和人格等。因此,驾驶人风险认知的动机模型可用图 3-20 表征,较为经典的包括风险平衡理论、风险阈限模型以及风险回避模型三种。

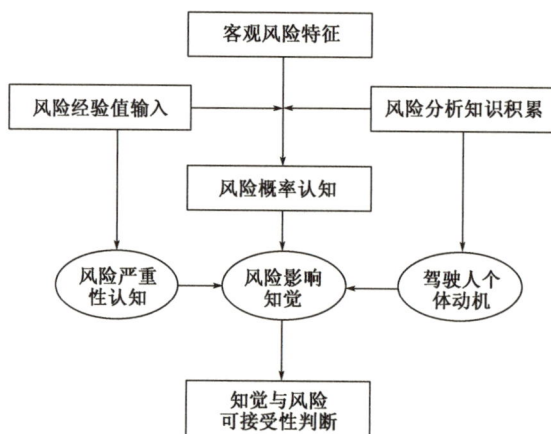

图 3-20　驾驶人风险认知的动机模型

Wilde[46]在 1976 年提出的风险平衡理论(Risk Homeostasis Theory, RHT)认为,驾驶人在驾驶过程中的主观风险水平是恒定的,为了保持这一水平,他们会通过调整自己的行为来消除行为风险与既定的主观风险之间的差异。例如,驾驶人在行车时与前车保持的车距,是由其对可能发生追尾事故的风险进行评估后决定的。1982 年 Wilde[47]进一步提出风险补偿模型(Risk Compensation Model),认为驾驶人存在一种一般的补偿机制,能对风险进行预判,并根据补偿机制来均衡道路情境与主观风险度之间的关系,实现主观知觉与风险可接受性的综合判断,最终实现主客观统一。

Naatamn 和 Summala[48]在 1976 年提出风险阈限模型(Risk Threshold Model),即零风险理论(Zero-Risk Theory)。该模型认为驾驶人在驾驶过程中的风险等级不是恒定的,驾驶人的风险控制主要是基于自身的安全裕度,如在自车与其他车辆之间保持一定的空间,以确保不会发生碰撞或剐蹭。零风险理论还认为,交通事故发生的主要原因是驾驶人主观风险阈限太高,即安全边际范围过广,难以准确地反映客观风险。风险阈限模型通常基于操作阈限的安全系数来保证行驶安全,其中,安全系数以车辆与危险事件的时间间隔、空间距离来确定。

Fuller[49]于 1984 年提出风险回避模型(Risk Avoidance Model)。该模型假设抵达目的地和避免风险是驾驶人的两种主要动机。风险回避模型与零风险模型的相似之处在于二者均认为驾驶是动机的反映,但不同之处在于,风险回避模型是基于行为主义学习理论的,即人们在驾驶过程中面对一些危险情况时,采取一些有效的措施来避免事故的发生,在不同危险情况输出不同的应急行为,能在一定程度上体现驾驶人学习能力。

2.信息加工模型

信息加工模型主要指驾驶人在识别潜在危险过程中,会接收大量外界刺激信息,评估行车风险程度,选择性筛选部分有效信息,最后执行可行的行为策略以应对潜在行车风险。该模型重视在外界刺激过程中的信息筛选与反馈机制。经典的信息加工模型包括过滤器模型和衰减模型。驾驶人信息加工过程如图 3-21 所示。

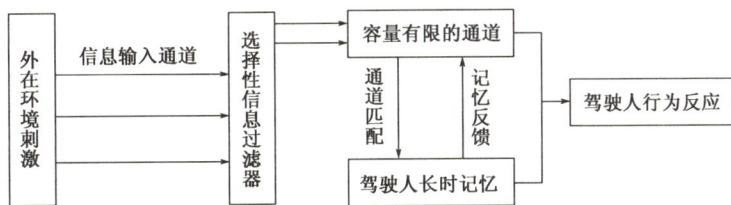

图 3-21　驾驶人信息加工过程

英国心理学家 Broadbent[50]在 1958 年提出过滤器模型,该模型观察到,个体的神经系统同时处理信息的能力非常有限,需要过滤器来防止中枢神经系统负担过重。因此,信息加工模型以一系列阶段来表示,它包括感知(接收外在环境刺激)、决策(信息过滤器)、选择反应及行为反应(记忆反馈)。在过滤器模型中,许多通道只接通一个,因此有人称这种模型为“单通道模型”。

1960 年,美国心理学家 Treisman 提出了衰减模型来修正过滤器模型[50]。根据这一模型,实际的信息处理过程通常会衰减而不是切断部分未聚焦的信息,重要的信息仍然可被提前处理并反映到意识中。虽然上述理论对注意力的选择机制都作了各具特色的研究,但尚未深入揭示注意过程的内部过程和阶段,难适应复杂驾驶人系统信息处理和风险认知过程[51]。

3.驾驶人行为决策模型

近年来,国内外学者对驾驶人行为决策模型进行了大量的研究,取得了丰富成果[52]。这些研究旨在发现驾驶人行为决策的影响因素、影响方法和表现特征,以便研究人员对决策输出做出合理解释,同时提高驾驶安全性,降低事故发生率。驾驶人认知、决策行为的影响因素主要有驾驶技能、风险敏感度、行车环境等方面,例如,驾驶经验较少的驾驶人相比于驾驶经验较多的驾驶人通常更容易引发交通事故[53]。驾驶人风险认知和行为决策过程如图 3-22 所示。驾驶人行为决策模型主要通过操纵行为输出(包括手、脚输出的控制指令,如加速、制动、转向等)来表征风险认知水平,通常能够支持智能车辆控制。

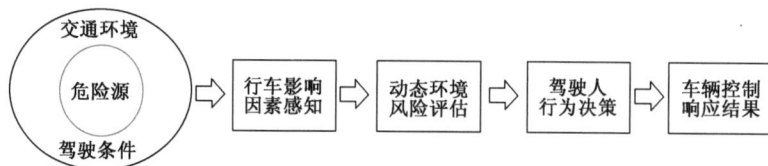

图 3-22　驾驶人风险认知和行为决策过程

有研究学者在 2011 年运用结构方程模型(Structural Equation Modeling,SEM)[54]对驾驶人的危险感知能力进行分析,发现了不同驾驶人的风险感知能力对认知、决策行为过程具有明显的影响。对于个体驾驶人而言,其操控行为和认知特性也能反映驾驶人风险感知的能力。当展开对风险认知的系统研究后,用于驾驶人的系统性风险认知模型也逐渐应用推广[55]。该模型能对交通环境中的风险作出有效反应,具体包括风险识别、风险评估、行为选择和行为执行四个过程。在系统分析驾驶人行为的基础上,有研究者进一步细化人的行为,将其分成技能基行为、规则基行为和知识基行为三类:技能基行为主要包括各种图式的学习程序;规则基行为指规则自动化的行为表现;知识基行为指有意识地解决问题,具备未知情境探索能力。

也有研究学者从车辆层和驾驶人层两个层次对驾驶人风险认知和行为决策过程展开叙述。其中,车辆层中,驾驶人经历的驾驶事件是指在行车过程操纵输出,包括加速、减速、换道等,表征为不同驾驶模式。在驾驶人层,驾驶行为主要强调驾驶人的内在特性(如驾驶技能、驾驶风格等)影响行为决策输出的过程。

总体来说,现有对驾驶人认知与行为规律研究的成果通常仅能体现驾驶人整体驾驶行为及认知过程之间的关系,而对驾驶人个体之间的认知与行为决策的差异性关注较少。行车风险产生是一个多维多元过程,具体包括在感知、认知、决策等多个维度,其中,感知不足会影响人对车速、位置、道路和交通标志的判断,导致风险源输入信息不准确;认知不足导致人对风险及其变化规律的理解出现偏差;决策不足导致在风险规避行为选择和路径生成过程难以制定正确策略;操控不足导致动作不到位而引发风险行为。其中,感知、认知、决策和人的风险行为是间接作用关系,而操控和人的风险行为是直接作用关系,然而任意阶段出现异常都会诱发行车风险。

不同风格的驾驶人受自身个性特征和交通场景特征的影响,对同一交通场景中的实际和潜在危险有不同的主观认知、评价和相应的驾驶反应。因此,并非所有驾驶人在遇到相同的驾驶危险时都具有相同的危险感知能力水平。对于相同的交通危险场景,危险感知水平高的人和危险感知水平低的人感知的信息存在差异。危险感知水平高的驾驶人可以通过识别现场潜在的危险状态来避免危险,使自己处于安全驾驶状态。

4. 驾驶人风险认知过程

驾驶人是道路交通系统信息的处理者、决策者、调节者和控制者。随着驾驶行为研究的不断深入，驾驶人风险认知成为研究重点。国内学者对"Risk Perception"的翻译有"风险感知""风险认知""危险感知"和"危险知觉"等多种。其内涵的相关描述较为多样化，其中，危险知觉是指驾驶人大脑对感觉到的外部信息加工后进行识别的心理作用过程。而最准确的翻译为风险认知，其内涵可界定为驾驶人对交通情境中潜在客观风险的主观理解与判断，并及时反馈产生行为决策。风险认知能力影响驾驶人的认知、判断和决策能力，从而影响驾驶安全，不同的情景对于驾驶人的风险认知能力有着不确定的影响。评估驾驶人风险认知能力是对其道路交通情境读取能力的考察，即驾驶人辨别、预测和评价不同交通场景下危险情境的能力。驾驶人的技能、偏好和驾驶"风格"差异大，同时在交通系统中，驾驶人之间存在复杂交互，不恰当的风险认知导致驾驶人无法识别或忽视危险情况，或采取危险的驾驶行为。因此，进行驾驶人风险意识与驾驶行为关系的研究，解析驾驶人风险认知过程有助于深入分析有关交通事故的成因，也有利于从根源上减少事故的发生。同时，也可以利用研究结果为驾驶辅助系统制定必要的干预或改进措施，以实现安全高效的自动驾驶系统[56]。

驾驶人风险认知过程如图 3-23 所示，即从驾驶人视角出发，在复杂人-车-路耦合系统中，基于驾驶人认知特性（如观测、判断）等个体差异性进行行为推理，输出驾驶人实时操纵行为，同时结合驾驶人视觉特性表征道路交通环境的动态干扰过程，探究人、车、路耦合因素对驾驶人风险认知的作用机制，进而提炼风险认知机制。可以看出，风险产生主要是由于驾驶人实时操纵和交通环境动态干扰两方面导致。主客观风险进行交互，形成驾驶人风险认知心理投影，最终输出综合风险程度。当风险高于所设定安全阈值时，就会造成潜在交通事故。因此，基于该角度，定义风险认知为从驾驶人视角描述动态交通环境中各要素作用于驾驶人风险认知的心理投影面积。

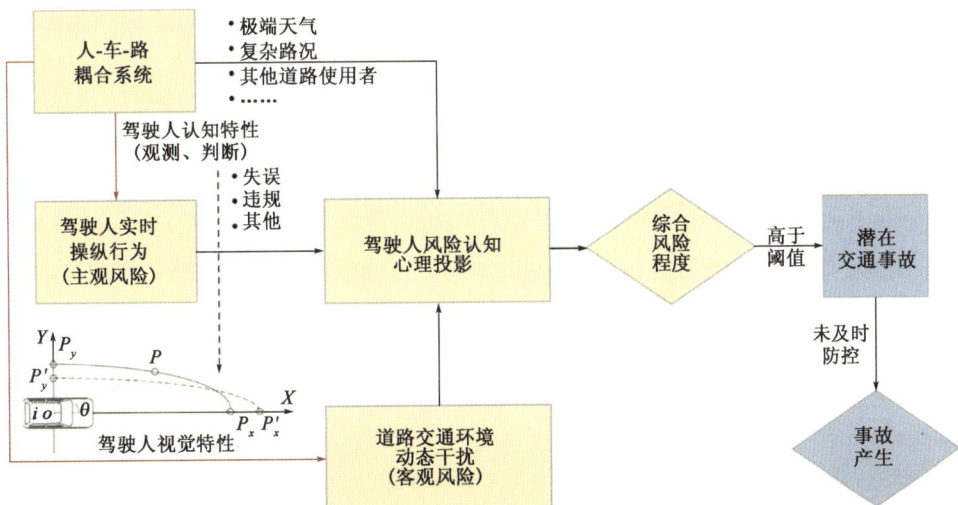

图 3-23 驾驶人风险认知过程

　　基于图3-23,可提出一个综合描述微观动态交通的通用数学框架,其中,微观交通环境的动态性是由在复杂的、部分可观察的环境中运行的多个相互作用的驾驶人决策行为产生的。该框架是离散时间多主体部分可观测随机博弈(Partially Observable Stochastic Game,POSG)。考虑任一交通场景,将驾驶人风险认知构建为物理状态 $x_i^{(t)}$ 和内部状态 $b_i^{(t)}$。其中,物理状态描述了驾驶人所驾驶车辆的位置、方向和车速等状态,而内部状态包含了驾驶人的导航目标、行为特征和基于周围环境产生的"心理模型"等属性。如图3-24所示,图形模型的每一层都对应一个不同驾驶人,时间从左到右增加。线条表示信息流的方向。其中,$x_{id}^{(t)}$ 为驾驶人 id 物理状态,$b_{id}^{(t)}$ 为内部状态,$u_{id}^{(t)}$ 为控制动作,$z_{id}^{(t)}$ 为观测值,$x_{id}^{(t+1)} \sim F_{id}(x_{id}^{(t)}, u_{id}^{(t)})$ 为状态转移函数,$z_{id}^{(t)} \sim G_{id}(x_1^{(t)}, \cdots, x_n^{(t)})$ 为观测函数,$b_{id}^{(t+1)} \sim H_{id}(b_{id}^{(t)}, z_{id}^{(t)})$ 为内部状态更新函数,$u_{id}^{(t)} \sim \pi_{id}(b_{id}^{(t)})$ 为策略函数。

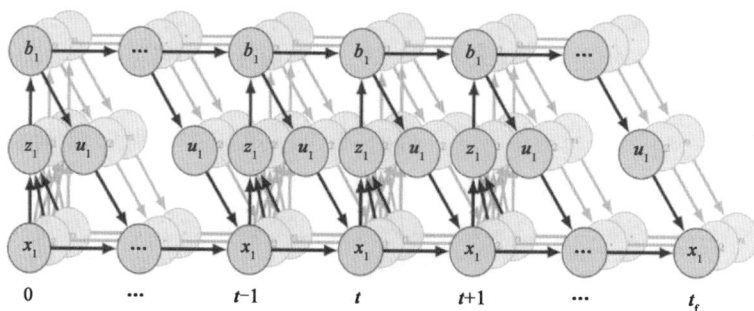

图 3-24　多主体部分可观测随机博弈框架

　　设 $z_{id}^{(t)} \sim G_i(x_1^{(t)}, \cdots, x_n^{(t)})$ 表示潜在的非确定性过程,通过该过程,驾驶人 id 在时间 t 观察周围环境。定义 G_{id} 为观察点函数,而 $z_{id}^{(t)}$ 是观察值。一般来说,驾驶人 id 仅部分观察到环境(即 $z_{id}^{(t)}$ 有损耗或缺失)。当驾驶人 id 处理每个新观察到的信息时,它的内部状态会随着时间而演变。因此可用 $b_{id}^{(t+1)} \sim H_{id}(b_{id}^{(t)}, z_{id}^{(t)})$ 来描述这个过程,其中 H_{id} 是内部状态更新函数。在每个时刻,驾驶人 id 选择一个控制动作 $u_{id}^{(t)}$,根据 $u_{id}^{(t)} \sim \pi_{id}(b_{id}^{(t)})$,其中 π_{id} 被称为策略函数,其参数反映了决策源于驾驶人内部状态的事实。根据 $x_{id}^{(t+1)} \sim F_{id}(x_{id}^{(t)}, u_{id}^{(t)})$,状态随时间演化,其中 F_{id} 是离散时间随机状态转移函数。

　　POSG模型本质上近似于在驾驶人决策和控制中可能涉及的特定驾驶人风险认知建模任务,具体包括状态估计、意图估计、特征估计、运动预测和风险认知。状态估计是驾驶人提取物理环境状态的一致估计的过程,包括周围车辆的当前物理状态 $x_{1:n}^{(t)}$。该估计可以是确定性的,或者它可以通过参数(如高斯分布)或非参数(如粒子分布)的概率分布反映不确定性。状态估计是对驾驶人环境进行有效推理的途径,也就是说,所有其他建模任务都是基于它所推断的信息。意图估计是自车驾驶人推断周围车辆在不久的将来会做什么的过程,通常涉及计算周围车辆在当前情况下可能执行的有限组未来潜在行为模式的概率分布——对应于不同的导航目标(如换道、超车)。意图估计主要是关于驾驶人试图做什么的原因,而特征估计是关于影响驾驶人如何做的因素。广义而言,特征包括技能、偏好、风格以及驾驶疲劳、注意力分散等属性。在POSG框架中,特征估计可以解释为根据观察到的驾驶行为推断驾驶人策略函数 π 的"参数"的过程。运动预测是驾驶人判断周围车辆的未来物理状态 $x_{1:n}^{(t+1:t_f)}$ 的过程。其是驾人行为建模的关键任务,因为周围环境中其他车辆的状态推理会直接影响自车的运动规划。有效的预测过程通常需要状态估计、意图估计和特征估计。风险评估包括量化给定场景中固有的风险。风险评估在高等级驾驶人辅助系统(ADAS)中尤为重要,它必须决定是否、何时以及如何干预。风险评估从根本上与运动预测和其他核心任务相关联,因为风险是对一个或多个驾驶人未来运动"不安全"程度的衡量。

因此,通过 POSG 框架可以在一定程度上构建驾驶人风险认知机制,即基于明确定义相关的状态空间、动作空间、观察空间和内部状态空间以及与其模型相关的状态转移函数、观察函数、策略函数和内部状态转移函数,数学化描述驾驶人风险认知的整个过程。

(三)驾驶人风险响应决策机制

驾驶人对风险认知结果的响应不当是威胁车辆运行安全的重要因素,本节主要提炼驾驶人操纵行为特征,揭示驾驶人风险响应机制,阐明驾驶人驾驶行为决策动因,为行车事故致因机理研究提供基础理论支撑。

1. 驾驶人操纵行为特性

驾驶人驾驶行为指在对信息进行感知、综合、判断、推理、决断之后,通过神经肌肉的反应产生汽车所需要的方向控制、驱动控制、制动控制等操纵动作,具有强随机性、自适应性、离散性和时变性等特点。具体地,驾驶人操纵行为主要包括以转向操纵为主的横向驾驶行为和以制动、驱动操纵为主的纵向驾驶行为,是应对外界环境及车辆自身状态所采取的应激行为。

认识和理解驾驶人操纵行为规律是实现自动驾驶汽车"学习人、模拟人、超越人、服务人"的重要一环,也是实现自动驾驶汽车拟人化操控的重要前提基础。因此,为充分解析驾驶人操纵行为规律,下文将基于实车自然驾驶数据,剖析驾驶人换道和跟车过程中的典型操纵特征参数演变规律,以示例性说明驾驶人驾驶过程所遵循的操纵行为机制。

自然驾驶数据集的场景及其质量对于客观分析驾驶人驾驶行为至关重要,德国亚琛工业大学汽车工程研究院发布的 HighD 数据集,公开了较为全面的自然车辆轨迹数据。为此,聚焦于高速跟车与换道场景下的驾驶人操纵行为特性分析,在公开的数据集中提取出 3600 多条完整的换道轨迹,对该场景下车辆换道过程中的侧向位移、侧向速度和侧向加速度的时间响应分析发现,车辆换道过程中的最大侧向加速度、最大侧向速度与换道时间和换道过程中的侧向位移存在如下关系:

$$a_{y\_max} = \frac{k_1 d}{t_f^2} \tag{3-6}$$

$$v_{y\_max} = \frac{k_2 d}{t_f} \tag{3-7}$$

其中,a_{y_max} 和 v_{y_max} 分别为换道过程中的最大侧向加速度和最大侧向速度,这两个物理量反映的是换道过程中的安全性(舒适性)与换道效率;k_1、k_2 为调节参数,可通过数值优化算法根据实测数据进行标定；t_f 为换道时长；d 为换道过程中的侧向位移。进一步，为实现安全性、舒适性与换道效率的综合度量，对上式整理可得：

$$\frac{a_{y\_max}d}{v_{y\_max}^2} = \frac{k_1}{k_2^2} = k \tag{3-8}$$

在换道过程中的最大侧向位移已知的前提下，侧向加速度最大值越小、侧向速度最大值越大，k 指标的数值越小，表明该换道过程的安全性更高、舒适性更好、换道效率更高，即换道过程的综合性能越好，也即三种性能的协调平衡能力越高。综上所述，k 指标能够从物理意义上直接反映出驾驶人横向操纵行为所遵循的多性能平衡机制，具体如图 3-25 所示。

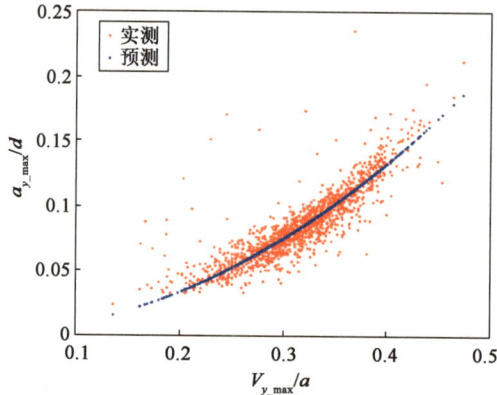

图 3-25　驾驶人横向操纵下车辆最大侧向速度与最大侧向加速度的关系

因此，在侧向运动学的视角下，观察并提炼驾驶行为数据，可基于驾驶人对安全、舒适和效率等多性能平衡的协同机制，提出侧向操纵行为的定量评价指标 I_{lat}，并将此指标定义为侧向量化平衡指标（Lateral Quantification Balance Index，LQB Index），以实现对驾驶人的侧向驾驶操纵行为的量化评价[57]。该指标为无量纲定量评价指标，能够综合评估候选换道轨迹的几何性能、运动性能和驾驶人操作的转换效率，具体表现为：

$$I_{lat} = \frac{a_{y\_max}d}{v_{y\_max}^2} \tag{3-9}$$

类似地，通过分析数据集中的车辆纵向运动信息发现，驾驶人纵向操纵行为遵循车头时距和逆距离碰撞时间（Inverse TTC）不变的操纵机制，具体表现为

$$a_x = k_1\tanh(k_2 \times RP + k_3) + k_4 \tag{3-10}$$

$$RP = \frac{k_5}{THW} + \frac{k_6}{TTC} \tag{3-11}$$

其中，THW 和 TTC 分别为车头时距和距离碰撞时间；$k_i(i = 1,2,3,4,5,6)$ 为待标定的参数。通过分析上述数据集发现，车辆跟车行驶过程中，制动强度总是大于加速强度，产生此现象的原因有两个，首先，加速过程中，随着车速的增加，风阻越大，导致车辆的纵向加速度有所削弱；其次，驾驶人对风险的响应通常比对行车效率的响应来得及时和迅速，因此，驾驶人踩踏制动踏板的强度和幅值会大于驾驶人踩踏加速踏板的强度和幅值。

以上主要分析了高速平直公路场景驾驶人横、纵向操纵行为所遵循的多性能平衡机制，其他复杂场景下的驾驶人操纵行为特性则有待于进一步的研究与探索。

2. 驾驶人风险响应机制

驾驶人风险响应是指驾驶人在对行车风险的产生及演变评估后,根据各类风险的大小而采取的相应对策,具有显著的差异性特征。具体地,驾驶人风险响应在行为层面主要包括直行、换道、掉头、停车等;在操控层面主要包括加速、减速、转向等,是驾驶人应对行车风险所采取的措施。

探明驾驶人风险响应机制是实施驾驶辅助、安全预警等的理论基础,也是提高驾驶辅助系统或自动驾驶系统宜人性的重要前提。直道行驶是常见的驾驶工况,加减速是常见的驾驶操纵,本节将聚焦驾驶人纵向风险响应机制的揭示,以自然驾驶数据为基础,通过建立行车风险与驾驶人响应的映射关系,探究驾驶人在纵向风险作用下所遵循的响应机制。

基于多种跟驰场景下的驾驶人自然驾驶数据和行驶环境信息,建立行车风险量化与驾驶人响应的映射模型,探究驾驶人在响应与行车风险的作用规律,揭示其响应机制[58]。具体地,在风险表征方面,建立类电荷的风险场模型,并在分析距离、车辆运动状态及交通规则对风险分布特征影响的基础上,建立多元风险场强矢量表征模型,即:

$$a_{R,ji}^* = \frac{E_{ji}}{V_i} = \frac{V_j \cdot D_{ji}^* \cdot D_{mot,ji} \cdot D_{1m,ji}}{V_i} \tag{3-12}$$

其中,E_{ji} 是交通单元 j 在 i 处产生的风险场强度矢量;V_i 和 V_j 是交通单元 i 和 j 的风险量;D_{ji}^* 是基于距离的风险分布强度矢量;$D_{mot,ji}$ 是基于运动状态的风险分布特征系数,$D_{1m,ji}$ 是交通规则形成的风险过滤系数,分别可表示为

$$V = T \cdot m \cdot \left[1 + k_1 \left(\frac{v}{v_{limit}} \right)^2 \right] \tag{3-13}$$

$$D_{ij}^* = \varepsilon_{ij} \frac{r_{ij}}{|r_{ij}|^2} \tag{3-14}$$

$$D_{mot,ij} = \exp[|v_{ret}| \cdot \cos(\theta)] \tag{3-15}$$

$$D_{1m,ij} = \begin{cases} T_{1m} \cdot \cos\left(|r_p| \cdot \frac{\pi}{3w} \right), r_p > \frac{w}{2} \\ 1 \qquad\qquad , r_p \leq \frac{w}{2} \end{cases} \tag{3-16}$$

其中,v_{limit} 为极限行驶速度,受交通规则及车辆性能影响;k_1 为速度修正系数,m 为交通单元质量;T 为交通单元类型系数,受载运物特性及车辆外形等影响;r_{ij} 为 i 指向 j 的距离向量;ε_{ij} 为待定常系数;$v_{ret} = v_i - v_j$ 为交通单元 i 和 j 的相对速度矢量;$\theta < 180^o$ 为相对速度与距离向量 r_{ij} 的夹角;T_{1m} 为车道线类型;r_p 为车辆所处位置指向车道中心线的距离向量;w 为车道宽度。因此,多元交互场景交通单元 i 所受到的风险作用强度为:

$$a_{R,i}^* = \sum_{j=1}^{N_u} a_{R,ji}^* \tag{3-17}$$

其中,N_u 为环境中与交通单元 i 发生风险交互的其他交通单元的总数。研究表明驾驶人操纵行为与行车综合风险之间存在一定的迟滞效应,即某时刻驾驶人风险响应是当前时刻及

过去一段时间风险共同作用结果,计及车辆历史风险作用,交通单元所受到的综合风险作用强度可修正为:

$$a_R = a_R^* \otimes H(n) \tag{3-18}$$

其中, $H(n)$ 为长度为 n 帧的半汉宁窗函数。通过 n 的设置可实现对历史风险作用融合考虑,最终获得的车辆纵向加速度矢量与归一化综合风险作用强度的关系如图 3-26 所示,风险点云划分为安全区、转折区和风险区三部分。随着风险强度的增加驾驶人驾驶行为由加速逐渐变为制动,将均值曲线上加速度为零的点定义为平衡点,则其横坐标所对应的即为风险强度的均衡值。均衡值刻画了驾驶人对于风险的响应策略,表征了驾驶人可以接受并倾向于维持的风险水平,是驾驶人固有驾驶状态的体现。驾驶人实际驾驶过程中受到多种因素影响,整体而言,驾驶人对风险的实际响应均在平均响应策略附近波动,可见图中置信区间结果[59]。驾驶人风险响应机制可概括为:在风险较小时驾驶人倾向于采取加速行为实现高效驾驶,在风险较大时驾驶人倾向于采取制动行为以保证行车安全。

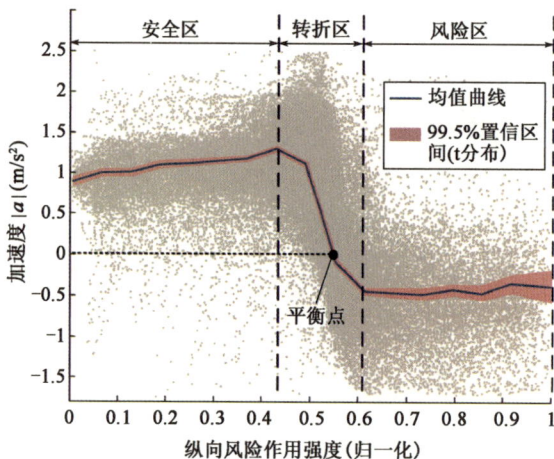

图 3-26 驾驶人操纵下的车辆响应与综合风险强度映射关系

以上分析了跟驰场景下驾驶人纵向风险响应所遵循的机制,关于其他复杂场景驾驶人风险响应机制有待进一步的研究与探索。

3. 驾驶人决策机制

驾驶人决策是指驾驶人为了实现驾驶目标,根据客观的可能性,在掌握一定信息和驾驶经验的基础上,借助相应的工具、技巧和方法,对影响目标实现的因素进行考量、判断、选优后,对车辆下一步行动作出的决定。它是驾驶人思维过程和驾驶行为相结合的产物。

深刻剖析驾驶人决策形成的内在动因,学习和总结人类的决策智慧,有助于指导智能汽车的自主决策。本节基于大量自然驾驶数据,开展能够客观反映驾驶人决策的特征参数分布研究,探寻驾驶人决策机制的根本遵循。

首先,采集驾驶人在没有驾驶辅助系统(ADAS)情况下自由行驶、跟驰、换道等自然驾驶数据,以期涵盖多数驾驶场景,试验路线如图 3-27 所示,包括高速公路和城市道路;其次,采集数据包括 GPS 和车辆 CAN 总线数据,共计 32.5h 有效实验数据。统计的驾驶人横纵向操控行为的分布,如图 3-28 所示,具体包括车辆的车头时距、横向位置及加速度分布规律。

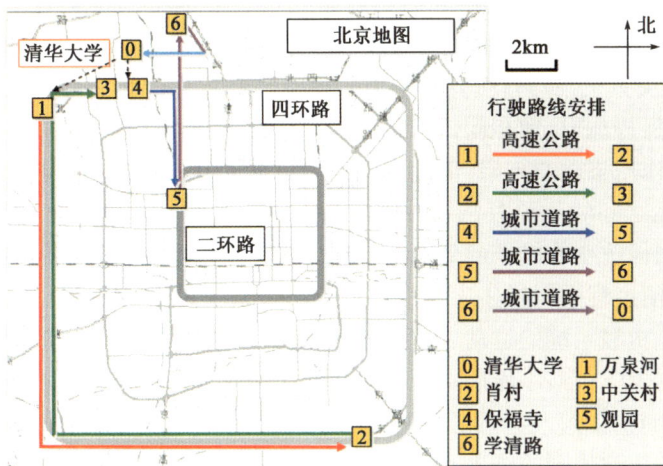

图 3-27 试验路线

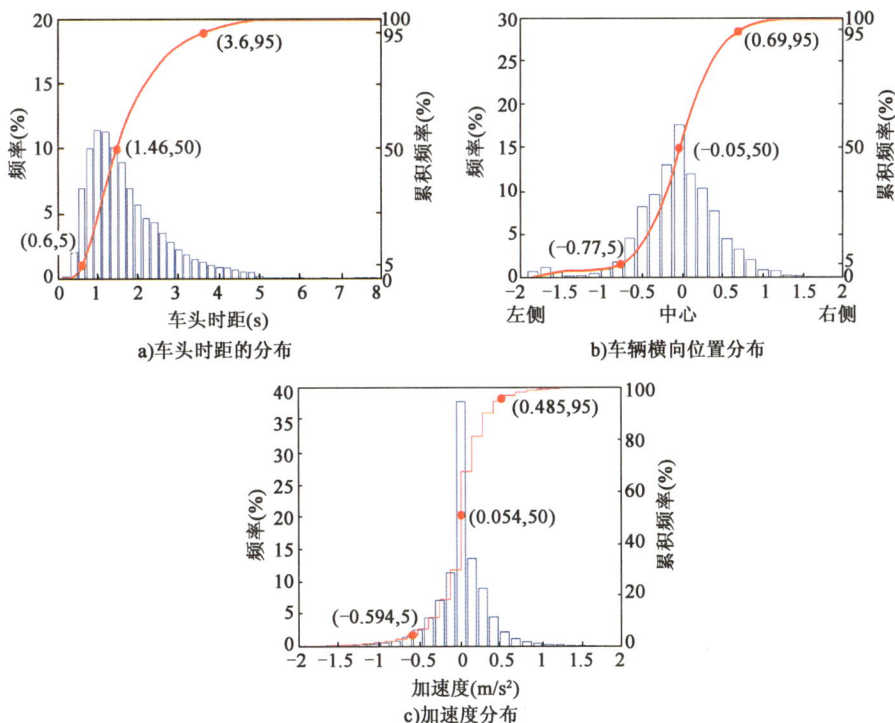

a)车头时距的分布

b)车辆横向位置分布

c)加速度分布

图 3-28 驾驶人纵横向驾驶特性

试验结果表明,90% 车头时距集中在 0.6 ~ 3.6s,90% 车辆中心线与车道中心线距离保持在 −0.77 ~ 0.69m(负号表示向左),90% 加速度分布在 −0.594 ~ 0.485m/s²,并且体现出一定的极值现象。这些数据反映出,纵向上,驾驶人习惯保持一定的车头时距,加速度力图稳定在

$a = 0\text{m/s}^2$；横向上，车辆与车道中心线的距离基本保持稳定，特征参数的极值既反映了驾驶人的行为特性，又体现了驾驶人的决策目标。通过上述分析，驾驶人决策输出的根本原因是其"趋利避害"的决策机制，其基本策略和原则就是获得较高的机动性和安全性（即"利"）的同时，避免碰撞和违章（即"害"）。

"趋利避害"的决策机制与自然界中的极值现象具有极大的相似性。以水珠为例，忽略重力的情况下水珠会保持球形，即相同体积的所有立方体中球的表面积最小；如果考虑重力，则球形水珠在重力的作用下重心下降，但表面张力尽可能使其保持球形，因而最终呈现为椭球形（不考虑液体与地面之间的分子力）。另外，对于两端固定、自由下垂的绳索，其最终状态即系统重心最低，无论如何改变铁链子的形状，得到的重心总会比真实情况高。物理学中常采用最小作用量原理对极值过程进行描述。最小作用量原理是一种变分原理，在应用于机械系统的作用量时，可得到此机械系统的运动方程。鉴于驾驶人"趋利避害"决策机制与自然界极值现象的相似性，借鉴物理学中最小作用量原理对驾驶人的决策操纵机制进行阐释。

驾驶过程中车辆将受到人-车-路闭环系统三方面作用：①驾驶人期望目标的驱使；②动态交通环境的影响；③交通规则的约束。由于交通流总是像物体进行自由落体运动一样朝着某一确定的方向定向移动[60]，因此将车辆的运动类比为小球从 U 形槽的顶端向下滚动的过程，即驾驶人驾驶的物理模型，如图 3-29 所示。小球在向下滚动的过程中，将对应受到三类力的作用：①由驾驶目标驱动的虚拟驱动力；②由动态交通环境影响的虚拟风险外力；③由交通规则产生的虚拟约束阻力。三类力的作用构成了驾驶过程的虚拟力学系统，其中，定义虚拟驱动力为 G_i，$G_i = m_i g\sin\theta_i$，且 U 形槽的倾角 θ_i 与驾驶人的期望速度或者对机动性的期望有关，由纵向上的 $\theta_{i,x}$ 和横向上的 $\theta_{i,y}$ 两部分组成，当 $\theta_{i,y} \neq 0$ 时，小球会产生横向运动，即对应于车辆的换道行为。根据欧拉角坐标系转换原理，三者之间的关系满足：

$$\theta_i = \arccos(\cos\theta_{i,x} \cdot \cos\theta_{i,y}) \tag{3-19}$$

当车辆换道时，θ_i 略微增加，对应的 G_i 也略增加，符合驾驶人在真实驾驶过程中加速换道的行为。另外，驾驶人在驾驶过程中一定会面临诸如障碍物、恶劣道路条件和不良天气等不利影响。此处将上述不利影响描述为 U 形槽中的一些小凸起，如图 3-29 中用蓝色圈标记出来的部分所示。

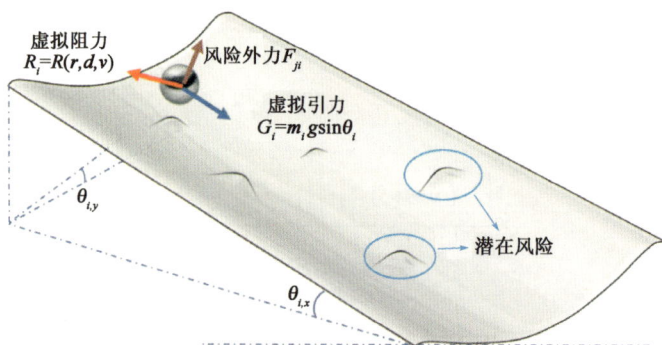

图 3-29　驾驶过程的物理模型及受力分析

另外，实际交通过程中由于交通规则的约束（如速度限制 v_{limit}），驾驶人常希望避免违章，定义虚拟约束阻力 R_i，表征交通规则对驾驶人的约束作用。例如，当车辆停止时，即 $v_i = 0$，

虚拟约束阻力 $R_i = 0$,此时,驾驶人对机动性的期望最高;若车辆加速至道路限速时,即 $v_i = v_{\text{limit}}$,虚拟约束阻力 $R_i = G_i$, G_i 是行车过程中,驾驶人对机动性的要求所产生的虚拟引力。此时,代表驾驶人对机动性要求的虚拟引力与虚拟约束阻力平衡;若因某种随机扰动导致车辆继续加速,即 $v_i > v_{\text{limit}}$,则虚拟约束阻力 $R_i > G_i$,驾驶人此时需要减速以避免超速违章。

因此,基于上述过程的物理模型及其虚拟力学系统,按照最小作用量原理定义,有:

$$S_i = \int_{t_0}^{t_f} L_i \mathrm{d}t \tag{3-20}$$

$$L_i = T_i - U_i \tag{3-21}$$

其中, S_i 为驾驶过程中驾驶人"趋利避害"的作用量; t_0 为起始位置的时刻; t_f 为到达目的地的时刻; L_i 为驾驶过程中的系统拉格朗日量; T_i 和 U_i 分别为驾驶人所驾驶车辆的动能和势能,其中, U_i 为如图3-29所示的物理模型中 R_i 、 G_i 和 F_{ji} 的合力形成的势能。

根据上文分析,驾驶人"趋利避害"的决策机制是驾驶人在驾驶过程中始终希望获得较高的机动性和安全性并避免碰撞和违章。由式(3-20)可知, $t_f - t_0$ 越小则机动性越高,即通行时间越短,效率越高。从式(3-21)所示的系统拉格朗日量表达式可看出,动能 T_i 具有两层含义:①通行效率,动能越大则速度越大,行驶相同距离所需要的时间则越小,通行效率越高,反之亦然;②行驶安全性,在驾驶过程中,当机械故障、人的失误或环境因素造成车辆失控时,车辆速度越大,行车风险越大。因此,增大动能(速度)一方面能提高通行效率,但另一方面也显示出其存在安全隐患。

势能 U_i 代表了交通环境对车辆造成的影响, G_i 代表了驾驶人在当前道路环境中对机动性的追求,即代表了驾驶人对效率的追求。在驾驶过程中, G_i 产生的势能 $U_{i,G}$ 一直在降低,用以提高车辆的动能以及克服虚拟阻力 R_i 的势能 $U_{i,R}$ 和风险外力 F_{ji} 产生的势能 $U_{i,F}$ 。虚拟阻力 R_i 产生的势能 $U_{i,R}$ 直接反映驾驶人是否超速违章;风险外力 F_{ji} 产生的势能则直接影响了行车安全性,例如跟车时,相同车速下,后车越接近前车,则受到前车的风险外力则越大,势能也越大,受到的风险也越大。即在行驶过程中,若 $U_{i,R}$ 增加,说明违章的可能性增加,则需要降低 T_i 以避免违章;若 $U_{i,F}$ 增加,说明行车风险增加,则需要降低 T_i 以避免追尾前车或操控车辆行驶至 $U_{i,F}$ 低的位置上去,即车辆表现出制动行为或换道行为,使得系统拉格朗日量变小,作用量降低。

安全和效率是驾驶人驾驶过程中的基本作用量,其越接近理论的最小作用量,安全和效率则越高。由于安全和效率互相制约和耦合,驾驶人的驾驶策略往往是既要保证安全,又要尽可能地提高效率,决策的理想目标是安全和效率达到最佳平衡,使两者综合性能最优。因此,基于最小作用量原理,驾驶人"趋利避害"的决策机制可以描述为驾驶人期望以最低的风险(安全最高)、最短的时间(效率最高)到达目的地[61]。

三、行车事故发生机理

在复杂行车环境下,受道路几何、附着条件、周围车辆及道路设施的制约,车辆一方面可能由于附着力的不足发生动力学的失稳;另一方面也会因为行车冲突处理不当或不及时发生碰撞,因此,行车事故致因机理围绕动力学失稳机理和碰撞冲突机制展开。本节围绕两种致因的形式、分析方法及安全边界,阐明动力学失稳和运动学碰撞产生机制,进一步分析失稳与碰撞风险耦合机制及内在联系,探明事故发生过程的关键因素与事故致因,剖析典型道路交通行车事故发生机理,展望行车事故发生机理的研究趋势,具体如图3-30所示。

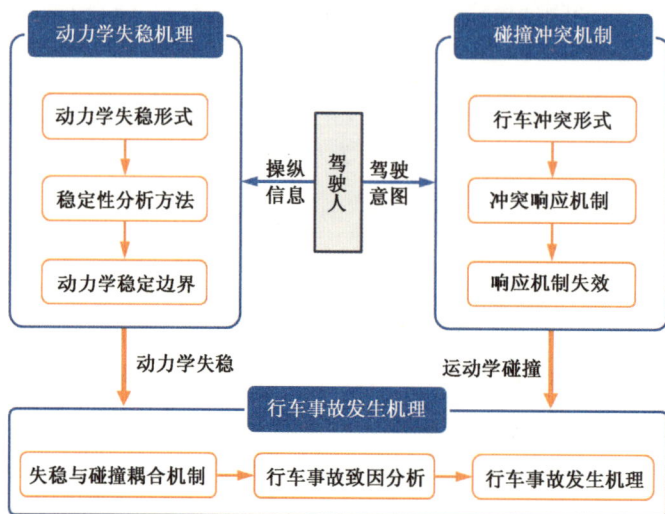

图 3-30　行车事故发生机理

(一)行车失稳机理

行车稳定性是指汽车在行驶过程中受到外部干扰后,能自行恢复其原行驶状态和行驶方向,不致发生失控、侧滑及侧翻等危险的能力。汽车的稳定性主要取决于道路条件、车辆结构参数、驾驶人操作等因素,车辆动力学失稳是人、车、路等要素共同作用的结果,也是闭环系统失稳的表现形式之一。

1.动力学失稳形式

常规车辆的失稳主要是由于附着力的不足而发生的侧滑、甩尾等,具体表现为:当后轴附着力不足时,车辆会发生甩尾失稳;当前轴附着力不足时,车辆会发生侧滑失稳。对于质心较高的重载车辆,常因转向或其他原因导致的轮胎左右垂向载荷分布不均、侧倾角增大、侧向加速度增大等造成侧翻失稳,通常以垂向载荷转移率和侧向加速度等指标评价重载车辆侧翻失稳。

与普通车辆相比,半挂/多挂汽车列车囊括了更多失稳形式,包括牵引车与挂车的折叠、挂车的甩尾、挂车的横向摆振及整车的侧翻失稳等;特别是在高速条件下,多挂汽车列车更易横向摆动而使得挂车的横向幅值大幅度增加,从而导致整车的失稳[62]。因此,下文以半挂汽车列车失稳形式为例,剖析典型、常见的车辆失稳形式,具体包括汽车列车的折叠、甩尾和横向摆振-蛇形失稳等,以更为全面地论述车辆动力学失稳。

汽车列车的折叠是由牵引车的运动不稳定引起的。在湿滑的弯道行驶或紧急制动过程中,牵引车除了承担半挂车的部分载荷外,还以鞍座铰接处为中心发生转向,同时半挂车的多个轮胎制动且保持原来的前进运动状态。这些相互作用可能使得轮胎与路面之间的作用力达到饱和,同时如果在转向的过程中牵引车和挂车之间的铰接角度超过相应的极限值,则会引起车辆的折叠失稳。

汽车列车的甩尾是由于挂车的运动不稳定引起的。这是由于轮胎的侧向力以及铰接点处的作用力使得挂车由一侧向另一侧运动,特别是当牵引车的后轴制动时,挂车以铰接点处为中心向一侧运动,即发生挂车的甩尾。

汽车列车的横向摆振-蛇形失稳是由挂车在平面上的振荡引起的,常发生在移线工况完成后,后部挂车不能很快的恢复到稳定状态,表现为横向的幅值不断振荡变化。如果其幅值不断衰减并最终恢复到稳定状态,则为稳定的蛇形运动;如果其幅值持续增加,则为蛇形失稳。

汽车列车的侧翻是由侧向运动状态超过其极限阈值引起的。汽车列车同属重型载货车辆,其侧翻形式及原因与重型载货车辆类似,侧翻时车辆的侧倾角度达到了极限值,使得围绕其侧倾轴的力矩失去平衡,从而导致整车的侧倾失稳。

综合以上关于半挂/多挂汽车列车的失稳形式,未来有必要研究特定工况下车辆的失稳机理及其发生的动力学机制,为车辆稳定性分析及主动安全控制研究提供基础。

2. 稳定性分析方法

车辆动力学的失稳与驾驶人的操纵输入(前轮转角 δ_f、车速 v_x),路面附着条件(路面附着系数 μ)和车辆结构参数(质心到前后轴的距离 L_f/L_r、绕 z 轴的转动惯量 I_z)及载运工况(垂向载荷 F_z)等密切相关,具体如图 3-31 所示,其中 ρ 代表其他未列参数,图中涉及的其他参数将在后文给出解释。特别在极限工况下车辆侧-纵-垂向动力学耦合强烈,车辆的操纵特性及其稳定性发生显著变化。因此研究和阐明极限工况下车辆动力学的失稳机理,进而准确判断车辆动力学稳定区域,是车辆全工况运行安全及事故致因机理研究的重要内容。

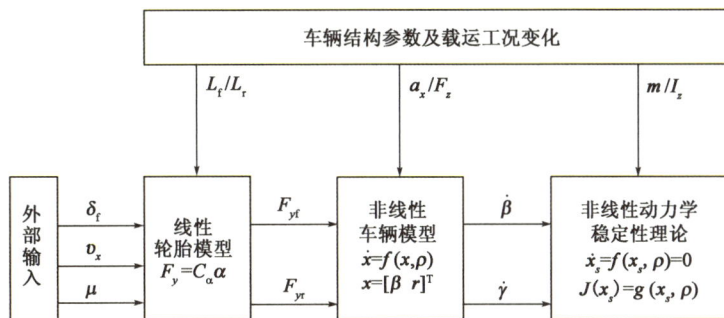

图 3-31 车辆动力学稳定性研究思路

系统运动稳定时,系统状态总能收敛到稳定的平衡点。对于线性系统,系统稳定的条件是系统特征多项式的零点位于复数平面左半平面,早期车辆动力学失稳机理研究主要还是以线性分析方法为主,通过构建线性车辆运动模型运用 Hurwitz 判据分析车辆横向失稳机理[63]。随着非线性动力学理论的发展及其在复杂系统应用研究的深入,车辆动力学失稳的非线性机制研究取得长足发展,所采用的分析方法包括能量法、相平面法和分岔法等[64]。能量法是将系统的能量表示为关于横摆角速度和质心侧偏角等动力学操稳性指标的函数,能量越高则越容易脱离平衡点的吸引而失稳。相平面法是一种求解常微分方程的图解方法,将系统的动态过程用运动轨迹的形式绘制成相平面,继而根据相平面图的几何特性,确定车辆行驶状态的稳定区域。

稳定区域与道路附着、驾驶人操作及车辆结构参数密切相关。分岔理论能够较好地描述非线性系统分岔前后的动力学行为,即分岔前的线性稳定性行为和分岔后的失稳行为。相关研究主要分为不考虑驾驶人环节的开环分析和考虑驾驶人的闭环分析两种方法,开环研究运用 Routh-Hurwitz 稳定性标准和局部分岔理论推导,得到恒定速度下的系统稳定性条件,其结果表明车速对系统分岔点的位置有重要影响,即车速越大,分岔点处的前轮转角越小,这也是高速行车易失稳的原因之一。

随着以电子稳定性控制等为代表的主动安全系统规模应用与研究测试,相平面法被证实是车辆动力学失稳边界研究最有效的方法之一。车辆动力学对应常用的相平面包括[65]质心侧偏角-质心侧偏角速度相平面、质心侧偏角-横摆角速度相平面、前后轮侧偏角相平面。为同时刻画车辆的操纵性和稳定性,基于质心侧偏角-横摆角速度的相平面在车辆动力学失稳研究中更为广泛,下文将首先建立车辆质心侧偏角和横摆角速度动力学方程,其次针对系统的非线性特征,采用 Lyapunov 间接法揭示纯侧偏工况下车辆稳定性与轮胎侧偏状态之间的内在联系,最后分析不同垂向载荷工况下车辆动力学失稳机理[66]。

不考虑车辆纵向自由度,系统单轨两自由度车辆侧向动力学模型可表达为:

$$\begin{cases} \dot{\beta} = \dfrac{F_{yf} + F_{yr}}{m v_x} - r \\[3mm] \dot{r} = \dfrac{F_{yf} L_f - F_{yr} L_r}{I_z} \end{cases} \qquad (3\text{-}22)$$

其中,β 和 r 分别表示车辆质心侧偏角和横摆角速度,如图 3-32 所示;v_x 表示车辆纵向速度;L_f 和 L_r 表示质心距前后轴距离;F_{yf} 和 F_{yr} 表示前轴轮胎侧向力;m 表示车辆质量;I_z 表示绕 z 轴的转动惯量。轮胎侧向力可建模为:

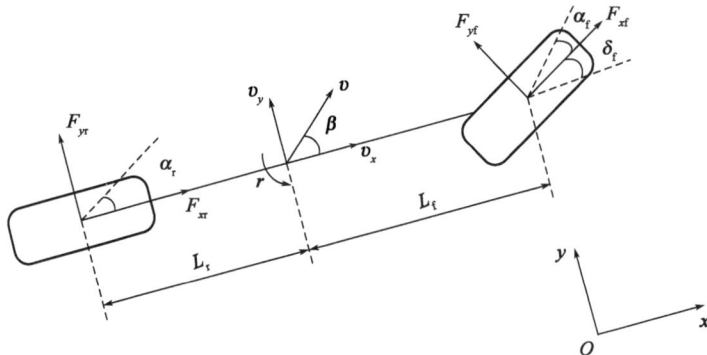

图 3-32 单轨车辆动力学模型

$$\begin{cases} F_{yf} = C_{yf} \alpha_f = C_{yf} \left(\beta + \frac{r L_f}{v_x} - \delta_f \right) \\ F_{yr} = C_{yr} \alpha_r = C_{yr} \left(\beta - \frac{r L_r}{v_x} \right) \end{cases} \tag{3-23}$$

其中，C_{yf} 和 C_{yr} 表示前后轴轮胎侧偏刚度；δ_f 表示前轮转角。

因此，车辆动力学方程式（3-5）可重写为：

$$\dot{x} = \begin{bmatrix} \dot{\beta} \\ \dot{r} \end{bmatrix} = \begin{bmatrix} \dfrac{(C_{yf} + C_{yr})\beta v_x + (C_{yf} L_f - C_{yr} L_r)r - C_{yf} v_x \delta_f}{m v_x^2} - r \\ \dfrac{(C_{yf} L_f - C_{yr} L_r) v_x \beta + (C_{yr} L_r^2 + C_{yr} L_f^2)r + C_{yf} L_f \delta_f}{I_z v_x} \end{bmatrix} \tag{3-24}$$

对上述状态方程求偏导，可得到系统平衡点处（以 * 加以区分）的雅克比（Jacobian）矩阵，即

$$J_F(\beta^*, r^*) = \begin{bmatrix} \dfrac{C_{yf}^* + C_{yr}^*}{m v_x} & \dfrac{C_{yf}^* L_f - C_{yr}^* L_r}{m v_x^2} - 1 \\ \dfrac{C_{yf}^* L_f - C_{yr}^* L_r}{I_z} & \dfrac{C_{yf}^* L_f^2 + C_{yr}^* L_f^2}{I_z v_x} \end{bmatrix} \tag{3-25}$$

依据 Lyapunov 间接法，系统平衡点稳定的条件是雅克比矩阵的两个特征值具有负实部，也即满足如下条件：

$$\begin{cases} \mathrm{Tr}(J_F) = \dfrac{I_z(C_{yf}^* + C_{yr}^*) + m(C_{yr}^* L_r^2 + C_{yr}^* L_f^2)}{I_z m v_x} < 0 \\ \mathrm{Det}(J_F) = \dfrac{C_{yf}^* C_{yr}^* L^2 + m v_x^2 (C_{yf}^* L_f - C_{yr}^* L_r)}{I_z m v_x^2} > 0 \end{cases} \tag{3-26}$$

其中，$\mathrm{Tr}(J_F)$ 和 $\mathrm{Det}(J_F)$ 分别表示雅克比矩阵 J_F 的迹和行列式，$L = L_f + L_r$。

根据 Magic Formula 轮胎模型[67]，可获得轮胎侧向力随轮胎侧偏角与轮胎垂向载荷的变化关系，如图 3-33 所示。由于前后轴垂向载荷的差异（一般前轴载荷大于后轴载荷），下面以前后轴轮胎侧偏状态分析车辆动力学失稳机理：

（1）当前后轴轮胎侧偏状态都处于上升区时，即 $C_{yf}^* < 0$，$C_{yr}^* < 0$。系统特征值显然小于 0，进一步分析系统行列中 $\Delta = C_{yf}^* L_f - C_{yr}^* L_r$ 项的正负情况：当 $\Delta \geq 0$ 时，系统稳定，车辆具有不足转向或中性转向（当且仅当 $\Delta = 0$ 时）特性；当 $\Delta < 0$ 时，车辆出现过多转向特性，此时系统稳定的条件是纵向车速小于其临界车速，即：

$$v_x < \sqrt{\dfrac{C_{yf}^* C_{yr}^* L^2}{-m\Delta}} \tag{3-27}$$

（2）前轴侧偏状态处于上升区，后轴侧偏状态处于下降区，即 $C_{yf}^* < 0$，$C_{yr}^* > 0$。此时 $\mathrm{Det}(J_F) < 0$，表明系统具有符号相异的两个特征值，不满足平衡条件，系统将出现稳定性分歧点（鞍点）。

（3）前轴侧偏状态处于下降区，后轴侧偏处于上升区，即 $C_{yf}^* > 0$，$C_{yr}^* < 0$。由于下降区斜率较小，满足 $|C_{yr}^*| >> |C_{yf}^*|$，因此 $\mathrm{Tr}(J_F) < 0$，此时系统稳定的条件为：

$$v_x > \sqrt{\frac{C_{yf}^* \mid C_{yr}^* \mid L^2}{m\Delta}} \tag{3-28}$$

在该区间内，$\mid C_{yf}^* \mid$ 处于线性区域，相对较小；而 $\mid C_{yr}^* \mid$ 处于非线性区域，相对较大；通过加速可避免后轴的甩尾，因此稳定条件较易满足。

（4）前后轴轮胎侧偏状态都在下降区，即 $C_{yf}^* > 0$，$C_{yr}^* > 0$，且 $\mid C_{yr}^* \mid \approx \mid C_{yf}^* \mid$。此时 $\mathrm{Tr}(J_F) > 0$，$\mathrm{Det}(J_F) > 0$，系统具有两个正的特征值，不满足平衡条件，该区域为系统不稳定性区域。

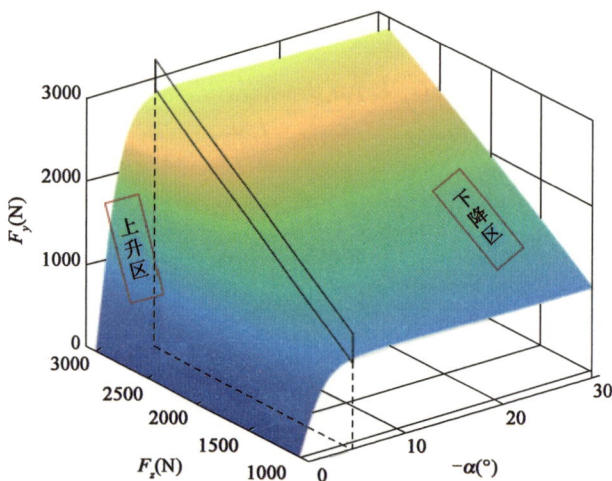

图 3-33　纯侧偏工况下轮胎侧向力

上文基于轮胎侧偏视角分析了车辆动力学失稳发生的非线性机制，当车辆结构参数及运载工况确定时，后轴车轮侧偏处于下降区是其失稳的主要原因，而地面附着条件、前轮转角及车速等都是影响轮胎侧偏的主要因素，因此，深入研究轮胎侧偏特性是车辆动力学失稳机理及稳定边界研究的前提基础。

3. 动力学稳定边界

车辆动力学稳定边界与其纵向车速、前轮转角以及道路路面附着密切相关，特别地，轮胎的侧偏效应主要由车辆转向作用引起。为此，下文以纵向速度、前轮转角为输入，通过分析已知路面附着系数下的不同输入对车辆动力学稳定边界的影响规律，建立车辆动力学稳定边界确定方法，明晰车辆动力学稳定区域，为不同型号车辆动力学稳定边界的研究提供理论参考。

车辆动力学稳定边界依据其运动形式可分为纵向动力学失稳和侧向动力学失稳，纵向动力学失稳主要表现为纵向滑转，侧向动力学失稳主要表现为侧滑和横摆，对于质心较高的重型车辆，还存在侧翻失稳。对于侧滑和横摆稳定区域，多数研究设计的稳定边界仅允许车辆在状态稳定区域内或边界运动，对于处于状态稳定区域外的车辆极限状态稳定边界的研究较少。传统状态稳定区域为执行机构开环控制时所界定，对于能够实现闭环反馈控制的智能汽车而言，通过开环控制获得的稳定边界难以适应极限工况下智能汽车的状态稳定边界，文献[68]基于包络思想设计了增广的车辆动力学稳定边界，但该增广稳定边界只有在前轮转角小于最大稳定前轮转角才有效。进一步，文献[69]通过反打方向操作，可以将处于传统稳定边界外的极限运动状态恢复至稳定状态,证明了前轮转角闭环控制下车辆动力学状态稳定区域外存在可控的车辆状态,这为前轮转角闭环反馈控制的智能汽车运动扩稳研究提供了新思路。

基于上述思想,将初始纵向速度、路面附着系数、前轮转角极限值作为稳定边界模型的可调参数,能够提高模型的普适性和复用性。首先,根据非线性动力学理论及平衡点特性可知,对于由质心侧偏角和横摆角速度张成的相平面第四象限的鞍点,其存在如下特征:①该点处的质心侧偏角速度为零;②该点处的横摆角加速度为零。此时,该鞍点的解析表达式为:

$$\omega_{\text{r\_saddle}} = -\frac{\mu g}{v_x} \tag{3-29}$$

$$\beta_{\text{r\_saddle}} = \frac{L_f \mu g}{v_x^2} + \tan(\alpha_{\text{r\_st}} + \delta_{\text{f\_max}}) \tag{3-30}$$

其中,$\omega_{\text{r\_saddle}}$和$\beta_{\text{r\_saddle}}$分别为第四象限鞍点处的横摆角速度和质心侧偏角;$\alpha_{\text{r\_st}}$为后轮侧向力饱和时的侧偏角;$\delta_{\text{f\_max}}$为前轮转角极限值;其他参数见上节定义。当横摆角度变化率为0时,横摆角速度和质心侧偏角集合在相平面上近似为直线[70]。通过数值分析及测试,稳定边界模型的线性边界斜率的解析解为:

$$k_{\text{b}} = \frac{1}{2} \left(\frac{\omega_{\text{s1}} - \omega_{\text{s2}}}{\beta_{\text{s1}} - \beta_{\text{s2}}} + \frac{L_{\text{r}}}{v_x} \right) \tag{3-31}$$

其中,

$$\omega_{\text{s1}} = \frac{v_x}{L} \left[\tan(\alpha_{\text{f\_st}} + \delta_{\text{f\_max}}) - \tan(\alpha_{\text{r\_st}}) \right] \tag{3-32}$$

$$\omega_{\text{s2}} = \frac{\mu g}{v_x} \tag{3-33}$$

$$\beta_{\text{s1}} = \frac{L_{\text{r}}}{L} \left[\tan(\alpha_{\text{f\_st}} + \delta_{\text{f\_max}}) - \tan(\alpha_{\text{r\_st}}) \right] + \tan(\alpha_{\text{r\_st}}) \tag{3-34}$$

$$\beta_{\text{s2}} = \frac{L_{\text{r}} \mu g}{v_x^2} - \tan(\alpha_{\text{r\_st}}) \tag{3-35}$$

其中,$\alpha_{\text{f\_st}}$为前轮侧向力饱和时的侧偏角。第三象限的车辆动力学状态可控区域边界经过第四象限边界与纵轴的交点,并平行于横轴。根据第一、二象限和第三、四象限可控区域边界关于原点对称的特性,可获得车辆动力学稳定区域边界,如图3-34所示的黑色虚线。其中,黑色实线包络的状态稳定区域为基于开环动力学系统的稳定性分析确定,而执行机构闭环反馈控制的介入可能拓展该区域。

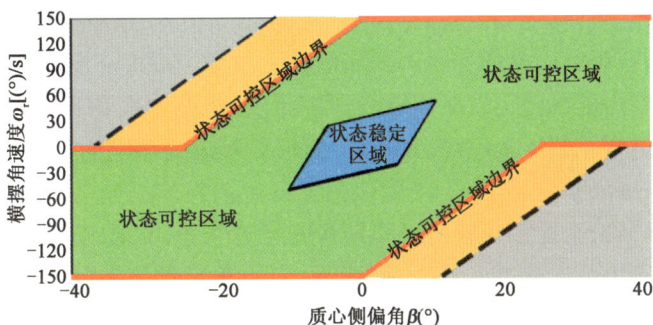

图3-34 车辆动力学稳定区域边界[71]

车辆实际运行过程中,由于模型不确定性和外部环境干扰,极易造成界定的状态稳定可控区域过大。因此,出于安全性考虑,将稳定边界向原点方向移动,并在可控区域边界模型中引入平移因子 ε_1 和 ε_2,由此建立的参考边界模型为:

$$\frac{\beta_{\text{boundary}} - \beta_{\text{saddle}} + \varepsilon_1}{\omega_{\text{boundary}} - \omega_{\text{saddle}} + \varepsilon_2} = k_{\text{b}} \tag{3-36}$$

其中,β_{boundary} 和 ω_{boundary} 为边界上的车辆状态。平移后的可控区域如图 3-34 中红色实线所示,其中平移因子可综合车辆测试数据和控制系统设计目标综合确定。

(二)碰撞冲突机制

在实际交通中,车辆行驶在包含静态、动态障碍物(即其他交通参与者)的环境里,因而车辆与障碍物具有大量潜在冲突关系[72],即发生碰撞事故的风险。在绝大多数情况下,基于驾驶人有效的冲突响应驾驶行为,行车冲突都不会转化为碰撞事故,反之,当响应机制失效时,行车冲突可能向碰撞事故转化。

1. 行车冲突形式

行车冲突普遍存在于道路交通中,并具有多种形式。例如车辆与道路边界可具有潜在冲突关系,而在变道、匝道汇入、通过路口等场景中,也可能存在不同交通参与者之间的冲突关系。行车冲突有较多分类方法,可基于冲突中的对象将冲突分为"车辆-静态障碍冲突"与"车辆-交通参与者冲突"两类,其中后者又包含"主-从式冲突"与"交互式冲突"两类,如图 3-35 所示。

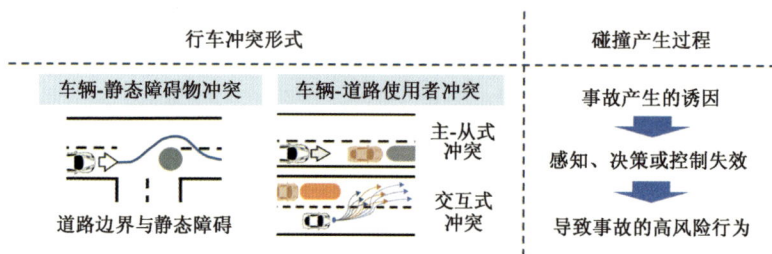

图 3-35　行车冲突形式与碰撞产生过程

在道路行驶环境中,常见的静态障碍物主要包括道路边界、道路遗撒与停放车辆等静态障碍物。此外,代表通行限制的交通标线(如双黄线、单行线标志等)也可被划分为一类静态障碍物。违反通行限制可能不会引发碰撞事故,但将构成交通违法,因此在智能车辆设计中也应尽量避免越过此类标线。基于上述静态障碍物的位置对道路环境进行分割,即可生成车辆的可行驶区域(Free Space)。

相对于静态障碍物,交通参与者的运动具有更高的时变、不确定性,因此对其行车冲突机制的分析建模也具有更高的挑战。在一组"车辆-交通参与者冲突"中,至少包含了自车与另一个交通参与者。在主-从式冲突中,主导方行为不受到对方影响、而跟从方则基于主导方行为进行响应。例如,在跟车驾驶场景,前车(主车)驾驶行为一般不受后车影响,而后车(从车)

则需要调节车速以与前车保持车距。在交互式冲突中,双方行为均受对方影响。例如在变道驾驶场景,变道车与侧后方车辆行为均受冲突影响,并构成一组抢行-让行的行为组合。在现有学术研究中,研究者主要基于冲突中双方(或多方)的行为是否同时受到冲突的影响来定义行车冲突中的"交互"[73]。

在面临行车冲突时,驾驶人一般能够通过合理的响应避免冲突演变为碰撞事故。但在一些情况下,例如出现感知盲区、激进驾驶、控制失效等因素,行车冲突响应机制可能失效,进而导致碰撞事故的发生,如图 3-35 所示。研究驾驶人冲突响应机制以及基于响应失效的事故致因机制,对分析行车冲突具有指导意义。

2. 冲突响应机制

驾驶人在面临行车冲突时,能够通过有效的驾驶响应避免冲突转化为碰撞事故。在面对静态障碍物时,驾驶人一般通过避障驾驶行为以保证车辆与障碍物保持一定距离。与之相比,交通参与者运动具有时变、不确定特点,且冲突过程中各方均以实现自身通行目的为驾驶目标。因此,有关车辆-交通参与者冲突的分析更加复杂困难,车辆-静态障碍物冲突可看作一类交通参与者保持静止的特殊简化情形。

在主-从式冲突方面,跟驰驾驶场景中的车辆纵向速度控制是一类经典问题。研究者基于对驾驶人行为的学习和模仿提出了多种跟驰模型,并指导了主动巡航控制(Active Cruise Control,ACC)、自动紧急制动(Autonomous Emergency Braking,AEB)等 ADAS 功能的设计。目前,跟驰模型的设计主要基于两类指标:安全距离(Safety Distance,SD)以及与碰撞时间(Time to Collision,TTC)。其中,SD 是基于前后车车速、车距、驾驶人反应时间与车辆控制性能等信息计算的距离阈值,进而基于该阈值设计后续的纵向控制方法。常见的 SD 算法包括 MAZDA 模型[74]、GM 模型[75]、IDM 模型[76]等。以 MAZDA 模型为例:

$$d_{br} = 0.5 \left[\frac{v^2}{a_1} - \frac{(v - v_{rel})^2}{a_2} \right] + vt_1 + v_{rel}t_2 + d_0 \tag{3-37}$$

其中,a_1 表示自车最大减速度;a_2 表示前车最大减速度;t_1 表示驾驶人反应延迟时间;t_2 表示制动器延迟时间;v_{rel} 表示两车相对速度;d_0 表示最小停车距离。

当车距小于该安全距离 d_{br},则应采取制动、使车距回到 d_{br} 之上。

TTC 模型表达为:

$$TTC = \frac{D}{v_{rel}} \tag{3-38}$$

其中,D 表示相对距离;v_{rel} 表示相对速度。

设计响应逻辑时,基于不同的 TTC 阈值设计纵向控制逻辑,例如"TTC 小于 1.6s 采取部分制动,TTC 小于 0.6s 时全力制动"等。

除此以外,有学者进一步考虑了车辆全向风险,并基于大量驾驶人的实际跟驰过程提取驾驶人个性参数,最终提出了基于驾驶人风险响应机制的拟人化纵向控制算法。在本章"驾驶人风险响应决策机制"一节中,即介绍了一种驾驶人响应的风险-加速度响应模型。基于该模型,研究者设计出了对应的纵向跟车模型即驾驶人风险响应模型(Risk-Response-Driver-Model,RRDM)[77]。

在算法应用过程中,首先基于驾驶人实际驾驶数据对其 RRDM 模型参数进行个性化辨识,进而在车辆自主驾驶阶段产生与该驾驶人行为最接近的拟人化跟驰行为(即车辆纵向加速度 a_j^D)。为说明该方法的拟人性,研究者将基于 RRDM 产生的驾驶行为与该场景下人类驾驶行为以及经典驾驶人模型 GM 和 IDM 进行了对比。

图 3-36a) 和图 3-36b) 展示了一位驾驶人的驾驶特性参数辨识结果,及跟车过程仿真结果。由车头间距曲线和纵向加速度曲线可以看出,RRDM 模型相对于 GM 和 IDM 模型,其车辆纵向行为与该驾驶人真实驾驶行为更为接近。而图 3-36c) 进一步统计分析了 24 位驾驶人跟车过程的车头间距均值,同样能够看出 RRDM 模型更好地模拟出了各位驾驶人的跟车过程中的车头间距特征。

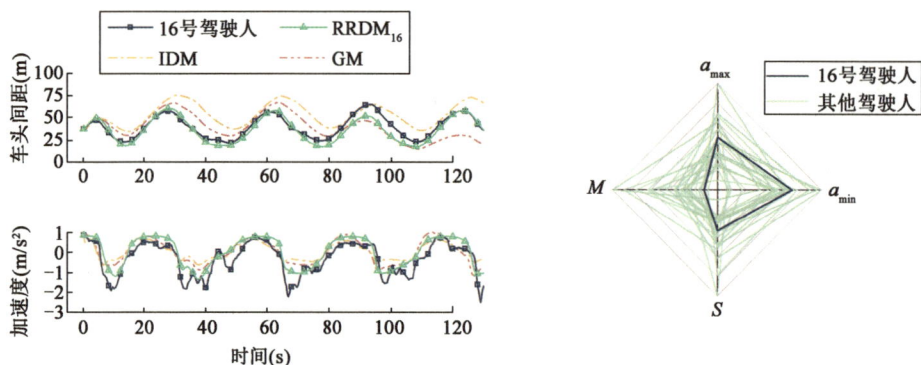

a)16号驾驶人在跟车场景车头间距和加速度 b)该驾驶人驾驶特性参数

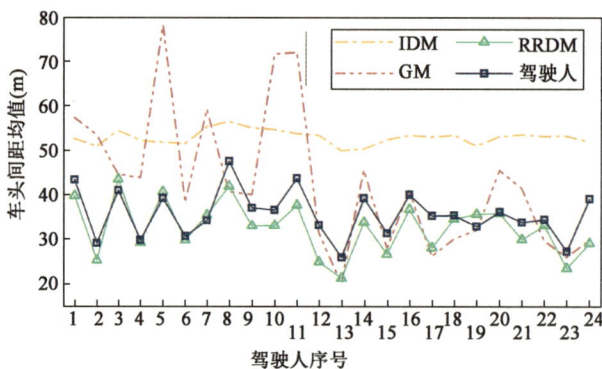

c)驾驶人、RRDM、GM和IDM控制下的车头间距均值

图 3-36 RRDM 模型模拟结果

在交互式冲突中,冲突参与方的行为均受到对方影响。驾驶人的响应主要受三方面影响:来自交规或社会常识的规则、冲突双方基于行为(如手势、灯语、加减速与转向等)的信息传递以及自身驾驶目标与行为特性。因此,针对交互式冲突中的驾驶响应过程,主要有三类建模方法:基于规则建模、基于因果概率推理建模以及基于博弈建模。它们的方法原理与特点见表3-5。

冲突响应过程的建模方法原理与特点   表3-5

方　法	基　本　原　理	特　　点
基于规则建模	为冲突场景设计规则,并假定所有交通参与者基于规则决策。例如转弯让直行、车辆让行人等	(1)模型设计简单,逻辑性较强; (2)一方面复杂场景下规则难以设计,另一方面真实交通环境中交通参与者不一定基于规则行动

续上表

方 法	基 本 原 理	特 点
基于因果概率推理建模	构建概率图模型,基于条件概率建模与自然驾驶数据参数学习,理解驾驶人行为背后蕴含的意图语义	(1)模型逻辑性较强,适应于复杂场景与交互的不确定性; (2)难以解释交通参与者产生决策的内在动因,难以推理与应对偏离常规工况的异常情形
基于博弈建模	设计冲突参与方的目标函数与博弈机制,假定各方均会基于博弈的纳什均衡进行决策	(1)基于博弈的方法有利于分析和解释行为产生的内在动因; (2)交通参与者不具有完全理性,且彼此掌握信息不一致。基于博弈的预测难以与真实交通数据对应

以如图 3-37 所示的无保护(没有交通信号灯或停车标识线等指引)路口左转场景为例,基于规则、概率推理与博弈的三种建模方法的输出结果及表达式可具有如表 3-6 中所总结的形式(B_{left} 和 B_{str} 分别为左转车、直行车采取的行为)。

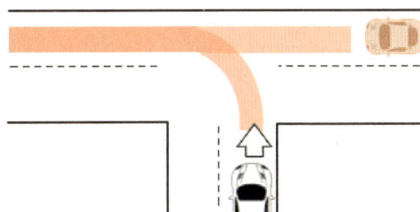

图 3-37 无保护路口左转场景示意图

冲突响应过程的模型输出结果及表达式 表 3-6

方 法	模型输出(举例)	表 达 式
基于规则建模	左转车让直行车先行	$B_{left} \in B(B_{left} \mid yield)$ $B_{str} \in B(B_{str} \mid rush)$
基于因果概率推理建模	基于两车历史轨迹,推理两车对应的抢行-让行意图置信度,进而产生对应的驾驶行为	$B_{left} \in B(P_{left-抢} \mid history)$ $B_{str} \in B(P_{str-抢} \mid history)$
基于博弈建模	两车的抢行-让行组合,构成博弈的纳什均衡	$\dfrac{\delta \text{Reward}_{left}(B_{left},B_{str})}{\delta B_{left}} = 0$ $\dfrac{\delta \text{Reward}_{str}(B_{left},B_{str})}{\delta B_{str}} = 0$

在"行车风险动态辨识"一节中,将进一步对几种经典的建模方法进行具体分析。车辆与交通参与者的行为交互广泛存在于真实道路交通环境中,有效辨识与估计彼此行为对交互对方造成的影响,对智能车应对冲突的安全性与高效性有重要影响。在 2018 年的一份调查报告中[78],谷歌公司的 Waymo 无人车在美国凤凰城测试期间,居民对其不满的一个重要因素是无保护左转场景下的过度犹豫。如果智能车难以估计自车行为对其他交通参与者的影响,很可能在高密度交通场景下产生"所有行为选择都不安全"的判断而难作出有效的驾驶决策——即驾驶过于犹豫和低效的"Freezing Robot"问题[79]。

(三)行车事故发生机理

行车事故的发生是人-车-路闭环系统失效的结果,其主要表现为车辆的动力学失稳和运动学碰撞。掌握失稳与碰撞风险的耦合机制及其综合评估方法,剖析行车事故致因及发生机理,对于行车事故的阻止及预防具有重要意义。

1. 失稳与碰撞风险评估

造成重大伤亡的交通事故常发生在极限工况。极限工况下车辆不仅面临自身失稳的风险,而且还面临与其他车辆或道路设施碰撞的风险。失稳与碰撞风险均与驾驶人操控、道路附着等密切相关,在掌握车辆失稳机理与碰撞风险冲突机制的基础上,对车辆失稳与碰撞风险的综合评估研究尤为必要。

针对车辆失稳边界及碰撞风险边界难以准确获取的局限,本文提出基于安全裕度的车辆运动风险评估方法;针对两种不同时间尺度的运动风险,提出基于双层模糊机制的车辆综合风险评估方法[80]。具体如图 3-38 所示,首先建立车辆动力学失稳度指标及其变化率,将其输入到第一层模糊中,结合制定的失稳风险等级模糊规则,获得车辆失稳风险等级;类似地,建立车辆运动学碰撞风险度指标及其变化率,结合车辆碰撞风险等级模糊规则,获得车辆运动学碰撞风险等级。通过第一层模糊机制将两种风险化为同一尺度进行评价,第二层模糊机制是基于两种风险的耦合及事故致因,制定综合风险模糊规则,通过模糊推理及反模糊化获得行车综合风险。

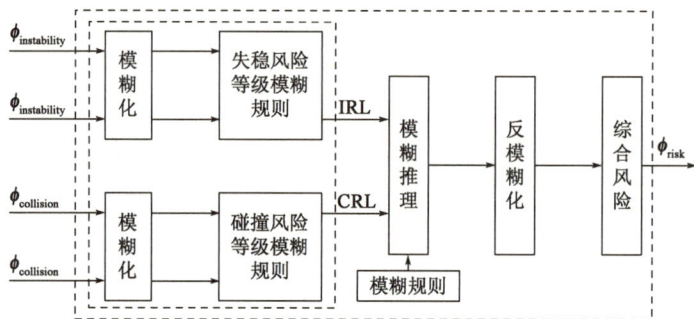

图 3-38　综合风险评估研究框架

为实现上述目的,首先建立车辆动力学失稳评价指标。根据车辆质心侧偏角和横摆角速度与其失稳边界的距离,建立车辆动力学失稳度指标 $\phi_{instability}$,结合车辆运动状态的变化率,获得车辆失稳度的变化率;类似地,定义当前车辆所受到的风险场强与车辆将要发生碰撞时临界风险场强的比值,用于刻画车辆碰撞风险安全裕度。

进一步定义失稳度和碰撞风险度模糊集合为{低,中低,中,中高,高},其变化率模糊集合为{负大,负小,零,正小,正大},结合表 3-7 定义的模糊规则,可获得车辆动力学失稳风险等级(Instability Risk Level,IRL)和运动学碰撞风险等级(Collision Risk Level,CRL),风险等级输出变量包括安全 SA、低风险 LR、中风险 MR、中高风险 MHR、高风险 HR 五种。

碰撞风险度模糊规则 表3-7

$\dot{\phi}_{collision}(\dot{\phi}_{instability})$	$\phi_{collision}(\phi_{instability})$				
	L	**LM**	**M**	**MH**	**H**
NL	SA	SA	LR	MR	MHR
NS	SA	LR	MR	MHR	MHR
ZE	SA	LR	MR	MHR	HR
PS	LR	MR	MHR	HR	HR
PL	MR	MHR	HR	HR	HR

获得车辆失稳和碰撞风险等级后,需要制定综合风险评估模糊规则。尽管两种风险均与自车的转向、驱动、制动等操纵输入有关,但由其造成的失稳风险和碰撞风险却在两个不同时间尺度上:车辆动力学失稳风险是毫秒级,而车辆碰撞风险是秒级,因此在设计综合风险模糊规则时统筹考虑安全裕度与时间尺度,模糊规则设计整体思想如下:当单一风险处于高风险时,车辆综合风险为中高风险;当车辆失稳风险较高时,车辆综合风险不低于车辆失稳风险等级;当失稳与碰撞处于中高风险时,车辆综合风险为高风险。综合风险模糊集输入 IRL = {SA,LR, MR, MHR, HR} 和 CRL = {SA, LR, MR, MHR, HR},通过事故致因分析制定的综合风险模糊规则见表3-8。

综合风险模糊规则 表3-8

CRL	IRL				
	SA	**LR**	**MR**	**MHR**	**HR**
SA	H1	H2	H2	H3	H4
LR	H2	H2	H3	H4	H4
MR	H2	H3	H3	H4	H4
MHR	H3	H3	H4	H5	H5
HR	H4	H4	H4	H5	H5

综合风险评估的输出模糊集 Z = {H1, H2, H3, H4, H5} 中,H1、H2、H3、H4、H5 分别代表安全(H1)、低风险(H2)、中风险(H3)、中高风险(H4)、高风险(H5)。通过输入系统失稳风险等级和碰撞风险等级,经综合风险模糊规则及推理,最终通过重心法反模糊化获得车辆综合风险等级,即通过综合风险模糊规则实现行车失稳与碰撞风险的耦合评估,具体的评估结果尚处于探索研究之中。

2. 行车事故致因分析

行车事故致因是导致行车事故发生的因素或因素组合的统称,包括道路因素、驾驶人因素、车辆因素和环境因素等。具体可划分为两类,一类是驾驶人人为因素,称为内部因素;一类是环境因素,称为外部因素。对于内部因素,驾驶人人为因素主要包含两方面:一是驾驶人无法对风险进行正常感知和识别等主观错误,例如未按规定让行、超速等违反交通规则行为;二是驾驶人自身能力受限导致无法正确面对内外部干扰,例如未留意其他交通参与者的行为、驾驶熟练度低等行为。对于外部因素,环境因素主要包括两方面:一是其他车辆的危险驾驶,例如对向车道车辆突然冲进本车道的危险行为;二是道路因素,例如恶劣天气条件、复杂道路几何线形等的影响。

行车事故是人-车-路三者综合作用的结果,上述驾驶人人为因素与外部环境因素共同作用于车辆,使得车辆一方面可能因附着力不足产生动力学失稳,一方面可能因干扰或冲突处理不当产生运动学碰撞。在动力学失稳致因方面,驾驶人通过转向、制动、驱动等操作驾驶车辆,车辆通过自身运动以响应驾驶人的操纵,并且与周围行车环境产生交互。驾驶行为本质上是驾驶人基于对车辆及环境的感知作出的行为决策,而环境的复杂性和突发性难以保证驾驶人行为决策始终最优。文献[81]指出,疲劳驾驶或酒后驾驶时,驾驶人感知能力下降是造成行车追尾事故的主要原因,同时指出,行车环境的照明条件不佳是夜间行车事故产生的主要原因。极端条件下,车辆自身问题也可能导致行车失稳事故,例如胎压异常、制动失效等。夏天气温的升高,使得轮胎内部气压增加、胎体变薄,加之与地面摩擦产生的热量,使得车辆极易发生爆胎。据统计,高速公路交通事故中46%与轮胎有关,而爆胎事故占轮胎有关事故的70%,成为高速公路行车事故的主要致因。此外,道路因素也是非常重要的事故致因,非理想的天气条件和复杂的道路几何结构也可能导致行车事故的发生,研究发现,在冰雪路面上行驶时,车辆更容易发生侧滑事故,且侧滑阈值受路面附着系数影响较大;在较高路面附着条件下(0.5以上),道路曲率和横向坡度是影响侧滑阈值的主要因素;在高附着路面(0.75以上),行车速度是影响侧翻阈值的主要因素[82]。行车动力学失稳多是上述人、车、路等要素交互耦合、共同作用的结果,因此,剖析人-车-路交互耦合作用下车辆动力学失稳的致因成为未来研究的重要方向。

常见碰撞事故致因包含三类因素:驾驶人因素,如注意力不集中、技巧不足、过于莽撞等;车辆因素,如机械故障等;环境因素,如逆光、视野盲区、路面附着过低等。针对上述因素,交通领域研究者基于交通事故数据对各类因素进行了进一步的统计、聚类分析。有学者[83]分析了国内外交通事故数据,总结了影响驾驶人应对冲突反应能力与处理措施的因素,归纳为图3-39[84]。

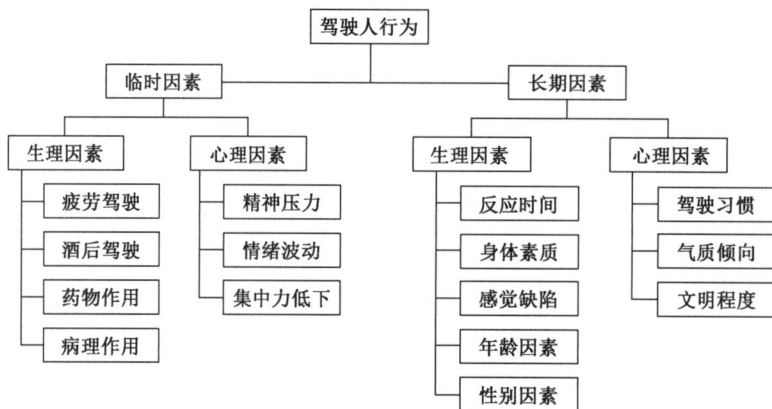

图3-39 影响驾驶人应对冲突反应能力与处理措施的因素[84]

此外,尽管比例相对较低,车辆、环境因素也可成为碰撞事故诱因。例如有研究[85]将车辆因素进一步划分为机械与制动、轮胎系统、驾驶配置(如灯光、后视镜等)三类,将道路与环境因素归纳为几何特征、路口路段设置、路面状况、交通设施、自然环境、人工环境等。在碰撞事故发生时,上述影响因素将进一步导致感知、决策、控制三类失效,并使得车辆发生易导致碰撞的高风险行为。例如,驾驶人因素中的"注意力低下",有可能导致未观测到冲突车辆(感知失效),进而未及时采取避险驾驶(决策失效),最终使车辆降速不及(高风险行为)而发生碰撞。

除对事故因素的分析之外,事故的发生过程,即描述因素间的因果关系链、相互影响方式和影响程度的理论,也是事故致因理论的重要课题。

3. 行车事故发生机理

行车事故发生机理是指特定的事故致因导致交通事故发生过程中,闭环系统中的人、车、路等要素的内在作用方式,以及要素于事故发生时所处环境条件下相互联系、相互作用的规则和发展变化规律。动力学失稳与运动学碰撞致因的阐释有助于从外因层面理解事故的发生机制。要全面掌握事故发生机理,需要从内因和外因两个层面理解和把握车辆失稳与碰撞事故的演变及发生过程。

行车事故发生机理依据其致因及作用规律的不同,可划分为信息处理失误类、环境信息突变类、系统(要素)功能缺失类三类。驾驶人驾驶车辆是一个多输入、多输出的信息处理过程,驾驶人在感知、决策、操控等任一环节出现失误,都有可能导致行车事故,此类事故发生机理可归纳为信息失误类事故发生机理。此外,行车环境的突然变化,包括道路条件、交通流条件以及天气条件等的突然变化,导致的行车事故可归纳为环境信息突变类事故发生机理,比如车辆突然进入积水路面、前车突然制动停车、前方突然出现行人等。另外,闭环系统中某个子系统或某要素功能不正常或功能缺失等也会导致事故发生,此类发生机理可归纳为系统(要素)功能缺失类事故发生机理。

冰雪条件下驾驶人驾驶行为差异大、路面附着低、车辆操纵性下降,是行车事故高发的典型场景。下文将以城市冰雪道路行车事故为例,通过剖析其事故发生机理过程,阐明事故发生机理。研究表明,超速是城市冰雪道路行车事故的重要致因,超速行驶车辆从"感知到危险"到"事故发生"一般经过反应阶段、转向或制动阶段、事故形成阶段[86],如图3-40所示。高速行驶车辆在同等感知时间和制动反应时间下,因为行驶车速高使得车辆间距迅速减小、加之冰雪路面的摩擦系数较低,因此常因制动距离不足而发生事故,事故发生机理可以结合状态轴加以说明。危险出现时驾驶人感知危险,此时车辆状态为正常行驶,道路附着性能低;在反应阶段,驾驶人意识到要采取措施,此时车辆仍在正常行驶;在采取措施阶段,驾驶人通过踩制动踏板或转动转向盘使车辆远离危险,此时车辆处于制动或转向行驶状态,随着制动强度和转向强度的增大,车辆因制动性能和侧向力不足,产生行车碰撞和失稳风险,最终导致碰撞和失稳事故的发生。

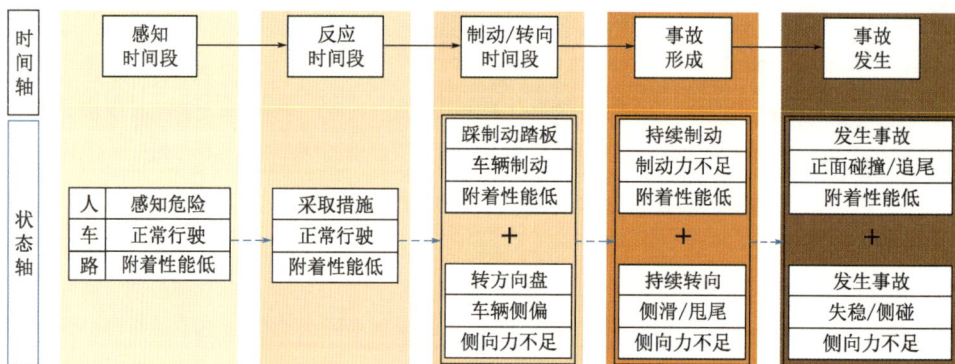

图 3-40　冰雪路面超速行驶事故发生机理

同时有学者开展了基于数据驱动的事故发生机理研究,例如有研究者基于 2005—2007 年中 28 起发生在挪威十字路口的交通事故数据,对事故原因进行了分析[87]。如图 3-41 所示,针对 14 起由左转车与对向车辆冲突引发的交通事故,对各个相关因素的发生频率与相关性进行了统计与分析。可以看出,事故诱因、响应失效与高风险行为三类因素间具有明确的因果关系,其中最为常见的一种事故致因过程可以阐述为:驾驶人注意力不集中-未观察到冲突车辆-错误判断行车形势-车辆过早进入路口-行车冲突产生-交通事故形成(即图中粗实线所示过程)。

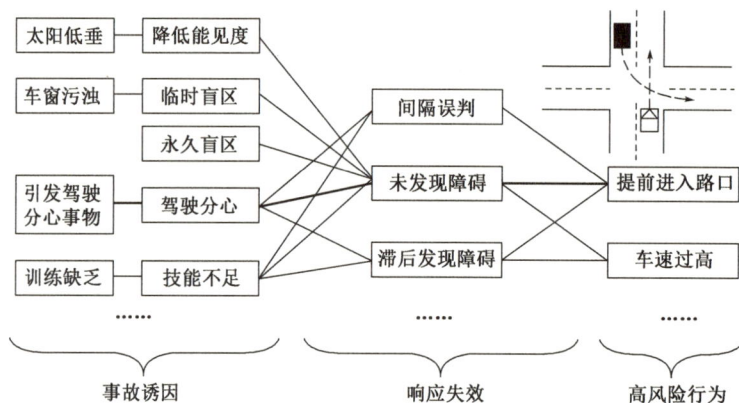

图 3-41　十字路口碰撞事故影响因素分析[87]

基于对事故致因的因素和过程分析,研究者进一步对事故发生机制进行数学建模。在道路交通领域,基于事故因果链理论的方法常用于研究事故的因果逻辑与风险转化路径,例如故障树分析(Fault Tree Analysis, FTA)[88],贝叶斯网络模型[89]、神经网络模型[90]、Petri 网模型[91]等建模方法。

如图 3-42 所示为一种基于事件树模型描述的事故演变过程[88]。其中,T、I 和 X 三类事件分别对应事故发生,中间状态(可归类为感知失效、决策失效与控制失效)及事故诱因,箭头标识事件间的状态转移概率 P_i。基于大量事故(包括邻近事故的高风险场景)的分析与训练,能够建立该事件树并辨识其中的参数,在对事故过程进行有效描述的同时也有助于在事故发生前定量辨识潜在事故的风险。

除可通过数据训练得到因素间状态转移概率参数,也有研究者利用交通事故数据对网络模型的结构进行训练。例如可以基于相关性分析与 K2 算法[89],进行交通事故致因分析贝叶斯网络的结构学习,用于分析环境、道路、车辆三方面因素与事故严重性的相关性定量分析。

针对行车事故机理的研究目前仍按传统分类方法将影响因素划分为人、车、路、环境四类[92],若在此基础上挖掘出事故发生的具体致因势必难度较大,因此亟待寻求新的致因分类

图 3-42 基于马尔可夫模型的事故演变过程建模[88]

方法,进一步统筹主观和客观、必然和偶然等影响因素,以简化行车事故发生机理研究。同时,基于事故数据与数学模型的行车事故发生机理研究也是未来发展的重要趋势:当前事故发生机理研究主要集中在数学建模方面,但随着数据挖掘、事故监测等技术的迅速发展,事故发生时的动静态信息采集和统计越加科学精准,这也为行车事故机理研究提供更多工具和数据支撑。

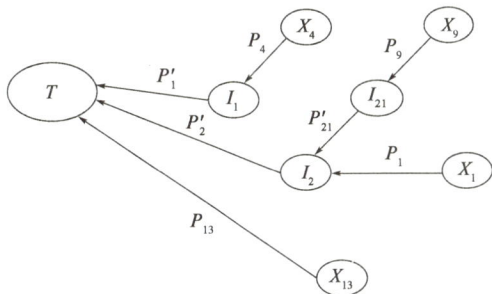

第二节　风险辨识与量化评估方法

一、运行安全域设计

运行安全域设计是保障不同智能化等级的智能汽车在特定交通环境下安全运行的关键。其主要任务是定义智能汽车在哪些工况下其自动驾驶系统可以正常工作,只有当实际运行工况均符合设定工况条件时,自动驾驶系统才能正常激活和安全运行。通常,运行安全域设计中所定义的工况包括自车运行外部交通环境状态、自车状态、驾乘人员状态及其他必要条件,因此,运行安全域设计是开发自动驾驶系统时必须首先考虑的问题,即明确自动驾驶系统可以正常运行并安全执行动态驾驶任务(Dynamic Driving Task,DDT)的全部条件[93]。

(一)运行安全域定义

《汽车驾驶自动化分级》将运行设计域(Operational Design Domain,ODD)定义为驾驶自动化系统设计时确定的适用于其功能运行的外部环境条件,典型的外部驾驶环境条件有道路、交通、天气和光照[94-95]。运行安全域(Operational Safety Domain,OSD)的定义与 ODD 有所区别,安全域是 ODD 的一个子区间,指的是在 ODD 范围内保障自动驾驶系统能够安全运行(可接受

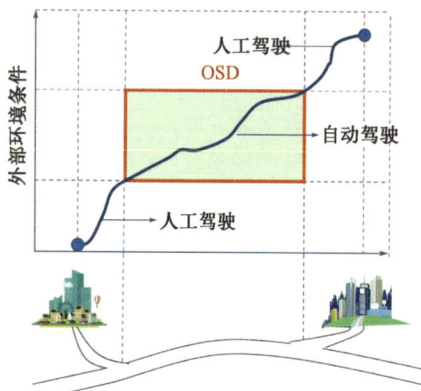

图 3-43 运行安全域示例

的风险范围)的环境条件。图 3-43 为完成两地之间驾驶任务的运行情况示意图,在完成该驾驶任务过程中,进入高速公路之前和离开高速公路之后的行驶环境不符合安全域所规定的外部驾驶环境条件,此时车辆需要人工驾驶;当车辆运行于高速公路上时,驾驶环境满足安全域要求,此时车辆可以选择自动驾驶模式。

(二)安全运行条件与范围

设定安全运行条件是自动驾驶系统开发的第一步,通过定义安全运行条件,明确智能汽车自动驾驶系统的功能和局限性,并将该功能和局限传递给自动驾驶系统或用户。在既定的条件内,智能汽车可以安全地启动和运行自动驾驶功能;当超过了该条件时,运行自动驾驶系统将存在风险。

1. 安全运行条件定义

《汽车驾驶自动化分级》中将设计运行条件(Operational Design Condition,ODC)定义为驾驶自动化系统设计时确定的适用于其功能运行各类条件总称,包括设计运行范围、车辆状态、驾乘人员状态及其他必要条件[93]。安全运行条件(Operational Safety Condition,OSC)指的是在满足设计运行条件时,自动驾驶系统能够以理论较低风险运行的各类要素需要满足的必要条件。设计 OSC 时明确定义了自动驾驶系统可以正常启动并安全运行的全部条件,包括自车运行外部交通环境(OSD)、自车状态、驾乘人员状态及其他必要条件。

可将安全运行条件 OSC 分解为五个方面:地点(Where)、时间(When)、对象(What)、交互(Who)和约束(How)。首先,需要明确自动驾驶汽车运行地点,运行地点通常包括道路类型(如高速公路、乡村道路)、路面条件(如混凝土路面)、道路边缘特征(如路肩)以及道路几何形状等;其次,需要明确运行环境特征,具体包括温度、可见度、风速等;然后,需要明确交通环境中可能面临的影响驾驶的对象,具体包括道路交通标识、交通参与者(机动车、非机动车等)以及其他障碍物等;随后,需要明确与哪些设施进行通信交互,具体包括机动车、路侧感知设备、远程调度管理信息系统等;最后,还需要明确相关约束,具体包括道路限速、交通状况(正常、拥挤)、交通法规等运行条件约束。

2. 安全运行条件范围

如图 3-44 所示,安全运行条件范围可分解为道路环境 OSD、驾乘人和自车三类,其中 OSD 包含以下五类要素:基础设施(Physical Infrastructure)、环境条件(Environmental Constraints)、周边物体(Objects)、互联通信(Connectivity)和驾驶操作限制(Operational Constraints)。

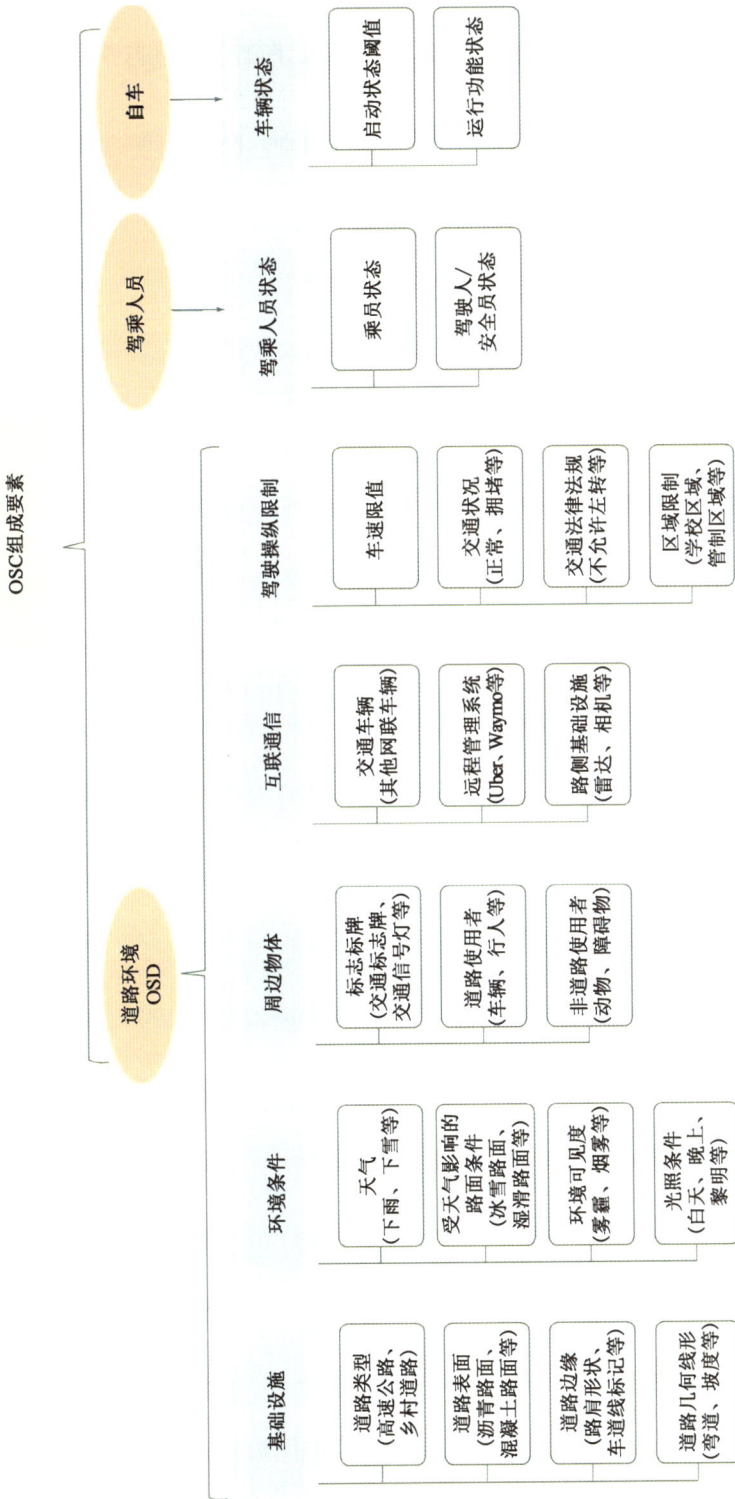

图3-44 安全运行条件OSC的组成

1）基础设施

基础设施要素主要包括四种属性：道路类型、路面类型、道路边缘与道路几何特征。

（1）道路类型：包括高速公路、快速路、次干路、乡村道路等。

（2）路面类型：包括沥青路面、混凝土路面、砌块路面、碎石路面、土路面、减速带、草地、越野路面等。

（3）道路边缘：包括车道线、路肩、混凝土护栏、栅栏、栏杆、路缘石等不同种类。

（4）道路几何特征：包括道路的外形，其包含的属性有直路、弯道、坡道、转角、车道宽度等。

2）环境条件

环境条件主要考虑天气、受天气影响的道路条件、颗粒物和光照四项属性。

（1）天气：天气情况对传感器的影响较大。设计安全域设计主要考虑风、雨、雪、雨夹雪等天气情况。

（2）受天气影响的道路条件：雨雪天气下产生的道路积水、淹没、结冰、积雪等情况降低了轮胎的道路附着力，进而影响智能驾驶系统的运动控制能力。

（3）颗粒物：大气中的雾、霾、烟雾、灰尘等都会影响可见度，降低传感器的感知能力。

（4）光照：光照太强或光照太弱都会影响摄像头的感知能力，实际驾驶过程中所处时段（白天、黎明、黄昏、夜晚）、道路周边设施照明（路灯、建筑灯光）和车灯都会影响光照条件。

3）周边物体

在驾驶场景中可能出现在车辆周边的目标可分为三类：标记、交通参与者、非交通参与者的障碍物/物体。

（1）标记：包括各类交通标志、交通信号灯、斑马线、铁路道口、呼救、施工标志、其他交通参与者发出的信号、手势等。

（2）交通参与者：包括各种车辆（轿车、轻型货车、公共汽车、工程车辆、应急车辆、特殊车辆等）、行人（大人、儿童）、骑两轮车的人（自行车、电瓶车、摩托车）等。

（3）非交通参与者的障碍物/物体：包括动物、工程设备、路面障碍物等。

4）互联通信

在车辆的安全设计背景下，互联 Connectivity 可理解为 V2X（Vehicle to Everything），即车与任何事物的通信，具体可包括车与车（Vehicle to Vehicle，V2V）、车与基础设施（Vehicle to Infrastructure，V2I）、车与人（Vehicle to Person，V2P）、车与云（Vehicle to Network，V2N），如图3-45所示。

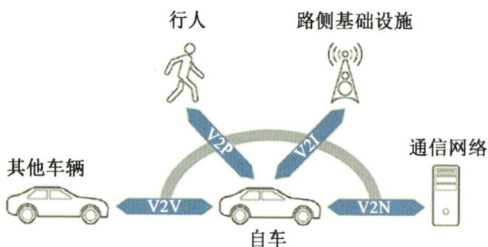

图 3-45 互联通信组成要素

5）驾驶操作限制

驾驶操作限制主要包括限速和交通条件两类元素。

（1）限速：含允许的最高车速和最低车速。

（2）交通条件：包括交通流量（低谷、峰值、正常）和交通条件变化（事故、紧急车辆通行、维修、封路、特殊事件等）两大类。

(三)最小风险条件约束

安全运行条件设计过程明确了自动驾驶系统能够正常启动和安全运行的所有条件,主要包括自动驾驶系统运行环境状态(OSD)、自车状态、驾乘人员状态及其他必要条件。根据行车风险产生机理可知,不同运行条件将产生不同程度的行车风险,当智能车辆实际运行条件不符合所设计的安全运行条件时,自动驾驶系统将因面临过大风险而导致无法正常启动或者无法安全完成DDT。将满足最低运行安全要求所需要阐明的OSC最小元素集合定义为最小风险条件约束(Minimal Risk Condition,MRC)[93]。当自动驾驶系统运行过程中监测到运行条件即将超过OSC边界时,将会激活最小风险操作(Minimal Risk Manoeuvre,MRM)或将运行模型调整为降级模式,以保障系统符合最小风险条件约束,实现安全运行,或者自动驾驶系统激活人工驾驶接管请求,实现驾驶控制权的转移。通常,不同的利益相关者(企业、用户、测试机构、监管机构等)可能会选择不同元素集合来设计满足最小风险条件约束的OSC。在制定满足最小风险条件约束的元素集合时,需要根据OSC所包含的设计要素考虑以下设计原则[94]:

(1)满足最小风险条件约束的运行环境元素设计原则:考虑到自动驾驶系统运行环境信息来源于车载感知系统或车联网(V2X),因此,在设计运行环境最小元素集合时,需要考虑智能车辆能够实时获取的信息类型,以及车载感知系统或车联网存在的随机测量误差,以确保自动驾驶系统能够准确判断OSD边界。

(2)满足最小风险条件约束的驾乘人员状态设计原则:考虑到当L3级及以下等级自动驾驶系统请求人工接管时,需要驾乘人员及时接管,因此,在设计驾乘人员状态最小元素集合时,需要考虑驾乘人员遵守相关基本交通规则以确保自动驾驶系统能够正常启动,满足最小风险条件约束的状态包括驾乘人员已系上安全带、驾乘人员无干预措施等;对于L3级及以下等级自动驾驶系统而言,还需要考虑驾乘人员达到及时接管请求的条件,其基本条件包括无疲劳驾驶问题、无酒驾问题、正确坐在驾驶位等。

(3)满足最小风险条件约束的自车状态设计原则:自车状态最小元素设计须考虑启动自动驾驶系统的自车状态阈值和运行功能状态。其中,启动自动驾驶系统的自车状态阈值包括车速阈值、挡位状态、驻车制动状态等,通过识别车辆是否达到所设定的自车状态阈值来判断车辆是否满足激活自动驾驶功能的条件;运行功能状态与自动驾驶系统安全运行状态相关,通常系统中设置具有自检功能的软硬件模块,向驾乘人员或自动驾驶系统传递监测信息。

安全运行条件在设计时确定了自动驾驶系统能够正常启动和安全运行的全部必要条件,但不同的企业或研究机构在OSC最小元素集合选择详细程度方面有所区别,目前还未形成行业统一标准。2020年,全国汽车标准化技术委员会智能网联汽车分技术委员会发布的《自动驾驶系统设计运行白皮书》中阐述了企业满足最低安全要求所定义的最小元素集合,同时允许不同的利益相关者(用户、测试机构或监管机构等)在使用时参考最小元素集合的条件,添加新层级进行纵向拓展或添加新元素进行横向拓展[93]。下文将参考《自动驾驶系统设计运行白皮书》举例说明满足最小风险条件约束的OSC最小元素集合。

1. 满足最小风险条件约束的 OSD 最小元素集合

遵循运行环境元素设计原则,根据如图 3-44 所示的 OSD 组成要素,满足最小风险条件约束的 OSD 最小元素集合也应该从五个维度进行设计,参照文献[93]中企业最低安全要求所定义的最小元素集合,按照五个层级,以基础设施中道路类型和环境条件中天气为例说明最小元素设计思路,具体见表 3-9。

OSD 最小元素集合[93]　　　　　　　　表 3-9

第一级	第二级	第三级	第四级	第五级
OSD 最小元素集合(部分)	基础设施	道路类型	城市道路	快速路
				主干路
				次干路
				支路
			公路	高速公路
				一级公路
				二级公路
				三级公路
				四级公路
			乡村道路	乡村大道
				乡村小路
			停车场	室内停车场
				室外停车场
	环境条件	天气	风速	微风:<5 级
				强风:6 级
				劲风:7 级
				大风:8 级及以上
			雨天	小雨:<2.5mm/h
				中雨:2.5~7.6mm/h
				大雨:7.6~50mm/h
				暴雨:>50mm/h
			雪天	小雪水平能见度≥1000m,24h 降雪量 0.1~2.4mm
				中雪水平能见度[500,1000),24h 降雪量 2.5~4.9mm
				大雪水平能见度<500m,24h 降雪量 5.0~9.9mm
				暴雪,24h 降雪量 10~19.9mm
				大暴雪,24h 降雪量 20~29.9mm

2. 满足最小风险条件约束的驾乘人员状态最小元素集合

遵循驾乘人员状态要素设计原则,根据图3-44中的驾乘人员状态组成要素,满足最小风险条件约束的驾乘人员状态最小元素集合也应该从两个维度进行设计,参照文献[93]中企业满足最低安全要求所定义的最小元素集合,按照四个层级,以驾驶人/安全员状态和乘客状态为例说明最小元素设计思路,具体见表3-10。

驾乘人员最小元素集合[93]　　　　　　　　　　　表 3-10

第一级	第二级	第三级	第四级
驾乘人员状态	驾驶人/安全员状态	疲劳状态	无疲劳
			一般疲劳
			非常疲劳
			严重疲劳
		注意力状态	注意力集中
			注意力瞬态分散
			注意力周期分散
			注意力持续分散
		驾驶位姿状态	驾驶姿态正常
			驾驶姿态异常
			驾驶位正确
			驾驶位错误
		生理/心理状态	生理指标正常
			无酒驾行为
			无路怒行为
			无毒驾行为
		安全带状态	系上
			未系上
	乘客状态	位姿状态	无干预驾驶行为
			有干预驾驶行为
		儿童约束系统状态	正确使用
			未正确使用
		安全带状态	系上
			未系上

3. 满足最小风险条件约束的自车状态最小元素集合

遵循自车状态元素设计原则,参照文献[93]中企业满足最低安全要求所定义的最小元素集合,按照五个层级,以启动状态阈值和运行功能状态为例说明最小元素设计思路,具体见表3-11。

自车状态最小元素集合[93]   表 3-11

第一级	第二级	第三级	第四级	第五级
车辆状态	启动状态阈值	控制功能	驱动	加速踏板无输入
			制动	制动踏板无输入
			转向	转向盘无输入
			挡位	前进挡:D 挡
	控制功能	感知功能	感知范围	满足要求
		定位功能	定位精度	满足要求
		V2X 功能	通信质量	满足要求
		高精度地图功能	数据格式	满足要求
		决策规划功能	功能安全	满足要求
		控制功能	转向	≥最小转弯半径
			制动	≤最大制动强度
			驱动	≤最大加速度
			热管理及监控	满足要求
			胎压监测	胎压正常
		人机交互功能	交互模式	正常交互
		车身	传感器清洗	满足要求
			信号灯	信号灯功能正常
			车门	车门关闭
			刮水器	满足要求
		安全功能	被动安全系统	满足要求
			主动安全系统	满足要求
			信息安全系统	满足要求

二、行车环境动态认知

基于行车安全域及其安全运行条件,车辆实际行驶过程中,存在来自车辆自身及周围环境等多种因素造成的行车风险。因此,有必要对行车环境中的风险影响因素进行动态认知,这也是后续进行风险评估与风险规避的前提基础。因此,可从车辆碰撞与失稳两方面入手,首先考虑车辆与交通参与者的碰撞风险,分析交通参与者意图辨识与运动预测方法,然后从失稳风险的角度,分析关键车-路状态参数的估计方法。

1. 交通参与者意图辨识

在"行车冲突机制"一节中,分析了两类主要行车冲突形式:车辆-静态障碍冲突,与车辆-交通参与者冲突。其中,动态的交通参与者运动具有更强的时变、不确定性,且可能与自车运动交互影响。交通参与者主要包含车辆与弱势交通参与者(Vulnerable Road Users, VRU, 通常指行人、骑车人等)两大类,在道路交通环境中,交通参与者的位置与速度动态变化,因此要求智能车不能仅基于其当前的运动状态预估其对于自车的影响,还必须对其运动趋势进行估计。

交通参与者意图识别可分为目的地、行为、交互三类,三者具有层次递进关系(图 3-46)。目的地辨识:辨识交通参与者的长期通行目标,例如路口处车辆的行驶方向,或行人是否需要穿过道路前往另一侧。行为辨识:在目的地辨识的基础上,交通参与者的短期通行行为,例如多车道道路中车辆的变道行为,或过街行人的穿行-等待行为。交互意图辨识则产生于多个交通参与者行为具有交互式冲突的情形下,常体现为抢-让行为选择。例如在匝道汇入场景下,汇入车辆需要在直行车辆让行的条件下才能顺利汇入。尽管此类场景可能具有明确的路权规则,但在交通拥堵的情况下,路权优先级更低的车辆仍需要通过传达自身意图、辨识冲突对方的抢/让意图,实现在冲突场景的有效通行。目的地、行为、交互三类意图具有层次递进关系。例如车辆驶离匝道时,其行驶意图可依次表达为:离开主路-并入匝道-抢在冲突车前进入匝道。

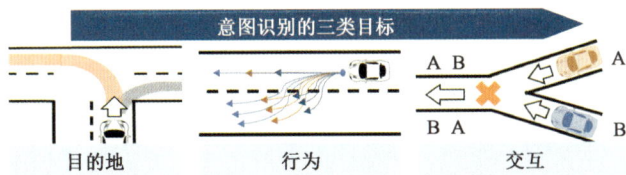

图 3-46 典型交通参与者意图识别目标

目前,相关领域学者已针对意图识别提出了多种方法。在目的地意图方面,可针对车辆在路口处的左转/右转/直行意图进行分析[95],或针对路侧行人,对行人在道路两侧的潜在目的地进行预测[96]。在行为意图方面,相关研究包括车辆在纵向上的加速/制动/匀速巡航行为意图辨识[97],或车辆横向上的变道意图识别等[98]。目前,有关交互意图识别的研究相对较少,例如基于博弈模型对车辆的竞争性驾驶行为进行建模[99],或基于博弈方法辨识汇入冲突中的驾驶人特征,进而对其行为进行预测[100]。

在意图识别方法方面,常用方法包括隐马尔可夫模型(Hidden Markov Model, HMM)[101]、深度学习[102]和博弈理论等。

HMM 基于各个因素间的因果关系建立,节点间的连接关系代表其具有的条件概率。例如可建立如图 3-47 所示的 HMM 用于辨识行人穿行意图[103]。

图中,方框表示的隐变量具有离散语义(同一时间片段内,自左至右分别为目的地 G、穿行

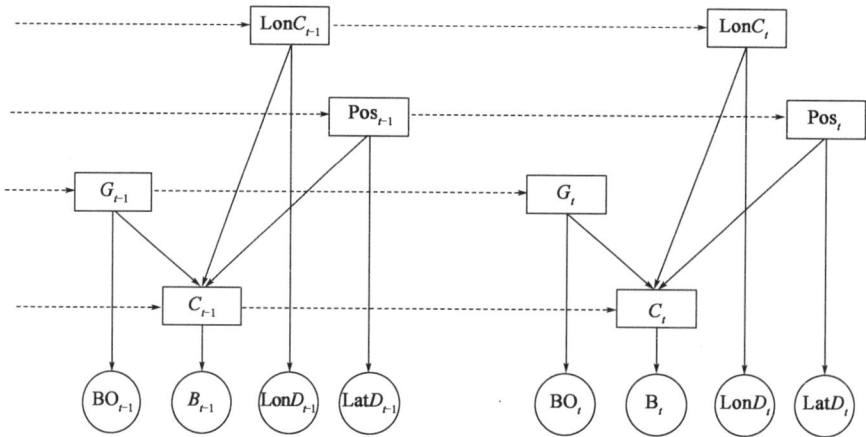

图 3-47   基于 HMM 的行人穿行意图建模[103]

意图 C、纵向危险性 $LonC$ 及是否位于穿行区 Pos），圆圈中显变量可以直接观测（自左至右分别为行人朝向 BO、运动行为 B、行人—车辆距离 $LonD$、行人—道路距离 $LatD$），每一个箭头代表变量间的条件概率关系。HMM 中隐变量的推断具有较多方法，例如文中采取的近似推断方法 ADF（Assumed Density Filtering）：

$$预测：\overline{P}(C_t, C_{t-1}, E_t, E_{t-1}) = P(C_t \mid C_{t-1}, E_t) \times \overline{P}(E_t \mid E_{t-1}) \times \hat{P}(C_{t-1}, E_{t-1})$$

$$\overline{P}(C_t, E_t) = \sum_{C_{t-1}} \sum_{E_{t-1}} \overline{P}(C_t, C_{t-1}, E_t, E_{t-1}) \tag{3-39}$$

$$更新：\hat{P}(C_t, E_t) \propto P(O_t \mid E_t) \times P(B_t \mid C_t) \times \overline{P}(C_t, E_t)$$

$$\hat{P}(C_t) = \sum_{E_t} \hat{P}(C_t, E_t)$$

其中，C 表示行人通行意图；E 表示除意图外的隐变量（目的地、纵向危险性与是否处于安全区）；O 表示所有可观测的变量。

除此以外，HMM 中的推断问题也可以用前后向算法等精确推断方法求解。HMM 中的条件概率参数可以基于经验人工标注，也可以基于 EM（Expectation-Maximum）算法使用自然驾驶数据进行训练。HMM 的优势在于较强的可解释性，并且基于模型 + 数据训练的方法能够产生较好的识别效果。然而，受限于网络规模，HMM 建模过程通常会对一系列环境信息进行人为简化假设。

在基于深度学习的意图识别方面，长短期记忆网络（Long Short-Term Memory，LSTM）是一种常用的神经网络方法。作为一种循环神经网络，LSTM 具有记忆性、参数共享、图灵完备等特性，因此在对序列的非线性特征进行学习时具有一定优势。

此外，LSTM 中引入了遗忘门、外部输入门和输出门用以解决梯度消失或梯度爆炸问题。LSTM 网络结构示意图如图 3-48 所示，其中 x 为观测输入信息，h 为网络输出。由于驾驶行为模型的输出为分类输出，因此模型的损失函数采取交叉熵（Cross-entropy）损失函数：

$$L(a, y) = -\left[y \times \ln a + (1 - y)\ln(1 - a) \right] \tag{3-40}$$

其中，a 表示模型的预测值；y 表示标签值。

值得注意的是,LSTM 也有不足,包括可解释性差、神经网络训练需要大量带标签数据,且模型训练时间较长、方法难以实现多场景泛化等。

交互意图识别方面,博弈理论是一种常见的建模方式。如在图 3-49 中的无信号灯左转场景中,可以基于路权、到路口距离、速度等条件给出自车-他车行为收益矩阵。在混合策略博弈分析中,假设 A、B 两车采取让行策略的概率分别为 a 和 b,也即不让行概率分别为 $(1-a)$ 和 $(1-b)$,并假设双方(理性个体)均希望最大化自身收益,同时彼此了解对方的收益(公共知识)。首先定义最佳反应为当一方采取某种策略时,另一方采取的最佳策略。在博弈论中,当某一种策略组合对双方均是最佳反应时,该策略组合为纳什均衡(Nash Equilibrium)。由于在纳什均衡下,双方均不能通过单方面改变策略而获得更多收益,因而该组合构成理性双方的一致性预测(Consistent Prediction)。

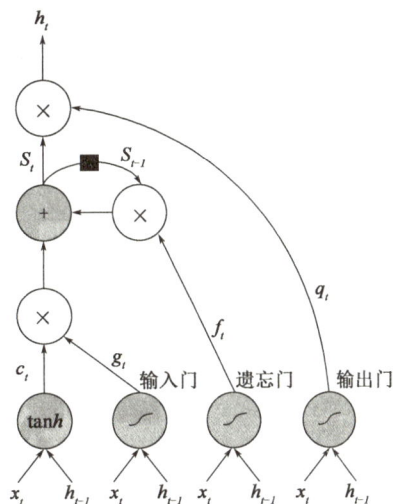

图 3-48 LSTM 网络结构示意图

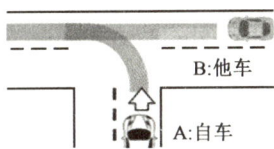

图 3-49 基于博弈的收益矩阵分析

由示例的收益矩阵,能够写出两车的期望收益函数:

$$E_A(a,b) = ab + (-3)a(1-b) + 3b(1-a) + (-5)(1-a)(1-b) \tag{3-41}$$

$$E_B(a,b) = ab + 2a(1-b) + 0 \times b(1-a) + (-1)(1-a)(1-b) \tag{3-42}$$

则对应双方最优响应分别为:

$$\frac{\delta E_A(a,b)}{\delta a} = 0 = \frac{\delta}{\delta a}(-4ab + 2a + 8b - 5) \tag{3-43}$$

$$\frac{\delta E_B(a,b)}{\delta b} = 0 = \frac{\delta}{\delta a}(-2ab + 3a + b - 1) \tag{3-44}$$

解得 $a = 0.5$,$b = 0.5$ 为上述博弈过程的纳什均衡解,代表双方的让车行为概率。在该均衡点上,双方均不能通过单方面改变自身决策(行为概率)获得更高的收益。而上述博弈过程中,假设双方只同时进行一步决策、且双方互相知道彼此的收益和采取行为。针对更加复杂的博弈过程建模(如动态博弈[104]、不完全信息博弈[105]等),可进一步参考相关研究工作。博弈理论以理性决策者为基础假设,但实际驾驶人往往不具备完全理性[106],因此建模驾驶人的部分理性特征、增加模型认知结果与自然驾驶数据的一致性,是相关领域的重点研究方向之一。

2. 交通参与者运动轨迹预测

轨迹预测用于输出交通参与者未来运动状态的时空分布,是对其未来运动预测的直接表达。轨迹预测结果一般表达为在一定时域范围内,车辆在各个时序上的位置(及其分布)。在意图识别后,可进一步预测与行为意图对应的运动轨迹。此外,部分预测算法也可不基于意图识别而进行轨迹预测。目前,主要有 4 种轨迹预测方法:基于物理模型[107]、基于行为认知[108]、基于交互[109]、基于深度学习[110],见表3-12。

目前常用的轨迹预测方法 表 3-12

方　　法	特　　点	不　　足
基于物理模型	建模简单,可用于短时域预测	难以用于长时域、复杂行为过程的运动预测
基于行为认知	以行为意图辨识为条件,产生更加准确、解释性更强的运动预测	依赖于准确的行为建模与意图辨识
基于交互	建立交互模型,在交互过程意图识别的基础上进行运动预测	交互模型构建相对复杂、准确性相对不足
基于深度学习	轨迹预测精度较高,无须行为建模	数据依赖性高,可解释性不足,难以迁移应用到其他场景

在物理模型方面,常见模型包括用于直行的恒速模型(Constant Velocity, CV)、恒加速度模型(Constant Acceleration, CA)、用于弯道的恒定转弯率和加速度模型(Constant Turn Rate and Acceleration, CTRA)等。在卡尔曼滤波等一系列基于滤波的轨迹预测方法中,也常采用上述物理模型,且滤波方法能够对预测的不确定性建模描述。基于物理模型的预测仅考虑了车辆的当前运动状态与车辆运动模型,常用于短时域(如小于 1s)的运动预测,而对于更长时域期、车辆行为更复杂的场景,则难以实现高精度运动预测。

基于行为意图的方法以前述意图识别为条件输入,即假设目标的运动对应于一系列其应该匹配驾驶目的的行为策略,进而基于该假设进行轨迹预测。由于具有该先验信息,基于行为的轨迹预测在长时域上比基于物理模型的方法更加可靠。基于行为的方法通常包括意图识别与轨迹预测两步。其中,轨迹预测方法包括原型轨迹聚类法、高斯过程回归法(Gaussian Process Regression, GPR)等。

如图 3-50 所示,原型轨迹聚类[111]的思想是在路网上预先离线规划多簇轨迹,其中每一簇轨迹对应一种行为意图(例如左转、直行等)。此时,轨迹预测过程即转化为了实际轨迹与离线轨迹的在线匹配过程。GPR 是一类经典的基于机器学习的轨迹预测方法。为实现基于行为意图的轨迹预测,首先建立 GPR 模型:

$$f \sim GP(u,K) \tag{3-45}$$
$$u = \{m(t_i), t_i = 1:T\}$$
$$K = \{\kappa(t_i,t_j), i,j = 1:N\}$$

其中,u 表示均值向量(代表各时刻的预测位置);K 表示协方差矩阵,用于描述预测位置的分布。

训练过程可采用极大似然估计算法(Maximum Likelihood Estimate, MLE),并分别针对每种行为对应的数据集进行训练(例如将高速公路的轨迹分类为左并线、直行和右并线)。轨迹预测中,可以基于行为意图辨识结果,结合使用对应的 GPR 模型进行轨迹预测。

近年来,基于深度学习的方法也开始广泛用于轨迹预测,包含 LSTM[112]、图神经网络(GNN)[113]、生成对抗网络(GAN)[114]等。以 LSTM 为例,相比于基于 LSTM 的行为意图识别,网络由"多输入单输出"(输入按时序的位置,输出意图)改为了"多输入多输出"(输入过去的时序位置,输出未来的时序位置)。模型结构如图3-51所示。

图3-50　轨迹簇与意图对应[111]

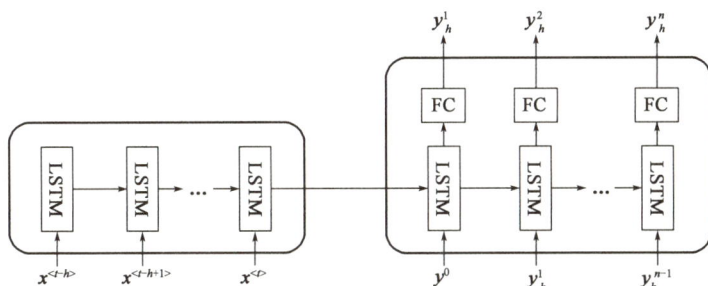

图3-51　"多输入对多输出"的 LSTM 结构示意图

轨迹预测模型的最终输出是代表位置的连续值,可以选择均方误差(Mean-Square Error, MSE)来作为模型的损失函数:

$$Loss = MSE = \frac{\sum_{i=1}^{n}(y_i - y_{pi})^2}{n} \tag{3-46}$$

其中,y_i表示样本真值(即轨迹点的位置坐标);y_{pi}表示输出的预测值;n表示样本数量。

目前,有关轨迹预测的前沿研究进一步考虑交通参与者之间的相互影响,及预测结果的多模态(Multi-modal)表达。多模态体现为车辆可能具有加速、减速、换道等不同的行为模态。如图3-52所示,Uber公司的研究者[115]采取图神经网络的方法,将车辆-车道、车道-车道、车道-车辆、车辆-车辆信息输入到网络中,并输出特定数量的未来3s预测轨迹,及对应于每条轨迹的置信度。与之前介绍的交互行为建模方式相比,基于图神经网络的车-车交互建模方式属于一种隐式建模方式,即通过神经网络表征交互对车辆运动的潜在影响,但不对交互过程各个驾驶人采取的具体策略及抢-让意图建模和辨识。

在实际应用中,基于深度学习的预测方能够取得良好的短时域轨迹预测精度,但也普遍具有数据依赖、难以解释,且难以在不同场景间迁移的问题。此外,该方法常基于路侧采集的第三人称感知数据进行训练,难以用于自车驾驶决策过程中,预测他人对自车不同行为的响应。因此,轨迹预测仍是一个有待研究人员进一步探索的技术难题。

3.车路动力学参数估计

准确而实时地获取车路动力学关键参数对于动态环境理解与认知至关重要。车路动力学参数主要分为状态参数和结构参数。其中,状态参数主要包括车辆质心侧偏角、横摆角速度等;车路结构参数主要包括质量、坡度等。实际运行过程中横摆角速度可通过陀螺仪较为准确地获取,而质心侧偏角的获取受测量成本及安装位置限制,常通过观测手段获取。质心侧偏角观测方法可分为三类:基于运动学及运动几何的观测方法、基于动力学模型的观测方法和基于多元信息融合的观测方法,具体分析见表3-13。

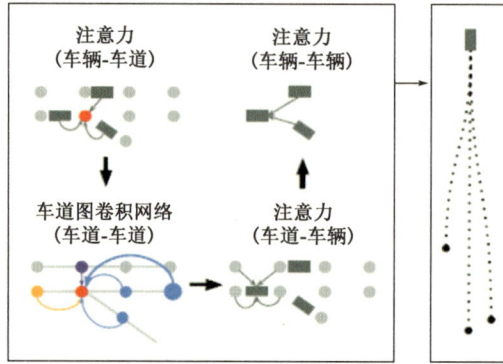

图 3-52　基于图神经网络的多模态车辆轨迹预测[115]

车辆质心侧偏角观测方法及其特点[116-119]　　　　　　　　　　表 3-13

分　　类	方　　法	优　　点	局　　限
基于运动学模型	直接积分法、模糊逻辑法	线性与非线性区域的估计精度均较高	受传感信号影响大,结果易漂移
基于动力学模型	卡尔曼滤波方法、滑模观测方法、鲁棒观测方法	机理清晰、鲁棒性强	观测器结构复杂
基于多元信息融合	伪积分融合方法、混合滤波方法	精度高、鲁棒性强	自适应性弱

　　道路附着系数估计对于动力学失稳风险辨识具有重要影响。特别是在紧急或极限工况下,车辆纵侧向耦合强烈,使得道路附着系数的实时估计极具挑战。从车辆纵侧向耦合动力学出发,首先讨论轮胎动力学模型,进一步提出一种非线性的胎路附着系数估计方法[120]。

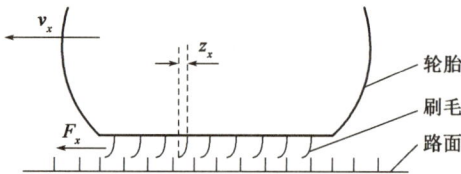

图 3-53　LuGre 轮胎力学模型示意图

　　建立轮胎动力学模型是实现基于动力学的胎路附着系数观测的基础,迄今为止,人们建立了多种轮胎动力学模型[121],如图 3-53 所示的二维 LuGre 轮胎力学模型属于刷子模型的一种,它将胎路相互作用视作刷毛的变形,进而模拟弹簧阻尼以描述轮胎力学特性,用于道路附着系数的观测。图中,v_x、F_x、z_x 分别对应车辆速度、附着力和刷毛的形变。LuGre 轮胎力学模型的微分表达形式为:

$$\mathrm{d}F_i = \left(\sigma_{0,i}z + \sigma_{1,i}\frac{\mathrm{d}z_i}{\mathrm{d}t} + \sigma_{2,i}v_{r,i}\right)\mathrm{d}F_N \tag{3-47}$$

　　其中,$\sigma_{0,i}$、$\sigma_{1,i}$、$\sigma_{2,i}$ 分别表示轮胎刚度、阻尼系数与黏性阻尼系数;$v_{r,i}$ 表示轮胎胎面在纵向($i=x$)与横向上($i=y$)的相对速度。

LuGre 模型轮胎动力学模型可以表达为：

$$
\begin{bmatrix} \dot{\bar{z}}_x \\ \dot{\bar{z}}_y \\ \dot{\theta}_x \\ \dot{\theta}_y \end{bmatrix} = \begin{bmatrix} v_{r,x} - \gamma_x(v_r,\theta)\,\bar{z}_x - \dfrac{k\omega r}{L}\bar{z}_x \\ v_{r,y} - \gamma_y(v_r,\theta)\,\bar{z}_y - \dfrac{k\omega r}{L}\bar{z}_y \\ 0 \\ 0 \end{bmatrix} \tag{3-48}
$$

$$
\begin{bmatrix} F_x / F_N \\ F_y / F_N \end{bmatrix} = \begin{bmatrix} \left[\sigma_{0,x} - \sigma_{1,x}\,\gamma_x(v_r,\theta) - \sigma_{1,x}\dfrac{k\omega r}{L}\right]\bar{z}_x + (\sigma_{1,x} + \sigma_{2,x})\,v_{r,x} \\ \left[\sigma_{0,y} - \sigma_{1,y}\,\gamma_y(v_r,\theta) - \sigma_{1,y}\dfrac{k\omega r}{L}\right]\bar{z}_y + (\sigma_{1,y} + \sigma_{2,y})\,v_{r,y} \end{bmatrix} \tag{3-49}
$$

其中，$\bar{z}_x$、$\bar{z}_y$ 分别表示刷毛在 x、y 方向上的平均形变；θ_x、θ_y 分别表示 x、y 方向上由胎面库伦摩擦系数、静摩擦系数导出的系数；γ 表示函数，由相对速度、系数 θ 导出；k 表示系数，与胎面形变分布相关；ω、r、L 分别表示车轮转速、半径与接地长度。

可以证明，系统可观的必要条件是胎面与路面的相对速度不等于0。由于当车辆采取急加速、急制动与急转向过程中，胎-路相对速度较大，在仿真与实车实验中也可发现，在此类工况下附着估计的收敛速度更快、准确性更高。

由于轮胎力学模型具有较强的非线性特征，本节采用了无迹卡尔曼滤波算法（Unscented Kalman Filtering，UKF）以实现二阶精度估计，并在融合估计时基于横向-纵向估计结果加权输出最终估计结果。估计的地面最大附着系数为：

$$
\mu_{\max} = \frac{\overline{F}_x\, g_x(v_{r,x},\theta_x) + \overline{F}_y\, g_y(v_{r,y},\theta_y)}{\overline{F}_x + \overline{F}_y} \tag{3-50}
$$

其中，$g_i(v_{r,i},\theta_i) = \theta_i(\mu_c + (\mu_s - \mu_c)\,e^{-|v_{r,i}/v_s|^{0.5}})$；$\mu_s$、$\mu_c$、$v_s$ 分别表示库仑摩擦系数、最小静摩擦系数与 Stribeck 相对速度。基于上述胎路附着估计算法，采用实车试验的方式进行验证。如图 3-54a）所示为试验过程中车轮纵向力、垂向力、车轮转速与胎-路相对速度，其中车轮纵向力和垂向力相应包括四个车轮的响应。如图 3-54b）所示为对应附着系数融合估计结果，包括四个车轮各自的最大路面附着系数、加权后的估计结果以及参考值。试验结果发现，加权估计结果与参考值基本吻合，特别是在路面附着系数突变的情况下，所提出加权估计方法的精度更高，因而所提出的估计方法在路面附着系数突变等极限工况下的优势更加明显。

测试结果表明，所提出附着系数估计方法在不同测试工况下均取得较好的估计效果；同时，方法在车辆制动或加速时收敛更快，证实算法理论可靠。

前文以道路附着系数为例，给出了行车风险路况辨识方法。基于动力学的附着估计方法实时性好，但观测结果鲁棒性较差；而基于视觉传感的方法提供的结果相对准确，但具有计算量大的局限。因此，融合动力学与视觉的辨识方法是未来发展的方向之一。

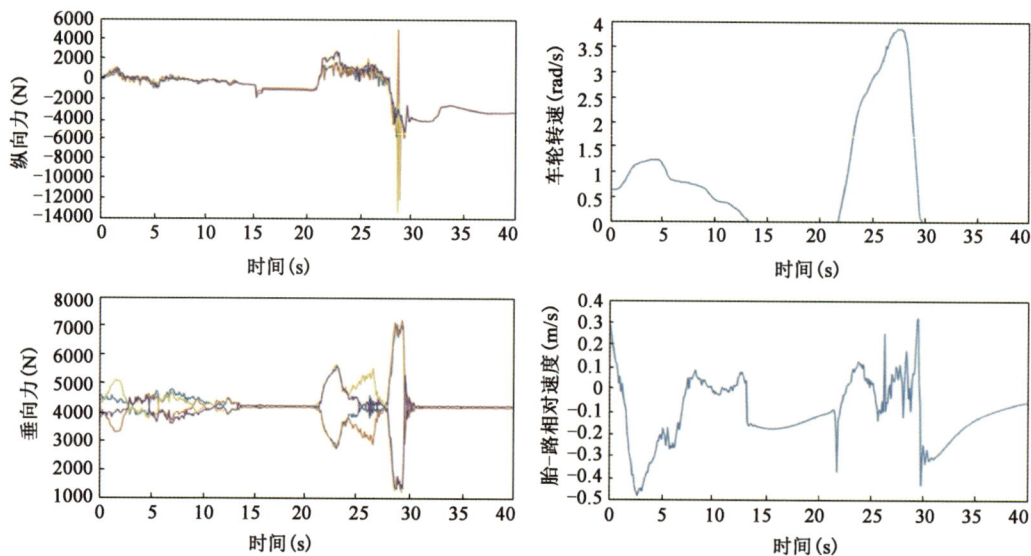

a)试验过程中车轮给向力、垂向力、车轮转速与胎-路相对速度

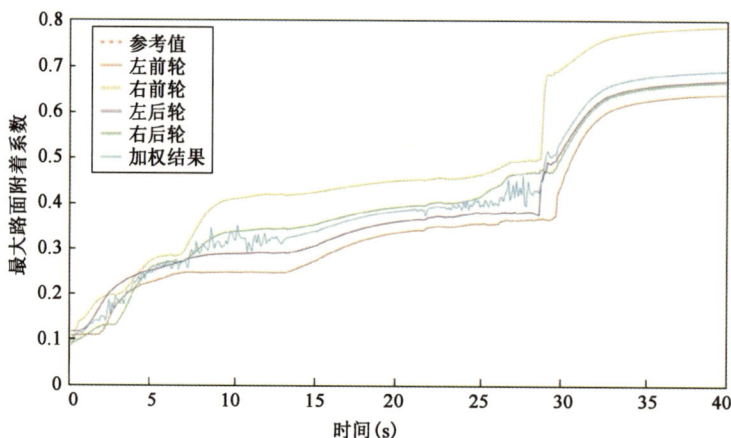

b)附着系数融合估计曲线

图 3-54　附着估计实车试验结果

三、行车风险量化评估

在交通系统中,风险(Risk)是描述系统危险程度的客观量。对风险一般有两种考虑:其一是把风险看成系统内有害事件或非正常事件出现可能性的度量;其二是把风险定义为发生一次事故的后果严重性和该事故出现概率的乘积。为简单起见,多数文献将风险表达为第二种定义。然而,其定义的损失或严重性都是针对事故而言,仅用事故来衡量系统的风险难以全面表征风险产生与演化过程。系统中的危险源是事故发生的根本原因,是风险的基本所在。哈默(Willie Hammer)将危险源定义为可能导致驾驶人损伤或财物损失的潜在不安全因素。根据危险源在事故发生和发展中的作用,可以将其分为两类:第一类危险源是指系统中存在的可

能发生意外释放的能量或危险物质;第二类危险源是指导致约束与限制能量的措施失效或破坏的各种不安全因素。

为全面表征行车过程危险源产生的影响,量化评估行车风险,首先分别总结现有实时风险量化方法(时间逻辑、运动学、碰撞概率、统计学习及人工势能场方法),并对比各自特点。然而,在机动车和弱势交通参与者等机非混行的复杂交通环境中,现有经典风险量化方法难以准确辨识动态、随机的交通参与者潜在风险,难以全面地评估人、车和环境耦合的行车风险,从而支撑动态复杂场景下的实时决策。因此,通过分别对车辆风险、道路交通设施风险及驾驶人行为风险的系统单因素风险量化,并基于车辆和交通视角,提出行车安全场统一建模方法,全面评估人-车-路耦合的综合行车风险。最后,基于综合行车风险评估方法,输出典型场景下应用示例和结果分析,如图 3-55 所示。

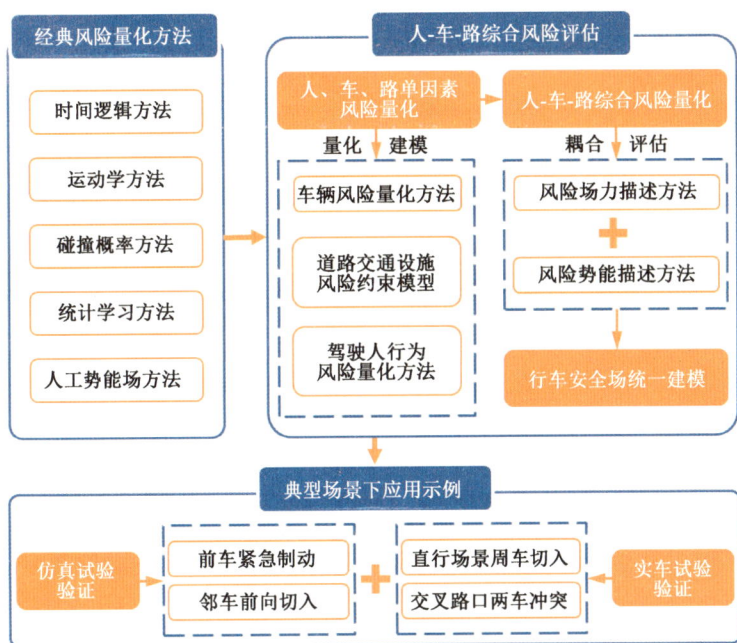

图 3-55　行车风险量化评估逻辑图

(一)经典风险量化方法

风险的概念最早在 19 世纪末的西方经济领域中出现,并广泛应用于经济学、社会学、工程科学、环境科学和灾害学等领域中[122]。不同研究对于风险的定义不同,如风险是事件未来可能结果发生的不确定性、风险是对损失大小和发生可能性的综合评价、风险是由风险构成要素相互作用的结果,还有学者利用不确定性的随机性特征来定义风险。在功能安全领域,国际标准化组织标准定义风险为事件的后果(包括环境的变化)和相关事件发生可能性的组合[123],事件风险可以通过事件实际发生时的预期损害和事件概率的组合来建模。因此,交通场景下可定义风险模型主要包括两部分:关键事件发生的概率和事件实际发生时的预期损失。即行车风险主要由风险因素、风险事故损失等要素组成。根据工程学中的风险概念,提出了由概率

要素与严重性要素表述的行车风险概念,可以表示为:

$$R_i = P_i \cdot S_i \tag{3-51}$$

其中,R_i为风险;P_i为车辆i发生事故的发生概率;S_i为车辆i事故发生可能的后果。

随着理论的不断成熟,对行车过程中多个潜在风险进行综合考虑,风险度量可以表示为:

$$R_i = \sum \sum P_{ij} \cdot S_{ij} \tag{3-52}$$

其中,P_{ij}为车辆i和车辆j进行交互发生事故的发生概率;S_{ij}为车辆i和车辆j进行交互后事故发生的可能后果。

上述风险定义中,均是针对事故来定义的,包括已发生的事故和将会发生的事故。从整个系统的角度出发,风险是系统危险影响因素的函数,即风险可表达为[124]:

$$R = f(R_1, R_2, R_3, R_4, R_5) \tag{3-53}$$

其中,R_1为车辆因素;R_2为驾驶人因素;R_3为环境因素;R_4为交通管理因素;R_5为其他因素。

车辆在行驶过程中,需要对行车过程所处的风险进行量化评估,从定性描述转化为定量输出,才能更好辅助车辆安全合理决策。在车辆进行实时行车风险评估过程中,通常更多应用基于微观车辆视角的方法。基于微观车辆视角的风险评估是指从车辆自身运动学、动力学等物理特性出发,考虑以自车为中心的风险量化输出过程。现有的从微观车辆视角对于行车风险的研究主要可以分为五大类(图3-56),包括时间逻辑方法(跟车时距、避撞时间等)、运动学方法(距离、加速度等)、碰撞概率方法、统计学习方法、人工势能场方法等[125]。

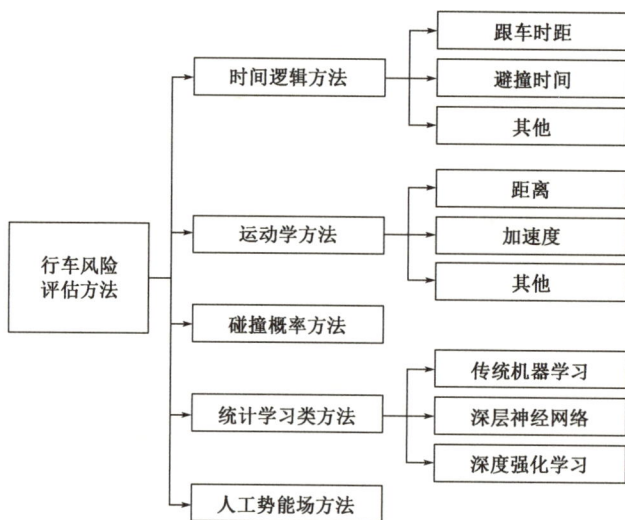

图 3-56　行车风险评估方法的分类

1. 时间逻辑方法

基于时间的风险评估算法以时间作为行车风险评估依据,主要包括:车头时距(THW)、距离碰撞时间(TTC)、距离碰撞时间的倒数(Inverse Time-to-Collision,TTCi)、TTC 的扩展等。其中,TTC 及其扩展指标主要用于车辆与障碍物之间的碰撞风险评估,而 THW 指标只适用于跟车场景下驾驶人的跟车特性和风险分析[126]。

THW 指标可定义为：

$$THW = t_1 - t_h \tag{3-54}$$

其中，t_1 表示前车的车头经过相同观测位置的时刻；t_h 表示自车的车头经过相同观测位置的时刻。

TTC 指标可定义为：

$$TTC = \{t \mid d_r^t = 0\} = \begin{cases} -\dfrac{d_r^0}{v_r^0}, & v_r^0 < 0, a_r^0 = 0 \\[3mm] -\dfrac{v_r^0}{a_r^0} - \dfrac{\sqrt{(v_r^0)^2 - 2\,d_r^0\,a_r^0}}{a_r^0}, & v_r^0 < 0, a_r^0 \neq 0 \\[3mm] -\dfrac{v_r^0}{a_r^0} + \dfrac{\sqrt{(v_r^0)^2 - 2\,d_r^0\,a_r^0}}{a_r^0}, & v_r^0 \geqslant 0, a_r^0 < 0 \\[3mm] 无定义, & 其他 \end{cases} \tag{3-55}$$

其中，d_r^t 表示相对距离；d_r^0、v_r^0 和 a_r^0 表示初始时刻的相对距离、相对速度（前车车速减去自车车速）和相对加速度。

特别地，当且仅当相对速度为负值的时候 TTC 才有定义。TTC 可衡量相对速度变化造成的碰撞风险，THW 可衡量跟车场景下跟车距离过近造成的潜在碰撞风险，如图 3-57 所示为 TTC 和 THW 相关研究发展历程[127]。

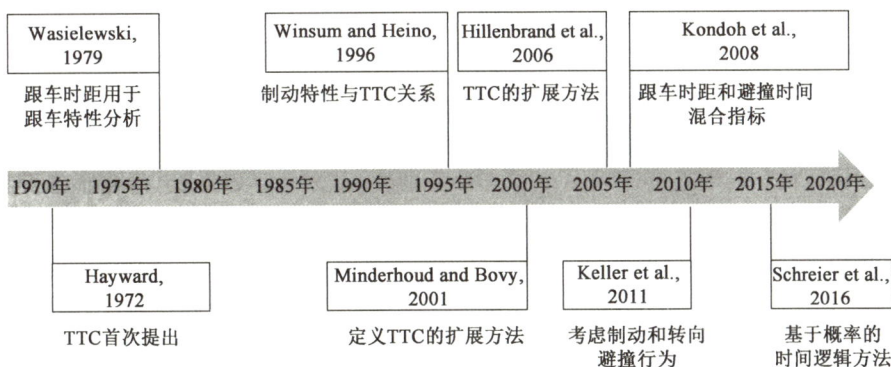

图 3-57　基于时间指标的行车风险评估算法

2. 运动学方法

基于运动学方法的风险评估算法主要包含距离指标和加速度指标两大类。其中，安全距离算法通过将当前时刻的相对距离与其风险阈值进行对比评估以获得当前时刻的行车风险。图 3-58 所示为典型的基于距离的风险评估算法。相对距离风险阈值是指车辆在当前条件下通过制动刚好能避免与障碍物发生碰撞需要的最小相对距离，以马自达公司开发的安全距离算法为例[128]：

$$d_{\rm b} = \frac{1}{2}\left(\frac{v_{\rm h}^2}{2\,a_{\rm h}} - \frac{v_{\rm l}^2}{2\,a_{\rm l}}\right) + \tau_1\,v_{\rm h} - \tau_2 v_r + R_{\rm min} \qquad (3\text{-}56)$$

其中，$d_{\rm b}$表示自动制动启动距离阈值；$v_{\rm h}$，$v_{\rm l}$和v_r分别表示自车速度、前车速度和自车与前车的相对速度；$a_{\rm h}$，$a_{\rm l}$分别表示自车和前车的加速度；τ_1为自车驾驶人反应时间；τ_2表示前车保持匀速运动的持续时间；$R_{\rm min}$表示停止时刻的安全距离。

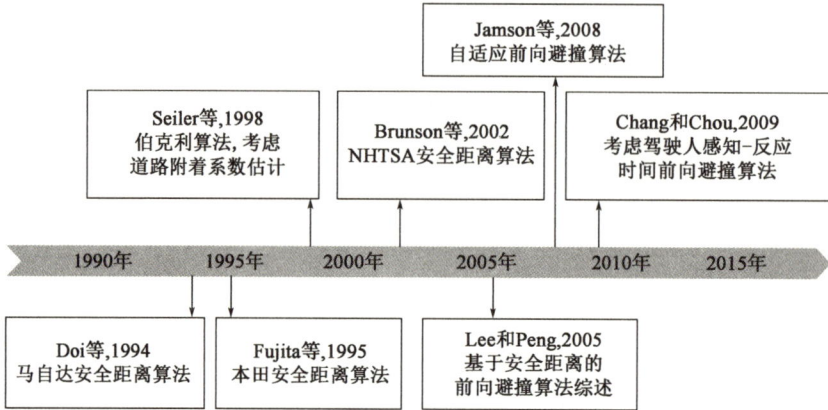

图 3-58　基于距离的行车风险评估算法

基于加速度的风险评估算法通过将当前时刻的加速度与加速度风险阈值对比评估以获得当前的行车风险。其中，加速度风险阈值为后车采取制动到刚好能避免与前车发生碰撞需要的最小制动减速度。下面介绍一种加速度风险评估指标 BTN（Brake Threat Number）：

$$\text{BTN} = \left|\frac{a_{\rm s}}{a_{\rm h\_max}}\right| \qquad (3\text{-}57)$$

$$a_{\rm s} = a_{\rm l} - \frac{v_{\rm r}^0\,|v_{\rm r}^0|}{2\,d_{\rm r}^0} \qquad (3\text{-}58)$$

其中，$a_{\rm s}$为后车加速度风险阈值；$a_{\rm h\_max}$为后车能够提供的最大制动减速度；$a_{\rm l}$为前车的加速度；$v_{\rm r}^0$和$d_{\rm r}^0$分别为当前时刻自车与前车的相对速度、相对距离。

基于加速度的风险评估算法需要根据路面附着条件实时估计车辆的制动能力，且前车的减速度无法通过传感器测量得到，仍然以匀加速度模型作为障碍物运动假设，难以应对场景突变（如前车紧急制动）。

3. 碰撞概率方法

碰撞概率算法需要计算所有可能引发碰撞的轨迹的概率总和，主要可由三个步骤进行阐述（图 3-59）：

（1）概率密度函数估计，即对存在碰撞可能的各个物体的状态分布进行估计，其中马尔科夫模型和蒙特卡洛估计是概率密度函数估计的主要方法；

（2）碰撞检测，即自车和周围各个物体所占的空

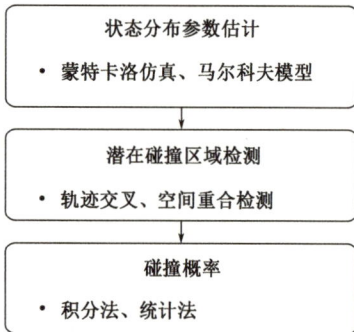

图 3-59　基于碰撞概率行车风险评估算法

间是否存在交集或者轨迹是否交叉;

（3）概率求和,即计算存在碰撞可能的轨迹的百分比,这一步主要通过积分或者离散求和计算碰撞概率[129]。通常,碰撞概率可以表达为:

$$P = \iint I_c(x_h, x_o) p(x_h, x_o) \, d x_h d x_o \tag{3-59}$$

其中,$p(x_h, x_o)$为自车 h 和周围物体状态的联合概率密度函数;下角标 h 代表自车;下角标 o 代表其他周围物体;x_h为自车状态;x_o为周围物体状态;$I_c(x_h, x_o)$表示碰撞指示函数,如果两者存在空间交集,则碰撞指示函数值为 1;反之,则为 0。

4. 统计学习方法

智能车辆的风险评估通常也可建模为机器学习中的离散分类任务。与先前具有明确风险量化公式的连续指标不同,机器学习算法依赖于风险事件分类,得到离散指标。然后,学习模型中提取的特征可以被认为是风险评估的隐式关键度量。

1）传统机器学习

传统的机器学习算法包括监督学习和无监督学习,这两种算法都已应用于智能车辆的风险评估。例如,基于制动特征,无监督的 K 均值聚类被用于量化近碰撞场景的风险水平。有监督的神经网络需要定义明确的输入输出对,已经用于防撞系统。即使没有独立的威胁评估模块,机器学习算法仍然可以基于学习到的特征来评估危险程度。

2）深度神经网络

人工智能的最新发展促使了深度神经网络在智能车辆中的应用。常见的应用于自动驾驶车辆的深度神经网络,如端到端深度神经网络（Deep Neural Networks,DNN）模型将原始输入直接映射到驾驶动作（例如,加速度和转向角）,最终输出能避免碰撞的动作行为。深度神经网络可以学习许多特征,因此,可能存在负责风险评估的特征,这些特征会被视为关键度量[130]。

3）深度强化学习

同样,用于风险评估的深度强化学习主要是在机器人学研究中,涉及避免碰撞的任务[131-132]。例如,有研究学者提出了一种用于避免碰撞的深度强化学习方法,它允许机器人在经历轻微碰撞的同时完成预期的任务。面向智能车辆这一研究对象,一系列考虑防撞目的的深层学习方法也被广泛研究。研究人员提出了一种用于自主制动系统的深层 Q 网络（Q-network）,其中奖励函数是根据平衡碰撞事故损害和规避风险时获得的奖励来设计的。即在一些情况下,即使在深度强化学习中没有独立的威胁评估模块,也可以通过在奖励中嵌入安全因素来获得无碰撞驾驶策略。

5. 人工势能场方法

人工势能场（Artificial Potential Field,APF）模型最早应用于机器人研究领域,在移动机器人运动规划中应用较多,如图 3-60 所示。人工势能场模型的主要思想是假设车辆运行于由目标点和障碍物形成的势场内,其中目标点生成引力场吸引车辆靠近,障碍物生成斥力场以防止碰撞发生。在交通领域,APF 用于构建风险地图,描述周围交通要素的行车风险约束,包括车道线、障碍物和交通标志等,通常沿着风险势图的最低点运动即为最安全的行驶路径[133]。如利用 APF 模型建立以自车为中心的交通风险势图实现自动驾驶汽车的导航,通过风险图融合道路信息、与障碍物的相对运动状态信息以及交通标志信息,通过 APF 风险势能反映周围环境各点的风险的分布。利用 APF 模型进行驾驶辅助系统的控制器开发,可以通过势能和阻尼函数叠加的形式对多种驾驶辅助系统进行综合控制。在车道保持系统设计中,利用 APF 描述车道线的边界约束和周围车辆的碰撞约束,能够融合环境约束与车辆的动力学特性,从而保证驾驶过程的安全性[134]。在后续研究中,基于 APF 理论和交通事故致因机理建立的行车风险场模型被提出,该模型能实现驾驶人特性、道路条件和周围障碍物对自车造成的行车风险的量化与统一[135-137]。然而,构造面向复杂场景的 APF 数学模型仍然是研究的难点。最基本的人工势能场模型可以表达为:

$$U_{\mathrm{art}}(x) = U_{x_{\mathrm{d}}}(x) + U_0(x) \tag{3-60}$$

$$U_{x_{\mathrm{d}}}(x) = \frac{1}{2} k_{\mathrm{p}} (x - x_{\mathrm{d}})^2 \tag{3-61}$$

$$U_0(x) = \begin{cases} \dfrac{1}{2}\eta \left(\dfrac{1}{\rho} - \dfrac{1}{\rho_0} \right)^2, \rho \leqslant \rho_0 \\ 0, \rho > \rho_0 \end{cases} \tag{3-62}$$

其中,$U_{x_{\mathrm{d}}}(x)$ 为车辆行驶过程中目标位置产生的吸引力;$U_0(x)$ 为车辆行驶过程中周围障碍物产生的排斥力;x_{d} 表示目标位置;x 表示车辆实际位置;η 为势能场影响的极限距离;ρ_0 为势能场影响的极限距离;ρ 为到障碍物 O 的最短距离。

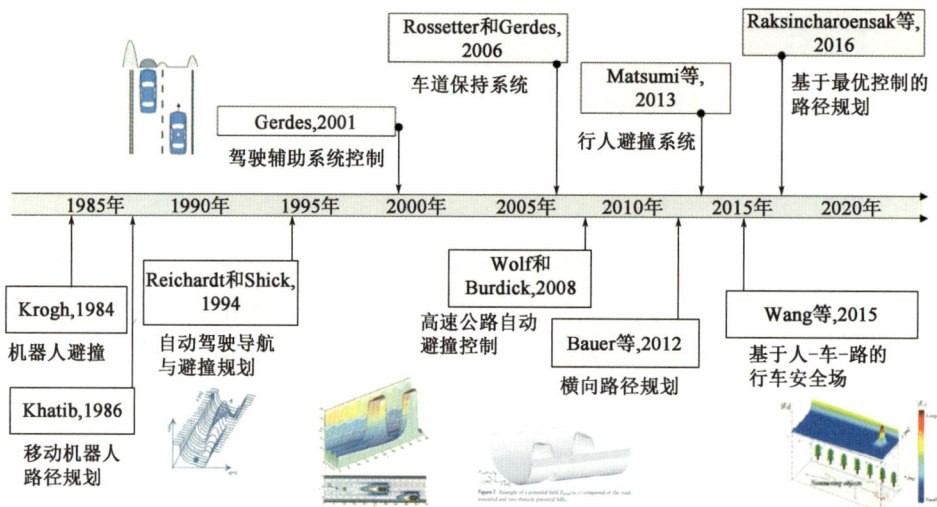

图 3-60　基于人工势能场的行车风险评估算法

综上所述,风险量化算法的研究已经有多年基础,现有文献中的车辆行车风险评估模型可以总结为上述五大类,包括时间逻辑方法、运动学方法、碰撞概率方法、统计学习方法及人工势能场模型,这五类模型在智能车辆领域都存在广泛的应用,并有各自特点。其中,时间逻辑方法和运动学方法大多基于车辆运动学和动力学理论建立,对车辆行驶安全度的表达多基于车辆状态信息和两车相对运动关系信息来实现。这类方法由于参数简单,本身物理意义符合人的主观感受而获得一定范围应用,但这类方法难以实现实际交通场景中横纵向二维的不确定性风险评估,使得方法的实际应用受到较大局限。与基于时间或基于动力学的量化方法相比,碰撞概率方法考虑到不同轨迹的概率,在一定程度上能处理不确定性。然而,该方法在计算预测的状态分布和碰撞检测时需要更多的计算资源,在实车应用过程中存在一定困难。统计学习方法能将风险量化为离散分类任务,但可解释性仍有待提高。而势能场理论逐渐成熟,能有效应用于车辆跟驰、路径规划和避撞算法中,但现有研究考虑的风险因素尚不全面,缺乏考虑驾驶人自身的心理、生理、行为习惯等特性,也忽略了复杂天气、复杂道路因素及在人-车-路系统中各因素耦合对行车风险的影响。

(二)人-车-路综合风险评估

复杂人车路环境中,交通要素多样,动态随机。通常情况下,道路交通风险发生在交通参与者(如自车驾驶人和周围车辆)之间或交通参与者本身与道路环境之间,不能独立存在。为全面评估各类风险源所产生的风险,量化输出交通环境的安全状态,将借鉴物理学场的定义来表征风险,并将道路交通风险定义为各研究对象间场的相互作用。进一步考虑人-车-路耦合,提出了行车风险综合量化评估模型。

1.车辆风险量化方法

车辆在道路环境中行驶时,道路环境中还包含有其他车辆,道路环境也时有变化。车辆之间由于运动状态的不一致,导致各车辆的状态将随着其他车辆状态的改变而改变,当某一车辆的行驶状态与交通流中的其他车辆有明显较大的区别时,会导致交通扰动产生。从交通管理者的第三方视角来看,道路交通事故中碰撞过程的本质是运动物体所具有的能量(如动能、化学能等)转化为其他形式的能(如:热能、弹性势能等),并造成弹性、塑性形变的过程。在交通系统中,运动物体(如:车辆、骑车人、行人)都具有动能,车辆从起步开始加速至某一速度的过程实际上是自身动能不断增长的储能过程,若在某一时刻与某一物体发生碰撞事故,则其储存的能量将释放和转移并导致弹性和塑性变形,在碰撞过程中,动能转化量越大,通常造成的损失则越大。因此,车辆本身的风险可以通过考虑碰撞过程中力做功和能量转化之间的关系来进行阐述,对于单个运动过程中的车辆 j,有:

$$E_{j,0} = \frac{1}{2} m_j v_j^2 = \frac{m_j v_j^2}{2 r_{ji}} \cdot r_{ji} \tag{3-63}$$

其中,$E_{j,0}$、m_j 和 v_j 分别为运动物体 j 的动能、质量和运动速度;r_{ji} 为运动物体 j 速度方向上的任意一点 i 与其自身的距离。

$$E_{j,0} = F_{ji} \cdot r_{ji} \tag{3-64}$$

其中,F_{ji} 为运动的车辆 j 在交通环境中对 i 点产生的等效力,并用其描述车辆 j 对交通环境中点 i 造成的风险,单位为牛顿。

考虑交通对象之间影响存在一定范围,以及驾驶人、交通环境的约束作用,定义行车安全场模型为[138]:

$$F_{ji} = \begin{cases} E_{j,0}, r_{ji} \in [0, r_{min}) \\ E_{j,0}\, r_0 \left(\dfrac{1}{r_{ji}^2} - \dfrac{1}{r_{max}^2} \right), r_{ji} \in [r_{min}, r_{max}] \\ 0, r_{ji} \in (r_{max}, +\infty) \end{cases} \tag{3-65}$$

其中，$r_{ji} \in [0, r_{min})$ 时，F_{ji} 在数值上与 $E_{j,0}$ 相等，单位为牛顿；r_0 为驾驶人对风险的关注范围，与驾驶人的跟车距离有关；r_{max} 为自由流车辆间距，用以表示风险最大影响范围；r_{min} 为风险作用最小影响范围。

驾驶人的跟车过程受制于交通环境的现状，根据交通流理论，跟车过程所对应的宏观交通流量与流速之间的关系可以表示为：

$$q = \frac{v}{(\gamma v^2 + \tau v + l)\left[1 - \ln\left(1 - \dfrac{v}{v_f}\right)\right]} \tag{3-66}$$

其中，q 为交通流量；v 为流速；γ 为驾驶人的整体激进性；τ 为平均反应时间；l 为有效车长。

根据式(3-66)易知，驾驶人的跟车距离为：

$$r_0 = (\gamma v^2 + \tau v + l)\left[1 - \ln\left(1 - \frac{v}{v_f}\right)\right] - l \tag{3-67}$$

其中，驾驶人的整体激进性 γ 取 $\gamma \in [-0.03, 0]\,\mathrm{s^2/m}$，$\gamma$ 越小代表驾驶人激进程度越高，即跟车距离越小；平均反应时间 τ 取 $\tau = 1s$。

在自由流速度下，交通流量的最大值满足下式：

$$q_{max} = 3100 - 54 v_f \tag{3-68}$$

其中，q_{max} 为自由交通流下的最大流量，单位为 $\mathrm{pc/(h \cdot ln)}$；v_f 为自由流流速，单位为 $\mathrm{m/s}$。

因此自由流中的车辆间距为：

$$r_{max} = \frac{1800\, v_f}{1550 - 27\, v_f} \tag{3-69}$$

其中，l 为有效车长，取 $l = 6\mathrm{m}$。

其中，r_{min} 与 r_{max} 和 r_0 的取值有关，并服从于下式。

$$r_{min} = r_{max}\sqrt{\frac{r_0}{r_{max}^2 + r_0}} \tag{3-70}$$

由于 F_{ji} 在 $r_{ji} \in [0, r_{min}) \cup (r_{max}, +\infty)$ 范围内取恒定值，只在 $r_{ji} \in [r_{min}, r_{max}]$ 内与 r_{ji} 的变化有关，因此，后续主要针对 $r_{ji} \in [r_{min}, r_{max}]$ 这一区间进行分析，在 $r_{ji} \in [0, r_{min}) \cup (r_{max}, +\infty)$ 范围内直接用恒定值计算。

若车辆 j 在一个无边界的环境中以恒定速度自由运动，并将其考虑为质点时，由于车辆可以选择任意方向行驶，因此该车辆在环境中造成的行车风险满足平面上的各向同性。因此有：

$$F_{ji,0} = E_{j,0}\, r_0 \left(\frac{1}{x_{ji}^2 + y_{ji}^2} - \frac{1}{r_{max}^2} \right) \tag{3-71}$$

其中，x_{ji} 和 y_{ji} 分别表示车辆 j 纵向和横向上与环境中任一点 i 的距离。

在真实道路交通环境中，由于车辆运动具有方向性，其对外界造成的风险不具备各向同性,即车辆在运动过程中,其在运动方向的正方向上对外界造成的风险大于负方向,这种现象与波的多普勒频移效应相似。多普勒频移效应中,波源的运动会导致运动方向一侧观察者接收的频率升高,负方向上观察者接收的频率降低:

$$f_s' = \frac{v_{s,0} \pm v_o(t)}{v_{s,0} \mp v_s(t)} f_s \tag{3-72}$$

其中,f_s'是观察者处的频率;f_s为波源初始频率;$v_{s,0}$为波速;$v_o(t)$为观察者的运动速度,接近波源为正,远离波源为负;$v_s(t)$为波源的运动速度,接近观察者为负,远离观察者为正。

因此上述车辆在运动方向的正方向上对外界造成的风险大于负方向的观点,可以描述为行车安全场场力的梯度下降程度与车辆的运动方向有关,即:车辆 j 接近点 i 时,行车安全场场力的梯度下降变缓。因此,基于式(3-72)设置纵横向的梯度调整系数,则有:

$$F_{ji,0} = E_{j,0}\, r_0 \left(\frac{1}{k_{x,0}\, x_{ji}^2 + k_{y,0}\, y_{ji}^2} - \frac{1}{r_{max}^2} \right) \tag{3-73}$$

其中,$k_{x,0}$ 和 $k_{y,0}$ 分别为纵向和横向的梯度调整系数。显然,参数 $k_{x,0}$ 与 $k_{y,0}$ 直接影响了行车安全场的分布情况,为准确量化行车风险起到至关重要的作用。

若车辆沿着 x 正方向行驶,结合式(3-72)所示的多普勒频移原理,将 $k_{x,0}$ 和 $k_{y,0}$ 定义如下:

$$k_{x,0} = \frac{[\, v_{max} - v_j \cdot \mathrm{sign}(x_i - x_j) \cdot \mathrm{sign}_0(v_j - v_i) \,]^2}{[\, v_{max} + v_i \cdot \mathrm{sign}(x_i - x_j) \cdot \mathrm{sign}_0(v_j - v_i) \,]^2} \tag{3-74}$$

$$k_{y,0} = 1 \tag{3-75}$$

$$\mathrm{sign}(x) = \begin{cases} 1, x \geqslant 0 \\ -1, x < 0 \end{cases} \tag{3-76}$$

$$\mathrm{sign}_0(x) = \begin{cases} 1, x > 0 \\ 0, x = 0 \\ -1, x < 0 \end{cases} \tag{3-77}$$

其中,x_j 和 v_j 分别为车辆 j 和在 x 方向上的坐标和速度;i 代表道路环境中任意一点,也可以是其他车辆,当其代表环境中的固定点时,x_i 为该点 i 在 x 方向上的固定坐标且 $v_i = 0$,反之,i 表示车辆时,x_i 为该车辆在 x 方向上的坐标,v_i 为其运动速度;v_{max} 为风险的传播速度。通常运动物体对外界产生的风险与其自身属性有关。

从车辆视角来看,交通扰动产生的根源在于驾驶人受到外界交通环境变化的刺激后所做出的响应。通常情况下,驾驶人在驾驶过程中会根据道路环境条件和其他车辆的运动状态对当前安全态势进行评估。通常,驾驶人对其他车辆与其自身的相对距离和相对速度的感知最为敏锐。因此基于式(3-73),从驾驶人的角度将车辆 i 在交通环境中受到车辆 j 风险用行车安全场描述为:

$$F_{ji,\mathrm{p}} = E_{j,\mathrm{p}}\, r_0 \left(\frac{1}{k_{x,\mathrm{p}}\, x_{ji}^2 + k_{y,\mathrm{p}}\, y_{ji}^2} - \frac{1}{r_{max}^2} \right) \tag{3-78}$$

$$E_{j,\mathrm{p}} = \frac{1}{2} m_j \, (\overrightarrow{v_j} - \overrightarrow{v_i})^2 \tag{3-79}$$

$$k_{x,\mathrm{p}} = k_{x,0} \tag{3-80}$$

$$k_{y,\mathrm{p}} = k_{y,0} \tag{3-81}$$

其中，$E_{j,p}$ 表示车辆的扰动风险源增量；$\vec{v_j}$ 和 $\vec{v_i}$ 表示车辆 j 和 i 的矢量速度；$k_{x,p}$ 和 $k_{y,p}$ 分别为纵向和横向的梯度调整系数。

在跟车场景中，若车 i 为前车，车 j 为后车，当 $v_j > v_i$ 时，从车 i 观察车 j 时会发现车 j 对其前方造成的风险大于其后方，反映出当前车 i 具有被车 j 追尾的风险；反之，若车 i 为后车，车 j 为前车，当 $v_j < v_i$ 时，从车 i 观察车 j 时会发现车 j 对其后方造成的风险大于其前方[138]。

同理，可以从交通流的角度分析交通环境中的某一辆车 j 对整个交通流的影响。若用 $\bar{v}$ 表示交通流的车流平均速度，式(3-74)可以写为：

$$k_{x,p} = \frac{[\, v_{j,\max} - v_j \cdot \mathrm{sign}(x_i - x_j) \cdot \mathrm{sign}_0(v_j - \bar{v}) \,]^2}{[\, v_{j,\max} + \bar{v} \cdot \mathrm{sign}(x_i - x_j) \cdot \mathrm{sign}_0(v_j - \bar{v}) \,]^2} \tag{3-82}$$

从式(3-82)可知，当车速 $v_j > \bar{v}$ 时，车辆 j 对前方造成的风险大于其对后方的影响；反之，当车速 $v_j < \bar{v}$ 时，车辆 j 对后方造成的风险大于其对前方的影响；当车速 $v_j = \bar{v}$ 时，车辆 j 对其所在的交通流不造成扰动。

从交通环境中任意一个车辆 i 处观察车辆 j 可以发现，车辆 j 对其产生的风险差异明显。为了更直观地分析车辆在环境中对其他车辆的影响，此处对交通流进行分析。当交通流的平均车速 $\bar{v} = 25\mathrm{m/s}$，车辆 j 速度 $v_j = 30\mathrm{m/s}$ 时，车辆 j 在交通环境中产生的行车安全场如图 3-61 所示，场力梯度如图 3-62 所示。

当车辆 j 速度 $v_j = 20\mathrm{m/s}$，其他条件不变时，车辆 j 在交通环境中产生的行车安全场如图 3-63 所示，场力梯度如图 3-64 所示。从图中可以看出，当 $v_j = 30\mathrm{m/s}$ 时，由于车辆 j 的速度大于交通流平均速度，车辆在交通环境中对其行驶的正方向造成的扰动大于负方向；当 $v_j = 20\mathrm{m/s}$ 时，由于车辆 j 的速度小于交通流平均速度，车辆对其后方造成的扰动大于行驶方向。

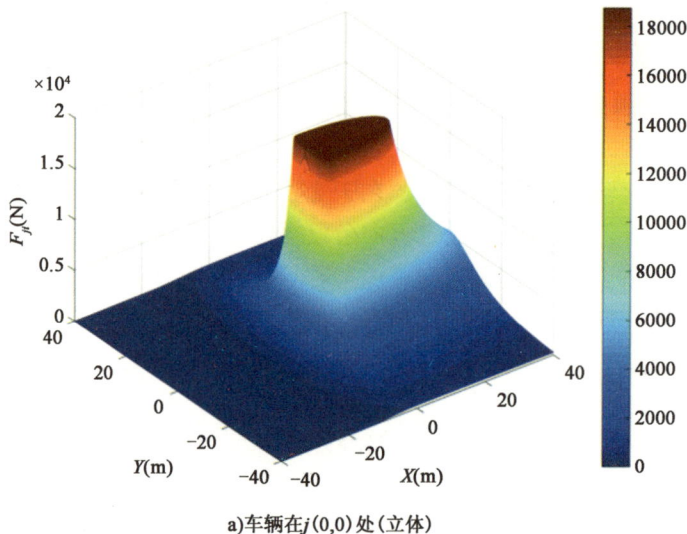

a)车辆在 $j(0,0)$ 处(立体)

图 3-61

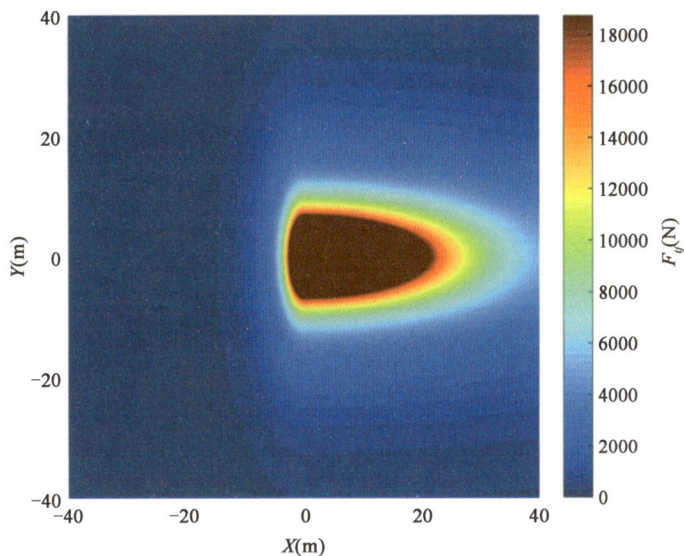

b)车辆在j(0,0)处(俯视)

图 3-61　扰动风险的场力分布

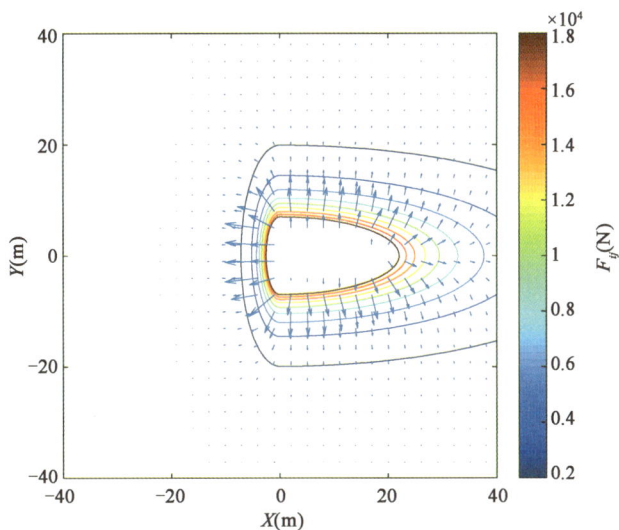

图 3-62　扰动风险的场力梯度分布

　　单独从交通管理的角度或者从车辆行驶视角对某一辆车进行观察,都存在一定的局限性(如针对两辆相对静止的车辆和单一静止的车辆的风险量化)。因此,应当在某一角度观察风险的同时,考虑另一角度的影响因素,即主要在考虑车辆行驶视角的前提下,从交通管理视角量化描述行车风险,形成同时考虑车辆自身属性和在交通流中的交互作用的综合行车风险统一形式[139]:

$$F_{ji} = \left(E_{j,0} + E_{j,p} \right) r_0 \left(\frac{1}{k_{x,0}\, k_{x,p}\, x_{ji}^2 + k_{y,0}\, k_{y,p}\, y_{ji}^2} - \frac{1}{r_{\max}^2} \right) \tag{3-83}$$

　　若令:

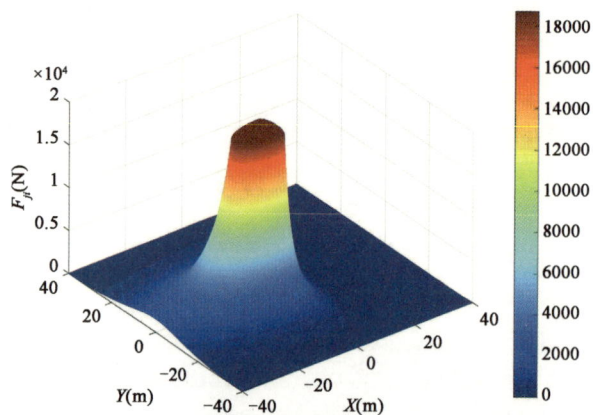

a)车辆在 j (0,0)处(立体)

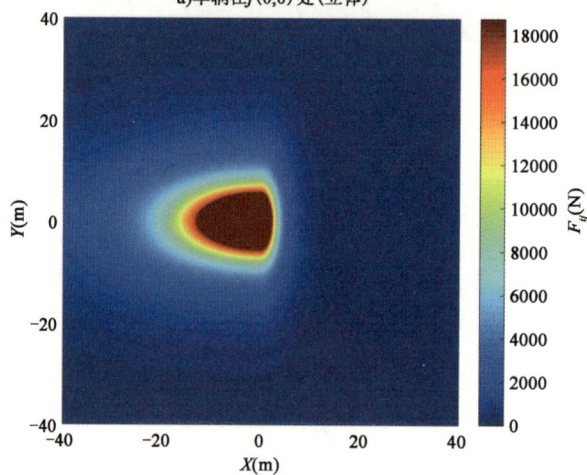

b)车辆在 j (0,0)处(俯视)

图3-63　扰动风险的场力分布

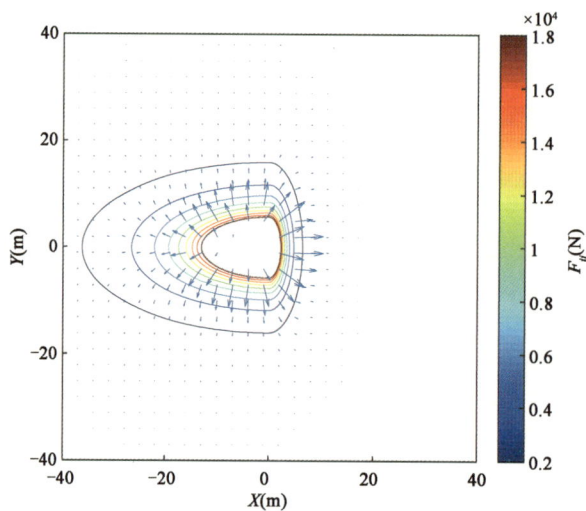

图3-64　扰动风险的场力梯度分布

$$E_j = E_{j,0} + E_{j,p} \tag{3-84}$$

$$k_x = k_{x,0}\,k_{x,p} \tag{3-85}$$

$$k_y = k_{y,0}\,k_{y,p} \tag{3-86}$$

则式(3-83)可以写为:

$$F_{ji} = E_j\,r_0\left(\frac{1}{k_x\,x_{ji}^2 + k_y\,y_{ji}^2} - \frac{1}{r_{max}^2}\right) \tag{3-87}$$

其中,E_j 为车辆 j 在行驶过程中的风险源因素;k_x 和 k_y 分别为车辆 j 在行驶过程中产生的风险在空间横/纵向上的变化趋势。需要强调的是,当 i 表示特定的目标(如车辆 i、骑车人 i、行人 i、静止障碍物 i 等)时,F_{ji} 表示车辆 j 对 i 的风险所对应的安全场力。

2. 道路交通设施风险约束模型

道路交通设施与规则主要作用是提高行车安全,本书将其分为四类:第一类为将具有轨迹交叉可能性的车辆从空间上隔离的设施,例如立交桥、人行天桥和人行地下通道等;第二类是采用强制一方停车的方式避免车辆行驶轨迹产生交叉的设施,例如交通信号灯、禁止或限制车辆行为的道路交通标志(如停车让行标志)等;第三类是通过警示或增加另一方车辆路权的方式,使车辆降低通行速度从而降低行车风险的设施,例如人行横道线等指示标线、道路交通警示标志等;第四类是通过分隔同向或异向行驶的交通流、指导车辆的运动方向来控制行车风险的设施,例如道路交通标线[138]。

1)交通信号灯

国家标准《道路交通信号灯设置与安装规范》(GB 14886—2016)规定,信号灯黄灯时长应为 3s~5s,那么,若车辆在黄灯亮时距离路口足够远,则其至少有 3s 时间用于减速至停止线。那么对于有足够长时间减速至停车线的车辆,其将会受到交通信号灯的红灯对其造成的等效约束阻力 F_{sj}:

$$F_{sj} = -R_{sj}\,r_0^2\left(\frac{1}{k_{sx}\,x_{sj}^2} - \frac{1}{r_{max}^2}\right) \tag{3-88}$$

$$R_{sj} = m_j\,a_{jb,max} \tag{3-89}$$

其中,$a_{jb,max}$ 表示车辆 j 在制动过程中的最大减速度;$\bar{v}_j$ 为车辆 j 在行驶过程中的平均速度;x_{sj} 表示车辆 j 与交通信号灯之间的纵向距离;k_{sx} 为纵向梯度调整系数,与车辆的运动状态有关;负号代表其方向与速度 v_j 的方向相反。

因此由交通信号灯的红灯产生的等效约束阻力场如图 3-65 所示。从图中可以看出,若行驶速度恒定,越靠近红绿灯,等效约束力越大。

2)人行横道线

行人穿行设施,包括人行天桥、人行地下通道、人行横道线等,前两者是直接将行人的轨迹与车辆的轨迹从空间上隔离,很显然能够降低行车风险,增强交通环境的安全性。对于人行横道线,合理设置该标记能够降低行人穿行道路时所感受到的风险,也会降低行人受到的实际风险,因此将人行横道线视为约束车辆的行驶速度从而降低行车风险的设施。那么对于行驶中的车辆,在通过人行横道线之前,越接近人行横道线面临的交通约束阻力越大,因此需要降低车速来提高行车安全。根据我国的交通法规,车辆在人行横道线上通行的速度不得超过30km/h,因此,定义车辆 j 在通过人行横道线前 x_{cj} 将受到人行横道对其产生的等效约束阻力 F_{cj}:

$$F_{cj} = -R_{cj}\, r_0^2 \left(\frac{1}{k_{cx}\, x_{cj}^2} - \frac{1}{r_{max}^2} \right) \tag{3-90}$$

$$R_{cj} = G_j\, \frac{v_j}{v_c} \tag{3-91}$$

$$G_j = m_j\, a_{ja}\, \frac{v_{j,der}}{v_c} \tag{3-92}$$

其中, m_j 为车辆 j 的质量; a_{ja} 为 j 车驾驶人起步时期望的最大加速度; v_j 为车辆 j 在行驶过程中的速度; $v_c = 30$km/h,为人行横道线上车辆的最高限速; x_{cj} 为车辆 j 与人行横道之间的纵向和横向距离; k_{cx} 是纵向梯度调整系数,与驾驶人的行为有关。 $\overline{E}_{cj}$ 表示车辆 j 行驶时速度大于道路限速时的违规风险增量,当车辆的速度高于人行横道限速时, $\overline{E}_{cj} < 0$;负号代表其方向与速度 $\overline{v}_j$ 的方向相反;反之,当车辆的速度小于等于人行横道限速时, $\overline{E}_{cj} = 0$。

a) 红灯在 x=30m处(立体)

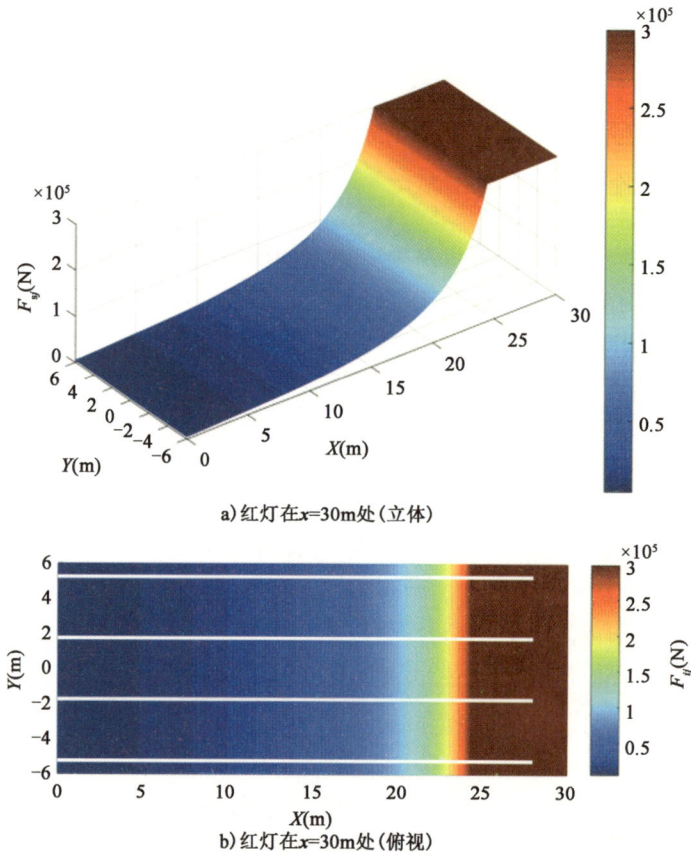

b) 红灯在 x=30m处(俯视)

图3-65　红灯产生的等效约束阻力场

3）道路交通限速标志

根据国家标准《道路交通标志和标线　第 5 部分:限制速度》(GB 5768.5—2017)和《中华人民共和国道路交通安全法》的相关规定,我国道路交通限速主要包括标牌限速和法定限速。道路交通限速标志包括最高速度限制与最低速度限制。通常情况下,道路的速度限制与道路的功能类型、几何线形有关,且主要表现为最高速度限制;但在高速公路上,除了有最高速度限制外,还有最低速度限制。通过国家标准和法规设置道路交通限速标志以控制道路交通环境中车辆的行驶速度,使得交通环境中各车辆的行驶速度与车流平均速度较为一致,是保障行车安全的一种简单而有效的手段。

道路限速标志的影响表现在其对车辆行驶速度具有约束作用,且驾驶人在违反限速要求时,在短时间内对外界造成的风险小于闯红灯和在人行横道线前不减速行驶这两种违规行为。当驾驶人发现自车的速度不满足道路限速要求时,通过动态调整车速即可迅速降低违规风险。相比于交通信号灯和人行横道线,道路限速标志具有较大的区别。由于道路限速规则在其所指的道路上处处有效,因此仅与速度有关。若用 v_1 表示车道的限速值,$v_{1,m}$ 表示车道的最低限速,$v_{1,h}$ 表示车道的最高限速,车辆 j 受到道路交通限速标志产生的等效约束阻力 F_{1j} 为:

$$F_{1j} = -R_{1j} = -G_j \frac{v_j}{v_1} \mathrm{sign}(v_j - v_1) \tag{3-93}$$

$$G_j = m_j a_{ja} \frac{v_{j,\mathrm{der}}}{v_1} \tag{3-94}$$

其中,$v_{j,\mathrm{der}}$ 为 j 车驾驶人的期望速度;v_1 为道路限速。

4）道路交通标线

道路交通标志线包括白色虚线/实线、双白虚线/实线、黄色虚线/实线、双黄虚线/实线等,各类道路交通标线的含义各异,其作用在于约束车辆产生的行车风险。以常见的车道为例,车道的宽度对行车安全有着重要的影响,道路交通工程中通常会根据道路宽度设计合适的车道宽,在保证道路通行安全的前提下尽可能地提高通行效率。

车道线影响驾驶人在横向上的行为,进而影响车辆的行驶过程。车道线不直接影响车辆的行车风险,车辆不会因越过道路交通标线直接造成交通事故。通常,道路交通标线被视为能对在车辆的行驶过程中产生横向上的虚拟约束力(如车道保持)。定义道路交通标线对车辆造成的约束力为:

$$F_{mj} = k_m E_{j,0} r_0 \left(\frac{1}{k_{my} y_{mj}^2} - \frac{1}{r_{\max,m}^2} \right) \tag{3-95}$$

其中,k_m 为常系数,可以用车辆在不同车速下的回正横向加速度标定;k_{my} 为横向梯度调整系数,与驾驶人的行为有关;$r_{\max,m}$ 表示道路交通标线的影响范围,取 $r_{\max,m} = 0.5 l_w$,代表车辆在车道中心线上行驶时不受到交通标线的影响。

3. 驾驶人行为风险量化方法

1）驾驶人正常驾驶行为

在驾驶人正常驾驶过程中,其与环境和车辆的交互过程主要体现驾驶人对环境的感知过程及驾驶人操纵车辆的动力学反馈过程。其中,感知过程与其视觉特性密切相关。驾驶人肉眼的视觉识别能力在驾驶过程中受到较大的影响,随着车速的增加,视场角变窄。很多研究者将驾驶人的视野视为一个椭圆。而动力学反馈过程与生理限制相关。驾驶人在驾驶过程中在横向上受到道路交通标线的约束,加上车辆机械结构限制车辆的横向运动,使得车辆在行驶的过程中,在纵向和横向上对道路交通环境造成的风险具有显著性的差异[138]。不考虑驾驶人和环境因素时,车辆对外界造成的风险可视为具备各向同性,根据对驾驶人正常驾驶行为的分析,可将车辆在交通环境中产生的风险分布用如图 3-66 所示的椭圆表示,$A_1 A_2$ 和 $B_1 B_2$ 分别是椭圆的长轴和短轴,且 $A_1 A_2 = 2 A_{1j} = 2j A_2 = 2 A_j$,$B_1 B_2 = 2 B_{1j} = 2j B_2 = 2 B_j$。同时,如图 3-66 所示的椭圆为车辆 j 在环境中造成的风险场的一条等高线。

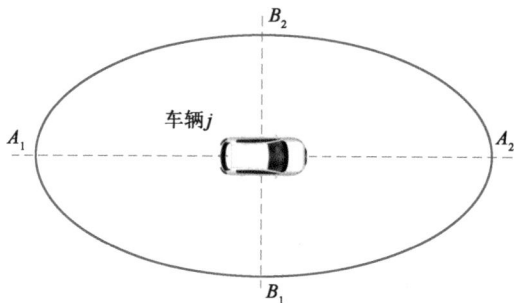

图 3-66 道路交通标线对行车风险的椭圆约束作用

假设驾驶人在驾驶过程中始终遵守规则且尽可能地保证安全驾驶,则驾驶人在驾驶车辆过程中通常保持一定的车头时距,同时交通规则规定车辆不允许连续换道,结合车辆的几何尺寸,设置图 3-66 中的椭圆半长轴和半短轴的长度分别为:

$$A_j = r_{max} + l_1 \tag{3-96}$$
$$B_j = l_w + l_2 + l_{cj} \tag{3-97}$$

其中,A_j 为椭圆半长轴;l_1 为车辆长度的一半;B_j 为椭圆半短轴;l_w 为一倍车道宽(通常取 $l_w = 3.5\text{m}$);l_2 为车辆宽度的一半;l_{cj} 为车辆与车道中心线间的距离。值得注意的是,椭圆的长轴是与车速相关的函数,车速越小,长轴越小。因此,为了避免长轴的长度小于短轴,即规定 $r_0 \geqslant l_w$。

由于车道线的横向约束作用,车辆行驶过程中在纵横向上的风险分布出现了明显差异。如图 3-66 所示的椭圆,其实质是在纵向上考虑安全时距、车流速度等,横向上考虑车道约束的影响之后,各向同性的圆形分布被压缩为形成长短轴动态变化的椭圆风险分布,如图 3-67 所示。横向上受到压缩时,橙色的圆形等高线被压缩成蓝色椭圆等高线,虽然 $B'_1 B'_2$ 缩短变成 $B_1 B_2$,但两条场力等高线所代表的风险数值相同。因此车辆 j 产生的风险按照蓝色等高线分布时有:

$$k_{x,d} x_{ji}^2 + k_{y,d} y_{ji}^2 = r_{ji'}^2 \tag{3-98}$$

其中,$k_{x,d}$ 和 $k_{y,d}$ 分别为纵向和横向上的梯度调整系数。根据图 3-67 所示的等高线变化特性,可得:

$$k_{x,d} = 1 \tag{3-99}$$
$$k_{y,d} = \frac{A_j^2}{B_j^2} \tag{3-100}$$

其中, A_j 和 B_j 分别为椭圆半长轴长和半短轴长。

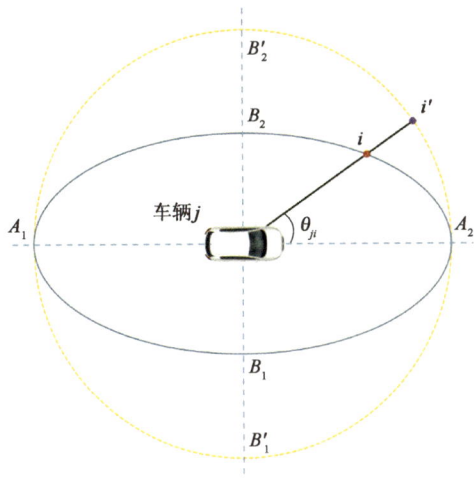

图 3-67　椭圆约束原理图

根据椭圆的性质可知:

$$x_{ji} = \frac{r_{ji'}}{\sqrt{k_{x,\mathrm{d}}}}\cos t \tag{3-101}$$

$$y_{ji} = \frac{r_{ji'}}{\sqrt{k_{y,\mathrm{d}}}}\sin t \tag{3-102}$$

$$\frac{y_{ji}}{x_{ji}} = \tan\theta_{ji} = \sqrt{\frac{k_{x,\mathrm{d}}}{k_{y,\mathrm{d}}}}\tan t \tag{3-103}$$

其中, t 为参数且 $t \in [0, 2\pi]$。

则车辆 j 的中心到椭圆上任意一点 i 的距离 r_{ji} 为:

$$r_{ji} = \frac{r_{ji'}\cos t}{\sqrt{k_{x,\mathrm{d}}}\cos\theta_{ji}} \tag{3-104}$$

其中, θ_{ji} 为车辆 j 与 i 点的连线与车辆 j 速度方向的夹角。

根据式(3-103)可知:

$$\frac{k_{y,\mathrm{d}}}{k_{x,\mathrm{d}}}\tan^2\theta_{ji} = \tan^2 t \tag{3-105}$$

即:

$$\frac{k_{y,\mathrm{d}}}{k_{x,\mathrm{d}}}\sin^2\theta_{ji} + \cos^2\theta_{ji} = \frac{\cos^2\theta_{ji}}{\cos^2 t} \tag{3-106}$$

联立式(3-104)和式(3-106)可得:

$$r_{ji} = \frac{r_{ji'}}{\sqrt{k_{x,\mathrm{d}}\cos^2\theta_{ji} + k_{y,\mathrm{d}}\sin^2\theta_{ji}}} \tag{3-107}$$

联立式（3-71）、式（3-98）和式（3-107）可得：

$$F_{ji,0} = E_{j,0}\, r_0 \left[\frac{1}{r_{ji}^2 (k_{x,d} \cos^2 \theta_{ji} + k_{y,d} \sin^2 \theta_{ji})} - \frac{1}{r_{max}^2} \right] \tag{3-108}$$

写为直角坐标系可得：

$$F_{ji,0} = \eta\, E_{j,0}\, r_0 \left(\frac{1}{k_{x,d}\, x_{ji}^2 + k_{y,d}\, y_{ji}^2} - \frac{1}{r_{max}^2} \right) \tag{3-109}$$

联立式（3-87）和式（3-109），综合考虑交通管理视角、车辆行驶视角和车道线对行车风险的影响的行车安全场场力可以表示为：

$$F_{ji} = (E_{j,0} + E_{j,p})\, r_0 \left(\frac{1}{k_{x,0}\, k_{x,p}\, k_{x,d}\, x_{ji}^2 + k_{y,0}\, k_{y,p}\, k_{y,d}\, y_{ji}^2} - \frac{1}{r_{max}^2} \right) \tag{3-110}$$

因此，若驾驶人严格遵守交通规则，则车辆 j 在道路交通环境中产生的行车安全场如图 3-68 所示，其梯度分布如图 3-69 所示，箭头表示行车安全场场力的梯度变化方向。从图中可以看出，在道路交通标线的约束下，横纵向的风险分布区别明显。

a) 车辆行驶在第二车道内 j(0,0) 处（立体）

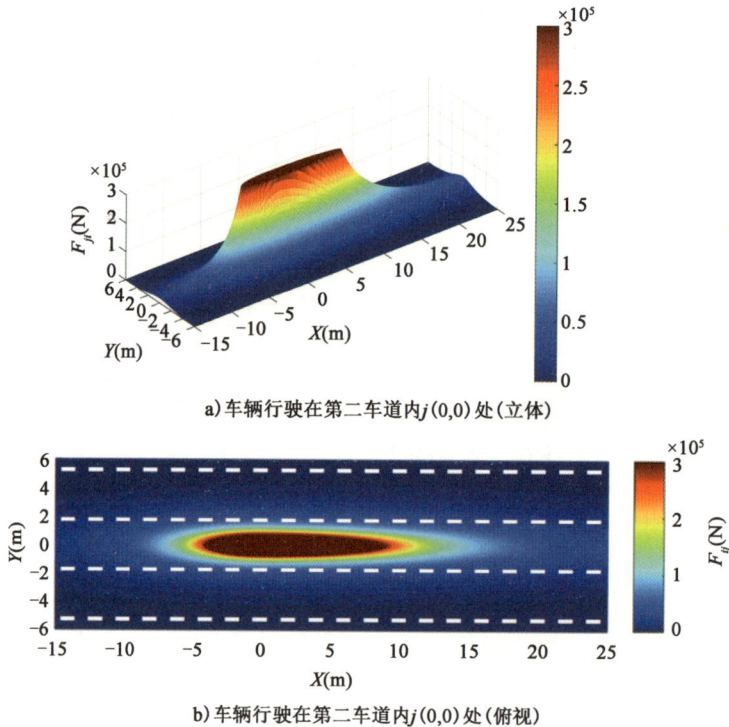

b) 车辆行驶在第二车道内 j(0,0) 处（俯视）

图 3-68　道路交通标线约束下的行车安全场场力分布

2）驾驶人违规行为

驾驶人的违规行为包括超速、闯红灯、违规变道等。这些行为发生的原因包括驾驶人对环境的感知失误、对车辆的操控失误以及激进驾驶行为。由于道路交通设施对行车安全的影响体现在对行车风险的约束上，驾驶人的违规行为则体现出驾驶人因某种原因有意或无意地打破了道路交通设施对行车风险施加的约束关系。因此，需要通过分析车辆的运动状态来判断驾驶人的行为是否存在违规倾向。其中,四种道路交通设施可以按功能分为:①纵向速度限制,包括交通信号灯、人行横道线和道路交通限速标志;②横向位置限制,则主要指道路交通标线。

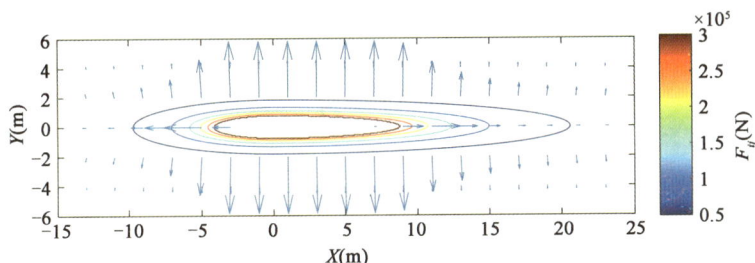

图 3-69   道路交通标线约束下的行车安全场场力的梯度变化

(1)纵向速度限制。

车辆在交通环境中造成的扰动所引起的风险与车辆自身速度和车流平均速度有关,当车辆超过道路最高限速或低于道路最低限速时,车辆对道路交通环境造成的违规风险可以用下式表示:

$$F_{jl} = E_{j,1}\, r_0 \left(\frac{1}{k_{xl}\, x_{ji}^2 + k_{yl}\, y_{ji}^2} - \frac{1}{r_{\max}^2} \right) \tag{3-111}$$

其中,

$$E_{j,1} = \begin{cases} \dfrac{1}{2}\, m_j\, (v_j - v_l)^2 & v_j \in [0, v_{l,m}] \cup [v_{l,h}, v_{j,\max}] \\ 0 & v_j \in (v_{l,m}, v_{l,h}) \end{cases} \tag{3-112}$$

其中,$v_{l,m}$ 和 $v_{l,h}$ 分别为道路的最低限速和最高限速;k_{xl} 和 k_{yl} 分别为纵横向上的梯度调整系数;E_{jl} 表示车辆未按照车速限制规定行驶时的违规风险源增量。

由于驾驶人的违规行为,导致车辆未按照限定的车速行驶,从而产生违规风险。即当车速 $v_j > v_{l,h}$ 时,车辆 j 对前方造成的风险大于其对后方的影响;反之当车速 $v_j < v_{l,m}$ 时,车辆 j 对后方造成的风险大于其对前方的影响;当车速 $v_j \in (v_{l,m}, v_{l,h})$ 时,车辆 j 对其所在的道路交通环境不产生违规风险。因此对于纵向上的违规行为,其主要风险体现在车辆对外界产生的综合风险以及纵向上的违规风险上,行驶过程中对外界造成的行车风险对应的行车安全场场力 F_{ji} 即为:

$$F_{ji} = (E_{j,0} + E_{j,p} + E_{j,1})\, r_0 \left(\frac{1}{k_{x,0}\, k_{x,p}\, x_{ji}^2 + k_{y,0}\, k_{y,p}\, y_{ji}^2} - \frac{1}{r_{\max}^2} \right) \tag{3-113}$$

(2)横向位置限制。

道路交通标线的作用是通过约束车辆在横向上的运动从而约束和降低车辆对交通环境的影响。当车辆稳定行驶在车道线 2 和车道线 3 形成的车道内,如图 3-70 所示,车道线 2 和车道线 3 对车辆 j 产生的椭圆约束作用在纵横向上分别遵循式(3-96)和式(3-97),其对外界产生的行车安全场分布则如图 3-71 所示。但当车辆长时间骑行在某一道路标志线上时(如图 3-71 所示,车辆 j 在车道线 3 上行驶),此时认为车道线 3 对车辆 j 不起约束作用,道路交通标线对车辆 j 的椭圆约束作用由车道线 2 和车道线 4 产生,纵向上,椭圆半长轴依然遵循式(3-97);横向上,椭圆半短轴则遵循下式:

$$B_j = l_w + l_2 + l_{jc} \tag{3-114}$$

其中，l_{jc}为车辆 j 离中心线的距离。

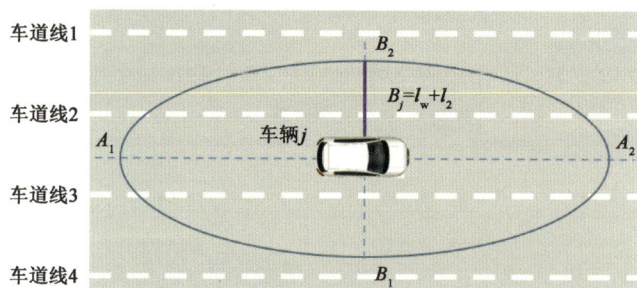

图 3-70　车辆 j 在车道内正常行驶

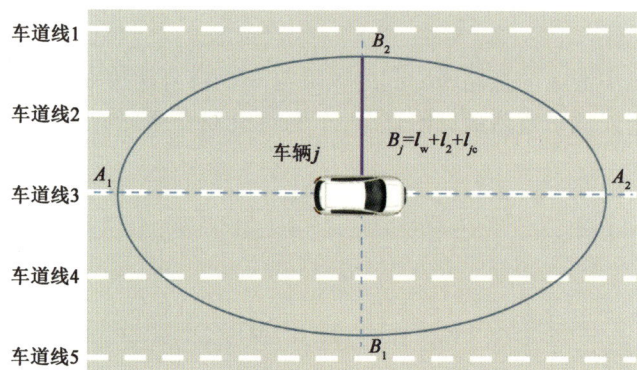

图 3-71　车辆 j 在车道线 3 上骑线行驶

因此，假定车辆 j 的质量 $m_j = 1500\mathrm{kg}$，速度 $v_j = 20\mathrm{m/s}$，取安全时距 $\mathrm{THW}_j = 1.5\mathrm{s}$。驾驶人驾驶车辆 j 在车道线 3 上违规骑线行驶时，车辆 j 在道路交通环境中产生的行车安全场力场如图 3-72 所示。对比图 3-68 可以看出，与正常行驶相比，违规骑线行驶时比正常行驶在横向上对交通环境造成的行车风险更大。

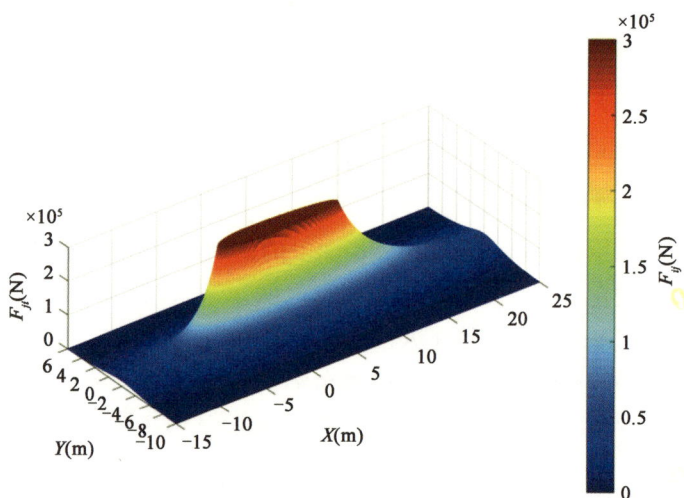

a) 车辆 j 在车道线 3 坐标 $(0, -1.75)$ 处骑线行驶（立体）

图　3-72

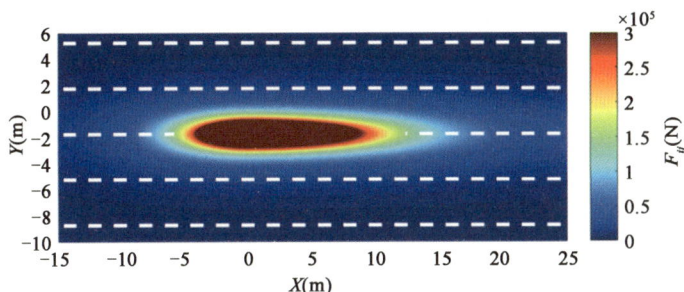

b) 车辆 j 在车道线3坐标 $(0, -1.75)$ 处骑线行驶（俯视）

图 3-72 　车辆违规骑线行驶时的行车安全场场力分布

4. 人-车-路综合风险量化方法

在复杂的人-车-路行车环境中，行车风险在道路交通环境中时刻存在。行车风险的产生与人-车-路系统中包括车辆自身速度与交通流速在内的车辆运动学因素，交通信号灯、人行横道线、道路交通限速标志和道路交通标线等交通规则因素，驾驶人在交通规则下正常驾驶行为和违规驾驶行为的人为因素，以及道路边界、路面条件、车道曲率、道路坡度和环境能见度等环境因素有关。各因素对行车风险的影响主要体现在影响风险源本身以及风险从风险源出发在纵向或横向上的梯度变化趋势。为统一表征人-车-路综合风险，建立了行车安全场统一模型，通过场力描述和势能描述分别从车辆和交通视角来量化行车风险，其中车辆视角指以自车为中心，主要考虑微观交通系统中周围交通参与者与自车的相对属性（包括相对位置、速度等）；交通视角指从交通流宏观角度将交通参与者的绝对属性（位置、速度等）进行量化。

1）行车风险的场力描述方法

在逐一分析各主要因素造成行车风险产生和变化的风险源、风险纵向梯度和风险横向梯度基础上，人-车-路复杂环境下的综合行车风险可以通过场力来表征[140]。即，以车辆为核心，形成车辆对外界造成的风险的总体框架，如下式所示：

$$F_{ji} = E_j r_0 \left(\frac{1}{k_x x_{ji}^2 + k_y y_{ji}^2} - \frac{1}{r_{max}^2} \right) \tag{3-115}$$

其中，

$$E_j = \sum E_{j,fac} \tag{3-116}$$

$$k_x = \prod k_{x,fac} \tag{3-117}$$

$$k_y = \prod k_{y,fac} \tag{3-118}$$

式（3-116）中，$E_{j,fac}$ 包括车辆自身的动能 $E_{j,0}$，以及考虑了交通流、路面附着系数、道路曲率、坡度和道路限速规则的相对动能 $E_{j,p}$、$E_{j,\varphi a}$、$E_{x,c}$、$E_{j,s}$ 和 $E_{j,l}$，当忽略其中任一因素时，对应的相对动能取值为0。式（3-117）和式（3-118）中，任一参数均对应某一具体的影响因素在纵向或横向对车辆产生的风险的影响，当忽略其中任一因素时，对应的参数取值为1。

2）行车风险的势能描述方法

当道路环境中某一点受到多个车辆的作用时，该点处会受到多个力的作用。由于力是矢量,用多个力的合力来描述多个车辆在该点处的耦合作用时将会造成不合理的情况,例如,当该点受到两个方向相反的力时,采用矢量叠加的方法会导致力被抵消。因此,直接用力来描述道路环境中某一点受到多个车辆的影响具有一定的局限性。因此,从交通视角出发,进一步用势能描述道路交通环境中人-车-路之间的相互作用关系,实现对行车风险的量化描述。

行车安全场中,P 点($P \in [r_{min}, r_{max}]$)处车辆受到场源影响所获得的势能等于将单位质量物体m_e从某一点 P 移动到势能为 0 的地方,即$r_{ji} \geqslant r_{max}$处所做的功,单位为焦耳(J)。根据式(3-107)可知,场源在由其产生的行车风险场中等势线对应的r_j与车辆j和任意一点i之间的距离r_{ji}满足如下关系:

$$r_j = \sqrt{k_x x_{ji}^2 + k_y y_{ji}^2} = r_{ji} \sqrt{k_x \cos^2 \theta_{ji} + k_y \sin^2 \theta_{ji}} \tag{3-119}$$

因此,P 点处的势能U_{jp}为:

$$U_{jp} = \int_{(p)}^{r_{max}} E_j r_0 \left(\frac{1}{r_j^2} - \frac{1}{r_{max}^2} \right) \mathrm{d} r_j = E_j r_0 \cdot \left(\frac{1}{p} + \frac{p - 2 r_{max}}{r_{max}^2} \right) \tag{3-120}$$

则车辆i受到场源j的势能U_{ji}为:

$$U_{ji} = E_j r_0 \left(\frac{1}{r_{ji} \sqrt{k_x \cos^2 \theta_{ji} + k_y \sin^2 \theta_{ji}}} + \frac{r_{ji} \sqrt{k_x \cos^2 \theta_{ji} + k_y \sin^2 \theta_{ji}} - 2 r_{max}}{r_{max}^2} \right) \tag{3-121}$$

将式(3-121)写为直角坐标系的形式,则有:

$$U_{ji} = E_j r_0 \left(\frac{1}{\sqrt{k_x x_{ji}^2 + k_x y_{ji}^2}} + \frac{\sqrt{k_x x_{ji}^2 + k_x y_{ji}^2} - 2 r_{max}}{r_{max}^2} \right) \tag{3-122}$$

则势能的梯度变化为:

$$\nabla U_{ji} = E_j r_0 \left[\frac{- r_{max}^2 + (k_x x_{ji}^2 + k_x y_{ji}^2)}{r_{max}^2 (k_x x_{ji}^2 + k_x y_{ji}^2)^{\frac{3}{2}}} \right] (k_x x_{ji} \cdot \vec{i} + k_x y_{ji} \cdot \vec{j}) \tag{3-123}$$

行车风险的产生机理在于影响行车安全的各因素间综合交互作用,人-车-路综合行车环境中,通过建立反映人、车、路间相互作用关系的行车安全场统一模型,能有效揭示行车风险的产生机理,量化交通环境中的人-车-路综合行车风险。

(三)典型场景下应用示例

为了验证所提出的行车风险量化评估方法的有效性、准确性和实时性,首先开展仿真试验,从驾驶人的角度,对目标车辆及其邻近车辆所组成的交通系统的风险态势进行量化评估,为目标车的决策提供依据,从功能性上验证行车风险评估方法的有效性和准确性。并通过实车试验平台,开展行车风险评估方法的实车试验,验证算法在实车上的有效性。

1. 仿真试验验证

仿真试验验证过程中,驾驶场景由 MATLAB 自动驾驶工具箱(Driving Scenario Designer)快速构建驾驶场景生成。采用配备了雷达和摄像头、可探测周围物体的自动驾驶汽车模块,以替代局部网联环境。记录所有车辆的位置数据和车辆动态,进行算法验证。

在高速公路直行场景中,车辆i在行驶过程中,由于行驶速度快,一旦周围其他车辆的运动状态改变,若车辆 i 在短时间内未做出正确响应,则容易造成事故发生。因此,在行驶过程中,通过实时获取周围车辆的运动信息,对当前的行车风险进行准确评估后做出相应的决策动作,才能有效保证行车安全。

行驶过程中,对车辆 i 的行车安全有直接影响的其他车辆的分布如图 3-73 所示,图中白色车辆表示车辆 i,考虑车辆 i 所在车道和左右邻车道后,可以将道路环境分为如下所示的 8 个区域,区域中任一除车辆 i 外的其他车辆的运动状态改变,都将可能影响车辆 i 的行车安全。根据如图 3-73 所示的车辆之间的位置关系,针对高速公路直行场景设计了仿真试验,考虑左前车、前车、右前车自由行驶;左、右邻车和左、右后车可以在行驶过程中选择跟车和换道两种行为;后车保持与车辆 i 跟车行驶,通过考虑各车辆的驾驶随机性,评估车辆 i 在驾驶过程中的安全态势,并为车辆 i 提供决策依据。

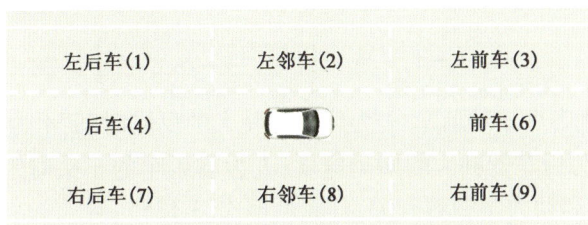

图 3-73　直行道路中任一车辆与其他车辆间的关系

根据图 3-73 中其他车辆与自车之间的相互作用关系,可知车辆在行车过程中所遭遇的风险主要来自如图 3-74 所示的几类冲突场景,分别为:①场景 1,前车紧急制动;②场景 2,后车失控追尾;③场景 3,邻车前向切入;④场景 4,邻后车急需换道空间。在这几类场景中,如果自车因未及时发现即将到来的风险而没有做出相应的安全决策,则事故必然产生。基于这几类典型冲突场景,将行车安全场统一模型应用于上述冲突场景中,并与现有的最先进的驾驶人模型进行比较,能够从功能上验证本书提出的行车风险评估方法的准确性和有效性。

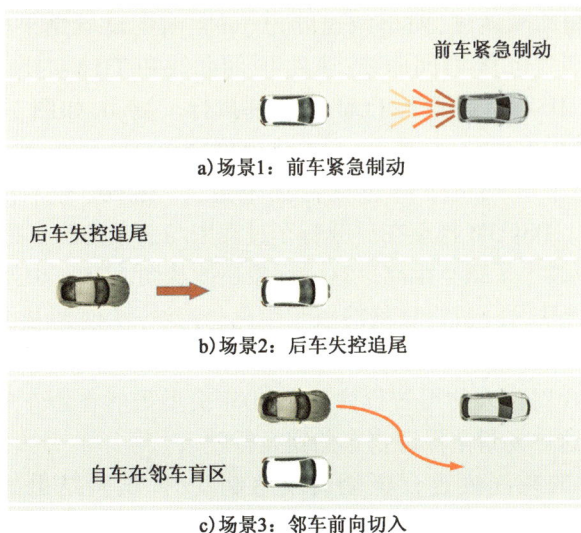

a)场景1:前车紧急制动

b)场景2:后车失控追尾

c)场景3:邻车前向切入

图　3-74

d)场景3:邻后车急需换道空间

图 3-74　经典冲突场景

在设计的 4 种冲突场景中,场景 1 和场景 3 更为常见,因此主要对这两类场景进行设计并对比分析。首先将白色自车按照基于行车安全场的决策模型(Driving Safety Field based Decision Model, DSFDM)进行控制,在两种场景下观察白色自车的运动变化;然后用现有最先进的、能较好反映驾驶人行为的纵向控制模型(Longitudinal Control Model, LCM)在同样的条件下进行仿真,同样观察自车在 LCM 模型下的运动变化,所采用的 LCM 模型如下[142]:

$$\ddot{x}_r(t + \tau_r) = A_r\left[1 - \frac{\dot{x}_r(t)}{v_r} - e^{1-\frac{d_{rf}}{d_{rf}^*}}\right] \tag{3-124}$$

其中,r 和 f 分别代表后车和前车;τ_r 为后车驾驶人的反应时间;A_r 为后车驾驶人起步时所期望的最大加速度;v_r 为后车驾驶人的期望速度;d_{rf} 为前后车的车头时距;d_{rf}^* 为驾驶人的期望间距,与车辆的运动学和动力学参数有关,其满足于式(3-125):

$$d_{rf}^* = \frac{\dot{x}_r^2(t)}{2|b_r|} - \frac{\dot{x}_f^2(t)}{2|b_{fe}|} + \dot{x}_r \tau_r + l_f \tag{3-125}$$

其中,b_r 为后车驾驶人在前车紧急制动时采用的最大制动减速度,试验中取 $b_r = 5\text{m/s}^2$;b_{fe} 为后车驾驶人对前车紧急制动减速度的估计,试验中取 $b_{fe} = 4\text{m/s}^2$;l_f 为前车的有效车长,试验中取 $l_f = 5\text{m}$。

1)试验一:前车紧急制动

在场景 1 中,自车与前车均以 30m/s 的速度匀速行驶,两车距离 100m。前车分别以 3m/s^2、6m/s^2 和 7.8m/s^2 的制动减速度制动 3s,分别观察 DSFDM 模型和 LCM 模型在该场景中的表现。

首先设置前车的制动减速度,前车减速度为 3m/s^2 时的试验结果如图 3-75 所示,其中,图 3-75a)、b)和 c)分别为位移-时间曲线、速度-时间曲线和 THW-时间曲线。从图中可以看出,当前车紧急制动时,DSFDM 模型和 LCM 模型都执行了制动,如图 3-70b)所示,DSFDM 模型根据前车的速度迅速做出反应,并在 8s 左右将速度降至 21.3m/s,并执行稳定跟车。相比之下,LCM 模型给出的后车速度下降过程更加平滑,并在 60s 左右时实现稳定跟车。从图 3-75a)中还可以看出,DSFDM 模型在后续行车过程中与前车的跟车距离与初始时刻较为一致,而 LCM 模型则逐渐减小了跟车距离。这一现象还能从图 3-75c)中得出,DSFDM 模型由于在速度降低的情况下仍然保持初始时刻的跟车距离,导致车头时距从 3.38s 增长至 4.4s,而 LCM 模型则使得车头时距缓慢降低到 1.44s。这种现象体现了 LCM 模型在跟车时的优势,相比之下,其行为更加符合驾驶人的驾驶行为。DSFDM 模型虽然在跟车效果上与 LCM 模型具有差距,但是其能够在这种场景中保证自车的安全行驶。

当前车以 7.8m/s^2 的减速度进行极端的紧急制动时,试验结果如图 3-76 所示,其中,图 3-76a)和 b)分别为位移-时间曲线、速度-时间曲线。从图中可以看出 DSFDM 模型和 LCM 模型都执行了紧急制动,如图 3-76a)所示,DSFDM 模型根据前车的速度迅速做出反应,并在

10s 左右将速度降至 7m/s,随后经过 5s 左右的调整后执行稳定跟车。而 LCM 模型虽然也进行了紧急制动,但是从图 3-76b)中可以看出其减速过程失常,速度甚至减为负值;从图 3-76a)中可以发现,实际上 LCM 模型与前车在 8s 左右已经发生了碰撞。

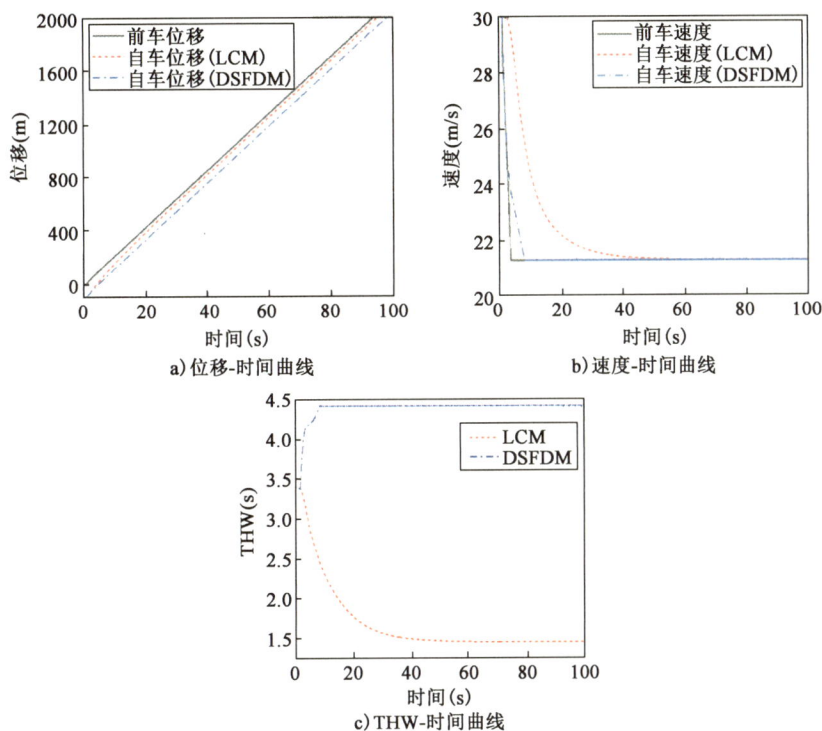

a) 位移-时间曲线

b) 速度-时间曲线

c) THW-时间曲线

图 3-75 场景 1 中 DSFDM 模型与 LCM 模型的效果对比 (前车减速度为 3m/s²)

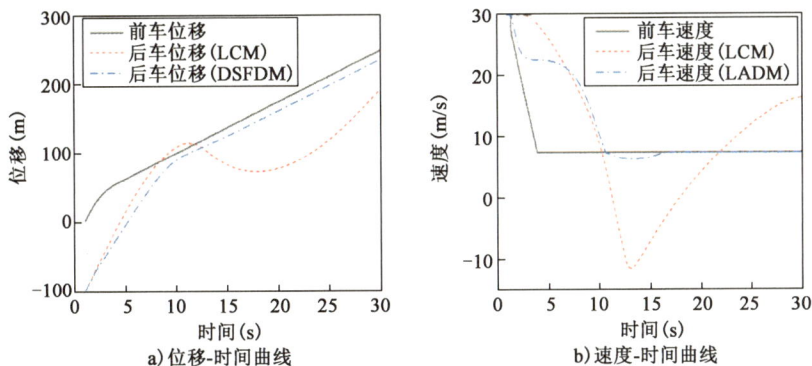

a) 位移-时间曲线

b) 速度-时间曲线

图 3-76 场景 1 中 DSFDM 模型与 LCM 模型的效果对比 (前车减速度为 7.8m/s²)

在场景 1 中,分别使前车以两种不同的减速度进行了为期 3s 的制动,仿真结果显示,在前车减速度小时,LCM 模型展现了比 DSFDM 模型更好的跟车性能,但是随着前车制动减速度的增加,DSFDM 模型逐渐显示出其保障行车安全的优异性能,从避撞性能上体现了本书所提出的理论的准确性。

2）试验二：邻车前向切入

场景 3 中，设置邻车与自车以 30m/s 的速度匀速并排行驶，自车的期望速度为 30m/s，邻车缓慢换道切入自车所在车道。分别观察 DSFDM 模型和 LCM 模型在该场景中的表现。试验二的试验结果如图 3-77 所示，初始时刻邻车和自车的相对距离很小，随着邻车切入，LCM 模型没有做出任何反应，因此自车位移与邻车位移曲线重合，在这个过程中，碰撞可能已经发生；但在同样的条件下，DSFDM 迅速做出了反应，逐步扩大与邻车的相对距离，最终稳定地跟车。这一过程可以从图 3-77b）中明显看出，首先 DSFDM 模型使自车在 4s 内减速至 25.4m/s，随后再逐渐提高车速至期望车速 30m/s；而 LCM 模型没有做出任何动作，导致邻车速度和自车速度曲线重合。根据两个过程中两车的 THW 分布可得，如图 3-77c）所示，DSFDM 模型能够保证前后车的 THW 值处于安全的范围，而 LCM 模型由于没有采取任何动作，使得该过程中 THW 未发生变化，在该场景中发生了碰撞事故。

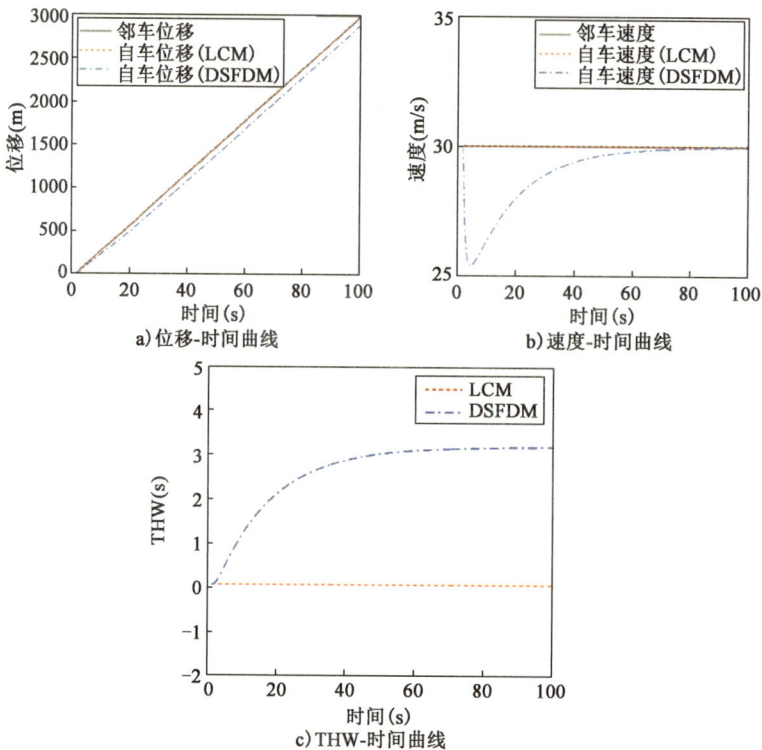

a）位移-时间曲线　　　b）速度-时间曲线

c）THW-时间曲线

图 3-77　场景 3 中 DSFDM 模型与 LCM 模型的效果对比

场景 1 和场景 3 这两个冲突场景的仿真试验显示了 DSFDM 模型在各个方向上的避撞有效性，从功能上验证了所提人-车-路综合行车风险评估方法的有效性和准确性，为开发统一的智能驾驶算法提供了理论基础。

2. 实车试验验证

为进一步验证所提出的行车风险量化评估方法在实车上的应用效果，本试验中将启辰试验平台作为测试车,睿骋试验平台作为冲突车(图 3-78a)。两辆试验车辆平台的行李舱设备如图 3-78b)所示。试验路段为双向两车道,路面平整,人流量和车流量均较低,同时该路段无高大建筑物遮挡,利于 Wi-Fi 信号传输,便于开展基于 V2V 的实车试验。另外,试验路段包含直行道路和交叉路口,能够充分开展实车试验[138]。

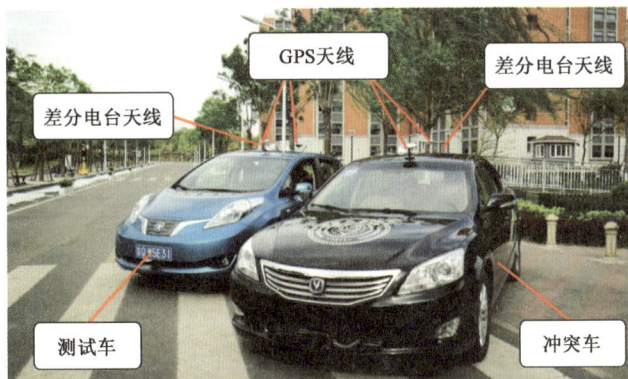

GPS天线 差分电台天线 差分电台天线 测试车 冲突车

a) 启辰试验平台和睿骋试验平台

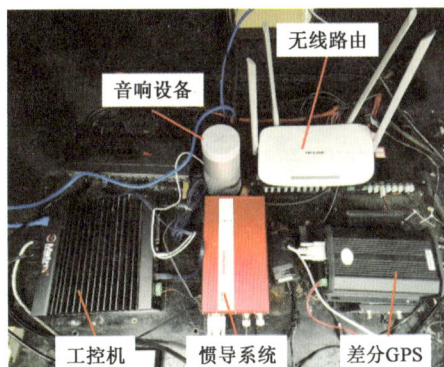

无线路由 音响设备 工控机 惯导系统 差分GPS

b) 试验平台后备厢设备

图 3-78　实车验证平台

首先以自车为中心将自车周围环境划分为 8 个区域,如图 3-79 所示,分别为:前方、左前方、右前方、左侧、右侧、左后方、右后方和后方。其中,根据驾驶人视觉特性,设置前后方区域夹角为 20°,左右侧区域夹角为 30°,其余区域夹角为 65°。

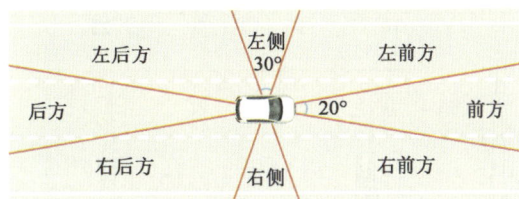

左后方　左侧 30°　左前方　后方　20°　前方　右后方　右侧　右前方

图 3-79　车辆周围区域划分

测试车以 15km/h 左右的速度接近以 10km/h 左右的速度匀速行驶的冲突车,初始时刻两车相距 20m,驾驶人在此过程中根据预警提示音进行操作。测试过程如图 3-80 所示。

图 3-80　测试车测试过程

为评价驾驶人驾驶过程的安全程度,定义 D_{SE} 为表征驾驶过程安全程度的指数。其中, D_{SE} 是基于行车安全场统一模型的量化指标,其值越大则危险程度越大。具体指标说明可以参照相关论文[138,141]。图 3-81 显示了试验过程中测试车和冲突车的车速-时间曲线、D_{SE}-时间曲线以及制动油压-时间曲线。从图中可以看出,在此过程中出现了 3 次 $D_{SE} > 0.5$ 的情况,分别在 2.8s、7s 和 27s,产生了 3 次预警。当 $t = 2.8s$ 时,驾驶人听到预警提示音后经过短暂的反应时间后踩下了制动踏板;当 $t = 7s$ 时,驾驶人听到预警提示音后首先释放了加速踏板,这时车速由于行驶阻力的存在而缓慢降低,在 $t = 11s$ 时,驾驶人感受到明显的风险,采取了制动措施,而在这个过程中 D_{SE} 持续降低;随后在 $t = 27s$ 时也出现了同样的现象,即驾驶人在听到预警提示音后先释放了加速踏板,再采取制动措施。这是由于试验车速低,且试验设置的 D_{SE} 阈值低,使得驾驶人有足够的自信保证行车安全。

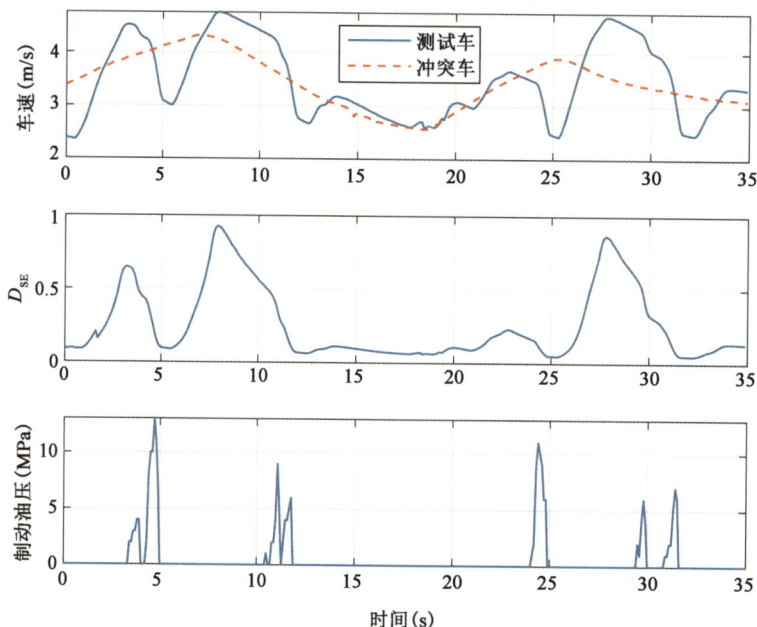

图 3-81　试验场景 1 试验结果

实车试验表明,在 V2V 环境下,所提出的驾驶风险评估方法可以准确识别风险的大小和方向,该方法应用于驾驶风险预警系统,可以为驾驶人提供预警信息,广播车辆所在位置风险,并为驾驶人提供控制建议,确保行车安全。

四、行车风险演变分析

为保证行车过程的安全性,充分理解关键因素和预测碰撞风险的能力已成为各种预防措施的关键。智能车辆需要理解其他交通参与者的行为意图及其演变规律,准确评估交通环境中的行车风险。然而,在机非混行的交通环境中,现有研究难以对动态、随机的交通参与者进行准确的行为建模,难以全面地评估人、车和环境耦合的行车风险,难以实现动态复杂场景下的实时决策。因此,如图 3-82 所示,在复杂动态行车环境中,针对行车过程建立风险演变物理模型,将驾驶过程分为稳定状态与非稳定状态两类,分析长短时复杂环境中驾驶人属性、道路环境条件、车辆属性等动态因素对风险未来演变方向和路径的影响。同时,为描述行车风险的动态演变趋势,通过考虑碰撞概率、碰撞时间、碰撞相对速度等变量,分析预测范围内的碰撞风险和预测范围外的碰撞风险,量化不确定性认知风险,并实现多车冲突态势时空演化分析。最后,分析不确定性对智能车辆态势评估结果的影响,输出典型场景下考虑行人行为突变和考虑通信/传感失效的交通场景应用示例和结果分析。

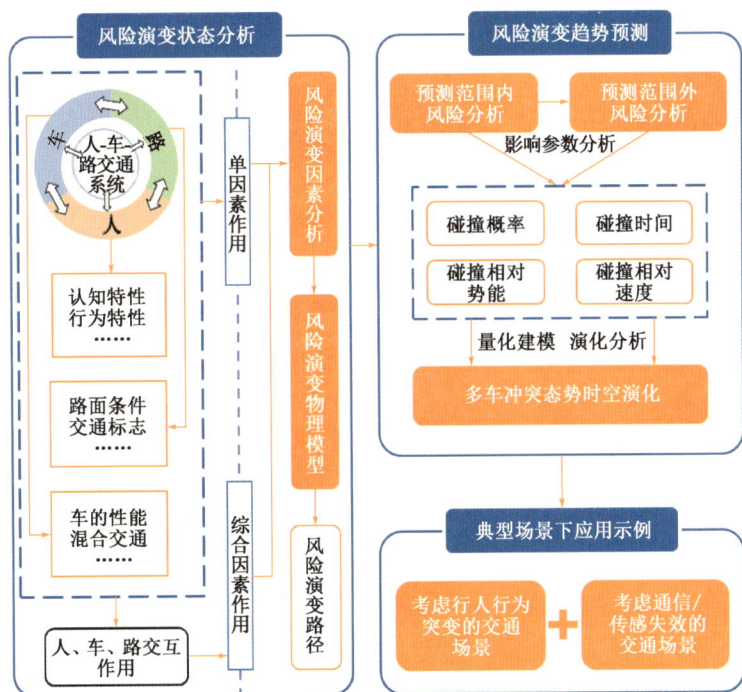

图 3-82 行车风险演变分析逻辑图

（一）风险演变状态分析

行车环境态势理解可定义为在复杂动态交通环境中对随时间和空间推移而不断运动并变化的自车进行觉察、认知、理解和预测的处理过程。风险演变状态分析主要针对行车过程的动态风险演变状态进行不同阶段的提取和分析。交通环境中交通参与者数量多、信息复杂，考虑到各类风险源产生风险的原因及后果有较大差异，因此风险演变状态分析通常涉及多学科方法的综合应用。

1. 风险演变因素分析

道路交通系统是一个由驾驶人、车辆、交通参与者、道路环境（含交通设施、行人、骑车人等静态与动态要素）等交通要素有机构成的复杂动态系统。人-车-路交通环境中存在着大量的不确定性问题，且不确定性不仅影响着智能车辆的态势评估结果，也对智能车辆的决策和控制有着很大的影响。针对行车风险的时变、复杂、耦合特性，需要分别量化由于车辆本身、道路交通设施、驾驶人行为和道路环境等各因素产生的行车风险，并确定影响行车风险演变的内因。

在道路交通系统中，由于驾驶人、汽车、道路环境中因素的动态变化，行车风险成为潜在变量。对于整个道路交通系统而言，事故往往由驾驶人、交通参与者、道路环境中的某一因素发生不良变化或多要素之间的相互作用导致，即在交通环境中部分因素的突变导致短暂时间内出现的突发因素可能造成潜在风险显现，同时在无防控过程中会进一步导致其他后续因素也发生突变，经逐级因素间相互作用而导致事故发生。交通碰撞事故演化过程如图 3-83 所示。

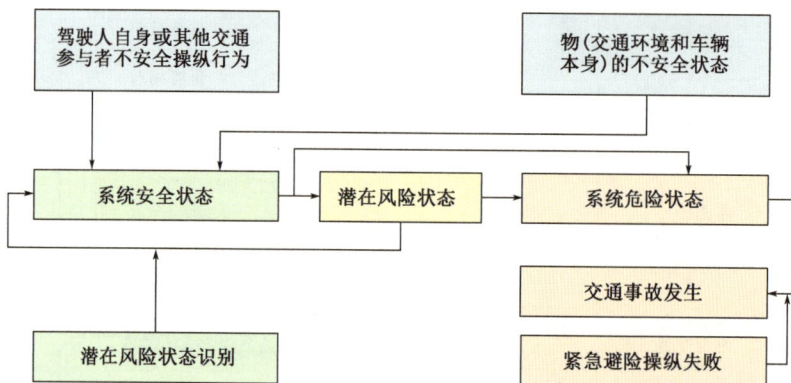

图 3-83　交通碰撞事故演化过程

为探究各要素之间导致风险的可能性，并给出量化结果，目前已有众多学者关注此类问题。通过对大量交通事故的研究，美国研究人员 Treat 和来自英国的研究人员 Sabey 通过统计分析，用数据来量化人、车、路三个重要交通要素在系统中的作用，得到表 3-14 中的结果。

行车风险影响因素致险占比研究(英美国家)　　　　　　　　表 3-14

原　　因	Sabey 结论(%)	Treat 结论(%)
单独路	2	3
单独人	65	57
单独车	2	2
路和人	24	37
车和人	4	6
路和车	1	1
人、车、路	1	3

两人得出结论趋势一致,获取的比例具有代表性:即在人车路系统中,驾驶人因素是导致风险产生状态失稳的根本原因,其他因素占比相对较小。因此,研究交通系统自组织演化规律时,需要把人、车、路、环境作为一个统一系统来考虑,并以驾驶人的行为特性研究为核心。行车风险演变的影响因素可围绕人-交通参与者-环境三个基本元素展开分析,其结构关系如图 3-84 所示[143]。

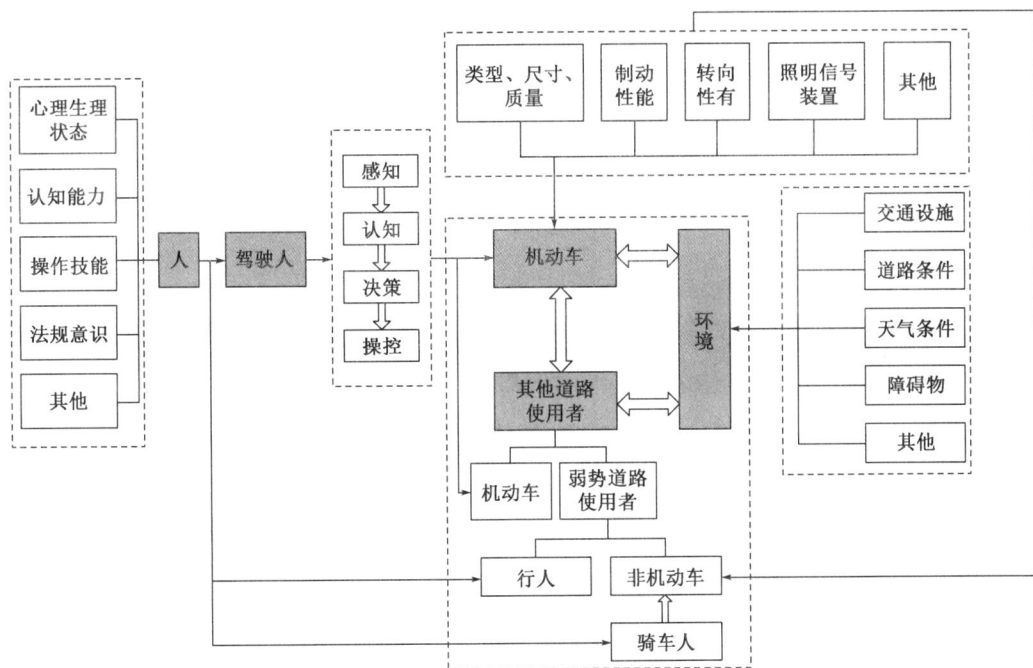

图 3-84　行车风险主要影响因素

基于事故因果论,建立风险演变因素分析过程如图 3-85 所示。从图中可以看出,交通事故的直接原因是交通参与者的风险处于失控状态,而形成原因包括:①人的风险行为(失误或者违规)导致交通参与者处于风险状态,例如驾驶人疲劳分心、行人闯红灯等;②外部环境因素导致交通参与者处于风险状态,例如极端异常天气和道路条件使得机动车制动或者转向失控等;③内部系统因素,机械或者电气系统故障等内在原因导致交通参与者(机动车和非机动车)处于风险状态。下面将分别讨论人的风险行为、外部环境因素、内部系统因素与交通参与者风险状态的因果关系。

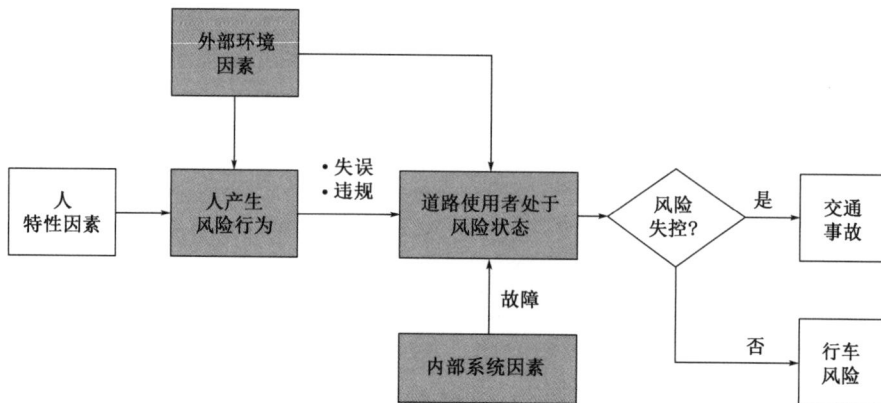

图 3-85　风险演变因素分析过程

1)驾驶人因素

驾驶人对于行驶环境的动态决策导致了行车风险的增加,同时已有数据也可以表明驾驶人因素是事故发生的主要内因,如表 3-4 中针对不同国家中 1500 ~ 2000 位驾驶人分别进行调查的结果所示,虽然各个国家驾驶人因素导致的交通事故占比不尽相同,但驾驶人的认知水平、驾驶技能、心理与生理状态都会在一定程度上影响行车过程的稳定性,其非正常行为成为风险演变为事故的主要致因。当驾驶人的心理、生理状态出现异常,会影响正常的感知、认知、决策和操控。例如,驾驶人由于疲劳或者分心驾驶等导致对交通环境的感知不充分、认知和决策失误,精神紧张、身体突发疾病等会导致操控出错等。驾驶人的认知能力与智力、教育背景和经验等有关,认知能力不足易导致决策失误。驾驶人的操控技能与驾驶技能有关,技能不合格易引发操控失误。交通法规意识薄弱易产生违规决策,如超速、逆行、闯红灯等。而感知、认知、决策和控制是人产生风险行为(失误或者违规)必经的四个阶段,为分析驾驶人对风险演变的作用关系,需要分析驾驶人在四个阶段需要解决的问题和需要具备的能力,然后分析四个阶段与行车风险的因果关系。

感知是获取周围交通环境信息的过程。感知能力可以归纳为位置感知能力、速度感知能力、道路感知能力以及交通标志感知能力,如图 3-86 所示。位置感知能力表征驾驶人对自车以及周围物体位置的感知能力;速度感知能力表征驾驶人对自车以及周围运动物体速度的估计;道路感知能力表征驾驶人通过车身振动、制动、加速和转向操作等对路面材质、不平度、曲率、道路附着系数和坡度等的估计;交通标志感知能力表征驾驶人对交通标志牌、信号灯的敏感程度。针对骑车人或者行人,主要包含位置感知能力、速度感知能力和交通标志感知能力。

认知是基于感知结果对信息进行加工和处理的过程,包括理解、选择性注意、记忆和反应时间等,如图 3-86 所示。其中,理解能力是根据自身的经验或者知识库对事物本质及其发展规律的认识;选择性注意指人会有意识地筛选重要的信息;记忆包括瞬时记忆、短时记忆,瞬时记忆是对信息的单纯存储,短时记忆是对信息进一步加工;反应时间反映人对外界激励的反应能力[143]。

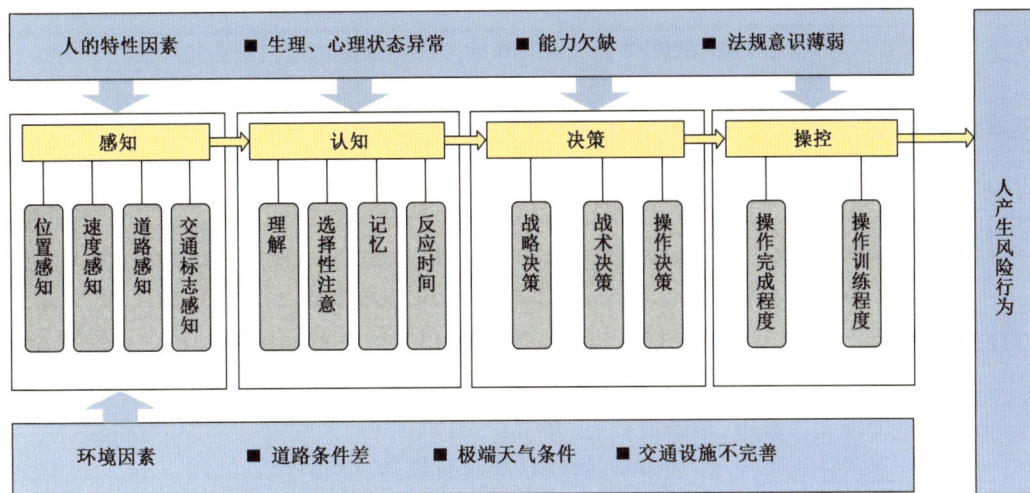

图 3-86 驾驶人的风险行为形成

决策是基于认知结果制定行为策略的过程。驾驶人的决策过程可以描述为一个自上而下的分层决策框架(图 3-86),主要包括战略决策(Strategic Decision)、战术决策(Tactical Decision)和操作决策(Operational Decision)三个方面。战略决策解决驾驶路线优化问题;战术决策解决驾驶行为(例如跟车、换道、超车等)选择问题;操作决策解决驾驶路径生成问题。类似地,骑车人和行人的决策阶段包括行为选择、路径生成两个过程。例如,在行人横穿道路场景中,行人的决策过程可以描述为:首先,选择行为类别,即决定是否穿行;其次,选择路径生成,即决定如何穿行,并决定慢走或者奔跑等。

操控阶段的任务是执行决策阶段生成的策略。驾驶人对车辆的操控能力可以通过驾驶动作完成度和驾驶动作熟悉度来反映,如图 3-86 所示。完整性、准确性是评价驾驶动作完成度的指标,功效性、平顺性、协调性是评价驾驶动作熟悉度的指标。完整性考察驾驶人是否完整地执行整套驾驶动作;准确性考察驾驶动作是否达到预期效果;功效性要求驾驶人在规定的时间完成相应的动作;平顺性要求驾驶人操作动作稳定平顺;协调性主要考察各个基本动作的配合是否到位,例如加速踏板、挡位和离合器的配合操作等。

综上,感知不足会影响人对速度、位置、道路和交通标志的判断,导致风险源输入信息不准确;认知不足导致人对风险及其变化规律的理解出现偏差;决策不足导致在风险规避行为选择和路径生成过程未能制定正确策略;操控不足导致动作不到位而引发风险行为。其中,感知、认知、决策和人的风险行为是间接作用关系,而操控和人的风险行为是直接作用关系,然而任意阶段出现异常都会引起人的风险行为。人的特性(心理/生理状态异常、能力欠缺、法规意识薄弱)会影响感知、认知、决策和控制四个阶段,是人产生风险行为的主观因素;而环境主要影响人的感知阶段,例如道路条件差、极端天气条件等会导致人出现感知不足的问题,是人产生风险行为的客观因素,如图 3-89 所示。人产生风险行为是交通参与者处于风险状态的人为原因。

2)车辆

不同种类的车辆在行驶车速和加减速度上的差异及其造成的相互影响,构成了车型分布对交通的影响。具体影响可以按车体大小(轴距、轴数)来进行划分,同时车辆物理特性具体包括车辆尺寸及个体空间需求、运行性能(最大速度、加速、减速性能等),也包括车辆的动力学差异(续航能力、加减速性能、油耗等)。车辆的动力学和运动学特性发生改变时,容易造成人-车-路系统失稳。即,其基本属性(质量、尺寸、类型等)、运动状态(位置、速度和加速度等)是风险的影响因素。此外,机动车的机械系统(制动、转向、轮胎)、电气系统(照明、信号装置、控制系统)和传感器也是行车风险的重要影响因素。

　　3)道路环境

　　道路环境从广义上是指对驾驶人产生影响使其驾驶行动发生改变的各种外界和内在的条件,主要分为道路条件和环境状况。道路条件主要由:道路附着系数、道路线形、道路抗滑性能、道路坡度、车道数量等,而环境条件主要包括周边环境条件(静止障碍物)、天气状况(如昼夜、阴晴、雪雨雾风、温度和气压等)和各种信号标志、交通标志。环境因素是交通事故的客观诱因,主要包括道路交通标志、道路设计、道路静止障碍物以及天气等。环境的行车风险影响因素有:①道路交通标志不完善,如未设置急转弯、连续弯道、道路变窄、陡坡、行人出没和停止等交通标志;②道路设计不合理,如道路的线形、视距、车道宽度、曲率半径等不符合规定,道路附着系数低、坡度过大、视线不良等状况;③道路上静止的障碍物导致车辆易与其发生碰撞,其可分为可穿越障碍物(如车道线、减速带等)和不可穿越障碍物(如防护栏、绿化带和锥桶等);④极端天气条件下致使道路状况恶化、视线不良等[143]。

2. 风险演变物理模型

　　交通系统的系统状态发生的变化通常可以通过物理模型来模拟,根据物理模型中参数的变化来表征系统不同状态的演变。驾驶人出行以安全通过完整的一段路程作为目标,并将驾驶过程分为稳定状态与非稳定状态两类,其中,在稳定状态下,车辆未发生交通事故;在非稳定状态下,最终发生交通事故。在驾驶过程中,会面临一系列的不利因素,当驾驶人面对风险做出正确的操作时,行驶过程不会受到较大的影响,此时并不会有交通事故发生。在驾驶过程中,车辆将受到人-车-路闭环系统三方面的作用:①驾驶人驾驶目标的驱使;②动态交通环境的影响;③交通规则的约束。根据这种思想对驾驶过程进行形象的描述,本节将使用如图 3-87 所示的模型描述风险演变过程:小球从 U 形槽上方滑下时,受到等效吸引力 G_i、道路阻力 R_i 和外在作用力 F_{ji} 的共同作用,顺利滑到底部的过程为稳态过程,如图 3-87 所示,此过程中车辆状态始终处于受控状态。

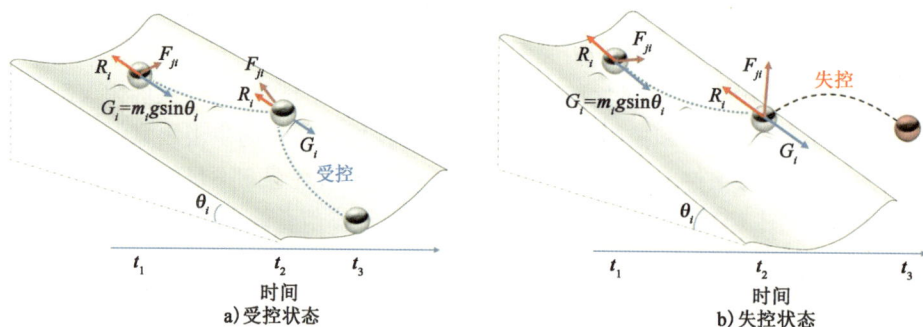

图 3-87　驾驶过程的不同状态

a)受控状态　　　　b)失控状态

反之,当驾驶人面对不利因素,没有时间做出正确的操作,甚至做出错误的操作时,行驶的过程将会受到较大的影响,交通事故将在这种过程中发生。因此,我们定义当小球在滑落的过程中遇到较大的外在作用力 F_{ji},打破了原来等效吸引力 G_i 与道路阻力 R_i 的平衡状态,导致小球在滑落的过程中由于处于不平衡状态而出现以下情况:①受指向槽外的力作用失控飞出;②因障碍物过大,受力不足以使小球完成路程而滞留在 U 形槽中,没有顺利达到 U 形槽底部的过程为非稳态过程,如图 3-87b) 所示,此过程中车辆状态会不受控[138]。

图 3-87 中,U 形槽与 XOY 平面的夹角 θ_i 反映了驾驶人对效率的总体追求,$\theta_{i,x}$ 和 $\theta_{i,y}$ 分别对应于驾驶过程中纵向和横向上驾驶人对效率的追求。根据欧拉角坐标系转换原理,三者之间的关系满足下式:

$$\theta_i = \arccos(\cos \theta_{i,x} \cdot \cos \theta_{i,y}) \tag{3-126}$$

首先分析 $\theta_{i,x}$、$\theta_{i,y}$ 和 θ_i 之间的关系。如图 3-87 所示,根据欧拉角的原理,U 形槽先以 $\theta_{i,x}$ 转动 Y 轴,使得坐标系 $OXYZ$ 变为 $OX'YZ'$;再以 $\theta_{i,y}$ 转动 X' 轴,使得坐标系变为 $OX'Y'Z''$。因此,旋转矩阵依次为:

$$Y(\theta_{i,x}) = \begin{bmatrix} \cos \theta_{i,x} & 0 & \sin \theta_{i,x} \\ 0 & 1 & 0 \\ -\sin \theta_{i,x} & 0 & \cos \theta_{i,x} \end{bmatrix} \tag{3-127}$$

$$X'(\theta_{i,y}) = \begin{bmatrix} 1 & 0 & 0 \\ 0 & \cos \theta_{i,y} & \sin \theta_{i,y} \\ 0 & -\sin \theta_{i,y} & \cos \theta_{i,y} \end{bmatrix} \tag{3-128}$$

对于向量 $z\,(0,0,1)^{\mathrm{T}}$,经过 $Y(\theta_{i,x})$ 和 $X'(\theta_{i,y})$ 旋转后获得 z'':

$$z'' = Y(\theta_{i,x}) \cdot X'(\theta_{i,y}) \cdot z = \begin{bmatrix} \sin \theta_{i,x} \cos \theta_{i,y} \\ \sin \theta_{i,y} \\ \cos \theta_{i,x} \cos \theta_{i,y} \end{bmatrix} \tag{3-129}$$

则 z 与 z'' 之间的夹角 θ_i 满足:

$$\cos \theta_i = \frac{z \cdot z''}{|z| \cdot |z''|} = \frac{\cos(\theta_{i,x} + \theta_{i,y}) + \cos(\theta_{i,x} - \theta_{i,y})}{2} \tag{3-130}$$

对于向量 $y\,(0,1,0)^{\mathrm{T}}$,经过 $Y(\theta_{i,x})$ 和 $X'(\theta_{i,y})$ 旋转后获得 y':

$$y' = Y(\theta_{i,x}) \cdot X'(\theta_{i,y}) \cdot y = \begin{bmatrix} -\sin \theta_{i,x} \sin \theta_{i,y} \\ \cos \theta_{i,y} \\ -\cos \theta_{i,x} \sin \theta_{i,y} \end{bmatrix} \tag{3-131}$$

则 y 与 y' 之间的夹角 α_i 满足:

$$\cos \alpha_i = \frac{y \cdot y'}{|y| \cdot |y'|} = \cos \theta_{i,y} \tag{3-132}$$

即:

$$\alpha_i = \theta_{i,y} \tag{3-133}$$

显然,当车辆换道时,θ_i 略微增加,对应的 G_i 也略增加,符合驾驶人在真实驾驶过程中加速换道的行为。另外,驾驶人在驾驶的过程中一定会面临诸如前方出现障碍物、恶劣的道路条件和不良天气等"不利影响"。此处将上述"不利影响"描述为 U 形槽中的一些小突起,如图 3-87 中用蓝色圈标记出来的部分。值得注意的是,这些小突起描述的不单是一些真实意义上的障碍,还包括一些潜在的"不利影响",可视为驾驶过程中的潜在风险。可定义该潜在风险对车辆造成的影响是一种虚拟的风险外力 F_{ji},显然,不同类别的风险会对驾驶过程产生不同的风险外力,例如车道线、道路边界对驾驶过程的约束作用力,静止物体、运动物体对驾驶过程产生的排斥作用力等,因此风险外力 F_{ji} 的数学模型也将是多样的。该物理模型可以形象地反映真实的驾驶过程,并揭示事故发生的机理。例如,当驾驶人对车辆机动性的要求不高时,θ_i 较小,车辆在遇到风险的过程中驾驶人有足够的反应时间做出正确的操作,车辆继续平稳地行驶;当驾驶人对速度的要求高时,θ_i 较大,车辆在遇到风险的过程中驾驶人没有足够的反应时间进行正确的驾驶操作,事故更易发生。

(二)风险演变趋势预测

对准确衡量复杂道路环境下车辆所受到的风险及其动态变化趋势进行预测,是车辆安全控制决策的依据。现有的风险评估模型通常是以车辆运动学和动力学理论为基础,用车辆状态信息(速度、加速度、偏航速度等)和相对运动信息(相对速度、相对距离等)来量化表征风险程度。然而,这些方法和模型难以反映车辆和交通系统中的综合风险水平,也难以描述行车风险的动态演变趋势,无法为行车决策和车辆控制提供在时间和空间上连续的风险动态演变判定依据。为此,迫切需要通过对行车风险的产生机理进行研究,建立能够描述行车风险产生、扩散和演变过程的行车安全模型,为车辆的智能决策和控制奠定基础。与驾驶人进行交互是高级驾驶辅助系统和自动驾驶汽车面临的主要挑战之一[139,144]。尽管驾驶人意图建模这一问题很复杂,但人类驾驶人在预测周围车辆的意图时常能做出准确预判。这种现象可能的原因是人类具有以下能力:①对驾驶人决策行为内在属性的准确估计;②将自己置于其他驾驶人的位置,以对他们最可能做出的风险规避行为进行推理。基于驾驶人这些特性,将更好地辅助不确定环境下风险演变建模。

基于模型的场景预测方法通常假设所有智能体均采取风险最小化行为,这些方法无法预测模型无法解释的危险操作(例如高速公路中的危险换道)。相反,基于动力学的预测方法是通过对车辆的运动模型进行轨迹估计,而无须对交通场景进行推理(即忽略了车辆间的相互作用)。在过去的 10 年中,智能车辆的行为推理和运动预测领域方法通常分为基于物理模型、基于行为模型与交互模型三大类。这三类均为确定性方法,忽略了环境的不确定性。因此,为考虑环境不确定性,分析不确定性对态势评估的影响,在随机性环境模型的基础上,通过概率分布函数描述交通环境中各要素的状态分布,为智能车辆态势评估分析和决策提供模型依据。

1. 轨迹预测范围内风险分析

在轨迹预测范围内,基于随机性环境模型,根据轨迹预测结果,对碰撞概率进行计算评估。如图 3-88 所示,在丁字路口,货车左转,车辆 B 通过路口。车辆 A 驶向路口,不断靠近车辆 B。当货车和车辆 B 靠近时,在非网联情况下,车辆 B 对车辆 A 的感知信息获取受限。为了考虑车辆 A 对车辆 B 的动态影响,需要预测车辆 A 的轨迹变化,以避免车辆 B 可能产生的风险行为(左转或右转),导致两车之间的碰撞概率增大。因此,首先介绍基于轨迹预测的碰撞概率分析方法,然后对行为及轨迹规划的碰撞概率进行分析。

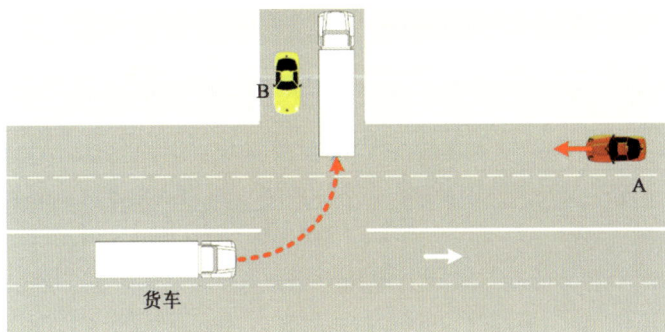

图 3-88　考虑环境变化的态势评估

交通场景中车辆 (V_i, V_j) 碰撞的概率可表示为 $P(C_{V_i, V_j})$。在预测范围内,可由下式计算特定时间点车辆发生碰撞的概率:

$$P[C_{V_i, V_j}(t)] = \iint C[b_{V_i}(t), b_{V_j}(t)] p[b_{V_i}(t), b_{V_j}(t)] \mathrm{d}\, b_{V_i} \mathrm{d}\, b_{V_j} \qquad (3\text{-}134)$$

其中,V_i 为车辆 i;t 为时间;$b_{V_i}(t)$ 为车辆 V_i 在时间 t 预测的位置;$p[b_{V_i}(t), b_{V_j}(t)]$ 为在时刻 t 车辆 i 和 j 在位置 $b_{V_i}(t)$ 和 $b_{V_j}(t)$ 的概率;t_0 为开始预测时间;T_p 为预测时间范围,$t \in [t_0, t_0 + T_p]$;$C[b_{V_i}(t), b_{V_j}(t)]$ 为考虑车辆物理大小的碰撞因子。$C[b_{V_i}(t), b_{V_j}(t)]$ 的计算公式如下:

$$C[b_{V_i}(t), b_{V_j}(t)] = \begin{cases} 1, & O[b_{V_i}(t)] \cap O[b_{V_j}(t)] \neq \varnothing \\ 0, & \text{其他} \end{cases} \qquad (3\text{-}135)$$

其中,$O[b_{V_i}(t)]$ 为车辆 i 所占的平面空间。式(3-135)表明,若 V_i、V_j 两辆车所占的平面空间有交集,在时刻 t,两车发生碰撞,碰撞因子 $C[b_{V_i}(t), b_{V_j}(t)]$ 为 1;若 V_i、V_j 所占的平面空间无交集,即交集为空,在时刻 t,这两辆车不会发生碰撞,即碰撞因子 $C[b_{V_i}(t), b_{V_j}(t)]$ 为 $0^{[145]}$。

驾驶行为是车辆运动的抽象表示,其中,驾驶行为可以参照现有研究表示为高斯过程(Gaussian Processes,GPs)。在规划和预测范围内,基于上式可以估计规划行为的碰撞概率。

同时,根据上文的假设,规划的轨迹为确定的路径,所以规划的轨迹在某时间点与周围其他车辆的碰撞概率估计如下:

$$P[C_{V_i, V_0}(t)] = \int C[b_{V_i}(t), b_0(t)] p_i[b_{V_i}(t)] \mathrm{d}\, b_{V_i} \qquad (3\text{-}136)$$

其中,$t \in [t_0, t_0 + T_p]$,T_p 表示预测时间范围。

在行车轨迹预测基础上,本章基于碰撞概率、碰撞时间、车辆质量以及行车相对速度等进行碰撞风险评估。在某一预测时间点的风险函数表示如下:

$$\mathrm{Risk}_{\mathrm{in}}[v_i(t), v_j(t)] = P[C_{v_i, v_j}(t)] \mathrm{cost}_{\mathrm{coll}}(t) \qquad (3\text{-}137)$$

其中,$\mathrm{Risk}_{\mathrm{in}}[v_i(t), v_j(t)]$ 表示在预测时刻 t 的碰撞风险;$\mathrm{cost}_{\mathrm{coll}}(t)$ 表示相对于碰撞的风险因子函数。$\mathrm{cost}_{\mathrm{coll}}(t)$ 可以表示如下:

$$\text{cost}_{\text{coll}}(t) = \frac{1}{2} \frac{m_i m_j}{m_i + m_j} \|v_r(t)\|^2 \cdot \frac{1}{t_p} \tag{3-138}$$

其中，m_i 为物体 i 的质量；m_j 为物体 j 的质量；$v_r(t)$ 为车辆间的相对速度；t 为评估时间。$t_p = t - t_0$，$E = \frac{1}{2} \frac{m_i m_j}{m_i + m_j} \|v_r(t)\|^2$ 称为内能。

所以，在预测范围内，车辆间的碰撞风险 $\text{Risk}_{\text{in}}[v_i(t_0 : t_0 + T_p), v_j(t_0 : t_0 + T_p)]$ 可以表示如下[145]：

$$\text{Risk}[v_i(t_0 : t_0 + T_p), v_j(t_0 : t_0 + T_p)] = \int_{t_0}^{t_0 + T_{\max}} \frac{1}{2} \frac{m_i m_j}{m_i + m_j} \|v_r(t)\|^2 P[C_{v_i, v_j}(t)] \frac{1}{t_p} dt \tag{3-139}$$

$$T_{\max} : P[C_{v_i, v_j}(T_{\max})] = \max_{t \in [t_0, t_0 + T_p]} P[C_{v_i, v_j}(t)] \tag{3-140}$$

其中，$T_{\max}$ 为在碰撞风险预测序列中达到最大值的时间。

在复杂交通环境下，车辆 v_i 在场景 s_i 中的风险表示如下：

$$\text{RA}_{\text{in}}(v_i, s_i) = \max_j \{\text{Risk}[v_i(t_0 : t_0 + T_p), v_j(t_0 : t_0 + T_p)] \tag{3-141}$$

其中，s_i 为场景 i；v_i, v_j 为场景中的车辆。上式表明，在场景 s_i 中，车辆 v_i 的风险表示为与其他车辆碰撞风险的最大值。

2. 轨迹预测范围外风险分析

除了估计预测范围内车辆间的碰撞风险，也需要估计预测范围外的碰撞风险。在如图 3-89 所示的场景中，车辆 A 在中间车道跟随车辆 C 行驶，慢车 B 在左侧车道行驶。车辆 A 可以在预测和规划限制内向右换道。如果不考虑预测范围外的风险评估，车辆 A 将会靠近右侧车道的尽头。此时，车辆 A 就得降低速度，以避免碰撞。故预测范围外的风险评估对智能车辆的环境认知和决策具有重要作用。因此，基于行车轨迹预测，考虑未来一段时间的碰撞概率、碰撞时间、碰撞能量，本节简要介绍一种预测时间范围外的风险评估模型。

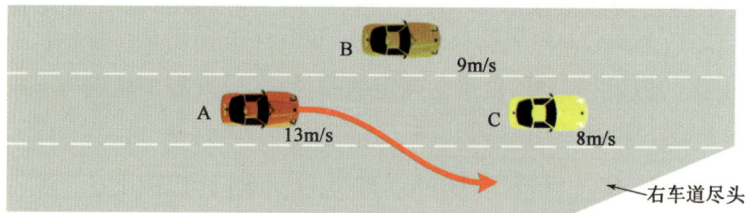

图 3-89　不考虑预测范围外的风险评估场景

本部分中，预测时间范围外的风险可计算如下[145]：

$$\text{RA}_{\infty}(v_i, s_i) = \int P(t) I(v_i, s_i, m_t^i) \frac{1}{2} \frac{m_i m_j}{m_i + m_j} \|v_r(t)\|^2 dp \tag{3-142}$$

其中，$\text{RA}_{\infty}(v_i, s_i)$ 为预测范围外的风险。$I(v_i, s_i, m_t^i)$ 表示如下：

$$I(v_i, s_i, m_t^i) = \begin{cases} \dfrac{\Delta v}{\Delta d}, \dfrac{\Delta v}{\Delta d} > 0; \\ 0, \dfrac{\Delta v}{\Delta d} \leqslant 0; \end{cases} \tag{3-143}$$

其中,Δv 和 Δd 是车辆 i 和车辆 j 的预测相对速度和相对距离。由公式可知,当车辆 i 和车辆 j 的相对速度为 0 或者为负值时,$I(v_i, s_i, m_t^i)$ 为 0;当车辆 i 和车辆 j 的相对速度为正值时,$I(v_i, s_i, m_t^i)$ 为碰撞时间的倒数。

3.多车冲突态势时空演化

智能车辆综合碰撞风险评估可分为预测时间范围内的碰撞风险评估和预测时间范围外的风险评估。车辆 v_i 在场景 s_i 中的综合碰撞风险评估 $\mathrm{RA}(v_i, s_i)$ 可表示如下:

$$\mathrm{RA}(v_i, s_i) = \mathrm{RA}_{\mathrm{in}}(v_i, s_i) + \mathrm{RA}_{\infty}(v_i, s_i) \tag{3-144}$$

环境不确定性表征为高斯分布 N,因此,车辆在某一时刻在交通环境中的行驶状态可表示为:

$$X(t) \sim N(\mu(t), \textstyle\sum(t)) \tag{3-145}$$

其中,$\mu(t)$ 为车辆状态的均值,$\sum(t)$ 为协方差。$X(t)$ 可以通过感知跟踪模块获得。

基于感知和跟踪结果的历史数据,可以对交通环境状态进行不确定性预测。在预测时间 T_p 中,预测结果可以表示为:

$$\{X(t+1), X(t+2), \cdots, X(t+T_p)\} \tag{3-146}$$

因此,多车冲突态势可通过计算 $\mathrm{RA}(v_i, s_i)$ 获得。本部分的行车轨迹预测将物理模型和行为认知模型的预测方法相结合,在短时域内可以保证预测精度,在长时域内保证预测趋势的合理性。当车载环境传感器出现故障或通信丢失时,预测结果即可作为感知结果,但会存在预测结果与最新感知或通信结果差别较大的现象,此时,碰撞概率会再次更新。

即多车冲突态势可以评估意外/非预期障碍带来的风险。假设该障碍物具有典型的运动模式(例如,行人以横穿马路的方式移动),非预期障碍物在交通场景中出现的概率 P_u 可以表示为如下的齐次泊松过程:

$$P_u[N_k(t_1) - N_k(t_0) \geqslant 1] = 1 - e^{-\lambda_k \tau} \tag{3-147}$$

其中,$(t_0, t_1]$ 表示一个时间间隔;$\tau = t_1 - t_0$。$N_k(t_1) - N_k(t_0) \geqslant 1$ 表示在一个时间间隔中出现的非预期障碍物的个数大于等于 1,λ_k 是表征非预期障碍物在单位时间内出现的个数的参数,k 表示不同场景。不同的场景 k 有不同参数 λ_k,其值可以通过观察在某个时间和某个地点是否出现意外障碍物来获得。

(三)典型场景下应用示例

动态交通环境不确定性普遍存在,包括感知信息、风险评估、驾驶行为等多种不确定。因此,基于不确定性环境预测对环境要素进行不确定性表达,进而基于概率分布进行碰撞风险估计,最后通过在不同场景下(如行人行为突变、通信/传感失效)分析不确定性对碰撞风险评估的影响,验证行车风险演变分析方法的准确性。

1. 考虑行人行为突变的交通场景

非预期障碍物在交通场景中很常见,分析该障碍物的不确定性对智能驾驶合理决策的影响具有重要意义。因此,首先描述存在非预期障碍物的典型情景,然后分析上述情景的不确定性态势评估结果。在交通场景中特别是在城市工况下,在不可感知区域出现非预期障碍物(如行人等)的场景是非常常见的。如图 3-90 所示的场景中,三辆车分别是车辆 A、车辆 B 和白色货车。当白色货车停在道路右侧时,车辆 A 在难以察觉的区域内很难感知行人等移动物体。但是,未来车辆 A 可能会与非预期行人发生碰撞,车辆 A 的速度越大,风险越高。同时,随着车辆 A 的前进,车辆 A 的非感知区域发生变化。

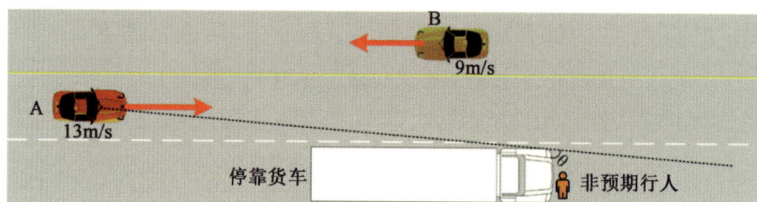

图 3-90 考虑非预期障碍物的交通场景

在如图 3-90 所示的场景中,白色货车前存在非预期行人,但行人暂未产生横穿街道的行为。然而,车辆 A 必须考虑货车前方非感知区域内可能发生行人过道路的碰撞风险,即风险的不确定性,因此须考虑意外障碍物的场景。在本部分中每个循环中行人过道路的概率可以用P_u表示。因此,每个预测时间点的碰撞风险可以描述为[145-146]:

$$\text{Risk}_u[v_i(t), v_j(t)] = P_u \cdot \text{Risk}[v_i(t), v_j(t)] \tag{3-148}$$

其中,$\text{Risk}_u[v_i(t), v_j(t)]$为在预测时间 t 时刻考虑非预期障碍物的碰撞风险;P_u为非预期行人出现的概率;$\text{Risk}[v_i(t), v_j(t)]$为有行人横穿时的碰撞风险。

随着车辆 A 靠近静止的白色货车,车辆 A 的观测范围也会发生变化,其非感知区域会越来越小,非预期行人的横向位移会变大。在这种情况下,非预期行人过路点的横向位移可以表示为以下公式:

$$l_s = l_o + w \cdot \cot\theta \tag{3-149}$$

其中,l_s为车 A 和开始横穿点的横向距离;l_o为车 A 和大货车间的横向距离;w为行人的物理宽度;θ为如图 3-90 所示的非感知区域的角度。

假设车辆 A 速度保持不变,且保持在车道中间。为了便于比较结果,情况评估中的相同分量定义为 1。该场景下,态势感知结果如图 3-91 所示,图中横坐标表示不同等级的行车速度,纵坐标表示风险评估结果。图 3-91 对比分析了行车速度分别为 5m/s、10m/s、15m/s、20m/s 时车辆通过非预期障碍物出现场景的风险评估结果。其风险评估的变化用不同的颜色表示。由图 3-91 可知,在行车速度为 20m/s 时,其风险评估结果比行车速度为 5m/s 时的结果明显要大,即对于每一个相同的速度等级,颜色越深即风险越高,即蓝色代表风险低,红色代表风险高。即车速越高,行人行为突变场景的风险越大,这与人们日常的驾驶体验是一致的。当驾驶人驶过停着的公交车时,车速越高,驾驶人就会觉得越不安全,因为附近可能会出现非预期行人。

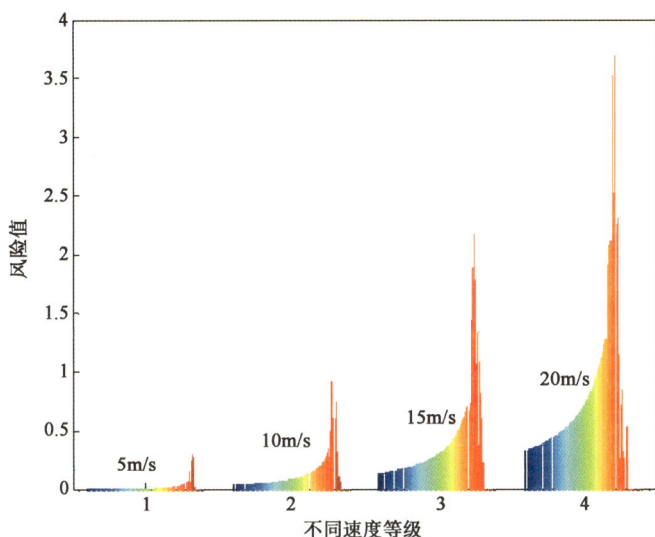

图3-91　行人行为突变场景不同车辆速度下的态势认知结果对比

为了分析与停在路边的货车不同的距离对风险的影响,图3-92 的横坐标为车辆与货车左前端的纵向距离,图中不同颜色代表了在不同车速下,非预期障碍物场景下车辆的风险评估结果。从图中可以看出,如果车辆从更远的地方靠近,会导致风险逐渐增加,但风险达到最大时,会因未探测区域的缩小而降低。同时,随着车速的降低,风险也随之降低,且最大风险点离货车的距离变近。这也符合大多数驾驶人的日常驾驶经验。

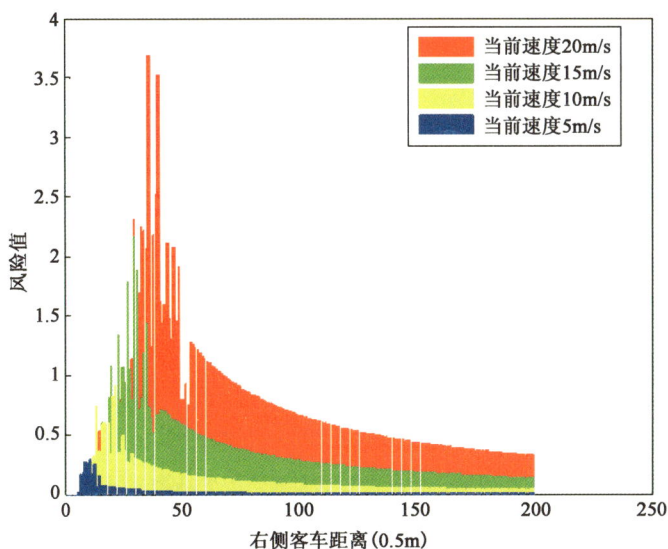

图3-92　行人行为突变场景下态势认知与车辆相对大型货车的距离分析

2. 考虑通信/传感失效的交通场景

假设考虑车辆间通信时联网车辆之间会广播相关的状态以及不确定性信息。如果在某段时间通信丢失或者传感失效,预测的结果将会作为最新的初始状态进行计算。当通信或者感知重新恢复,估计的环境参数和相关不确定性信息作为新的初始信息进行计算。因此,首先对通信丢失或者传感失效场景进行描述,然后分析对通信丢失或者传感失效场景下的不确定性态势评估结果。

如图3-93和图3-94所示,考虑传感失效或通信丢失的不确定性进行态势评估。在图3-93和图3-94中,有两辆车在右侧车道行驶,其中,Δt_{loss} 表示传感失效或通信丢失的时间。在传感失效或者通信丢失前,基于动态贝叶斯网络估计的行为概率分布作为初始行为概率分布,初始行为概率分布表示如下[145-146]:

$$P_m^0 = (P_1^0, \cdots, P_n^0, \cdots, P_N^0) \tag{3-150}$$

其中,P_m^0 是初始时间 $t=0$ 下的行为概率分布;P_n^0 表示行为 n 的概率;N 表示行为的大小。

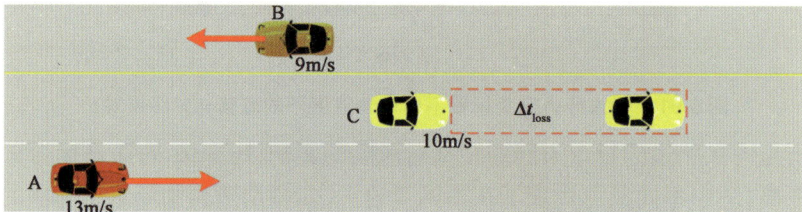

图3-93 车道保持下传感失效或者通信丢失场景

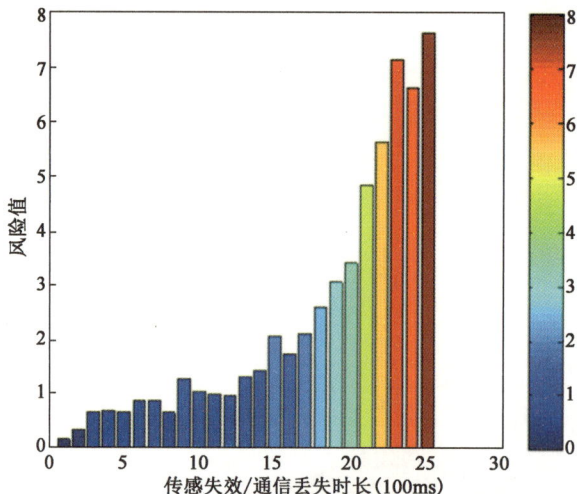

图3-94 车道保持下传感失效或者通信丢失场景的风险分析

基于一阶马尔科夫理论,传感失效或通信丢失期间行为的概率转移表示如下:

$$P_m^k = M^{\text{T}} \tag{3-151}$$

其中,P_m^k 是传感失效或者通信丢失第 k 种风险行为的概率分布;M 是概率转移矩阵。所

以,传感失效或通信丢失下的风险可表示如下:

$$\mathrm{RA}_k(v_i,s_i) = \sum_{n=1}^{N} P_n^k RA_k(v_i,s_i|m_j=n) \quad (3\text{-}152)$$

其中,$\mathrm{RA}_k(v_i,s_i)$ 为传感失效或通信丢失下第 k 种风险;N 为车辆 j 行为序列大小;RA_k $(v_i,s_i|m_j=n)$ 为车辆 j 的行为 $m_j=n$ 时的风险。

下面通过一个例子说明上述思想。如图 3-93 所示的车道保持场景中,车辆 C 正保持在当前车道行进,其中,车辆 A 的行车速度为 13m/s,车辆 C 的行车速度为 10m/s。在传感失效或通信丢失期间,车辆 A 不能获取车辆 C 相关的信息。所以,车辆 A 只能获得相关的历史信息,用预测的结果作为感知信息进行迭代计算。

在车道保持场景下,考虑传感失效或通信丢失的风险评估结果如图 3-94 所示。图 3-94 表示传感失效或者通信丢失时间与风险的关系。其中,横坐标表示通信丢失或者传感失效的时间长度,且不同的风险值用不同的颜色表示,颜色从蓝到红表示其风险越大。结果表明,传感失效或通信丢失时间越长,其风险越大。在车道保持场景下,车辆 C 也有可能会在传感失效或者通信丢失下换道。即风险评估考虑了传感失效或通信丢失中不确定性的风险。如果忽视来自旁边车道的不确定性风险,有可能会导致严重的交通事故。

第三节 智能安全决策与控制技术

一、智能安全决策技术

智能决策技术在自动驾驶汽车中扮演着至关重要的角色,其作用类似于人类的大脑。在自动驾驶汽车进行决策前,首先需要从环境感知模块中获取周围环境信息,包括道路拓扑结构信息、实时交通流信息、交通参与者信息、交通道路法规以及自车状态等,并对行车风险进行辨识评估。基于上述输入信息,智能决策系统生成目标驾驶行为与行驶轨迹,并将目标轨迹提供给后续的车辆控制系统。最终,控制系统控制车辆跟踪执行决策结果,使车辆能够安全、高效地行驶至目的地。

决策系统以环境感知信息、风险评估结果与驾驶目标(包含目的地、乘员个性化需求等)为输入,以轨迹规划结果(一段时间内的行驶路径与速度)为输出。基于决策承担者与控制对象的不同,决策技术可分为单车或群体智能安全决策。其中,单车决策技术以自车作为决策者和控制对象,以自车的安全、高效行驶为目标;群体决策技术以车-车、车-路网联通信为基础,决策者可包含中央决策单元和车载决策单元,以车群的安全和高效通行为目标。图 3-95 为智能安全决策技术内容结构。

在智能安全决策系统中,单车决策技术是决策功能的基础,群体决策技术用于协同优化系统性能。图 3-96 介绍了典型智能决策过程与网联协同计算、车载计算单元的任务分工。其中,驾驶行为与轨迹为两种决策方式均可产生,需要在具体的决策任务中进一步进行分工。例如,群体决策系统基于交通系统全局性能优化,将期望行为指令发送至各车(例如通过路口的目标时间、行驶车道变换等），各车则基于单车决策技术判断指令的可执行性，并规划具体的行驶轨迹。车辆执行器（转向、加速、制动等）的控制一般由车载计算单元实现，相关内容将在下面的智能安全控制技术中进行介绍。

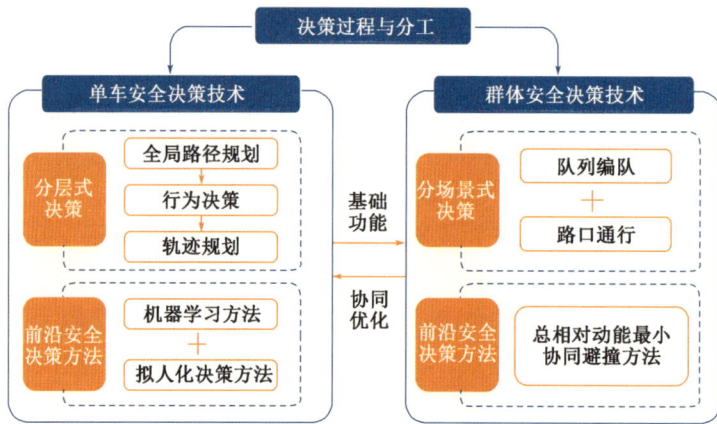

图 3-95 智能安全决策技术内容结构

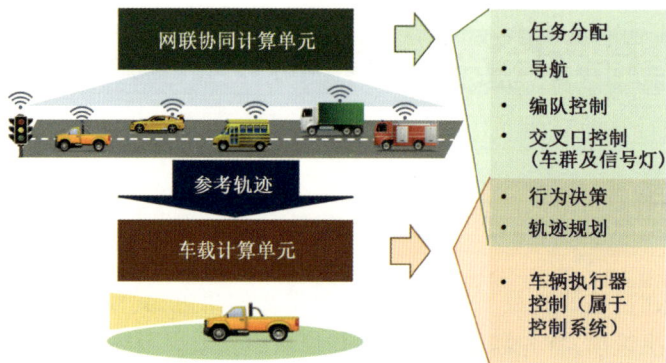

图 3-96 智能安全决策过程与分工

（一）单车智能安全决策

经过多年发展，单车决策技术已在简单交通场景、简单驾驶任务中取得了良好的应用效果，例如在高速公路上集成了自适应巡航、车道保持功能的 L2 级 ADAS 系统，已在汽车行业中得到广泛的商业化应用。然而，真实交通场景复杂多样，其中人-车-路多要素相互耦合。例如其他交通参与者行为的不确定与交互博弈特征、天气与路况的非理想条件、自车驾驶人（或乘员）具有的个性化驾驶需求等，都为更高等级智能驾驶系统的商业化落地应用提出了挑战。

为拆解决策过程、便于算法设计，单车决策技术常具有分层式特征，决策过程可分为全局路径规划、车辆行为决策、车辆轨迹规划三个主要步骤。为保障行车安全，多种安全评价指标，例如到障碍物的距离、TTC、THW、风险场等，是决策过程的重要依据。近年来，面向更高等级智能驾驶技术开发，研究者们除了在风险评估方法上进行探索创新，也在决策技术中提出了多种新方法，例如机器学习方法及拟人驾驶模型的应用等。

1. 车辆智能分层决策方法

常见的单车决策算法以分层方式实现,按照从宏观到局部、从长期到短期的分层,主要包含全局路径规划、行为决策与轨迹规划,如图 3-97 所示。全局路径是智能汽车基于高精度地图产生的理想行驶路径,在地图上表现为连接出发位置与目标位置。全局路径规划以宏观交通信息为输入,并在行驶过程中基于交通状况的变化更新结果。在实际行驶过程中,智能汽车需要时刻处理微观交通环境中行人、车辆与交通信号灯等环境要素带来的变化。这要求智能汽车能够实时调整驾驶行为与轨迹,即进行行为决策与轨迹规划。其中,行为决策层生成语义级驾驶行为,如跟驰、换道超车、减速让行等;轨迹规划层则生成与驾驶行为对应的目标运动轨迹。轨迹规划可分为局部路径规划(Path Planning)与速度规划(Velocity Planning)两部分,由目标路径及其对应速度耦合的完整运动规划结果称为轨迹(Trajectory)。

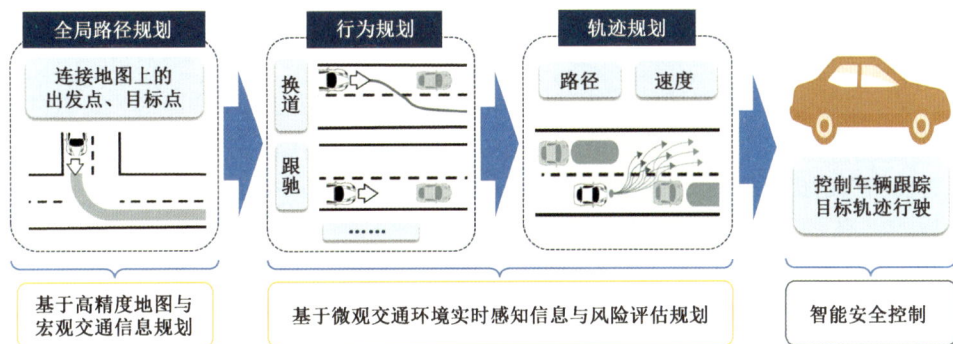

图 3-97　分层式决策过程

1) 全局路径规划

全局路径规划方法以地图信息为输入,规划连接出发点、目标点的期望路径。全局路径规划方法主要包括弗洛伊德法和迪杰斯特拉法,图 3-98 展示了二者的典型场景辨识结果。

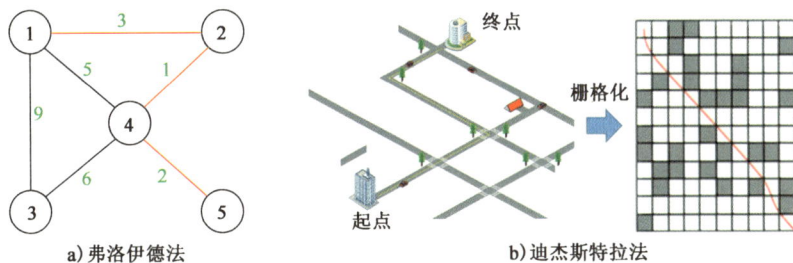

a) 弗洛伊德法　　　　　b) 迪杰斯特拉法

图 3-98　弗洛伊德法及迪杰斯特拉法场景辨识结果

弗洛伊德法(Floyd 法):弗洛伊德法又称为插点法,其主要根据高精度地图特征,用节点表示全局环境中不同的地点及其相对位置,并将道路信息抽象为用线段表示的节点连通路径,从而将复杂地图信息转换为基本的图结构,完成地图信息提取。然后,基于动态规划思想,弗洛伊德法在所构建的带权有向图中,通过邻接矩阵的递归,寻找从起点 i 到终点 j 的最短路径。由于抽象过程带来特征降维,弗洛伊德法的路径规划过程具有计算量小、计算效率高的特点,其缺点则为节点位置不精确,容易产生累积误差。对全局路径规划而言,弗洛伊德法的精度一般已经足够,因此,其计算量小的特点使其在大范围地图的全局路径规划中获得了广泛的应用。

迪杰斯特拉法(Dijkstra 法):迪杰斯特拉法大多对全局环境进行栅格化处理,也有部分方法仅标出全局中的关键节点。当进行栅格化处理时,迪杰斯特拉法将根据感知结果对栅格进行二值化填充,有障碍物的栅格被设为不可达区域,无障碍物的栅格则被设为可达区域。然后,迪杰斯特拉法基于广度优先搜索思想,其全局规划路径逐步从起点向终点拓展,并最终在所建立的无向图中得到从起点 i 到终点 j 的最短路径。迪杰斯特拉法简单明了,易于维护,但当地图范围较大,或为提高算法精度将栅格划分较密时,其运算量会呈指数级增加[147]。因此,在实际使用过程中需要根据地图大小选择合适的栅格尺寸。

在全局路径规划算法中,主要通过考虑不可达区域的方式确保所规划路径的安全性。在弗洛伊德法中,场景抽象所得到的图结构中,所有节点及线段均为可达区域,因此,在完成地图信息提取后无须再考虑安全性。而在迪杰斯特拉法中,场景抽象步骤仅对场景进行栅格划分,并未在抽象地图内去除所有不可达区域。因此,该方法需要在后续的动态规划中考虑安全性。当安全性要求较高时,迪杰斯特拉法还可以对栅格进行加权化处理,对离障碍物较近的栅格添加较高的代价(Cost)权重,对离障碍物较远的栅格添加较小的代价权重,从而将动态规划问题转化为加权图下的最小(代价)轨迹搜索问题。

2)行为决策

车辆行驶在真实交通环境中面对各种风险状况,无法始终依据期望的全局路径运行。行为决策与轨迹规划需要基于微观交通环境的实时状态,产生既保障安全,又行驶高效的驾驶决策。其中,行为决策输出结果为语义性的驾驶行为,例如"左变道""加速超车""减速避让"等。目前应用较广的方法主要包括有限状态机法、贝叶斯网络及博弈法等。

有限状态机法:有限状态机是一个由状态节点和相应的状态转移函数所组成的有向图形。状态机的四个基本元素为目标当前所处状态、状态转移条件、状态转移中执行的动作和执行动作后转移至的新状态。图 3-99a)为一个基本的状态机模型:在当前状态为状态 1 时,若满足条件 1,则以操作 1 转移至状态 2。同理,在状态 2 下若满足条件 2,则以操作 2 转移至状态 1。针对一些较为复杂的应用,可以在某一个状态内部进一步设计状态机,构成具有复合结构的分层有限状态机(Hierarchical Finite-State-Machine,HFSM)。驾驶行为决策所采用的就是此类分层有限状态机,其外层负责驾驶场景的辨识、内层进行驾驶行为的决策。场景辨识系统根据规则不断细分与判定车辆所处场景(如"车道-前方障碍"等),进而规划将要采取的行为(如"减速"或"变道"等)。有限状态机模型简单易行,但对环境动态和不确定性考虑不足,难以胜任城区道路等复杂驾驶场景。

贝叶斯网络法:贝叶斯网络可基于知识推理产生行为决策。此类决策模型通过建立"场景特征"与"驾驶动作"的映射关系来模仿人类驾驶者的行为决策过程。其映射主要通过驾驶知识库存储并训练。最终,再通过查询机制从知识库中推理出当前场景下的驾驶动作[148]。驾驶知识可以通过神经网络等方式在知识库中进行存储,也可以通过数据拟合等方式,以函数形式在知识库中保存。具体地,贝叶斯网络构建如图 3-99b)所示的有向无环图,并使用条件概率表来描述所定义特征及决策间的概率关系,条件概率表中对应的参数则通过驾驶知识库训练获得。贝叶斯网络方法符合人类决策逻辑,方法可解释性强,但训练过程对现有驾驶数据依赖较大,且条件概率表的参数通过训练得到,存在"黑箱"问题,透明性较差。因此,贝叶斯网络在一般场景拥有较好的决策效果,但难以用于驾驶数据较少的极限驾驶场景。

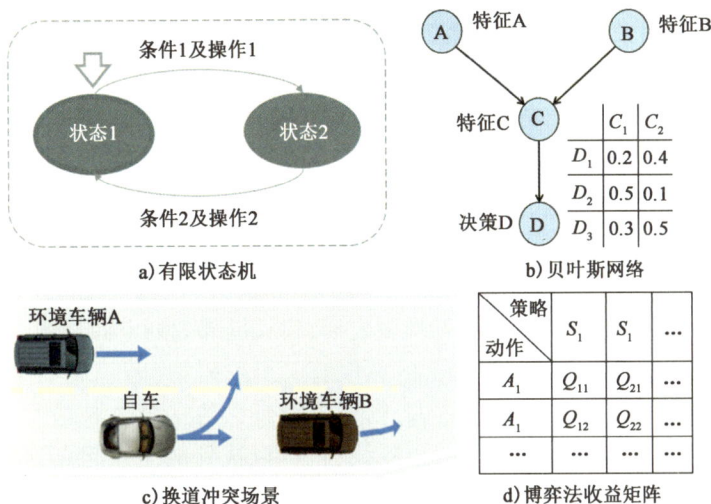

图3-99 不同算法收益矩阵示意图

博弈法:博弈法主要考虑自车与周围其他交通参与者的博弈过程对车辆决策造成的影响。对于博弈过程,参与者、策略和收益是最基本的要素。这些基本要素通过行动与信息构成博弈过程,并最终达到均衡的结果,即纳什均衡,图3-99c)为一个基本的换道博弈过程,此时,自车与环境车辆 A 之间存在着行为冲突。在车辆换道决策任务中,自车与环境车辆 A 需要从博弈的角度出发,根据环境信息对驾驶人的行动进行模拟,如图3-99d)所示的收益矩阵,并最终选取最优收益下的行动,此时的策略即为该参与者的最优策略。当所有交通参与者通过博弈达到最大期望收益时,即达到纳什均衡,此时的策略即为最优策略。相比于有限状态机或贝叶斯网络,博弈法能更充分地描述车辆与周围其他交通参与者的交互过程及结果,能有效避免行为冲突,在复杂交互场景下的决策效果较好。

在行为决策系统中,智能安全算法主要考虑环境与其他交通参与者,避免与其产生碰撞,以满足决策安全性。在有限状态机中,状态转移条件及与之对应的动作需要通过考虑环境与其他交通参与者行为进行设置,从而避免与之发生冲突。在贝叶斯网络中,用于进行决策推理的特征一般包括环境及其他车辆信息,典型特征如 TTC、THW、横纵向距离、相对车速等。在博弈法中,对于达到纳什均衡的最优博弈,各交通参与者均达到该场景下的最优决策。其中,"最优"主要通过经济性指标、安全性指标、舒适性指标、效率指标等进行评价。根据车辆对安全性的重视程度,可以调节评价方式,以确保行车安全性。与全局路径规划中考虑不可达区域的方式相比,行为决策系统面对的场景需要更高的实时性,且决策过程同时需要考虑效率、安全性、舒适性等多项性能指标,因此主要通过间接方式(代价/收益函数、安全特性等)考虑安全性。

3)轨迹规划

行为决策层决策出目标驾驶行为后,决策系统需要进一步规划对应于目标行为的车辆行驶轨迹。轨迹规划主要分为两部分:局部路径规划与车辆速度规划。规划过程中通常先进行局部路径规划,再基于路径完成对应车辆速度的规划。而为进一步提升决策效果,基于风险场等横-纵全向风险评价方法,也能够实现路径与速度的协同规划。

(1)局部路径规划。

局部路径规划算法常考虑结构化道路(Structured Road)与非结构化道路(Unstructured Road)两类场景。其中,前者为高速公路等结构较清晰、几何特征较简单的公路场景,其具有清晰的道路标志线,规划过程主要基于道路中线或参考路线进行。后者主要包含停车场等结构化程度较低场景,不具有明确参考路线、需要基于目标与障碍规划出可行路径。智能汽车的路径规划算法最早源于移动机器人研究领域,常见的局部路径规划算法包括路线图法、固定轨迹法、网格法、采样法等。

路线图法:路线图法基于几何图论,将障碍物周围描述为多边形构成的不可达区域,将直线距离视为权值,构建从起点到终点的光滑局部路径,常见方法主要包括可视图法、Voronoi图法等。Voronoi图法的基本原理为:对已知环境建模,建立局部规划空间地图,将规划空间按照障碍物位置划分为多个Voronoi区域,每个区域仅有一个障碍物(若障碍物Voronoi区域边界有交集则对其进行融合),Voronoi区域越大,则说明障碍物的安全边界越大[149]。这样,局部路径规划算法只需要搜索Voronoi区域的边界线,就可以找到从路径起点到路径终点的无碰撞路径。Voronoi图法建模简单,所需数据量小,可极大地减少复杂场景下的空间计算量,提高算法的实时性。其缺点为仅能在二维平面空间内进行路径规划,无法处理高维路径规划空间问题。

固定轨迹法:固定轨迹法是指在确定局部路径起点和终点后,通过插值等方式生成中间点,形成光滑局部轨迹的方法,其主要包括样条曲线、贝塞尔曲线、螺旋线等。样条曲线是一种曲率连续变化的曲线,依靠高次多项式拼接而成,常用的样条曲线主要包括三次样条曲线、四次样条曲线和五次样条曲线。构成样条曲线的多项式越高阶,其计算量也越大,所规划路径更平滑。贝塞尔曲线是一种非插值曲线,其通过若干控制点形成曲率光滑的路径,除起点与终点外,还可通过中间控制点控制贝塞尔曲线的曲率。固定轨迹法轨迹生成过程较为随机,过程难以考虑路径安全性,因此主要用于局部路径的优化,较少用于路径规划任务。

网格法:网格法是指对道路地图进行网格化或栅格化处理,并根据所得到的网格化或栅格化地图,利用图搜索的方式进行路径规划的方法,其常见方法主要包括A^*算法、D^*算法等。其中,A^*算法是机器人路径规划领域的经典算法,其算法核心为启发式的评价函数$f(n)$,$f(n)$主要由两部分组成:节点与起点的实际代价$g(n)$以及节点与终点的预测代价$h(n)$。评价函数$f(n)$越小,则节点的综合代价越小,规划优先级越高[150]。A^*算法具有最优性及完备性,且可以根据启发式评价函数$f(n)$的设置控制算法对于安全性与效率的重视程度,在路径规划领域应用极为广泛。其缺陷为,随着规划空间内节点的增加,计算时间快速增加,因此,稀疏A^*算法等多种优化A^*算法应运而生,做了相应的改进。

采样法:采样法是指通过在规划空间中进行节点采样,并通过采样节点在搜索空间中的拓展连接所需路径起点与终点的算法,其主要包括状态栅格法、快速搜索随机树(RRT)法等。RRT算法将路径起点作为算法的根节点,然后在规划空间中通过叶节点的随机增加,生成随机树拓展规划空间,为提高规划效率,算法也可以将随机树的拓展范围设置在目标节点方向。当目标节点被包含在随机树中时,算法结束。RRT算法不需要对空间进行建模,搜索速度快,适合解决高维空间中的路径规划问题,但其无最优性,所生成的路径仅为可行路径,而不为最优或次优路径[151],因此,算法更适合用于紧急情况下的避障等功能,当规划时间足够时,其路径较为随机且非最优的缺陷限制了其应用范围。

基于 Frenet 坐标系的最优规划:以上方法均为地面坐标系下的路径规划方法,目前,路径规划问题常建模为 Frenet 坐标系下的优化问题。在如图3-100a)所示的 Frenet 坐标系中,任意点坐标(s,d)由其到参考路径投影点的距离 d(又称作横向距离)及该参考点到原点沿该参考路径的距离 s(又称作纵向距离)表示。在当前的工程应用中,设计者常将路径规划问题建模为 Frenet 坐标系中的优化问题:在车辆模型与障碍物约束下,规划路径使得路径平滑、抖动小、靠近参考路径等达到目标最优。图3-100d)展示了一种具有参考路径的结构化道路中所采取的路径规划方法。首先,基于参考路径(即车道中心线)建立 Frenet 坐标系,并从参考路径原点沿该路径纵向等距离地选取 n 个参考点,实际路径点相对其对应参考点的横向距离分别为 $d(i)$。根据路径规划目标,可以写出示例的代价函数与约束,并生成一系列路径点,使得代价最小:

$$\min_{d(i)} \sum_{i=0}^{n-1} \left\{ k_1 \cdot d(i)^2 + k_2 \cdot \left[d(i) - \frac{l(i) + r(i)}{2} \right]^2 + k_3 \cdot \left[d(i+1) - d(i) \right]^2 + \cdots \right\} \quad (3\text{-}153)$$

$$\text{s. t. } \min\left\{ \left| d(i) - l(i) \right|, \left| d(i) - r(i) \right| \right\} > C_1 \quad (3\text{-}154)$$

$$d(i) < C_2 \quad (3\text{-}155)$$

$$\left[d(i+1) - d(i) \right] - \left[d(i) - d(i-1) \right] < C_3 \quad (3\text{-}156)$$

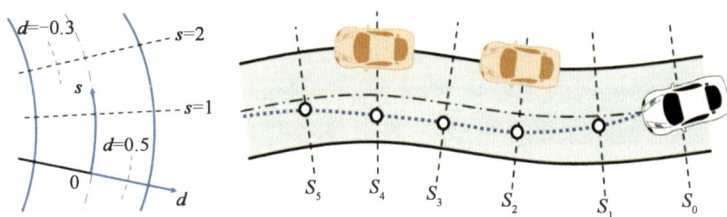

图3-100 Frenet 坐标系

在示例的代价函数(3-153)中,$l(i)$、$r(i)$分别是对应于第 i 个参考点,左/右两侧可行驶的范围,参数$k_1 \sim k_3$对应项分别考虑了"离中线近""从左右可行驶边界中间穿过""相邻路径点横向距离差较小"的目标。三个约束式(3-154)~式(3-156)分别对应"到左右边界距离大于安全值""偏离中线小于安全值""相邻三点横向距离差小于安全值(避免过度弯折)"。

在局部路径规划中,车辆对安全性的考虑主要在于实时避障的实现。路线图法将障碍物周边区域均描述为不可达路径,最大限度确保了非碰撞局部路径的生成,但也相应减小了车辆的可行区域面积。固定轨迹法未考虑碰撞因素,因此主要用于轨迹优化而非生成。网格法通过对道路环境进行网格化或栅格化处理,将障碍物边界在栅格中表示,再通过代价函数确定局部路径,在保证安全性边界的同时,也获得了最优的局部规划路径。采样法在节点的拓展过程中去除了障碍物所在的区域,能快速获得安全的可行路径,但其非最优的特性限制了方法的应用范围。基于 Frenet 坐标系的方法则通过代价函数的约束确保行车安全性,可根据安全性需求自由定制约束方式。

(2)速度规划。

车辆速度规划是决策系统基于行为决策与局部路径规划结果,以保障安全、优化效率与舒适性等为目标,规划车辆在目标路径上行驶的速度曲线。

速度模型法:速度模型法是一种基于特定车速曲线模型的速度规划方法。图 3-101 为 Boss 无人车所采用的多种速度曲线模型[152]。该模型以路径上位置距离为横坐标、以位置对应车速为纵坐标,并基于不同的曲线,可分为匀速模型、线性模型、线性斜坡模型和梯形模型。

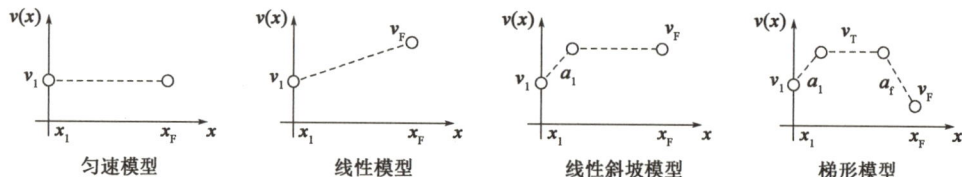

图 3-101　Boss 无人车采用的速度曲线模型[152]

在规划过程中,该方法首先基于目标驾驶行为选定曲线模型,进而决定该曲线模型上各个关键点的速度大小和位置。其考虑的信息包括:目标车速、可行车速区间、法规限速、由道路中心线曲率所决定的最大可行速度等。

速度模型法设计便捷,面向较简单的交通场景与驾驶任务,例如在跟驰行驶、路口停车等情形下,能够简单地基于前车车速、距离停止线距离等速度-位置信息,推算速度曲线上的关键点。但与此相对,面向更复杂场景与任务时,周车速度等环境信息、TTC 等风险评价信息与曲线关键点间,缺乏普适的映射关系,导致规划能力较为有限。

基于 S-T 坐标系的最优规划:为解决传统模型法的缺陷,一些研究不再使用特定速度模型,而将速度规划转化为时-空坐标系下的优化问题。与局部路径规划可以化作 Frenet 坐标系中的优化问题类似,速度规划问题可化为 s-t 图(ST-Graph)中的优化问题。其中,s 表示沿路径行驶的距离,t 表示时间。除此之外,为了表达在路径上的速度约束(如超车时车速不能过低、经过行人速度不能过高等),需要补充 v-s 图表示速度约束。参考 Apollo 案例[153],如图 3-102 所示为一个高速路上旁车切入场景中的速度规划。图 3-102 左侧,自车沿车道中心直线行驶,左侧障碍车辆准备切入;右上图表示车辆在路径上各位置的最高限速,右下图表示在 ST-Graph 中进行的速度规划。

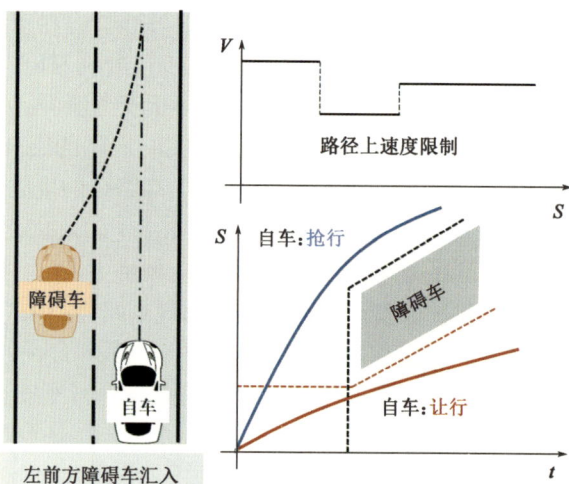

图 3-102　基于 ST-Graph 的速度规划方法

在右下图中,灰色四边形区域表示障碍车在 ST-Graph 中可能占据的空间,也是速度规划依据的风险表征。避免发生碰撞,即要求规划的速度曲线不能进入灰色区域。为合理表达该灰色区域,保证行车安全的同时避免决策过度保守,需要对障碍车运动进行尽量准确的预测。同时,考虑到车辆行为具有不确定性,也可以用势能场等方法对碰撞风险进行描述,并最终选择安全和效率综合最优的速度曲线。

在速度规划过程中,行为决策结果(抢行或让行)为速度规划提供约束。例如,若选择让行,则曲线应位于红色虚线下方。此后,将上述速度-位置约束与位置-时间约束输入到优化器中,并考虑"车速尽量平稳""远离障碍"等优化目标,即可在 ST-Graph 中规划出最优的速度曲线(红曲线表示让行;蓝曲线表示抢行)。

(3)局部路径-速度协同规划。

路径-速度分层的运动规划,有助于降低规划过程的计算复杂度,并能在较简单的场景中保障规划结果的安全性、舒适性与行驶高效性。然而,上述分层式规划方法的缺陷体现在:规划路径时缺少速度信息,可能难以有效避免与动态障碍物的碰撞;规划速度时路径已经确定,规划结果可能不满足动力学/运动学安全性要求。因此,实现路径-速度协同规划,理论上有助于保障规划的安全性,并优化车辆行驶的舒适、效率等性能。

进行路径-速度协同规划,一方面要求风险评估方法能够全面反映行车环境的横向-纵向风险,一方面要求规划方法能够考虑车辆的运动学/动力学约束。在此条件下,下面介绍一种基于风险场模型的模型预测控制(Model Predictive Control,MPC)方法[154],即可实现有效的路径-速度协同规划。

一般地,智能汽车需要处理交通场景中的不可跨越障碍物(如周围车辆、行人)、可跨越障碍物(如减速带)以及道路边界。基于风险场模型,分别对上述三种类型势场进行数学建模。首先,采用双曲函数表征不可跨越障碍物势场,即:

$$U_{NC_i}(X,Y) = \frac{a_i}{s_i\left(\frac{dX}{X_{si}},\frac{dY}{Y_{si}}\right)^{b_i}}$$

(3-157)

$$X_{si} = X_0 + u\,T_0 + \frac{\Delta\,u_{ai}^2}{2\,a_n}, Y_{si} = Y_0 + (u\sin\theta + u_{oi}\sin\theta)\,T_0 + \frac{\Delta\,v_{ai}^2}{2\,a_n}$$

其中,a_i 与 b_i 分别为不可跨越势场函数的形状参数与密度参数;dX 与 dY 分别为自车与障碍物车辆之间的纵向距离与横向距离;s_i 为 SD 距离[154];X_0 与 Y_0 分别为自车需与障碍物保持的最小纵向距离与最小横向距离;X_{si} 与 Y_{si} 分别为自车与障碍物应保持的纵向与横向安全距离;T_0 为安全时间间距;u 与 u_{oi} 分别为自车速度与障碍物速度;θ 为自车与障碍物之间方位夹角;u_{ai} 与 v_{ai} 分别为自车与障碍物的纵向接近速度与横向接近速度。

其次,采用指数函数表征可跨越障碍物势场:

$$U_{Cj}(X,Y) = a_j\,e^{-b_j s_j} = a_j\,e^{-b_j s_j\left(\frac{dX}{X_{si}},\frac{dY}{Y_{si}}\right)}$$

(3-158)

其中,a_j 与 b_j 分别为势场的形状参数与密度参数;s_j 为归一化后的自车与障碍物车辆之间的距离。

然后,采用二次函数表征道路边界:

$$U_{Rq}(X,Y) = \begin{cases} a_q\left[S_{Rq}(X,Y) - D_a\right]^2, S_{Rq}(X,Y) < D_a \\ 0, S_{Rq}(X,Y) > D_a \end{cases} \tag{3-159}$$

其中，S_{Rq} 表示车辆距离道路边界的 SD 值；D_a 表示允许车辆接近道路边界的距离；下标 $q = r$、l 分别表示道路的左右边界；a_q 表示道路势场的密度参数。图 3-103 为风险场建模。

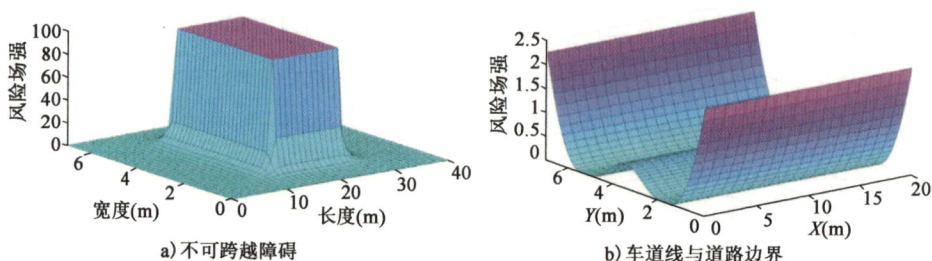

a) 不可跨越障碍   b) 车道线与道路边界

图 3-103　风险场建模

此外，假如碰撞不可避免，则规划器也应当考虑降低碰撞造成的损伤。图 3-104 展示了一辆智能汽车（银色）面临的危险场景，车辆1（橘色）正在向右进行变道，当车辆2以较低的速度行驶在车辆1的前方时，自车有两种选择策略，即图中的策略一路线与策略二路线。如果自车选择策略一路线，它将以一定角度与车辆2发生碰撞；如果自车选择策略二路线，即以最大制动强度进行减速，将与车辆1的后方发生追尾碰撞。

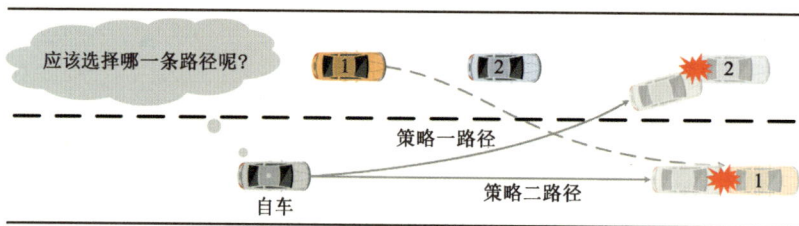

图 3-104　碰撞伤害危险场景示意图

采用潜在碰撞严重指数（Potential Crash Severity Index，PCSI）作为衡量碰撞伤害程度的主要指标。首先，PCSI 指标与速度相关的项被定义为[150]：

$$PCSI(\Delta V) = \frac{\Delta V}{D} \tag{3-160}$$

其中，ΔV 和 D 分别表示自车与障碍物车辆之间的相对速度和车间距。

其次，相对碰撞角度是影响碰撞伤害程度的另一关键因素。使用两车相对航向角 θ 作为相对碰撞角度，其取值范围为 $[0°,180°]$，并将其分为 6 个离散范围，即 $[0° \sim 15°)$、$[15° \sim 45°)$、$[45° \sim 90°)$、$[90° \sim 135°)$、$[135° \sim 165°)$、$[165° \sim 180°]$。因此，PCSI 指标与碰撞角度相关的项被定义为：

$$PCSI(\theta) = \begin{cases} 1, \theta \in \{0°,180°\} \\ 4, \theta \in (0°,15°] \cap [165°,180°) \\ 2, \theta \in (15° \sim 45°] \cap [135° \sim 165°) \\ 3, \theta \in (45°,135°) \end{cases} \tag{3-161}$$

此外,发生碰撞的两车之间的质量比也会影响碰撞伤害程度。因此,将 PCSI 指标与质量比相关的项定义为:

$$\mathrm{PCSI}(W) = \frac{W_0}{W} \tag{3-162}$$

其中,W_0 为障碍物车辆的质量;W 为自车的质量。

综上,PCSI 指标的计算公式为:

$$\mathrm{PCSI} = k_{\Delta v}\mathrm{PCSI}(\Delta V) + k_{\theta}\mathrm{PCSI}(\theta) + k_w\mathrm{PCSI}(W) \tag{3-163}$$

其中,$k_{\Delta v}$、k_{θ}、k_w 分别为不同因素所对应的权重系数。

因此,所建立的势场函数可表示为:

$$U = \sum_i U_{NC_i} + \sum_j U_{C_j} + \sum_q U_{R_q} \tag{3-164}$$

采用模型预测控制方法具体实现智能汽车行为决策及轨迹规划。首先,定义系统状态为 $\boldsymbol{x}$,系统控制量为 $\boldsymbol{u}$,系统输出量为 $\boldsymbol{y}$,则系统状态空间模型可表示为:

$$\begin{aligned} \dot{\boldsymbol{x}} &= \boldsymbol{A}\boldsymbol{x} + \boldsymbol{B}\boldsymbol{u} \\ \boldsymbol{y} &= \boldsymbol{C}\boldsymbol{x} + \boldsymbol{D}\boldsymbol{u} \end{aligned} \tag{3-165}$$

其中,A、B、C 与 D 分别为车辆状态矩阵、输入矩阵、输出矩阵与前馈矩阵。矩阵形式与采用的车辆动力学模型有关。常见车辆动力学模型将在"车辆智能控制方法"一节中进一步介绍。

最后,定义模型预测控制代价函数,包括势场 U、碰撞严重程度 PCSI、期望输出 $\boldsymbol{y}_{\mathrm{des}}$、控制量变化的惩罚项,松弛变量及相应项对应的权重矩阵 $\boldsymbol{Q}$、$\boldsymbol{R}$、$\boldsymbol{S}$、$\boldsymbol{P}$。代价函数定义如下:

$$\min J = \min_{u_c, \varepsilon} \sum_{k=1}^{N_p} \left(\boldsymbol{U}^{t+k,t} + \mathrm{PCSI}^{t+k,t} + \| \boldsymbol{y}^{t+k,t} - \boldsymbol{y}_{\mathrm{des}}^{t+k,t} \|_{\boldsymbol{Q}}^2 + \| \varepsilon_k \|_{\boldsymbol{P}}^2 \right) +$$
$$\sum_{k=1}^{N_c} \left(\| \boldsymbol{u}_c^{t+k-1,t} \|_{\boldsymbol{R}}^2 + \| \boldsymbol{u}_c^{t+k-1,t} - \boldsymbol{u}_c^{t+k-2,t} \|_{\boldsymbol{S}}^2 \right)$$

st: $\tag{3-166}$

$$x^{t+k,t} = \boldsymbol{A}\, x^{t+k-1,t} + \boldsymbol{B}\, \boldsymbol{u}_c^{t+k-1,t}$$
$$y^{t+k,t} = \boldsymbol{C}\, x^{t+k,t} + \boldsymbol{D}\boldsymbol{u}_c^{t+k,t}$$
$$\boldsymbol{u}_{c\_min} < \boldsymbol{u}_c^{t+k-1,t} < \boldsymbol{u}_{c\_max}$$

其中,N_p 表示预测时域;N_c 表示控制时域;上标 $t+k-1$ 表示 t 时刻往前 k 步长的预测值;ε_k 表示第 k 步的松弛变量。此外,系统控制量 $\boldsymbol{u}$ 取值应满足相应约束。

至此,智能汽车决策规划问题已转为求解式(3-166)的优化控制问题。

设计如下试验场景对所提出的安全决策算法的有效性进行验证。如图 3-105 所示,初始时刻,自车(银色)以初始速度 100km/h 行驶在道路 1 上,障碍物车辆 1 与障碍物车辆 2 行驶在道路 2 上,行驶速度分别为 60km/h 与 45km/h。自车、障碍物车辆 1、障碍物车辆 2 的初始位置分别为:$[2,1.75]m$,$[22,5.25]m$ 与 $[30,5.25]m$。设定障碍物车辆 1 在 $t=[1,2]s$ 内从道路 2 换道至道路 1,障碍物车辆 2 保持直行。

在此场景下,自车无法避免与障碍物车辆 1 与障碍物车辆 2 发生碰撞。基于 Matlab/Simulink 搭建仿真环境,同时设计不考虑碰撞伤害程度的决策算法,用以说明所提出安全决策算法的有效性。图 3-106 展示了使用未考虑碰撞伤害程度决策算法车辆的行驶轨迹,即图中的蓝色行驶路线。自车在 $t=1s$ 时选择紧急制动,最终在 $2.05s$ 时,它以一定角度与障碍物车辆2发生碰撞。碰撞时,自车与障碍物车辆2的位置分别为 $[51.84,3.25]m$,$[55.63,5.25]m$。然而,此时两车以斜侧向发生碰撞,且速度差较大,有可能导致车辆侧翻与二次碰撞等,严重程度远远高于完全正面碰撞。

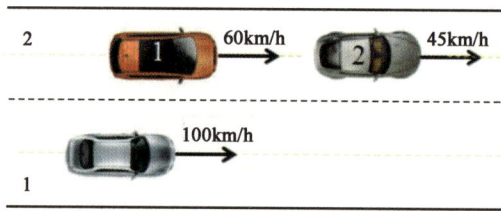

图 3-105 碰撞危险场景

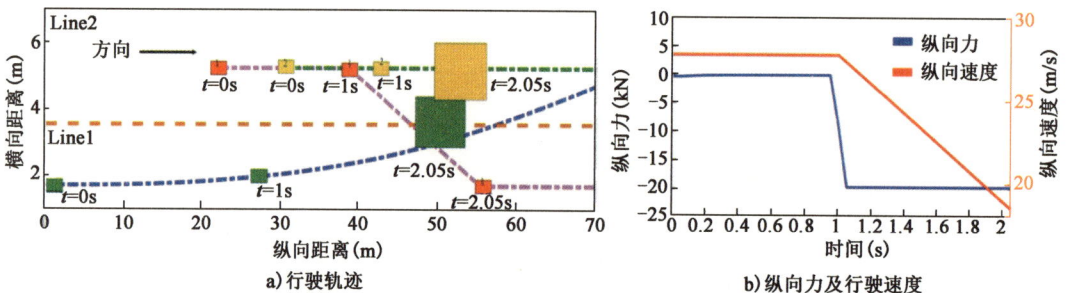

图 3-106 未考虑碰撞伤害程度时的行驶轨迹、纵向力以及行驶速度

图3-107展示了使用考虑碰撞伤害程度决策算法车辆的行驶轨迹,由图可知,自车选择与障碍物1车辆发生正面碰撞的行驶路线,降低了碰撞伤害程度,碰撞发生时刻为 $t=2s$。碰撞时,自车与障碍物车辆1的位置分别为 $[51.00,1.75]m$,$[55.33,1.75]m$。自车与障碍物车辆1产生追尾碰撞,相对速度较低,相应的损伤风险也较低。由实验结果可知,当碰撞不可避免时,考虑碰撞伤害程度决策算法有助于优化碰撞事故的形式、降低事故伤害、提升车辆安全性。

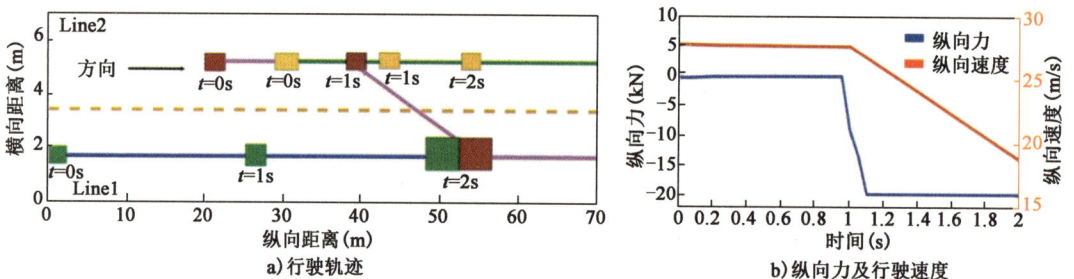

图 3-107 考虑碰撞伤害程度时的行驶轨迹、纵向力以及行驶速度

2. 前沿车辆安全决策方法

随着近年来人工智能飞速发展,车辆安全决策领域也涌现了诸多前沿方法,这些方法采用

了与前文现有基于规则的方法完全不同的决策建模思路与框架,同时在某些场景下取得了相对而言更优的决策性能,在保证安全性的同时取得了更好的效率与舒适性。

整体而言目前主要有两类前沿决策方法,一类从算法优化角度出发,基于机器学习方法进行决策;另一类从决策认知机制出发,通过学习和模拟驾驶人的决策机制,产生拟人化的驾驶策略,例如基于驾驶人行为最小作用量机制的驾驶决策。

1)基于机器学习的决策技术

自从 2015 年 Nature 期刊上《深度学习》(Deep Learning)等里程碑式文章发表后,机器学习以及深度学习便进入了高速发展的阶段。在 20 世纪末,虽然多层感知(Multi Layer Perception,MLP)、长短期记忆网络(Long Short-Term Memory,LSTM)以及诸多当下闻名遐迩的机器学习算法已经被提出了,但限于计算能力的不足以及硬件平台的不完善,当时这些算法并没有体现出足够好的性能,然而随着显卡、CPU 等计算单元的性能爆炸式提升,大规模数据挖掘不再是不可能完成的任务,机器学习方法的有效性也慢慢在各类人工智能领域被印证并开始逐渐占据主流,常见的领域有自然语言处理、智慧医疗、计算机视觉等。

自动驾驶也同样是人工智能应用的重点领域,智能网联汽车被认为能够大幅提升交通安全水平,减少事故发生率,同时加快城市运输效率,更好地服务人类。在自动驾驶的各个环节中,决策普遍被认为是较为复杂且关键的部分。当前智能安全决策面临的主要挑战包括:

①驾驶人需求各异:不同的驾驶者有不同的习惯以及需求,有些驾驶人更加看重安全性,有些则更加强调效率或者油耗,因此需要满足不同驾驶人各异的要求。

②交通要素复杂繁多:自动驾驶所面临的行驶环境中包含弱势道路使用者(如行人和骑车人)、道路基础设施、其他车辆等多种要素,种类无穷无尽同时动态变化,对每个对象与自车之间关系的推理与理解对于安全决策十分重要。

③系统直接协调困难:不同自动驾驶汽车之间的接口、协议不同,所以如何让不同架构的自动驾驶汽车之间能够实现决策互通也是难点之一。

面临上述三大挑战,当前也有一些基于机器学习的决策方法在部分问题上取得了一定成果。虽然具体使用的算法不同(算法将在后面介绍),但机器学习类决策方法考虑安全性的方式是统一的,即将安全性建模在目标函数中,随后使用不同的算法让目标函数最小,这样得到的决策输出自然而然就能保障行车安全。典型的行车安全性量化方法有如下几种:

①基于距离的安全量化方法:例如相距前车的距离、距离后车的距离、距离车道线的距离、与预订路线的横向偏差、车头时距等。

②基于速度的安全量化方法:例如与汽车的相对速度、当前速度以及参考速度(如道路限速)之间的速度差等。

③基于碰撞概率的安全量化方法:Time to Collision(TTC,在前文中有详细介绍)、碰撞惩罚项(发生碰撞即给目标函数减去固定值)。

④基于外加约束的安全量化法:交通规则奖励(破坏了某条规则时即给目标函数减去固定值)、交通规则遗传策略、安全势能场等。

基于上述定义的安全指标,一些决策方法基于机器学习算法在定义的时域以及空间域中

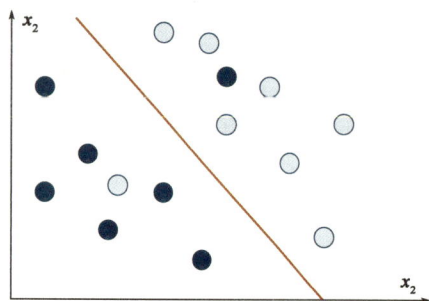

图 3-108　SVM 决策示意图

进行优化迭代,找到最优解。具体分类而言,机器学习实现安全性的算法可以分为朴素学习方法以及深度学习方法,本书中也依据此分类进行介绍。

(1)朴素学习方法。

朴素机器学习的常用方法包括支持向量机(SVM,如图 3-108 所示)、朴素贝叶斯神经网络、PCA 降维、决策树、随机森林等经典的机器学习方法。这些方法具有以下特点:

①模型的参数通过数据训练自动得到,不需要手动调整。

②为了保证模型性能,需要一定的数据量作为输入,数据量的分布距离模型假设分布越近,模型的性能越强。

③模型的本质是在概率上拟合输入的数据集。

与深度学习方法相比,该类方法没有反向传播流程,因此所有的参数在确定数据输入后可以一次性全部得到。

支持向量机(SVM):SVM 是较常使用的一种分类方法,在很多研究中也被用来进行特定场景下的决策,例如换道问题中,决策的输出类别可以被划分为"换道"以及"不换道"两类,这样的多分类可以使用 SVM 进行求解。

贝叶斯网络:贝叶斯网络是另外一种常用的方法,例如正态分布贝叶斯网络中认为每一个决策输出都对应一个多元正态分布,通过输入数据拟合多元正态分布的均值以及方差参数,最后通过判断所处在的环境更靠近哪个分布便做出该分布对应的决策内容。

随机森林和决策树:随机森林和决策树采用的思路与 SVM 类似,将决策问题看作是多元输入的分类问题。决策树构建需要定义输入变量的模糊划分,见表 3-15,最终决策为换道与否,输入变量为前车距离、侧向车速度、侧向车位置,分别分为高、中、低或近、中、远三档。随后,在每一层计算信息熵增益,以增益最大的特征作为分类特征实现多叉树分类,直至叶节点的决策输出完全相同。随机森林在决策树的基础上更进一步,同一问题中构建多棵树,每棵树使用部分训练数据量,因此其个体结构不尽相同,是独立的树。在进行决策时,将当前信息输入至每棵树,最终得到的结果为多数树的决策输入。例如现训练数据集中共有 1100 条数据,每 100 条构建一棵决策树,一共构建 11 棵,在决策时若 7 棵树结果为变道,4 棵树结果为不变道,则整体的森林决策结果为变道。

决策树数据输入样例　　　　　　　　　　　　　　　　　表 3-15

前 车 距 离	侧向车速度	侧向车位置	变　　道
近	低	近	变
近	高	远	变
近	高	近	不变
中	低	远	变

前 车 距 离	侧向车速度	侧向车位置	变　　道
中	低	近	不变
中	高	近	不变
远	低	远	变
远	低	近	变
远	高	远	不变
远	高	近	不变

（2）深度学习方法。

当前深度学习用于决策的实际应用还较少,但在一些学术研究中已经有了一些尝试,例如卷积神经网络、循环神经网络等。

卷积神经网络（CNN）:一个典型例子是,在跟车场景中,可以使用卷积神经网络（CNN）以车辆正前方的连续图像作为输入,直接输出自车的理想加速度[155]。CNN 的作用在于模拟驾驶人的注意力机制,获得空间中的关注点,建立前车综合状态与自车理想操作的映射。CNN也被用于作为单独的数据预处理模块,在复杂交通环境中提炼空间特征,从而确定自车决策需要关注的区域,模拟驾驶人认知过程。

循环神经网络（RNN）:时序模型也是一类当下较热门的研究领域,决策作为在时域上连续的事件也非常适合使用时序模型求解。诸如循环神经网络（RNN）、长短期记忆模型（LSTM）等,可以通过遗忘门、输出门、输入门等形式提取时序上对于决策有价值的信息。时序网络不仅能够提取过去的时间特征,还能对未来状态进行预测,为决策提供有价值的参考。此外,CNN 与 LSTM 也可以结合为 ConvLSTM 网络,将长时间连续的视频作为整体输入,利用时序网络提取空间状态在时间上的关联,得到时空推理结果。

强化学习:除此之外,强化学习作为深度学习的一个分支,被广泛关注。强化学习的核心框架为基于定义好的奖励函数,在预先定义的状态量与操作集中进行自学习。该方法需要确保训练过程的环境与实际使用环境具有较高的相似度。关于奖励函数中各项的权重,可以使用逆强化学习进行训练得到,取得安全性、时效性、能耗性之间的平衡。强化学习在跟车、换道、路口等单一场景上已经取得了一些进展,但其算法泛化性低是主要缺陷[156],如何提高强化学习的场景泛化性也是当前前沿研究的热点之一。

2）基于最小作用量的决策技术

在前文中,对于最小作用量有过简单的介绍,本节则详细介绍其如何应用在智能安全决策技术中。驾驶人决策的过程存在极值现象[157],这一极值并非简单的单一量,因此仅使用车头时距、通行时间等单一量化是不准确的。在驾驶人认知中,该极值应当是能够综合考虑行车过程中各风险的量。基于此作用量,基于前文所分析的"趋利避害"驾驶特性,可以通过最小作用量来模拟驾驶人的智能决策过程[158]。

假设将该综合量定义为 S,自车的决策为 d,则最小作用量原理可以间接地使用下式表达,理想决策行为应当使作用量变化量为 0。

$$\delta S(d) = 0 \qquad (3\text{-}167)$$

在行车过程中,可以将与智能安全相关的风险量分为两类:①由运动行为产生的动态风险;②由相对位置产生的静态风险。结合物理学(主要是力学)中的概念,前者可以使用动能 T 来统一量化,后者可以通过势能 U 表征。势能来源于力的存在,因此在最小作用量决策系统中,需要定义虚拟力 F,随后在虚拟位移 Δx 方向上进行积分,从而得到势能变化量,如式(3-168)所示,式中可能存在多项虚拟力,因此需要将各项虚拟力进行矢量加和后再对合力进行积分运算。

$$U = \int_0^{\Delta x} \sum F_i \mathrm{d}\Delta x \tag{3-168}$$

势能中需要包含多种因素,保证决策的有效性以及安全性。经过实验验证以及分析,应当至少包含以下要素:

①目标驱动力:交通流总是像物体进行自由落体运动一样朝着一个确定的方向定向移动。驾驶人的目标驱动力则使得车辆从起始位置运动到终点位置。当不存在换道过程时,驾驶人的目标驱动力只存在于纵向上;当驾驶人选择换道时,由于有了横向运动,则驾驶人的目标驱动力将在横向上存在分力。因此,目标驱动力总是保证算法的结果能够帮助自车更加靠近目标,避免陷入局部最优。

②交通环境约束阻力:在前面章节中,我们已经对各类典型的风险约束进行了系统性建模,包括物理约束(行人、自行车、交通固定设施等)以及虚拟约束(信号灯、交通规则、由对象自身特点造成的额外风险附加等)。基于行车风险场的风险值,也可以统一将交通环境造成的约束阻力在横向、纵向方向上进行分解,以便量化势能。

③其他车辆的静态状态造成的风险外力:此处的静态状态与交通环境中其他的静态障碍物(树木、标志桶等)类似。

动能的定义则较为简单直接,直接使用车辆运动的动能定义即可,这里建模时忽略转向时的自身旋转角速度所带来的动能,视车辆为平动,则有动能表达式如下:

$$T = \frac{1}{2} m_i v_i^2 \tag{3-169}$$

其中,i 为车辆 i 的编号;m_i 为车辆 i 的质量;v_i 为车辆 i 的速度。

参考力学中的拉格朗日方程,想求得理想的下一时刻决策输出,可以定义拉格朗日量 L 为动能和势能的差,如下式所示:

$$L = T - U \tag{3-170}$$

假如当前时刻为 t_o,决策结束时刻为 t_f,则可定义车辆行驶过程的实际作用量为 S:

$$S = \int_{t_o}^{t_f} L dt \tag{3-171}$$

若用 S^* 代表虚拟力学系统中车辆行驶过程的实际作用量所对应的最小作用量,则有:

$$S^* = \int_{t_o}^{t_f} L^* \mathrm{d}t \tag{3-172}$$

其中,L^* 为严格遵循虚拟力学系统的拉格朗日量。

为了评价驾驶人驾驶过程的安全程度,定义 D_{SE} 为表征驾驶过程安全程度的指数,当通行效率一定时,其值越大则危险程度越大,其表达式如下:

$$D_{SE} = \frac{\exp\left[\frac{\eta(S - S^*)}{S_{max} - S^*}\right] - 1}{\exp(\eta) - 1} \tag{3-173}$$

其中，η 为校准系数；S^* 为该驾驶过程的最小作用量；S 为该驾驶过程的实际作用量；S_{max} 为允许的作用量最大值，当实际作用量超过这一数值后，事故将会发生。

最小作用量原理并不依赖于某一种特定的场景理解与风险评估算法，而是适用于任何符合物理含义以及具有可解释性的风险评估模型。下面给出一个利用最小作用量进行决策的案例。在本案例中，使用了椭圆弹簧模型用于建立对于自车周围风险的评估，如图 3-109 所示。

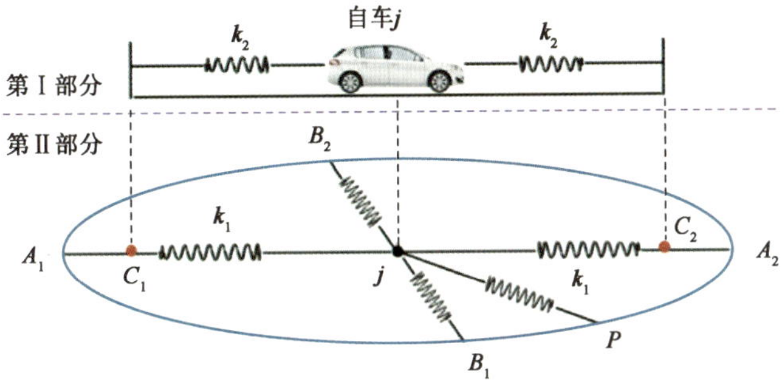

图 3-109　椭圆弹簧模型示意图

如上图所示，A_1A_2 和 B_1B_2 分别是椭圆的长轴和短轴，自车 j 是椭圆的中心。在椭圆上的任意一点 P，都与自车之间存在一个虚拟弹簧，在另外一个交通参与者接近时便会产生虚拟压缩力。在同一个椭圆上任意一点的虚拟弹簧刚度是相同的。在实际决策过程中，椭圆的长轴和短轴分别设定如下，其中 a 为长轴，b 为短轴，t_{set} 为固定时长，这里设置为 $1.5\,\mathrm{s}$，v_j 为自车速度。

$$a = t_{set}\,v_j \tag{3-174}$$

$$b = l_w \tag{3-175}$$

在这样的定义下，虚拟力的计算方法如下，d_{ji} 为自车和进入椭圆的车之间的距离，如图 3-110 所示：

$$F_{ji} = k_1\Delta x_{ji} \tag{3-176}$$

$$\Delta x_{ji} = a - d_{ji} \tag{3-177}$$

$$k_1 = \frac{m_j v_j^2}{2a d_{ji}} \tag{3-178}$$

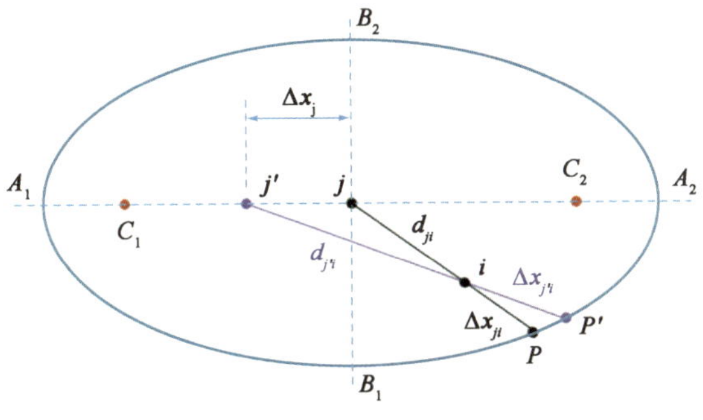

图 3-110　椭圆弹簧模型计算

因此，可得到由其他交通参与者引发的势能计算公式如下：

$$U_{ji} = \int_0^{\Delta x_{ji}} F_{ji} \mathrm{d}\Delta x_{ji} \tag{3-179}$$

随后对驾驶驱动力进行建模，定义吸引力如下，其中 k 为常数，本案例中设置为 0.2，v_{der} 为驾驶人的预期速度，v_{limit} 为道路的速度限制，g 为重力加速度。

$$G_i = m_i g_h \tag{3-180}$$

$$g_h = k \frac{v_{\mathrm{der}}}{v_{\mathrm{limit}}} g \tag{3-181}$$

依然视车辆为平动，则有动能表达式如下：

$$T = \frac{1}{2} m_j v_j^2 \tag{3-182}$$

因此，整体过程的驾驶作用量可表达为下式：

$$S = \int_{t_0}^{t_f} L \mathrm{d}t = \int_{t_0}^{t_f} \left[\frac{1}{2} m_j v_j^2 - \int_0^{\Delta x_{ji}} (F_{ji} + G_i) \mathrm{d}\Delta x_{ji} \right] \mathrm{d}t \tag{3-183}$$

基于该驾驶作用量定义，对如图 3-111 所示的 6 个 T 字路口场景进行验证，分别为：

①自车左转，左侧有对向车辆接近；

②自车左转，右侧有同向车辆接近；

③自车左转，左侧有对向车辆接近，右侧有同向车辆接近；

④自车左转，左侧有对向车辆试图掉头；

⑤自车左转，右侧有同向车辆试图左转；

⑥自车左转，左侧有对向车辆试图掉头，右侧有同向车辆试图左转。

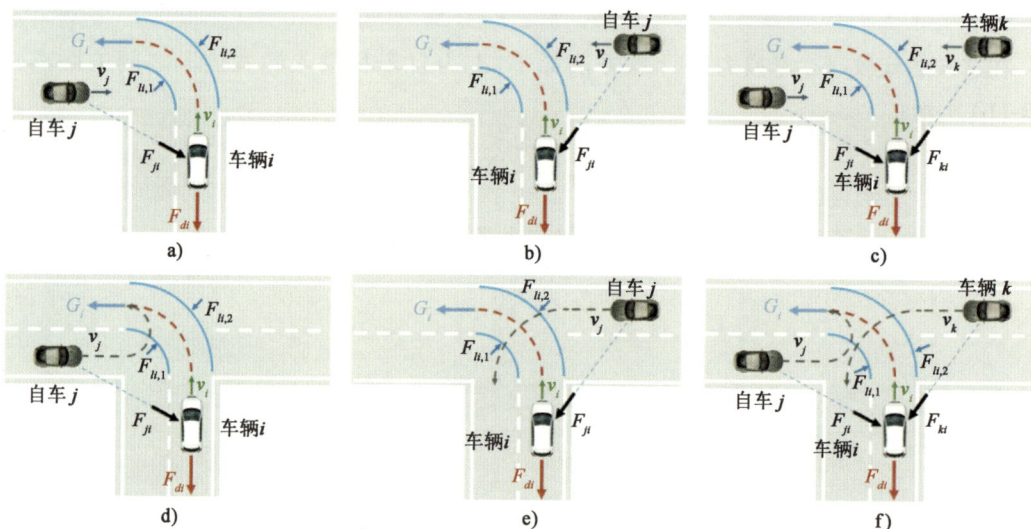

图 3-111　验证场景

最小作用量在本案例中与一种基于规则的经典方法 TTI（Time to Intersection）决策框架进行对比，决策结果如图 3-112 所示。灰色表示自车等待对方通行的概率，红色表示碰撞事件发生的概率，绿色表示自车先于他车通过路口的概率。通过结果分析可以得出结论：使用最小作用量方法的决策结果大幅优于 TTI 方法,不仅实现了零碰撞,提升了智能决策的安全性,还能极大地提升通行概率,提升交通效率。

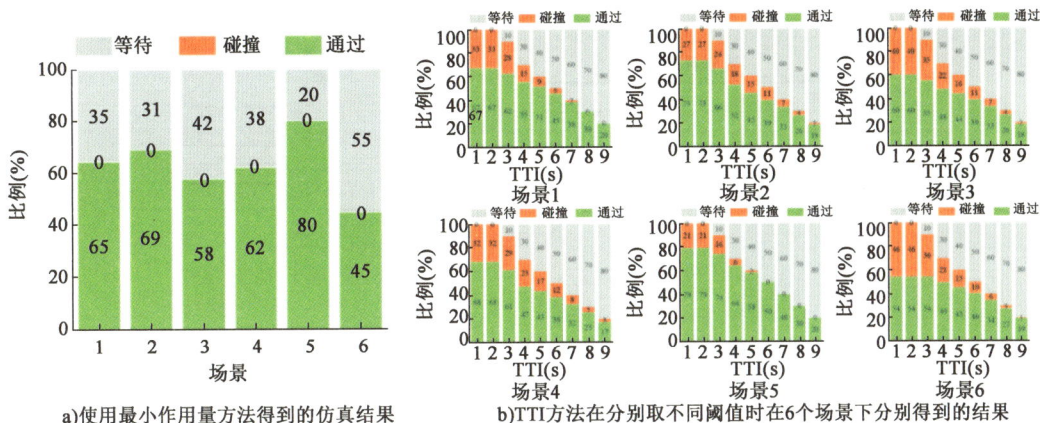

a)使用最小作用量方法得到的仿真结果　　　　b)TTI方法在分别取不同阈值时在6个场景下分别得到的结果

图 3-112　决策结果

此外,验证结果也体现了最小作用量的拟人性,从结果分析表明,最小作用量在操作行为上显得更加细致,在面临潜在的碰撞时会提前进行减速,使得即使对方车辆选择继续通过也能够及时制动防止碰撞,而在对方车辆较为保守时,最小作用量所产生的决策结果则会显得更为激进,迫使对向来车让行,从结果上来看,最小作用量方法的直接通行概率是最高的。最小作用量得到的结果可以根据对方车辆的行为而调整自身驾驶风格,这与"趋利避害"的驾驶人认知规律以及决策设计理念相吻合。综上,可以认为基于最小作用量的决策方法在智能决策安全方面的应用前景相当广泛。

(二)群体智能安全决策

基于单车的自主式决策技术期望在保障安全的前提下,实现节能、高效、舒适的驾驶目标。然而,交通环境中车辆并非孤立个体,而是处于由区域内所有车辆与设施所构成的交通系统中。随着网联协同技术的发展,研究人员进一步以车-路-云一体化系统为研究对象,通过群体决策与控制的方法,推动实现系统级安全和效率的优化。

群体智能安全决策是近年来新兴的理论研究领域,主要基于车-车或车-路之间的网联通信,协调一定区域内的车辆行为与信号灯配时等。类似于单车决策主要以决策过程分层进行分类,群体安全决策算法研究主要围绕队列编队决策与路口通行决策两类交通场景展开。如图 3-113 所示为两类场景示意图及对应的决策内容。

1.队列编队决策

车辆队列编队决策内容常包括三种[159]:①编队的生成与维持,各个自动驾驶汽车基于其初始位置形成编队;②行驶过程中的队形保持;③编队的队形变化管理,在遇到障碍物或车辆出入队列时,快速完成队列变换和恢复。针对上述决策任务有三种常用方法[160]:领导跟随法、虚拟结构法和基于行为的方法,其原理和特点见表 3-16:

下面将基于一种虚拟结构方法,对队列的编队生成过程进行介绍。编队的生成过程一般包含三步:生成目标虚拟队列、编排各车的目标位置、规划各车抵达目标位置的轨迹,如图 3-114 所示。

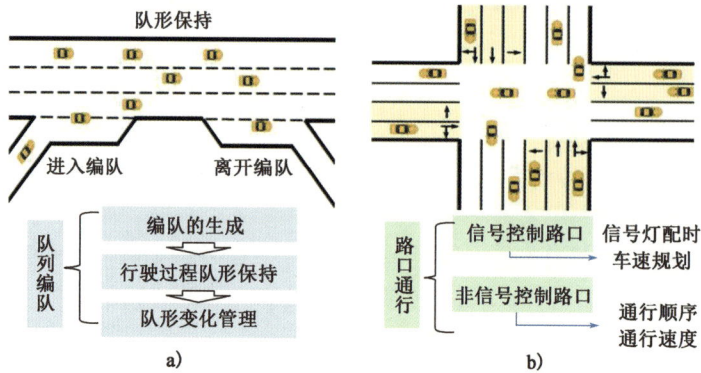

图 3-113　群体决策问题的两类典型场景

车辆队列编队方法　　　　　　　　　　　　　　　　　　　　　　　表 3-16

方　法	基　本　原　理	特　点
领导跟随法	编队中存在一辆领航车,其余的跟随车基于队列的几何结构,对领航车的位置和速度进行跟随	(1)算法设计简单,且有利于减小行驶跟随误差; (2)过于依赖领航车,且缺少跟随车到领航车的反馈渠道
虚拟结构法	基于代表各个智能体的刚性结构,通过设计刚性结构的期望运动,控制编队中的车辆进行跟随	(1)容易规划整体协同行为,且适合处理多任务场景; (2)属于集中式方法,单节点故障可能导致系统失效,且中心点的运算和通信负担较重
基于行为的方法	行为协调器预设了避障、编队保持、目标搜索等多种基本行为,并根据实际场景输出最终行为	适合于复杂场景,但系统模型较复杂、设计难度较大

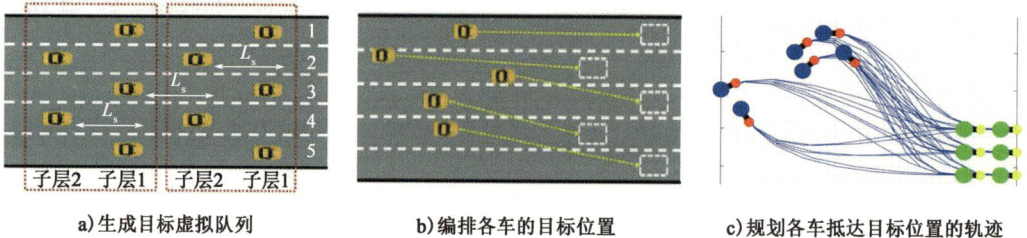

a)生成目标虚拟队列　　　　b)编排各车的目标位置　　　　c)规划各车抵达目标位置的轨迹

图 3-114　队列的编队生成过程[161-162]

以汽车编队通行为例,在虚拟队列结构方面,考虑到安全性,目前较常采取交错式队形。在如图 3-114a)所示的 5 车道场景中[161],5 个车道中车辆以 W 型排列,且每 5 辆车构成一个基本单元(单元中车辆数 n 等于车道数)。基于车速与道路条件等信息计算相邻子层间的纵向距离 L_s,即可得到目标虚拟队列。如图 3-114b)所示,车辆位置编排的目的是使各单元中的车辆基于任意位置分布构成目标队形,并且实现总运行距离最短、变道次数最少等目标[161]。

假设车辆 i 抵达目标位置 j 的代价为 c_{ij}，则求解最优的 i-j 匹配可转化为 0-1 线性规划问题：

$$\min_{A} \sum_{i=1}^{n} \sum_{j=1}^{n} (c_{ij} \times a_{ij}) \tag{3-184}$$

使得：

$$\sum_{i}^{n} a_{ij} = \sum_{j}^{n} a_{ij} = 1 \tag{3-185}$$

$$A = [a_{ij}]，且 \ a_{ij} = \begin{cases} 1 & ，当 \ i \ 车分配至 \ j \ 位置 \\ 0 & ，其他 \end{cases} \tag{3-186}$$

基于各车的分配位置，如图 3-114c)所示，轨迹规划问题可以基于单车自主式轨迹规划方法实现[162]。为避免在队形生成过程中发生碰撞，一种常用方法是通过迭代过程求解无冲突路径：首先独立规划各车轨迹，当存在冲突时，以冲突点为约束重新规划冲突车辆轨迹。针对新产生的冲突点，不断重复上述过程直至产生所有车辆的无冲突轨迹。

2. 路口通行决策

相较于路段编队问题，路口交通流冲突汇聚，是最容易导致拥堵乃至碰撞的交通场景之一。路口协同通行决策常分析两类场景：信控路口通行，一方面优化信号灯配时，另一方面基于信号灯与交通信息优化车速曲线；非信控路口通行，协调规划每辆车通过路口的顺序与速度。

信控路口通行决策主要包含两部分内容：信号灯最优配时、各车辆通过路口最优轨迹。考虑到交通流中车辆较多，原问题构成了状态空间与决策空间庞大的复杂非线性优化问题。因而现有研究常对最优化问题模型进行解耦，常采用如图 3-115 所示的一种中心式-分布式解耦的方法[163]：中心式规划有关于信号灯配时与各车通行时间，其以不发生碰撞为前提，以提升路口的总体通行效率为目标，基于车辆位置、速度输入，求解最优的信号灯配时与各车通行时间；各车则基于接收的配时和通行时间信息，以提升能效为目标规划各自最优的速度曲线。

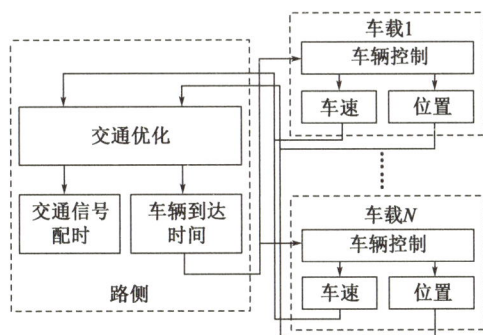

图 3-115　基于模型解耦的信控路口协同决策方法示意[163]

而随着 ICV 技术的不断发展和普及，当 ICV 渗透率足够高时，交通系统即能够摆脱对信号灯的依赖，从而进一步提升路口的通行效率。在现有的非信控路口通行研究中，决策任务同样能够由路侧设施（中心式）或各车（分布式）承担[164]。其特点见表 3-17。

非信控路口决策方法及特点　　　　　　　　　　　　　　表 3-17

方　法	基 本 原 理	特　点
集中式决策	中心系统全局优化每辆车通行次序、到达时间或行驶轨迹。包括基于预约和基于优化两类方法	集中式决策方法设计相对简单,但车辆较多时计算量大、系统容错能力相对较低
分布式决策	不存在集中式决策单元,各车基于其获得的交通信息进行分布式决策	每辆车难以把握全局信息,系统难以达到全局最优
中心式-分布式耦合决策	对决策任务进行解耦,例如中心仅保留通行次序决策,而将轨迹规划的任务转移至车辆端分布式进行	有利于结合集中式与分布式算法的优势,但设计相对复杂

　　下面将基于一种中心式-分布式耦合决策的"虚拟队列"方法[165],对非信控路口通行决策过程进行介绍。

　　在如图 3-116a)所示的交通场景中,展示了各个交通流的行驶目标与位置。图 3-116b)为基于该场景生成的交通流冲突关系,包含路径交叉、合流至同车道、分流至不同车道及无路径冲突(未画出)四类关系。如图 3-116c)所示,"虚拟队列"为路口二维交通流在一维虚拟队列上的投影,队列顺序表达车辆通过路口的顺序(车流按顺序通行即不会发生碰撞,无冲突车辆可位于同一次序并同时通过)。此时,中心式决策主要规划虚拟队列上的车辆排序,各车的分布式决策则基于虚拟队列和车辆行驶目标,进行具体的轨迹规划。可以采用深度优先生成树进行中心式规划,并构建线性反馈控制问题来设计车辆队列的分布式控制器[162]。

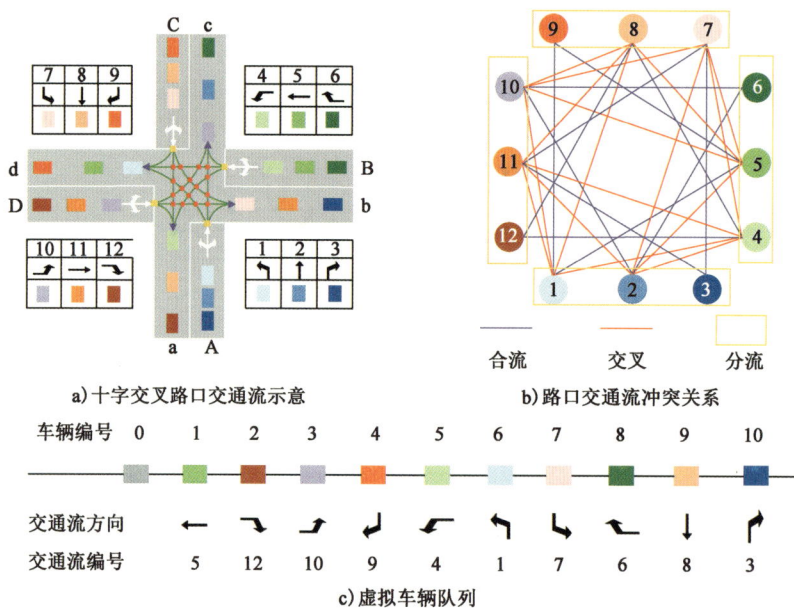

a)十字交叉路口交通流示意　　　　　　　　b)路口交通流冲突关系

c)虚拟车辆队列

图 3-116　基于虚拟队列的非信控路口通行决策方法[162]

3. 群体安全决策算法

相对于单车决策技术,车-车、车-路通信技术的应用使得车辆能够具有更强的环境感知能力,并协同规划各车驾驶行为。这一特征有助于提升群体的行驶安全性,本节介绍一种多车协同避撞算法[166],该算法主要考虑队列行驶场景,当队列的领航车因特殊情况采取紧急制动时,需要规划队列其他后车的纵向驾驶行为以避免(或减轻)碰撞事故。

图 3-117 为多车协同避撞算法原理框图,队列领航车因突发状况进入紧急制动,此时需要根据后方各车的运动状态、制动性能约束,为每辆车规划最小化碰撞风险的制动加速度。在协同避撞算法中,首先需要设计的是评价各车碰撞风险的指标函数。

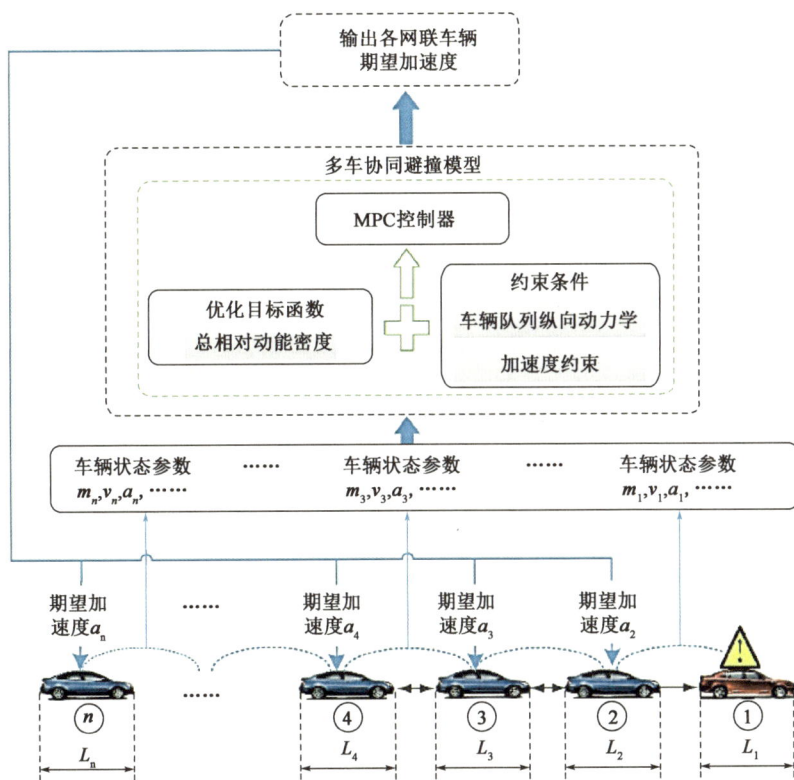

图 3-117　多车协同避撞算法原理框图[166]

在部分传统协同避撞算法中,常采用相邻车之间 TTC 或 DTC(碰撞距离,Distance to Collision)作为风险评价指标,例如队列中每一辆车均基于其与前车的 TTC(或 DTC)计算目标车速。此类算法具有安全风险,例如一个三车队列场景,头车紧急制动时,第二车因制动能力更弱而追尾头车。第二车追尾前,第三车可能基于 TTC 判断其相对安全而未采取最大制动,而追尾后第二车速度突减,使得第三车与前车发生连环追尾。可见:需要引入新的安全评价指标,以系统评价整个队列的碰撞风险。基于这一思想,可建立"总相对动能"的指标[167]:

$$E(t) = \frac{1}{2} \sum_{i=2}^{N} m_i [v_{i-1}(t) - v_i(t)]^2, v_{i-1}(t) \leq v_i(t) \qquad (3-187)$$

其中，$i-1$ 车为队列中前车；i 车为后车；m 和 v 分别代表质量、车速；"总相对动能"表达为队列各组前-后车相对动能的加和（当前车车速大于后车时，计算时取前车车速等于后车）。不同于传统方法，其能够基于能量角度整体衡量碰撞风险，并减小碰撞损伤。

考虑到除质量与相对速度外，车间距同样影响事故风险，将前-后车相对动能除以车距可以得到相对动能密度。由于相对动能密度越大，碰撞风险越大，因此协同避撞的目标为最小化队列的总相对动能密度：

$$\min_{a_{des}} \frac{1}{2} \sum_{i=1}^{N-1} \frac{m_{i+1}}{x_i(t) - x_{i+1}(t) - L_i} \cdot [v_i(t) - v_{i+1}(t)]^2 \tag{3-188}$$

其中：

$$\begin{cases} a_{i,min} \leqslant a_{i,des}(t) \leqslant a_{i,max} \\ a_{1,min} \leqslant a_{1,des}(t) \leqslant C_1 < 0, i = 2,3,\cdots,N-1 \\ C_N \leqslant a_{N,des}(t) \leqslant a_{N,max} \end{cases}$$

在目标函数中，N 为车辆总数，m_i 为第 i 辆车的质量，L_i 为第 i 辆车的长度，$x_i(t)$ 和 $v_i(t)$ 分别为 t 时刻第 i 辆车的车头位置和速度，$v_{i-1}(t) \leqslant v_i(t)$，$i=1,2,\cdots,n-1$，当 $v_{i-1}(t) > v_i(t)$ 时取 $v_{i-1}(t) = v_i(t)$，需求解对应于碰撞风险最小的各车目标加速度 a_{des}。

在约束函数中，$a_{i,min}$ 和 $a_{i,max}$ 分别为第 i 辆车的最小和最大加速度，C_1 为第 1 辆车紧急制动的最小减速度，C_N 为第 N 辆车为了避免与更后方车辆碰撞而能采取的最大制动减速度。

为求解该纵向加速度规划问题，算法基于模型预测控制（Model Predictive Control，MPC）设计和求解使总相对动能密度（Total Relative Kinetic Energy Density）最小的多车协同避撞算法（简称 TKED 算法）。如图 3-118 所示为 TKED 算法在 10 车队列场景（每辆车质量、制动能力均不同）的应用效果，可看到所有车辆均避免了碰撞。

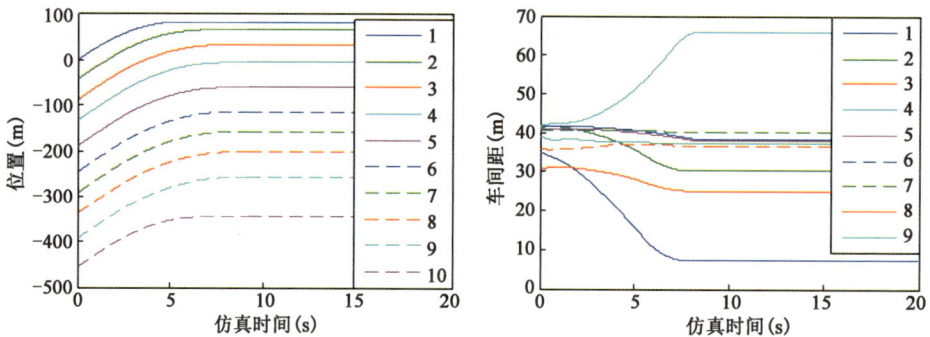

图 3-118　基于 TKED 算法的队列避障仿真效果

将 TKED 算法与传统的驾驶人反应制动（Driver-reaction Based Brake Control，DRBC）算法、总相对动能最小的协同避撞算法（简称 TKE 算法）进行比较，在 1000 组随机初始条件的仿真实验中，TKED 算法的避撞成功率为 93.7%，在避撞成功率与停车距离控制方面的性能表现均优于传统方法。表 3-18 对三种算法下停车时队列中各车之间的车距及其方差进行统计，可以看到 TKED 算法下的队列车间距更加均匀。

三种算法停车距离及其方差统计 表3-18

算　法	车距均值(m)	方差均值(m)	方差最小次数(次)	方差最大次数(次)
DRBC	18.2	657.7	11	978
TKE	36.1	159.5	225	18
TKED	36.1	152.2	764	4

二、智能安全控制技术

　　智能车辆控制技术是智能车辆行驶的关键技术之一,它主要包括单车智能安全控制与群体智能安全控制两类。单车智能控制的核心问题是轨迹跟踪控制,即基于决策系统输出的参考运行轨迹,通过控制车辆的转向系统、驱动系统和制动系统,使车辆按照参考轨迹行驶。群体智能控制技术以域内多车为协同控制对象,将群体视作具有一定信息拓扑结构的多智能体动态系统,并以该群体系统的安全、高效运行为目标。如图3-119所示,下面将分别对单车智能安全控制与群体智能安全控制展开介绍,包括控制对象模型、安全控制指标与控制算法三个主要部分。

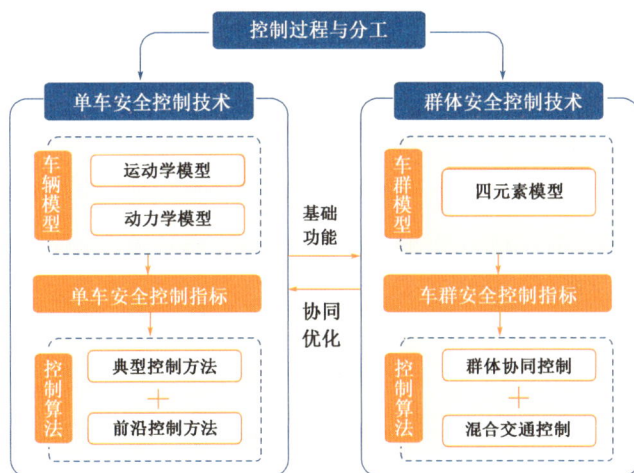

图3-119　智能安全控制技术内容结构

　　在智能车辆控制过程中,单车安全控制技术提供了基础功能,即通过控制车辆的动力、转向等执行器实现轨迹跟随。而群体安全控制系统则以各车为控制对象,一般以车辆的目标行驶轨迹作为输出。与前述群体安全决策对比,可以发现群体控制技术与决策技术在功能方面具有相似性,在国内外相关研究中,"协同控制"(Cooperative / Coordinated Control)相关研究并不对决策和控制进行区分。在本书中,群体控制技术具有三方面特征:以具有系统动力学建模的协同系统为研究对象;以系统稳定性、鲁棒性、内聚性等控制性能为部分指标;以经典控制、最优控制等控制算法为求解方法。然而,群体决策技术不具有上述特征。

（一）单车智能安全控制技术

智能汽车安全控制旨在基于决策系统的指令和车辆实时行驶状态来控制底盘执行器的动作，使智能汽车能够精准且安全地跟踪目标轨迹。智能汽车安全控制作为智能汽车的一项关键技术，其性能的优劣直接影响智能汽车是否能够安全行驶，因此，对该领域的研究兼具理论意义和工程应用价值。在实现单车智能安全控制时，首先，应建立可以准确描述车辆运动状态的车辆系统模型。其次，应使用合理可行的性能指标对控制性能进行评价，以表征控制系统的安全性。最后，应设计面向全天候、全路况的控制算法，特别是对极限工况下车辆控制的状态边界进行约束。

1.车辆运动学及动力学建模

智能汽车决策系统等功能的实现依赖于车辆运动学或者动力学控制，建立合理的车辆系统模型是进行汽车系统动力学控制相关研究的基础。车辆系统模型可以分为运动学模型和动力学模型，运动学模型以数学的方式描述车辆运动而不考虑影响运动的力，运动方程完全基于物体系统的几何关系建立，动力学模型则通过分析作用在车辆上的力和力矩来建立数学模型。

以自由度视角分类，车辆模型可分为只考虑车身侧向和横摆的二自由度模型，考虑纵向、侧向、横摆的三自由度模型，考虑纵向、侧向、横摆加上四个车轮旋转自由度的七自由度模型，以及更高的八自由度、十四自由度、二十七自由度等模型。通常，拟真程度越高的模型复杂程度越高，应该根据研究需要选择合适的模型。此外，在车辆动力学控制器的设计中，考虑到求解难度以及控制实时性等因素，通常也会针对不同控制要求建立相应的简化模型。一般地，在低速工况下可以使用简单的运动学模型，但是在中高速或极限工况时，简单的运动学模型不再满足要求，应选取动力学模型。下面将分别简要介绍车辆运动学建模及车辆动力学建模。

1）车辆运动学建模

（1）车辆纵向运动学建模。

车辆纵向运动学建模通常将车辆视为质点，忽略动力系统等因素，采用双积分器模型描述车辆的运动，其具体表达如下：

$$\begin{cases} \dot{x} = v \\ \dot{v} = u \end{cases} \tag{3-189}$$

其中，x 为车辆位置；v 为车辆速度；u 为车辆的加速度及系统控制量。

此外，为方便理论分析，一些队列研究也采用单积分器模型，即：

$$\dot{x} = v \tag{3-190}$$

该模型的控制量相当于车辆速度。在实际应用时，要随着具体场景和要求选择不同车辆纵向运动学模型。

（2）车辆横向运动学建模。

自行车模型（Bicycle Model）是最经典的车辆横向运动学模型之一，在智能车辆规划控制

中被广泛应用,一般适用于中低速工况。其假设:

①车辆做平面运动;

②左右前轮的转向角近似相等;

③忽略轮胎受到的侧向力;

④忽略前后轴载荷的转移;

⑤车身及悬架系统是刚性的。

车辆的自行车运动学模型示意图如图3-120所示,在惯性坐标系 OXY 下,C 为车辆质心,A 和 B 分别为车辆前轴和后轴的轴心,P 为车辆的瞬时转动中心,R 为转弯半径,β 为质心侧偏角,ψ 为相对 X 轴的航向角,δ_f 为前轮转角,δ_r 为后轮转角,l_r 为质心到车辆后轴轴心的距离,l_f 为质心到车辆前轴轴心的距离,v 为质心速度。

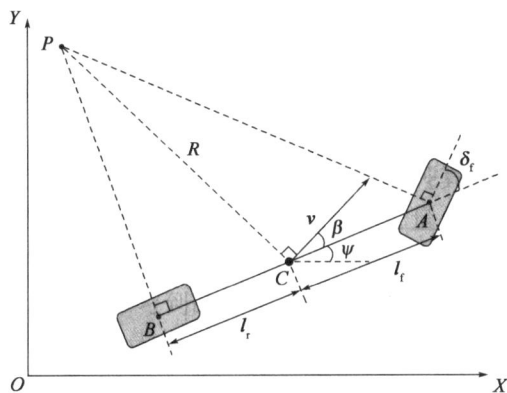

图 3-120 车辆横向运动学模型图示

由三角函数可知:

$$\frac{\sin(\delta_f - \beta)}{l_f} = \frac{\sin\left(\frac{\pi}{2} - \delta_f\right)}{R} \tag{3-191}$$

$$\frac{\sin(\beta - \delta_r)}{l_r} = \frac{\sin\left(\frac{\pi}{2} + \delta_r\right)}{R} \tag{3-192}$$

联立式(3-191)和式(3-192)可得:

$$(\tan\delta_f - \tan\delta_r)\cos\beta = \frac{l_f + l_r}{R} \tag{3-193}$$

在低速工况下,车辆行驶路径的转弯半径变化缓慢,假设车辆的方向变化率等于车辆的角速度,则车辆的角速度可表示为:

$$\dot{\psi} = \frac{v}{R} \tag{3-194}$$

联立式(3-193)和式(3-194)可得:

$$\dot{\psi} = \frac{v\cos\beta}{l_f + l_r}(\tan\delta_f - \tan\delta_r) \tag{3-195}$$

选取为车辆质心位置 x 和 y、横摆角 ψ、速度 v 为状态量,加速度 a、前轮转角 δ_f 为控制量,坐标原点选取车辆质心,可以得到车辆横向运动学模型:

$$
\begin{cases}
\dot{x} = v\cos(\psi + \beta) \\
\dot{y} = v\sin(\psi + \beta) \\
\dot{v} = a \\
\dot{\psi} = \dfrac{v\cos\beta}{l_f + l_r}(\tan\delta_f - \tan\delta_r)
\end{cases}
\tag{3-196}
$$

一般地,车辆运动学模型适用于中低速场景,针对高速等复杂场景需要建立车辆动力学模型,下文将介绍车辆动力学模型。

2)车辆动力学建模

(1)车辆纵向动力学建模。

关于车辆的动力学模型,同样主要从纵向及横向两个方面讨论。首先在车辆纵向动力学建模方面,兼顾复杂性和精确性,对车辆纵向动力学特性做如下简化:

①仅考虑车辆纵向运动,忽略横向和垂向运动;

②针对良好路面和常规驾驶条件,忽略轮胎的滑移;

③车辆视为刚体,且左右完全对称,忽略前后轴的载荷转移;

④车辆动力系统的输入与输出特性由一阶惯性环节近似。

基于以上简化,建立车辆节点的非线性纵向动力学模型:

$$
\begin{cases}
\dot{x} = v \\
\dfrac{\eta_T}{r}T = m\dot{v} + C_A v^2 + mgf \\
\tau\dot{T} + T = T_{des}
\end{cases}
\tag{3-197}
$$

其中,x 和 v 分别为车辆的位移和速度;m 为车辆的质量;C_A 为集总空气阻力系数;g 为重力加速度常数;f 为滚动阻力系数;T 为车辆实际的驱动力或制动力的力矩;T_{des} 为期望的驱动力或制动力的力矩;τ 为车辆纵向动力系统的时滞常数;r 为车轮半径;η_T 为传动系统的机械效率。

该非线性模型能较为精确地描述车辆纵向动力。在一些研究中,为方便理论分析,采用反馈线性化技术,将上述模型线性化为三阶状态方程。下面给出反馈线性化的推导过程,对输出求导:

$$
\dddot{x} = a
\tag{3-198}
$$

$$
\dddot{x} = \frac{1}{m}\left(\eta_T\frac{\dot{T}}{r} - 2C_A v\dot{v}\right) = \frac{1}{m}\left(\eta_T\frac{T_{des} - T}{\tau r} - 2C_A v\dot{v}\right)
$$

$$
= -\frac{1}{\tau}a + \frac{1}{\tau}\frac{1}{m}\left[\eta_T\frac{T_{des}}{r} - C_A v(2\tau\dot{v} + v) - mgf\right]
\tag{3-199}
$$

式(3-198)中 a 为车辆节点的加速度。反馈线性化策略的选择如下:

$$
T_{des} = \frac{1}{\eta_T}\left[C_A v(2\tau\dot{v} + v) + mgf + mu\right]r
\tag{3-200}
$$

其中,u 是反馈线性化后车辆节点的控制输入。因而,式(3-199)转化为:

$$\tau \dot{a} + a = u \tag{3-201}$$

进而得到车辆队列中节点的三阶状态空间模型：

$$\frac{\mathrm{d}}{\mathrm{d}t} \begin{bmatrix} x \\ v \\ a \end{bmatrix} = \begin{bmatrix} 0 & 1 & 0 \\ 0 & 0 & 1 \\ 0 & 0 & -\dfrac{1}{\tau} \end{bmatrix} \begin{bmatrix} x \\ v \\ a \end{bmatrix} + \begin{bmatrix} 0 \\ 0 \\ \dfrac{1}{\tau} \end{bmatrix} u \tag{3-202}$$

（2）车辆横向动力学建模。

在车辆横向动力学建模过程中自行车模型被广泛应用,建模过程中需要进行以下假设:

①忽略悬架运动、道路倾斜度、空气动力学等非线性效应;

②忽略轮胎力的纵横向耦合关系。

如图 3-121 所示,自行车模型以车辆质心为参考点、前后轮中心连线为 x 轴、垂直前后轮中心连线的直线为 y 轴进行受力分析,考虑轮胎侧向力的影响,车辆侧向动力学关系为:

$$ma_y = F_{yf} + F_{yr} \tag{3-203}$$

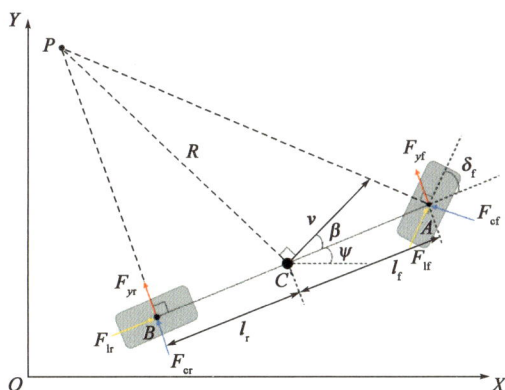

图 3-121　车辆横向动力学模型图示

其中, F_{yf} 为前轮侧偏力; F_{yr} 为后轮侧偏力; m 为整车质量; a_y 为侧向加速度。 a_y 的表达式如下:

$$a_y = \ddot{y} + v_x \dot{\psi} \tag{3-204}$$

其中, v_x 为车辆质心在前后轮连线上的速度分量。则式(3-200)可写为:

$$m(\ddot{y} + v_x \dot{\psi}) = F_{yf} + F_{yr} \tag{3-205}$$

进一步,分析得到车辆横摆动力学公式:

$$I_z \ddot{\psi} = l_f F_{yf} - l_r F_{yr} \tag{3-206}$$

其中, I_z 表示转动惯量。此外,根据受力分析, F_{yf} 和 F_{cr} 可以表示为如下形式:

$$\begin{cases} F_{yf} = F_{cf} \cdot \cos \delta_f + F_{lf} \cdot \sin \delta_f \approx F_{cf} \\ F_{yr} = F_{cr} \end{cases} \tag{3-207}$$

根据轮胎力学知识,轮胎受力如图 3-122 所示,计算侧偏力 F_{yr} 及 F_{yf} 需要获取轮胎侧偏角, δ_f 为前轮转角, θ_{Vf} 为前轮速度偏角, θ_{Vr} 为后轮速度偏角, α_f 为前轮侧偏角,得到前后轮侧偏角分别为:

$$\begin{cases} \alpha_{\mathrm{f}} = \delta_{\mathrm{f}} - \theta_{Vf} \\ \alpha_{\mathrm{r}} = - \theta_{Vr} \end{cases} \tag{3-208}$$

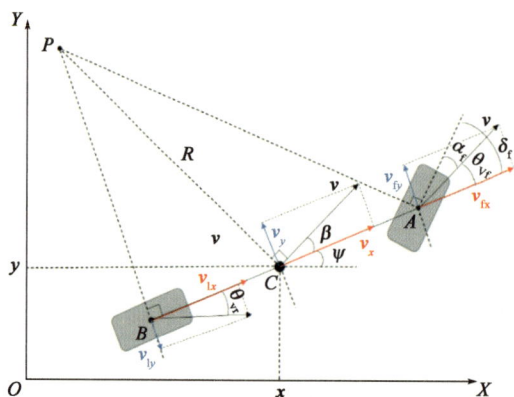

图 3-122　车辆横向动力学模型轮胎受力图示

考虑实际车辆前后均有两个车轮得到：

$$\begin{cases} F_{yf} = 2C_{\mathrm{af}} \alpha_{\mathrm{f}} = 2C_{\mathrm{af}}(\delta_{\mathrm{f}} - \theta_{Vf}) \\ F_{yr} = 2C_{\mathrm{ar}} \alpha_{\mathrm{r}} = - 2C_{\mathrm{ar}} \theta_{Vf} \end{cases} \tag{3-209}$$

其中，C_{af} 和 C_{ar} 分别为车辆前、后轮的侧偏刚度。之后，根据受力分析的几何关系得到：

$$\begin{cases} \theta_{Vf} = \dfrac{v_{fy}}{v_{fx}} = \dfrac{\dot{y} + l_{\mathrm{f}}\dot{\psi}}{v_x} \\ \theta_{Vr} = \dfrac{v_{ly}}{v_{lx}} = \dfrac{\dot{y} - l_{\mathrm{r}}\dot{\psi}}{v_x} \end{cases} \tag{3-210}$$

结合式(3-209)和式(3-210)，得到车辆横向动力学模型：

$$\begin{cases} m(\ddot{y} + v_x \dot{\psi}) = 2C_{\mathrm{af}}\left(\delta_{\mathrm{f}} - \dfrac{\dot{y} + l_{\mathrm{f}}\dot{\psi}}{v_x}\right) + 2C_{\mathrm{ar}}\left(- \dfrac{\dot{y} - l_{\mathrm{r}}\dot{\psi}}{v_x}\right) \\ I_z \ddot{\psi} = 2l_{\mathrm{f}}C_{\mathrm{af}}\left(\delta_{\mathrm{f}} - \dfrac{\dot{y} + l_{\mathrm{f}}\dot{\psi}}{v_x}\right) - 2l_{\mathrm{r}}C_{\mathrm{ar}}\left(- \dfrac{\dot{y} - l_{\mathrm{r}}\dot{\psi}}{v_x}\right) \end{cases} \tag{3-211}$$

选取状态向量为 $X = [y \ \dot{y} \ \psi \ \dot{\psi}]^{\mathrm{T}}$，控制量为前轮转角 δ_{f}，得到标准状态空间形式如下：

$$\frac{\mathrm{d}}{\mathrm{d}t}\begin{bmatrix} y \\ \dot{y} \\ \psi \\ \dot{\psi} \end{bmatrix} = \begin{bmatrix} 0 & 1 & 0 & 0 \\ 0 & -\dfrac{2C_{\mathrm{af}} + 2C_{\mathrm{ar}}}{mv_x} & 0 & -v_x - \dfrac{2C_{\mathrm{af}}l_{\mathrm{f}} - 2C_{\mathrm{ar}}l_{\mathrm{r}}}{m v_x} \\ 0 & 0 & 0 & 1 \\ 0 & -\dfrac{2C_{\mathrm{af}}l_{\mathrm{f}} - 2C_{\mathrm{ar}}l_{\mathrm{r}}}{I_z v_x} & 0 & -\dfrac{2C_{\mathrm{af}}l_{\mathrm{f}}^2 + 2C_{\mathrm{ar}}l_{\mathrm{r}}^2}{I_z v_x} \end{bmatrix}\begin{bmatrix} y \\ \dot{y} \\ \psi \\ \dot{\psi} \end{bmatrix} + \begin{bmatrix} 0 \\ \dfrac{2C_{\mathrm{af}}}{m} \\ 0 \\ \dfrac{2l_{\mathrm{f}}C_{\mathrm{af}}}{I_z} \end{bmatrix}\delta_{\mathrm{f}} \tag{3-212}$$

式(3-212)即为自行车模型条件下车辆横向动力学模型的状态空间表达，该动力学模型在车辆安全控制问题研究中被广泛采用。

2. 车辆智能控制方法

1）控制目标与指标

对于一般控制系统而言，稳定性是最基本的控制目标。在车辆智能控制领域，稳定性也是保障安全的必要条件，特别是对于复杂道路环境，如高速、低路面附着系数等工况。稳定性是指，如果控制系统受到干扰而偏离原来的平衡状态，当扰动消失后，系统能够以足够的精度恢复到原来的平衡状态。系统失稳意味着系统状态将极大程度偏离平衡状态，或出现持续震荡，这在车辆智能控制中意味着极大的安全风险，甚至会引发事故。目前，李雅普诺夫稳定性分析是用于分析控制系统稳定性的最为常用的方法之一，其主要分为李雅普诺夫第一法（间接法）以及李雅普诺夫第二法（直接法）。

针对车辆智能控制，研究人员还提出了一些更具体的稳定性指标，主要包括两个方面：横摆稳定性及侧倾稳定性。目前，典型的车辆稳定性控制模块通常只针对横摆稳定性或侧倾稳定性中的一个方面，这无法满足智能汽车对于行驶安全性的要求。当智能汽车面向全天候、全路况时，需要综合考虑车辆稳定性指标，充分保证车辆行驶安全性。常见的车辆稳定性指标见表 3-19。

车辆稳定性指标 表 3-19

稳定性指标	指标类型	含　义
横摆稳定性	质心侧偏角速度-质心侧偏角相平面	通过选取不同的初始状态，绘制多条相轨迹，根据相平面内的平衡鞍点，判定车辆控制稳定性
	前轴侧偏角-后轴侧偏角相平面	
	横摆角速度-质心侧偏角相平面	
	横摆角速度-侧向速度相平面	
侧倾稳定性	侧向加速度	开始侧倾时所受的侧向加速度，用于估计抗侧倾能力
	横向载荷转移率（Load Transfer Ratio, LTR）	车辆左、右轮垂向载荷之差与左右轮垂向载荷之和的比值
	侧倾保护储备能量	车辆从当前状态到达侧倾临界状态所需要的能量
	侧倾时间（Time to Rollover, TTR）	车辆即将发生侧翻的时间

在系统保证稳定性的基础上，对于一般控制系统而言，分析系统时域响应过程中的相关指标参数也是衡量系统控制性能的常见手段，其是指控制系统在一定的输入下（例如阶跃输入、斜坡输入、脉冲输入等），根据输出的时域响应曲线，分析系统的瞬态和稳态性能。在阶跃输入下，一个典型的系统状态响应曲线示例如图 3-123 所示，该响应下的基本性能参数包含上升时间 t_r（Rise Time）、调节时间 t_s（Response Time）、稳态误差 ess（Steady-State Errors）和超调量 $\sigma\%$（Overshoot），各指标含义如下。

上升时间 t_r：系统实际输出从正常输出的 10% 上升到正常输出的 90% 或 100% 所需的时间。

调节时间 t_s：系统实际输出值稳定在正常输出值的 5% 或 2% 范围以内时所需的时间。

超调量 $\sigma\%$：系统实际输出的最大值与正常值的差与正常值的比值。

稳态误差 ess：系统达到稳态时的输出值与正常值差的绝对值与正常值的比值。

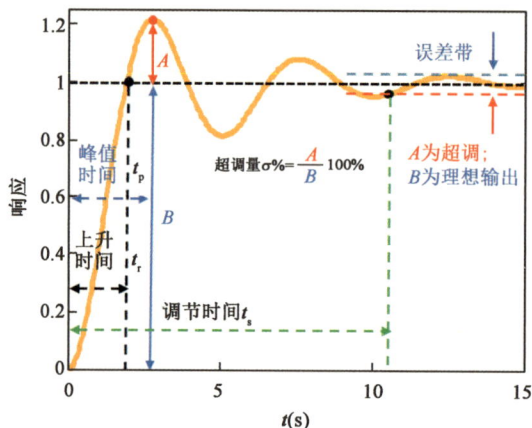

图 3-123　阶跃输入下的系统状态响应曲线

这些时域响应过程中的指标在车辆智能控制领域有着直观的物理意义：上升时间、调节时间反映了车辆跟踪目标状态的灵敏度；超调量反映了跟踪过程中的最大偏移量，过大的偏移量可能会引发安全隐患；稳态误差则直接反映控制精度，与安全性也息息相关。一般情况下，为提高系统状态对目标状态的有效跟踪、避免响应过程中发生冲突，系统响应过程应具有较小的调节时间、稳态误差与超调量。

除上述列举的各项时域响应分析的性能指标外，车辆智能控制也存在着其他独特的时域性能指标。典型代表是跟踪精度，其是评价轨迹跟踪控制器、速度控制器性能的主要指标之一，通常采用均方根误差（Root Mean Square Error，RMSE）作为其量化形式。以横向位移跟踪为例，控制精度可由下式表示：

$$\text{RMSE} = \sqrt{\frac{1}{M}\sum_{i=1}^{M}(y_{r,i}-y_i)^2} \tag{3-213}$$

其中，M 为轨迹点数量；$y_{r,i}$ 为目标轨迹中的期望横向位移；y_i 为汽车实际横向位移。该指标越低，表示控制精度越高。

2）典型控制方法

针对不同运行工况及实际需求，研究人员开展大量关于智能汽车安全控制的相关研究。以轨迹跟踪控制为例，提出的控制方法主要包括 PID 控制、最优控制[168]、模型预测控制（Model Predictive Control，MPC）、自适应控制[169]等方法。下面将针对上述方法简要介绍。

（1）PID 控制。

PID 控制，即比例-积分-微分控制（Proportional-Integral-Derivative Control），是反馈控制中最为基础的控制器之一。首先，传感器测量获得车辆状态，再与输入的参考轨迹作差得到误差量；控制器对误差量分别进行比例、积分、微分运算并求和后，输出控制信号控制车辆运动，其控制原理如图 3-124 所示。

设计 PID 轨迹跟踪控制器时，一般应结合预瞄机制，以实现较好的控制效果。以轨迹跟踪横向控制为例，车辆位置以及决策得到的参考轨迹如图 3-125 所示。将误差e_t定义为 t 时刻航

向角与 OB 的夹角。其中,点 A 是车辆与决策轨迹最近点,点 B 为预瞄点,即与点 A 相距给定预瞄距离 L 的目标轨迹 S 上的点,$\widehat{AB} = L$,点 O 是车辆质心。误差积分 $e_\Sigma = \sum_{k=0}^{t} e_k$,误差微分 $\Delta e = e_t - e_{t-1}$,则当前给定横向控制量为:

$$u = k_P \cdot e_t + k_I \cdot e_\Sigma + k_D \cdot \Delta e \tag{3-214}$$

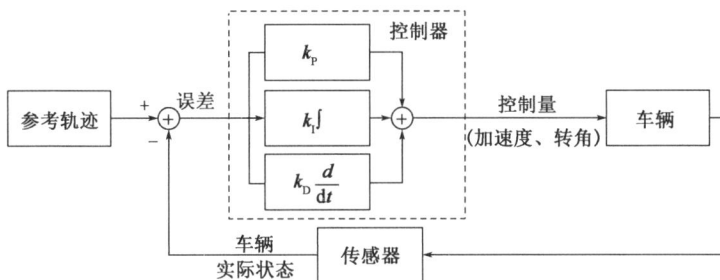

图 3-124　PID 控制流程示意图

以上三项分别为比例项 P（Proportional）、积分项 I（Integral）、微分项 D（Derivative）。通过调节系数 k_P、k_I、k_D,能够调节控制性能。比例项与误差成正比,表示跟踪器对误差反应的剧烈程度,是 PID 控制中最基本的一项。k_P 越大,相同误差时控制器输出更大,但 k_P 太大容易导致系统不稳定,如车辆大幅蛇形前行。积分项是系统累计误差的积分,如果系统与轨迹有恒定的系统偏差,积分项会随时间线性增长,此时积分项的反馈控制可以将其消除。k_I 越大,跟踪器稳态误差消除更快。其中,稳态误差指的

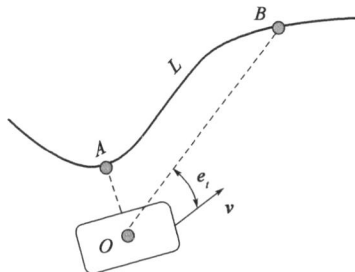

图 3-125　预瞄机制示意图

是在阶跃输入下,系统输出达到稳定时,实际输出与期望输出的误差。微分项相当于控制系统阻尼项,k_D 增大可以使得控制器输出更稳定,可以消除由比例项或积分项过大造成的不稳定。在一定范围内,单独调整 PID 各项参数对系统的影响见表 3-20。

单独增大 PID 某一参数对系统指标的影响　　　　　　　　　　　　表 3-20

增大系数	上升时间	超调量	调整时间	稳态误差	稳定性
k_P	减小	增加	小幅增加	减小	降低
k_I	减小	增加	增加	大幅度减小	降低
k_D	小幅减小	减小	减小	无明显影响	在 k_D 较小时提高

（2）最优控制。

最优控制是在车辆模型已知的情况下常见的一种控制方法。其基本元素包含系统动力学方程、约束条件和性能指标。以一般的连续时间动力学方程为例:

$$\dot{x} = f(x, u, t) \tag{3-215}$$

其中,x 和 u 分别为系统状态量和控制量。约束条件指针对系统状态和控制量的约束,具体形式又可包含初始约束、终端约束、过程约束等。约束条件一般表示为:

$$x \in X, u \in U, C(x, u) \leqslant 0 \tag{3-216}$$

其中，X 和 U 为系统的状态约束集合和控制约束集合；$C(x,u)$ 为控制过程中的约束目标函数。在车辆智能控制中，这些约束与安全性直接相关，例如在跟车控制中，通过约束车辆的跟车距离不小于安全间距，可有效确保行车安全。

控制性能指标是对控制过程中的系统状态特性和控制输入特性的定量评价，一般可描述为：

$$J = \Phi[x(t_f), t_f] + \int_{t_0}^{t_f} L(x,u,t)\,dt \tag{3-217}$$

其中，t_0 和 t_f 分别为示控制起始时间和终点时间；Φ 为系统终端性能指标；L 为系统过程性能指标。在车辆智能控制中，可以将燃油经济性、舒适性、安全性等具体指标体现在该性能指标函数中，以作为优化目标。

综合上述各元素，可得到最优控制的一般表达式为

$$\min_u J = \Phi[x(t_f), t_f] + \int_{t_0}^{t_f} L(x,u,t)\,dt$$

$$\text{s.t. } \dot{x} = f(x,u,t), x \in \mathcal{X}, u \in \mathcal{U} \tag{3-218}$$

求解该优化问题可以得到最优控制输入。可以发现，最优控制显式地表示了控制系统的性能指标和约束条件，从而能够在满足约束的前提下，得到性能指标最优的控制输入。在车辆智能安全领域，安全性指标既可以体现在目标函数中，例如惩罚跟车控制中的跟车距离，也可以同时体现在约束条件中，例如跟车距离不可低于某一限值，从而保证行车安全。

在求解最优控制问题时，变分法、极小值原理和动态规划是三种基本方法，它们均有各自的适应条件。但是三种基本方法都没有给出解的存在性和唯一性等结论，往往需要针对实际问题做进一步的分析和讨论。但有一类特殊的最优控制问题求解较为便捷，可将优化问题转化为微分方程求解，甚至存在解析解，在对系统进行调节控制设计时较为常见。该类问题是线性二次型最优调节器问题（Linear Quadratic Regulator, LQR）。下面对连续线性定常系统无限时域 LQR 问题进行介绍。

考虑线性定常系统：

$$\dot{x}(t) = Ax(t) + Bu(t) \tag{3-219}$$

给定初始时间 t_0 和初始状态 $x(t_0)$，性能指标设计为二次型形式：

$$J = \frac{1}{2}\int_{t_0}^{\infty} [x^T(t)Qx(t) + u^T(t)Ru(t)]\,dt \tag{3-220}$$

其中，Q 和 R 为状态量和控制量的权值矩阵，分别为半正定或正定矩阵和正定矩阵。该问题在 (A,B) 为可镇定对时，存在唯一最优解，表达形式为 $u^*(t) = -Kx(t)$，其中反馈增益为：

$$K = -R^{-1}B^T P \tag{3-221}$$

其中，P 是如下 Riccati 矩阵代数方程的非负定解：

$$PA + A^T P - PBR^{-1}B^T P + Q = 0 \tag{3-222}$$

下面以车辆自适应巡航控制（Adaptive Cruise Control, ACC）举例说明 LQR 的应用。考虑如图 3-126 所示的自适应巡航系统。

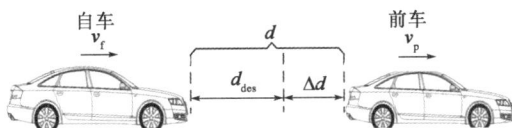

图 3-126　模型预测控制示意图

记自车与前车距离为 d，ACC 系统的基本控制目标是将自车与前车保持一定的期望车距 d_{des}。针对该系统可构建如下所示的状态空间方程：

$$\dot{x}(t) = Ax(t) + Bu(t) + H\,a_p \tag{3-223}$$

其中，$x = \begin{bmatrix} \Delta d & \Delta v & a_f \end{bmatrix}^T$ 包含跟车距离与期望距离的差 Δd、自车与前车的相对速度 Δv 以及自车加速度 a_f，控制输入的含义为自车期望加速度；a_p 为前车加速度，其在该系统中可视为外部输入或噪声。系数矩阵的表达式分别为：

$$A_c = \begin{bmatrix} 0 & 1 & -\tau_h \\ 0 & 0 & -1 \\ 0 & 0 & -\dfrac{1}{T_L} \end{bmatrix}, B_c = \begin{bmatrix} 0 \\ 0 \\ \dfrac{K_L}{T_L} \end{bmatrix}, H_c = \begin{bmatrix} 0 \\ 1 \\ 0 \end{bmatrix} \tag{3-224}$$

其中，τ_h 为期望时距；K_L 和 T_L 为车辆一阶纵向动力学模型参数。针对该自适应巡航控制系统，可在性能指标中设计对角形式的权值系数矩阵

$$Q = \begin{bmatrix} w_d & & \\ & w_v & \\ & & w_a \end{bmatrix}, R = w_u \tag{3-225}$$

其中，w_d、w_v、w_a、w_u 分别对应 Δd、Δv、a_p、u 的权值系数，各系数均为正数。在具体参数情况下，求解 Riccati 矩阵代数方程后即可得到控制量的反馈增益，具体求解可直接利用商业化求解软件求解，例如 MATLAB 自带的 care 函数。

尽管 LQR 问题求解简单，但需要注意的是，其无法直接处理带约束问题，因此在车辆智能控制中，只能将安全需求体现在性能指标中进行优化，无法从硬约束角度直接保证行车安全。

（3）模型预测控制。

模型预测控制是在车辆智能控制领域的一种常见方法，其可以处理带约束优化问题，且利用滚动时域优化的理念，根据系统状态输出实时更新控制序列，因此在保证车辆行车安全方面有着广泛的应用。

该方法基于预测模型，可预测未来一段时域内系统在给定控制序列下的输出。针对优化目标，在满足约束条件的基础上，模型预测控制在当前时刻求解一个最优控制问题，将最优控制序列中的第一步或者前若干步作为控制量实际执行，执行完成后，根据新时刻获取的最新状态信息，重新求解最优控制问题，重复上述步骤，从而实现类似于反馈优化的效果。其示意图如图 3-127 所示。

下面以线性定常系统为例，讲解模型预测控制的基本问题描述和求解思路。

在当前时刻 t，考虑离散状态空间方程：

$$x_{k+1|t} = Ax_{k|t} + Bu_{k|t} \tag{3-226}$$

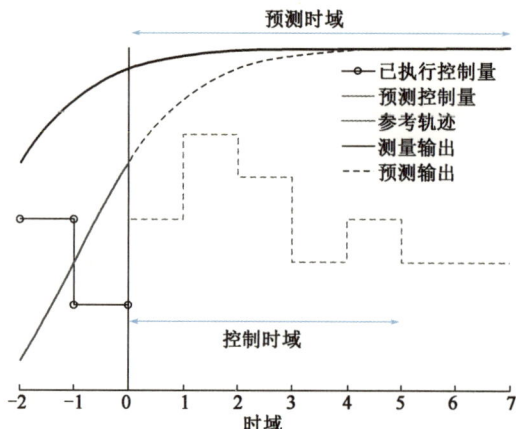

图 3-127　模型预测控制示意图

其中,下标 $k|t$ 表示从 t 时刻开始,未来第 k 步的量。记预测时域为 N,则可得到系统从当前状态 $x_{0|t}$ 开始,往后 N 步的预测方程:

$$
\begin{bmatrix} x_{1|t} \\ x_{2|t} \\ \cdots \\ x_{N|t} \end{bmatrix} = \begin{bmatrix} B & 0 & \cdots & 0 \\ AB & B & \cdots & 0 \\ \cdots & \cdots & \cdots & \cdots \\ A^{N-1}B & A^{N-2}B & \cdots & B \end{bmatrix} \begin{bmatrix} u_{0|t} \\ u_{1|t} \\ \cdots \\ u_{N-1|t} \end{bmatrix} + \begin{bmatrix} A \\ A^2 \\ \cdots \\ A^N \end{bmatrix} x_{0|t} \tag{3-227}
$$

考虑二次型形式的系统性能指标:

$$
J = x_{N|t}^{\mathrm{T}} P\, x_{N|t} + \sum_{k=0}^{N-1} (x_{k|t}^{\mathrm{T}} Q\, x_{k|t} + u_{k|t}^{\mathrm{T}} R\, u_{k|t}) \tag{3-228}
$$

另要求系统状态量和控制量满足如下一般形式的约束条件:

$$
x_{k|t} \in \chi, u_{k|t} \in U, \forall k \in \{0,1,\cdots,N-1\} \tag{3-229}
$$

则可构建最优控制问题为:

$$
\min_{u_{0|t},\cdots,u_{N-1|t}} J = x_{N|t}^{\mathrm{T}} P\, x_{N|t} + \sum_{k=0}^{N-1} (x_{k|t}^{\mathrm{T}} Q\, x_{k|t} + u_{k|t}^{\mathrm{T}} R\, u_{k|t})
$$

$$
\mathrm{s.t.} \begin{bmatrix} x_{1|t} \\ x_{2|t} \\ \cdots \\ x_{N|t} \end{bmatrix} = \begin{bmatrix} B & 0 & \cdots & 0 \\ AB & B & \cdots & 0 \\ \cdots & \cdots & \cdots & \cdots \\ A^{N-1}B & A^{N-2}B & \cdots & B \end{bmatrix} \begin{bmatrix} u_{0|t} \\ u_{1|t} \\ \cdots \\ u_{N-1|t} \end{bmatrix} + \begin{bmatrix} A \\ A^2 \\ \cdots \\ A^N \end{bmatrix} x_{0|t}
$$

$$
x_{k|t} \in \chi, u_{k|t} \in U, \forall k \in \{0,1,\cdots,N-1\} \tag{3-230}
$$

求解该问题得到最优控制序列 $u_{0|t}^*,\cdots,u_{N-1|t}^*$。在当前时刻 t,将第一步 $u_{0|t}^*$ 控制输入作用到系统上。随后时间进行到 $t+1$,以当前时刻为 $t+1$ 重复上述步骤,完成系统动态更新。

3. 前沿车辆安全控制方法

1)受控信息下的安全控制

随着 5G 及相关通信技术的发展,V2X 技术进一步提升了单车智能安全技术的应用范围。

然而现有通信技术的一些固有不确定性(如丢包或时延)及通信信道特性(如带宽限制)等可能降低网联车辆控制精度,影响行驶安全性。因此,对非理想通信环境下网联车辆控制器设计方法的研究在汽车智能安全领域具有实际的应用需求。

面向网联车辆控制系统,关注随机通信丢包或时延下的量化控制器设计问题,将存在不可靠通信条件的系统建模为跳变系统,提出适用于非理想通信环境下的网联车辆控制方法,以及基于线性矩阵不等式的控制器求解方法,保证系统的稳定性。典型控制系统框架如图3-128所示。在该类应用中,车辆的状态以及环境的状态由路侧传感器获得,并发送给在路侧或云端的网联控制器,计算得到对应的车辆纵横向控制指令,并通过网联无线通信发送给车辆执行。在这一过程中,通信通道的量化、丢包或时延等非理想特性可能影响车辆的控制性能。

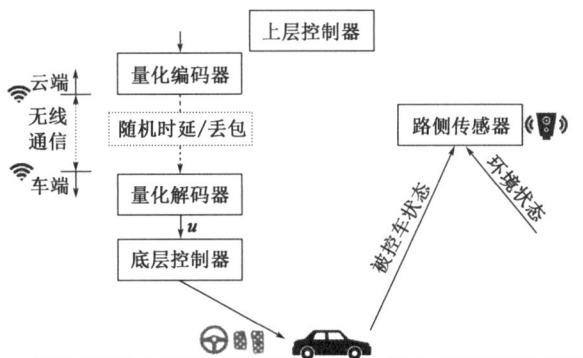

图 3-128 典型网联车辆控制场景

为研究上述网联车辆控制场景中,非理想通信影响下的控制器设计方法,基于网络控制系统理论,将丢包、时延等时变非理想通信因素建模为马尔可夫跳变过程,并面向离散马尔可夫跳变线性系统求解其控制器。以离散跳变线性反馈控制系统为对象,其系统方程可表示为:

$$x(k+1) = \boldsymbol{A}_{\theta(k)}\boldsymbol{x}(k) + \boldsymbol{B}_{\theta(k)}u(k)$$
$$\boldsymbol{y}(k) = \boldsymbol{C}_{\theta(k)}x(k) \tag{3-231}$$

其中,对所有 $\theta(k) \in \{1, \cdots, N\}$,有 $\boldsymbol{A}_{\theta(k)} \in \mathbb{R}^{n \times n}$,$\boldsymbol{B}_{\theta(k)} \in \mathbb{R}^{n \times n_u}$,$\boldsymbol{C}_{\theta(k)} \in \mathbb{R}^{n_y \times n}$。当 $\theta(k) = i$ 时,称系统处于第 i 个模态。$\theta(k)$ 为值域在集合 $\{1, \cdots, N\}$ 中的随机过程,若系统随时间的跳变遵守马尔可夫过程,则上述系统被称为离散马尔可夫跳变线性系统(Discrete Markovian Jump Linear System)。其不同模态之间的状态转移矩阵为:

$$P = [p_{ij}]_{N \times N} \tag{3-232}$$

其中,p_{ij} 为模态 i 转移到 j 的概率,对所有 $i,j \in \{1, \cdots, N\}$,满足 $p_{ij} \geq 0$ 及 $\sum_{j=1}^{N} p_{ij} = 1$。

在网络控制系统中,网络带宽限制了每周期的通信传输数据量,因此需要对传输信息进行量化,以实现信息的有效传输。对数量化方法可以充分利用有限带宽,在控制反馈中量化相对误差,也可利用对数离散的控制量镇定闭环系统并推导出量化条件,因此本书也采用对数量化的方法。

综上,考虑一种对数量化线性反馈控制器(图3-129),如下式所示。

$$u = \begin{cases} -\beta_i\,\rho_i^l, \rho_i^{l+1} < \boldsymbol{H}_i\boldsymbol{x} \leqslant \rho_i^l \\ 0, \boldsymbol{H}_i\boldsymbol{x} = 0 \\ \beta_i\,\rho_i^l, -\rho_i^l \leqslant \boldsymbol{H}_i\boldsymbol{x} < -\rho_i^{l+1} \end{cases} \tag{3-233}$$

其中,i 为系统模态;$\boldsymbol{H}_i$ 为模态相关的控制增益;β_i 为控制增益修正量;ρ_i 为当前时刻的对数量化密度。上述的量化反馈包含两个过程:对数编码过程及对数解码过程。其中,对数编码过程主要发生在控制器输出侧,根据控制量确定量化编码值 l;解码过程主要发生在受控对象接收端,根据接收的量化的反馈信息重建 ρ_i^l 并通过控制增益修正计算实际控制量。

以车辆横向控制为例,忽略环境风扰动,使用状态反馈控制器,用零阶保持器以采样时间 T 离散化,得到离散系统:

$$\boldsymbol{x}(k+1) = \boldsymbol{A}_{\text{lat}}\boldsymbol{x}(k) + \boldsymbol{B}_{\text{lat}}\delta(k) + \boldsymbol{P}_r\rho(k) \tag{3-234}$$

$$\delta(k) = -\boldsymbol{K}_{\text{lat}}\boldsymbol{x}(k) \tag{3-235}$$

$$\boldsymbol{x}(k) = [\beta(k), r(k), \psi_{\text{L}}(k), y_{\text{L}}(k)]^{\text{T}} \tag{3-236}$$

其中,$\boldsymbol{A}_{\text{lat}}$ 为路径跟踪离散系统状态矩阵;$\boldsymbol{B}_{\text{lat}}$ 为控制矩阵;$\boldsymbol{P}_r$ 为控制目标输入系数矩阵;$\boldsymbol{K}_{\text{lat}}$ 为反馈控制器增益;$\boldsymbol{x}(k)$ 为系统状态量,如式(3-169)所示,其包含 $\beta(k)$、$r(k)$、$\psi_{\text{L}}(k)$、$y_{\text{L}}(k)$,分别为质心侧偏角、横摆率、航向角误差与预瞄距离 l_s 处侧向误差;$\delta(k)$ 为前轮转角;$\rho(k)$ 为道路曲率。上述离散系统中各矩阵参数由连续系统计算得到:

$$\boldsymbol{A}_{\text{lat0}} = \begin{bmatrix} a_{11} & a_{12} & 0 & 0 \\ a_{21} & a_{22} & 0 & 0 \\ 0 & 1 & 0 & 0 \\ v & l_s & v & 0 \end{bmatrix}, \boldsymbol{B}_{\text{lat0}} = \begin{bmatrix} b_1 \\ b_2 \\ 0 \\ 0 \end{bmatrix}$$

$$\boldsymbol{P}_{r0} = \begin{bmatrix} 0 \\ 0 \\ -v \\ -v\,l_s \end{bmatrix} \tag{3-237}$$

$$a_{11} = -2\frac{c_f + c_r}{mv}, a_{12} = -1 + 2\frac{c_r\,l_r - c_f\,l_f}{m\,v^2}$$

$$a_{21} = 2\frac{c_r\,l_r - c_f\,l_f}{I_z}, a_{22} = -2\frac{c_f\,l_f^2 + c_r\,l_r^2}{v\,I_z} \tag{3-238}$$

$$b_1 = 2\frac{c_f}{mv}, b_2 = 2\frac{c_f\,l_f}{I_z}$$

其中,c_f、c_r 分别为前、后轮侧偏刚度;l_f、l_r 分别为质心到前、后轴的距离;m 为整车质量;I_z 为车绕垂直轴的转动惯量;v 为纵向车速;l_s 为预瞄距离。具体参数设置见表 3-21。

车辆横向跟踪控制系统参数

表 3-21

参数(单位)	$l_f(\text{m})$	$l_r(\text{m})$	$m(\text{kg})$	$I_z(\text{kg} \cdot \text{m}^2)$	$v(\text{m/s})$	$c_f(\text{N/rad})$	$c_r(\text{N/rad})$
值	1.14	1.4	1500	2420	10	44000	47000

根据系统方程,包含随机丢包过程的线性反馈系统架构如图 3-129 所示,其系统方程可以表示为:

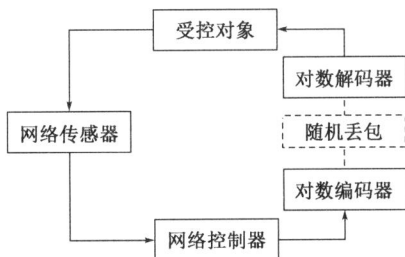

图 3-129 随机丢包下的对数量化反馈控制系统

$$x(k+1) = Ax(k) + \beta Bu(k) \tag{3-239}$$

其中,$\beta \in \{0,1\}$ 为丢包状态系数,若 $\beta = 0$ 表示发生丢包,控制信息没有被受控对象收到,系统退化为开环系统;反之则为无丢包状态。丢包研究中常见的伯努利过程可以看作简化的两状态马尔可夫过程,给定丢包率 p_d,其状态转移矩阵可表示为:

$$P = \begin{bmatrix} 1 - p_d & p_d \\ 1 - p_d & p_d \end{bmatrix} \tag{3-240}$$

因此,在给定量化密度及丢包率的前提下,用求解线性矩阵不等式的方法求解在无丢包状态下镇定控制参数,进而镇定包含丢包的线性对数量化反馈控制系统。需要注意的是,虽然上述系统为两状态跳变系统,然而另一状态为丢包状态,无反馈控制,因此只需要计算无丢包状态下的反馈控制参数即可。

在该方法下,可求解对应的轨迹跟踪控制量化反馈控制器参数。在仿真试验中,受控车辆按照恒定车速 u 追踪一正弦曲线轨迹,轨迹函数如下:

$$y_{ref} = 4 \cdot \sin\left(x_{ref} \frac{\pi}{50}\right), x_{ref} \in [0,100] \tag{3-241}$$

控制性能主要通过参考轨迹和实际轨迹的横向距离误差及航向角误差来反映,在本方法中设置归一化的跟踪误差指标(Tracking Error Index,TEI),其计算公式为:

$$\text{TEI} = \frac{1}{T_s} \int_0^{T_s} (\alpha_y |y_r(t)| + \alpha_a |\psi_L(t)|) \, dt \tag{3-242}$$

其中,T_s 为仿真总时长;α_y、α_a 为横向距离误差和航向角误差的权重系数,设置为 $\alpha_y = 1$,$\alpha_a = 0.5$。

不同量化密度及丢包率下,对比普通控制器与本方法提出控制器下跟踪误差指标之差,如图 3-130 所示。从图中可以看出,在较小的丢包率及较精细的量化密度下,普通控制器和本方法提出的控制器都可以很好地镇定系统,如图中下方平面部分所示。随着丢包率的增加及量化密度的减小,二者的平均跟踪误差情况都变差,但普通控制器的控制表现波动较大,而且会在更低的丢包率下就出现较大的误差波动。特别是在一定的丢包率和量化密度范围内,本方法设计的控制器的控制性能都远优于普通控制器,如图中方点虚线圈出斜面部分所示。

2)网络攻击下的安全控制

车联网环境可能使智能网联车辆的控制系统易于受到对抗信息的入侵,进而影响车辆控制的安全性。一方面,经典控制方法在此情况下不足以保证车辆的控制安全;另一方面,现有关于对抗信息下控制方法的研究依然存在一些问题(如对约束的处理、控制性能的优化、与车辆控制的结合程度等),需要更多的研究加以完善。

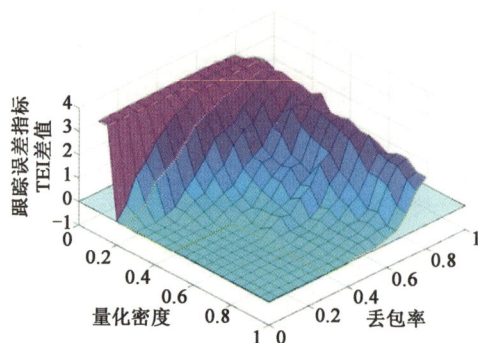

图 3-130　两种控制器不同量化密度及丢包率下跟踪误差指标差值

针对上述问题,需要建立有界对抗信息下智能网联车辆控制方法,使车辆的控制器在对抗信息的影响下保证车辆控制的安全性,并能兼顾车辆控制的性能。典型研究问题为有限时域车辆控制策略求解及安全性验证。根据差分可达集的边界对真实安全约束集进行收缩,得到无对抗信息约束集,以消除系统的不确定性。在无对抗信息约束集和车辆动力学模型基础上,构建基于可满足性理论的存在性问题,以处理无对抗信息约束下的车辆参考轨迹控制策略存在性问题。进一步,对车辆控制策略进行滚动优化求解,提高本场景适用性。

将实际环境对应的参考轨迹转化到无对抗信息时的参考轨迹,是一种常用的处理方法,有利于消除有界对抗信息的不确定性。与此同时,针对车辆状态实际轨迹的安全约束集也应做相应转化。显然,在对抗信息存在不确定性的情况下,参考轨迹的安全约束集相比实际轨迹的安全约束集应有所收缩,如图 3-131 所示。

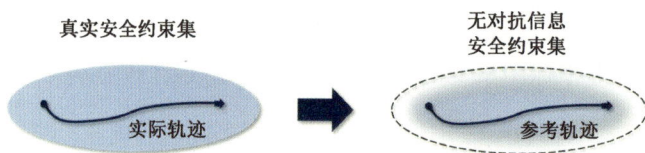

图 3-131　安全约束集转化与收缩示意图

在典型跟车场景中,前车的运动规律将决定自车的真实安全约束集。在计算无对抗信息安全约束集之前,设定单规划周期预测时间内(预测总步长为 6,总时间为 0.6s)的前车的运动轨迹。基于已知的单规划周期前车运动轨迹,车辆纵向模型如式(3-189)所示,可设定自车随时间变化的真实安全约束集,如式(3-143)至式(3-145)所示。

$$\left| \left[s_p(k) - s(k) \right] - d_{des} \right| \leqslant d_{safe} \quad\quad (3\text{-}243)$$

$$\left| v_p(k) - v(k) \right| \leqslant \Delta v_{safe} \quad\quad (3\text{-}244)$$

$$\left| a(k) \right| \leqslant a_{max} \quad\quad (3\text{-}245)$$

其中,k 为预测时刻,$k = 1,2,\cdots,6$;s_p 和 v_p 分别代表前车的位置和速度;s、v、a 为自车的状态量,分别为位置、速度、加速度;d_{des} 为自车的期望跟车距离,此处取为定值 5m;d_{safe} 为实际跟车距离与期望跟车距离偏离量的安全阈值,此处取为定值 1m;Δv_{safe} 为自车速度与前车速度偏离量的安全阈值,此处取为定值0.5m/s;a_{max}为自车最大加速度的限值,此处取为定值5m/s²。本书提出的算法为基于可达性分析的可满足性模理论(Reachability Analysis Satisfiability Modulo Theories,RA-SMT),对标算法一种是鲁棒模型预测控制(Robust MPC,rMPC)算法,另一种是传统模型预测控制(Normal MPC,nMPC)算法。

不同对抗信息类型下的仿真结果如图3-132所示。图中包括三张子图,分别对应RA-SMT、rMPC以及nMPC算法;每种控制算法又包括上、中、下三部分,分别代表不同的前车运动规律,子图上方表示前车以恒定速度运动,子图中间表示前车以正弦速度运动,子图下方表示前车以实测速度运动;每种仿真场景都包含十种不同的对抗信息,每种对抗信息的输入都对应仿真结果(图中的一对曲线,表示跟车位置误差和速度误差)。

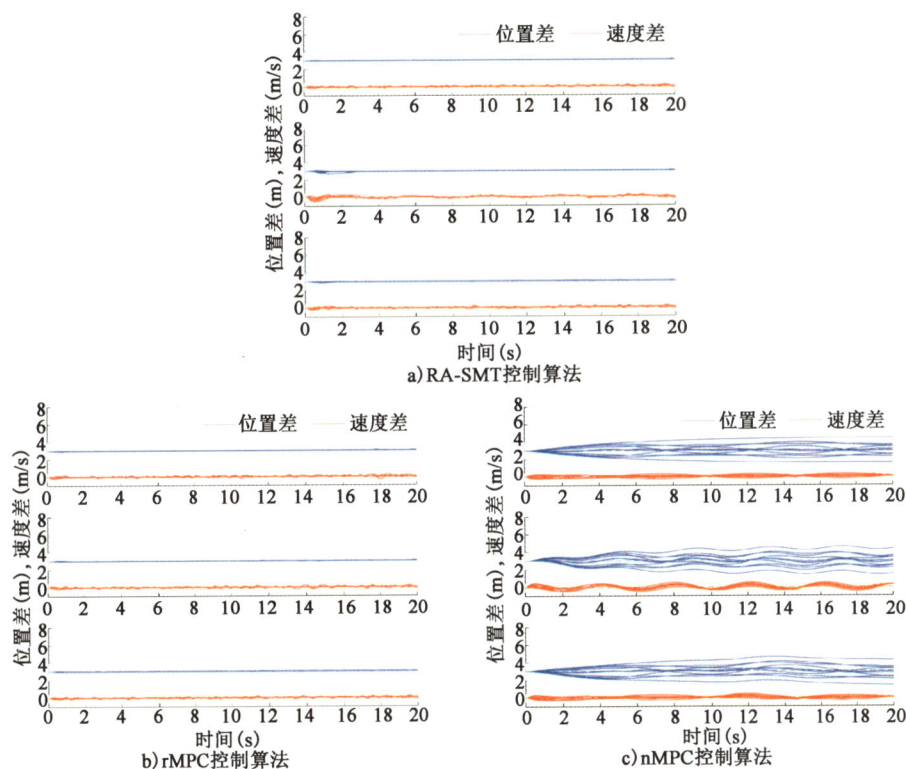

图3-132 不同对抗信息类型下三种车辆控制算法的多次仿真结果

从图中可以看出,在不同的前车运动规律、各种不同有界对抗信息的输入下,RA-SMT算法和rMPC算法均能保证所控制的自车状态时刻处于安全边界内,而nMPC算法在一些有界对抗信息的输入下无法保证自车的控制安全,自车状态突破了安全边界。另一方面,从跟踪误差来看,RA-SMT算法和rMPC算法所控制的自车与前车的位置误差与速度误差均在很小的范围内波动,而且曲线簇相对比较重合;而nMPC算法所控制的跟踪误差较大,体现在位置误差曲线簇与速度误差曲线簇的较大范围波动,且重合度较低。这反映出RA-SMT算法和rMPC算法在不同类型的有界对抗信息输入下均能实现较好的跟踪性能,也反映出nMPC算法的跟踪性能明显不如RA-SMT算法和rMPC算法。

3）安全沙箱与控制仲裁

自动驾驶汽车的控制量（车速、前轮转角等）由控制器计算所得。控制器通常根据不同场景分别开发，如面向队列跟车行驶、交叉路口车速引导等，其设计方法往往只考虑在特定场景中行驶的可行性。但在复杂耦合的场景下，多种控制目标和指令可能存在冲突，无法保证车辆的行驶安全性。因此，需要设计车辆安全仲裁机制，实时判断车辆的控制输入是否能保证车辆安全，并在不能保证车辆安全行驶时，实时规划新的控制输入。

安全沙箱技术是计算机领域用于保障系统安全性的典型方法。安全沙箱提供了一种按照安全策略限制程序行为的执行环境，即一个虚拟系统程序，允许在沙盘环境中运行各种用户程序，运行所产生的变化可以随后删除。它创造了一个类似沙箱的独立作业环境，在其内部运行的程序并不能对硬盘产生永久性的影响。同时，安全沙箱为一个独立的虚拟环境，可以用来测试不受信任的应用程序或上网行为。

基于安全沙箱的自动驾驶车辆安全保障技术架构由五部分组成：安全监视器、安全沙箱、传感器接口、网络信息接口、车辆控制接口，如图 3-133 所示。其中，传感器接口和网络接口负责将传感器采集到的信息和来自网络的信息传送给安全监视器和安全沙箱中的用户程序，用户程序包含存储于本地的程序和来自云端的控制程序，用户程序根据驾驶目的和传入的环境状态信息计算控制输入，并将此控制输入发送给安全监视器，安全监视器根据当前车辆及环境状态判断用户程序计算的控制输入是否能保障车辆安全，若能，则向安全沙箱发送赋能指令，用户程序计算的结果则发送给车辆进行控制，若不能，则由安全监视器重新计算可以保证车辆安全的控制输入，并发送给车辆进行控制，如图 3-134 所示。

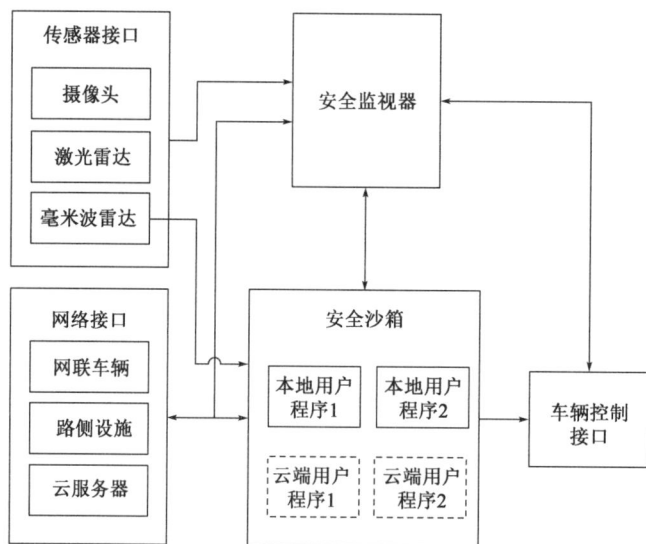

图 3-133　基于安全沙箱的自动驾驶车辆安全保障技术架构

图 3-135 展示了用于判断当前车辆安全状态的一个实例。在本实例中，车辆按照某一速度向前方匀速行驶，图的横纵坐标分别表示车辆前方障碍物与自车的距离以及车辆-障碍物连线和车辆正前方的夹角。分别通过检查车辆继续向前行驶是否会和障碍物发生碰撞、车辆通过转向并保持匀速行驶是否会发生碰撞、车辆按照最大制动减速度减速是否会发生碰撞，即可

得到当前车速下车辆的安全状态区域划分。左右两图分别展示了车速为 1 m/s 和 2m/s 时的安全状态区域划分结果。

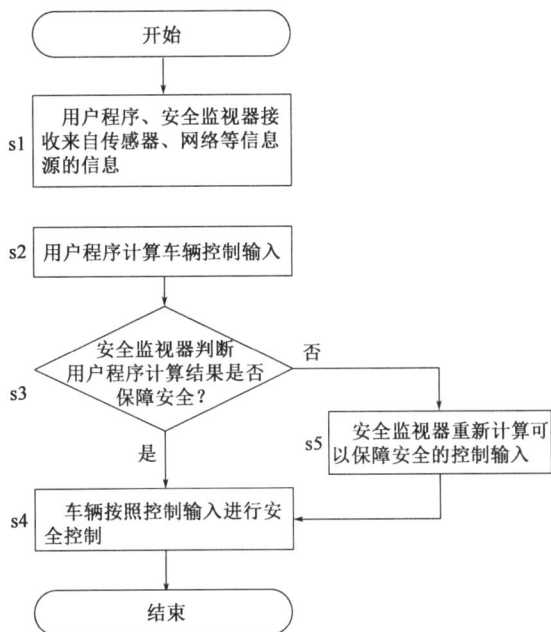

图 3-134 基于安全沙箱的安全控制流程图

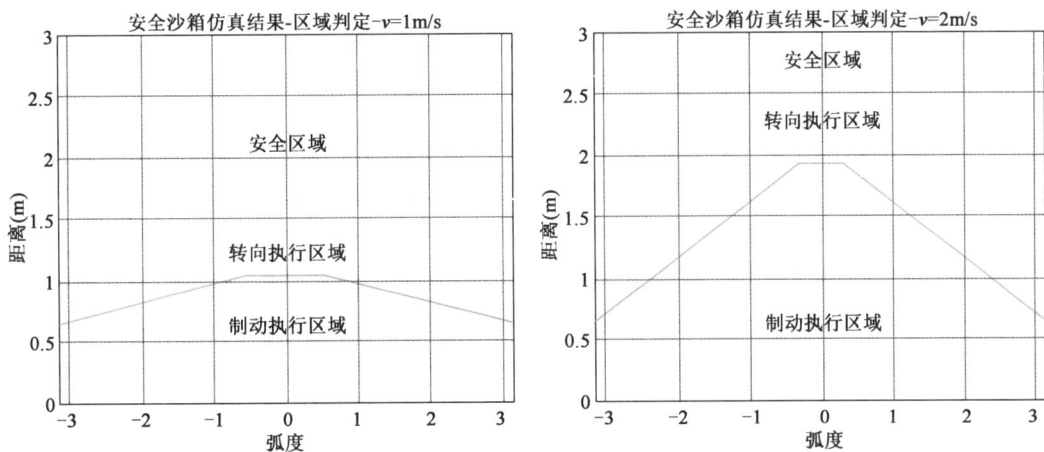

图 3-135 安全仲裁实例图

(二)群体智能安全控制

群体智能控制技术以域内多车为协同控制对象,并形成具有一定信息拓扑结构的多智能体动态系统。在目前有关群体协同控制的研究中,也有学者以"协同控制"(Cooperative /Coordinated Control)统称协同决策与控制,且二者在研究问题(例如协同提升车辆队列的能效等)、控制对象(例如队列中各车辆的加速度)等方面存在一定的相似性。但群体协同控制常具有特征:其针对具有系统动力学建模的协同系统,并在保障闭环控制系统的稳定性、鲁棒性、内聚性等基本性能基础上,进一步通过优化控制等方法实现系统的安全、高效运行。上述过程更有利于分析扰动与各种非理想因素对系统安全性与通行效率的影响。群体安全控制技术主要包含三方面内容:系统动力学建模,群体安全控制性能指标,及群体安全控制方法。

1.系统动力学建模

群体协同控制系统可以视作由多个单一的车辆个体,通过信息交互进行控制,进而相互耦合而成的动态系统。其动力学建模常包括节点动力学、信息拓扑结构、多车几何构型、分布式控制器四个部分[170],并可采用四元素模型架构进行数学描述。针对车辆队列的四元素模型示意图如图 3-136 所示。

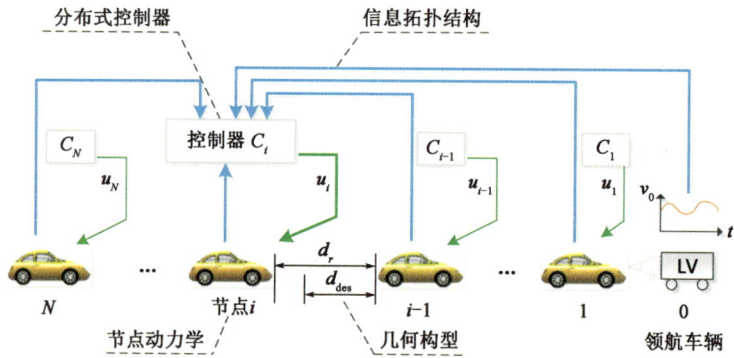

图 3-136   队列场景下的系统四元素动力学模型[170]

(1)节点动力学模型用于描述单个车辆的动力学行为,其建模方式与单车动力学模型相似。考虑到非线性动力学模型在大规模控制问题中的复杂性,现有研究常用单积分模型、二阶模型等方法对车辆模型进行线性化。

(2)信息拓扑结构用于描述车辆节点间信息传递的拓扑关系,表征了每一辆车使用的信息,对队列的稳定性、稳定性裕度等特征有重大影响。信息拓扑结构的设计需要满足场景使用要求,以具有领航车与跟随车的队列场景为例,领航车到跟随车的信息传递应至少包含一棵以领航车为根节点的有向生成树,即任一跟随车辆均能直接或间接获取领航车辆的信息。信息拓扑结构常通过邻接矩阵和牵引矩阵表达。以前车领航车跟随(Predecessor-Leader Following,PLF)结构为例,每辆车与领航车、前车建立通信。在 PLF 结构下,节点 i 能获取节点 $i-1$ 信息,因此节点 i 的邻域集为:

$$(\mathbb{N}_i)_{PLF} = \begin{cases} \varnothing, i = 1 \\ \{i-1\}, i = 2,3,\cdots,N \end{cases} \tag{3-246}$$

据此可以写出其邻接矩阵:

$$(\boldsymbol{\mathcal{A}}_N)_{\mathrm{PLF}} = \begin{bmatrix} 0 & & & & \\ 1 & 0 & & & \\ & \ddots & \ddots & & \\ & & 1 & 0 & \end{bmatrix} \qquad (3\text{-}247)$$

此外,由于每辆车均能够获得领航车信息,故领航节点信息可达集为:

$$(\mathbb{P}_i)_{\mathrm{PLF}} = \{0\}, i = 1,2,\cdots,N \qquad (3\text{-}248)$$

据此可以写出牵引矩阵:

$$(\boldsymbol{P})_{\mathrm{PLF}} = \begin{bmatrix} 1 & & & \\ & 1 & & \\ & & \ddots & \\ & & & 1 \end{bmatrix} \qquad (3\text{-}249)$$

(3)多车几何构型用于描述群体中相邻两车之间的位置关系。以队列控制问题为例,队列几何构型可以表达为:跟随车与领航车速度一致,且相邻车辆之间保持期望车距。期望车距具有 3 种常见设计方式:恒定距离型,即车距为大于 0 的常数;恒定时距型,即车距为大于 0 的常数 TTC;非线性距离型,期望车距表达为此自车车速的非线性函数,在不同的文献方法中,基于保证队列稳定性、提高交通流密度的目标,具有不同的设计形式。

在实际控制过程中,车辆的速度与车距难以始终稳定保持在期望值,因而有效的控制器设计与合理的几何构型设计是避免碰撞、保证群体运行安全性的前提。

(4)分布式控制器用于描述利用邻域内车辆信息的反馈控制律。与群体决策技术相似,群体控制方法包含集中式、分布式两种,考虑到集中式控制在大规模控制问题中难以求解、鲁棒性不足,现有研究常基于分布式控制思想,通过设计每一辆车基于信息拓扑结构的反馈式控制方法,实现系统全局的协调目标。

2. 群体安全控制性能指标

在理论方法上,群体安全控制属于多智能体系统协同控制的一类。在多智能体协同控制领域,基于控制目标包含一致性(Consensus)控制、会合(Rendezvous)控制、集群(Flocking)控制和编队(Formation)控制等。其中,最基本的一类问题是一致性控制,即通过个体的信息交互与分布式控制实现个体间的状态趋同。队列控制即为一种一致性控制问题。其控制目标可以表达为:

$$\lim_{t \to +\infty} \|x_j(t) - x_i(t)\| = 0, \forall i,j \in \{1,2,\cdots,N\} \qquad (3\text{-}250)$$

其中,$x_i(t)$ 为个体 i 的状态;N 为系统中的个体数目。

在智能车的集群控制中,主要考虑按照特定的多车几何构型聚集与避免碰撞等目的展开控制研究。以队列控制为例,可以基于期望车距 d 将上式改为:

$$\lim_{t \to +\infty} \|x_j(t) - x_i(t)\| = d, \forall i,j \in \{1,2,\cdots,N\} \qquad (3\text{-}251)$$

相比较于群体安全决策技术中,通常假设各车能够按照期望的规划结果行驶,群体安全控制问题需要考虑其实际运动与期望之间的偏差。此外不同于单车控制,群体控制以多车系统为控制对象,需要进一步考虑扰动在系统中的传递。例如上文提到的队列控制场景,一方面需要考虑到车辆不会完全按照期望的几何构型行驶,一方面也要考虑到避免小的扰动在群体中被传递放大,乃至引发碰撞事故。

因此,在单车控制一节提出安全控制性能指标之上,围绕群体系统也需要引入新的运行安全性指标,常用闭环控制系统性能指标及其含义见表3-22。

闭环控制系统运行安全性能指标

表3-22

指 标	含 义	对群体系统运行安全的影响
内稳定性 (Internal Stability)	系统基本指标,系统能够稳定运行至目标状态。如线性系统的所有特征根需要具有负实部	使群体能够达到目标运行状态,首先需要满足内稳定性
稳定裕度 (Stability Margin)	在内稳定性成立的基础上,描述扰动的衰减速度。线性系统由最小特征根(最不稳定特征根)的实部绝对值定义	稳定裕度高的系统的状态扰动衰减更快、稳定性更强
队列稳定性 (String Stability)	队列稳定性要求对于任意频率的扰动,其幅值不会随着扰动在队列中的逐车传递过程而放大	内稳定性无法保证队列运行的稳定性,需要进一步考虑扰动传递过程,以防发生碰撞

与群体协同决策相似,群体协同控制同样以提升系统通行效率、降低能耗等为目标,这些目标一般体现在最优控制问题的目标函数设计中。但对于系统控制方法的设计过程,前述与群体系统运行安全相关的性能指标都是需要优先满足的。

以队列稳定性指标为例,目前改善队列稳定性的方案主要有如下三类:①松弛队列构型,即在队列几何构型中设计较大的跟车距离,或采用配合设计的非线性车距模型;②异质控制器架构,即针对不同的车辆节点,设置不同的控制器的控制增益;③扩展信息流拓扑结构,即使车辆能够获取队列中更多车辆的信息。

3. 群体安全控制方法

线性反馈控制是群体协同控制问题最常用、最成熟的一类方法。线性反馈控制具有形式简单、易于实现、便于进行系统动力学性能分析与优化等特点。基于前述四元素模型,以队列系统的一致性控制问题为例:

$$u_i(t) = -\sum_{j \in \mathbb{I}_i} \{ k_{ij,p}[p_i(t) - p_j(t) - d_{i,j}] + k_{ij,v}[v_i(t) - v_j(t)] + k_{ij,a}[a_i(t) - a_j(t)] \}$$

$$(3-252)$$

等式左侧,i 车为受控车辆;$u_i(t)$ 为 t 时刻受控车的控制输入。等式右侧,p、v、a 分别对应了纵向位置、速度、加速度信息;$d_{i,j}$ 为 i、j 两车期望车距。j 车是 i 车基于通信拓扑可以获得信息的车辆,且 $j \in \mathbb{I}_i$ 为 i 车能使用的邻域信息。$k_{ij,\#}(\# = p, v, a)$ 是控制器的增益。由此可见,在该控制器中每一辆车均能够基于其可获取的邻域车辆信息,通过线性负反馈产生控制信息。

在群体协同控制中,如何处理约束也是关键问题之一。系统约束来源于控制的可执行性、安全性等要求,而线性反馈控制难以融合约束。因此,基于分布式模型预测控制(Distributed Model Predictive Control,DMPC)的研究正在成为群体协同控制的焦点。

以队列控制问题为例,DMPC 控制器基本形式可表达为:

$$\min_{U_i} J_i\big[y_i^{\mathrm{p}}(:|t),u_i^{\mathrm{p}}(:|t),y_i^{\mathrm{a}}(:|t),y_{-i}^{\mathrm{a}}(:|t)\big] = \sum_{k=0}^{N_{\mathrm{p}}-1} l_i\big[y_i^{\mathrm{p}}(k|t),u_i^{\mathrm{p}}(k|t),y_i^{\mathrm{a}}(k|t),y_{-i}^{\mathrm{a}}(k|t)\big]$$

$$(3\text{-}253)$$

使得:

$$\dot{x}_i^{\mathrm{p}}(k+1|t) = \varphi_i\big[x_i^{\mathrm{p}}(k|t)\big] + \psi_i \cdot u_i^{\mathrm{p}}(k|t)$$

$$\boldsymbol{y}_i^{\mathrm{p}}(k|t) = \boldsymbol{\gamma}\, \boldsymbol{x}_i^{\mathrm{p}}(k|t)$$

其中:

$$k = 0,\cdots,N_{\mathrm{p}}-1$$

$$u_i^{\mathrm{p}}(k|t) \in U$$

$$\boldsymbol{y}_i^{\mathrm{p}}(N_{\mathrm{p}}|t) = \frac{1}{|\mathbb{I}_i|}\sum_{j\in\mathbb{I}_i}\big[\boldsymbol{y}_j^{\mathrm{a}}(N_{\mathrm{p}}|t) - \tilde{\boldsymbol{d}}_{j,i}\big]$$

$$T_i^{\mathrm{p}}(N_{\mathrm{p}}|t) = h_i\big[v_i^{\mathrm{p}}(N_{\mathrm{p}}|t)\big]$$

DMPC 可通过求解每辆车的最优控制 $\boldsymbol{U}_i$ 使得系统的总体损失 $\sum_{k=0}^{N_{\mathrm{p}}-1} l_i$ 最小。其中,各个约束分别对应每辆车基于运动学模型的运动约束、控制输入的幅值约束、终端位置约束与终端状态约束,以及系统渐进稳定性的保证。

与线性反馈控制相比,分布式模型预测控制建模更加复杂,求解难度也更大。感兴趣的读者可以进一步阅读参考文献[171]进行了解。

在智能网联汽车推广的过程中,势必存在长期的智能网联汽车(ICV)与人工驾驶汽车(Human-Driven Vehicle,HDV)共存的混合交通工况。理解与评价混合交通系统的性能,对ICV 的推广具有重要意义。

以针对队列行驶的混合交通工况为例,首先需要对驾驶人进行建模。目前,常用的模型主要是最优车辆模型(Optimal Vehicle Model,OVM)和智能驾驶人模型(Intelligent Driver Model,IDM),这类模型与真实驾驶人的跟车行为较为接近,可以近似模拟人工驾驶。此类模型可以表示为:

$$\dot{d}_i(t) = v_i(t) - v_{i-1}(t)$$

$$\dot{v}_i(t) = F\big[d_i(t-\tau),\dot{d}_i(t-\tau),v_i(t-\tau)\big]$$

$$(3\text{-}254)$$

其中,d_i 为车辆 i 与前车 $i-1$ 的车头间距;v_i 表示车辆 i 的速度;$\dot{v}_i$ 为车辆 i 的加速度,单位为 $\mathrm{m/s^2}$;τ 为驾驶人的反应时间,单位为 s,通常情况下为一常量。为分析 ICV 技术在混合交通中的性能,大量研究基于 Vissim、SUMO 等交通仿真平台进行分析,并选取交通流量、交通流稳定性、交通流匀质性等指标,以研究智能网联汽车在不同渗透率下对交通性能的影响[172]。而在理论分析方面,首-尾队列稳定性(Head-to-tail String Stability),是一种经典分析指标,描述了在一段由多辆车构成的交通流中,头车产生的扰动传播到尾车后是否会被放大[173]。有学者提出了利用单一智能网联汽车镇定交通流的可能性,并证明了在特定参数条件下线性闭环系统可实现稳定,此类研究体现了低渗透率下 ICV 具有镇定交通流的潜能,例如伊利诺伊大学香槟分校(UIUC)的研究者提出了 FollowerStopper 的控制策略[174],并在 260m 长环形道路上使用 21 辆 HDV 与 1 辆 ICV 开展试验,验证了 1 辆 ICV 抑制交通扰动、镇定交通流的能力,如

图 3-137 所示。

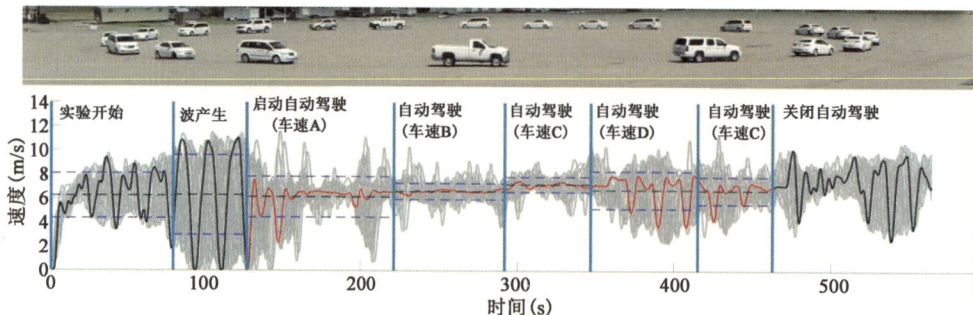

图 3-137　UIUC 研究者进行的环形道路实车实验[174]

　　下面针对一个具体案例,对群体控制技术在混合交通中的应用效果进行分析[175]。如图 3-138 所示,由人工驾驶车辆、ICV 构成的混合队列将要通过受红绿灯控制的路口。此时,群体控制器需要在固定的红绿灯配时下,提升队列的通行效率、降低燃油消耗。

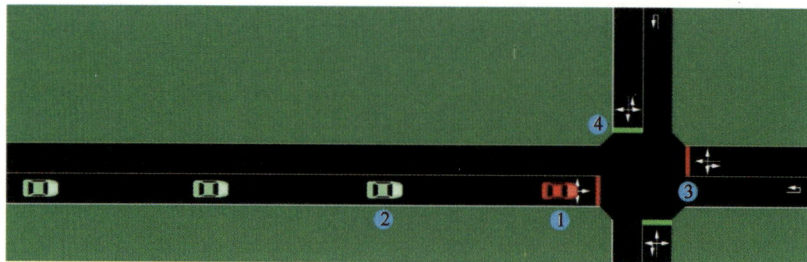

图 3-138　人驾驶车辆 - ICV 混合队列通过红绿灯控制的路口
1-智能网联汽车;2-驾驶人驾驶车辆;3-红灯相位;4-绿灯相位

　　车队在通过交叉路口时,在稳定交通流下不涉及红绿灯相位的分配问题,因此仅选择固定时间间隔的红绿灯进行优化。即 ICV 可以获取固定的红绿灯配时情况,然后根据固定配时进行轨迹规划。主要采取协同优化框架,即优化分为两个基本步骤:首先,利用固定交通配时信息优化车辆到达交叉路口的时间;然后,以交叉路口通行时间为终端约束,进行车辆行驶轨迹的优化。

　　对于控制器设计的一般过程,首先从交通环境中提取必要的交通信息,包括信号灯配时、HDV 及 ICV 的车辆状态等。然后通过配时信息、车辆及环境约束优化队列长度,确定 ICV 到达停车线的时间。接下来根据终态时刻及终态速度,构建最优控制模型,利用高斯伪谱法进行求解,优化队列燃油经济性。最后将得到的轨迹信息下发到 ICV,进行车速控制。

　　以 ICV 渗透率 0% 为基准评价指标,计算对应的不同交通流量下的混合队列算法优化结果。计算结果如图 3-139 所示,即图中的红色实线为 ICV 市场渗透率 0% 对应的基准性能,在红色实线以下的部分为对交通效率或油耗有降低改善作用的交通场景,在红色实线以上的部分为没有改善的交通场景。可以看出,随着 ICV 渗透率的提升,算法的优化作用往往不是随之正相关上升的。其可能原因是在单车道场景下,ICV 的控制总会带来 HDV 的速度波动。在低渗透率下,多个 HDV 累积带来的牛鞭效应(Bullwhip Effect)使得速度波动被逐渐放大,末端 HDV 的交通效率和燃油经济性的下降几乎不可避免。在中高渗透率下,混合队列算法通过对最大队列长度的约束和 ICV 的协同控制,速度的波动可以被约束在期望的范围内,实现了对单车 ICV 网联算法的性能提升。

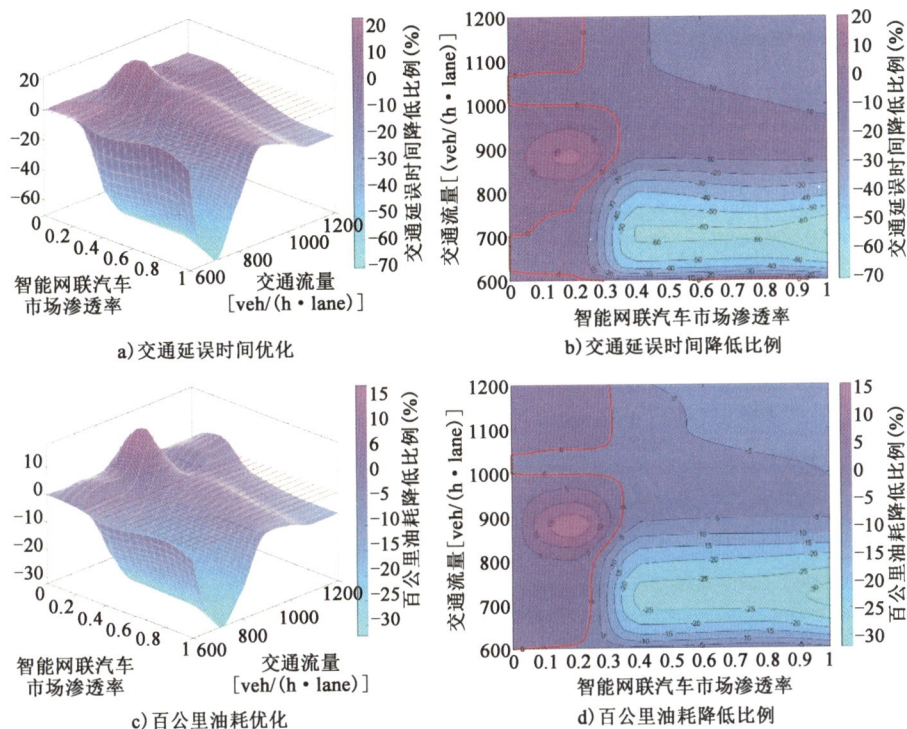

a)交通延误时间优化

b)交通延误时间降低比例

c)百公里油耗优化

d)百公里油耗降低比例

图 3-139　不同 ICV 渗透率下的交通延误时间与百公里油耗优化情况[175]

目前,针对混合交通流的研究仍在不断探索前进。如何使驾驶人模型更贴近人类实际驾驶行为,如何设计控制方法使得混合交通系统在各种 ICV 渗透率下都具有较好的控制性能等,仍是相关领域的研究重点。

第四节　智能运行安全系统

前述章节分别介绍了汽车智能安全运行理论、风险辨识方法以及智能安全决策与控制技术。本节将从应用角度总结归纳汽车智能运行过程中的安全系统,包括主动安全控制系统、辅助驾驶安全系统、自主驾驶安全系统和智能驾驶协同安全系统,着重介绍各安全系统产生的背景、结构组成及典型应用场景,并展望智能运行安全系统的发展方向。下面将以安全系统等级为尺度,分别介绍四类系统。汽车智能安全系统的发展演变如图 3-140 所示。

一、主动安全控制系统

汽车主动安全控制系统是相对于安全带、气囊等被动安全系统而言,指为预防汽车发生失稳或碰撞事故等采取的安全控制措施,其主要包括制动防抱死系统(Anti-lock Braking System,ABS)、电子稳定控制(Electronic Stability Control,ESC)等。同时针对极限工况下因前轴侧滑发生的滑移(Drift Out)现象和后轴侧滑发生的激转(Spin)现象,各大汽车厂商竞相开发生产多种能够显著改善操纵稳定性的电子控制系统,如四轮转向系统(Four Wheel Steering System,4WS)、车辆稳定性控制(Vehicle Stability Control,VSC)系统、车辆动力学控制(Vehicle Dynamics Control,VDC)系统等。

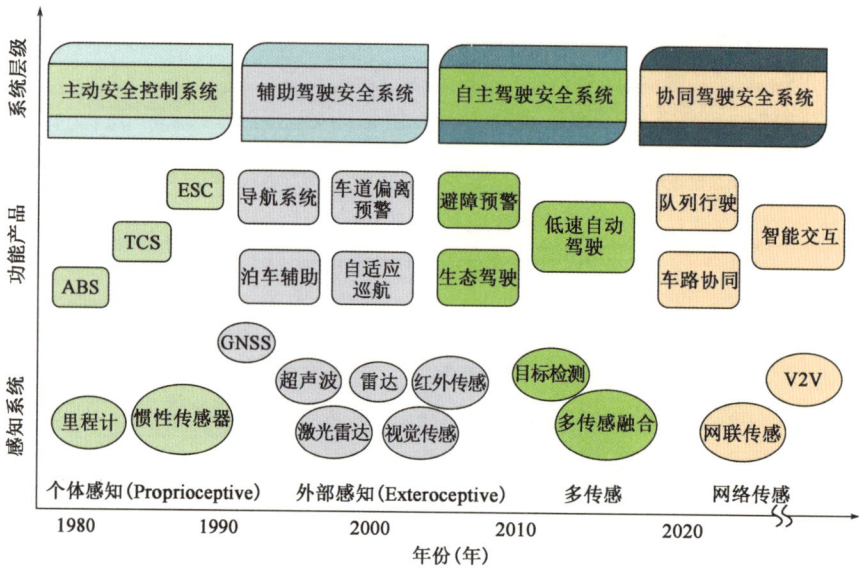

图 3-140 汽车智能安全系统发展演变[176]

1. 系统构成

现有汽车主动安全控制系统根据其有效工作范围对其功用进行设计,具体以摩擦(椭)圆划分,如图 3-141 所示。其中以改善曲线运动稳定性的 4WD 的有效工作范围为附着圆的中心位置,即轮胎侧向力、纵向力在其线性变化范围内;TCS 的有效工作区是在大的驱动力附近的极限区域,如加速起步;ABS 的有效工作区是在大的制动力附近的极限区域,如紧急制动;ESC 的有效工作区域是在大的侧偏力极限区域,如紧急转向。其他几种电子控制系统,如驱动力分配控制、制动力分配控制、侧倾刚度分配控制等[177],主要工作在具有较大地面反作用力的轮胎非线性区域。特别地,典型电子稳定系统 ABS 工作原理是通过轮速传感器将车轮旋转的信号传给电子控制单元(Electric Control Unit,ECU),ECU 经过对轮速信号和车速信号进行对比处理判断,监测车轮的滑移率,发送指令到 ABS 执行器使之调节制动管路压力,进而保证车轮不抱死。目前 ABS 是较成熟的汽车主动安全控制,已成为中高档汽车的标配。关于 ABS 的结构、原理及其设计,具体可参考文献[178]。

随着计算机、传感器与执行机构相关技术的蓬勃发展,以 ESC 为代表的电子控制系统成为继 ABS 之后又一里程碑式的汽车主动安全系统。经来自美国、欧洲、日本等多个国家和地区科研机构的研究表明,ESC 能够有效避免交通事故尤其是单车侧翻事故的发生。基于上述显著效果,2009 年在乘用车制动标准 ECE R13H 修订中增加了关于 ESC 的规范及定义,明确了 ESC 应具有的特征:①通过对每个车轮单独施加制动力矩,产生修正汽车运动的横摆力矩,提高汽车的方向稳定性;②通过闭环算法控制汽车过多转向或不足转向;③能够测量汽车的横摆角速度,并估算质心侧偏角及其随时间的变化率;④能够监视驾驶人的转向盘输入;⑤能够判断是否需要调整发动机转矩,并在必要时进行调整,辅助驾驶人保持对汽车的控制;⑥在汽车的全速度范围内可用(车速低于 15km/h 和倒车时除外)。鉴于 ESC 成为中高端汽车的标配系统,且技术日趋成熟,本书将不再详细讨论。

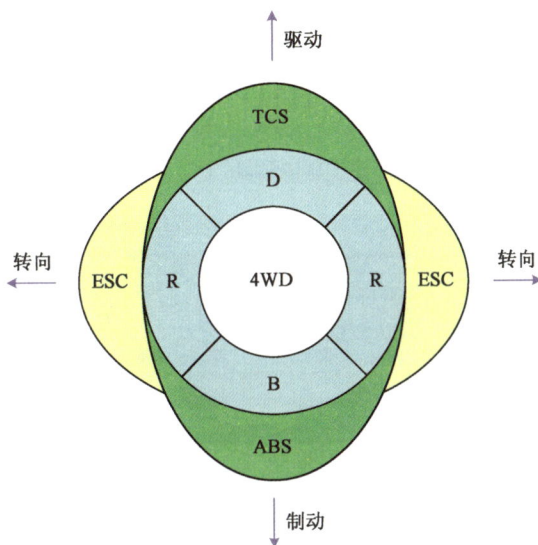

图 3-141　提高操稳性的电子控制系统的有效工作区域

D-驱动力分配控制;R-侧倾刚度分配控制;B-制动力分配控制

2. 系统应用场景

ABS 的作用是防止车轮在制动过程中被制动器抱死,提高汽车的方向稳定性和转向控制能力,缩短制动距离。早期车辆在行驶过程中会存在以下现象:在雨天湿滑泥泞的柏油路上或在雪地紧急制动时,汽车会打滑甚至掉头;若左右轮在附着系数不同的路面上行驶,例如一个车轮在雪地路面上,另一个车轮在柏油路面行驶,汽车在紧急制动时会失去方向控制;在弯道上高速行驶时紧急制动,可能会向路边滑行或滑入对向车道;直道紧急制动可能会导致车辆失去转向能力,难以避开障碍物和其他危险情况[178]。上述危险情况的出现催生了 ABS 的研制,具体控制效果如图 3-142 所示,安装 ABS 的车辆可防止车辆因侧向力饱和而驶出车道。

ESC 主要对车辆纵向和侧向稳定性进行控制,保证车辆稳定行驶,例如汽车在湿滑路上向左过度转向(转弯太急)时会产生右侧甩尾,ESC 在其传感器感知到轮胎滑动后迅速发布指令,制动右前轮使其产生一种相反的转矩而使汽车保持在原来的车道上,具体控制效果如图 3-143 所示。

图 3-142　ABS 典型应用场景：可防止车辆发生侧滑

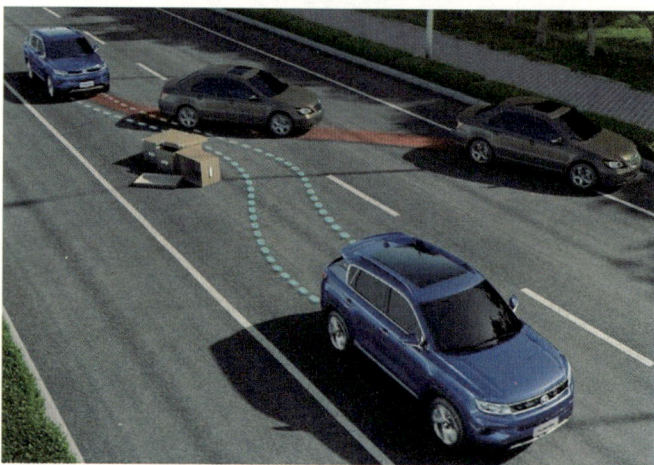

图 3-143　ESC 典型应用场景

二、辅助驾驶安全系统

　　驾驶人的误操作是导致交通事故的主要原因之一。应用电子辅助设备来减少或纠正驾驶人的错误驾驶行为，能够有效保证行车安全，因此研究人员们开发了各种辅助驾驶安全系统。这类系统是指依靠车载传感系统进行环境感知，预判潜在风险，采取措施对驾驶人操作进行预警或干预来保证行车安全的系统，主要可分为预警系统与控制系统两类。

1. 系统结构组成

　　辅助驾驶安全系统主要由传感器、计算单元和执行器三部分组成，如图 3-144 所示。传感器感知周围环境和自车状态；计算单元判断驾驶人状态或预测自车潜在的碰撞风险，如可能的碰撞时刻和碰撞严重程度等，而后决定合适的干预措施，进行警告或强制控制等；执行器则执行计算单元的指令,向驾驶人发出警告信息或者直接控制车辆。

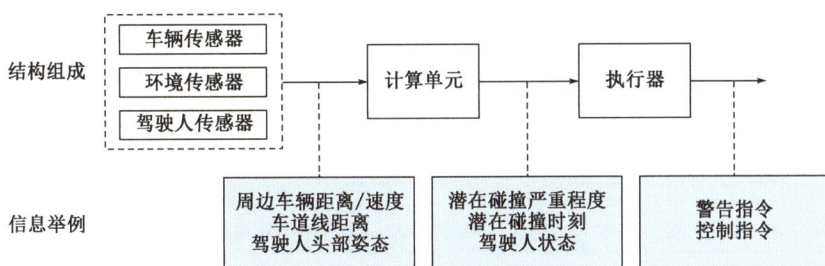

结构组成

车辆传感器
环境传感器
驾驶人传感器

→ 计算单元 → 执行器 →

信息举例

周边车辆距离/速度
车道线距离
驾驶人头部姿态

潜在碰撞严重程度
潜在碰撞时刻
驾驶人状态

警告指令
控制指令

图 3-144　辅助驾驶安全系统结构组成

　　传感器可主要分为三类:第一类用于探测车辆周围环境信息,如前车、后车速度,车道线位置,天气等信息,常用传感器包括毫米波雷达、激光雷达、相机、雨水传感器等;第二类用于测量自车状态,如自车速度、加速度等,常用传感器包括全球定位系统、加速度传感器等;第三类用于测量驾驶人状态,如驾驶人的头部运动特征、脑电信号等,常用传感器包括车内相机、脑电信号采集仪等。

　　不同功能的辅助驾驶安全系统或者基于不同技术方案的同一辅助功能的安全系统的传感器方案选择不同。一方面,各类传感器具有不同的探测范围和探测精度,因此各类具体的辅助驾驶安全系统选用的传感器配置方案有所差异。表 3-23 中展示了部分辅助驾驶安全系统常见的传感器配置方案。另一方面,对于同一功能的系统,也可能会有不同的传感器方案。例如对驾驶人疲劳状态进行预警,可以基于驾驶人生理信号(脑电信号、心电信号等)、驾驶人生理反应特征(眼动特征、头部运动特征等)、驾驶人操作行为(转向盘操作、踏板操作等)或车辆行驶轨迹(行驶轨迹变化、轨道偏离等)等特征判断驾驶人是否疲劳[179]。这四类不同的技术方案中需要使用相应的传感器来采集所需信息。

部分辅助驾驶安全系统常见的传感器方案　　　　　　　　表 3-23

系　　　统	传感器方案
车道偏离预警系统 (Lane Departure Warning, LDW)	单目相机、双目相机
自动/辅助泊车系统 (Auto Parking System, APS)	超声波雷达、单目相机
前向碰撞预警系统 (Forward Collision Warning, FCW)	毫米波雷达、激光雷达、单目相机
自适应巡航控制系统 (Adaptive Cruise Control, ACC)	毫米波雷达、激光雷达、单目相机
驾驶人疲劳预警系统 (Driver Fatigue Warning, DFW)	车内相机
换道辅助系统 (Lane Changing Assistance, LCA)	毫米波雷达、激光雷达、单目相机
全景环视系统 (Top View System, TVS)	相机阵列

2. 系统应用场景

辅助驾驶安全系统的应用较为广泛。常见的预警类系统包括 FCW、LDW、DFW、TVS、盲区预警（Blind Spot Detection，BSD）、胎压监测（Tire Pressure Monitoring System，TPMS）等。常见的控制类系统包括 ACC、APS、车道保持系统（Lane Keeping System，LKS）、AEB 等。这些系统对车辆基本实现了全向、全距的安全保护。关于全向保护，前向有 ACC、FCW，侧向有 BSD、LDW，后向有 APS、TVS 等；关于全距保护，近距有 APS、BSD，中距有 LDW、FCW，远距有 ACC 等，如图 3-145 所示。

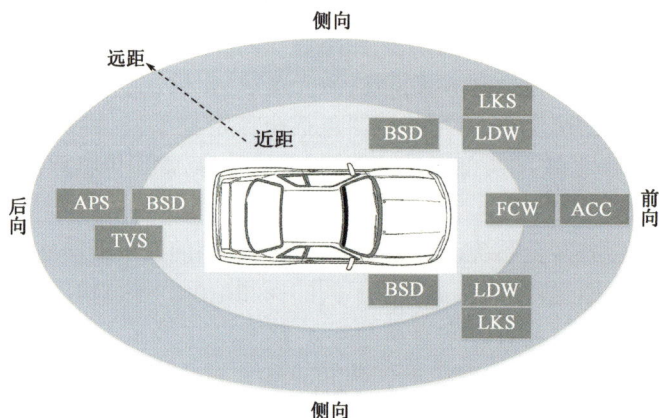

图 3-145　辅助驾驶安全系统对于车辆的全向、全距保护作用

<h2>三、自主驾驶安全系统</h2>

由于人工智能技术、芯片等软硬件技术的发展，研究人员希望车辆能够实现自主驾驶，将人从驾驶任务中彻底解放出来，以进一步规避由于驾驶人误操作导致的危险情景。自主驾驶安全系统是指在人工驾驶的传统汽车的基础上增加先进的传感器（雷达、摄像头等）、控制器、执行器等装置，具备智能环境感知能力，能够自动地分析汽车行驶的安全及危险状态，按照人的意志到达目的地，最终实现替代人来操作的新一代汽车系统。自主驾驶安全系统的主要优势在于，相较于驾驶人而言，其具有更广泛的环境感知能力，能够规避由分心、疲劳等人类危险驾驶情况带来的风险。另外，自主驾驶安全系统的决策和执行周期也可低于驾驶人的反应时间，而更高的反应速度对于应对紧急情况颇为重要。

1. 系统结构组成

自主驾驶安全系统的系统结构与辅助驾驶安全系统类似，主要由传感器、计算单位和执行器三个单元组成，但是各单元的结构复杂度明显提升。

从传感器方面看，自主驾驶安全系统的传感系统需要能够全方位准确感知车辆状态和周围环境信息,通常是一套复杂的组合方案,包括雷达、摄像头、V2X 通信设备和高精度定位系统等。而辅助驾驶安全系统的传感系统通常仅提供系统功能所需的必要信息即可,如在 AEB 系统中,传感器仅需要感知自车与前车的相对位置和相对车速即可。基于优势技术、成本等问题的考虑,不同公司会选用不同的传感系统配置方案。例如谷歌的 Waymo 的感知方案以激光雷达为主,辅助以毫米波雷达、全球定位系统(Global Position System,GPS)、惯性测量单元(Inertial Measurement Unit,IMU)等传感器;而特斯拉则更依赖摄像头,辅助以毫米波雷达、超声波等(图 3-146)。

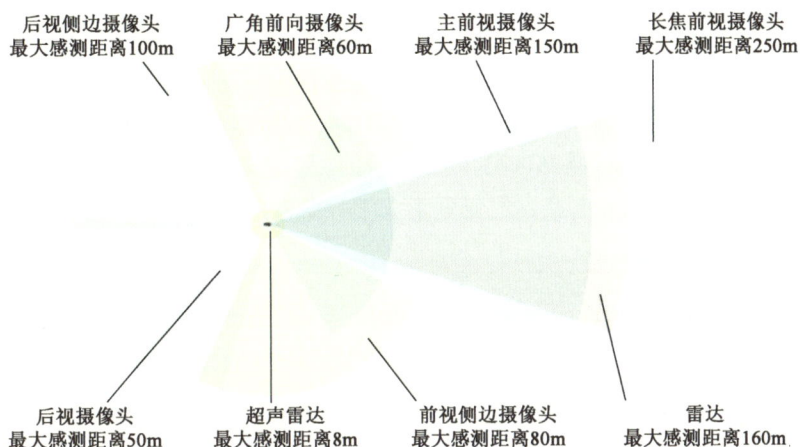

后视侧边摄像头
最大感测距离100m

广角前向摄像头
最大感测距离60m

主前视摄像头
最大感测距离150m

长焦前视摄像头
最大感测距离250m

后视摄像头
最大感测距离50m

超声雷达
最大感测距离8m

前视侧边摄像头
最大感测距离80m

雷达
最大感测距离160m

图 3-146 特斯拉 Autopilot 传感器方案[180]

从计算单位方面来看,自主驾驶安全系统的中央决策系统需要能够根据传感系统收集的信息,准确理解当前的交通态势,评估车辆运行风险,做出合理的决策和规划指令。在硬件架构上,决策单元对于算力的需求较大,可选芯片方案有 GPU、FPGA、DSP 和 ASIC 等,如英伟达基于 GPU 的计算解决方案 DRIVE PX2、德州仪器基于 DSP 的解决方案 TDA2x SoC、Altera 基于 FPGA 的解决方案 CycloneV SoC、Mobileye 基于 ASIC 的解决方案 EyeQ ® 5 SoC。图 3-147 和图 3-148 中展示了两种解决方案示例。

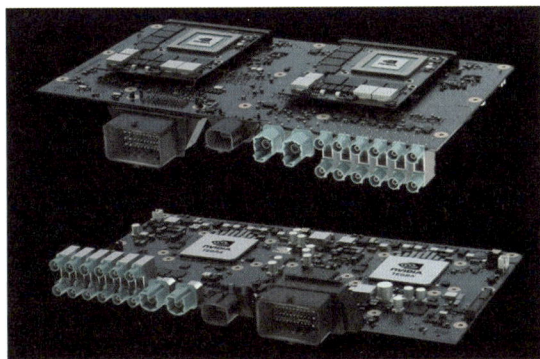

图 3-147 英伟达基于 GPU 的计算
解决方案 DRIVE PX2

图 3-148 Altera 基于 FPGA 的
解决方案 CycloneV SoC

从执行器方面来看,自主驾驶安全系统的执行系统包括转向助力电动机、制动主缸电动机、驱动电动机等。另外,在执行过程中,一些主动安全控制系统也会发挥作用,如电子稳定系统、电动助力转向系统等。燃油车和电动车由于底盘结构不同,其为自主驾驶系统提供的可行执行方式也有所差异,如在车速控制方面,前者通过控制发动机的节气门开度实现,而后者则通过控制电动机的转速、转矩等实现。

在系统功能上,自主驾驶安全系统的功能通常也可分为感知、决策、规划与控制等单元,不同团队根据自己的理解对驾驶任务进行具体化设计,将复杂的驾驶任务分解为一些较为简单的任务的组合。在美国 DARPA 的沙漠挑战赛中,由于道路结构较为简单,各团队提出的自主驾驶系统逻辑较为简单,基本上遵从"感知-路径规划-轨迹跟踪"的路线,如斯坦福大学等研发的 Stanley[181]、加州理工学院等研发的 Alice[182](图 3-149)。而在之后的城市挑战赛中,由于比赛场景更贴近城市交通的场景,驾驶任务更为复杂,有的团队通过增加决策单元的方式来应对各种复杂情况,也就是采取"感知-行为决策-路径规划-轨迹跟踪"的路线,如卡内基梅隆大学等研发的 Boss[183](图 3-150)、弗吉尼亚理工大学等研发的 Odin[184]等。

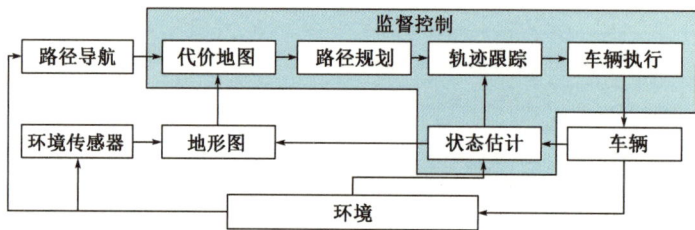

图 3-149　Alice 的决策单元结构[182]

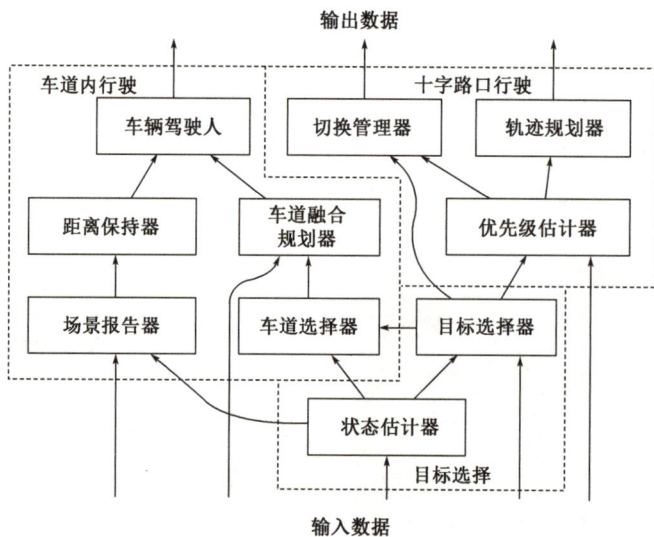

图 3-150　Boss 的行为决策单元结构[183]

2. 系统应用场景

交通环境的复杂性和交通安全的重要性对于自主驾驶安全系统提出了严苛的要求。目前,汽车行业内对于自主驾驶安全系统的应用已经基本达成了逐步落地的共识:从低速封闭区域,到道路结构清晰的高速公路,再到复杂的城市交通环境。

(1)在封闭区域,车速要求较低,环境简单甚至行车路线固定,便于提供高精度的全备感知信息,如高精度定位、高精度地图、V2X 通信信息等,因此自主驾驶车辆的行车安全较容易保证。在这种环境下,自主驾驶安全系统可用于物流、环卫、配送、人员接驳、移动广告等工作,节省了大量人力成本,也降低了由于驾驶人重复单调工作而疲劳造成的交通风险。

(2)在高速公路区域,车道线、标示牌等道路结构化特征清晰,便于准确感知,且周边车辆行车规律简单,高度交互的、复杂的交通场景较少,因此,也较容易实现自主驾驶。在高速公路场景应用自主驾驶系统的挑战是行车速度较高。在该场景下,自主驾驶安全系统可用于干线物流等工作,降低由于驾驶人疲劳、分心等带来的交通风险。自主驾驶安全系统的快速执行能力也有助于应对紧急避撞等应急交通场景。

(3)在城市交通场景中,车流密度大;道路结构复杂,包括环岛、十字路口等;道路标记繁多,包括红绿灯、禁停标记、潮汐车道标记等;交通参与者要素繁多,包括周边车辆、行人、非机动车等。这些因素都为自主驾驶安全系统的应用带来挑战,因此,这是较为远期的应用目标。在城市场景中,自主驾驶安全系统不仅可服务于私家车辆出行,也可提供无人出租汽车等服务,在解放生产力的同时,降低由于人为失误如分心操作等带来的交通风险。

四、智能驾驶协同安全系统

(一)系统结构组成

单车自动驾驶主要依靠车辆自身的视觉、毫米波雷达、激光雷达等车载传感器进行环境感知、决策规划与控制执行,目前其仍存在长尾问题有待解决。在环境感知方面,单车自动驾驶各类车载传感器的可靠性容易受到遮挡、恶劣天气等环境条件影响。在决策与规划方面,受限于算力与功耗之间的矛盾,车载计算平台无法满足复杂算法对算力的消耗需求。基于新一代信息与通信技术的智能网联汽车能有效解决单车自动驾驶面临的技术难题,通过车联网将"人、车、路、云"交通参与要素有机地联系在一起,拓展和助力单车自动驾驶在环境感知、决策规划与控制执行等方面的能力升级。

智能驾驶协同安全系统主要由自车信息采集系统、网联信息交互系统、车载控制器、车载执行器、人机交互系统四个模块组成,每个模块所承担的任务各不相同[191]。基于智能网联汽车研发和应用智能驾驶协同安全系统,不仅需要常规车路协同和车联网信息服务技术,还必须探索实现人、车、路、云的深度融合和系统重构,以面向各种场景进行复杂系统的融合感知、决策与控制。如图 3-151 所示为一种典型的智能网联车-路-云一体化协同控制系统架构[185-186],

该系统由云控平台、路侧基础设施、车辆及其他交通参与者、通信网与相关资源平台组成[186-187]。以云控平台为核心,智能网联汽车、路侧基础设施和资源平台通过通信网与云控平台相连,面向智能网联汽车与交通的一体化优化,利用新一代信息与通信技术,将人、车、路、云的物理层、信息层、应用层连为一体,进行融合感知、决策与控制,可实现车辆行驶、交通运行的安全和效率等性能的综合提升。

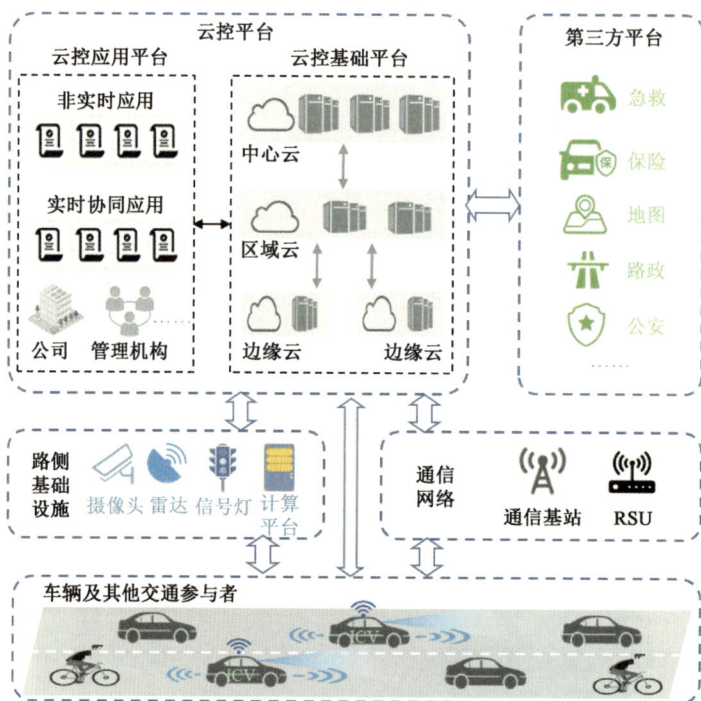

图 3-151　智能网联车-路-云一体化协同控制系统[186-187]

1.云控平台

云控平台由云控基础平台与协同应用组成。云控平台根据车辆与交通运行优化需求,对云控基础平台和协同应用进行统一调控与管理。云控基础平台为协同应用提供通信链路、交通全要素实时数据与应用实时运行环境。云控平台根据协同应用与场景,对系统计算资源使用进行统一优化配置,实现协同应用高并发地按需实时运行,保障协同应用服务于车辆与交通运行优化的安全性与预期性能。

2.路侧基础设施

路侧基础设施是布置在道路附近的实现人-车-路互联互通、融合感知、局部辅助定位等功能的设备集合,主要包括路侧单元(Road Side Unit, RSU)、路侧计算单元(Roadside Computing Unit, RCU)和路侧感知设备(如摄像头、毫米波雷达、激光雷达)、交通信号设施(如红绿灯)等。通过优化设计而布置的路侧传感器可支撑云控系统对混合交通的融合感知。路侧通信设备可增强云控系统的通信覆盖范围与可靠性,实现车-路互联互通、环境感知、局部辅助定位、交通信号实时获取等功能。

3. 通信网

协同控制系统的通信网包括路侧基础设施网络、无线接入网、核心网、城域网、骨干网等。云控系统集成异构通信网络,基于标准化通信机制,实现系统中人、车、路、云的广泛互联通信。无线接入网包括车路通信网络与车间直连通信网络(V2I 与 V2V),可实现车辆互通与车辆接入边缘云;路侧设备与云控基础平台各级云由多级有线网络承载。利用 5G、软件定义网络等先进通信技术,可实现高性能与高可控性。

4. 车辆及其他交通参与者

不同网联化和智能化等级车辆都属于协同控制系统中的车辆,是云控平台的数据采集对象和服务对象。在数据采集方面,对于具有联网能力的车辆,云控基础平台既可以直接通过车辆网联设备采集车辆动态基础数据,也可以间接通过路侧智能感知设备获得车辆动态数据;对于不具有网联能力的车辆,云控基础平台则间接通过路侧智能感知设备获得车辆动态数据。在云控服务方面,对于 L3 级及以上驾驶自动化等级的车辆来说,其可以直接接收云控平台输出的协同决策与控制数据,再由其车载智能计算平台或控制器做出响应;对于 L2 级及以下驾驶自动化等级的车辆来说,则需要间接接收云控平台输出的协同决策数据,再由其车载人机交互平台接收决策,并由单车或驾驶人完成控制。

其他交通参与者包括行人、自行车骑车人等弱势交通参与者。云控基础平台可以通过路侧智能系统采集其他交通参与者的位置与速度信息,也可以通过在云控基础平台已注册的其他交通参与者所携带的定位设备采集其位置与速度信息,并基于云端融合感知向这些已注册的其他交通参与者提供安全预警服务。

5. 资源平台

资源平台是提供协同应用运行所需其他数据的专业平台,涉及高精地图、地基增强定位、气象、交通管理、公安等。其中,高精动态地图是云控系统提供动态基础数据服务的主要载体,通过高精度动态地图平台提供的地图引擎,可基于动态基础数据为云控基础平台提供实时更新的动态状态数据;地基增强定位平台是利用全球卫星信号接收机,通过地面基准站网,为云控基础平台提供 1 ~ 2 米级、分米级和厘米级高精度定位服务;气象平台通过道路沿线布设的气象站设备,采集能见度、雨量、风向、雷报、大雾(团雾)等气象信息,可为云控基础平台提供实时天气状况;交通管理与公安平台可为云控基础平台提供路政、养护、服务区以及紧急事件等实时信息。

(二)系统应用场景

在单车智能驾驶的基础上,引入网联化技术,从环境感知、决策规划、控制执行、失效管理等多个维度使得更多增强行车安全的智能网联驾驶应用得以实现。智能驾驶协同安全环节包括协同感知、协同决策和协同控制三个部分。智能驾驶协同安全系统典型应用场景包括各类路口、高速公路、隧道、停车场所、矿山、港口等结构化的道路环境，以及各类通用的驾驶环境。在系统典型应用场景下，不同智能化等级的网联车辆智能驾驶协同安全应用见表3-24。

智能驾驶协同安全应用场景 表3-24

自动化等级	协 同 环 节		
	网联感知	网联决策	网联控制
网联人工驾驶 L0	(1)超视距/盲区感知； (2)前向碰撞预警； (3)紧急制动预警； (4)行人穿行预警； (5)换道危险预警； (6)高精地图与定位； (7)危险驾驶行为识别； ……	(1)左转决策引导； (2)超车决策引导； (3)避障规划引导； (4)汇入汇出引导； ……	
网联辅助驾驶 L1～L2		(1)超视距 AEB； (2)超视距优化 ACC； ……	
网联自动驾驶 ≥L3		(1)左转决策辅助； (2)超车决策辅助； (3)避障规划辅助； (4)汇入汇出协调； ……	(1)远程接管； (2)平行驾驶； (3)路口协同通行； (4)网联编队驾驶； ……

从表3-24可知，智能驾驶协同安全系统应用场景丰富，针对不同智能化等级的网联车辆，在不同的道路环境下，可以从感知、决策与控制三个方面增强行车安全，为进一步阐明智能驾驶协同安全系统的应用效果，下文以无信号交叉口和直行跟驰驾驶两个常见场景为例说明智能驾驶协同安全系统如何提升行车安全。

1. 无信号交叉口智能驾驶协同安全通行控制

如图3-152所示为无信号交叉口智能驾驶协同安全通行场景，进入交叉口的智能汽车通过网联（车-车、车-路）实现交通环境信息感知，可以对路口其他车辆运动轨迹进行预测和碰撞风险评估（图3-153），通过多车协同决策能够消解无信号交叉口碰撞冲突。在无信号控制的交叉口，通行顺序由驾驶人进行判断。如果所有交通参与者都遵守规则，则可以保证有序安全通行。如果有驾驶人不遵守规则，则很容易在通行过程中引起事故或拥堵。智能协同安全技术的发展为解决这个问题提供了新的思路。

在车-车/车-路信息交互状态下，每一个车辆可以通过预设的通行规则或指令协调通过交叉口。此时，车辆不再由红绿灯信号控制，而是通过分布式或集中式的方式采用无冲突的车辆通行方案通过交叉口。无信号交叉口协同控制方法按照车辆协同的方式可分为预约式交叉口协同控制方法、分层优化式交叉口协同控制方法、集中优化式交叉口协同控制方法等[192]。

预约式交叉口协同控制方法由得克萨斯大学 Stone 教授团队提出[190]。在预约式交叉口协同控制方法中,驶向交叉口的车辆智能体向位于路侧的交通管理智能体申请一定的时间和空间资源通过交叉口,而路侧的交通管理智能体则根据车辆智能体的优先情况和交叉口车辆轨迹的冲突情况确认或拒绝车辆智能体的申请,若车辆申请被拒绝,则车辆重新规划自身运动轨迹,如图 3-154 所示,其核心在于交叉口管理策略以及车辆智能体的轨迹规划方法。

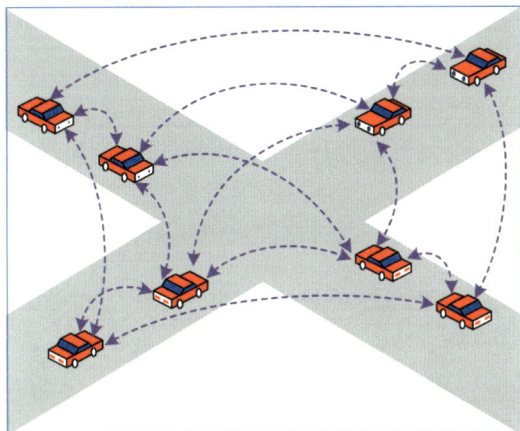

图 3-152　无信号交叉口车-车协同安全通行场景

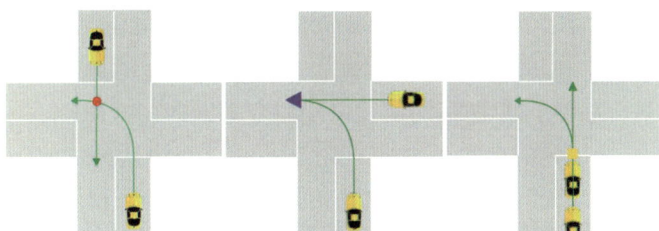

图 3-153　无信号交叉口交通流冲突

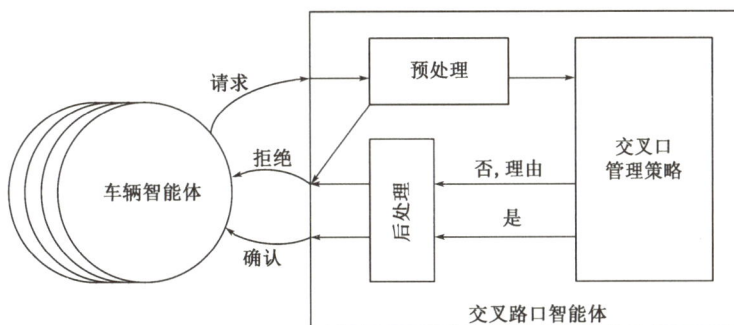

图 3-154　预约式口协同控制流程[190]

分层优化式交叉口协同控制方法通过两层规划分别优化车辆的通行序列和运动轨迹。在上层规划中,考虑车辆的冲突关系优化车辆的通行序列和车辆的通行时间;在下层规划中优化车辆的速度轨迹。上层通过构造优化模型优化车辆的通行序列和通行时间,以实现交叉口高效通行的效果[191]。

集中优化式交叉口协同控制方法采用一个统一的优化模型,同时优化车辆的通行序列和运动轨迹,可以综合考虑路口交通流的冲突关系,全局优化车辆通行的速度轨迹,但此方法的状态空间和控制变量空间较大,计算负荷较大,难以实时求解[192]。

2. 跟驰过程智能协同避撞控制

跟驰驾驶是道路上最常见的交通现象,也是相对而言操作最简单的驾驶行为。在跟驰过程中,后车驾驶行为受到前车驾驶行为影响,需要根据两车的速度、相对距离等参数不断调整车速,以保证安全跟车距离。跟驰驾驶过程智能协同避撞控制是指在同向同车道驾驶场景中,跟驰驾驶前后车可以通过网联(车-车、车-路)传递自车状态和环境信息,据此对他车运动轨迹进行预测并对行车风险进行量化评估,通过协同避撞决策可有效避免追尾[188](图3-155)。

图 3-155　跟驰过程智能协同避撞控制

随着车-车/车-路通信的引入,通信范围内的多车全面信息可实现实时、准确共享,一定范围内车辆均可获知危险信息,同时,多车协同理念也可运用于避撞控制中,为主动避撞控制的进一步发展创造空间。基于车-车通信的协同避撞研究逐渐得到开展[166],Gumaste 等[193]设计了一种基于车-车通信和 GPS 信息的车辆避撞系统,提出了车辆碰撞区域(Collision Zone)的概念,其通过预测车辆碰撞发生的位置,及时调整车辆运动状态来实现避撞。Choi 等[194]针对前车紧急制动场景,通过与传统后续车辆均采取最大减速度制动的传统方式进行对比,定量评估了后续车辆采用基于前车、邻前车速度位置信息进行制动的方式在避免碰撞事故发生方面的作用。Tatchikou 等[195]设计了基于广播式车-车通信方式的协同避撞系统,当前车紧急制动时,采用车-车通信方式及时将制动信息发送至后方车辆,从而使后续车辆在其前车未开启制动灯时即采取制动,有效避免了连环碰撞事故的发生。王庞伟等[196]基于车-车通信技术提出了一种基于滑模控制的多车协同避撞方法,该方法优先考虑后车制动的安全性,当后车制动距离不足时,通过合理分配前后车加速度实现主动协同避撞。

本章小结 ⊙

为提高汽车运行安全,保证行车风险评估的科学性、时效性和准确性,本章主要对车辆行驶过程中运行安全的理论、方法、技术应用与系统开发进行了介绍。

(1)行车风险的产生机理在于影响行车安全的"人-车-路(环境)"中各因素间综合交互作用。通过提出同时考虑车辆自身属性和在交通流中的交互作用的综合行车风险统一形式,建立反映人-车-路间相互作用关系的行车安全场统一模型,能有效分析风险源产生的影响及其变化趋势,并将各类影响因素进行有机结合,实现对行车风险的准确评估。

(2)复杂交通环境中人-车-路(环境)之间的相互作用关系可以通过驾驶过程的物理模型和虚拟力学系统展开解析。同时,基于自然界中众多物理特征与生物行为存在极值且遵循最小作用量原理这一现象,验证了驾驶人决策机制遵循最小作用量原理的假设。而大量自然驾驶数据提取出反映驾驶人决策行为的车辆运动特征参数具有极值现象,其内在动因是驾驶人遵循"趋利避害"的基本决策机制,该机制遵循最小作用量原理。

(3)单车和群体的智能决策与控制技术的提出与应用,可以提高单车决策合理性与安全性,并能有效地提高车-路-云一体化协同控制技术能力。其中,分层式决策方法在参考路径规划、行为规划与轨迹规划等主要环节发挥重要作用。针对协同决策与控制技术,网联系统的四元素模型的应用可以在队列场景与路口场景中提高交通系统运行的安全性和高效性。

(4)汽车智能运行过程中的安全系统主要包括主动安全控制系统、辅助驾驶安全系统、自主驾驶安全系统和智能驾驶协同安全系统。本章中的理论方法和技术可进一步应用于智能运行安全系统,以有效保障汽车运行过程的安全性。

本章参考文献

[1] 曲婷.基于随机模型预测控制的驾驶人行为建模[D].吉林大学,2015.

[2] 高振海,管欣,郭孔辉.预瞄跟随理论和驾驶人模型在汽车智能驾驶研究中的应用[J].交通运输工程学报,2002(02):63-66.

[3] XIE S,CHEN S,ZHENG N,et al. Modeling Methodology of Driver-Vehicle-Environment System Dynamics in Mixed Driving Situation[C].2020 IEEE Intelligent Vehicles Symposium(IV).IEEE,2020:1984-1991.

[4] HORNG W B,CHEN C Y,CHANG Y,et al. Driver fatigue detection based on eye tracking and dynamic template matching[C].IEEE International Conference on Networking,Sensing and Control,2004.IEEE,2004,1:7-12.

[5] CLANTON J M,BEVLY D M,HODEL A S. A low-cost solution for an integrated multisensor lane departure warning system[J].IEEE Transactions on Intelligent Transportation Systems,2009,10(1):47-59.

[6] KATSAROS K,KERNCHEN R,DIANATI M,et al. Performance study of a Green Light Optimized Speed Advisory (GLOSA) application using an integrated cooperative ITS simulation platform [C]. 2011 7th International Wireless Communications and Mobile Computing Conference. IEEE,2011:918-923.

[7] LEE J,PARK B. Development and evaluation of a cooperative vehicle intersection control algorithm under the connected vehicles environment[J].IEEE Transactions on Intelligent Transportation Systems,2012,13(1):81-90.

[8] Adaptive Integrated Driver-vehicle InterfacE (AIDE)[EB/OL].[2021-01-19]. http://www. aide-eu. org/objectives. html.

[9] CARSTEN O. From driver models to modelling the driver:what do we really need to know about the driver?. Modelling driver behaviour in automotive environments[M].London:Springer,2007:105-120.

[10] Helbing D,Johansson A. Pedestrian,Crowd,and Evacuation Dynamics[M].Encyclopedia of Complexity and Systems Science,Meyers R A,New York,NY:Springer New York,2009,1-28.

[11] 王建强,郑讯佳,黄荷叶.驾驶人驾驶决策机制遵循最小作用量原理[J].中国公路学报,2020,33(04):155-168.

[12] 吴剑.考虑人-车-路因素的行车风险评价方法研究[D].清华大学,2015.

[13] HELLIER E,NAWEED A,WALKER G,et al. The influence of auditory feedback on speed choice,violations

and comfort in a driving simulation game[J]. Transportation research part F:traffic psychology and behaviour, 2011,14(6):591-599.

[14] TANAKA Y,KANEYUKI H,TSUJIY T,et al. Mechanical and perceptual analyses of human foot movements in pedal operation[C]. 2009 IEEE International Conference on Systems,Man and Cybernetics. IEEE,2009:1674-1679.

[15] STEVENS S S. Psychophysics:Introduction to its perceptual,neural and social prospects[M]. Routledge,2017.

[16] NEWBERRY A C, GRIFFIN M J, DOWSON M. Driver perception of steering feel[J]. Proceedings of the Institution of Mechanical Engineers,Part D:Journal of Automobile Engineering,2007,221(4):405-415.

[17] BELLER J, HEESEN M, VOLLRATH M. Improving the driver-automation interaction:An approach using automation uncertainty[J]. Human factors,2013,55(6):1130-1141.

[18] VAN DEN BEUKEL A P, VAN DER VOORT M C, EGER A O. Supporting the changing driver´s task: Exploration of interface designs for supervision and intervention in automated driving[J]. Transportation research part F:traffic psychology and behaviour,2016,43:279-301.

[19] NGUYEN A T, SENTOUH C, POPIEUL J C, et al. Shared lateral control with on-line adaptation of the automation degree for driver steering assist system:A weighting design approach[C]. 2015 54th IEEE Conference on Decision and Control (CDC). IEEE,2015:857-862.

[20] LI R, LI S, GAO H, et al. Effects of human adaptation and trust on shared control for driver-automation cooperative driving[R]. SAE Technical Paper,2017.

[21] JUGADE S C,VICTORINO A C,CHERFAOUI V B. Shared Driving Control between Human and Autonomous Driving System via Conflict resolution using Non-Cooperative Game Theory[C]. 2019 IEEE Intelligent Transportation Systems Conference (ITSC). IEEE,2019:2141-2147.

[22] GUO K,GUAN H. Modelling of driver/vehicle directional control system[J]. Vehicle system dynamics,1993, 22(3-4):141-184.

[23] MACADAM C C. Understanding and modeling the human driver[J]. Vehicle system dynamics,2003,40(1-3): 101-134.

[24] WANG J,WU J,LI Y. The driving safety field based on driver-vehicle-road interactions[J]. IEEE Transactions on Intelligent Transportation Systems,2015,16(4):2203-2214.

[25] SADIGH D, SASTRY S, SESHIA S A, et al. Planning for autonomous cars that leverage effects on human actions. Robotics:Science and Systems[J]. Ann Arbor,MI,USA,2016,2.

[26] NI D. A unified perspective on traffic flow theory,part I:the field theory[J]. ICCTP 2011:Towards Sustainable Transportation Systems. 2011:4227-4243.

[27] LI X, YING X, CHUAH M C. Grip:Graph-based interaction-aware trajectory prediction[C]. 2019 IEEE Intelligent Transportation Systems Conference (ITSC). IEEE,2019:3960-3966.

[28] LI J, YANG F, TOMIZUKA M, et al. Evolvegraph:Multi-agent trajectory prediction with dynamic relational reasoning[J]. arXiv preprint arXiv:2003. 13924,2020.

[29] ODHAMS A M C,COLE D J. Models of driver speed choice in curves[C]. Proceedings of the 7th International Symposium on Advanced Vehicle Control. Citeseer,2004.

[30] 余志生. 汽车理论[M]. 5 版. 北京:机械工业出版社,2009.

[31] WANMING Z. New advance in vehicle-track coupling dynamics[J]. China Railway Science,2002,23(2): 1-14.

[32] YANG S,CHEN L,LI S. Dynamics of vehicle-road coupled system[M]. London:Springer,2015.

[33] 王建强,吴剑,李洋. 基于人-车-路协同的行车风险场概念、原理及建模[J]. 中国公路学报,2016,29

(01):105-114.

[34] LAM L T. Distractions and the risk of car crash injury:The effect of drivers'age[J]. Journal of safety research, 2002,33(3):411-419.

[35] DAHLEN E R,MARTIN R C,RAGAN K,et al. Driving anger,sensation seeking,impulsiveness,and boredom proneness in the prediction of unsafe driving[J]. Accident analysis and prevention,2005,37(2):341-348.

[36] CHARLTION S G,BAAS P H. Road User Interactions:Patterns of Road Use and Perceptions of Driving Risk [C]. Institution of Professional Engineers New Zealand (IPENZ) Transportation Group. Technical Conference Papers 2002.

[37] KNEE C R,NEIGHBORS C,VFETOR N A. Self - Determination Theory as a Framework for Understanding Road Rage 1[J]. Journal of Applied Social Psychology,2001,31(5):889-904.

[38] GREENE K,KRCMAR M,WALTERS L H,et al. Targeting adolescent risk-taking behaviors:the contributions of egocentrism and sensation-seeking[J]. Journal of adolescence,2000,23(4):439-461.

[39] CHARLTON S G,STARKEY N J,PERRONE J A,et al. What's the risk? A comparison of actual and perceived driving risk[J]. Transportation Research Part F:Traffic Psychology and Behaviour,2014,25:50-64.

[40] 赵贤利. 机场跑道安全风险演化机理研究[D]. 武汉:武汉理工大学,2017.

[41] 熊晓夏. 基于马尔可夫链理论的道路交通事故链演化模型和阻断策略研究[D]. 镇江:江苏大学,2018.

[42] 黄飞. 城市快速路冰雪路面交通事故演化机理研究[D]. 长春:吉林大学,2017.

[43] 王武宏,郭宏伟,郭伟伟. 交通行为分析与安全评价[M]. 北京:北京理工大学出版社,2013.

[44] OU Y K,LIU Y C,SHIH F Y. Risk prediction model for drivers' in-vehicle activities-Application of task analysis and back-propagation neural network[J]. Transportation Research Part F:Traffic Psychology and Behaviour,2013,18:83-93.

[45] MCCARTT A T,SHABANOVA V I,LEAF W A. Driving experience,crashes and traffic citations of teenage beginning drivers[J]. Accident Analysis and Prevention,2003,35(3):311-320.

[46] WILDE G. Does Risk Homeostasis Theory Have Implications for Road Safety? [J]. Education and Debate, 2002,32(4):1149-1152.

[47] WILDE,G. The theory of risk homeostasis:implications for safety and health. Risk Analysis. 1982,2:209-225.

[48] SUMMLA H. Risk Control is not Risk Adjustment:the Zero-risk Theory of Driver Behaviour and Its Implications [J]. Ergonomics,1988,31(4):491-506.

[49] FULLER R. Towards a general theory of driver behaviour. Accident Analysis and Prevention. 2005,37: 461-472.

[50] 安德森. 认知心理学及其启示[M]. 7版. 秦裕林,程瑶,等,译. 北京:人民邮电出版社,2012.

[51] VAN DER MOLEN H H,BATTICHER A M. A hierarchical risk model for traffic participants[J]. Ergonomics. 1988,31:537-555.

[52] 任福田,刘小明. 道路交通系统安全分析论道路交通安全[M]. 北京:人民交通出版社,2001.

[53] POLLATSEK A,NARAYANAAN V,PRADHAN A,et al. Using Eye Movements to Evaluate a PC-Based Risk Awareness and Perception Training Program on a Driving Simulator[J]. Human Factors:The Journal of the Human Factors and Ergonomics Society,2006,48(3):447-464.

[54] RHODES N,PIVIK K. Age and gender differences in risky driving:The roles of positive affect and risk perception[J]. Accident Analysis and Prevention,2011,43(3):923-931.

[55] MICHON J A. A Critical View of Driver Behavior Models:What Do We Know,What Should We Do? [M]. EVANS L,SCHWING R C. Human Behavior and Traffic Safety. Boston,SPRINGER,1985.

[56] MICHON J A. A Critical View of Driver Behavior Models:What Do We Know,What Should We Do? [G].

EVANS L, SCHWING R C. Human Behavior and Traffic Safety. Boston: Springer, 1985: :485-524.

[57] 刘巧斌, 刘科, 王涛, 等. 基于侧向量化平衡指标的智能汽车拟人化轨迹规划方法[P]. 北京市: CN113771884A, 2021-12-10.

[58] 何仁, 赵晓聪, 王建强. 人-车-路交互下的驾驶人风险响应度建模[J]. 中国公路学报, 2020, 33(09): 236-250.

[59] ZHAO X, HE R, WANG J. How do drivers respond to driving risk during car-following? Risk-response driver model and its application in human-like longitudinal control[J]. Accident Anal. Prev. , 2020, 148: 105783.

[60] NI D. A unified perspective on traffic flow theory, part I: The field theory[J]. Appl. Math. Sci, 2013, 7(39): 1929-1946.

[61] 王建强, 郑讯佳, 黄荷叶. 驾驶人驾驶决策机制遵循最小作用量原理[J]. 中国公路学报, 2020, 33(04): 155-168.

[62] 张义花. 双挂汽车列车横向失稳机理分析及在环控制策略研究[D]. 吉林大学, 2017.

[63] 杨秀建, 李耀平, 熊坚. 半挂汽车列车横向稳定性与失稳机理分析[J]. 汽车工程, 2011, 033(006): 486-492.

[64] LI X, XU N, GUO K, et al. An adaptive SMC controller for EVs with four IWMs handling and stability enhancement based on a stability index[J]. Vehicle System Dynamics, 2020: 1-24

[65] 熊璐, 曲彤, 冯源, 等. 极限工况下车辆行驶的稳定性判据[J]. 机械工程学报, 2015, 51(10): 103-111.

[66] 李小雨. 复合工况下分布式驱动电动汽车失稳机理及操纵稳定性控制研究[D]. 吉林大学, 2020.

[67] KUIPER E, VAN OOSTEN J J M. The PAC2002 advanced handling tire model[J]. Vehicle system dynamics, 2007, 45(S1): 153-167.

[68] BOBIER C G. A phase portrait approach to vehicle stabilization and envelope control[D]. Stanford University, 2012.

[69] GOH J Y, GOEL T, CHRISTIAN GERDES J. Toward automated vehicle control beyond the stability limits: drifting along a general path[J]. Journal of Dynamic Systems, Measurement, and Control, 2020, 142(2): 021004.

[70] BOBIER C G, GERDES J C. Staying within the nullcline boundary for vehicle envelope control using a sliding surface[J]. Vehicle System Dynamics, 2013, 51(2): 199 -217.

[71] 郑晟. 考虑极限工况的自动驾驶汽车横向运动控制研究[D]. 清华大学, 2022.

[72] HYDE N C. The development of a method for traffic safety evaluation: The Swedish Traffic Conflicts Technique [J]. Bulletin Lund Institute of Technology, Department, 1987 (70).

[73] MARKKULA G, MADIGAN R, NATHANAEL D, et al. Defining interactions: A conceptual framework for understanding interactive behaviour in human and automated road traffic[J]. Theoretical Issues in Ergonomics Science, 2020, 21(6): 728-752.

[74] 胡远志, 吕章洁. 基于 PreScan 的 AEB 系统纵向避撞算法及仿真验证[J]. 汽车安全与节能学报, 2017, 8(02): 136.

[75] CHAKROBORTY P, KIKUCHI S. Evaluation of the General Motors based car-following models and a proposed fuzzy inference model[J]. Transportation Research Part C: Emerging Technologies, 1999, 7(4): 209-235.

[76] TREIBER M, HENNECKE A, HELBING D. Congested traffic states in empirical observations and microscopic simulations[J]. Physical review E, 2000, 62(2): 1805.

[77] 赵晓聪. 人车路交互下的人机共驾控制权柔性切换研究[D]. 江苏大学, 2020.

[78] AMIR E. Waymo´s Big Ambitions Slowed by Tech Trouble. [EB/OL]. [2018-08-28]. https://www.theinformation.com/articles/waymos-big-ambitions-slowed-by-tech-trouble.

[79] TRAUTMAN P, KRAUSE A. Unfreezing the robot: Navigation in dense, interacting crowds[C]. 2010 IEEE/RSJ

International Conference on Intelligent Robots and Systems, October 18-22, 2010, Taipei, Taiwan. IEEE, 2010.

[80] 王建强, 杨路, 崔明阳, 等. 极限工况下车辆失稳与碰撞综合风险评估方法及装置[P]. 北京市: CN113370980B, 2021-11-02.

[81] 李一兵, 孙岳霆, 徐成亮. 基于交通事故数据的汽车安全技术发展趋势分析[J]. 汽车安全与节能学报, 2016, 7(03): 241-253.

[82] 李方媛. 重特大道路交通事故致因机理及其风险行为研究[D]. 长安大学, 2014.

[83] 任福田, 刘小明, 荣建, 等. 交通工程学[M]. 北京: 人民交通出版社, 2008.

[84] 孙铁轩. 基于数据挖掘的道路交通事故分析研究[D]. 北京交通大学, 2014.

[85] 裴玉龙. 道路交通安全[M]. 北京: 人民交通出版社, 2004.

[86] 相文森. 城市冰雪道路交通事故成因及发生机理研究[D]. 哈尔滨工业大学, 2010.

[87] AUST M L, FAGERLIND H, SAGBERG F. Fatal intersection crashes in Norway: Patterns in contributing factors and data collection challenges[J]. Accident Analysis and Prevention, 2012, 45: 782-791.

[88] WANG W, JIANG X, XIA S, et al. Incident tree model and incident tree analysis method for quantified risk assessment: an in-depth accident study in traffic operation[J]. Safety Science, 2010, 48(10): 1248-1262.

[89] 许洪国, 张慧永, 宗芳. 交通事故致因分析的贝叶斯网络建模[J]. 吉林大学学报: 工学版, 2011 (S1): 89-94.

[90] DELEN D, SHARDA R, BESSONOV M. Identifying significant predictors of injury severity in traffic accidents using a series of artificial neural networks[J]. Accident Analysis and Prevention, 2006, 38(3), 434-444.

[91] 牟海波, 俞建宁, 刘林忠. 基于模糊 Petri 网的交通事故致因建模分析[J]. 中国安全科学学报(12): 93.

[92] 李淑庆, 彭囿朗, 肖莉英, 等. 道路交通事故发生机理研究现状与趋势分析[J]. 安全与环境学报, 2014, 14(03): 14-19.

[93] 全国汽车标准化技术委员会智能网联汽车分技术委员会. 自动驾驶系统设计运行条件白皮书[R/OL]. (2020-09) http:// catarc. org. cn/202009151518412898. pdf.

[94] 中国国家标准化管理委员会. 汽车驾驶自动化分级: 20192314-T-339[S]. 北京: 中国标准出版社, 2020.

[95] PHILLIPS D J, WHEELER T A, KOCHENDERFER M J. Generalizable intention prediction of human drivers at intersections[C]//2017 IEEE intelligent vehicles symposium (IV). IEEE, 2017: 1665-1670.

[96] REHDER E, WIRTH F, LAUER M, et al. Pedestrian prediction by planning using deep neural networks[C]// 2018 IEEE International Conference on Robotics and Automation (ICRA). IEEE, 2018: 5903-5908.

[97] AGAMENNONI G, NIETO J I, NEBOT E M. Estimation of multivehicle dynamics by considering contextual information[J]. IEEE Transactions on robotics, 2012, 28(4): 855-870.

[98] XIN L, WANG P, CHAN C Y, et al. Intention-aware long horizon trajectory prediction of surrounding vehicles using dual lstm networks[C]//2018 21st International Conference on Intelligent Transportation Systems (ITSC). IEEE, 2018: 1441-1446.

[99] LINIGER A, LYGEROS J. A noncooperative game approach to autonomous racing[J]. IEEE Transactions on Control Systems Technology, 2019, 28(3): 884-897.

[100] SCHWARTING W, PIERSON A, ALONSO-MORA J, et al. Social behavior for autonomous vehicles[J]. Proceedings of the National Academy of Sciences, 2019, 116(50): 24972-24978.

[101] KOOIJ J F P, SCHNEIDER N, FLOHR F, et al. Context-Based Pedestrian Path Prediction[C]. European Conference on Computer Vision. Springer, Cham, 2014: 618-633.

[102] HUANG H, WANG J, FEI C, et al. A probabilistic risk assessment framework considering lane-changing behavior interaction[J]. Science China Information Sciences, 2020, 63(9): 1-15.

[103] WU H, WANG L, ZHENG S, et al. Crossing-Road Pedestrian Trajectory Prediction Based on Intention and

Behavior Identification［C］. 2020 IEEE 23rd International Conference on Intelligent Transportation Systems （ITSC）. IEEE,2020:1-6.

［104］ BAHRAM M,LAWITZKY A,FRIEDRICHS J,et al. A game-theoretic approach to replanning-aware interactive scene prediction and planning［J］. IEEE Transactions on Vehicular Technology,2015,65(6):3981-3992.

［105］ SCHWARTING W,PIERSON A,KARAMAN S,et al. Stochastic Dynamic Games in Belief Space［J］. IEEE Transactions on Robotics,2021.

［106］ GOLDMAN A I,et al. Theory of mind［J］. The Oxford handbook of philosophy of cognitive science,2012(1): 1-15.

［107］ SCHLECHTRIEMENJ,WEDELA,BREUELG,et al. A probabilistic long term prediction approach for highway scenarios［J］. in IEEE Conference on Intelligent Transportation Systems,2014:732-738.

［108］ LI Y,LU X Y,WANG J,et al. Pedestrian Trajectory Prediction Combining Probabilistic Reasoning and Sequence Learning［J］. IEEE Transactions on Intelligent Vehicles,2020,5(3):461-474.

［109］ MOHAMED A,QIAN K,ELHOSEINY M,et al. Social-stgcnn:A social spatio-temporal graph convolutional neural network for human trajectory prediction［C］//Proceedings of the IEEE/CVF Conference on Computer Vision and Pattern Recognition. 2020:14424-14432.

［110］ HU Y,ZHAN W,TOMIZUKA M. Scenario-transferable semantic graph reasoning for interaction-aware probabilistic prediction［J］. arXiv preprint arXiv:2004.03053,2020.

［111］ ATEV S,MILLER G,PAPANIKOLOPOULOS N P. Clustering of vehicle trajectories［J］. IEEE transactions on intelligent transportation systems,2010,11(3):647-657.

［112］ RIDEL D,DEO N,WOLF D,et al. Scene compliant trajectory forecast with agent-centric spatio-temporal grids ［J］. IEEE Robotics and Automation Letters,2020,5(2):2816-2823.

［113］ LI X,YING X,CHUAH M C. Grip:Graph-based interaction-aware trajectory prediction［C］. 2019 IEEE Intelligent Transportation Systems Conference （ITSC）. IEEE,2019:3960-3966.

［114］ LI J,MA H,ZHAN W,et al. Coordination and trajectory prediction for vehicle interactions via bayesian generative modeling［C］. 2019 IEEE Intelligent Vehicles Symposium （IV）. IEEE,2019:2496-2503.

［115］ LIANG M,YANG B,HU R,et al. Learning lane graph representations for motion forecasting［C］//European Conference on Computer Vision. Springer,Cham,2020:541-556.

［116］ 高博麟,谢书港,龚进峰. 基于运动学-动力学方法融合的汽车质心侧偏角估计(英文)［J］. 汽车安全与 节能学报,2015,000(001):72-78.

［117］ LI X,XU N,LI Q,et al. A fusion methodology for sideslip angle estimation on the basis of kinematics-based and model-based approaches［J］. Proceedings of the Institution of Mechanical Engineers,Part D:Journal of Automobile Engineering,2020,234(7):1930-1943.

［118］ LI B,DU H,LI W,et al. Non-linear tyre model-based non-singular terminal sliding mode observer for vehicle velocity and side-slip angle estimation［J］. Proceedings of the Institution of Mechanical Engineers,Part D: Journal of automobile engineering,2019,233(1):38-54.

［119］ 李小雨,许男,郭孔辉. 基于运动学方法和运动几何方法融合的质心侧偏角估计［J］. 机械工程学报, 2020,56(02):121-129.

［120］ LIN X,WANG J,XU Q,et al. Real-Time Estimation of Tire-Road Friction Coefficient Based on Unscented Kalman Filtering［C］//2020 IEEE 5th International Conference on Intelligent Transportation Engineering （ICITE）. IEEE,2020:376-382.

［121］ LEE H,TAHERI S. Intelligent tires? A review of tire characterization literature ［J］. IEEE Intelligent Transportation Systems Magazine,2017,9(2):114-135.

[122] 何勇.我国道路交通安全现状及对策[J].公路交通科技,2003,20(1):119-122.

[123] FRANKJ G,CAROLS,MOSLEHA. QRAS-the quantitative risk assessment system [J]. Reliability Engineering and System Safety,2006,91:292-304.

[124] 尹静波.海事安全管理中的量化风险评估[M].上海:上海交通大学出版社,2015.

[125] LI Y,LI K,ZHENG Y,et al. Threat Assessment Techniques in Intelligent Vehicles:A Comparative Survey [J]. IEEE Intelligent Transportation Systems Magazine,2021,13(4):71 – 91.

[126] ARCHIBALD J K,HILL J C,JEPSEN N A,et al. A Satisficing Approach to Aircraft Conflict Resolution[J]. IEEE Transactions on Systems,Man,and Cybernetics,Part C (Applications and Reviews),2008,38(4):510-521.

[127] ALLEN C,EWING M,KESHMIRI S,et al. Multichannel sense-and-avoid radar for small UAVs[C]. 2013 IEEE/AIAA 32nd Digital Avionics Systems Conference (DASC). ,2013:6E2-1-6E2-10.

[128] LEE K,PENG H. Evaluation of automotive forward collision warning and collision avoidance algorithms[J]. Vehicle System Dynamics,2005,43(10):735-751.

[129] ALTHOFF M,STURSBERG O,BUSS M. Model-Based Probabilistic Collision Detection in Autonomous Driving [J]. IEEE Transactions on Intelligent Transportation Systems,2009,10(2):299-310.

[130] THORSSON J,STEINERT O. Neural Networks for Collision Avoidance [M]. Gothenburg:Chalmers Univ. Technol. ,2016.

[131] LEVINE S,FINN C,DARRELL T,et al. End-to-End Training of Deep Visuomotor Policies [J]. 2016,1-40.

[132] SALLAB A E,ABDOU M,PEROT E,et al. Deep Reinforcement Learning framework for Autonomous Driving [J]. Electronic Imaging,2017,2017(19):70-76.

[133] GERDES J C,ROSSETTER E J. A Unified Approach to Driver Assistance Systems Based on Artificial Potential Fields[J]. Journal of Dynamic Systems,Measurement,and Control,2001,123(3):431.

[134] ROSSETTER E J,GERDES J C. Lyapunov Based Performance Guarantees for the Potential Field Lane-keeping Assistance System[J]. Journal of Dynamic Systems,Measurement,and Control,2006,128(3):510.

[135] ZHENG X,WANG J,WANG J. A Novel Road Traffic Risk Modeling Approach Based on the Traffic Safety Field Concept[J]. CICTP 2018:263-274.

[136] HUANG H,ZHENG X,YANG Y,et al. An integrated architecture for intelligence evaluation of automated vehicles[J]. Accident Analysis and Prevention,2020,145:105681.

[137] KROGH B. A generalized potential field approach to obstacle avoidance control[C]. Proc. SME Conf. on Robotics Research:The Next Five Years and Beyond,Bethlehem,PA,1984. 1984:11-22.

[138] 郑讯佳.行车风险产生机理及其量化评估方法[D].北京:清华大学,2020.

[139] HUANG H,WANG J,FEI C,et al. A probabilistic risk assessment framework considering lane-changing behavior interaction[J]. SCIENCE CHINA Information Sciences,2020,63(9):190203.

[140] 王建强,吴剑,李洋.基于人-车-路协同的行车风险场概念,原理及建模[J].中国公路学报,2016,29(1):105-114.

[141] WANG J,WU J,ZHENG X,et al. Driving safety field theory modeling and its application in pre-collision warning system[J]. Transportation Research Part C:Emerging Technologies,2016,72:306-324.

[142] NI D,LEONARD J D,JIA C,et al. Vehicle longitudinal control and traffic stream modeling[J]. Transportation Science,2015,50(3):1016 – 1031.

[143] 李洋.基于行人行为预测的智能汽车决策方法[D].北京:清华大学,2020.

[144] XIE G,GAO H,HUANG B,et al. A Driving Behavior Awareness Model based on a Dynamic Bayesian Network and Distributed Genetic Algorithm[J]. International Journal of Computational Intelligence Systems,2018,11

(1):469.

[145] 谢国涛.不确定性条件下智能车辆动态环境认知方法研究[D].安徽:合肥工业大学,2018.

[146] XIE G,ZHANG X,GAO H,et al. Situational Assessments Based on Uncertainty-Risk Awareness in Complex Traffic Scenarios[J]. Sustainability,2017,9(9):1582.

[147] 王梓强,胡晓光,李晓筱,等.移动机器人全局路径规划算法综述[J].计算机科学,2021,48(10):11.

[148] 黄珊.基于博弈论的智能网联多车驾驶行为决策控制方法[D].燕山大学.

[149] 叶鸣飞.基于 Voronoi 图与不确定性势场的移动机器人路径规划[D].电子科技大学,2021.DOI:10.27005/d.cnki.gdzku.2021.001074.

[150] 刘祥,叶晓明,王泉斌,等.无人水面艇局部路径规划算法研究综述[J].中国舰船研究,2021,16(S1):1-10.DOI:10.19693/j.issn.1673-3185.02538.

[151] 王梓强,胡晓光,李晓筱,等.移动机器人全局路径规划算法综述[J].计算机科学,2021,48(10):19-29.

[152] URMSON C,ANHALT J,BAGNELL D,et al. Autonomous driving in urban environments:Boss and the Urban Challenge[J]. Journal of Field Robotics,2008,25(8):425 – 466.

[153] 百度.百度 Apollo 开发者中心[EB/OL]. https://apollo.auto/devcenter/document_list_cn.html

[154] WANG H,HUANG Y,KHAJEPOUR A,et al. Crash mitigation in motion planning for autonomous vehicles[J]. IEEE transactions on intelligent transportation systems,2019,20(9):3313-3323.

[155] CHEN S,JIAN Z,HUANG Y,et al. Autonomous driving:cognitive construction and situation understanding[J]. Science China Information Sciences,2019,62(8):1-27.

[156] HUANG Y,CHEN Y. Autonomous driving with deep learning:A survey of state-of-art technologies[J]. arXiv preprint arXiv:2006.06091,2020.

[157] 王建强,郑讯佳,黄荷叶.驾驶人驾驶决策机制遵循最小作用量原理[J].中国公路学报,2020,33(04):155-168.DOI:10.19721/j.cnki.1001-7372.2020.04.016.

[158] ZHENG X,HUANG H,WANG J,et al. Behavioral decision - making model of the intelligent vehicle based on driving risk assessment[J]. Computer - Aided Civil and Infrastructure Engineering,2021,36(7):820-837.

[159] LIU Y,BUCKNALL R. Path planning algorithm for unmanned surface vehicle formations in a practical maritime environment[J]. Ocean engineering,2015,97:126-144.

[160] LUO Y,YANG G,XU M,et al. Cooperative lane-change maneuver for multiple automated vehicles on a highway[J]. Automotive Innovation,2019,2(3):157-168.

[161] XU Q,CAI M,LI K,et al. Coordinated formation control for intelligent and connected vehicles in multiple traffic scenarios[J]. IET Intelligent Transport Systems,2021,15(1):159-173.

[162] CAI M,XU Q,LI K,et al. Multi-lane formation assignment and control for connected vehicles[C].2019 IEEE Intelligent Vehicles Symposium (IV). IEEE,2019:1968-1973.

[163] XU B,BAN X J,BIAN Y,et al. Cooperative method of traffic signal optimization and speed control of connected vehicles at isolated intersections[J]. IEEE Transactions on Intelligent Transportation Systems,2018,20(4):1390-1403.

[164] BIAN Y,LI S E,REN W,et al. Cooperation of multiple connected vehicles at unsignalized intersections:Distributed observation,optimization,and control[J]. IEEE Transactions on Industrial Electronics,2019,67(12):10744-10754.

[165] XU B,LI S E,BIAN Y,et al. Distributed conflict-free cooperation for multiple connected vehicles at unsignalized intersections[J]. Transportation Research Part C:Emerging Technologies,2018,93:322-334.

[166] 徐成.部分车辆联网条件下多车协同避撞算法研究[D].北京:清华大学,2015.

[167] LU X Y, WANG J, LI S E, et al. Multiple-Vehicle Longitudinal Collision Mitigation by Coordinated Brake Control[J]. Mathematical Problems in Engineering, 2014, 2014

[168] MERABTI H, BELARBI K, BOUCHEMAL B. Nonlinear predictive control of a mobile robot: a solution using meta-heuristcs[J]. Journal of the Chinese Institute of Engineers, 2016, 39(3): 282-290.

[169] FELIPE N, WANDERLEY C, RICARDO C, et al. An adaptive dynamic controller for autonomous mobile robot trajectory tracking[J]. Control Engineering Practice, 2008, 16(11): 1354-1363.

[170] 郑洋. 基于四元素构架的车辆队列动力学建模及分布式控制[D]. 北京: 清华大学, 2015.

[171] CAMPONOGARA E, JIA D, KROGH B H, et al. Distributed model predictive control[J]. IEEE control systems magazine, 2002, 22(1): 44-52.

[172] KERNER B S. Failure of classical traffic flow theories: stochastic highway capacity and automatic driving[J]. Physica A: Statistical Mechanics and its Applications, 2016, 450: 700-747.

[173] TALEBPOUR A, MAHMASSANI H S. Influence of connected and autonomous vehicles on traffic flow stability and throughput[J]. Transportation Research Part C: Emerging Technologies, 2016, 71: 143-163.

[174] STERN R E, CUI S, DELLE MONACHE M L, et al. Dissipation of stop-and-go waves via control of autonomous vehicles: Field experiments[J]. Transportation Research Part C: Emerging Technologies, 2018, 89: 205-221.

[175] CHEN C, WANG J, XU Q, et al. Mixed platoon control of automated and human-driven vehicles at a signalized intersection: dynamical analysis and optimal control[J]. Transportation Research Part C: Emerging Technologies, 2021, 127: 103138.

[176] BENGLER K, DIETMAYER K, FARBER B, et al. Three Decades of Driver Assistance Systems: Review and Future Perspectives[J]. IEEE Intelligent Transportation Systems Magazine, 2014, 6(4): 6-22.

[177] 余志生. 汽车理论[M]. 6 版. 机械工业出版社, 2019.

[178] 周志立, 徐立友. 汽车 ABS 原理与结构[M]. 2 版. 机械工业出版社, 2011.

[179] 成波, 张广渊, 冯睿嘉, 等. 驾驶人疲劳状态监测技术的现状与发展[C]. 2007 中国汽车安全技术国际学术会议暨中国汽车工程学会第十届汽车安全技术年会. 2007.

[180] Tesla. Tesla official website[EB/OL]. [2019-05-25]. https://www.tesla.com/autopilot? redirect = no.

[181] THRUN S, MONTEMERLO M, PALATUCCI M. Stanley: The Robot That Won the DARPA Grand Challenge[J]. Journal of Field Robotics, 2009, 23(9): 661-692.

[182] CREMEAN L B, FOOTE T B, GILLULA J H, et al. Alice: An Information-Rich Autonomous Vehicle for High-Speed Desert Navigation[J]. Journal of Field Robotics, 2006, 23(9): 777-810.

[183] URMSON C, ANHALT J, BAGNELL D, et al. Autonomous driving in urban environments: Boss and the urban challenge[J]. Journal of Field Robotics, 2008, 25(8): 425-466.

[184] BACHA A, BAUMAN C, FARUQUE R, et al. Odin: Team victortangos entry in the darpa urban challenge[J]. Journal of field Robotics, 2008, 25(8): 467-492.

[185] 李克强, 李家文, 常雪阳, 等. 智能网联汽车云控系统原理及其典型应用[J]. 汽车安全与节能学报, 2020, 11(03): 261-275.

[186] 李克强, 常雪阳, 李家文, 等. 智能网联汽车云控系统及其实现[J]. 汽车工程, 2020, 42(12): 1595-1605.

[187] 中国智能网联汽车产业创新联盟. 车路云一体化融合控制系统白皮书[R/OL]. (2020-09)[2020-09-28]. http://www.caicv.org.cn/index.php/newsInfo? id = 279.

[188] 鲁光泉, 王云鹏, 田大新. 车车协同安全控制技术[M]. 北京: 科学出版社, 2014.

[189] RIOS-TORRES J, MALIKOPOULOS A A. A survey on the coordination of connected and automated vehicles at intersections and merging at highway on-ramps[J]. IEEE Transactions on Intelligent Transportation Systems,

2016,18(5):1066-1077.

[190] DRESNER K,STONE P. A multiagent approach to autonomous intersection management[J]. Journal of artificial intelligence research,2008,31:591-656.

[191] AHMANE M,ABBAS-TURKI A,PERRONNET F,et al. Modeling and controlling an isolated urban intersection based on cooperative vehicles[J]. Transportation Research Part C:Emerging Technologies,2013, 28:44-62.

[192] LEE J,PARK B B,MALAKORN K,et al. Sustainability assessments of cooperative vehicle intersection control at an urban corridor[J]. Transportation Research Part C:Emerging Technologies,2013,32:193-206.

[193] GUMASTE A,SINGHAI R,SAHOO A. Intellicarts:Intelligent car transportation system[C]. Proc. IEEE LANMAN. 2007.

[194] CHOI W,SWAROOP D. Assessing the safety benefits due to coordination amongst vehicles during an emergency braking maneuver[C]. Proceedings of the 2001 American Control Conference,IEEE,2001,3: 2099-2104.

[195] TATCHIKOU R,BISWAS S,DION F. Cooperative vehicle collision avoidance using inter-vehicle packet forwarding[C]. GLOBECOM '05. IEEE Global Telecommunications Conference,2005. IEEE,2005,5 (5):2766.

[196] 王庞伟,余贵珍,王云鹏,等. 基于滑模控制的车车协同主动避撞算法[J]. 北京航空航天大学学报, 2014,40(2):268-273.

第四章

智能防护

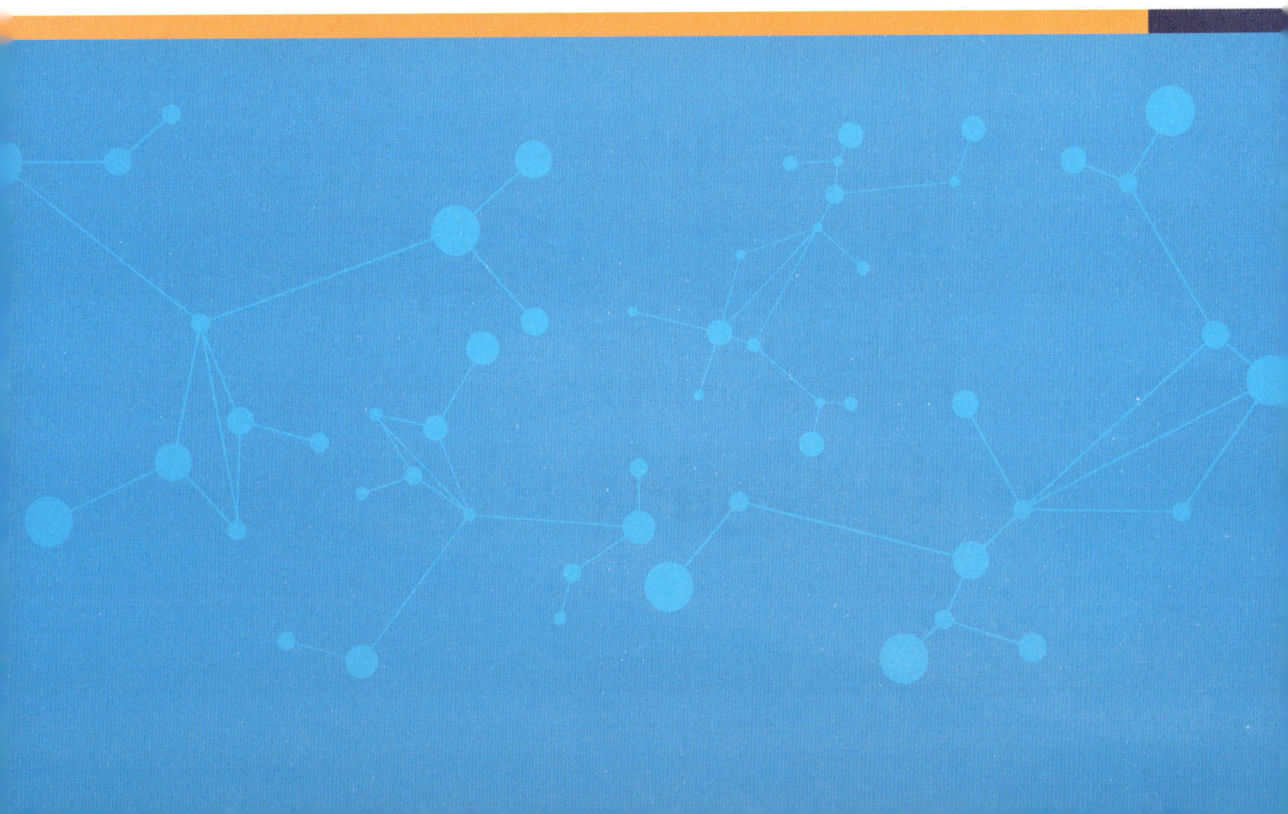

第四章 内容架构

损伤量化方法

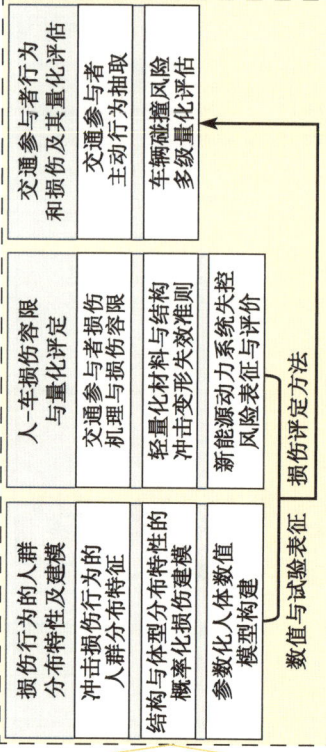

交通参与者行为和损伤及其量化评估
- 交通参与者行为主动抽取
- 车辆碰撞风险多级量化评估

人-车损伤容限与量化评价
- 交通参与者损伤机理与损伤容限
- 轻量化材料与结构冲击变形失效准则
- 新能源动力系统失控风险表征与评价

损伤行为的人群分布特性及建模
- 冲击损伤行为的人群分布特征
- 结构与车体型分布特性的概率化损伤建模
- 参数化人体数值模型构建

数值与试验表征 — 损伤评估方法 / 损伤控制准则

协同防护技术

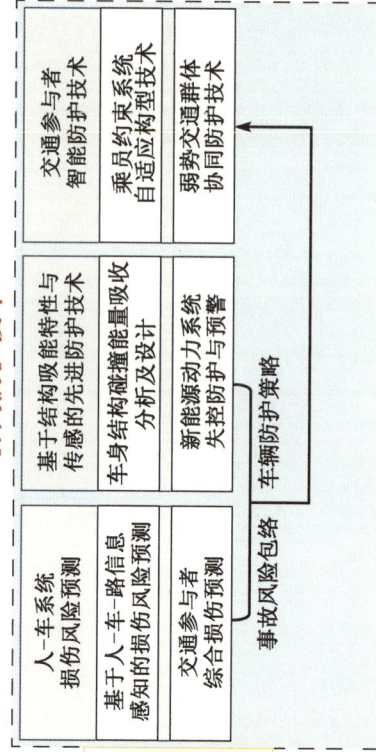

交通参与者智能防护技术
- 乘员约束系统自适应构型技术
- 弱势交通群体协同防护技术

基于结构吸能特性与传递的先进防护技术
- 车身结构碰撞能量吸收分析及设计
- 新能源动力系统失控防护与预警
- 车辆防护策略

人-车系统损伤风险预测
- 基于人-车-路信息感知的损伤风险预测
- 交通参与者综合损伤预测
- 事故风险包络

智能防护理论

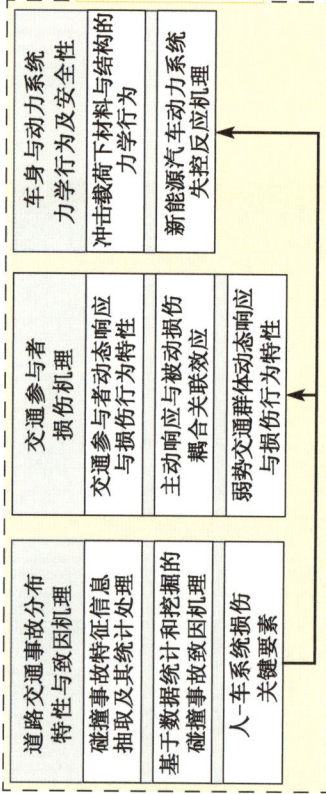

车身与动力系统力学行为及安全性
- 冲击载荷下材料与结构的力学行为
- 新能源汽车动力系统失控反应机理

交通参与者损伤机理
- 交通参与者动态响应与损伤行为特性
- 主动响应与被动损伤耦合关联效应
- 弱势交通群体动态响应与损伤行为特性

道路交通事故分布特性与致因机理
- 碰撞事故特征信息抽取及其统计处理
- 基于数据统计和挖掘的碰撞事故致因机理
- 人-车系统损伤关键要素

智能防护系统

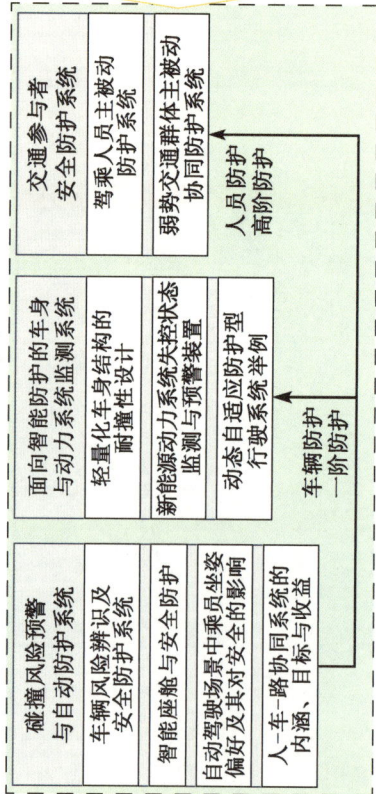

交通参与者安全防护系统
- 驾乘人员主被动防护系统
- 弱势交通群体主被动协同防护系统
- 人员防护高阶防护

面向智能防护的车身与动力系统监测系统
- 轻量化车身结构的耐撞性设计
- 新能源动力系统失控状态监测与预警装置
- 动态自适应防护型行驶系统举例
- 车辆防护一阶防护

碰撞风险预警与自动防护系统
- 车辆风险辨识及安全防护系统
- 智能座舱与安全防护
- 自动驾驶场景中乘员坐姿偏好及其对安全的影响
- 人-车-路协同系统的内涵、目标与收益汽车智能防护(Vehicle Intelligent Protection, VIP)是指基于人-车系统损伤机理与关键影响因素,在危险行驶场景中实施碰撞严重性与损伤风险辨识,自适应调整车载安全系统,实现对交通参与者的有效防护。它以人-车-路系统中的交通参与者为保护对象,综合利用车载及车-路多源信息,通过研究交通参与者动态认知响应与生物力学机理,辨识并预测其主动行为与损伤特征,提供面向防护的安全决策与实施方案,确保车身结构、以乘员约束为代表的车载安全系统等做出自适应配置调整,从而最小化交通参与者在事故中的损伤风险和严重程度。

防护的主要目的是抑制人-车系统在危险工况中的损伤产生与发展,其相关研究涉及损伤基础理论、损伤量化方法、损伤抑制技术、自适应防护系统四个方面。智能防护基于道路交通事故分布特性与演化、交通参与者行为机制与冲击损伤、车身与动力系统冲击力学响应等机理,系统研发面向人群分布的行为特征识别与损伤容限量化方法,实现人-车系统损伤风险预测;并借助多源传感信息与先进材料,形成碰撞风险预警与自适应约束等智能防护系统。随着新能源汽车的发展,电池等车用动力系统失控反应机理及防护技术也是智能防护的重要组成部分。

第四章内容架构如上页框图所示,首先,基于智能防护理论,从道路交通事故分布与致因机理出发,探究交通参与者损伤机理和车身与动力系统失效机理;其次,通过数值与实验方法辨识损伤行为及其人群分布特性,并对人-车损伤容限做出损伤量化评定,以确立交通参与者行为并评估车辆碰撞风险;阐述协同防护技术所包括的人-车系统损伤风险预测、车辆防护和交通参与者智能防护技术等,并阐述提升车辆智能防护的关键技术实现方法及特点;最后,将技术应用于智能防护系统中,智能防护系统即智能防护理论、方法与技术集成应用的载体,包括碰撞风险预警与自动防护系统等,并依次总结分析车辆和人员防护系统等的结构组成、工作原理和应用场景。

第一节　智能防护理论

智能防护理论主要是通过分析道路交通事故分布特性及其致因机理,辨识并确立影响人-车系统损伤风险的关键要素,基于冲击动力学、损伤生物力学、电化学等理论探究交通参与者损伤机理、车身及新能源汽车动力系统的失效机理,为智能防护提供理论基础。

一、道路交通事故分布特性与致因机理

随着各国对道路交通事故的重视以及事故信息抽取技术的发展,不同类别的数据库信息逐渐发展并丰富,而通过分析道路交通事故数据库可以获取事故概况及其主要分布特性。通过统计学习、数据挖掘等分析方法对数据库进行研究,可以推演事故的发生及演化过程,从人、车、路等层面辨识碰撞事故致因机理。事故造成的直接后果是人-车系统的损伤,具体形式包括交通参与者(人)的冲击伤害、挫伤、碾压、烧伤等,车身变形与破坏,新能源汽车动力系统失效等。进一步辨识影响损伤的关键因素,明确保护需求,能促进事故信息抽取技术的发展和数据库的完善(图4-1)。

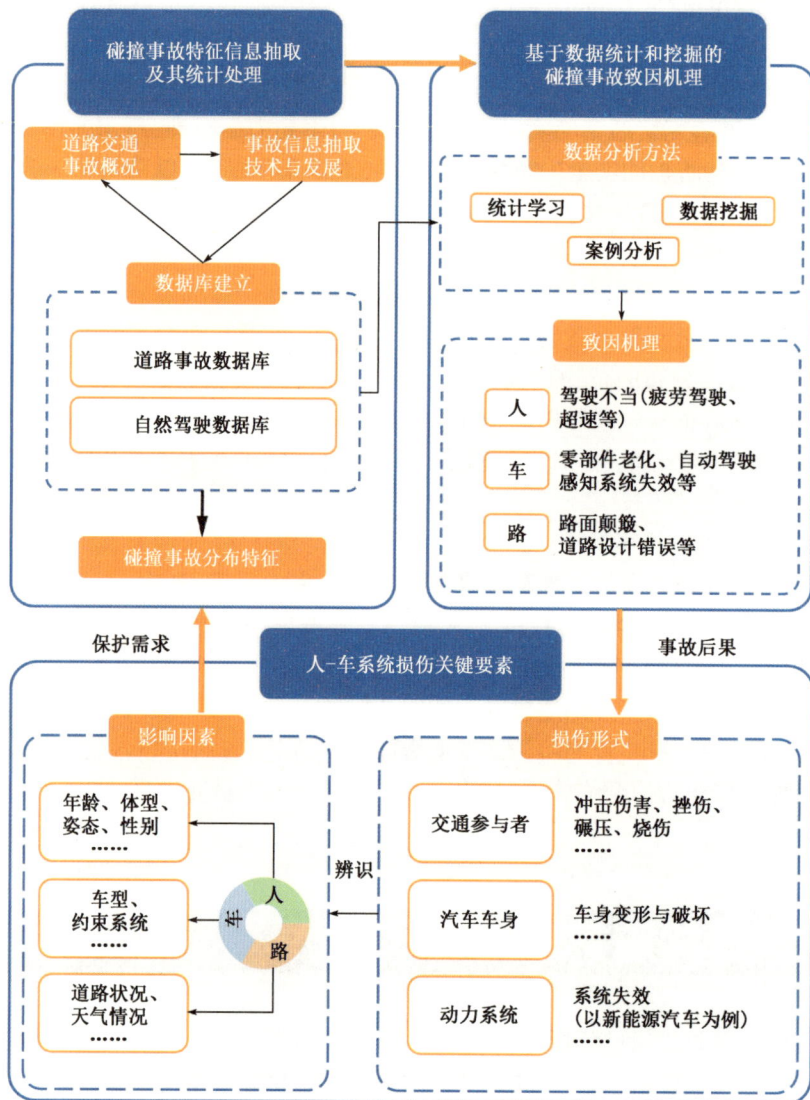

图 4-1 "数据库建立-数据分析-损伤因素辨识"研究框架

(一)碰撞事故特征信息抽取及其统计处理

道路交通事故数据统计分析是获取事故概况及分布特性最为直观、有效的途径,有助于聚焦智能防护的重点研究对象,同时也促进了信息抽取技术的发展。

1.道路交通事故概况

道路交通事故是全球范围内一项重大的公共健康问题。世界卫生组织(World Health Organization,WHO)《道路安全行动十年全球计划》(Global Plan for the Decade of Action for

Road Safety 2011—2020) [1]中强调,改善道路安全是世界范围内的优先事项。道路交通事故是人、车、道路、环境等动静态多因素耦合失调而导致人员或车辆受损的过程。WHO 发布的《2018年道路安全全球现状报告》显示,全球每年约135万人死于道路交通事故(图4-2),其中超过半数是弱势交通群体(Vulnerable Road Users, VRU),如行人、两轮车骑行人等。建立道路交通事故数据库,为准确辨识汽车碰撞事故特征及影响人-车损伤行为的关键要素提供了重要参考。

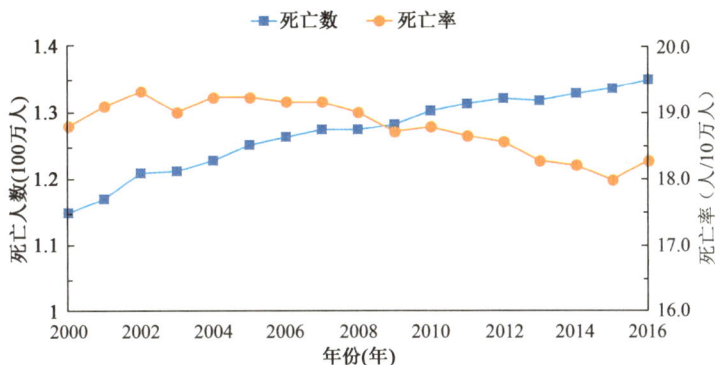

图4-2　2000—2016 年全球道路交通死亡人数及每 10 万人死亡率[2]

2. 事故信息抽取技术与发展

从智能防护应用需求角度,现有数据库可以分为两类:一类是道路交通事故案例数据库,以收录的实际事故信息作为重要的数据基础,可用于分析事故特性及其发展趋势,进而制定相应的防护措施;另一类是自然驾驶(Naturalistic Driving, ND)数据库,可用于研究人类驾驶行为、人-车-路交互行为及自动驾驶测试等。

随着对道路交通安全的重视及事故案例收录信息需求的提升,各个国家和地区相继开展了道路交通事故数据的统计收录,并建立了相应数据库。交通事故档案收录了包括事故类型、发生时间、天气状况、伤亡情况等人-车-路的信息,是分析交通事故的原始素材。传统交通事故数据收集一般依托警务工作完成,通过现场测量数据、手工绘制草图等方式建立事故档案。新的事故数据信息收集工作使用现代化技术,例如视频记录、三维激光扫描仪和无人机系统等(表4-1),提升了采集速度并确保其准确性[3],进一步推动了道路交通数据库的发展。例如,使用三维激光扫描仪对事故现场快速扫描测量,可获得事故现场元素点云数据,还原事故的三维场景,获取现场车辆数据、制动痕迹、整体布局,进而还原事故发生时的情况。在传统的事故测量工作中,耗费时间较长且获取事故全景的途径十分有限,而利用无人机航拍技术,可快速、准确获取道路参数及事故发生地场景特征,有助于后续进行详细的事故发生全过程分析[4]。

道路交通事故信息新旧收集方法对比　　　　　　　　　　　　　表4-1

对　　象	传统方法技术	方法技术改进	具 体 改 进
采集表	纸质	电子格式	电子采集表较纸质表信息出错率低且节约人力资源
车辆条形码、人员证件信息	人工填写	芯片/条形码阅读器	使用电子仪器自动扫描获取证件信息效率高且出错率低

续上表

对　　象	传统方法技术	方法技术改进	具体改进
事故地点信息	语意描述	GPS 定位	基于 GIS 地图获取 GPS 坐标比语意更为准确、便捷
现场测距	全站仪	三维激光扫描仪	携带方便、操作简单且不容易引发二次事故
事故现场图	皮尺测量、手工绘制	激光测量仪器、专业绘图软件	激光测量仪器精度高,辅以专业软件绘图更为规范,且可以减少人力资源
碰撞事故前信息	语意描述	EDR	从事故车辆中恢复关键的碰撞数据参数,可以辅助碰撞事故调查

在车辆端,汽车事件数据记录系统(Event Data Recorders,EDR)也为抽取事故信息提供了有效的数据来源。根据 NHTSA 相关规定,2012 年以后北美大多数车辆都配备 EDR 以收集、存储和检索车辆碰撞事件数据。EDR 可以从事故车辆中恢复关键的碰撞数据参数,包括碰撞前数据,有助于更好地理解导致碰撞发生的重要因素,不仅可用于建立碰撞事故数据库,还可用于采集自然驾驶数据。此外,碰撞结果数据评估系统(Crash Outcome Data Evaluation System,CODES)可将碰撞事故记录与紧急医疗服务在现场收集的人员损伤信息相关联。

在人员端,伤亡信息对事故深入调查研究及重建等工作均具有重要意义。人员伤亡程度可通过损伤部位及其简明损伤定级等级(Abbreviated Injury Scale,AIS)、最大简明损伤定级(Max Abbreviated Injury Scale,MAIS)等信息进行宏观描述。现有部分数据库中,已开始录入更为详细的人员及伤亡信息、医疗救治等数据,如伤者住院时长、医疗代价等。

3. 代表性道路事故数据库

国内外道路事故数据库种类繁多。现依据事故数据库的数据体量、信息收集丰富程度、领域内被认可度、影响力等多方面因素,列举一些具有代表性的道路事故数据库,具体如下。

国际道路交通事故数据库(International Road Traffic and Accident Database,IRTAD)由德国联邦交通研究所于 1988 年发起,最初用以对比国际事故数据,后被国际交通论坛(International Transport Forum,ITF)接管并将其扩大。IRTAD 覆盖区域最广,收集到的数据包含来自日本、韩国、德国、法国等三十多个国家和地区经过验证的最新碰撞事故数据[5],并于每年根据参与国的数据整合年度报告,展示事故趋势、对比各地区道路交通事故死亡率、事故分布等信息,以提出针对性策略目标以及立法。

德国事故深度调查数据库(German In-Depth Accident Study,GIDAS)是德国最大的事故数据收集项目。与 IRTAD 在全球范围获取数据的做法不同,GIDAS 每年在汉诺威和德勒斯顿的市区采集 2000 例左右涉及人员损伤的交通事故,广泛收集涵盖事故各方面信息的数据,例如事故运动学、损伤类型、事故起因、事故类型以及救援过程等信息。项目组绘制了包含车辆行驶方向、碰撞位置以及终止位置等信息的事故草图,用于后续事故重建。GIDAS 数据库对单一事故案例信息收集量丰富,每例事故收集了约 3600 个参数(包括涉事汽车型号、速度,受伤人员身高、体重、年龄、性别,受伤部位及受伤类型等)和约 150 张图片用于研究分析[6],能有效辅助辨识车速、车型、年龄等关键要素对人-车系统损伤风险的显著影响。GIDAS 是领域内被广泛认可的数据库,支撑了众多相关研究。

中国交通事故深入研究数据库(China In-Depth Accident Study,CIDAS)是中国汽车技术研究中心(China Automotive Technology and Research Center,CATARC)与多家汽车公司于 2011 年联合开始的项目,已在长春、威海、宁波、北京、佛山、黔西南等地采集事故数据,每起事故案例的收录信息达 3000 多条[7]。该数据库可用于事故分析和车辆结构设计优化,在交通法规立法、车辆安全技术开发和中国新车评价规程测试中已有初步体现。国家车辆事故深度调查体系(National Automobile Accident In-Depth Investigation System,NAIS)也是国内较为成熟的事故数据库,由国家市场监督管理总局缺陷产品管理中心联合多家车辆事故研究机构、机动车司法鉴定中心共同建立,服务于车辆安全性分析与召回、事故研究、汽车产品安全性改进等。NAIS 事故采集类型主要包括道路交通事故、车辆火灾事故以及其他疑似安全隐患的事故[8]。

此外,美国 NHTSA[9]负责的事故报告采样系统(Crash Investigation Sampling System,CISS)[10]、国家机动车事故抽样系统(National Automotive Sampling System,NASS)[11]等,专门收集汽车-行人碰撞事故的调查数据库(The Pedestrian Crash Data Study,PCDS)[12]、专门收集赛车事故的全球事故数据库(World Accident Data Base,WADB)等[13],也是较为重要的道路交通事故数据库,并被广泛用于交通安全总体状况评估中,以鉴别现有和潜在的交通安全问题,为交通安全计划的成本和收益分析奠定基础。

4. 自然驾驶数据库

自然驾驶数据通常指通过多个车载传感器收集并记录驾驶人实际驾驶行为、车辆运行特征及交通环境信息的数据库,包含了车速、转向盘转角、制动踏板位置、前照灯使用情况等,可用于研究驾驶人行为、自车与车外交通群体交互等。自然驾驶数据采集过程中,驾驶人按照日常驾驶习惯进行驾驶,能有效准确采集驾驶人在自然状态下的真实驾驶行为,可靠性、有效性高。自然驾驶研究对于研究交通事故的直接诱因、人机交互特征,以及下一代智能交通系统等都有着重要的意义。

自然驾驶数据整合能够有效串联驾驶数据与驾驶行为的关系,构建驾驶风险辨识模型,用以研究主动安全控制技术[14]或测试相关理论方法等。建立较早、应用较多的自然驾驶数据库有欧洲大型实车道路试验(European Field Operational Test,EuroFOT)和美国公路战略研究计划二期自然驾驶研究(TRB's Second Strategic Highway Research Program Naturalistic Driving Study,SHRP2 NDS)等。在福特与包括欧洲汽车制造商在内的 28 个合作伙伴的参与下,EuroFOT 项目在一年内对 8 个站点的 1000 辆汽车进行了测试,收集了超过 100TB 的数据(如各种真实交通场景的驾驶行为、各种车辆安全系统的效率等),用来评估智能汽车系统或主动安全系统对运输安全和燃油效率的影响[15]。SHRP2 NDS 项目由美国交通研究理事会(Transportation Research Board,TRB)成立,目的是通过对驾驶行为的了解来制定对策以改善道路安全,该研究涉及全美 6 个州的大约 3100 名驾驶人[16]。此外,比较新的自然驾驶数据库还有记录各种交通参与者在交通场景中交互行为的交互数据集(Interaction Dataset)[17]。

5.碰撞事故分布特征及案例分析

通过统计分析,可以归纳提取事故分布特征,探索其发生频率与交通参与者、事故发生时段等之间的相关性,从而针对性地进行防范。事故参与者主要有汽车、两轮/三轮机动车、自行车、行人等,伤亡占比在不同国家地区也有差异,如图4-3a)所示。在欧洲,因人均汽车保有量和使用率高,汽车驾乘者在所有道路交通死亡者中占比高达48%,两轮/三轮机动车驾乘者死亡人数占比11%。而在人口密度较高的东南亚,汽车驾乘者死亡占比相对较少,只有16%,但两轮/三轮机动车的高保有量导致其驾乘者死亡占比高达43%。非洲的行人死亡占比最高,达40%。根据中国国家统计局的数据[18],2019年全国发生道路交通事故247646起,事故导致的死亡人数为62763人,其中机动车(包括汽车、摩托车、拖拉机)驾乘者死亡人数占比90.7%,如图4-3b)、c)所示。

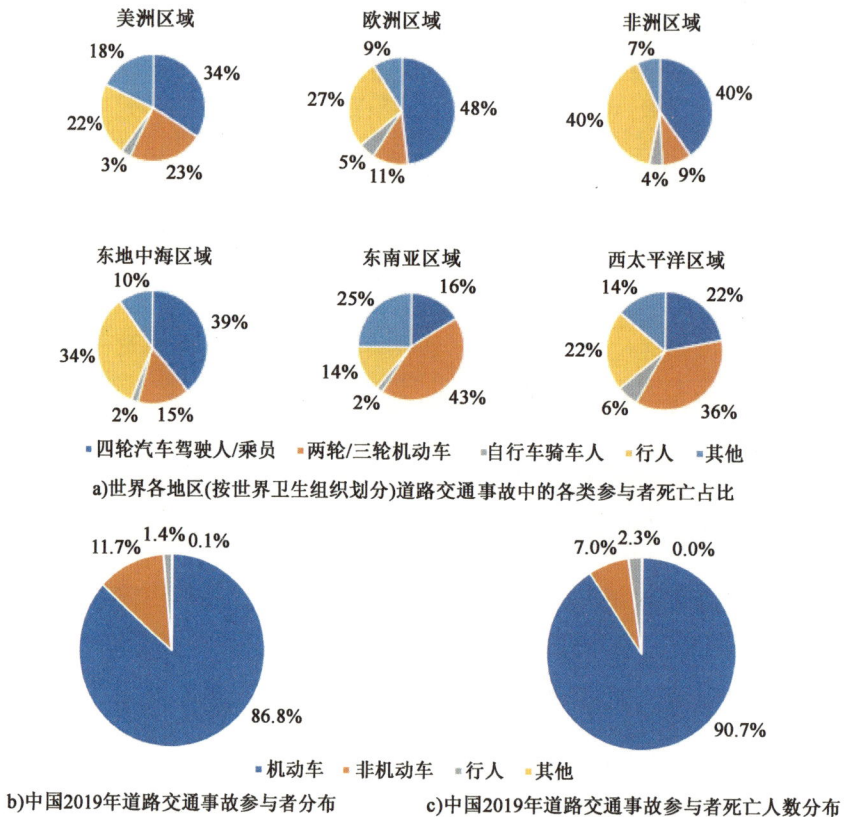

a)世界各地区(按世界卫生组织划分)道路交通事故中的各类参与者死亡占比

■四轮汽车驾驶人/乘员　■两轮/三轮机动车　■自行车骑车人　■行人　■其他

b)中国2019年道路交通事故参与者分布　　　　c)中国2019年道路交通事故参与者死亡人数分布

■机动车　■非机动车　■行人　■其他

图4-3　全球[2]和中国[18]的道路交通事故中的参与者分布情况

在统计分析事故分布特性的基础上,对单个事故案例的分析,有助于探明事故起因和损伤特性,为安全防护提供经验借鉴。有研究利用数值模型对弱势交通群体事故数据库里的10起汽车-弱势交通群体碰撞事故进行事故重建,对比了事故临床医学损伤信息和仿真模拟预测的损伤信息,结果表明头部线性加速度、旋转加速度、剪切应力等力学指标可以较好预测头部落地损伤[19]。

（二）基于数据统计和挖掘的碰撞事故致因机理

道路交通事故是指一定空间内、一连串事变按时序出现,经过复杂相互作用,引起人-车-路系统稳定状态被破坏,造成人员伤亡、车辆损毁及相应的经济损失的行为,其本质可以理解为系统状态的高度非线性变化。面向道路交通事故的数据分析方法可以分为两类,一类方法以传统数理统计分析为主,通过对数据库使用统计、方差分析(Analysis of Variance,ANOVA)、非参数检验、回归(Regression)等方法,得出事故分布特性,推演碰撞前参数对事故风险的影响;另一类以数据挖掘方法为主,鉴于道路交通事故发生的偶然性、多因素性和模糊性等特征,对其进行多角度、多层次的分析研究,以辨识影响道路交通事故的因素,揭示出各类事故历史数据间相互关联作用的潜在规律与特征,可以更全面地研究道路事故中人-车-路系统的安全防护策略。

1. 交通事故分布及碰撞前参数对损伤风险影响

引发事故的原因主要有人为、车辆、路况以及环境因素。在人类驾驶车辆过程中,导致道路交通事故的主要原因包括驾驶人的感知错误、判断错误、反应迟钝,或者车辆及道路环境的异常等。按交通参与者分类,可以分为单车事故(翻滚、坠车、撞固定物等)、车车事故、汽车-行人事故(碰撞、碾压)、汽车-两轮/三轮车事故。其中,车辆之间发生的碰撞事故,可分为正面碰撞、追尾碰撞、侧面碰撞、斜碰撞等。例如,通过分析碰撞伤害研究(Crash Injury Research,CIREN)数据库里的 2538 例事故,得到的碰撞场景分布,如图 4-4a)所示,事故超过半数是前侧碰撞[20]。另一项统计分析了 2014—2018 年 113 起自动驾驶汽车交通事故的研究表明,超过60% 的事故都是追尾碰撞,如图 4-4b)所示[21]。

图 4-4　碰撞事故类型分布举例

现有碰撞事故中,超过 90% 由与驾驶人相关的因素引起,驾驶人道路熟悉程度、冒险行为倾向和非正常驾驶行为(如错误驾驶、疲劳和分心等)等均对事故风险有影响[22]。例如,高频率使用手机等手持电子设备导致的分心是一项近年来出现的、影响行车安全的重要因素[23]。驾驶人年龄也是与碰撞风险相关的重要因素之一,与 20 ~ 24 岁年龄段的驾驶人相比,85 岁及以上的驾驶人在交叉口发生碰撞死亡事故的概率几乎增加 1 倍[24]。

2. 面向事故致因分析的数据挖掘方法

数据挖掘可以发掘出隐藏的,与事故概率、损伤风险有关联性的影响因素,从而应用于事故致因分析。先验算法(Apriori Algorithm)、贝叶斯网络(Bayesian Network)、聚类(Clustering)、神经网络(Neural Network)、决策树(Decision Tree)等均是事故数据库分析研究应用中较为典型的数据挖掘算法(图4-5),在事故数据库及案例分析中有诸多典型应用。

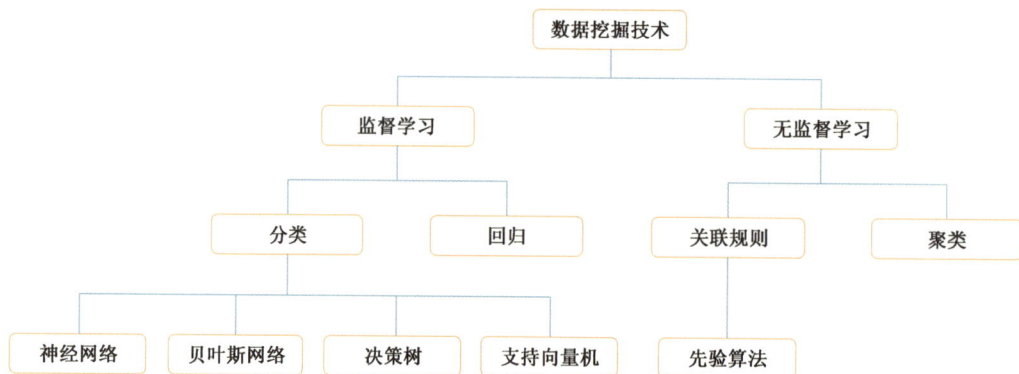

图4-5　数据挖掘的主要算法[25]

在数据挖掘领域中,先验算法是关联规则学习的经典算法之一,常用在道路交通事故分析中,如探究道路环境因素(路面、天气、光线条件)、人为因素(如是否醉驾)和事故致死率的关系[26]。一项基于2010—2011年美国新墨西哥州的11383起追尾事故的研究利用贝叶斯网络推导了损伤严重性和特征之间的关系。原始数据信息包括驾驶人行为、人口统计学特征、车辆因素、几何和环境特征等,分析结果表明涉及碰撞的车辆数量、是否有货车、弱光条件、有风天气对追尾事故中驾驶人损伤严重性有显著影响[27]。另一项针对自动驾驶事故的研究将2014—2019年发生在美国加利福尼亚州的自动驾驶汽车事故模式进行了分类,基于贝叶斯聚类分析,其研究结果表明,涉及转弯、多车辆碰撞、路灯照明暗以及侧滑和追尾的事故通常会导致更为严重的乘员损伤情况[28]。

应当指出的是,基于数据挖掘应用于事故致因分析研究的算法有多种。算法本身没有优劣之分,只有合适与不合适的差别;算法选择很大程度上也受到数据量的制约,另外,模型的复杂性和样本的相似性都会影响模型需要的样本数量。总的来说,算法选择主要依赖于试错,即通过尝试不同算法,确定对于所研究的问题、所使用的数据库最为合适的方法。

(三)人-车系统损伤关键要素

道路交通事故会造成车辆损坏或人员受伤,通常影响人-车系统损伤的因素有多种,而辨识关键要素可以为安全研究指明具体对象,从而在道路交通事故发生过程中更具侧重性地展开防护。

1.人-车系统损伤的基本形式

人-车系统损伤主要包括交通参与者损伤、车身变形破坏、动力系统失效等形式。在交通参与者损伤中,以汽车乘员为例,头部和胸部损伤是常见的且较为严重的损伤形式;其具体损伤形式包括头面部撞击在风窗玻璃或其框架,造成颅骨骨折等;还包括碰撞过程中乘员舱在冲击载荷下变形,胸部受到撞击,或与转向盘等部件挤压导致损伤。此外,汽车行驶时若紧急制动或突然被后面高速行驶的车辆追尾,驾驶人头颈不能适应相应的剧烈变速而过度屈伸,则可造成颈部损伤。

行人、自行车骑车人等弱势交通群体在人车碰撞事故中所受损伤一般包括两大类:一类是原发性损伤(第一次损伤),由直接撞击导致,常见类型包括头部与发动机舱盖、风窗玻璃碰撞导致的颅脑损伤,下肢与保险杠碰撞导致长骨骨折、膝关节韧带撕裂等;第二类是继发性损伤(第二次损伤),指人体被撞击后头部等身体与地面或其他物体相碰撞造成损伤。

汽车发生交通事故时,可能由剐蹭导致车漆受损,也有可能因碰撞导致保险杠、发动机舱盖、风窗玻璃等部件破损,车身受挤压而严重变形,此类可记为车身损伤;而车身的挤压变形也有可能导致新能源汽车动力蓄电池系统失控而引发汽车起火甚至爆炸。

2. 人-车系统损伤的关键影响因素

关于人-车系统的损伤影响因素有众多相关研究,主要从工况维度(事故发生时段、道路条件、车速、碰撞角度等)、车辆维度(约束系统、车型等)、人员维度(交通参与者年龄、体型、性别、姿态等)等分析其与损伤的相关性。

从工况维度来看,车速是影响交通参与者损伤严重性最为主要的因素[21,29],碰撞速度越高,损伤风险及严重级别越高[30-31]。从车辆维度来看,车内约束系统是影响乘员损伤的重要因素,不同的约束对乘员在碰撞过程中的动态响应有一定影响[32]。此外,车型显著影响行人损伤分布:轿车对行人的主要损伤源是风窗玻璃和保险杠,而皮卡、货车、SUV 对行人的主要致伤源则是发动机舱盖及其前端边缘[33]。车身前部形状参数及前端高度对行人头部损伤及落地损伤严重性有影响[34-35]。

从人员维度来看,交通参与者年龄、体型是交通事故中影响交通参与者损伤严重性的重要因素,年龄越大,乘员损伤风险越高[29-30]。瑞典 2004—2008 年的事故数据显示,所有致行人死亡事故中,75 岁以上的老人占绝大多数[31]。姿态也是影响损伤的重要因素,例如,身高偏高的驾驶人在单车翻滚事故中的死亡率相对较高[36];相较于正常体型的人;肥胖的男性驾驶人身体上部(包括头部、胸部、脊柱等)有更高的损伤风险[37]。基于事故数据统计分析,需要进一步从冲击动力学、损伤生物力学等角度,研究关键因素如何影响交通参与者和车辆的损伤,为人-车系统防护降损提供理论依据。

二、交通参与者损伤机理

交通参与者损伤机理研究可以从不同维度展开。从时间维度上,碰撞事故不同阶段中涉及的损伤机理包括:预碰撞(也称碰撞前,Pre-crash)阶段的人体主动响应,碰撞过程中(In-crash)人体各部位损伤机理,以及碰撞后(Post-crash)的损伤形式及特征。从几何维度上,由宏观到细观的损伤行为特性包括交通参与者全身水平损伤情况、头颈胸等关键部位的损伤形式、组织水平的骨骼和韧带断裂机理等(图 4-6)。此外,车内驾乘人员和车外人员在事故场景中具有不同的动态响应特征:驾驶人的预碰撞主动响应会导致姿态和关节刚度改变,并改变乘员与约束系统的交互作用,进而影响损伤演化;车外人员(主要指行人、骑车人等弱势交通群体)在碰撞过程中与车辆接触位置及冲击加载条件受预碰撞阶段初始姿态影响,主要损伤形式也与驾驶人不同。

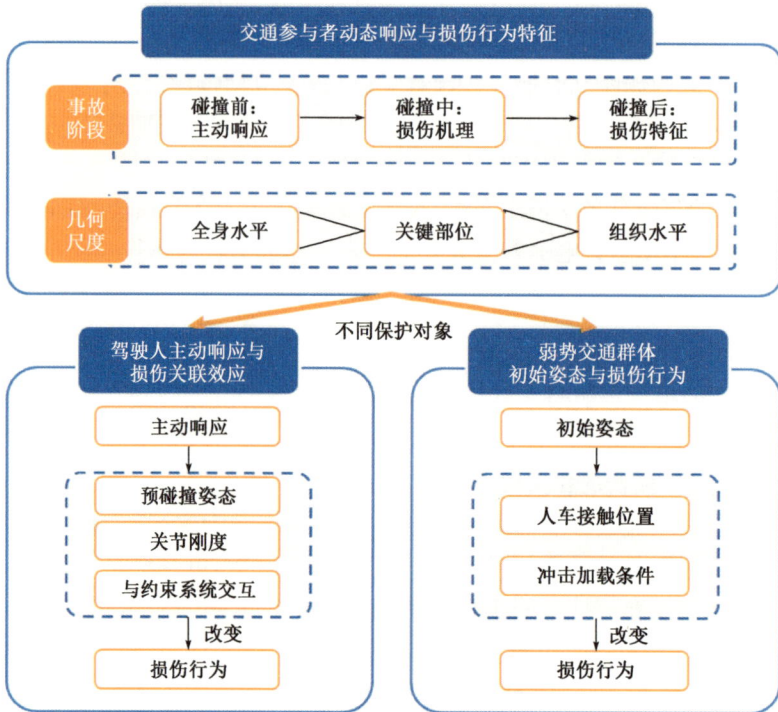

图 4-6　交通参与者损伤机理

(一)交通参与者动态响应与损伤行为特性

作为人-车-路系统中最核心、最复杂的元素,交通参与者在危险场景中体现出典型的主被动耦合行为特性。在认知层面,人脑感知复杂多变的动态交通场景,并做出基于安全考虑的主动决策行为。这一主动响应对碰撞过程中的被动损伤行为将产生显著影响;在车辆层面,汽车乘员与乘员约束系统或车身结构之间产生交互作用;在行车环境与道路层面,事故工况和人员行为特征共同显著影响损伤风险。其中,面向智能防护需求的损伤机理研究主要在细观-宏观力学特性、动态响应耦合关联及弱势交通群体损伤行为特征等方面展开。

1. 交通参与者动态响应的基本概念

以驾驶人为例,主动响应在时间轴上包括危险信号感知识别、应激决策和避撞动作控制等行为过程(图 4-7)。其中,以视觉为主要注意力信号进行快速环境感知理解,是人类驾驶过程特有的认知属性[38]。大脑依据高度非均匀分布的视觉注意信息以及先验经验来快速识别危险源,在理解场景和合理推演后从安全角度做出判断,支配身体产生动态响应(如通过肌肉收缩控制,驾驶人做出转向、制动操作或行人做出位置、姿态变化),从而改变自身动力学特性,并交互改变车辆行驶工况等边界条件,显著影响后续事故风险及损伤程度。

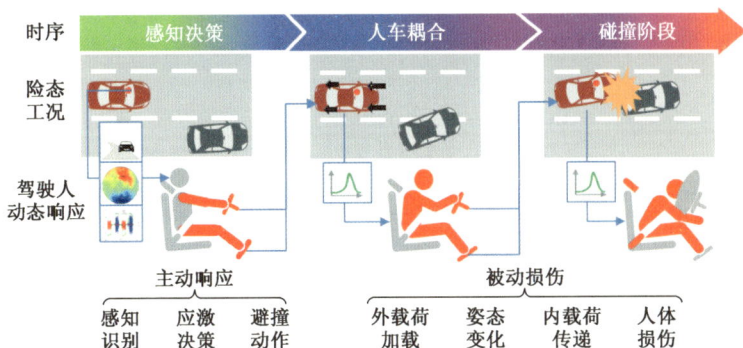

图4-7 交通参与者的主被动行为及其耦合特性(以驾驶人为例)

在产生被动损伤的过程中,人车经历多阶段碰撞过程:在一次碰撞中,乘员舱产生减速度,一部分碰撞能量被车身前部结构变形所吸收,以人员保护为目标的车身碰撞变形吸能特性称为耐撞性(Crashworthiness),车辆减速度由车辆碰撞特性决定。在二次碰撞中,乘员被约束于乘员舱,冲击力通过约束系统传递给乘员并使其减速;约束系统对乘员运动加以控制,实现保护效果。在三次碰撞中,人体结构在冲击载荷作用下产生相应的生物力学响应,包括各部位运动姿态、形态的变化等。人体冲击损伤是指碰撞过程当中产生无法恢复的人体结构变形或功能变化,导致解剖学组织和结构受损,正常机能无法完成。解析交通参与者生物力学行为内涵,理解损伤机理,是汽车碰撞安全设计的核心内容之一。

2. 人体关键部位冲击损伤机理

生物力学是应用力学原理和方法对生物体中的力学问题定量研究的生物物理学;损伤生物力学是其分支,使用力学原理来研究和描述可能导致损伤的负荷的生理反应。基于道路交通事故数据分析辨识损伤关键要素,能够识别在事故当中交通参与者频繁受伤的关键身体部位(如头、胸和下肢等部位)。通过分析人体部位在交通碰撞事故中承受的冲击载荷,研究其生物力学响应特性,能够揭示各类力学及运动学参量与人体损伤形式的关联性。

1)头部损伤机理及评价指标

头部损伤是致命的损伤形式,交通事故致因占所有临床头部损伤的31.8%[39]。头部是人体结构中最为复杂的区域,其碰撞损伤形式也复杂多样,一般分为面部损伤、颅骨骨折以及脑组织损伤。其中,脑组织损伤是指冲击力作用于头部后造成的脑组织器质性损伤,主要损伤形式包括脑震荡、弥漫性神经轴索损伤、硬膜下血肿等。以脑震荡为例,其损伤机理是头部在长时间角加速度作用下,引起颅骨与大脑之间的相对运动。从力学角度而言,其主要损伤机制是惯性因素,因此以角加速度作为损伤评价指标。弥漫性神经轴索损伤的主要机制也是惯性因素,其严重性取决于加速度的大小、持续时间及起始的角加速度和运动方向[40]。

2)胸部损伤机理及评价指标

胸部损伤是造成交通事故中乘员重伤和死亡的第二大主因[41]。胸部与车辆内饰件发生碰撞,包括转向盘、内饰板等,以及不当使用安全带与安全气囊均是造成胸部损伤的诱因。骨骼损伤(肋骨骨折以及胸骨骨折)与胸腔组织损伤(气管、肺部、动脉以及心脏损伤)是主要的损伤形式。汽车发生正面或者侧面碰撞时,肋骨骨折的概率与乘员年龄相关,且随着年龄的增长显著提高。胸腔组织的损伤形式相对于骨骼损伤较为复杂。例如,高速撞击容易诱发肺部挫伤,肺部组织承受压力或者压力波,肺泡的毛细管层被破坏。结合其损伤机制,胸部损伤主要通过加速度、胸部压缩量、黏性变形等相关力学指标来评价[42]。

3)下肢损伤机理及评价指标

数据统计表明,下肢在近年来逐渐成为汽车碰撞事故中受伤率较高的身体部位[43]。在所有受到 AIS 2 + 伤害的前排乘员中,有36% 为下肢损伤[44]。下肢骨折是常见损伤形式之一,具体包括胫骨、髌骨、股骨以及骨盆骨折等。在碰撞发生过程中,前排乘员的胫骨因与仪表板及踏板接触而承受轴向弯曲载荷,在多个方向载荷的共同作用下产生骨折,因此其损伤评价指标主要包括力或弯矩等。此外,乘员接触前排座椅或者仪表板,轴向力经髌骨传递到股骨上,使得股骨受到轴向压缩与偏心加载产生的弯曲载荷,导致股骨骨干骨折与髋关节脱臼。骨盆主要承受来自股骨的轴向力与汽车座椅的垂直力,在多向载荷综合作用下引起髋臼与耻骨支骨折。

3. 韧带损伤力学行为及本构模型

人体组织的损伤生物力学行为可以从材料和结构等不同层面进行研究。在材料层面,韧带组织是一种各向异性的多级复合材料。为探究它在不同几何尺度下的失效形式,研究者提出了不同尺度的、反映材料或结构属性的力学本构模型。早期的生物组织材料力学实验沿袭了固体力学材料的实验方法:将生物组织切割为标准形状试件,用材料实验机进行加载,记录"力-位移"曲线,计算得到"应力-应变"关系曲线。基于材料力学实验,可得到生物组织在细观层面的力学特性(表4-2),实现对其力学响应特性的精细化描述。

既有研究中人体膝关节韧带材料力学性能汇总[47] 表4-2

试 件 对 象	拉伸切线模量(MPa)	拉伸极限应力(MPa)	最大拉伸应变(%)
内侧副韧带	332.2 ±58.3	38.6 ±4.8	17.1 ±1.5
后交叉韧带前束	248.0 ±119.0	35.9 ±15.2	18.0 ±5.3
前交叉韧带,内、外侧副韧带	345.0 ±22.4	36.4 ±2.5	15.0 ±0.8
髌韧带	643.1 ±53.0	68.5 ±6.0	13.5 ±0.7

在结构层面,骨骼韧带在关节区域实现相邻骨骼结构连接,能约束关节骨骼之间的运动并维持关节稳定性。韧带的主要成分为胶原蛋白(形成胶原纤维束)、弹性蛋白(形成弹性纤维网)、成纤维细胞、水和基质(由糖蛋白等构成),其宏观力学性能是由纤维束与基质组成的微观结构决定的。弹性纤维赋予韧带弹性和非纤维方向承载,胶原纤维赋予韧带拉伸刚度和强度。不同韧带的成分占比有所不同,形成差异性力学行为。在人体活动关节中,韧带结构与相邻的关节面配合作用,确定关节被动运动轨迹。在碰撞事故中,冲击载荷作用下关节的过度运动会引起韧带不同程度的损伤。

韧带在正常服役过程中,仅承受特定方向的载荷,从微观尺度上看其承载过程,胶原蛋白以纤维模式逐级向上伸长、变粗形成纤维结构,并从纤维丝层级出现波浪状蜷曲,这种多级纤维结构造成韧带力学上的横观各向同性,即纤维长度方向是其主要承载方向。从韧带的力学性能与其微观结构变化关系看,韧带在承受沿纤维方向的外部载荷时,表现出的"载荷-位移"曲线整体上可以分为三个阶段(图4-8)[45]:

(1)由于纤维束初始波浪形态被逐渐拉直,力随着变形上升缓慢,相应的承载能力较低,被定义为零力区(Zero-force Region),也有研究中称为足趾区(Toe Region)。

(2)纤维束被拉直以后,韧带结构呈现出明显的承载能力,载荷水平快速上升,进入近似线弹性的加载区。零力区和近似线弹性加载区均对应非损伤变形区。

(3)当韧带达到承载极限后,纤维组织开始出现损伤并逐渐积累,即进入损伤变形区,随着纤维依次断裂,载荷快速下降,直至结构整体失效[46],这一阶段对应韧带产生损伤的变形区。

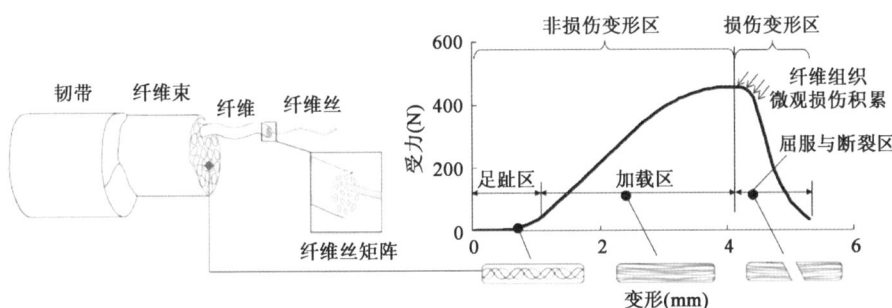

图4-8　人体关节韧带的力学行为特性(宏观结构及微观纤维)[45]

在建立韧带力学本构模型的过程中,由于其横观各向异性,且在非纤维方向承载能力很弱[48],一般忽略纤维之间的横向连接,仅表征纤维方向的受力变化。基于此力学特性,可使用一维单元来进行建模。为了表现出由于波浪状结构造成的零力区,可对轴向力进行分段表达,并对零力区和弹性区分别定义各自的刚度系数 k_1 和 k_2:

$$\begin{cases} f=0, & \varepsilon<0 \\ f=k_1(L-L_0)^2 & 0\leqslant\varepsilon\leqslant 2\varepsilon_l \\ f=k_2[L-(1+\varepsilon_l)L_0] & \varepsilon>2\varepsilon_l \end{cases} \quad (4-1)$$

其中,f 表示单根韧带承载受力大小;L、L_0 分别表示韧带当前长度以及松弛长度;$2\varepsilon_l$ 表示由零力区进入弹性区的应变阈值,由韧带力学本构方程确定。

一维单元以描述韧带组织在主要承载方向的力学性能为主。如在组织层面上,进一步表征变形过程中应变、应力场的分布,也可使用二维或三维单元表征其力学性能,例如,基于应变能的超弹性特性本构模型认为应力能(记为 W)由各向同性的基质能量矩阵、韧带纤维能量以及纤维间相互作用能量三部分构成[49],并通过基于韧带组织样本的力学实验来进行参数标定。

除了上述主要弹性的损伤力学行为外,韧带组织作为生物材料表现出一定黏弹性特性,即加载过程中韧带的形变滞后于应力的变化。韧带黏弹性属性在 0.0001～1/s 的应变率范围内具有重要影响,在这个范围之外,可以使用非线性的弹性行为代表韧带材料属性。准线性黏弹性

（Quasi-Linear Viscoelastic，QLV）模型最早由 Fung 等人提出[50]，能够较为准确地描述软组织大变形时的特性，其柯西应力公式如下：

$$T(\varepsilon) = A(e^{B\varepsilon} - 1) \tag{4-2}$$

其中，ε 表示韧带应变；A 和 B 表示瞬时弹性响应函数的系数。

韧带黏弹性对实际损伤的影响之一体现为宏观力学行为具有应变率效应。以膝关节外侧副韧带为例，在 0.01 ~ 100/s 应变率范围内，随应变率增加，弹性模量从 288MPa 上升至 905MPa，极限应力从 39.9MPa 上升至 77.3MPa，且上升幅度主要集中在 0.01 ~ 1/s 应变率区间，超出该区间则呈现一定的应变率饱和效应。在数值模型中，通过 QLV 模型可以对韧带的黏弹性进行量化表征，能够计算不同应变率下的韧带承载能力。

4. 骨骼损伤力学行为及本构模型

骨是一种具备特殊力学性能和生物学性能的天然生物复合材料，在结构上主要分为皮质骨和松质骨。宏观、微观、纳观结构形态参数、力学性能参数是衡量与评价骨的生物力学性能的综合指标[51]。骨的整体强度受不同尺度上复杂的非独立因素影响，所表现的力学行为也不同[52]。

皮质骨占人体骨骼80%的质量，是主要的承载成分，在实际服役工况中承受的载荷模式往往比较复杂[53]。以人车碰撞事故中的行人下肢受力为例，可结合下肢与车辆前保险杠接触过程进行分析。汽车前保险杠最先与小腿区域产生接触，使得下肢承受宏观冲击载荷。在人体自身重力与地面反作用力的共同作用下，下肢皮质骨承载形式可等效视作预压缩下的三点弯曲加载模式。皮质骨材料在不同层级上具有不同的力学特性，外环骨板首先接触到汽车前端，并将载荷传递到皮质骨内部骨单元，其微观层级结构先产生变形和断裂，形式表现为裂纹萌生、扩展，并最终断裂破坏。

针对皮质骨力学特性，需要构建对应的多尺度力学模型。最常见的简化皮质骨本构模型为弹塑性材料模型[54]，应变 ε 由弹性应变分量 ε_e 和塑性应变分量 ε_p 组成，弹性阶段线性应力-应变关系表达式如下：

$$\sigma = D\varepsilon \tag{4-3}$$

其中，σ、ε 分别表示六维应力矢量和应变矢量；D 表示由材料参数组成的 6×6 矩阵，称为弹性矩阵。对于各向同性材料，D 矩阵计算方式如下：

$$D = \frac{E}{1+v}\begin{bmatrix} K+\frac{4G}{3} & K-\frac{2G}{3} & K-\frac{2G}{3} & 0 & 0 & 0 \\ K-\frac{2G}{3} & K+\frac{4G}{3} & K-\frac{2G}{3} & 0 & 0 & 0 \\ K-\frac{2G}{3} & K-\frac{2G}{3} & K+\frac{4G}{3} & 0 & 0 & 0 \\ 0 & 0 & 0 & G & 0 & 0 \\ 0 & 0 & 0 & 0 & G & 0 \\ 0 & 0 & 0 & 0 & 0 & G \end{bmatrix} \tag{4-4}$$

其中，E 表示弹性模量；K 表示体积弹性模量；G 表示切变模量。生物材料的各项参数与个体年龄、性别等因素相关。

在考虑应变率效应的情况下，随着应变率的增加，皮质骨应力增加。弹性材料本构无法有效表征骨骼的真实力学行为，需要考虑增加弹性模量的部分。在弹性模型的基础上并联黏性系数 η，构成 Kelvin 弹滞性介质[55]。对于 Kelvin 模型，总应力 σ 由弹性变形对应的应力 σ_e 和黏性阻力对应的应力 σ_v 两部分构成，总应变 ε 包括弹性元件的应变 ε_e 和黏性元件的应变 ε_v，可通过下式表达：

$$\sigma = E\varepsilon + \eta \frac{\mathrm{d}\varepsilon}{\mathrm{d}t} \tag{4-5}$$

（二）主动响应与被动损伤耦合关联效应

在人-车-路系统正常运行过程中，驾驶人操作行为对车辆具有最高控制优先级，也是实现避撞控制的主要途径之一。驾驶人主动响应包括场景认知、决策及操作行为等，其机理是对碰撞工况实现损伤精准预测的重要理论基础。

1. 危险场景驾驶人主动认知与行为响应

从认知科学角度看，基于视觉，与任务、先验知识等相关的注意机制和决策过程涉及脑区间复杂的神经元兴奋传导与信号交流（图4-9）。从自然驾驶数据等所反映的群体行为看，危险驾驶操作与交通事故率呈现正相关[56]。从个体行为角度来看，驾驶人生理特征，车辆动力学和交通场景信号是辨识和预测人员主动行为的重要特征数据。基于生理信号、人体姿态或车辆动力学等信号可提前数秒预测驾驶操作意图，避免危险操作行为的产生。例如，从脑电信号（Electroencephalography，EEG）中提取事件相关电位（Event Related Potentials，ERP）特征，建立正则化线性判别分类器的驾驶决策行为模式识别器，可准确预测危险场景下驾驶人制动意图[57]。

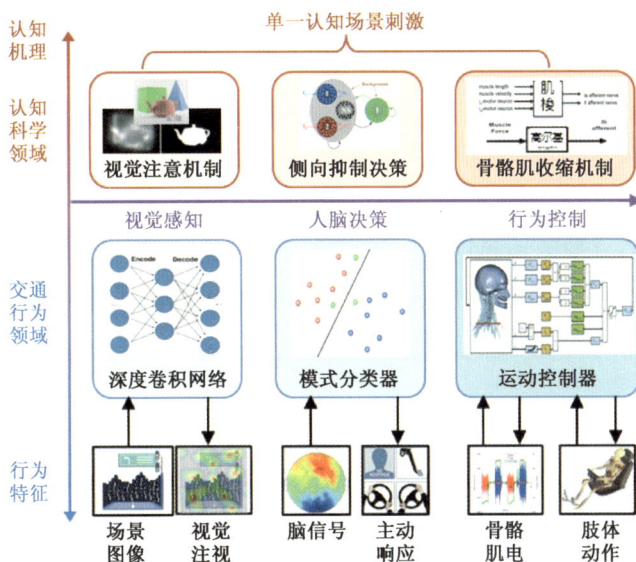

图4-9　危险场景不同阶段驾驶人主动响应机理及其特征信号

近年来认知科学与深度学习融合发展,同时借助于智能交通系统的环境感知能力,一部分具有人类感知特性的深度神经网络模型研究为参数化重建和分析特定交通场景中的人员行为提供了可能的数值模拟工具。例如,利用自然驾驶中采集的驾驶人注视行为数据,可搭建具有视觉感知特性的深度神经网络模型[58]。利用大规模真实事故视频作为激励,建立危险注视行为数据库,可训练模型学习有经验的驾驶人对交通场景潜在危险的感知能力,从而更好地对行驶风险做出预判[59]。

2. 主动响应对碰撞风险的耦合影响

主动响应的本质是人体进入应激状态,中枢神经接收到输入神经的刺激信号后,通过输出神经控制骨骼肌产生收缩力,产生相应的运动姿态和内部载荷变化。以汽车乘员为例,在碰撞前感知到危险、在碰撞过程中受到冲击力作用时,均会采取一系列动作反应(图4-10),包括驾驶人手部支撑转向盘,颈部和躯干抵抗惯性运动产生躯干伸缩,进行脚部蹬地等身体紧张行为(Bracing)。

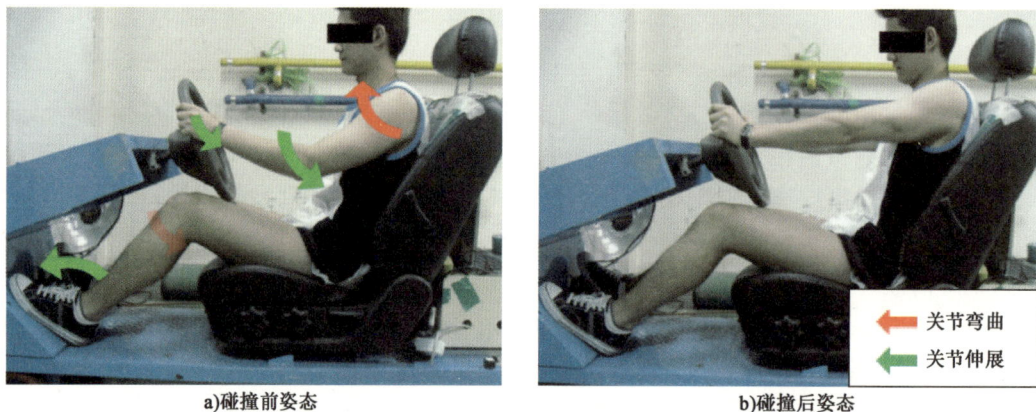

关节弯曲
关节伸展

a)碰撞前姿态   b)碰撞后姿态

图4-10 驾驶人应激行为[60]

主动响应程度与个体差异与意识水平相关,一般情况下,将改变身体动力学与运动学,造成刚度与姿态变化,从而影响碰撞中的人体损伤程度(表4-3)。以下肢为例,肌肉收缩行为导致其刚度、内部载荷增加,并通过膝关节等结构传递动量,这一过程中身体运动状态和约束力分布情况均随之改变,能够降低整体下潜(Submarining)风险,但也有可能导致下肢骨折风险增加。

部分已有乘员主动行为研究的关键结论   表4-3

研究对象	关键结论	相关文献
损伤形式	真实交通事故中,乘员四肢和头部相对更易受伤,对比相似工况尸体试验中,胸部损伤概率更高	Kallieris 等,1995[61]
运动学响应	预碰撞阶段乘员蹬地行为改变人体运动姿态,导致碰撞过程中动能传递途径改变,对乘员损伤风险有显著影响	King 等,1980[62]
胸部刚度	肌肉张紧效应对乘员接触刚度的影响限于低强度碰撞工况	Shaw 等,2005[63]

续上表

研 究 对 象	关 键 结 论	相 关 文 献
意识水平	不同意识水平主要影响乘员接受刺激时刻,对肌肉收缩响应的幅值影响较小	Huber 等,2013[64]
肌肉收缩特性	在实际汽车制动过程中,肌肉激活水平相对较低(13% ~44%)	Östh 等,2013[65]
性别	性别对应激响应的影响显著性研究尚存在一些争议,但总体上,在实际事故数据中,女性乘员离位程度更高	Ejima 等,2009[66]
主动安全系统	主动安全带的预紧作用使肌肉张紧响应时刻提前了20~30ms	Östh 等,2013[65]

考虑志愿者实验安全性,无法通过直接开展活体对照实验研究主动响应对损伤的耦合影响效应,因此,已有应用生物力学相关研究对真实交通事故进行了重建,即依据事故调查信息,按照相同的碰撞边界设定尸体滑车试验,并将试验中获取的损伤形式与真实交通事故进行比对,发现二者损伤部位和形式有明显差别:真实交通事故中,乘员头部、四肢具有更高损伤风险;而在无主动响应的试验中,胸部骨骼(如肋骨和胸骨等)发生断裂的比例更高[61]。这表明乘员主动行为对损伤风险和形式具有不可忽略的影响。

(三)弱势交通群体动态响应与损伤行为特性

弱势交通群体主要包括以行人、两轮车骑车人为代表的在交通事故中承受较高伤亡风险的人群。相比于受到车载安全保护装置有效防护的车内人员,车外人员在交通事故中直接与车辆发生碰撞,承受较高伤亡风险。根据国家统计局公布的数据,在2019年,交通事故造成的死亡人数中,弱势交通群体占26%[18]。在碰撞事故中,弱势交通群体由于人体的运动状态更难确定,损伤机理也更为复杂。

1.人车碰撞中的行人、自行车骑车人、两轮摩托车骑车人的动态响应

行人侧面与轿车前部发生碰撞是最为典型的人车碰撞事故工况。行人通常处于站立、步态或应激避让姿态,下肢首先与车辆前保险杠接触,碰撞过程中,身体绕车身前部结构旋转,依次发生大腿和盆骨与发动机舱盖前沿、胸部与发动机舱盖、头部与前风窗玻璃或发动机舱盖后部的碰撞(图4-11)。由于碰撞初始速度的差异性,行人碰撞运动学和相应的损伤形式也有所不同[67]。

与行人相比,自行车骑车人与车辆前部碰撞损伤机理的差异性主要体现在下肢姿态对损伤风险的影响。在骑行踩踏板的过程中,膝关节表现出周期性的弯曲伸展行为,最大弯曲角度会达到90°左右;当膝关节弯曲到最大程度时,其高度可能超过发动机舱盖的前缘。在碰撞过程中,当骑车人的膝盖高度高于发动机舱盖前缘(脚向上,前倾姿势)时,发动机舱盖前缘会与小腿接触发生碰撞,对膝关节造成横向剪切,导致前十字韧带断裂[68]。另外,在脚向前踩踏板和向下踩踏板的姿势中,被撞侧下肢会受到自行车架相对于汽车反方向的撞击力的作用,由于自行车车架的反作用力,胫骨弯矩会降低。因此,骑车人胫骨损伤风险受膝关节弯曲角度及与车辆的碰撞位置影响。

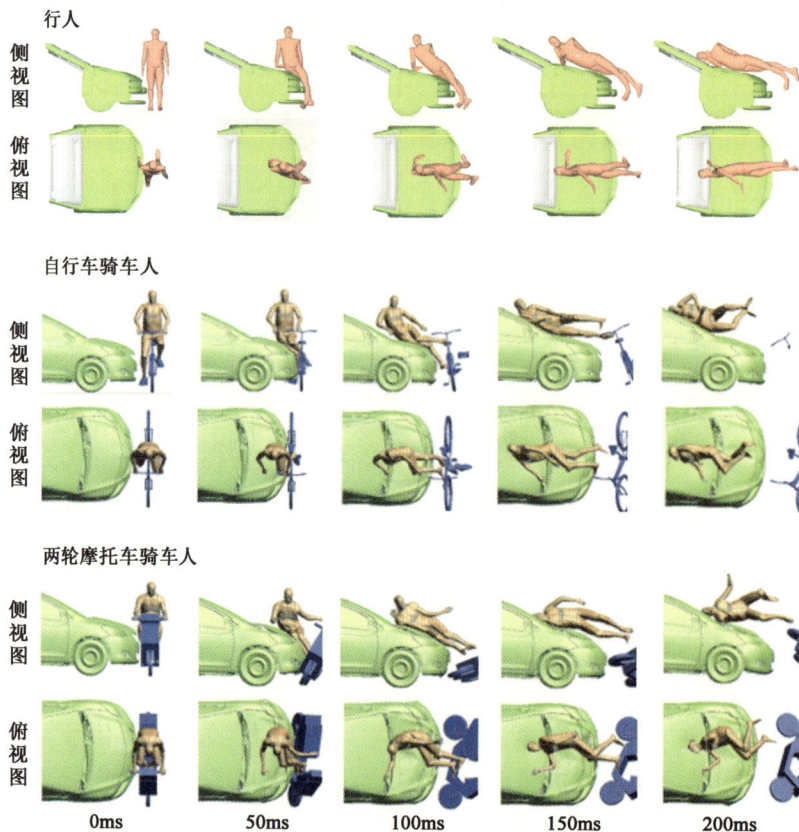

图4-11　行人、自行车骑车人及两轮摩托车骑车人与车辆碰撞过程中运动学

注:图示案例中轿车碰撞速度均为40km/h,行人、自行车骑车人及两轮摩托车骑车人初始速度分别为0km/h、20km/h、40km/h。

相比自行车骑车人,两轮摩托车骑车人的初始移动速度更快,初始姿态和运动学也存在差异性。此外,两轮摩托车的动力蓄电池和驱动电动机也使其质量分布与自行车不同(见图4-11)。部分研究结果表明,两轮摩托车骑车人与风窗玻璃碰撞造成的头部损伤风险略低,但在与地面的二次碰撞过程中承受风险可能更高[69]。

2. 损伤机理与耐受限度

道路交通事故调查结果表明:在行人遭受AIS 2 +伤害中,下肢损伤频率最高,占所有损伤部位的32.6%,其次为头部(占31.4%)、髋腹部(11.7%)和胸部(10.3%)损伤等[70]。下肢损伤往往导致终身残疾,头部损伤极易造成严重性损伤甚至危及生命。下面以行人为例,介绍下肢和头部等常见损伤身体部位的损伤机理及耐受限度。

下肢损伤主要产生于汽车前端保险杠系统及发动机舱盖前缘等部件对下肢的直接接触冲击,或通过膝关节向下肢其他部分传递的载荷。最为常见的损伤部位依次为下肢长骨、膝关节、髋部及足部等,其中长骨(股骨、胫骨、腓骨等)骨折和膝关节韧带损伤是发生最为频繁的伤害形式[71]。行人下肢与汽车前部发生碰撞时,下肢长骨受到的外载荷形式主要为侧向弯曲,骨干作为主要的受力区域,弯曲或压缩加载产生骨折。

行人下肢的载荷分布可简化为典型的三点弯曲实验,选择截面弯矩作为骨折风险的评价指标。早期研究人员进行了摆锤冲击胫骨的试验,对中低速加载条件的胫骨骨折容限进行了标定[72]。之后更多的研究采用高速冲击实验及准静态实验研究了不同应变率下的长骨骨折损伤容限。行人损伤耐受限度,主要是通过典型加载条件下的尸体实验以及事故调查统计得到的损伤严重性分布来确定的。常见的膝关节损伤主要是由剪切和弯曲两种变形模式造成的,其中膝关节的剪切变形发生在保险杠和小腿刚接触时,膝关节与保险杠的撞击造成大腿骨和小腿骨产生相对位移;随着碰撞的继续和下肢的运动,膝关节转为弯曲变形模式。

行人损伤形式与碰撞速度显著相关。低速冲击下,膝关节损伤以韧带撕裂为主;高速冲击下,长骨骨折风险提高,同时可能伴随着韧带的撕裂。侧面冲击行人下肢的工况下,膝关节韧带的撕裂与下肢长骨骨折之间存在关联性,PCDS 数据库统计显示发生了骨折的工况中只有15%同时发生了韧带损伤[73]。应当指出的是,人车辆碰撞过程中还有可能产生行人与地面的碰撞,由于地面刚度大,一般头部碰撞加速度峰值出现的时间窗口非常短,但峰值很高。为了对行人头部损伤风险进行评价,有研究建议继续沿用乘员头部的评价方法,但缩减了加速度积分的时间窗口[74],目前尚无公认结论。

3. 下肢的冲击动力学模型和近似解析解

试验方法可以获得真实的行人损伤数据,但难以从运动学和动力学的角度对行人损伤机理进行表征和预测。在车辆概念设计阶段,为研究设计参数对碰撞损伤的相关性,也可运用简化的力学模型对关键动力学参数进行初步分析。例如针对行人下肢几何结构及各部位相对运动关系,将其抽象为多刚体结构,建立行人下肢与汽车前端碰撞过程的动力学模型,以解析形式求解膝关节截面剪切力、弯矩和下肢前倾角度,能够基于解析解分析下肢损伤指标的变化机理,表征车前端结构参数与下肢损伤指标(如受力)的相关性[75]。

图 4-12 是对行人下肢在碰撞过程中的受力分析图(以行人下肢冲击器碰撞过程为例,详见第五章第二节)。首先假设下肢冲击器受到来自车辆前端的三个集中力,分别来源于发动机舱盖前缘 $F_u(t)$、前保险杠 $F_m(t)$ 和前副保险杠 $F_l(t)$ [图 4-12a]。定义 $F_u(t)$ 作用点距离大腿质心距离为 d_u(作用点位于大腿质心上方为正值),$F_m(t)$ 和 $F_l(t)$ 作用点距离小腿质心距离分别为 d_m(作用点位于小腿质心上方为正值)和 d_l(作用点位于小腿质心下方为正值),大腿和小腿质心至膝关节中心的距离为 c_f 和 c_t。

假设行人下肢以一定速度与静止于地面的车辆发生碰撞,给出其力学平衡方程的简化形式,建立固定于地面坐标系(OXY)的惯性新坐标系($O'X'Y'$),新坐标系原点 O' 在碰撞开始前与下肢膝关节中心重合。下肢大腿部分和小腿部分的轴线与坐标系纵坐标轴 $O'Y'$ 的夹角分别为 α 和 β,如图 4-12b)所示为正方向。大腿和小腿之间的截面剪力为 $F_k(t)$,截面弯矩为 $M_k(t)$ [图 4-12c]。将下肢运动简化为平面运动,忽略车辆前端结构与下肢碰撞力及大腿部分与小腿部分之间作用力的垂直分量。

以车前端结构设计参数为自变量,进行分析和推导,并代入行人下肢质量参数,可以求得相关力学量的表达式为(以 40km/h 碰撞速度为例):

$$F_k = 1.592 \left[F_u (d_u - 0.064) + F_m (d_m + 0.114) - F_1 (d_1 - 0.114) \right]$$

$$\alpha = 1.148 \left[-F_u (d_u + 0.161) - F_m (d_m - 0.289) + F_1 (d_1 + 0.289) \right]$$

$$M_k = 0.491 \left[-F_u (1.035 \cdot d_u - 0.003) + F_m (d_m - 0.005) - F_1 (d_1 + 0.005) \right] \tag{4-6}$$

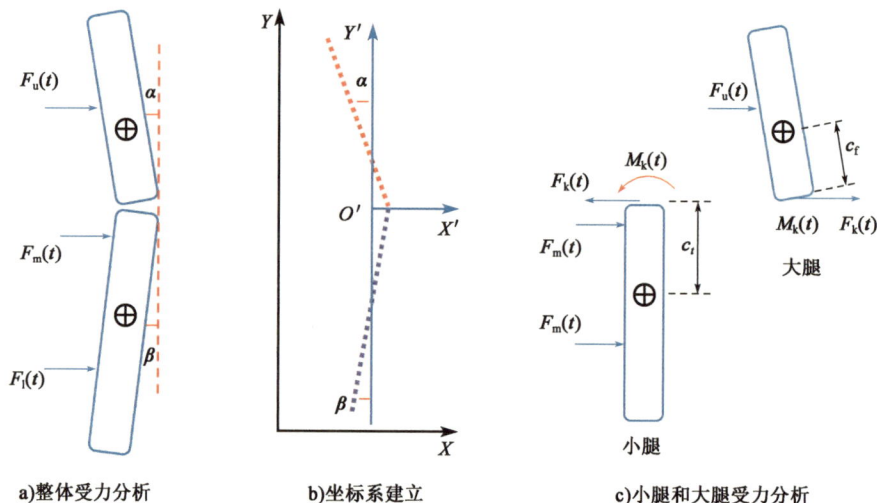

a)整体受力分析   b)坐标系建立   c)小腿和大腿受力分析

图 4-12 行人下肢冲击器与车碰撞过程中受力分析图

可进一步求得膝关节中心点的加速度为：

$$x_{acc} = 0.140 \left[-F_u (d_u - 0.372) - F_m (d_m - 0.822) + F_1 (d_1 + 0.822) \right] \tag{4-7}$$

该模型求得的近似解量化表征了车辆前端结构参数与下肢损伤指标的相关性,有助于理解汽车前端参数的改变对下肢损伤指标的影响趋势。以上近似解析解忽略了人体膝关节变形,也忽略了膝关节弯曲变形吸收的能量,简化为刚体影响了碰撞过程中能量的流向,影响对胫骨加速度峰值和膝关节弯曲角度峰值的准确预测,在实际工程应用中有一定的局限性。但近似解析解直观地反映了车辆前端结构参数对下肢损伤指标的影响趋势,在机理分析方面,能够辅助工程师理解车前端结构参数对膝关节损伤的影响机理,可用于帮助设计者快速分析结构参数对损伤指标的影响敏感性,辅助其确定安全的车辆结构设计改进方案。

三、车身与动力系统力学行为及安全性

道路交通事故中外部冲击载荷通过车身造成的安全威胁主要体现在两个方面。一方面是车身变形失效并将一部分冲击载荷传递到驾乘人员,造成损伤风险。冲击载荷下的材料与结构力学行为,包括车身常用金属材料和车用轻量化材料及其基本力学特征、考虑动态冲击工况下金属材料的动载荷效应都会影响车身的安全保护性能。另一方面是新能源电动车动力系统产生较大变形,由于机械滥用、电滥用及热滥用,造成热失控及关联风险等,动力蓄电池在冲击载荷下会产生由机械滥用引起的热失控(图4-13)。

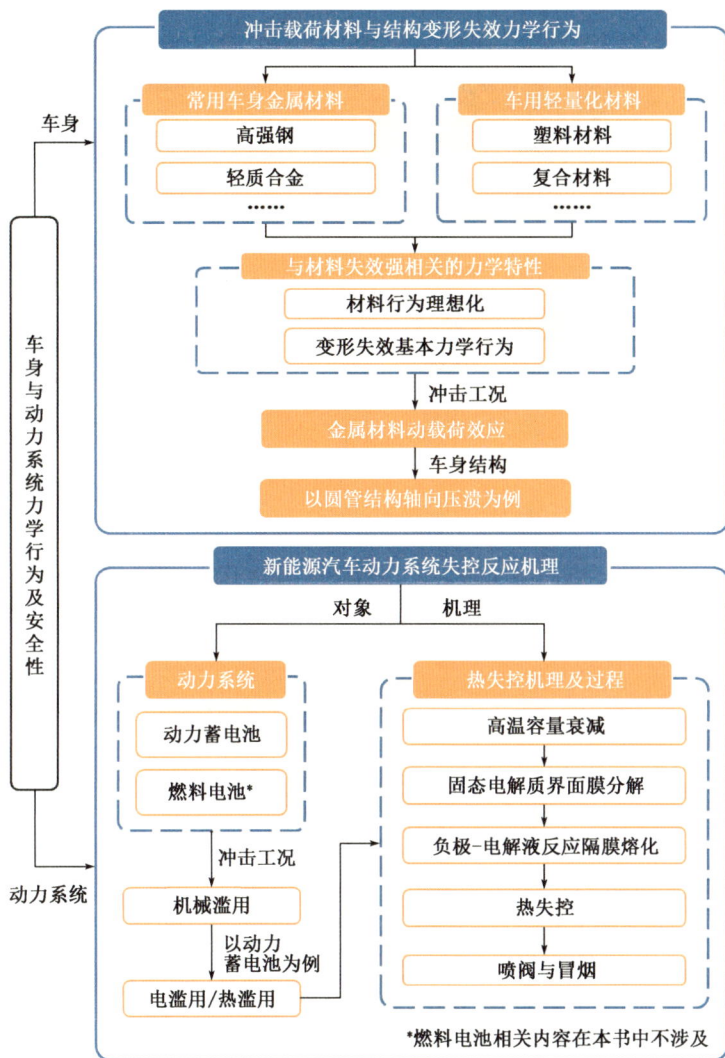

图 4-13　车身与动力系统力学行为及安全性逻辑图

（一）冲击载荷下材料与结构的力学行为

道路交通事故中车身在冲击载荷作用下产生变形直至断裂破坏,是典型的冲击动力学问题。车身结构保持一定的耐撞性可以有效地保护车内外人员及货物的安全。结构耐撞性受材料和部件冲击动力学性能的影响,因此,掌握车身材料力学性能是安全设计的关键之一。车身大多数为金属薄壁结构(图 4-14),例如,在发生频率最高的前碰撞工况下,前纵梁产生轴向压溃,实质是典型的薄壁管件在冲击载荷下的力学行为。常用金属材料(低碳钢、铝合金)、先进轻量化材料(塑料、复合材料)、结构力学行为及本构模型是基于材料力学基本理论逐步建立的。下文以车身结构中常用的圆管结构的轴向压溃为例,介绍其基础力学模型,从而为建立轻量化车身变形失效准则、进行能量吸收及耐撞性结构设计提供理论基础。

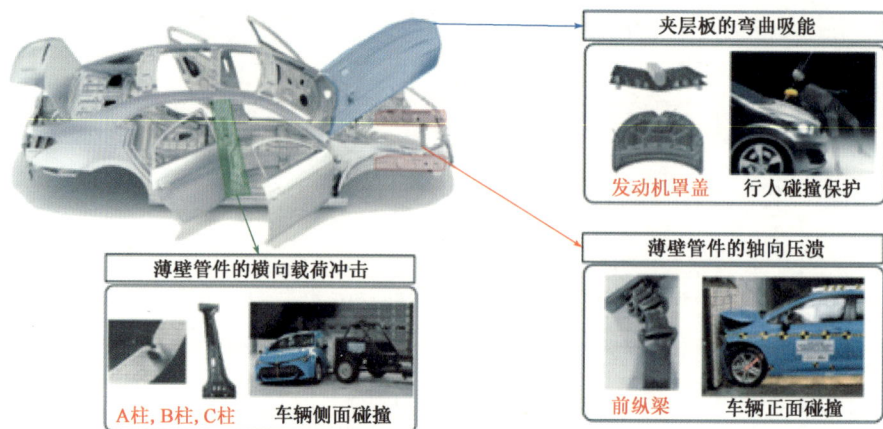

图 4-14 车身结构中的薄壁构件的变形吸能[76]

1. 典型车用金属材料的力学性质和理想模型

对车身结构进行冲击响应特性分析的基本理论和方法来源于材料力学和冲击动力学,包括材料的基本力学性质、材料行为理想化、大变形效应、极限分析、界限定理、动载荷效应、强度理论和能量法等(图 4-15)[76]。下文着重介绍材料的基本力学性质、材料行为的理想化和动载荷效应相关内容。

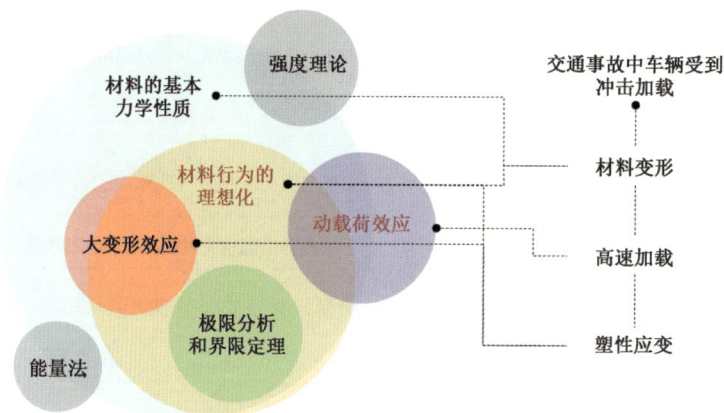

图 4-15 车辆冲击加载过程中涉及的材料力学和冲击动力学基本理论

下面以圆柱形试件的单向拉伸实验为例,介绍一些常用力学定义。应力(Stress)σ,是指截面上一点处的内力集中度;应变(Strain)ε,为试件单位长度的伸长或缩短。汽车在交通事故中受到冲击时,车身材料、构件和装置通常都要经历塑性大变形。在这些情况下,塑性应变要比弹性应变大得多,所以在分析时,后者通常可以忽略。在初始屈服之前,材料显示出近似刚性行为,一般将其应力-应变曲线进行简化近似,得到理想刚塑性(Rigid, Perfectly Plastic)、刚-线性强化(Rigid, Linear Hardening)和刚-幂次强化(Rigid, Power Hardening)模型(图 4-16),三种模型的应力-应变关系可以分别表示为:

$$\begin{cases} \sigma \leqslant Y, \varepsilon = 0 \\ \sigma = Y, 0 < \varepsilon < \varepsilon_{\mathrm{f}} \end{cases} \tag{4-8}$$

$$\begin{cases} \sigma \leqslant Y, \varepsilon = 0 \\ \sigma = Y + E_{\mathrm{p}}\varepsilon, 0 < \varepsilon < \varepsilon_{\mathrm{f}} \end{cases} \tag{4-9}$$

和

$$\begin{cases} \sigma \leqslant Y, \varepsilon = 0 \\ \sigma = Y + K\varepsilon^q, 0 < \varepsilon < \varepsilon_{\mathrm{f}} \end{cases} \tag{4-10}$$

其中,Y 表示屈服应力;E_{p} 表示强化模量(Strain-hardening Modulus);K、q(强化指数)表示由实验测定的材料常数。

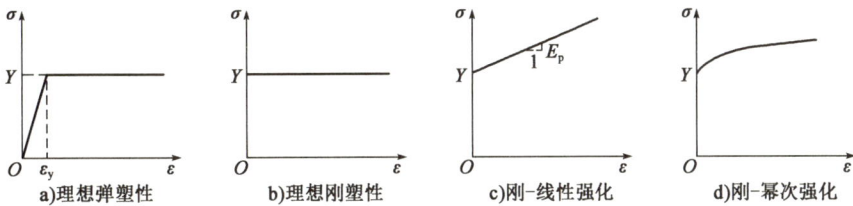

图 4-16　理想化的材料拉伸应力-应变曲线

　　材料行为理想化使很多力学问题大幅度简化,同时又能够抓住其主要特征。例如,以梁弯曲为例,考虑由理想弹塑性材料制成的矩形截面梁承受弯矩 M 的作用下的力学行为。梁沿厚度的应力分布如图 4-17a)所示,包括两个塑性区及一个弹性区。若 $M < M_{\mathrm{e}}$(M_{e} 为最大弹性弯矩),M 和其轴线曲率 κ 之间的关系是线性的,若 $M > M_{\mathrm{e}}$,则 M-κ 关系是非线性的。如果梁由理想刚塑性材料制成,其塑性变形集中在一个或者少数几个截面上[图 4-17b)],截面塑性极限弯矩 $M_{\mathrm{p}} = Ybh^2/4$,b 和 h 分别为矩形截面的宽度和高度。如施加任何小于 M_{p} 的弯矩,梁都将不产生塑性变形。

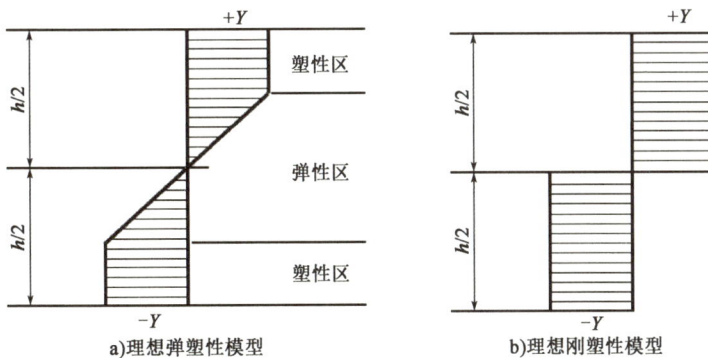

图 4-17　梁弯曲时沿厚度的应力分布

2. 常用金属材料的动载荷效应

碰撞作为一种典型的动态冲击载荷加载工况,在此加载下,车身承受的动态载荷效应包括波效应、应变率效应和惯性效应。结构动力响应初期,弹性波和塑性在动荷载本身、结构形态及材料特性共同影响下,以多种复杂方式影响材料和结构的能量吸收。

应变率是应变变化的时间率($\varepsilon = d\varepsilon/dt$)。强动载荷作用于结构时,结构快速变形,出现高应变率。很多工程材料的力学性质都与应变率有关。工程应用中更为有用的是唯象的显式关系,即考虑应变率对材料屈服应力和流动应力影响的相关本构方程,其中,Cowper-Symonds关系在结构碰撞问题中应用最为广泛,它代表了动态屈服应力或流动应力与应变率相关的理想刚塑性材料,动态屈服应力 Y^d 与静态屈服应力 Y 之比为:

$$\frac{Y^d}{Y} = 1 + \left(\frac{\dot{\varepsilon}}{B}\right)^{1/q} \quad (\dot{\varepsilon} > 0) \tag{4-11}$$

其中,B 和 q 为材料参数。

实际上,B 代表当 $Y^d = 2Y$ 时的特征应变率,而材料常数 q 是对材料敏感性的一个量度。在应用 Cowper-Symonds 关系时,一些具有代表性的 q 的数值见表4-4,是应变为 $\varepsilon = 0.05$ 时得到的;对于与 $\varepsilon = 0.05$ 相差较大的应变,所得数值可能不准确。

一些应变率敏感材料的参数   表4-4

材　　料	$B(1/s)$	q	$B_q(1/s)$	参　考　文　献
低碳钢	40	5	65	Forrestal 等,1977[77]
不锈钢	100	10	160	Forrestal 等,1978[78]
钛(Ti50A)	120	9	195	—
铝 6061-T6	1.70×10^6	4	2.72×10^6	Symonds,1965[79]
铝 3003-H14	0.27×10^6	8	0.44×10^6	Bodner 等,1963[80]

3. 轻量化材料的力学特性

以塑料、复合材料为代表的轻量化材料近年来在车辆构件上得到了广泛的应用,其力学特性同样影响着汽车的碰撞安全性能。塑料材料作为一种理想的轻量化材料,其具有质轻、防锈、吸振、设计自由度大、着色性好、加工性能好、可回收利用等特点。塑料材料根据其力学特性分为脆性和韧性两类。图4-18分别给出了某脆性塑料和某韧性塑料的单向拉伸应力-应变曲线。

韧性塑料在加载下的动态响应一般经历5个阶段:弹性阶段(R1)、屈服阶段、应变软化阶段、冷拔阶段(R2)和应变强化阶段(R3)。以聚碳酸酯的工程应力-应变曲线为例[81](图4-19),达到屈服点时,开始发生颈缩,进一步的位移加载会解开长分子链,使应力降到拉拔应力 σ_d,这就是塑料的应变软化现象。在冷拔阶段(R2),缠绕的分子链有序排列,此时材料发生进一步变形,颈缩开始沿试件测量段传播,此时变形的增加并不引起应力的增加。当分子链被完全解开后,进一步拉伸这些分子链,就会使应力线性增长,即发生应变强化。

复合材料作为一种具有高比强度、高比刚度以及较强耐腐蚀性的轻量化材料,通常由多种不同性质或不同组织的组分构成,可能分为增强材料和基体两个部分。增强材料负责承受大部分的载荷,并提供刚度和强度;基体材料主要是在纤维增强方向固定和支持,并起到保护纤维的作用。复合材料可等效为由不同材料组成的一种结构,整体力学性能受组合材料自身力学性能、各材料占比以及组成方式影响。不同于传统车用材料,复合材料具有更强的设计性和拓展性,组成材料的铺层方式、方向以及层数等,都会影响其整体性能。此外,相对于传统车用材料需要靠铆接等方式连接,复合材料可以通过合理的设计实现整体成型,提高部件的性能并降低成本。

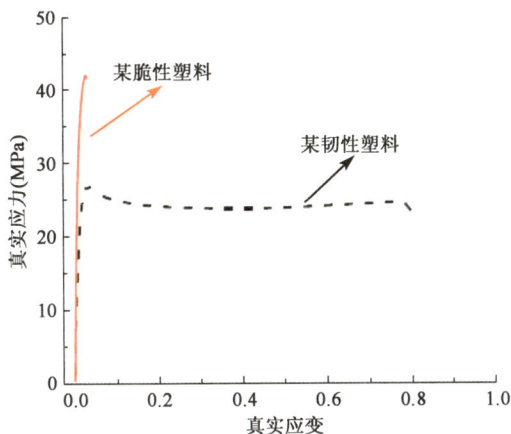

图 4-18　某脆性塑料和韧性塑料拉伸曲线

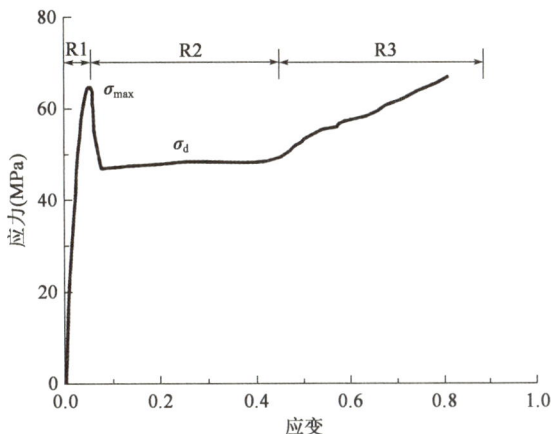

图 4-19　聚碳酸酯工程应力-应变曲线

4. 结构件能量吸收理论模型：以圆管轴向压溃为例

基于材料力学和冲击动力学理论对材料性质的基本描述,可进一步完成对简单结构件能量吸收行为的解析解推导[82]。以薄壁圆管轴向压溃为例,失效模式取决于直径与厚度之比(D/h),主要为轴对称的圆环模式(Ring Mode)或手风琴模式,或非轴对称的钻石模式(Diamond Mode)。对于某些 D/h 值的圆管,其失效可能是圆环和钻石的混合模式(Mixed Mode),即开始为圆环模式,逐渐变为钻石模式。基于各种尺寸圆管大量压溃实验结果,可以给出圆管失效模式分类[83],具体来说,当 $D/h>80$ 时,发生钻石模式失效;当 $D/h>80$ 且 $L/D<2$ 时,发生圆环模式失效(L 为管件长度);而 $D/h<50$ 且 $L/D>2$ 时则发生混合模式失效,对于长圆管则发生欧拉失稳。

圆管轴对称压溃时呈现的典型力-位移曲线如图 4-20 所示。初始阶段,轴向压力首先达到一个初始峰值,随后急剧下降,然后呈波动起伏趋势。轴向力波动造成了圆管压溃的连续皱褶,每一个轴力峰值对应一个皱褶开始的时刻。曲线下的面积代表圆管所吸收的能量,在实际工程应用中通常计算出平均力,作为能量吸收能力的指标。

以圆环模型推导其理论模型(图 4-21)[84]。对应每个褶皱的形成过程,会出现三个圆周向塑性铰。假定褶皱产生时是向外进行的,则塑性铰产生区域的材料都要经历周向拉伸应变。可以认为,轴向载荷对圆管所做的功被三条铰线的塑性弯曲以及其间材料的周向伸长所耗散。对于理想刚塑性材料的压溃过程,其弯曲和拉伸没有交互作用;因此材料的屈服是由弯曲或拉伸单一因素引起的。基于材料在压溃过程中的弯曲和压溃耗能,考虑单位长度屈服膜力 Yh 以及能量平衡特性,理想状态下,圆管完成整个压溃褶皱过程的平均外力可近似表示为:

$$P_m \approx 6Yh\sqrt{Dh} \tag{4-12}$$

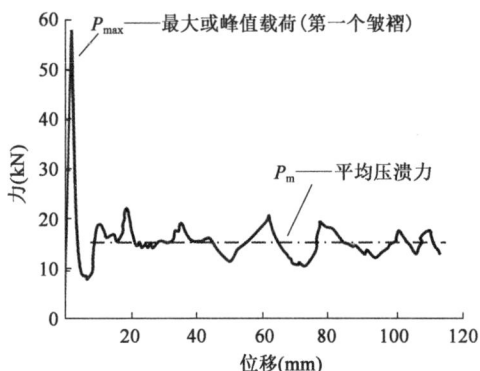

图 4-20 典型的圆管压溃时对应的力-位移曲线
注:图示以 $D = 97\text{mm}$,$L = 196\text{mm}$ 和 $h = 1.0\text{mm}$ 的
铝制圆管为例。

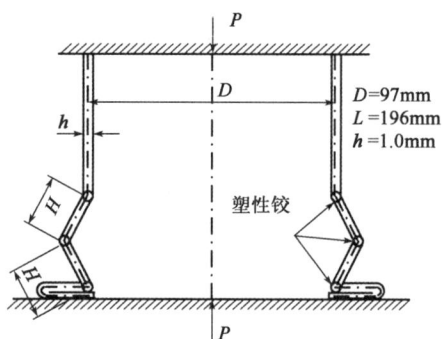

图 4-21 圆环模式失效的理论分析模型

其中,P_m 表示完成整个褶皱过程的平均外力;Y 表示屈服应力;h 表示厚度;D 表示圆管直径。

在动态加载情况下,应变率效应对材料起到增强作用,表现为屈服应力增加。根据 Cowper-Symonds 关系式,考虑应变率效应的平均力表达式可以近似为:

$$P_m = 6Yh\sqrt{Dh}\left[1 + \left(\frac{V_0}{2B_cD}\right)^{1/q}\right] \tag{4-13}$$

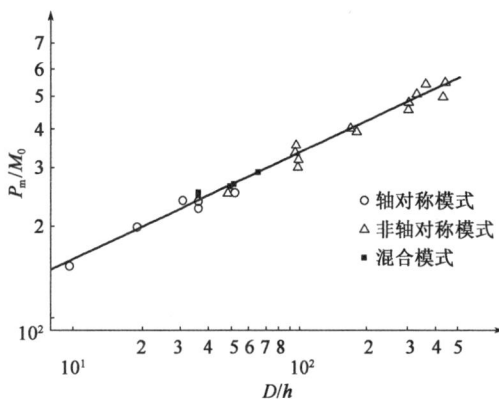

图 4-22 铝制圆管的平均力随 D/h 变化的
无量纲曲线

其中,V_0 表示圆管压缩时的初始速度;B_c 表示材料参数,代表当 $Y^d = 2Y$ 时的特征应变,Y^d 为动态屈服应力,Y 为静态屈服应力;q 表示材料敏感性的一个度量,可查表获得[85]。

在模型研究的基础上[86],Guillow 等人进行了系统的实验[87],在单一实验计划中覆盖了足够大范围的 D/h 和 L/D 以及不同的压溃模式。对于铝材料金属圆管,根据 D/h 的变化情况,其平均力可以以对数坐标形式绘制(图 4-22),无论任何压溃模式,所有的点全都落在用一条直线近似的单一曲线上,由此得到一个以实验为基础的拟合方程:

$$\frac{P_m}{M_0} = 72.3\left(\frac{D}{h}\right)^{0.3} \tag{4-14}$$

其中,M_0 表示单位宽度的塑性极限弯矩。

除薄壁圆管轴向压溃,车辆碰撞安全设计还会涉及一些其他结构的变形吸能,比如方管压溃、多胞薄壁构件压溃、薄壁管件的弯曲破坏等(图 4-23),对其冲击动力学行为的分析原理是相似的。

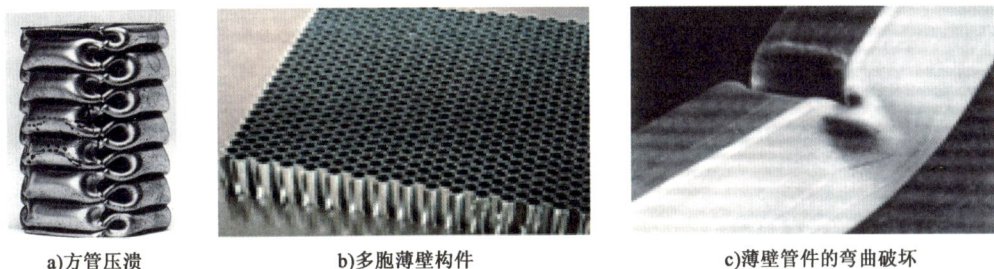

a)方管压溃 b)多胞薄壁构件 c)薄壁管件的弯曲破坏

图4-23 常见结构的变形吸能形式

（二）新能源汽车动力系统失控反应机理

新能源汽车（New Energy Vehicles）是指采用非常规的车用燃料作为动力来源的车辆，包括纯电动汽车、混合动力电动汽车和燃料电池电动汽车等，其中电动汽车是主体。与传统汽车相比，除了要考虑在事故冲击加载下车身结构的能量吸收及破坏外，新能源汽车安全设计还要考虑新型动力源所带来的安全问题，如由动力蓄电池热失控导致的起火爆炸事故。以2013年10月11日在美国西雅图发生的一起电动汽车（特斯拉 Model S）锂离子蓄电池起火事故为例，事故起因是该车在高速公路上行驶并撞击路面物体后，车辆电池组保护层被路面物体刺穿，使得内部电池严重变形并发生内短路，从而引发热失控并最终起火。据不完全统计，中国在2020年被媒体报道的电动汽车起火事故共124起。从动力系统失控机理探究其安全性能，是做好新能源汽车安全防护的基础。

1. 车用动力蓄电池和燃料电池简述

新能源汽车的主要动力源为动力蓄电池和燃料电池，二者虽然都提供电能作为动力，但是原理存在着区别。车用动力蓄电池一般是指电动汽车上用于蓄电供电的组件或者装备。锂离子蓄电池（Lithium-ion Battery）因其比能量高、自放电率低及寿命长，是目前最具实用价值的电动汽车动力蓄电池。燃料电池（Fuel Cell）是一种基于质子膜交换技术把化学能转化成电能的化学装置，相当于一台发电机，而其自身无法蓄电。以氢燃料电池为例，其本质是将氢气和氧气通过质子膜催化后逆电解进行发电。此过程中不产生除水之外的其他排放。相比纯电动汽车，燃料电池汽车的市场占有率目前还不高，相应失控导致的安全事故尚无公开报道，故不做详细介绍。

2. 动力蓄电池系统的热失控

以热失控为特征的锂离子动力蓄电池安全事故是新能源汽车面临的主要安全问题之一。热失控是指动力蓄电池内部出现放热连锁反应导致的电池温升速率急剧变化的过热现象，图4-24对比了电池组分材料在不同温度下发生的反应及相对放热量，即各个反应放热的相对值[88]。在发生热失控的过程中，锂离子动力蓄电池将依次经历以下过程，温度也相应从低到高变化。

（1）高温容量衰减：锂离子蓄电池正常工作条件时，较高的环境温度会加剧电池的副反应，造成电池容量损失，形成容量衰减，构成所谓的高温耐久性问题或高温自放电问题。

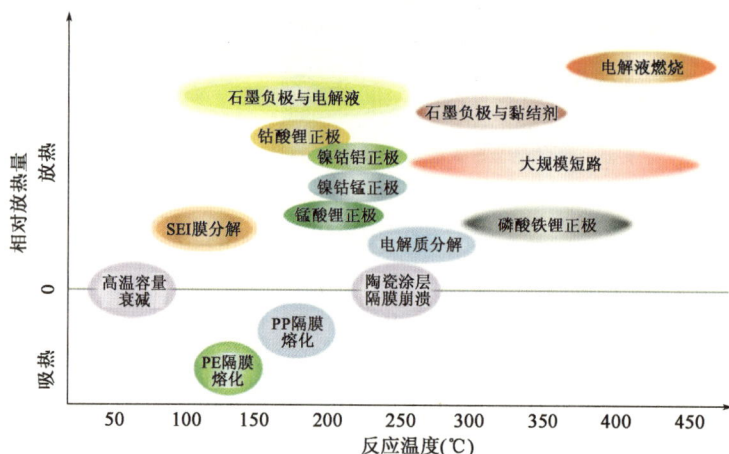

图4-24　锂离子动力蓄电池组分材料的热失控反应机理[88]

（2）固态电解质界面（Solid Electrolyte Interphase，SEI）膜分解：随着温度升高，锂离子蓄电池内部化学反应开始产热。最先发生的放热反应是SEI膜分解，该反应发生在80~120℃。

（3）负极-电解液反应及隔膜熔化过程：由于负极表面的SEI膜发生分解使得负极活性物质失去保护，负极锂金属将与电解液发生反应，使得锂离子蓄电池温度继续升高。当温度达到隔膜的熔点时，隔膜熔化收缩吸收部分热量，暂时性降低电池温升速率。但隔膜收缩可能造成局部短路，释放热量，加速隔膜解体。

（4）热失控过程：隔膜解体后，电池发生内短路并放出大量热量，温度从120℃迅速升高至300℃甚至更高，电池迅速达到热失控。此时电池内部同时发生多种化学反应，包括正极分解反应，电解质溶液（电解液）分解反应和黏结剂反应等。

（5）喷阀与冒烟：电解液分解反应会产生大量气体，电池内压急剧升高，电池体积膨胀。电池内压如超过安全限值，就有发生爆炸可能。为此，现有车用电池上设置有安全阀，当电池内压超过安全阀开启压力时，安全阀将打开，电池进入喷射过程，高压气体迅速喷出。如果电池内部最高温度没有达到正极集流体铝箔的熔点660℃，喷出的烟是灰白色。但混合反应放热后，电池内部温度可能达到800℃以上，铝箔会熔化解体，正极活性物质会被气体带出电池，形成黑烟，并伴随有银色的铝箔碎片。

（6）电解液燃烧：以电解液分解产物为主的喷出气体满足一定条件会剧烈燃烧，造成失火。

冒烟、起火和爆炸是锂离子蓄电池热失控的主要表现。热失控诱因有三种，即机械滥用、电滥用和热滥用[89]，三种滥用诱发方式之间存在密切的内在关联（图4-25）[88]。汽车由碰撞导致动力蓄电池挤压、针刺，造成机械滥用，使电池变形，导致内部短路。过充电、过放电又导致了电滥用的发生，电池产生较高热能而过热，造成热滥用，引发锂离子蓄电池热失控链式反应，最终导致热失控的发生。其中，机械滥用是指由于车辆碰撞和随之发生的挤压等情况，造成电池或电池组的机械变形。机械变形会产生两种后果：一种是电池内部隔膜被挤破，正负极极片之间发生内短路;另一种是电池内部的易燃电解液泄漏,并造成次生危害。车辆碰撞除了造成电池挤压变形并带来相应的内部短路之外,还有可能造成电池穿刺现象,使电池内部短路而起火。

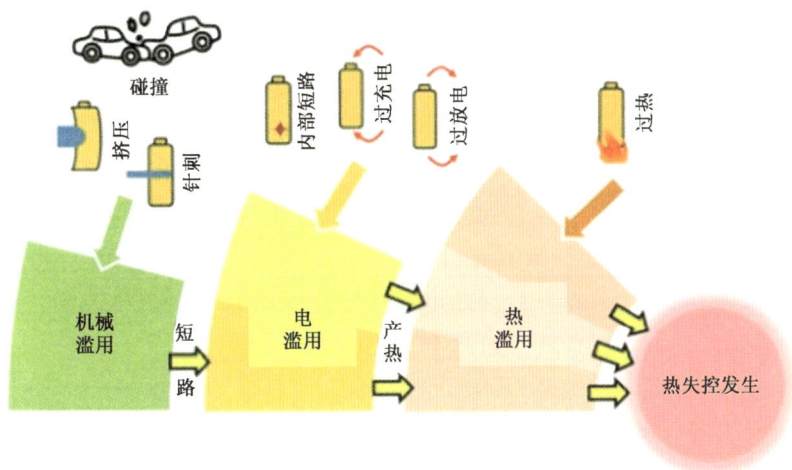

图 4-25　热失控诱因方式及关联[88]

第二节　损伤量化方法

　　由于碰撞事故工况的多样性及交通参与者的个体特征差异,在真实交通事故中,人员及车辆的损伤行为呈现出概率分布特性。基于对人车损伤机理的理解,需要进一步建立面向不同人群特性的数值表征方法和自然应激行为的抽取方法,以及对人车损伤概率的量化评定方法。

一、损伤行为的人群分布特性及建模

　　部分人群在碰撞冲击载荷下承受较高的损伤风险,如老龄化、肥胖和女性人群等,具体原因包括骨骼承载能力随年龄下降、肥胖人群惯性质量增加、身体特征与现有约束系统不完全匹配等。相应地,针对不同人群需要进行概率化损伤建模,以反映冲击损伤行为的分布特征,具体过程为:基于量纲缩放方法映射得到不同人群的损伤指标,结合实验等数据拟合得到最优损伤风险分布函数,确立损伤风险概率及其阈值。概率化损伤模型也是建立参数化人体数值模型的基础,包括从组织水平对人体细观几何结构、材料属性进行概率化表征等,从宏观水平实现姿态和体型参数化等;进一步,通过肌肉及其激活控制过程的建模,还可实现交通参与者主动行为的数值再现(图 4-26)。

　　人群多样性的本质是复杂的人体因素(Human Factors),包括但不限于年龄、体型、性别、姿态、肌肉紧张等应激反应、身体健康状态等[90]。为量化表征人体损伤行为的分布特性,研究者使用概率分析(Probabilistic Analysis,PA)建立某一损伤行为的风险函数。传统的人群损伤分布特性表征的数据主要来源于实验。通常以不同体型特征的个体为实验对象,获得单一个体特定损伤行为的损伤容限,再对所有实验样本进行拟合,得到损伤风险函数。实验数据具有较高的可信度,但也有明显的不足之处:

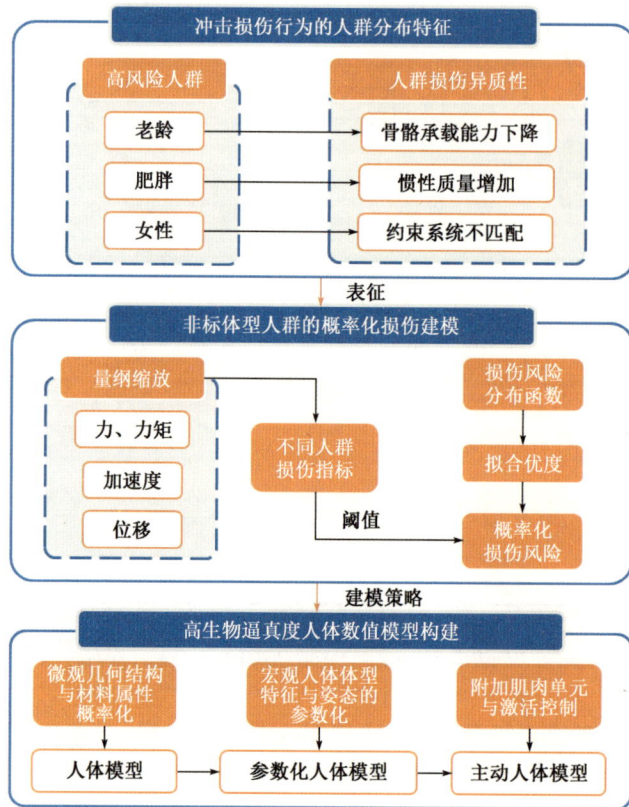

图 4-26　损伤行为的人群分布特性及建模

（1）试件稀缺。建立损伤风险函数,需要大量的实验数据支撑,而受限于样本量,人体生物组织实验往往极其有限。

（2）方法复杂。人体组织几何的不规则性和材料的非均质性,对实验的夹持和加载提出挑战,难以保证实验设置的一致性。

（3）参数确定困难。原位(In Situ)状态下的损伤往往发生在肌体内部,具体形式的确定需要借助于实验后的解剖观察,以确定实验过程中的损伤演化过程,以及损伤发生时刻对应的准确载荷水平。

近些年来,多尺度、高精度的人体数值仿真技术不断发展。其中,假人模型能够表征宏观结构多体运动学,有限元人体模型还具备细观组织损伤水平的表征能力,为研究人群损伤分布特性表征提供了新的思路。以先进的人体数值仿真模型和概率分析方法为基础,考虑不同人体的体型特征与材料特性的差异性,能够生成代表人群分布特征的人体数值模型,对不同模型进行多载荷碰撞工况的仿真计算,得到每个模型的损伤容限,建立相应的损伤风险函数。

（一）冲击损伤行为的人群分布特征

针对驾乘人群的事故统计数据表明,在相似的事故工况下,相对于平均身材的成年男性,老人、肥胖人群、女性等呈现出更高的重伤率及死亡率,因而被列为易受伤害人群。这一事实由两方面原因造成:一是人体自身物理状态(如材料、几何等)具备人群相关性,在冲击载荷下表现出不同的响应特性及损伤容限;二是目前车辆被动安全开发中使用的乘员损伤评价指标以男性乘员平均体型为主,还未充分考虑人群中乘员体型和身体组成的多样性,导致现有约束系统不能较好匹配各类人群的保护需求。

1. 冲击损伤响应与年龄的相关性

随着世界各国人口老龄化,老年驾乘人群及其在交通事故中的损伤占比也将逐步增加。在各类碰撞事故工况中,年龄增长显著增加乘员各个身体部位的严重损伤(AIS 3 +)风险[91]。对老年驾乘人群来说,胸部损伤是极为常见的损伤形式。如前文所述,随着年龄的增长,骨骼结构的能量吸收能力往往会下降。人体骨密质和骨松质的弹性模量会明显下降,尤其年龄超过 60 岁以后,下降更为严重(图 4-27)。再以下肢骨骼为例,其强度在 35 岁左右达到最大值[92],之后年龄每增长 10 岁,断裂应变降低 5% ~7%[93]。由年龄增长引起的几何变化同样影响人体损伤风险。老年人胸椎几何、肋骨角度的变化(如常见的老年驼背)都会对冲击载荷下的胸部受载产生影响[94]。

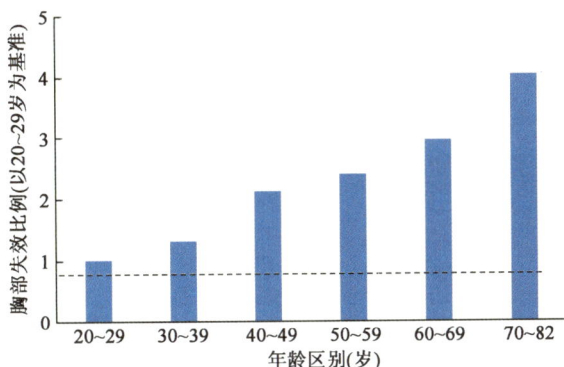

图 4-27　不同年龄段乘员在标准安全带约束下的胸部损伤相对概率[92]

2. 肥胖体型的冲击损伤效应

世界卫生组织公布的数据表明,全世界的肥胖率自 1980 年以来急剧增加。肥胖人群的体型影响了其与现有汽车乘员约束系统的匹配。大量志愿者的实验数据证实,志愿者的体重质量指数(BMI)每增加 $10kg/m^2$,安全带的腹带位置相对于髂前上棘分别前移和上移了 43mm 和 21mm,而且相应的腹带伸出长度增加了 130mm[95]。在典型的前碰撞工况台车试验中,对比不同 BMI 人群的数据发现,肥胖乘员通常比普通身材乘员有更大的相对位移量,而且躯干具有明显的后倾趋势。在相似的碰撞过程中,肥胖乘员的胸部压缩量为 44% ,而正常体重的乘员的胸部压缩量为29%[96]。肥胖乘员体型的几何变化也改变了约束条件,使得安全带的位置离骨盆的位置较远[97],同时增加了约束系统需要约束的有效质量,改变了身体在碰撞过程的生物力学响应。

3. 性别的冲击损伤效应

事故统计数据表明,相比于男性乘员,女性乘员发生交通事故或严重交通事故的概率分别要低30%和60%左右[98],但女性乘员在同等程度的碰撞事故中受到严重伤害的概率比男性乘员要高。现有的约束系统主要以标准体型的男性为匹配对象,无法完全适配于女性的体型特征,导致其损伤风险增加。依据1998—2008年NASS-CDC的交通事故统计数据,在保持其他碰撞条件不变的情况下,女性胸部以及脊柱受到AIS2+损伤的概率比男性分别高出38%和67%,同时,女性受到MAIS3+和MAIS2+伤害的概率比男性分别高出了47%和71%[98]。

4. 乘员身高的冲击损伤效应

台车试验结果发现,不同身高的人体模型的头部和胸部损伤指标离散程度较大。类似性别因素对损伤的影响,乘员个体身高直接影响碰撞阶段的乘员与约束系统的相互作用,进而造成损伤形式的差异。在相同安全带-气囊约束系统参数配置下,对比不同体型的人体模型的加权综合损伤指标(Weighted Injury Criteria, WIC)[99]可以发现,随着体型减小,损伤指标有所提升。

(二)结构与体型分布特性的概率化损伤建模

肌体组织在外载荷下的损伤力学行为具有高度的非线性,并呈现一定随机性,因此需要采用概率建模的方式得到适应人群分布特性的损伤模型。

1. 非标体征人体模型损伤指标的缩放方法

由于实验样本难以获取,非标体征人体模型损伤指标一般通过标准体征人体的实验数据间接缩放得到。缩放方法是一种基于量纲分析的方法,对于两个相似的系统,利用基本属性参数,可建立两个系统响应之间的比例系数。当忽略人体组织密度随年龄增加变化时,不同人群之间的缩放主要以几何尺寸与材料弹性模量的比例(分别记为λ_L, λ_E)作为基础来进行。利用这两项基本比例系数,一些基本物理量的比例关系计算如下[100]:

时间: $$\lambda_T = \lambda_L / (\lambda_E)^{1/2} \tag{4-15}$$

加速度: $$\lambda_A = \lambda_E / \lambda_L \tag{4-16}$$

力: $$\lambda_F = \lambda_L^2 \cdot \lambda_E \tag{4-17}$$

力矩: $$\lambda_M = \lambda_L^3 \cdot \lambda_E \tag{4-18}$$

在实际的应用场景中,可根据以上所给出的各项比例系数,对不同百分位体型的损伤阈值按照量纲进行推导,具体计算公式见表4-5。

假人模型的损伤值及损伤阈值的比例缩放系数计算公式[101]　　　　　　表 4-5

损伤指标	混Ⅲ第 50 百分位假人的损伤阈值	比例缩放系数计算公式
头部损伤指标(Head Injury Criterion, HIC) HIC_{36}	1000	$(\lambda_E)^2/(\lambda_L)^{1.5}$
胸部 3ms 加速度 a_{3ms}	60g	λ_E/λ_L
胸部压缩量 C_{comp}	63mm	λ_L
颈部向前弯矩 $M_{in\_flex}(N_{ij})$	310N·m	$\lambda_L^3 \cdot \lambda_E$
颈部向后弯矩 $M_{int\_ext}(N_{ij})$	135N·m	
颈部拉伸力 $F_{int\_ten}(N_{ij})$	6.81kN	
颈部压缩力 $F_{int\_comp}(N_{ij})$	6.16kN	
颈部最大拉伸力 F_{neck_ten}	4.17kN	$\lambda_L^2 \cdot \lambda_E$
颈部最大压缩力 F_{neck_comp}	4kN	
大腿峰值力（左、右）F_{fl}, F_{fr}	10kN	

2. 不同体型分布的损伤概率函数及拟合优度评价

针对韧带等软组织的材料属性研究表明,纤维束初始波浪状态与断裂特性,因所在不同个体、不同关节乃至同一关节内的不同韧带而存在差别,并最终体现为韧带整体力学性能的差异[102]。通过人群分布从统计学意义上描述其复杂性,涉及细观与宏观等不同几何尺度。在细观尺度上,有学者尝试用正态分布函数描述纤维变形起始区的分布特点,以建立韧带断裂行为的解析模型[103];在结构尺度上,关节附近的骨骼形态、尺寸、皮质骨及软骨厚度、韧带几何、韧带形状等,都体现为明显的个体差异与分布特征;在整体尺度上,人体骨骼或器官的几何特征随年龄、身高等人体特征参数变化[104],可利用形状统计分析(Statistical Shape Analysis, SSA)等方法表征人群多样性影响下的几何分布特征[105]。

在不同几何尺度下的影响因素的综合作用下,人体关节结构力学行为的个体差异化特征体现在冲击响应特性与损伤容限(Injury Tolerance)等方面[106-107]。受限于现有生物力学实验样本只能代表极其有限的人群,几乎无法开展针对损伤行为人群差异性的试验研究。随着近年来数值表征技术与计算硬件的发展,概率分析与网格变换等数值手段有望成为研究和表征生物材料不确定性与分布特征的重要突破口。在肌体材料的损伤研究上,由于加载、边界条件、测量设备、用于模型开发与验证的试验数据都不可避免地存在一定误差,概率分析使用随机方法,认为人体数值模型的输入并非确定的数值,而是服从特定的随机分布[108]。在结构几何的研究上,基于网格变换方法,能够建立轮廓几何可进行参数化调整的人体模型,包括人体部件层面模型(如胸腔及下肢骨骼、内脏等)和整体层面模型[109]。

生物组织材料的力学属性(弹性模量、断裂应变、断裂应力等)存在着较大的变化范围。在生物力学领域,常用于拟合其损伤风险的分布函数包括威布尔(Weibull)分布、正态(Normal)分布、对数正态(Lognormal)分布和罗切斯蒂(Logistic)分布等(表 4-6)。这些分布形式代表了真实中潜在的损伤分布特性,即由损伤指标作失效预报因子或观测量 X_i 对损伤是否发生进行推理的函数关系。以人体活动关节为例,其在外加旋转载荷下存在损伤风险(如韧带断裂、骨折等),可建立以转角和转矩作为实验观测值的结构失效风险函数[110]。基于实验设计方法,在先验的参数空间内对关键的韧带结构和力学参数进行采样,建立大规模仿真矩阵,得到具有人群损伤不确定性的原始数据。然后以转角和转矩作为失效预报因子,以韧带的断裂损伤作为观察值,选择上述 4 种分布函数分别进行拟合。

4 种分布的概率分布函数和累积分布函数

表 4-6

分　布	概率密度函数	累积分布函数
威布尔分布	$f(x) = \dfrac{\alpha}{\beta} \left(\dfrac{x-\gamma}{\beta}\right)^{\alpha-1} e^{\left[-\left(\frac{x-\gamma}{\beta}\right)^{\alpha}\right]}$	$F(x) = 1 - e^{\left[-\left(\frac{x-\gamma}{\beta}\right)^{\alpha}\right]}$
正态分布	$f(x) = \dfrac{e^{-\frac{1}{2}\left(\frac{x-\mu}{\sigma}\right)^2}}{\sigma\sqrt{2\pi}}$	$F(x) = \Phi\left(\dfrac{x-\mu}{\sigma}\right)$
对数分布	$f(x) = \dfrac{e^{\left\{-\frac{1}{2}\left[\frac{\ln(x-\gamma)-\mu}{\sigma}\right]^2\right\}}}{(x-\gamma)\sigma\sqrt{2\pi}}$	$F(x) = \Phi\left[\dfrac{\ln(x-\gamma)-\mu}{\sigma}\right]$
罗切斯蒂分布	$f(x) = \dfrac{e^{\left(-\frac{x-\mu}{\sigma}\right)}}{\sigma\left[1+e^{\left(-\frac{x-\mu}{\sigma}\right)}\right]}$	$F(x) = \dfrac{1}{1+e^{\left(-\frac{x-\mu}{\sigma}\right)}}$

注:x 表示自变量,α、β、γ 为威布尔的形状函数,μ 和 σ 为对应分布的均质和标准差,ϕ 是正态分布的函数符号。

损伤风险函数的拟合一般采用最大似然估计的方法确定参数。拟合得到损伤风险函数之后,为量化比较试验观测值与假设分布的拟合程度,在统计分析中通常使用 KS 检验(Kolmogorov-Smirnov Test)挑选与观测数据拟合最好的结果。假设由样本数据得到的累计概率分布函数 $F_n(x)$ 与指定的累积分布函数 $F(x)$ 来自相同分布,首先对观察值 X_i(外旋转角和外旋转矩)依次进行排序,得到累计概率分布函数 $F_n(x)$。

$$F_n(x) = \frac{1}{n}\sum_{i=1}^{n} I_{[-\infty,x]}(X_i) \tag{4-19}$$

其中,$I_{[-\infty,x]}(X_i)$ 表示指示函数,即如果观测值 X_i 小于概率密度函数值 x,即 $X_i \leqslant x$ 时,$I_{[-\infty,x]}(X_i) = 0$,否则等于 1。

由指定的累积分布函数 $F(x)$,计算统计量 D_n。

$$D_n = \sup_x |F_n(x) - F(x)| \tag{4-20}$$

其中,D_n 表示观测数据 $F_n(x)$ 与给定 $F(x)$ 的距离上界。

式(4-20)中 n 表示采样的样本量,通过查表得到临界值 $D_n(\alpha)$,当 $D_n > D_n(\alpha)$ 时拒绝原假设。通过选取最小的 D_n 对应的分布函数,便可以挑选与观测数据拟合最好的累积概率分布函数。一项基于汽车乘员足踝关节损伤研究的分析表明,对于使用外旋转矩作为失效预报因子来预测结构的失效,正态分布具有最好的拟合结果;对于使用外旋转角作为失效预报因子来预测结构的失效,对数正态分布有最好的拟合结果[110](图 4-28)。

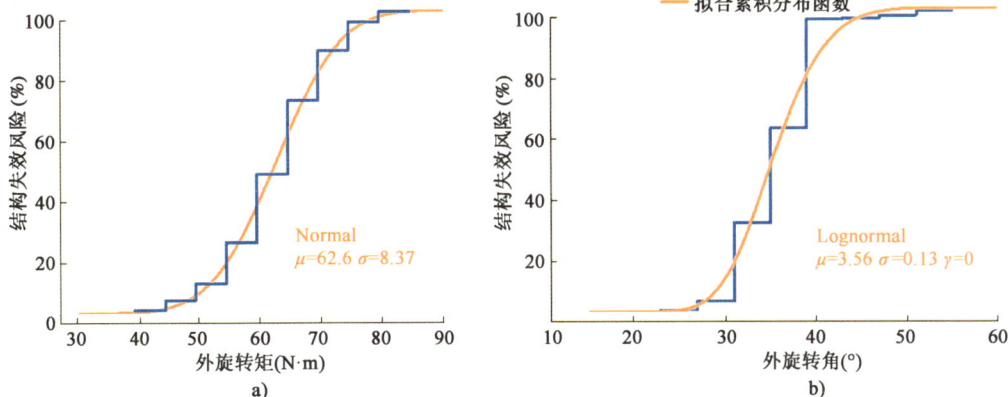

图4-28　失效风险函数拟合结果(以足踝结构为例)

(三)参数化人体数值模型构建

随着数值仿真技术的发展,以有限元为代表的数值方法能够较为准确地重现真实世界中的力学行为。在交通安全领域,经过大量生物力学试验验证的精细化有限元人体模型被广泛应用于表征人员的冲击损伤特性[111]。建立参数化可控的人体数值模型为研究不同人群和情景下的人员损伤提供了准确、高效的分析工具。

1. 人体软硬组织损伤行为的精细化重建

人体软硬肌体组织(骨骼、肌肉、韧带和软骨等)的精细化重建是建立参数化人体数值模型,进行人体概率化损伤建模研究的基础。精细化数值仿真模型的建立一般包括几何重建、材料参数确定和模型验证三个部分。下面以人体足踝关节作为典型的活动关节,对人体精细化建模流程进行举例说明。

基于前文对韧带组织力学行为的描述,可知韧带的细观结构由短束纤维结缔组织构成,力学属性上呈现横观各向异性。为较为真实地模拟骨骼之间的接触和骨骼之间载荷的传递,可将韧带的细观结构视作一束相互平行的纤维束[112-113]。基准模型(通常为中等身材成年人体模型)选取关节内部主要的韧带,每一根韧带使用一束平行、均匀分布的一维梁单元表征其细观纤维结构(梁单元编号为 $j, j = 1, 2, \cdots, n_i$,n_i 代表第 i 根韧带中的梁单元个数),韧带宽度及其两端与骨骼的连接处依据骨骼解剖学特征确定,并进而决定了每一根梁单元的初始长度,记为 l_{ij}^0。有限元中韧带力学性能的有限元表达如图4-29所示。

为精准模拟韧带纤维束的力学响应,在仿真模型中,梁单元的力-变形曲线采用双线性函数来表征,将韧带纤维束的力学响应特征简化为"零力区"和"加载区"(图4-29)。在一根韧带中,所有的梁单元具有相同的相对零力区长度 $C_i\%$ 和加载区刚度 $k = 0.02\text{kN/mm}$,韧带的总刚度由梁单元个数来表征,$K_i = n_i \cdot k$,梁单元的断裂使用断裂应变 ε_{ij} 来控制。相对零力区 $C_i\%$ 和梁单元个数 n_i 依据不同的单一加载工况试验确定。单一韧带的零力区长度 C_{ij} 和最终的断裂伸长量 E_{ij} 采用以下公式计算:

$$C_{ij} = l_{ij}^0 \times (1 + C_i\%) - l_{ij}^0 \tag{4-21}$$

$$E_{ij} = l_{ij} \times (1 + C_i\%) \times (1 + \varepsilon_{ij}) - l_{ij}^0 \tag{4-22}$$

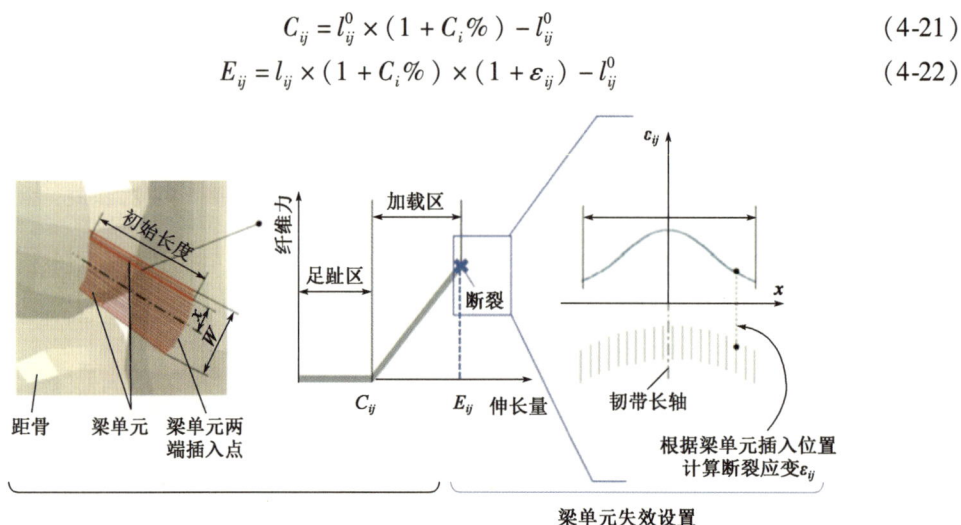

图 4-29　有限元人体模型中活动关节韧带力学性能的表达方法

当韧带在承载并进入损伤和断裂状态时,由于应力集中的作用,韧带纤维束总是从两边边界向中间逐步断裂。为了在模型中重现这一损伤行为特性,每一根韧带中梁单元的断裂应变 ε_{ij} 定义为在宽度上呈正态分布,即边缘梁单元的断裂应变小,中间梁单元的断裂应变大。基于已有实验结果,断裂应变的变化范围为 12% ~ 18%。使用"骨骼-韧带-骨骼"(Bone-Ligament-Bone,BLB)试验得到的结果能够验证模型呈现的非线性弹性行为和相应的瞬时弹性响应系数。使用复合加载工况验证运动学和动力学响应,发现模型对于骨骼运动和韧带断裂时刻也具有较好的预测效果。

年龄对损伤的显著影响也可在数值模型中进行构建。仍以下肢股骨为例,大量试验结果已证实年龄对弹性模量和极限应力的影响,并对相应的股骨模型进行了模型验证[114-115]。给定年龄不同,骨密质的极限拉应力系数有所区别,但是其变化的趋势相近,即在 30 岁左右极限拉应力系数达到最大值,之后会随着年龄的增长而逐渐下降。在式(4-5)的基础上,骨密质的材料力学属性与年龄存在如下的表达关系式:

$$E = 18 - 0.06A \tag{4-23}$$

$$\sigma_u = 136 - 0.46A \tag{4-24}$$

其中,E 表示股骨骨干密质骨弹性模量(GPa);A 表示年龄;σ_u 表示极限应力(MPa)。

研究人员认为屈服应力应为极限应力的 0.9,屈服应力(σ_y)的计算公式如下[116-117]:

$$\sigma_y = 0.9\sigma_u = 0.9 \times (136 - 0.46A) \tag{4-25}$$

2. 参数化数字人体模型的构建方法

精细化模型重建能够表征人体局部关节或器官组织区域内的生物损伤力学行为。为进一步开发随人体特征变换的、全身水平的参数化数字人体有限元模型,需要实现材料属性和几何形态同步定制化调整。此类模型适用于多种载荷工况,充分反映人群中的个体差异,丰富了损伤生物力学的研究手段和工具。模型参数化调整包括三个主要步骤,具体流程如图 4-30 所示。

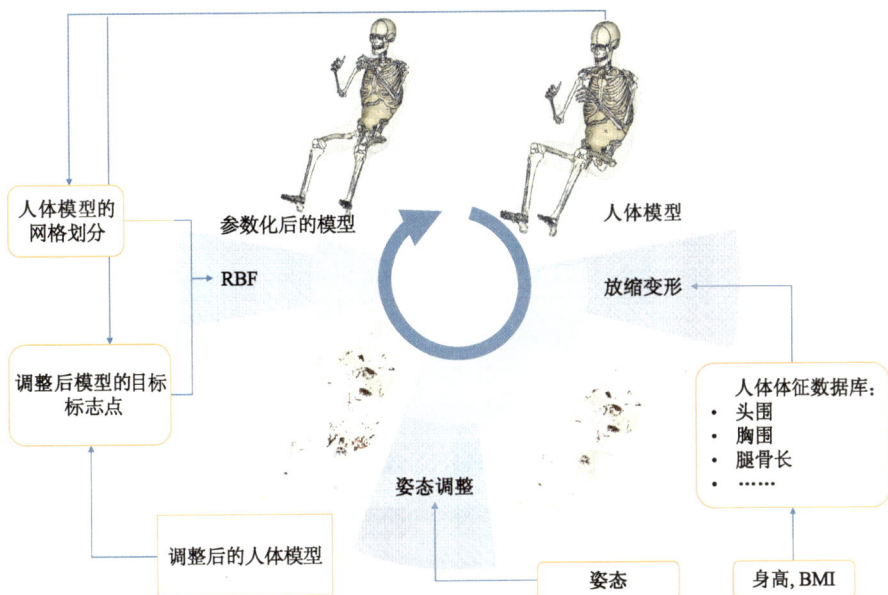

图 4-30　人员身材体征及姿态的模型参数化流程图

（1）基于特定人体测量学参数的部件几何特征预测：对于已知的特定人体测量学参数，如身高、体重等，调用相应的人群体征数据库，将该参数转化为该人体各个身体部件的几何测量参数，如头围、胸围、下肢骨长等。得到给定人体测量学参数（身高、BMI 等）下的骨骼几何信息以及外几何轮廓。

（2）缩放变形与姿态调整：将基准模型按照外几何轮廓以及骨骼的几何信息进行缩放，得到目标体征的人体模型，并对人体模型进行姿态调整。

（3）基于网格变换方法修复低质量网格单元：有限元模型的网格变换一般采用径向基函数的方法，即在调整后的人体模型（目标几何）上布置标志点的目标位置。在变换前网格质量较高的人体模型（基准模型，作为原始几何）上布置相同数量、相似位置的标志点，作为起始位置，之后，将基准模型的网格序列和划分方式通过径向基算法（Radial Basis Function，RBF）变换到目标位置，即获得网格质量较高的参数化后的人体模型，这是参数化人体模型开发过程中确保几何准确的关键步骤，其计算原理如下：

假设在原始几何上的集合 S 和目标几何上的 T 各选择 n 个标志点。为计算插值过程中的权重系数 λ_i 以及多项式 $p(x)$，式中包含了插值控制点以及边界条件。

$$\begin{bmatrix} A + \alpha I & B \\ B^T & 0 \end{bmatrix} \begin{pmatrix} \lambda \\ c \end{pmatrix} = \begin{pmatrix} T \\ 0 \end{pmatrix} \tag{4-26}$$

其中，坐标信息矩阵 $A_{ij} = \varphi(r_{ij}) = r_{ij}^2 \log r_{ij}$，其中 i、j 指第 i 和第 j 个标志点。

$$B = \begin{bmatrix} 1 & x_1 & y_1 & z_1 \\ \vdots & \vdots & \vdots & \vdots \\ 1 & x_n & y_n & z_n \end{bmatrix} \tag{4-27}$$

其中，(x_i, y_i, z_i)是原始几何上第i个节点的空间坐标。

$$T = \begin{bmatrix} 1 & X_1 & Y_1 & Z_1 \\ \vdots & \vdots & \vdots & \vdots \\ 1 & X_n & Y_n & Z_n \end{bmatrix} \tag{4-28}$$

其中，(X_i, Y_i, Z_i)是目标几何上第i个节点的空间坐标。

α为平滑因子，需要精确移动到目标几何上的对应标志点坐标位置。求解式(4-26)获得λ和c。对于原始几何上任意的点集S^*，其变换后对应目标几何上的点集T^*的坐标通过下式计算：

$$\begin{pmatrix} T \\ 0 \end{pmatrix} = \begin{bmatrix} A^* + \alpha I & B^* \\ B^* T & 0 \end{bmatrix} \begin{pmatrix} \lambda \\ c \end{pmatrix} \tag{4-29}$$

其中，A^*、B^*表示基于原始几何上任意的点集S^*中节点坐标生成，需要注意的是此处$A^* = r_{ij} 2\log r_{ij}$而$r_{ij} = \|x_i - \bar{x}_j\|$，$x_i$是原始几何上任意的点集$S^*$第$i$个节点的坐标，$\bar{x}_j$则是原始标志点集合$S$第$j$个标志点的坐标。目标几何上对应于点集$S^*$的对应点集合$T^*$的坐标由式(4-29)求得。

3. 人体主被动耦合行为的数值表征策略

汽车乘员主动响应体现为肌肉收缩等形式，产生的肌肉主动力改变了人体在碰撞过程中的整体刚度与内部应力分布，并影响具体损伤形式及其严重性。对生物材料力学行为的研究难以考察肌肉主动效应，制约了对真实交通碰撞中人体损伤机理的深入解析。得益于近年来参数化数字人体模型构建方法的快速发展，具有人体主动姿态控制特性的主动人体模型成为表征完整事故场景下人员动态响应的最为可靠研究手段之一。

基于人体数值模型肌肉激活水平的控制方法，可利用传统人体模型，进一步开发具有人员主动行为表征能力的主动人体模型。肌肉激活水平可以通过肌电(Electromyography，EMG)信号等进行测量，但EMG只能采集到表层肌肉激活水平，无法直接获取深层肌肉激活水平，故需要通过不同算法确定对应特定人体运动的肌肉激活水平[118]。相应的主动人体模型行为控制策略可分为开环式与闭环式两类(表4-7，图4-31)。开环控制人体模型多以Hill-type肌肉模型等表征其本构机理，利用最优肌肉收缩能量[119]、逆向动力学[120-122]、深度学习[123-124]等策略，得到特定工况预设肌肉激活水平，主要基于志愿者实验中获取的EMG、运动姿态、边界接触力等信息开发和验证。多数研究以志愿者在模拟驾驶场景中采集得到实验数据为基础，研究具备肌肉主动收缩特性的乘员模型的损伤特性[125]。以下肢为例，乘员下肢在碰撞前的蹬地行为显著影响人体骨骼损伤阈值或损伤风险[126]。近年来，基于人体运动控制机理和实验数据，研究人员先后提出了以关节角、肌肉纤维长度等为控制目标的闭环式主动控制器[124,127]，重现乘员在特定场景中的骨骼肌主动响应变化情况[128]。以人体模型作为有效数值载体，对主动响应与被动损伤行为进行联合建模，还原真实危险工况中的人员行为特征，可研究不同碰撞强度及乘员姿态下的人体损伤影响，或用于主被动安全设备、系统的虚拟测试。

主要的人体模型控制器比较 表4-7

控制策略	场景适应	肌肉激活水平预测精度	运动姿态预测精度	控制器复杂程度	控制参数调试难度	备 注
最低能耗	特定工况	低	未知	开环	易	过于简单,预测精度低
逆向动力学	特定工况	高	较高	开环	易	需要单独建立对应骨骼肌模型的算法参数
PID	特定工况	低	高	中	中	需要标定特定工况下的控制器参数
优化 PID	特定工况	中	高	较高	较难	控制器调参优化
功能区分闭环控制	周期加载	高	高	高	难	运动神经科学与生物力学交叉学科领域

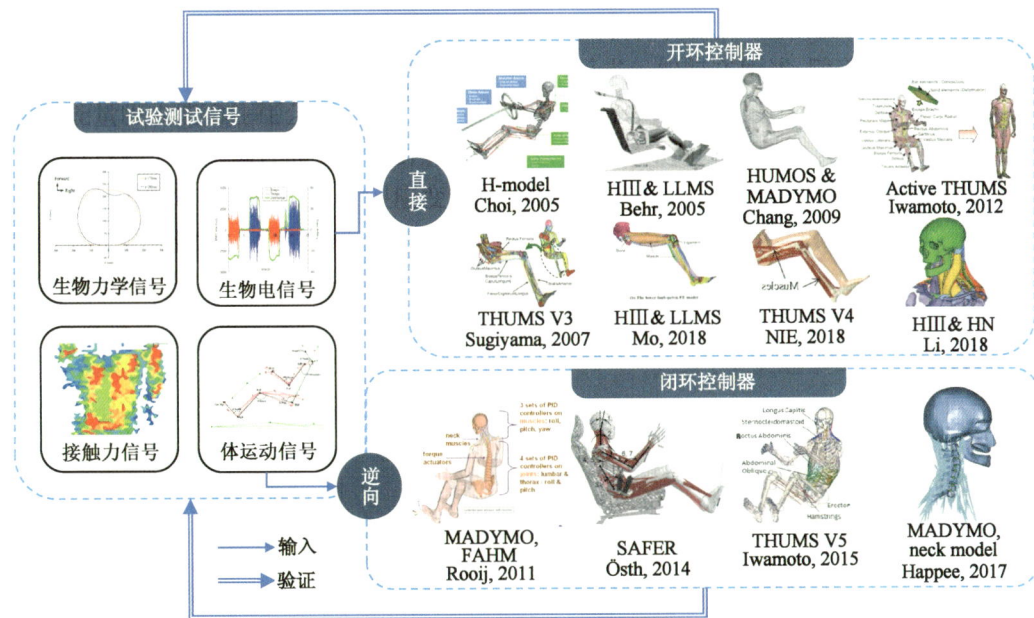

图 4-31 主动人体模型的分类[123,125-135]

二、人-车损伤容限与量化评定

人-车损伤容限与量化评定包括交通参与者(人)、车身、动力系统三个部分。交通参与者在事故中的常见损伤部位及其严重程度可由损伤指标进行量化描述与评价,并可利用研究数据,结合经验公式推断确立损伤风险概率;常见车用轻量化材料的冲击失效形式及其机理可通过力学参数表征,并可根据材料力学性能推断失效准则;面向智能防护的新能源动力系统失控风险的一个典型机理是局部挤压过度(如电芯),通过材料力学实验可获得等效材料属性及断裂模式,进而建立损伤容限,推断计算失效准则(图4-32)。构建交通参与者损伤、车身结构和新能源动力系统失效的量化方法,建立损伤量化指标及其对应的风险关系概率,可用于评估交通参与者损伤风险、开发安全研究工具、评价汽车安全保护性能等。

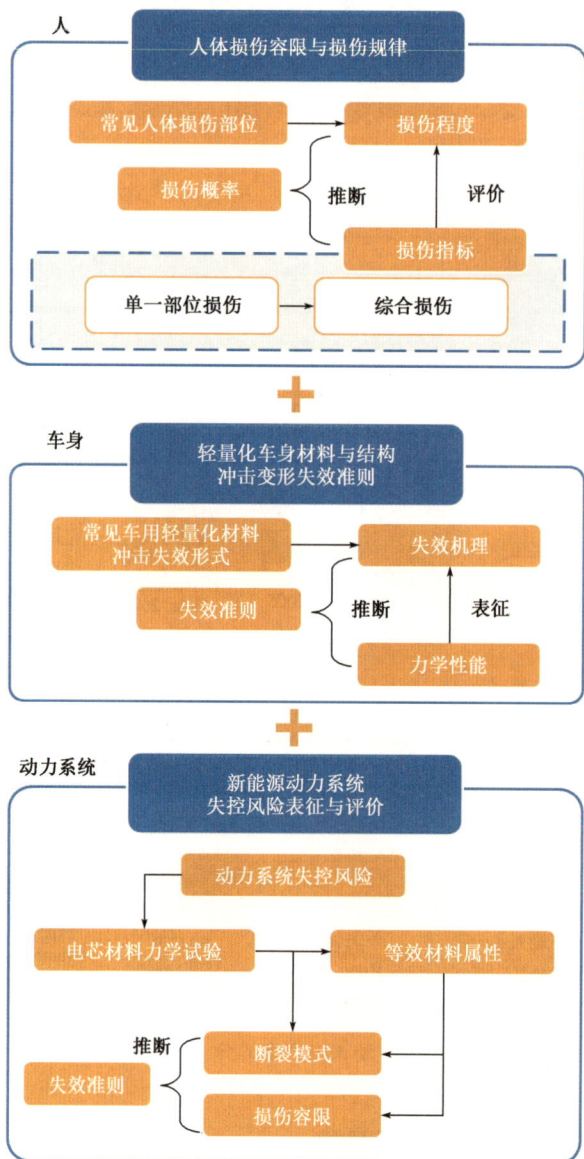

图 4-32　人-车系统损伤容限量化评定

(一)交通参与者损伤机理与损伤容限

以交通参与者作为保护对象,损伤(Injury)是指人体解剖学结构在外界载荷作用下,变形超过其失效限度,导致组织结构破坏或结构失效。关键身体部位的损伤机理及其失效限度是汽车安全评估和交通参与者保护的重要数据参考。

1. 损伤容限与严重程度

损伤容限(Injury Threshold),也称损伤阈值,是指外载导致损伤效应产生时的损伤指标的临界值,用以表征保护对象对外界加载的承受能力。交通参与者损伤类型及严重程度难以直接获取和评估,需要通过可直观测量的物理参数,如加速度、速度、位移、压缩或伸长量、力、应力等,转换成与具体身体部位相应的损伤指标(Injury Indicator)(常见损伤指标如图4-33所示)。

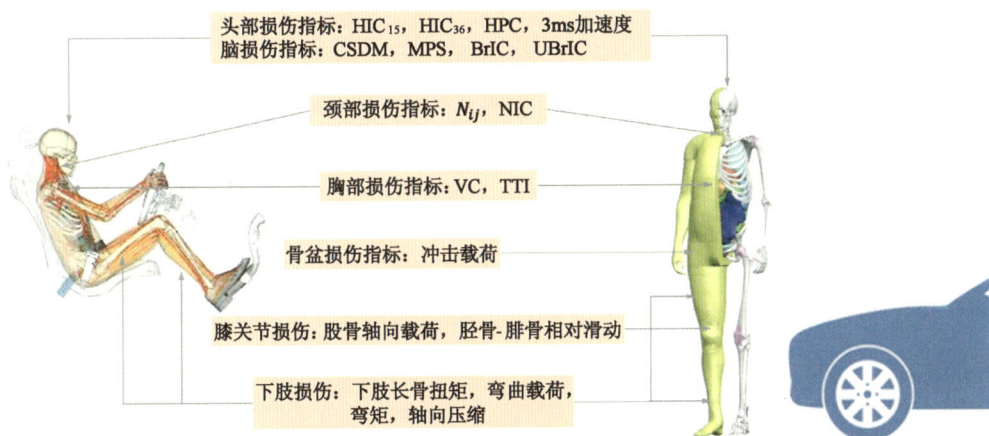

头部损伤指标: HIC_{15}, HIC_{36}, HPC, 3ms加速度
脑损伤指标: CSDM, MPS, BrIC, UBrIC

颈部损伤指标: N_{ij}, NIC

胸部损伤指标: VC, TTI

骨盆损伤指标: 冲击载荷

膝关节损伤: 股骨轴向载荷,胫骨-腓骨相对滑动

下肢损伤: 下肢长骨扭矩,弯曲载荷,弯矩,轴向压缩

图 4-33 交通参与者常用损伤评价指标

颅脑、颈部、胸腔、四肢、骨盆等是汽车乘员、行人等弱势交通群体在汽车碰撞事故中的常见损伤部位。对损伤容限进行分析,建立损伤指标与损伤风险的关系,可直观呈现交通参与者在事故中的损伤风险概率,量化描述交通参与者在事故中的损伤风险。在汽车安全领域里,常用的损伤风险研究方法包括事故数据统计分析、尸体实验、假人实验、数值仿真等。

除具体损伤形式与指标外,也常用 AIS[136] 对损伤严重程度进行分类定级。AIS 是对人体结构、组织、器官等的损伤程度进行量化评估的指标,按照损伤程度以及对生命威胁大小,将每处损伤评为1~6级,标记为 AIS i(i 为 1~6 或者 9)(表4-8)。应指出的是,损伤严重程度分类级别与医疗水平相关,随着医疗水平的提高与救治体系的完善,具体损伤形式对应的 AIS 级别有可能降低。

AIS 评 分 等 级   表4-8

AIS	损 伤 级 别	对应具体损伤形式举例	致死概率(%)
1	轻度	上肢皮肤浅撕裂伤	0
2	中度	胸骨骨折	1~2
3	较重	肱骨开放性骨折	8~10
4	严重,但无生命危险	气管穿孔	5~50
5	危重,具有死亡可能	伴随组织损伤的肝脏破裂	5~50
6	极重,基本无法抢救	头颈离断	100
9	有伤不详(NFS)	—	—

2. 头部损伤

针对头骨的损伤指标主要有 HIC、a_{3ms}、峰值加速度等,它们均通过头部质心处合成线性加速度的时间历程曲线计算得出。第 50 百分位成年男性对 HIC_{36} 和 HIC_{15} 的损伤容限分别是 1000 和 700。美国联邦机动车安全标准(Federal Motor Vehicle Safety Standards And Regulations,FMVSS)第 208 条[137]规定了汽车测试中各体型假人对应的 HIC 阈值(表 4-9),即在给定工况中,汽车安全设计应保护相应乘员的头部 HIC 不超过这一阈值。HIC 在相应 AIS 等级下的损伤概率可通过式(4-30)计算得出。图 4-34a)给出了 HIC_{36} 与 AIS 2 +、AIS 3 +、AIS 4 + 的损伤风险曲线,对应不同 AIS 严重程度的损伤风险概率(P)计算公式如下:

$$P(AIS X +) = \Phi\left[\frac{\ln(HIC) - \mu_X}{\sigma_X}\right] \tag{4-30}$$

其中,Φ 表示累积正态分布概率密度函数;$X = 2 \sim 4$,$\mu_2 = 6.96352$,$\sigma_2 = 0.84664$;$\mu_3 = 7.45231$,$\sigma_3 = 0.73998$;$\mu_4 = 7.65605$,$\sigma_4 = 0.60580$[138]。

FMVSS 208 法规中规定的对应不同体型人群的 HIC 阈值　　　　表 4-9

HIC 类型	第 50 百分位男性	第 5 百分位女性	六岁儿童	三岁儿童	一周岁婴儿
HIC_{36} 阈值	1000	1000	1000	900	660
HIC_{15} 阈值	700	700	700	570	390

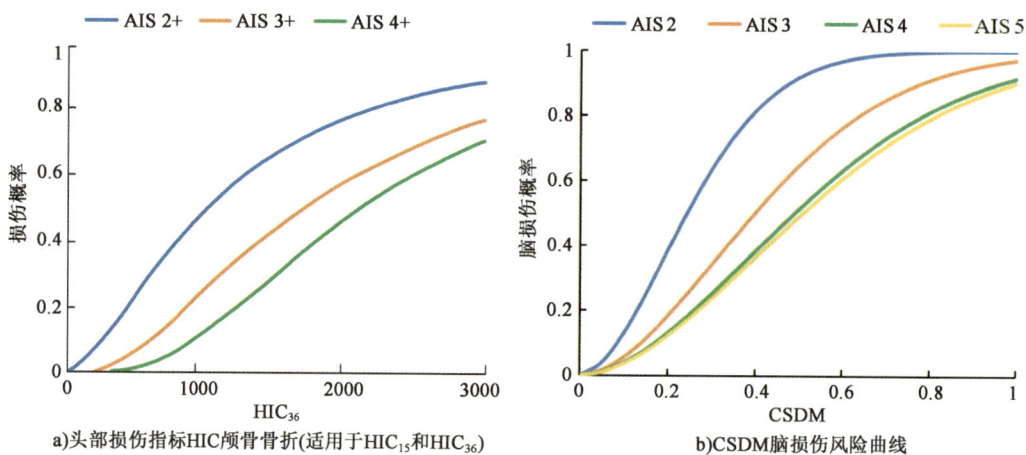

a)头部损伤指标HIC颅骨骨折(适用于HIC_{15}和HIC_{36})　　　b)CSDM脑损伤风险曲线

图 4-34　损伤风险关系曲线图[138-139]

在部分法规与试验标准中,HIC 也被称为头部性能指标(Head Performance Criterion,HPC)。Euro NCAP 的行人测试规程(Pedestrian Testing Protocol)、欧洲提高车辆安全性委员会第 17 工作组(European Enhanced Vehicle Safety Committee Working Group 17,EEVC-WG17)、中国的国家标准《汽车正面碰撞的乘员保护》(GB 11551—2014)[140]等都采用了 HPC 作为头部损伤评价指标。GB 11551—2014 标准规定,碰撞测试中头部合成加速度大于 $80g$ 的时间,累积不应超过 3ms。

HIC 和 3ms 加速度等损伤指标仅考虑头部线性载荷,而头部旋转载荷则有可能引发脑震荡、弥漫性轴索损伤、硬膜下血肿、脑挫伤和脑内出血等脑损伤。常见的脑损伤指标有累积应变损伤测量值（Cumulative Strain Damage Measure，CSDM）、最大主应变（Maximum Principal Strain，MPS）、基于转动角速度的脑损伤准则（Brain Injury Criteria，BrIC）[139]、全局脑损伤准则（Universal Brain Injury Criterion，UBrIC）[141]等。其中，CSDM 基于的假设是，弥漫性轴索损伤（Diffuse Axonal Injury，DAI）与脑组织在给定的临界值上经历的拉伸应变累积量有关，可通过监测脑部累积的应变从而预测损伤是否发生。CSDM 和 DAI 的损伤风险概率（P）是依据生存分析（Survival Analysis）建立的，见式（4-31），λ 和 k 分别是韦伯分布（Weibull Distribution）的比例参数和形状参数。CSDM 与不同 AIS 等级的损伤风险关系计算如下[139]［图 4-34b)］。

$$P(\text{AIS } X+) = 1 - e^{-\left(\frac{\text{CSDM}}{\lambda_X}\right)^k} \tag{4-31}$$

其中，$X = 2 \sim 5$，$k = 1.8$；$\lambda_2 = 0.3$；$\lambda_3 = 0.49$；$\lambda_4 = 0.6$；$\lambda_5 = 0.624$。

BrIC 可以评估由颅骨旋转运动导致的脑部损伤风险。式（4-32）为 BrIC 计算公式，其中 ω_x、ω_y 和 ω_z 分别表示头部围绕局部坐标系的 3 个轴旋转的最大角速度，ω_{xc}、ω_{yc}、ω_{zc} 分别表示围绕 x、y、z 轴旋转的最大角速度临界值（$\omega_{xc} = 66.25$ rad/s，$\omega_{yc} = 56.45$ rad/s，$\omega_{zc} = 42.87$ rad/s）。脑部损伤风险随着 *BrIC* 值增加而增加，损伤风险概率见式（4-33）。

$$\text{BrIC} = \sqrt{\left(\frac{\omega_x}{\omega_{xc}}\right)^2 + \left(\frac{\omega_y}{\omega_{yc}}\right)^2 + \left(\frac{\omega_z}{\omega_{zc}}\right)^2} \tag{4-32}$$

$$P(\text{AIS}X) = 1 - e^{-\left(\frac{\text{BrIC}}{A_X}\right)^{2.84}} \tag{4-33}$$

其中，$X = 1 \sim 5$，$A_1 = 0.120$；$A_2 = 0.602$；$A_3 = 0.987$；$A_4 = 1.204$；$A_5 = 1.252$。

3. 颈部损伤

汽车碰撞会导致乘员颈部快速伸展屈曲，从而引起颈椎损伤。归一化颈部损伤基准（Normalized Neck Injury Criterion，N_{ij}）是 NHTSA 为了评估汽车碰撞事故中的颈部损伤而提出的指标，并应用于 FMVSS 208 等安全法规或测试中。N_{ij} 由人体枕髁（Occipital Condyle）处测量的轴力和弯矩组合而成，见式（4-34）。

$$N_{ij} = \frac{F_z}{F_{\text{int}}} + \frac{M_y}{M_{\text{int}}} \tag{4-34}$$

其中，F_z 表示轴向力，M_y 表示屈曲/伸展的弯矩；下标"int"指载荷和力矩分别与轴相交的"截距"，j 是颈部的 4 种载荷状况，分别为拉伸伸展（Tension-Extension，N_{TE}）、拉伸屈曲（Tension-Flexion，N_{TF}）、压缩伸展（Compression-Extension，N_{CE}）和压缩屈曲（Compression-Flexion，N_{CF}）。各体型假人的临界值见表 4-5 和表 4-10。对应各个 AIS 等级下的损伤风险概率见式（4-35）。FMVSS 规定 N_{ij} 四种载荷中的任一项不得大于 1.0[142]。除 N_{ij} 外，也有研究使用损伤准则（Neck Injury Criterion，NIC）[143]预测颈部挥鞭伤，在此不展开叙述。

$$P(\text{AIS}X+) = \frac{1}{1 + e^{A_X - B_X \times N_{ij}}} \tag{4-35}$$

其中，$X = 2 \sim 5$，$A_2 = 2.054$，$B_2 = 1.195$；$A_3 = 3.227$，$B_3 = 1.969$；$A_4 = 2.693$，$B_4 = 1.195$；$A_5 = 3.817$，$B_5 = 1.195$。

归一化颈部损伤基准的临界值 表 4-10

假 人 体 型	拉伸(N)	压缩(N)	屈曲(N·m)	伸展(N·m)
一周岁婴儿	1465	1465	43	17
三岁儿童	2120	2120	68	27
六岁儿童	2800	2800	93	39
5%分位女性	3370	3370	155	62
50%分位男性	4500	4500	310	125

4. 胸部损伤

常见的胸部损伤指标有胸部压缩率,黏性准则(Viscous Criterion, VC),胸部创伤指数(Thoracic Trauma Index, TTI)等。针对正面碰撞中产生的胸部损伤,胸部压缩率 C_{max} 是胸骨中央变形量与胸部厚度的相对比值,它与胸廓骨折或肺损伤等因受压导致的胸部损伤形式相关度较高。胸部加速度也可作为损伤准则之一,一般以第四节胸椎(T4)处测得的合成加速度(持续时间 3ms)为基准。胸部变形量不能准确表示高速冲击时胸部的损伤风险,例如,胸部压缩量不变时,冲击速度越高,损伤程度越高。基于这一事实,黏性准则 VC 考虑了受载速度的影响,通过胸部变形速度 $V(t)$ 和瞬时压缩量 $C(t)$ 的乘积求得,见式(4-36)。试验数据表明,当 VC 达到 1m/s 时,成年人胸部发生严重损伤(AIS 4 +)的概率达到 25%[144]。我国在相应的国家标准《汽车正面碰撞的乘员保护》(GB 11551—2014)中规定,VC 应不超过 1m/s[140]。

$$VC = V(t) \cdot C(t) = \frac{d[D(t)]}{dt} \cdot \frac{D(t)}{D_0} \tag{4-36}$$

其中 $D(t)$ 为随时间变化的胸部压缩量,D_0 为胸部的初始厚度。

TTI 是针对侧面碰撞的胸部损伤准则,由下脊柱的峰值加速度以及肋骨处的最大加速度定义,如式(4-37)所示。成年人和儿童的 TTI 胸部损伤阈值分别为 85g 和 60g。

$$TTI = 1.4 \times AGE + 0.5 \times (RIB_{acc} + T12_{acc}) \times \frac{M_s}{M_{std}} \tag{4-37}$$

其中,AGE 表示年龄(年);RIB_{acc} 表示外部载荷加载一侧第四和第八肋骨的加速度(g);$T12_{acc}$ 表示下脊柱处的最大侧向加速度(g);M_s 表示被试者的体重(kg);M_{std} 表示人体的标准体重(50%分位人体的标准体重为 75kg)。

5. 骨盆损伤

骨盆骨折和脱位也是汽车碰撞事故中的常见损伤形式,骨盆骨折会严重影响驾驶人控制车辆的能力,主要损伤机理是由膝盖与膝垫碰撞产生的偏心股骨轴向载荷。骨盆是较为刚性的骨骼结构,相较于基于加速度或压缩的损伤指标,骨盆骨折与冲击力的相关性较高。现有研究中提供的直接对骨盆前部进行加载的生物力学数据很少,已有试验显示,在正面碰撞中,导致髋部骨折发生的冲击力范围非常大,为 6.2 ~ 25.6kN,差异较大原因可能是不同试验者使用了不同的冲击速度和冲击装置刚度。因此,基于载荷的骨盆正面碰撞损伤标准虽已提出,但损伤容限尚未评估。

侧面碰撞中骨盆损伤准则和耐受水平也需要通过相当数量的冲击试验标定。在已有测试报告中,女性骨盆骨折的最小载荷在 4.6 ~ 4.9kN 之间。损伤等级 AIS 1 ~ 3 对应的容限分别为 4kN,6kN,10kN(表 4-11)。骨盆侧面冲击载荷与 AIS 2 + 和 AIS 3 + 的损伤风险概率见式(4-38)和式(4-39)。

骨盆侧面碰撞损伤准则的容限　　　　　　　　　　　表 4-11

损 伤 等 级	损伤容限侧向加载 (kN)	对应 AIS 等级	对应法规	对 Euro NCAP 侧面碰撞
0(无损伤)	<4.0	0	—	—
1(无损伤)	<4.0	1	—	<3kN:绿色 4kN:黄色
2(小骨盆骨折)	4.0 ~ 6.0	2 ~ 3	6kN 欧洲侧面碰撞 (96/27/EC)	5kN:橙色 6kN:棕色
3(大骨盆骨折)	6.0 ~ 10.0	4 ~ 5	—	>6kN:红色
4(骨盆粉碎性骨折)	>10.0	6	—	—

$$P(\text{AIS2} +) = \frac{1}{1 + e^{6.806 - 0.0089 \cdot age - 0.0007424 \cdot F}} \tag{4-38}$$

$$P(\text{AIS3} +) = \frac{1}{1 + e^{9.7023 - 0.04678 \cdot age - 0.0005 \cdot F}} \tag{4-39}$$

其中,F 表示骨盆侧面冲击载荷(N)。

6. 下肢长骨损伤

汽车碰撞事故中人体下肢损伤有长骨骨折与膝关节韧带断裂等形式。长骨骨折的常用损伤指标有股骨和胫骨截面弯矩、轴向压缩力和弯曲载荷等,损伤容限见表 4-12[145-146]。

下肢长骨损伤容限[151]　　　　　　　　　　　表 4-12

下肢长骨	股骨		胫骨		腓骨	
性别	男	女	男	女	男	女
扭矩(N·m)	175	136	89	56	9	10
弯曲载荷(kN)	3.92	2.58	3.36	2.24	0.44	0.30
平均弯矩(N·m)	310	180	207	124	27	17
轴向压缩(kN)	7.72	7.11	10.36	7.47	0.60	0.48

式(4-40)和式(4-41)分别是股骨轴向载荷与 AIS 2 + 和 AIS 3 + 的损伤风险概率计算公式(式中 F 为股骨轴向载荷)。式(4-42)和式(4-43)分别为胫骨上端轴向载荷和胫骨下端轴向载荷与 AIS 2 + 、AIS 3 + 的损伤风险概率。

$$P(\text{AIS 2} +) = \frac{1}{1 + e^{5.7949 - 0.5196 \cdot F}} \tag{4-40}$$

$$P(\text{AIS 3} +) = \frac{1}{1 + e^{4.9795 - 0.326 \cdot F}} \tag{4-41}$$

$$P(\text{AIS 2 +}) = \frac{1}{1 + e^{(0.5204 - 0.8189 \cdot F + 0.068\text{mass})}} \tag{4-42}$$

$$P(\text{AIS 2 +}) = \frac{1}{1 + e^{4.572 - 0.67 \cdot F}} \tag{4-43}$$

7. 膝部损伤

对于碰撞事故中行人等弱势交通群体,保险杠对膝关节的直接冲击力或长骨载荷通过膝关节传递的作用力会造成膝关节韧带损伤,如前十字韧带(Anterior Cruciate Ligament, ACL)、膝关节内侧副韧带(Medial Collateral Ligament, MCL)、后十字韧带(Posterior Cruciate Ligament, PCL)、侧副韧带(Lateral Collateral Ligament, LCL)断裂等[146-147],损伤容限见表4-13。此外,有关研究测试了膝关节韧带软组织的极限拉伸应力和最大拉伸应变,断裂应变在12%~18%的水平[47](表4-14)。

膝关节及韧带损伤容限[146]　　　　　　　　　　　　　　　　表4-13

部　　位	损伤指标	损伤容限		
		第5百分位成年女性	第50百分位成年男性	第95百分位成年男性
膝关节	股骨轴向载荷(N)	6510	9040	10580
膝关节韧带	胫骨-腓骨相对平移(mm)	13	15	16.5

人体膝关节韧带极限应力应变[47]　　　　　　　　　　　　　　表4-14

部　　位	拉伸切线模量(MPa)	拉伸极限应力(MPa)	最大拉伸应变(%)
内侧副韧带[148]	332.2 ± 58.3	38.6 ± 4.8	17.1 ± 1.5
后十字韧带[149]	248.0 ± 119.0	35.9 ± 15.2	18.0 ± 5.3
前十字韧带,内、外侧副韧带[150]	345.0 ± 22.4	36.4 ± 2.5	15.0 ± 0.8
髌韧带[150]	643.1 ± 53.0	68.5 ± 6.0	13.5 ± 0.7

8. 人体综合损伤

上述内容按照人员身体部位进行区分,分别量化了各部位损伤容限及风险曲线。交通参与者在事故中的受伤部位通常不止一处,基于AIS等级评定方法,演化出了三种针对全身的综合损伤严重性指标:最大简明损伤评定(The Maximum Abbreviated Injury Scale, MAIS),损伤严重度评分(Injury Severity Score, ISS)和新损伤严重度评分(New Injury Severity Score, NISS)。MAIS直接取人体所受所有损伤中AIS的最高级。ISS则更加综合地考虑身体多受伤部位[151],将人体受伤程度最严重的三个部位(Body Region)的AIS评级进行平方求和,见式(4-44),取值在1~75之间,并规定任何部位出现AIS为6时直接取ISS为75。

$$\text{ISS} = (\text{MaxAISseverity}_{\text{bodyregion1}})^2 + (\text{MaxAISseverity}_{\text{bodyregion2}})^2 + (\text{MaxAISseverity}_{\text{bodyregion3}})^2$$

$$\tag{4-44}$$

NISS是将三起最严重的损伤AIS等级求平方和,而不考虑这些损伤是否发生在同一受伤部位[152-153]。研究表明NISS在预测伤者生存能力方面比ISS表现更好[152,154]。另外,NISS还能更好地预测多处骨折损伤病人需要的住院看护天数和器官功能衰竭程度等[155-156]。

(二)轻量化材料与结构冲击变形失效准则

车辆碰撞安全保护性能受车身材料与结构的影响。为了评估人-车系统的损伤风险,需要量化车身材料或结构的冲击变形失效风险。轻量化材料的应用是未来车辆实现清洁化发展的重要方面。一方面,汽车轻量化技术是实现节能减排的重要手段,汽车质量每降低100kg,每百公里可以节约0.6L燃油;另一方面,从安全性考虑,轻量化技术有利于减少碰撞工况下的自身冲击动能,在设计合理的前提下,有望降低人员损伤风险。轻量化材料的开发与应用是汽车设计的关键技术之一。21世纪以来,高强钢、铝合金、镁合金、塑料材料和复合材料等轻质材料在汽车上的应用越来越广泛,如图4-35a)和b)所示分别为1977年与2007年汽车材料使用比重[157]。轻量化材料在汽车上的广泛应用也给部件设计提出了高要求,准确的材料力学性能表征是精细化分析汽车碰撞安全性的前提。然而,轻量化材料的力学特性、屈服准则等与传统金属材料存在明显的差异,其基本力学特性在前文已经进行了介绍,在此重点阐述车用高强钢、铝合金、镁合金、塑料和复合材料的失效准则。

图4-35 1977年与2007年汽车材料使用质量比重分布图

1.高强度钢材和铝合金的失效准则

高强钢、铝合金等金属材料广泛用于现代汽车车身结构中,是主要的碰撞吸能及强化部件,对汽车安全保护性能起着重要作用。经过多年试验研究,相应的材料失效准则模型也比较成熟,并被用于碰撞安全设计和安全评估中。相关模型通常以提出者的名字进行命名。在描述一些新的应用于汽车的轻量化材料的力学行为时,常使用已有材料模型或者在其基础上进行部分改进。高强钢和铝合金材料具有韧性特性,现有研究常用韧性断裂准则对其失效进行表征。根据塑性行为是否受材料损伤影响,可以将表征策略分为损伤耦合型和损伤解耦型两类。损伤耦合型模型以Gurson模型为代表,认为材料在发生一定程度的塑性变形后,其损伤逐渐积累一定量,材料发生断裂。例如,定义一指标D衡量损伤,当D值从0达到1时,材料断裂,而这一期间的应力需要根据D值进行折算,计算公式如下:

$$\sigma = (1 - D) \cdot \overline{\sigma} \tag{4-45}$$

其中,$\overline{\sigma}$表示未产生损伤时的等效应力。

损伤解耦模型认为塑性行为和断裂行为是相互独立的,不考虑应力折算,因而在模型使用中更加简便。损伤解耦模型可使用的断裂准则较多,例如形式简单的准则有最大剪应力、最大塑性应变等,更复杂的有Johnson-Cook模型、Xue-Wierzbicki模型、Cockcroft-Latham模型等。

目前常用的断裂准则有 Mohr-Coulomb 准则,被认为是最大剪应力模型的拓展,其表达式为:

$$(\sqrt{1+c_1^2}+c_1)\sigma_1^p - (\sqrt{1+c_1^2}-c_1)\sigma_3^p = 2c_2 \tag{4-46}$$

其中,c_1、c_2 表示待定参数;σ_1^p 和 σ_3^p 分别表示最大和最小主应力。不难发现,当 c_1 等于 0 的时候准则退化为最大剪应变准则。

Bai 和 Wierzbicki 等[158]采用应力状态相关的塑性模型对该准则进行了修正,得到了修正的 MMC(Modified Mohr-Coulomb)模型,该经验模型的解析形式为:

$$\bar{\varepsilon}_f = \left\{ \frac{A}{c_2}\left[\sqrt{\frac{1+c_1^2}{3}}\cos\frac{\bar{\theta}\pi}{6} + c_1\left(\eta + \frac{1}{3}\sin\frac{\bar{\theta}\pi}{6}\right) \right] \right\}^{-\frac{1}{n}} \tag{4-47}$$

其中,A、k、n、c_1 和 c_2 表示需要根据实验结果进行拟合估计的参数。

汽车车身部件常以薄壁结构形式出现,其中的应力状态可近似认为是平面应力状态,此时应力三轴度和 Lode 角参数间的关系为:

$$\xi = \cos\left[\frac{\pi}{2}(1-\bar{\theta})\right] = -\frac{27}{2}\eta\left(\eta^2 - \frac{1}{3}\right) \tag{4-48}$$

将式(4-47)和式(4-48)联立,消去 Lode 角参数,则可以推出 MMC 模型在平面应力状态下等效断裂应变随应力三轴度变化的断裂准则曲线。试验证明,MMC 模型可用于描述多种牌号的铝合金[159]和高强钢[160]的断裂准则,经验证能够较好地预测这些材料在不同应力状态下的断裂行为。

2.镁合金失效准则

压铸镁合金是目前汽车零部件使用较多的轻量化材料之一。镁合金材料在铸造过程中流动性良好,且生产效率较高,有利于大批量生产复杂形状零部件。表征压铸镁合金弹塑性力学行为的本构模型多是直接借鉴针对传统车身结构材料的模型,并加以必要改进。下面将以 AM60(Mg-Al-Mn 系列)压铸镁合金为例,介绍其弹塑性力学行为及失效准则。

Dørum 等[161]对 AM60 压铸镁合金进行了单向拉伸、平面应变拉伸、剪切和缺口拉伸等四种试验。同时,还选择了韦伯分布随机分布以描述断裂行为本身的离散性,并进一步形成包含了变形区尺寸影响的 Cockcroft-Latham 断裂准则。当材料变形区体积为 V、塑性功为 W 时,其发生断裂的概率 P 的计算公式为(4-49)。

$$P(W) = 1 - \exp\left[-\left(\frac{V}{V_0}\right)\left(\frac{W}{W_{c0}}\right)^m \right] \tag{4-49}$$

其中,V_0 和 W_{c0} 分别表示参考体积和参考塑性功;m 表示 Weibull 模量,需要根据实验结果确定。

塑性功(W)的计算公式如下:

$$W = \int \max(\sigma_1, 0)\mathrm{d}\bar{\varepsilon}_p \leqslant W_c \tag{4-50}$$

其中,σ_1 表示材料中对应位置处的第一主应力,即最大主应力;W_c 表示该准则的关键断裂参数,$\bar{\varepsilon}_p$ 为等效塑性应变。

从 Cockcroft-Latham 断裂准则看,在压缩主导的应力状态下,第一主应力 σ_1 小于 0,该材料将不会发生断裂,这可能与实际情况不符。Dørum 等认为该准则未考虑剪切断裂机理,因此其适用范围仍然有限[162]。

3. 塑料材料的失效准则

目前,已有大量研究面向汽车碰撞工况的塑料材料塑性变形、动态加载下的力学响应、韧性失效等力学特性等方面。塑料材料的屈服行为受静水压力、温度和应变率的影响[163]。一些非晶态塑料和晶态塑料的屈服准则与传统金属材料并不相同,它们的屈服应力随着静水压力增大而增大[164]。为了描述静水压力对屈服行为的影响,进一步的研究在屈服准则中引入了第一应力不变量。式(4-51)和式(4-52)分别为早期提出的修正 von Mises 屈服准则和修正 Tresca 屈服准则[165]。

$$\tau_{\text{oct}} = \tau_{\text{MMC}}^0 - \frac{\mu_{\text{MMC}}}{3} J_1$$

$$\tau_{\text{oct}} = \frac{\sqrt{6 J_{2\text{D}}}}{3} \tag{4-51}$$

其中,τ_{oct} 表示八面体剪应力;J_1 表示第一应力不变量;$J_{2\text{D}}$ 表示偏应力张量第二不变量,$J_{2\text{D}} = \frac{1}{2} S_{ij} S_{ij}$,$S_{ij} = \sigma_{ij} - \frac{\sigma_{kk}}{3} \delta_{ij}$,$S_{ij}$ 表示偏应力张量分量,δ_{ij} 表示 Kronecker 函数;τ_{MMC}^0 和 μ_{MMC} 均为材料参数。

$$\tau_{\text{T}} = \tau_{\text{MT}}^0 - \frac{\mu_{\text{MT}}}{3} J_1$$

$$\tau_{\text{T}} = \frac{1}{2} \sup \left(\sigma_i - \sigma_j \right) \tag{4-52}$$

其中,τ_{MT}^0 和 μ_{MT} 表示材料参数;σ_i 和 σ_j 表示主应力。

多种塑料的实验数据表明,对于所有变形相对均匀的塑料,如聚氯乙烯(Polyvinyl Chloride,PVC)、环氧树脂(Epoxy,EP)、高密度聚乙烯(High-density Polyethylene,HDPE)等,其屈服行为均符合式(4-51)描述的修正 von Mises 准则。而对于由剪切带引起的变形不均匀材料,如聚乙烯对苯二甲酸酯(Polyethylene Terephthalate,PET),符合由式(4-54)描述的修正 Tresca 屈服准则。

为了描述热塑性塑料在任意应力状态下的黏塑性响应,在屈服函数的表达式中引入了偏应力第三不变量 $J_{3\text{D}}$,$J_{3\text{D}} = \det \left| S_{ij} \right|$。在屈服函数中引入 $J_{3\text{D}}$ 考虑了剪切引起塑性流动的应力小于拉伸或者压缩应力。屈服函数的表达式如下:

$$f = \frac{3 J_{2\text{D}}}{\sigma_{\text{st}}} \psi(J_{2\text{D}}, J_{3\text{D}}) + \frac{7(m-1)}{8} J_1 - \frac{7m}{8} \sigma_{\text{st}} \tag{4-53}$$

其中,$\psi(J_{2\text{D}}, J_{3\text{D}}) = 1 - \frac{27}{32} J_{3\text{D}}^2 / J_{2\text{D}}^3$;$m = \sigma_{\text{sc}} / \sigma_{\text{st}}$,$\sigma_{\text{sc}}$ 和 σ_{st} 分别表示压缩屈服应力和拉伸屈服应力。

引入偏应力第三不变量并不影响单向拉伸、单向压缩和纯静水压力状态下的屈服应力。聚甲基丙烯酸甲酯(Polymethyl Methacrylate,PMMA)、聚碳酸酯(Polycarbonate,PC)和聚苯乙烯

（Polystyrene，PS）等材料在屈服点的实验数据表明，改进的屈服准则比其他准则明显更为准确。

尽管塑料材料的屈服强度与静水压力密切相关，但对于不同的塑料材料，屈服函数与静水压力的关系不尽相同。因而对于不同的塑料材料，需要实施多种应力状态下的材料实验，尽可能准确地确定屈服函数。

4. 复合材料的力学特性及失效准则

随着复合材料技术的进步和推广，其在汽车部件上的应用越来越多，如发动机舱盖、内饰板及悬架弹簧等。相对于传统金属材料，复合材料变形断裂是呈现无数具有复杂几何形状微裂纹的损伤形式的力学过程，其力学行为机理十分复杂。连续损伤力学可以较好地用于表征复合材料损伤行为，从宏观的角度考虑微观的裂纹扩展，解决了微裂纹几何形状复杂和空间分布不均匀所造成的表征困难。连续损伤力学方法引入纤维和基体方向的损伤因子，以式（4-54）的模型为例，该模型含有 3 个损伤因子，其中两个表征纤维和基体方向的损伤，另一个表征剪切方向的损伤，每个损伤因子均有如下形式：

$$d = 1 - \exp\left[-\frac{1}{me}\left(\frac{\varepsilon}{\varepsilon_f}\right)^m \right] = 1 - \exp\left[-\frac{1}{me}\left(\frac{E\varepsilon}{X}\right)^m \right] \tag{4-54}$$

其中，E 表示弹性模量；ε_f 表示法向失效应变；X 表示法向失效强度；e 表示自然对数基；参数 m 决定了损伤演化曲线的形状，m 越大，应变软化现象（即初始峰值应力之后应力逐渐下降）越显著，而 m 越小，应变软化过程越平稳。

若进一步考虑使用双峰韦伯分布来描述纤维的强度分布，损伤演化方程如式（4-55）所示。该模型理论认为单向复合材料是包裹着基体的纤维束，并用一维的损伤本构方程来表征。

$$d = 1 - \exp\left[-\left(\frac{E\varepsilon}{\sigma_{01}}\right)^{m_1} - \left(\frac{E\varepsilon}{\sigma_{02}}\right)^{m_2} \right] \tag{4-55}$$

其中，m_1、m_2 以及 σ_{01}、σ_{02} 表示双韦伯分布的形状和比例参数。

随着连续损伤力学模型的不断完善，结合有限元等数值方法来研究复合材料的损伤失效过程、失效准则成为一项重要方法。例如，Ladeveze 模型[166]广泛应用于研究纤维增强复合材料，它含有表征基体及剪切方向的两个损伤因子，考虑压缩和温度的相关效应，可以较好地预测编织纤维增强复合材料的碰撞响应。

（三）新能源动力系统失控风险表征与评价

新能源动力系统热失控会对车身、乘员造成严重损伤，如碰撞事故中，乘员若未及时脱离事故现场，则有可能被动力蓄电池失控导致的起火烧伤。因此，需要对以锂电池为主的动力系统进行失控风险表征评价，以设计合理动力蓄电池布局，并为后续失控预警与阻燃阻爆技术提供支撑。

电动汽车在碰撞事故中的一个典型受损工况是电芯局部挤压而导致短路失效，这也是最危险的加载形式。基于大量实验观测以及对挤压工况下软包电池、方形硬壳电池等不同类型电池的内部损伤积累进行细致分析，发现宏观力学响应变化特征、断裂模式与电池内短路特征高度相关。电池内部有多层结构，特征尺度跨越了多个数量级，电极集流体的厚度为 10 ~

20μm,而电池单体长度为100~200mm。锂离子动力蓄电池的力学行为具有以下三个显著的特征:①电池组分材料拉伸与压缩力响应差异明显;②压缩过程中,电池结构逐渐致密,硬化率逐渐增大;③电池结构的力学性能在不同方向上差异巨大。相应的研究也在电池组分材料、单体、模组等不同层级上开展。

在电池单体层级,根据不同层面的研究和应用需求,按照由建模精细化程度由高到低,可以划分为精细化(Detailed Model)、半均质化(Semi-homogenized Model)与均质化等效模型(Homogenized Model)[167](图4-36)。精细化模型真实还原了电芯内部剖面几何结构特征,包括了正负极活性涂层、正负极集流体(铜箔、铝箔)以及隔膜,考虑了不同组分的材料属性,以及隔膜与涂层、集流体与涂层之间的接触特征。精细化模型仿真结果能准确预测宏观挤压力-位移响应,并较为准确描述不同工况下的变形与失效特征,进而有助于分析复杂工况下的电芯机械变形与失效特征,识别不同加载工况下的内短路触发机制。考虑网格质量,以采用有限元建模方法的精细化模型为例,单一电极片上的单元数量可能高达数万量级,一个完整的电芯模型单元数量将在百万量级以上,计算成本较高。在保证所需模拟精度的前提下,可以采用合适的单元类型、减少单元数量等方法以提高计算效率[167-169]。

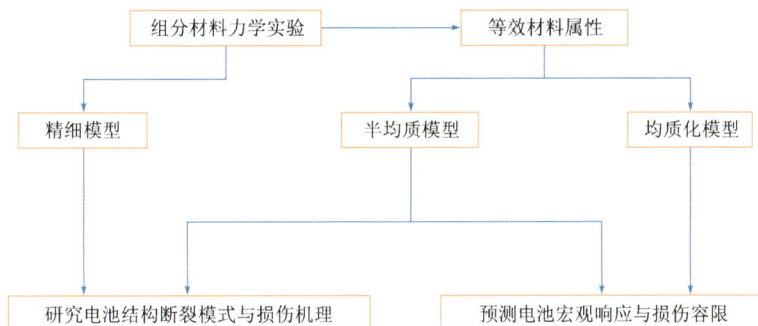

图4-36　精细化、半均质化和均质化电芯仿真模型的研究应用[167-169]

半均质化模型是在精细化模型的基础上,假定每层材料的厚度成比例增加,但是卷芯总厚度不变,相应减少卷芯层数,在保证多层结构依然存在的前提下,减少单元数量,提高计算效率,其标定方法流程与精细化模型基本相同。一般选择基于考虑应力状态的、基于等效应变的断裂准则表征金属集流体的断裂行为,多用于较准确预测不同工况下的电芯载荷-位移响应,从而判断其局部结构失效情况。

均质化模型是针对动力蓄电池模组、电池包等结构层级的分析需求建立的,一般忽略电芯多层结构,将整个电池或者电池内部的卷芯视为单一均匀材料。其材料参数标定方法通常基于对整块电池的整体机械加载实验来确定。相比于精细化模型,其计算效率大大增加,但牺牲了电池局部断裂行为的预测精度。均质化模型能够有效模拟多种挤压和穿刺工况下的电芯载荷-位移曲线,该模型多用于快速预测不同工况下电芯的载荷-位移响应。在均质化模型中引入最大主应变失效准则或基于应力的MC失效准则,也能获得电池变形安全阈值的合理估计。

实验室可控条件下的准静态测试和冲击测试是获取动力蓄电池模组、单体、组分材料变形失效力学行为数据的重要来源。图4-37为基于落锤装置而搭建的电池模组冲击测试系统。借助该实验系统,能够建立完善、通用的测试规程,从而对不同构型的动力蓄电池模组进行冲击实验,例如采用不同冲头、冲击速度和冲击方向等,以获取多种复杂工况下模组的碰撞动态响应,并进一步建立电池模组的精细模型或简化模型(图4-38)。在模组层级,精细模型中的各个电池单位一般采用均质化模型(图4-38),用于深入分析碰撞工况下电池模组内部的变形和损伤行为,联合测试结果,确定各工况下的模组碰撞失效阈值。简化模型则注重通过合理简化显著提升计算效率,作为动力蓄电池系统和电动汽车碰撞分析和结构设计的仿真模块。总之,围绕动力蓄电池不同层级开展实验测试和仿真分析,构建碰撞安全仿真分析与试验评价体系,在智能防护领域具有重要需求和应用价值。

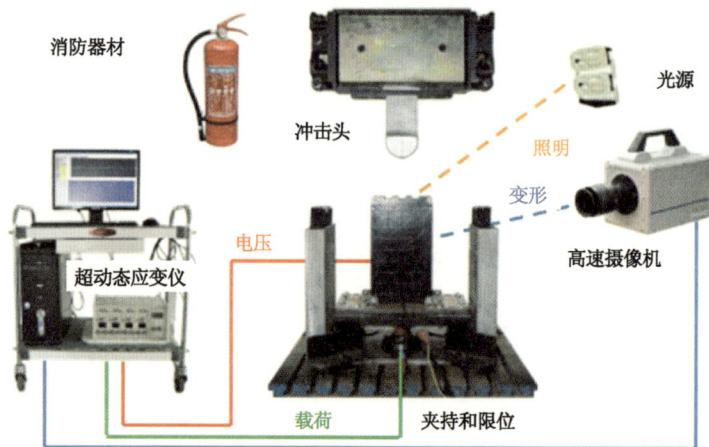

图4-37　动力蓄电池模组碰撞冲击测试系统(改自文献[167])

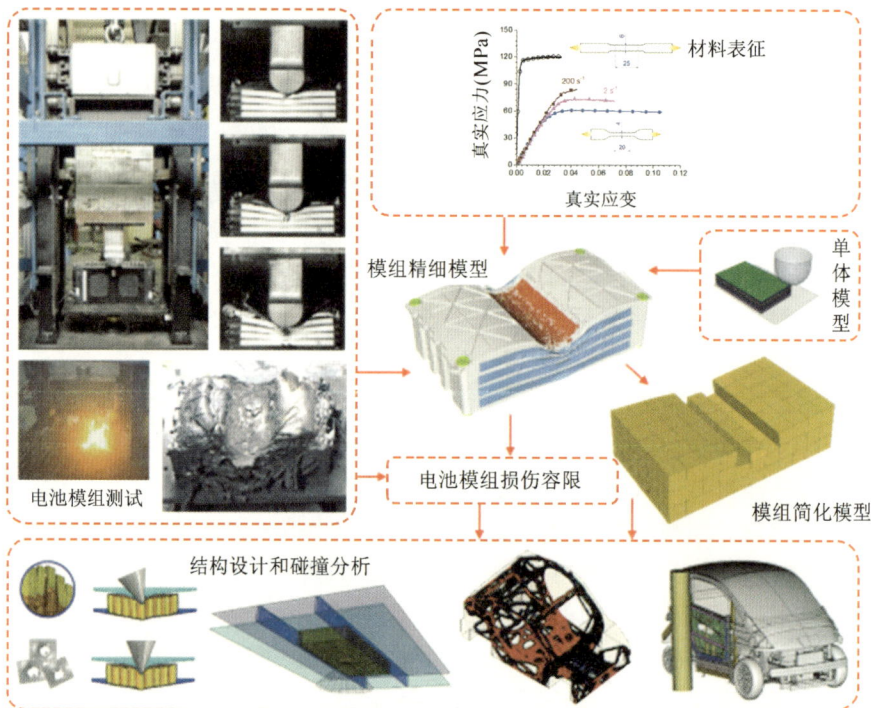

图4-38　动力蓄电池模组碰撞安全研究体系(改自文献[167-169])

三、交通参与者行为和损伤及其量化评估

交通参与者行为特性是影响道路交通安全的重要因素。交通参与者行为研究涉及基于交通事故数据或基于试验(如驾驶模拟、人员在环试验等)的方法,不同测试方法存在各自优缺点,融合不同采集方法得到的行为数据,为碰撞风险评估提供了可靠的数据源。此外,碰撞风险评估还需要车辆端的数据,其多级量化评估主要体现在基于车辆运动学参数的评估以及融合人、车等多源信息的评估等(图4-39)。

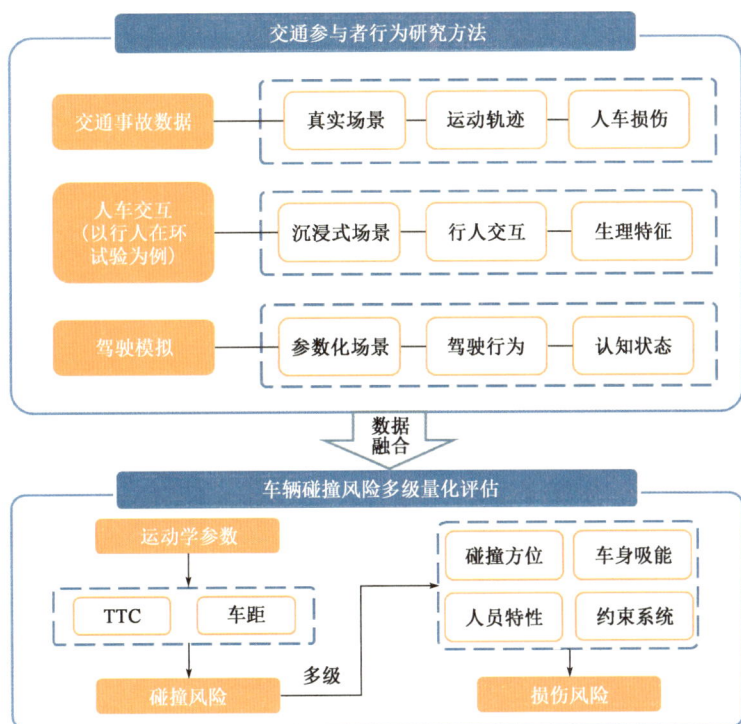

图4-39 交通参与者行为及其量化评估

(一)交通参与者主动行为抽取

交通参与者主动行为(Active Response/Behavior)是指在危险场景中,人脑感知复杂多变的动态交通场景,当预见到可能出现危险时,基于生物本能或先验知识,在一定程度上自适应地表现出的反应(Reaction)或行动(Action),以从主观上尽量避免危险发生。部分研究也将驾驶人这一行为模式定义为危险感知(Hazard Perception)。主动行为是一种自然行为(Natural Behavior),在时间轴上包括感知危险,做出决策,产生应激反应(Reflex Response)等,它既改变了自车与他车的交互状态,也影响不可避免事故中的被动损伤响应(Passive Injury Outcome)。在保证志愿者安全的前提下,研究人员需要在实验中量化抽取交通参与者在危险交通场景下

的主动行为数据,如视觉注意力分布、运动学、动力学等生理信号。这些交通参与者的行为特征对理解行为机理、建立具有较明确的物理意义的机理模型提供重要参考。

1. 危险场景中的交通参与者主动行为

交通参与者在面对危险源后的一系列主动行为响应既会影响事故发生概率,也会改变人体在碰撞初始阶段的状态和损伤形式。准确辨识交通参与者意图并对其行为做出预测,对降低人-车-路系统发生事故损伤风险提供了关键信息。以驾驶人为例,这一行为过程具体如下:当危险源出现在驾驶人视野范围内时,大脑主动、快速地对危险进行识别,对场景演变进行推演,做出合理避险决策,并支配身体产生动态响应(如肌肉收缩控制等)和驾驶操作(如基于肌肉收缩完成转向或制动等),使得驾驶人自身动力学特性发生变化,进而通过人车交互,改变车辆行驶工况等边界条件,显著影响后续交通事故发生的概率、类型、损伤风险及严重性。因此,为了建立准确的行为识别和预测模型,需要对人员自然状态下的主动行为进行提取和量化。

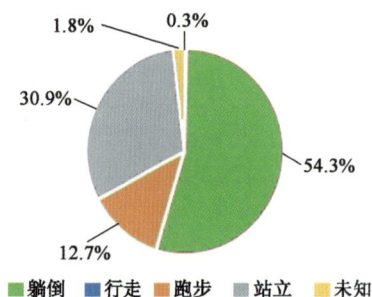

图 4-40 GIDAS 汽车-行人碰撞事故数据(2000—2015 年)行人被碰姿态分布[34]

相比车内乘员,行人具有更高的运动自由度。在人-车碰撞事故中,行人若在事故前注意到危险,往往可以做出异于正常姿态的应激避让反应。基于 GIDAS 数据库(2000—2015 年)分析表明,汽车-行人碰撞事故中,行人有不同的碰撞姿态,如行走、跑步、站立及少量躺倒状态(图 4-40)。行人初始姿态对损伤风险存在显著影响,但出于身体姿态的复杂性,难以对其进行准确、量化的表征[170],导致现有关于行人初始避让姿态对损伤风险的研究还不充分。

2. 驾驶人主动行为实验与建模

驾驶人行为数据获取途径主要有:自然驾驶及行车记录、模拟驾驶、道路监控、事故统计等。自然驾驶是最直接的行为数据采集方式,包括通过车载摄像头等传感装置捕捉驾驶人姿态、驾驶操作、面部表情等特征。但由于真实场景中紧急碰撞场景是小概率事件,难以通过自然驾驶集获得较大规模的危险或事故场景下的驾驶人行为数据[171]。交通事故统计数据是以碰撞发生后的人车损伤情况为主要信息,根据勘察事故现场的情况,对场景进行重建和分析,但重建场景仍与真实事故之间存在一定误差,存在大量噪声数据。另一种数据采集方式是通过道路监控设备进行记录,能够获取场景中的危险源以及车辆运动轨迹,但无法对驾驶人生理特征信号进行采集,难以支撑行为建模分析[172]。

模拟驾驶是广泛采用的研究驾驶人行为的实验方法。驾驶模拟实验平台利用视觉仿真、听觉仿真和驾驶控制等系统实时再现实际交通环境(图 4-41),使得试验对象(驾驶人)获取接近真实的操作和运动感受,从而在较为稳定和安全的环境下采集驾驶相关数据进行实验研究。基于模拟驾驶展开的研究为智能汽车安全、智能汽车设计等研究提供重要的数据和方法基础[173]。

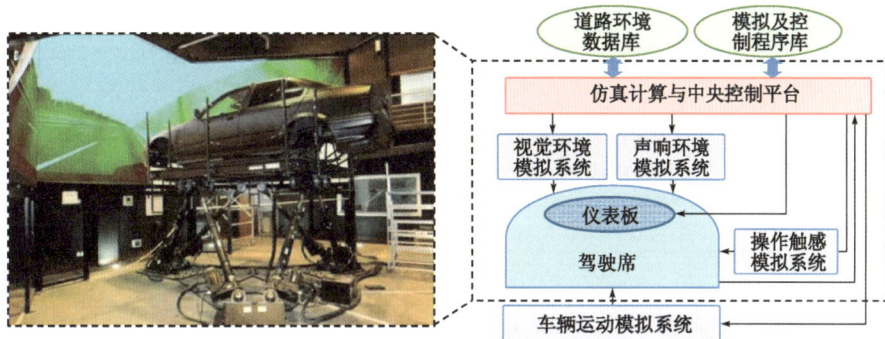

图4-41　六自由度可动平台驾驶模拟器

　　传统的模拟驾驶虽能给被实验者提供准真实的驾驶体验感,但也受限于模拟场景的单一性及较高的实验成本,无法满足具有高泛化表征学习能力的模型训练的数据需求。建立高效采集驾驶人感知、决策和避撞行为的测试方法,有利于建立大规模的驾驶人主动行为数据集(图4-42),其中,识别危险交通场景下的驾驶人行为模式(视觉注意绩效、警觉度水平、行为表征),能够建立主动避险行为模型,为建立合理的驾驶辅助标志或者拟人化自动驾驶决策系统提供理论支撑。

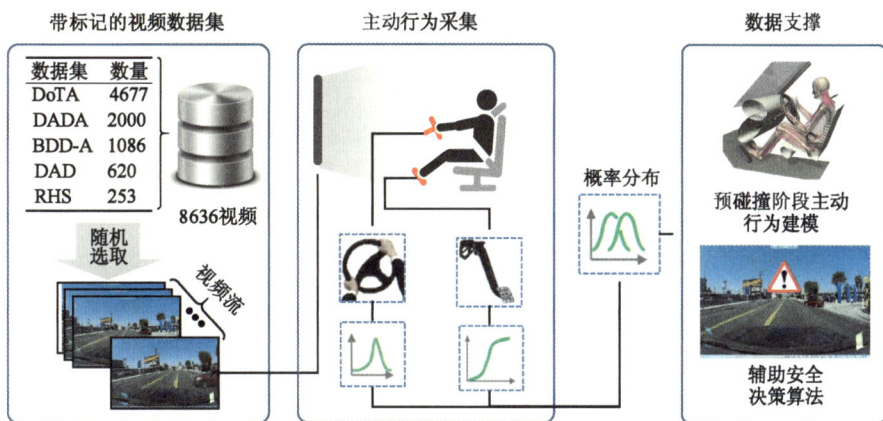

图4-42　驾驶人主动行为测试框架[174]

3. 面向智能防护的行人自然行为研究

　　行人主动行为(如避撞等)是影响道路交通事故发生的重要因素。以交通环境中穿行马路的行人为例,其根据自身后天学习到的经验知识以及周围环境、信号灯、道路特征、周围设施、车流情况,选择安全的时间节点和路径;在此过程中如感知到危险,则通过经验及对外界工况的判断选择最优的规避方式。行人与周围环境的动态交互过程是基于决策机制,调动肌肉驱动身体运动来完成的。由于个体差异性及工况复杂性,真实交通场景下行人主动行为呈现出高度随机性和非线性。道路监控视频和行车记录仪记录的人-车碰撞事故过程虽然能够显示行人面对危险时的应激避让行为[175-176],但无法精确提取到特征数据,例如速度、碰撞姿态、碰撞角度以及肌肉激活状态等运动学和动力学信息。近年来,随着沉浸式虚拟现实技术(Virtual Really, VR)的发展,虚拟交通环境更多地被应用到自动驾驶技术的开发上[177],也被应用到行人主动行为研究中[178],VR 技术可以在保证行人安全的前提下获取行人在危险交通工况下的真实数据。接下来以基于沉浸式道路交通场景的行人主动行为研究为例,介绍行人自然应激行为特征的实验研究方法,具体实验及数据流程如图 4-43 所示[178-179]。

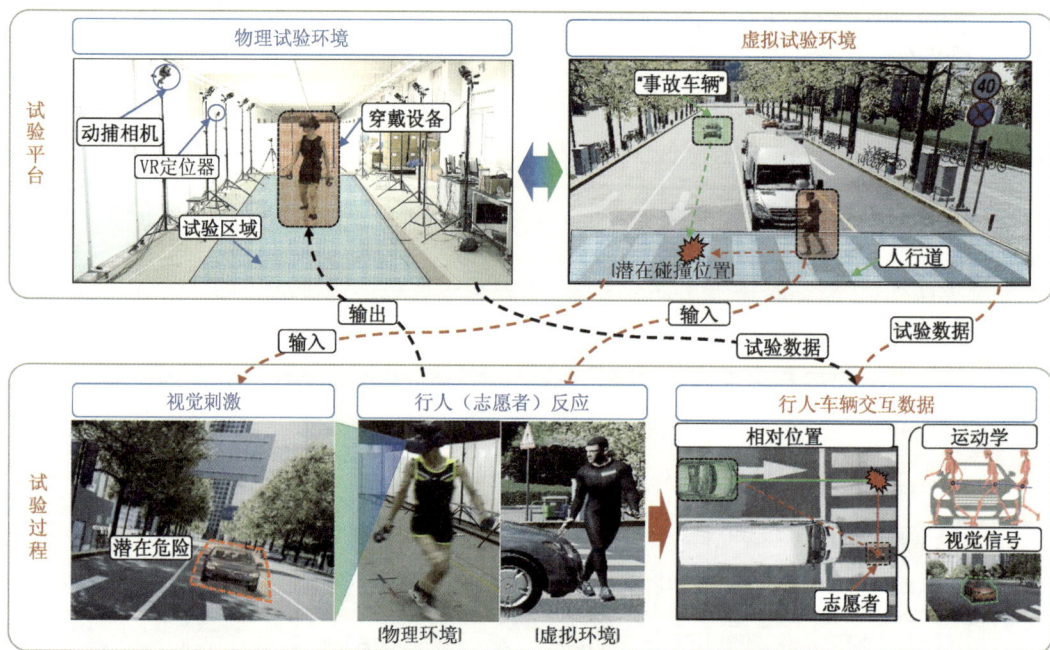

图 4-43　沉浸式行人主动响应虚拟测试平台及数据流程

沉浸式虚拟道路交通环境模块由虚拟场景生成器、控制系统和测试设备组成。VR 设备是提供给实验志愿者(行人)的虚拟场景生成器,使其获取近似真实的感受,其所进入的虚拟交通环境包括道路基础设施、建筑、树木、红绿灯、交通噪声等元素。控制系统由实验人员掌握,用以控制虚拟场景中的部分信息作为实验变量,具体包括红绿灯转换、障碍车辆和冲突车辆的出现、冲突车辆的速度和位置等。实验过程中,志愿者与虚拟车辆的相对位置、虚拟车辆速度、交通信号灯的转换等信息也被精确记录下来。

在信号采集方面,高精度动作捕捉系统用于精确测量人车交互过程中的行人运动学信息,该系统由多个光学摄像机、标记点和软件系统组成,最高采样频率可达 1000Hz,通过捕捉行人身上固定的标记点三维坐标,还原行人运动学和姿态等。生理信号测试系统主要是指肌电信号采集设备,其可以采集人体运动过程中肌肉收缩时产生的表皮电信号,表征志愿者在实验过程中的肌肉激活状态。

基于沉浸式虚拟场景,能够设计不同典型的行人-车辆冲突,进而采集行人自然产生的避让行为(图 4-44)。例如,依据运动学特征,避让行为可划分为四类:①后退避让行为(Backwards Avoidance, BA),指行人注意到驶来的危险车辆后,采取制动减速并后退的避撞行为;②前进避让行为(Forward Avoidance, FA),指行人发现危险后,采取加速前进的方式躲避碰撞的行为;③跨步避让行为(Oblique Stepping,OS),指行人意识到危险后朝车辆的前进的方向跨步移动的行为(一般情况下,该行为不能有效躲避车辆);④对于行人未发现危险正常走路通过道路的案例,其行为为正常步态(Normal Walking)。

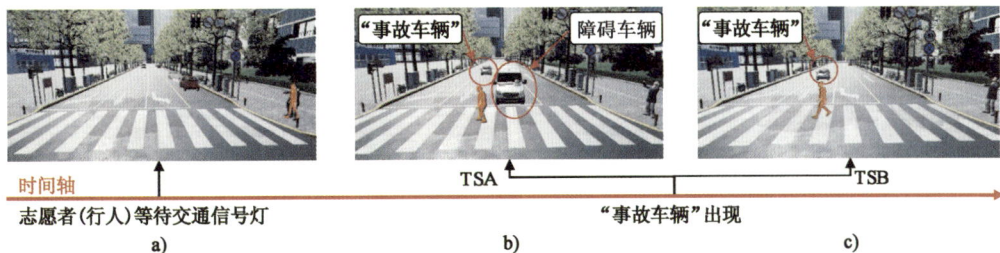

图 4-44　行人-车辆冲突场景设定。图中 TSA、TSB 分别表示不同的交通场景,在 TSA 中,行人穿行马路时存在一定视觉障碍("障碍车辆"),在 TSB 中,行人视野较好

主动行为特征数据包括反应时间、避让速度、避让姿态、下肢肌肉激活状态等。从采取后退和前进避让行为且成功避免碰撞的案例来看,后退避让行为总体上比前进行为呈现出更短的反应时间(感知-决策-执行)(图 4-45)。当感知潜在危险时,初始位置靠近事故车辆车道的行人更有可能选择前进避让行为。与避撞成功的案例相比,发生虚拟碰撞的案例中,行人的"决策"时间较长,导致没有足够的时间执行躲避行为(图 4-46)。

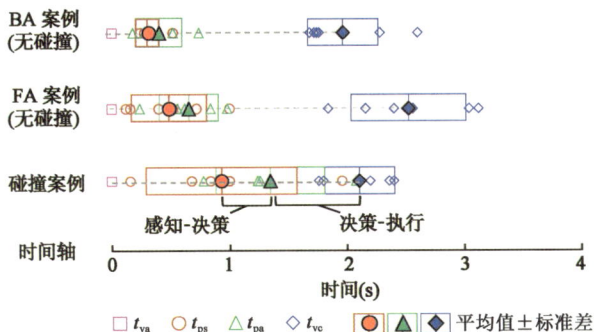

图 4-45　行人避让过程中的感知-决策-执行反应时间

t_{va}-"事故车辆"出现的时间;t_{ps}-行人注意到"事故车辆"的时间;t_{pa}-行人开始避让的时间为;t_{vc}-车辆行驶到潜在"碰撞地点"(行人与车辆轨迹的交叉点)的时间

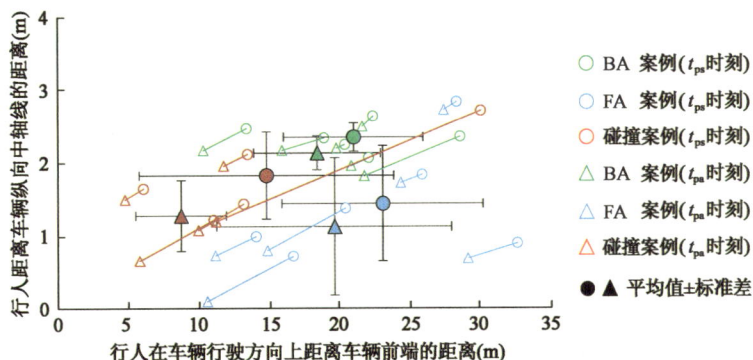

图 4-46　行人在感知和避让时与车辆的相对位置

行人速度变化是反映其自然避让行为能力的重要整体运动学指标,可通过盆骨质心处的加速度数据计算得到(图4-47)。后退避让行为一般包括三个阶段:在正常行走阶段,行人初始速度约为1m/s;在制动减速阶段,均匀减速约0.73s(平均减速度 $=-2.4\text{m/s}^2$);在避让阶段,以约 -1m/s 的速度向后移动。前进避让行为则呈现出明确的前进加速阶段(平均加速度 $=7.4\text{m/s}^2$)。

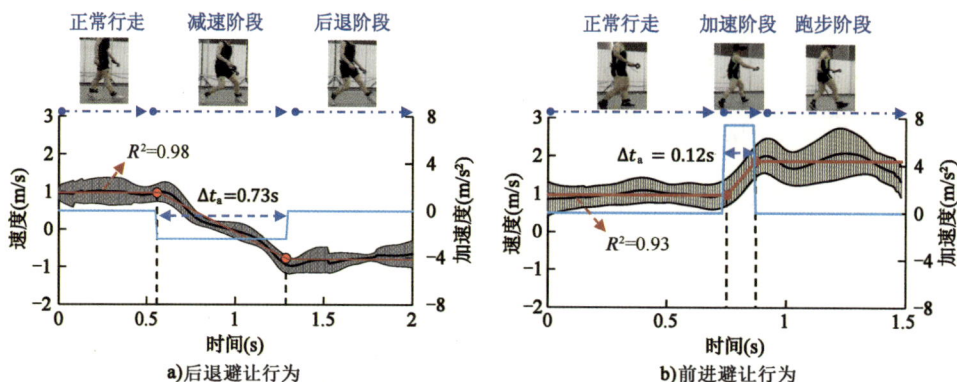

图4-47 行人避让过程中的速度-时间曲线

总体上,交通参与者行为的不确定性对汽车的安全保护设计提出了较高的要求。基于沉浸式道路交通实验环境提取的人-车冲突中人员的自然反应行为,提供了人员在车辆冲突前或冲突中的行为表现相关数据,有利于在后续动力学与风险预测中融合行为机制,开发更为先进的汽车安全保护系统。

(二)车辆碰撞风险多级量化评估

汽车行驶过程中的碰撞事故风险可以从车辆动力学、车身变形深度等不同层级进行量化评估。而车身变形深度可以用于评价事故发生以后的乘员损伤风险与汽车安全性能,具体包括三个方面:①通过回归分析建立变形深度与乘员损伤风险间的函数关系;②建立变形深度与变形能量间的函数关系;③结合两种函数关系,提出乘员损伤风险计算框架[180]。

乘员损伤风险是在一定事故严重程度下达到特定损伤程度(常以 MAIS 2 + 为例)的可能性,记为 P(MAIS 2 +)。以 P(MAIS 2 +)为因变量,建立能对其进行量化输出的损伤模型。由于从车身不同位置采样测量得到的变形量是离散值,难以作为自变量,因此,采用综合变形深度(C)自变量反映车身各部分变形深度,见式(4-56)。

$$C = \frac{\dfrac{C_m}{2} + \dfrac{C_n}{2} + \sum\limits_{i=m+1}^{n-1} C_i}{n - m} \tag{4-56}$$

其中,C_i 表示在采样位置 i 处的车身变形深度[图4-48b)];n 和 m 为采样序号。

车辆主体变形轮廓可近似简化为三角形、矩形或梯形等几何形状[图4-48b)],使用综合变形深度 C 和碰撞变形长度 L_d 两个参数来表征,以二者作为自变量,乘员损伤风险 $P(\text{MAIS 2 +})$ 作为因变量,可以选用三次多项式作为回归形式,见式(4-57)。

$$P(\mathrm{MAIS}\,2+) = a_0 + a_1 C + a_2 L_{\mathrm{d}} + a_3 C L_{\mathrm{d}} + a_4 C^2 + a_5 C^2 L_{\mathrm{d}} + a_6 C^3 \tag{4-57}$$

其中,$a_0 \sim a_6$ 为待确定系数。

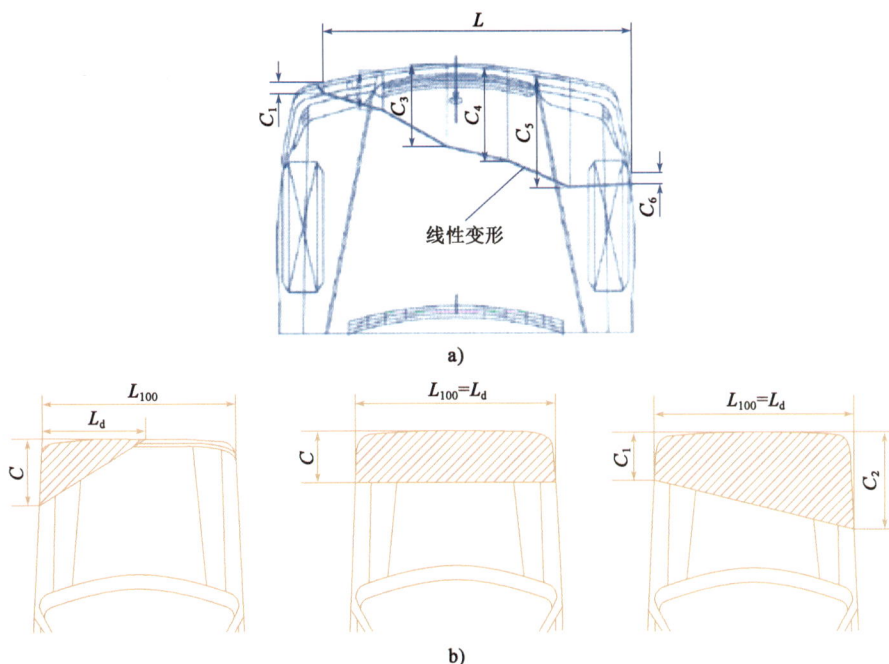

a)

b)

图4-48 车辆各部位变形示意图及变形形式[180]

真实的事故数据点和回归曲面的回归效果如图4-59a)所示,大部分数据点分布于曲面附近。但拟合维度(自变量种类)的增加使得原始样本点的分布不合理性体现更为明显,导致仍有部分散点远离曲面。损伤风险程度随变形深度的增大而升高,表明该回归结果能够精确表征乘员损伤风险程度和车辆碰撞变形深度的关系[180](图4-49b)。

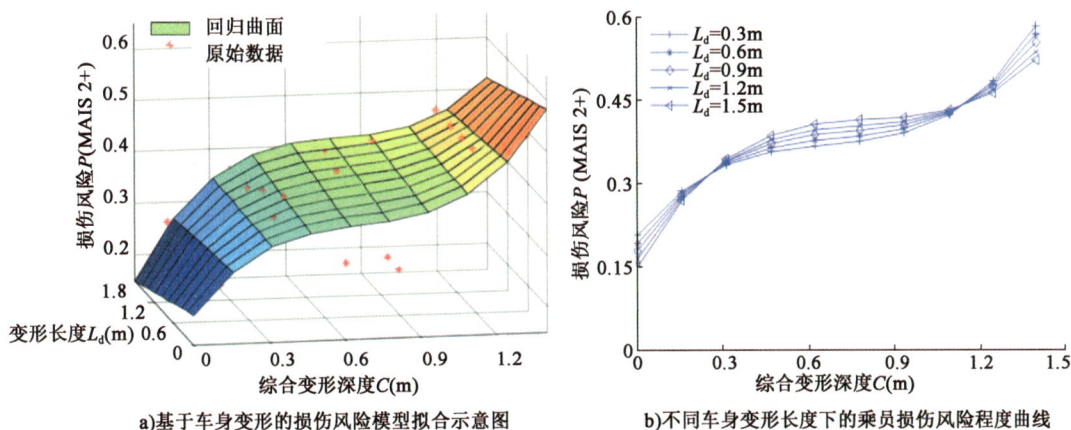

a)基于车身变形的损伤风险模型拟合示意图

b)不同车身变形长度下的乘员损伤风险程度曲线

图 4-49

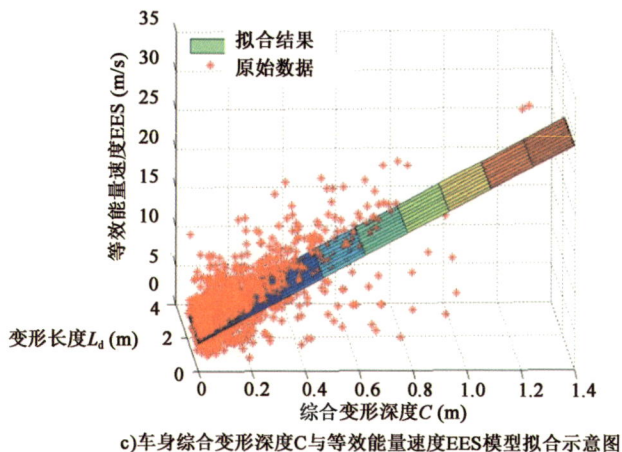

c)车身综合变形深度C与等效能量速度EES模型拟合示意图

图4-49　基于车身变形深度的乘员损伤风险模型[180]

车身变形吸收的能量值也是重现事故动态碰撞过程的重要参量,通常表征为等效能量速度(Equivalent Energy Speed,EES)。以碰撞变形长度L_d和综合变形深度C作为自变量,以等效能量速度 EES 为因变量,建立三者的回归关系,见式(4-58)。

$$EES = ab_0 + b_1 C + b_2 L_d \tag{4-58}$$

其中,$b_0 \sim b_2$为待确定系数,b_0表示车辆冲撞固定刚性墙时,没有发生塑性形变情况下的速度,通常为常量。而 EES 和变形深度的回归关系,可作为评价乘员损伤概率的一种方法。如图4-49c)所示为真实数据点和回归曲面的对比,结果表明数据点分布于曲面之上或者曲面附近。当变形深度较大时,部分散点离曲面较远,原因是在该阶段的原始事故数量较少,因此等效能量速度的分布相对随机[180]。

第三节　协同防护技术

传统汽车的主被动安全技术难以充分满足交通要素强交互作用下的行车安全需求,需要采用协同化的方式进一步解决防护问题,以综合考虑驾乘人员、汽车、道路工况等多类要素对损伤风险的影响,具体包括人-车系统损伤风险预测、基于结构吸能特性与传感的车辆防护以及交通参与者智能防护技术。

一、人-车系统损伤风险预测

在危险交通场景中,人-车-路三者之间动态交互,构成了复杂时变的广义机械系统。在系统层面,车辆碰撞事故可等效为人-车-路系统状态发生突变,且变化超出某一条件阈值时,导致系统稳态丧失,交通参与者承受损伤风险。损伤风险预测(Injury Risk Prediction)是指针对有可能发生碰撞事故的行驶场景,使用人-车-路系统相关信息作为输入,以量化的损伤严重性指标(如 AIS 等级)及其发生概率作为预测对象。此外,从身体各部位 AIS 可进一步计算得到综合损伤指标,以应用于单目标优化和预测问题(图 4-50)。

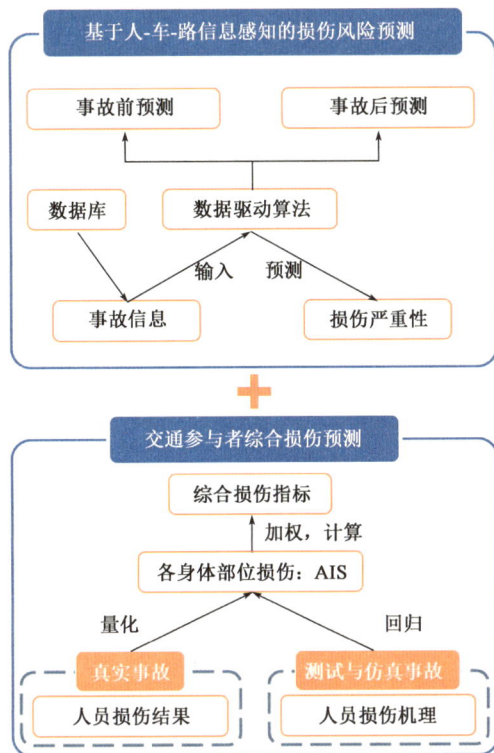

图 4-50　人-车系统损伤风险预测示意图

(一)基于人-车-路信息感知的损伤风险预测

损伤风险预测问题的特点体现在三个方面:①人员方面,驾驶人在危险交通场景下的决策行为会影响车辆动力学,同时人员生理信息及其动态响应(如肌肉紧张、姿态变化等)也对其在碰撞工况下的被动损伤行为具有显著影响;②车辆方面,车型结构特征及约束系统、乘员座椅配置等情况复杂多样,需要极大数据量才能充分反映其大参数空间分布;③道路方面,各种环境条件,如光照条件、天气状况、路面情况等,对危险行驶工况和碰撞形态具有直接和间接的双重影响,与损伤行为间存在强非线性关联。

对风险预测技术而言,增加的输入信息会导致计算量增大,在危险工况下进行实时运算愈发困难。为了能够进行高效率的风险辨识,可先对影响人-车-路系统风险的关键因素进行合理提取,例如:放弃路段光照、路况等在相当长一段时间变化不大,对快速更新的损伤预测算法没有实质性贡献的因素;将输入特征进行压缩,以显著影响碰撞损伤的人-车因素为主(碰撞时刻临界车速、乘员姿态等)。这些调整能够带来的收益包括:①提高预测性能,复杂系统可能存在混沌现象,过早的预测准确性通常较低,造成无效预测,而临界短时预测可以提高预测精度;②通过收敛输入变量,利用多种车载传感装置,快速准确采集与损伤显著相关的特征信息。

按照时间阶段和应用范围不同,乘员损伤风险预测技术可划分为两类,其框架如图 4-51

所示。其中,事故前损伤预测(Pre-crash Injury Risk Prediction)主要应用于智能汽车的轨迹规划算法和自适应约束系统,其主要任务除了辨识损伤风险外,还要输出减小碰撞风险的策略,通过事故前调整车辆轨迹、事故中采用合适的约束系统配置等方式最小化碰撞风险,因此需要算法在保证准确率的同时兼顾实时性。事故后损伤估计(Post-crash Injury Severity Estimation)主要服务于先进的事故自动报警系统(Advanced Automatic Collision Notification, AACN),即在道路交通事故发生之后,估算车内乘员损伤严重性,并将此信息及时传递给合适的急救中心,提高救援工作效率及救治存活率,因此,在要求高精度预测的同时,需要尽量实现对身体不同部位的损伤预测,细化对损伤程度的判断。

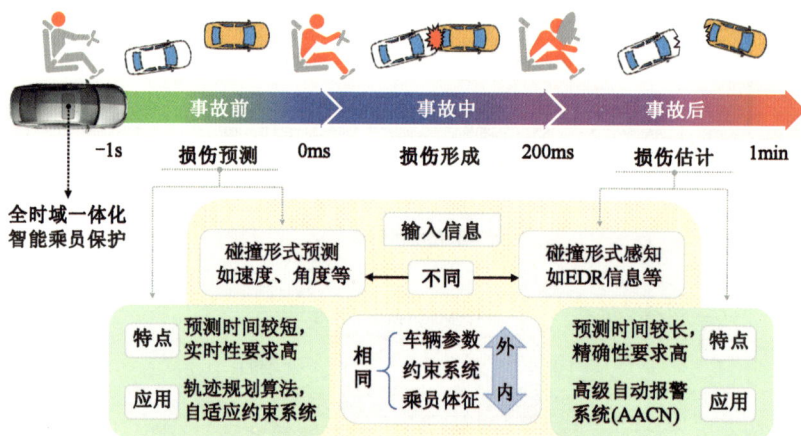

图4-51　乘员损伤风险预测技术应用框架图

初始碰撞工况输入与乘员损伤输出之间,呈现出高度非线性的多层映射关系,因此,损伤风险预测本质上是一个多输入预测问题。就预测方法而言,数学上可以用响应面或者多元回归进行预测,这些传统方法可解释性强,稳定性好,也是使用最为广泛的模型[181-183]。但是,这种稳定性的反面是预测能力不足,对于强非线性问题的拟合能力较差。

基于此,现有损伤风险研究开始逐渐引入数据驱动算法,如决策树、支持向量机、K-近邻等。其中,支持向量机在预测性能上通常表现较优。决策树利用if-then规则集合,表示给定特征条件下类的条件概率分布,其模型具有可读性,分类速度快。K-近邻作为一种典型的非监督学习方法,可以在数据缺乏标签信息的情况下完成对于事故数据的分类与预测。朴素贝叶斯(Naïve Bayes)算法隶属于生成模型,由于没有反复迭代的学习过程,实现方法简单,学习效率较高,但受限于较强假设(即数据特征条件彼此独立),在人车路信息高度耦合的危险道路交通场景通常难以取得优异的预测表现。自适应增强(Adaptive Boosting, AdaBoost)算法得益于集成学习的思想,通过组合多个简单分类器(即基分类器)来完成学习任务,其泛化能力一般优于单一分类器模型。

基于神经网络的深度学习模型也是提高预测准确性的一种方法。大量基于不同数据库和不同神经网络模型的研究表明,深度学习模型在事故损伤风险预测上能够达到75%~90%的预测结果,但算法稳定性还缺乏有效量化证明。整体上,复杂算法能够提升模型预测性能,简单算法实时性好,在计算效率上占优,如何将二者优点结合并扬长避短,实现实时风险辨识和高精度预测是一个重要研究内容。一种做法是,通过对初始车辆动力学信息进行筛选和预处理,从中提取到冲击过程中的关键运动学特征,其能够在不牺牲算法性能的前提下降低算法复杂度,有望大幅度提高预测算法的实时性[184-185](图4-52)。

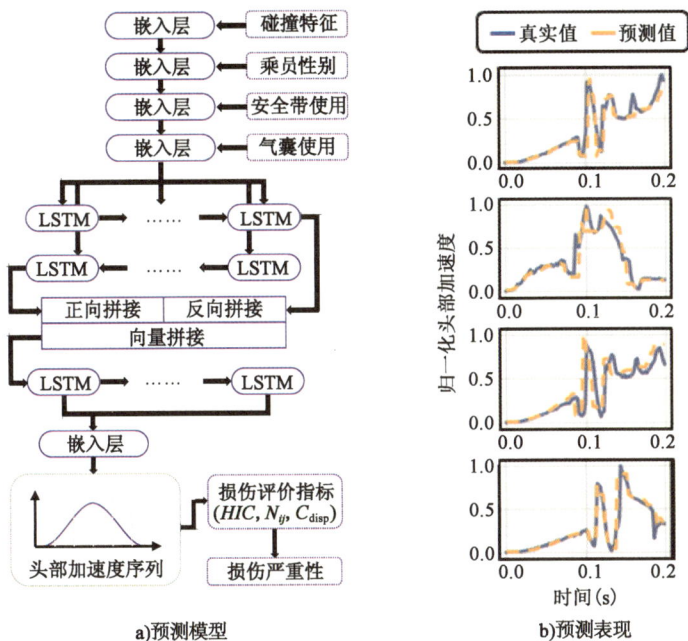

a)预测模型　　　　　　　　b)预测表现

图4-52　一种基于循环神经网络的乘员损伤预测模型及其预测表现[185]

就预测模型训练或验证所使用的基础数据而言,事故统计数据库(Field Datasets)中的数据真实可靠,并被广泛应用[186],随着对道路交通事故的重视,多个代表性的事故数据库在世界范围内发展扩大(见本章第一节)。事故统计数据库由警务或专职人员从事故现场采集信息,并根据标准的事故调查方法进行标注,提供了大量备选特征,如 FARS 中每起事故包含有约 175 个特征,NASS-CSD 每起事故包含约 400 个特征。统计事故数据库的庞大数据量主要依赖于广泛的时空积累,其数据参数空间较大,但其数据量相对于其参数空间而言,并不充足;由于存在数据缺失问题,可用于损伤预测的有效数据量占比不高。此外,现实中绝大部分事故是轻伤事故,导致数据库中记录的损伤严重性分布不均衡[187-188],在算法训练过程中需要注意这一问题,可使用人工少数类过采样法(Synthetic Minority Oversampling Technique,SMOTE)等方法对数据进行一定预处理[189-191]。

不同事故统计数据库之间由于标准、地区、时间差异,存在一定异质性[192],多种因素的耦合作用导致使用不同统计数据库研究所得到的结论大相径庭[193-194],反映在算法上,根据 A 地区数据库训练而成的算法,用于 B 地区会存在一定问题,乃至不同数据库的最优算法结构存在差异。因此对于每一个新数据库都要重复预测算法的完整开发过程,导致预测算法开发难度大、周期长、代价高。针对这一问题,考虑到不同数据库所反映的损伤本质相同,可对不同预测模型间进行迁移学习。迁移学习是将一种任务中学到的知识重新用在另一个任务中的机器学习方法。这种基于已有模型重训练的开发方法要求源模型所提取的特征是泛化的,即源任务和目标任务的底层特征相同或相似[195]。该方法能够降低对目标任务所需数据量,且开发周期短,难度相对较低,目前广泛应用于不同领域的算法开发中。例如,采用图像识别领域的 inception-v3 模型作为源模型,基于 4606 个交通事故样本,将其迁移至乘员损伤风险预测上,在二分损伤严重性下 ISS > 15 和 ISS ≤ 15,预测模型准确率为 86.46%[196]。这表明,建立基于迁移学习的损伤预测算法快速开发方法在实际车载应用中具有较好潜力。

综上所述,危险交通场景下的乘员损伤预测技术受到多方面因素的显著影响,包括训练数据库、预测算法结构等。现有预测技术多依赖于分布不够均衡、异质性效应显著的事故统计数据库,算法本身的潜力还未得到充分开发。在现有预测算法主要以预测准确性为开发导向的基础上,应进一步提升计算实时性,促进其在车载安全系统中的实际应用。

(二)交通参与者综合损伤预测

交通参与者在碰撞冲击工况下通常受到不止一处的身体部位损伤。人体综合损伤通常利用各身体部位的受伤程度、影响因素、功能和经济损失等要素计算得出,以评估整体损伤严重性,也可服务于事故前风险预测,即通过综合损伤评价指标降低计算量,实现快速优化。下面以一项基于事故和仿真研究的、针对行人群体的综合损伤指标(Whole-Body Injury Metrics, WBIMs)预测及其应用进行说明(图 4-53)。

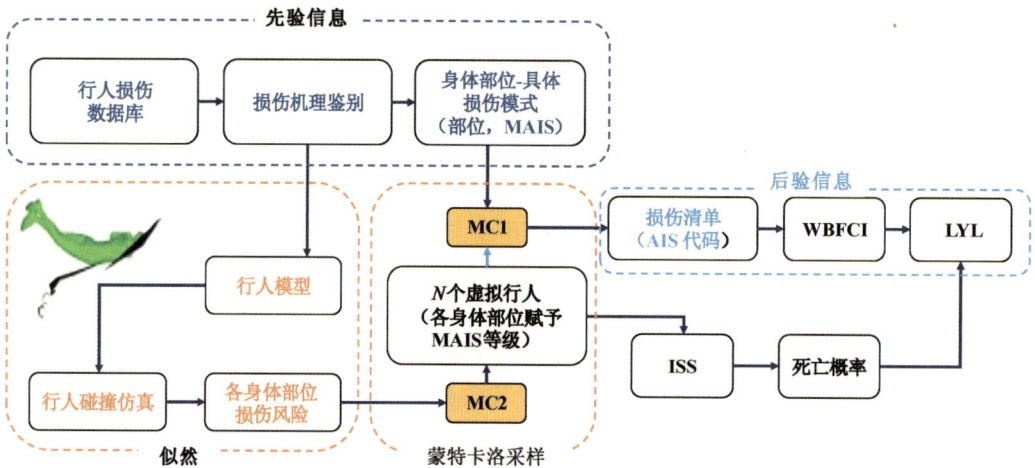

图 4-53 WBIMs 估算方法框架(以行人群体为例)[197]

基于给定范围内的事故数据库,可首先查询数据以识别行人所受损伤形式及频率,考虑到损伤机理和数字人体模型表征能力,将全身分为 17 个身体区域,然后,针对每个身体区域各 MAIS 等级构建伤害模式数据库;采用两步蒙特卡洛采样(Monte Carlo Sampling)过程生成 N 个虚拟行人及标定了 AIS 的损伤清单[197],并根据 ISS、死亡概率[式(4-59)]、全身功能能力指数(Whole-Body Functional Capacity Index, WBFCI)[式(4-60)]和寿命损失(Lost Years of Life, LYL)[式(4-61)]估计 WBIM 的期望值 $E(\text{WBIM})$,计算公式见式(4-62)。利用行人真实数据库中的损伤信息,可验证该损伤估算方法的有效性。

$$P(\text{death}) = 1/[1 + \exp(4.742 - 0.1172 \cdot \text{ISS})] \tag{4-59}$$

$$\text{WBFCI} = 40 \cdot \prod_{d=1}^{10} \left(\frac{\text{FCI}_d - 60}{40} \right) + 60 \tag{4-60}$$

其中,FCI 表示功能能力指数(Functional Capacity Index,FCI),是指人受伤一年后,在视、听、说等十个维度上的功能能力所受限制的评分[198],每个维度评分从 60(功能全失)到 100(无功能丧失)不等,FCI_d 表示每个维度的最低评分。

$$LYL = e_x \cdot P(\text{death}) + e_x \cdot [1 - P(\text{death})](1 - \text{WBFCI}/10) \qquad (4\text{-}61)$$

其中,e_x 表示给定年龄下剩余寿命期望值(剩余寿命期望值 = 人口预期寿命值 – 伤者年龄);$e_x \cdot P(\text{death})$ 和 $e_x \cdot [1 - P(\text{death})](1 - \text{WBFCI}/10)$ 分别表示由死亡概率导致的寿命损失和由功能能力丧失导致的寿命损失。

$$E(\text{WBIM}) = \frac{1}{N}\sum_{j=1}^{N}(\text{WBIM})_j \qquad (4\text{-}62)$$

将此方法与流行病学研究中得到的死亡概率进行比较,结果表明,对于给定的损伤风险分布或 MAIS 等级,该方法可以准确地预测人体综合损伤,如 ISS 和 WBFCI。基于碰撞速度的预估死亡概率与流行病学研究结果有很好的相关性,该方法可应用于基于碰撞速度快速估计行人损伤概率。

二、基于结构吸能特性与传感的车辆防护技术

碰撞事故发生的瞬间,汽车在正常行驶状态下携带的初始动能快速释放,并传递给车身和驾乘人员,致其变形或破坏,造成车身损坏和乘员损伤风险。在碰撞事故后,汽车和(或)它的乘员及装载物承受的损伤水平越低,耐撞性就越高。耐撞性可以通过力、加速度与变形量等力学指标来具体衡量。为满足相应的耐撞性需求,汽车车身中设计安装有一些降低损伤水平的吸能部件,如保险杠,前纵梁和发动机舱盖等。这些经典结构吸能部件需要根据具体指标进行材料和结构设计。随着新能源汽车的发展,动力蓄电池等成为新的防护对象,其需要进行热失控等防护设计,常用技术包括电池包布置优化,阻燃阻爆技术,碰撞保护结构设计等,并需要及时的热失控预警,以减轻安全事故后果的严重性(图 4-54)。

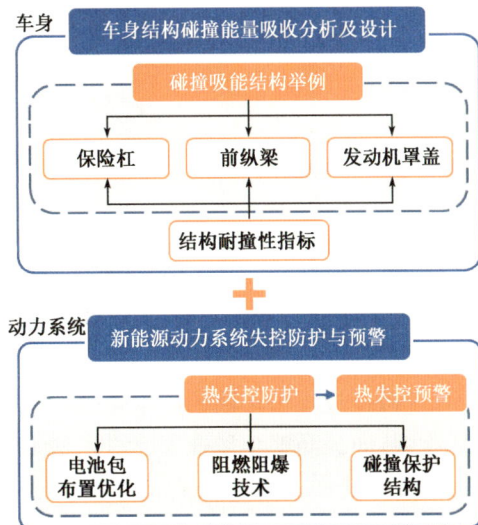

图 4-54　基于结构吸能特性与传感的防护技术

（一）车身结构碰撞能量吸收分析及设计

在碰撞事故中,车身结构中的吸能部件首先通过自身塑性变形,最大限度地合理吸收初始动能,降低交通参与者损伤风险。在前碰撞工况中,主要吸能部件为车身前部的保险杠系统和前纵梁,其设计目标为在保证车内乘员安全的前提下尽量保护发动机(或动力电池)、底盘等其他重要部件免受损坏,实现车辆安全保护性能优化。另外,在车辆与车外行人等弱势交通群体发生碰撞时,行人头部与前发动机舱盖碰撞接触是造成行人头部严重损伤的主要原因之一,因此在车辆安全设计中,发动机舱盖的吸能结构设计形式也是一项重要内容。以保险杠、前纵梁、发动机舱盖三个关键的车身吸能部件为例,车身碰撞吸能结构的分析及设计方法如下。

1. 针对前碰撞乘员保护的吸能盒及前纵梁设计方案

在不同严重程度的正面碰撞中,理想的车身碰撞力-整体变形位移曲线如图4-55所示,汽车携带的初始动能主要通过前部保险杠系统中的吸能盒和前纵梁的压缩变形吸收(图4-56)。碰撞速度较低时,前保险杠系统中的吸能盒是主要吸能部件,通过自身压溃变形吸收大部分能量,避免车身前纵梁、发动机及底盘部件损坏[199]。碰撞速度较高时,前保险杠和前纵梁共同参与变形,前纵梁成为主要的吸能和变形部件,延长碰撞时间,降低乘员舱的加速度峰值,以降低乘员损伤风险。因此,吸能盒和前纵梁的变形模式和能量吸收能力显著影响汽车的安全保护性能[200]。

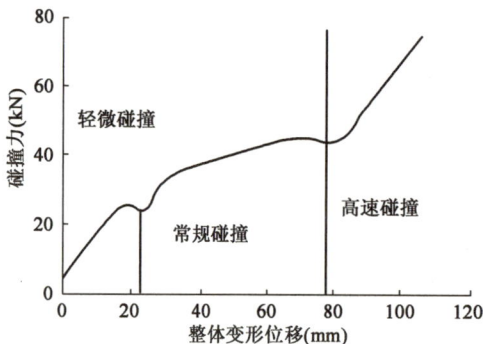

图4-55 理想化的车辆整体碰撞力-变形曲线

图4-56 吸能盒和前纵梁系统

对吸能盒和前纵梁的设计要求是在冲击过程中受力均匀,尽量接近且不能超过所能承受最大冲击力的阈值。此外,还需要保证在吸能盒完全压溃前,前纵梁尽量不会受到破坏;对前纵梁而言,应通过其设计保证高速碰撞过程中车辆乘员舱碰撞加速度不出现过高的峰值,避免乘员受到较大冲击力和损伤风险,从而提高整车碰撞安全性。吸能盒和前纵梁在碰撞中的变形可等效视为管件结构的轴向压溃过程。为方便表征和计算,可将其变形行为简化为如图4-57所示的理想碰撞力-位移曲线。

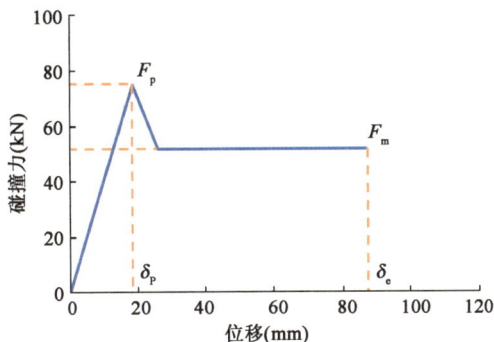

图 4-57 理想化的车辆前部单一吸能部件碰撞力-变形位移曲线

F_m-平均碰撞力;F_p-碰撞力峰值;δ_e-吸能盒的压缩位移;δ_p-碰撞力峰值处的变形量

结构设计初期需要根据典型碰撞工况中的车辆初始动能,对吸能盒和前纵梁等部件的能量吸收性能进行合理估算,使其具体吸能设计遵循各项评价指标的给定阈值,常用评价指标如下:

(1)碰撞力峰值 F_p:通常与吸能装置的材料和横截面形状等因素有关,在碰撞初始时刻,结构是否发生变形取决于结构的弹塑性屈曲阈值,当整个结构被完全压缩时,碰撞力峰值 F_p 会迅速上升。吸能盒碰撞力峰值 F_p 应该由车辆连接件的刚度确定,碰撞力一旦超过吸能盒所能承受的碰撞力峰值,吸能盒完全压缩的同时将引起车辆其他部件的破坏,因此,需要进行合理的吸能盒碰撞峰值力设计,使其能在低速碰撞工况下保护其他车身关键部件。在高速碰撞工况下吸能盒对吸能贡献较小,碰撞动能主要由前纵梁吸收,前纵梁碰撞力峰值 F_p 由乘员所能承受的最大加速度峰值决定。

(2)吸收总能量 E_d:即吸能部件在低速碰撞下所吸收的总能量,由式(4-63)计算。

$$E_d = \int_0^{\delta_e} F(s)\,\mathrm{d}s \tag{4-63}$$

其中,s 表示压缩位移;$F(s)$ 表示碰撞力。

在相同变形位移内,部件吸收的能量越多,耐撞性能越好,对乘员安全保护越有利。

(3)压缩位移 δ_e:为节约车辆前部空间,吸能盒应以尽量小的压缩位移吸收尽量多的初始动能,为前纵梁提供更多设计空间,提高高速碰撞下的车辆安全性。

(4)平均碰撞力 F_m:衡量吸能结构的吸能能力,对于给定长度的吸能盒或前纵梁,F_m 由式(4-64)计算得出,其值越高,吸收能量越多。在保证部件受到的碰撞力小于其所能承受的碰撞力峰值 F_p 的前提下,平均碰撞力越大越有利。

$$F_m = \frac{E_d}{\delta_e} \tag{4-64}$$

其中,δ_e 表示压缩位移;E_d 表示吸收的能量。

(5)比吸能 η_c:指在某一状态下,单位质量构件所能吸收的能量,由式(4-65)计算。显然,比吸能越高,意味着结构吸能效率越高。

$$F_{m} = \frac{E_{d}}{M_{S}} \tag{4-65}$$

其中,M_{S} 表示结构件的质量。

(6)汽车碰撞过程中的平均加速度 $\overline{a}$:汽车碰撞过程中的加速度时间历程,$a(t)$,一般通过在 B 柱或驾驶人座椅下方的刚性结构上安装加速度传感器测得。平均加速度 $\overline{a}$ 通过式(4-66)计算,和碰撞时间 t 成反比,与碰撞力成正比。

$$\overline{a} = \frac{1}{t}\int_{0}^{t} a(t)\,\mathrm{d}t \tag{4-66}$$

(7)能量吸收效率 S_{te}:车辆初始动能被车身部件完全吸收时,能量的吸收效率用部件的利用率衡量由式(4-67)计算得到。

$$S_{te} = \frac{S}{L} \tag{4-67}$$

其中,L 表示吸能部件长度;S 表示吸能部件的最大压溃量。

2.针对行人保护的吸能发动机舱盖设计方案

在人-车辆碰撞事故中,车辆前保险杠通常是最先与行人发生接触碰撞的汽车部件,随着行人身体绕车辆前部旋转,头部等身体部位随即与发动机舱盖前缘、发动机舱盖上表面或风窗玻璃等处产生碰撞。头部损伤是行人事故中最致命的伤害形式,其损伤评价方法基于头部冲击器(Headform Impactor)进行(详见第五章第一节),行人头部冲击器与发动机舱盖的碰撞过程如图 4-58 所示。头部冲击器以一定的初始速度 v_0 沿碰撞角 γ 与发动机舱盖产生碰撞,当发动机舱盖与其下方的空间被完全利用之后,头部冲击器会与刚性的发动机发生碰撞,产生较大的碰撞力,增加头部损伤风险。汽车前发动机舱盖安全性设计对行人头部损伤保护有重要意义[201],通常将舱盖下部允许的变形空间 I 作为设计约束条件,以头部冲击器的 HIC 阈值作为设计目标,以进一步分析不同结构下的最佳吸能效果。

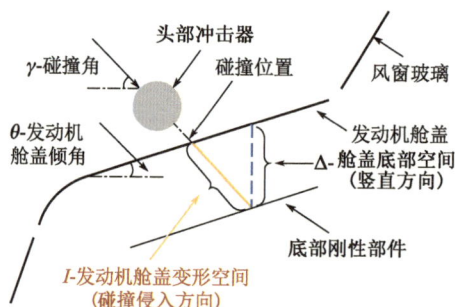

图 4-58 行人头部冲击器侵入距离和发动机舱盖底部空间示意图

碰撞过程中产生的加速度-时间历程被定义为碰撞波形(Crash Pulse)。头部冲击器的碰撞波形受由惯性效应产生的动质量(Active Mass)和发动机舱盖结构刚度等因素的影响,往往呈现出多峰特征。图 4-59 所示为发动机舱盖吸能空间得到充分利用的情况下一个较为典型的头部碰撞波形,根据波形特征可划分为不同阶段:阶段 1 内,头部冲击器与发动机舱盖结构产生碰撞接触,自身外覆橡胶材料开始产生挤压变形,并带动发动机舱盖上的部分质量共同运动;阶段 2 内,发动机舱盖结构在冲击作用下共同运动,自身逐渐产生较大变形,结构刚度开始介入,产生一段相对稳定的加速度;阶段 3 内,头部冲击器受到的碰撞接触反力主要由发动机舱盖的边界约束决定,出现平台区;阶段 4 内,随着头部冲击器的进一步侵入,发动机舱盖变形空间 I 被完全用尽,头部冲击器将以一定的残余速度与发动机舱盖下方部件(如电池、发动机等)产生接触。

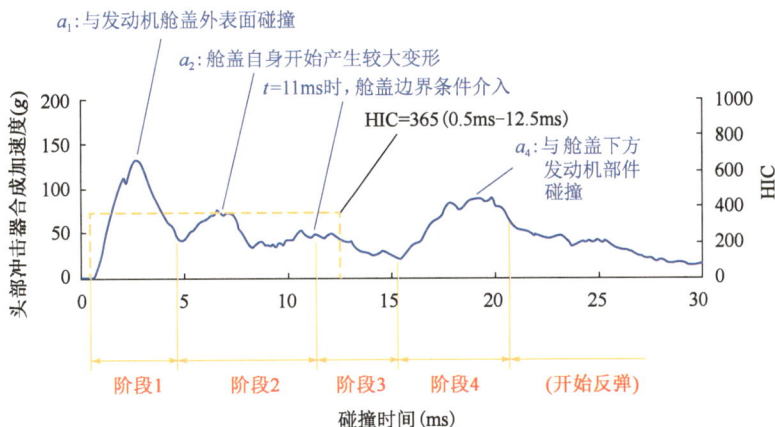

图 4-59　头部冲击器的加速度-时间历程图

由 HIC 计算公式可知,HIC 值对加速度时间历程敏感,受到加速度峰值的显著影响。基于加速度时间历程,可以推导出头部冲击器在一定的初始碰撞速度和 HIC 值条件下的理论最小侵入距离。针对实际发动机舱盖的碰撞变形过程,理想化的加速度波形应如图 4-60 所示,包括两段曲线:第一段为从初始 $t=0$ 时刻到 t_p 时刻的上升段,其中 t_p 时刻对应加速度峰值 A;第二段曲线为从 t_p 时刻起呈指数函数衰减。基于这一理想合成加速度曲线,可以计算出头部冲击器在不同初始速度、发动机舱盖倾角等条件下,在不超过一定的 HIC 值时所需的发动机舱盖变形吸能空间。相应地,发动机舱盖设计应提供合理的结构刚度,控制头部冲击器碰撞波形形状,使其在 HIC 满足要求的情况下,尽可能地接近较为理想的碰撞波形。

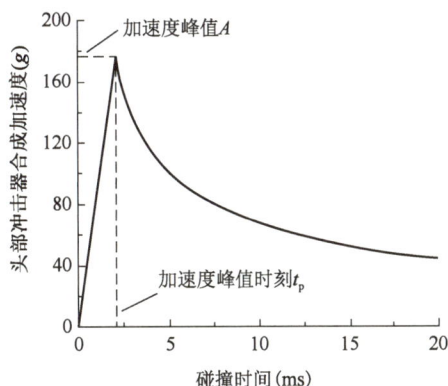

图 4-60　发动机舱盖变形条件下的理想波形

(二)新能源动力系统失控防护与预警

以锂离子动力蓄电池为代表的新能源动力系统,其碰撞安全性是电动汽车开发的强制性要求和关键基础性支撑技术。基于动力蓄电池多工况挤压实验,建立电池在外载荷作用下的材料失效、电压陡降与温度上升的响应特征关联性,可应用于电池包和电动汽车的轻量化与碰撞安全性设计,例如,采用针对性的保护结构及电池排布方式等。

1. 车用动力蓄电池热失控防护技术

面向动力蓄电池的碰撞保护和面向乘员的碰撞保护涉及的危险工况有所不同,由于电池箱多布置在乘员舱的地板上,侧柱撞击、托底和底部异物冲击会形成比较危险的碰撞工况。有研究对电动汽车底部异物碰撞引发的动力蓄电池着火事故中碰撞工况的边界条件、底部护板在撞击过程中的破断模式以及局部动力蓄电池的挤压变形进行了再现分析[202](图4-61),对比了多种底部碰撞保护结构形式,提出了兼顾底部碰撞保护性能和轻量化的波纹构型填充的三明治底部护板结构[203]。

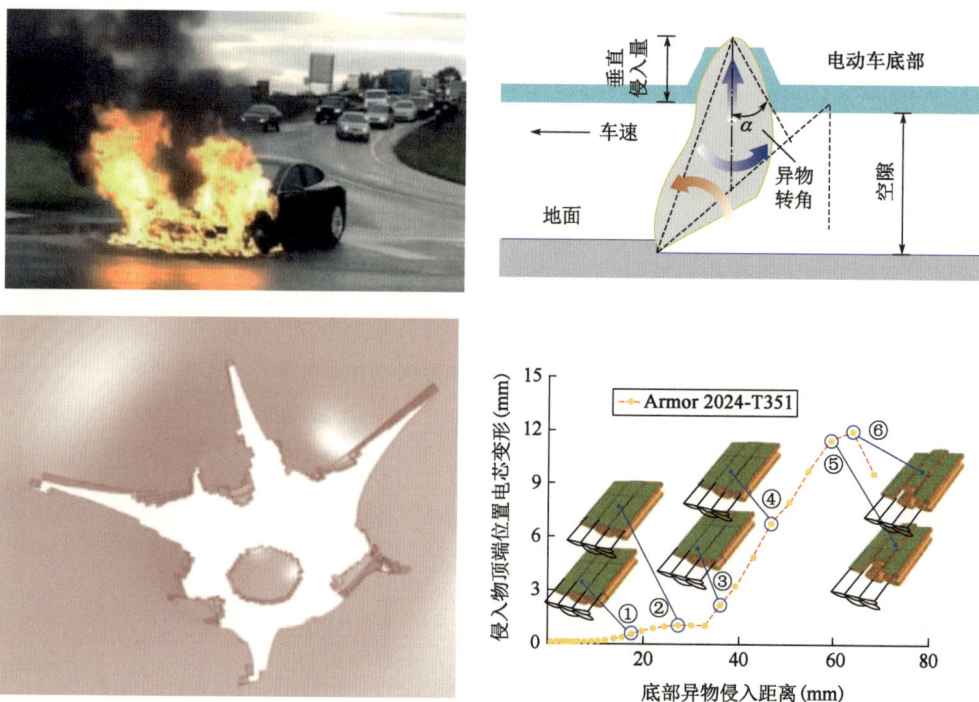

图4-61　电动汽车底部异物碰撞分析[204]
①~⑥-电芯

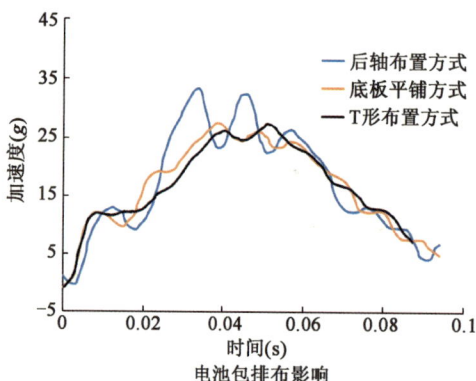

电池包排布影响

图4-62　电动汽车碰撞响应分析

动力蓄电池布置影响电动汽车整车转动惯量和质心位置,进而影响碰撞响应(图4-62)。针对常见动力蓄电池布置方式、典型碰撞工况以及基于不同强度开展的多工况事故仿真分析结果表明,在正面全宽碰撞中,车辆重心越高,碰撞中俯仰运动幅度越大,由初始动能转化的重力势能越多;在偏置碰撞中,车辆重心越低,碰撞中俯仰运动幅度越小,车辆后轮与地面的接触压力越大,车辆偏转运动所需的摩擦能耗越大。通过改变电池包布置调节车辆重心,可以控制电动汽车在碰撞过程中的俯仰和偏转等运动姿态,从而为优化碰撞安全性能引入新的控制因素[205],基于此形成将单方向碰撞转化为复合运动响应的碰撞运动姿态控制策略,有利于解决小型电动汽车的动力蓄电池布置空间和碰撞变形吸能位移的设计冲突。

针对新能源动力系统的失控防护技术可以降低动力蓄电池的热失控风险,但不能完全避免。一旦发生由碰撞等机械滥用导致的锂离子动力蓄电池热失控,就有伴随的冒烟、起火燃烧甚至爆炸等安全隐患。因此,有必要在动力蓄电池系统热失控早期进行判断并预警,给予乘员足够的逃生时间。

2. 锂离子动力蓄电池热失控早期预警技术

锂离子动力蓄电池热失控过程与电池的温度紧密相关,并伴随内阻增加、电压波动、气体产生、压力增大等参数变化,这些参数变化为电池热失控预警提供了依据。温度是判断热失控发生及进行程度的一个重要参数,很多动力蓄电池预警系统都采用温感探测器对温度进行监控,当电池系统的温度超过临界温度后预警系统发出警报。不过对于以温度作为参数进行预警的最大问题是,在测量过程中,热电偶或温度传感器内外温度有着一定的误差,有可能导致还未到设定预警温度,就已出现电池热失控的现象,最终导致预警失败。针对这一问题,可改用红外成像技术对动力蓄电池组进行热失控监测,该技术效率高、响应时间快且可以探测到电池各部位温度,可以更好地对温度进行探测[206]。

内阻是锂离子动力蓄电池非常重要的参数,会随荷电状态(State of Charge,SOC)、工作的环境温度等条件发生变化,常用于评估电池寿命、健康状态(State of Health,SOH)以及检测性能,也是检测电池是否出现异常的重要参数。锂离子动力蓄电池发生热失控时,电池内阻会有明显上升。单纯用电池内阻作为锂离子动力蓄电池热失控的判定因素并不合适,应与其他的参数共同判断电池是否出现热失控进而进行预警。

机械滥用引发的锂离子动力蓄电池热失控会导致电压骤降至0V。针对18650圆柱形电池的穿刺实验表明,锂离子动力蓄电池包的电压值在穿刺实验中并无规律可循,因此不能将电压作为判定电池热失控的唯一参数。但是可以以触发机制为条件分情况预警,通过检测电池电压、温度以及升温速率,代入不同触发机制下的预警系统模型计算热失控的预计发生时间,如图4-63所示。

锂离子动力蓄电池热失控过程中,电解液及黏结剂与正负极的反应和自身的分解反应会生成大量的气体和烟雾,导致电池的压力发生变化,出现鼓包现象最终通过减压阀喷出气体。气体从减压阀喷出前,通过监测锂离子动力蓄电池壳压力的变化也可以预警电池的热失控。

热失控过程中产生的气体主要有H_2、CO、HF以及各种烃类等,可以使用相应的传感器监测这些气体以及烟雾。锂离子动力蓄电池热失控早期都会产生冒烟的现象,所产生的小分子特征气体浓度会由0骤增至几百甚至几千毫克每立方米。因此,相较于温度,电池热失控生成的特征气体更适合作为预警的判断依据。对锂离子动力蓄电池热失控过程中生成气体的采样分析可知,在泄压阀爆开前,气体浓度一直处于持续上升的阶段,其中CO气体浓度具有最高的变化率,可作为电池热失控预警的早期信号[208]。利用红外光谱技术、气体传感技术等实时监测锂离子动力蓄电池内可挥发性有机电解液或副反应产生的 CO_2、CO 等无机气体,理论上都能有效地实现锂离子动力蓄电池热失控早期预警[209-210]。

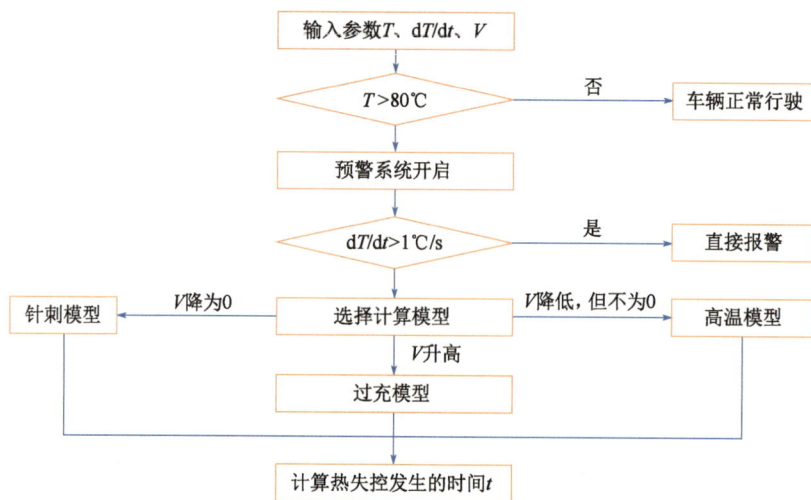

图 4-63　预警系统逻辑运算图[207]

　　针对锂离子动力蓄电池热失控早期预警的温度检测、电压检测、气体检测等技术具有不同的提前时间[211](图 4-64)。采用气体检测技术能够在到达热失控峰值前 7~8min 实现检测并预警,比采用电压检测技术和温度检测技术分别提前 2min 和 7.4min,因此,采用气体检测手段可以更早发出预警信息,避免锂离子动力蓄电池热失控,进而为人员撤离争取更多时间。

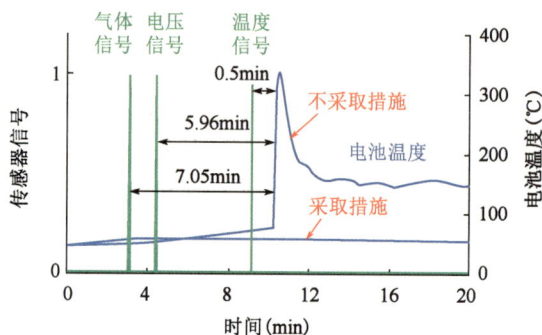

图 4-64　温度、电压、气体检测技术下热失控预警效果比较(改自文献[211])

三、交通参与者智能防护技术

　　交通参与者智能防护技术分别面向车内驾乘人员、车外弱势交通参与者(行人、自行车骑车人、电动车骑车人)两类保护对象。在实现驾乘人员防护优化方面,乘员约束系统自适应构型技术主要以调整约束系统参数为目标,实现针对不同碰撞工况和驾乘人员体征的自适应调整。理想的均衡约束系统则在碰撞发生时,充分利用人体解剖学特点,实现在时间、空间和幅值上的均衡。面向弱势交通群体(以行人为例)的防护技术首先通过感知系统获取行人信息,并基于此进行行为预测,根据行人与车辆的行为特征生成人-车交互风险域,并对不可避免的事故实施预警和主被动防护(图4-65)。

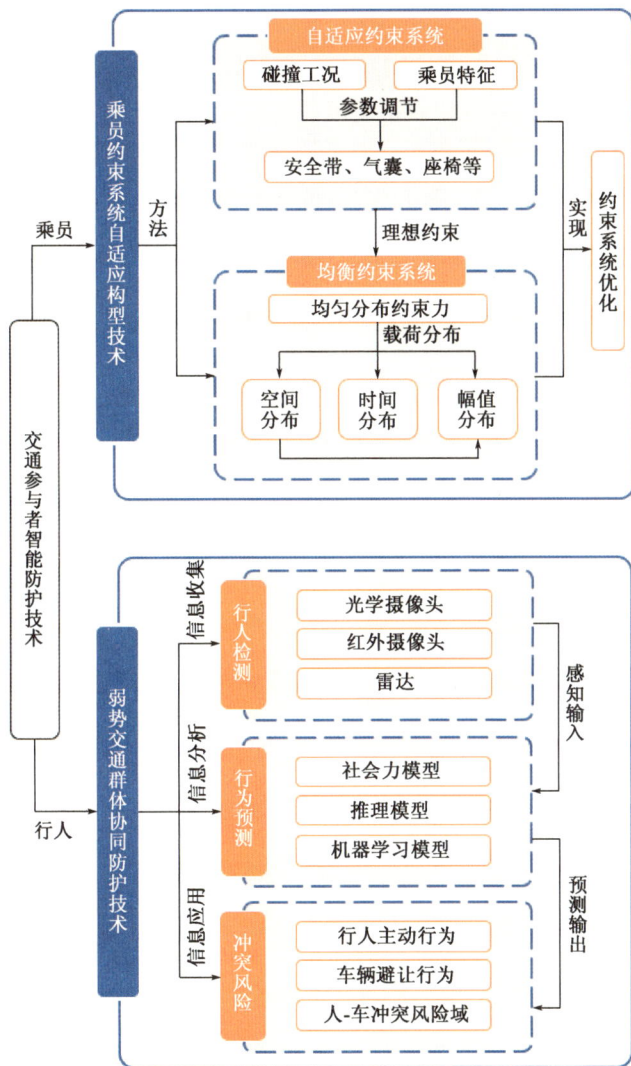

图4-65 交通参与者智能防护技术逻辑图

(一)乘员约束系统自适应构型

现有汽车乘员约束系统通常是根据给定的乘员体型(如中等身材成年男性)和碰撞工况(如法规或标准工况)设计,难以面向多种乘员身材和不同碰撞强度提供有针对性的保护。针对上述问题,产业界提出了自适应乘员约束系统(Adaptive Restraint System)的概念,即针对不同乘员个体,依据体型、乘坐姿态和事故发生时的碰撞强度等,调节约束系统参数,优化保护效果。自适应乘员约束系统也被认为是现代智能乘员约束系统的前身和基础。2000年,欧盟成立了专门研究小组来进行自适应乘员约束的前期调查和研究准备工作,研究结果显示,自适应约束系统的防护潜力巨大,有望将 MAIS 2 + 的伤害减少 33% ~41%,将 MAIS 3 + 的伤害减少 14% ~25%[212]。

1. 自适应约束系统的基本概念

自适应约束系统在传统的乘员约束系统硬件基础上,增加了碰撞工况感应装置和可调乘员约束装置,其系统构成如图 4-66 所示。在乘员舱内获取的重要输入信息包括乘员相关特征,如体重、身高、位置和姿态等,其中,利用红外、超声波传感器可以检测乘员的空间位置(如乘员与气囊之间的距离);通过置于座椅上的分布式压力传感器,可检测乘员体重与在座椅上的位置;基于图像识别技术可获取乘员的体型、姿态等信息(图 4-67)[213]。约束系统根据具体情况对约束装置可调参数(如安全带预紧时刻、预紧量、限力值、气囊点爆时间、泄气孔大小、充气质量流速等)进行合理优化和调整。

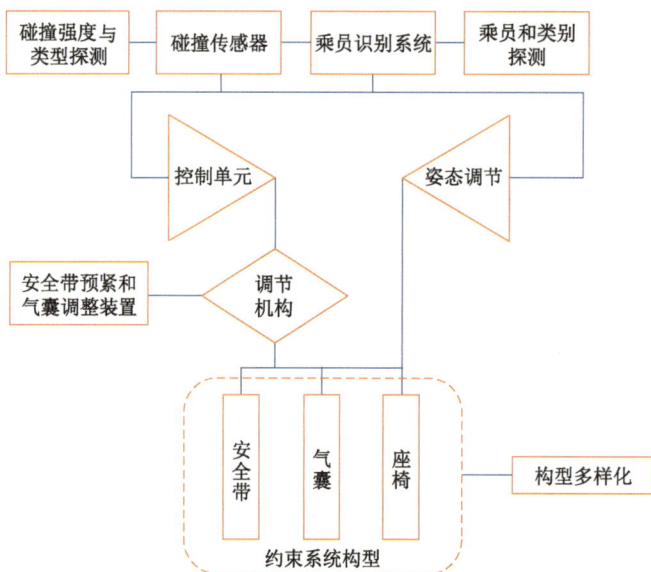

图 4-66 自适应乘员约束系统组成

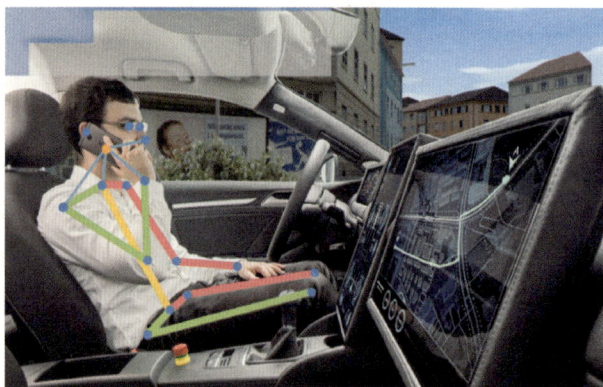

图 4-67 基于图像识别的乘员姿态探测装置举例[213]

与自适应约束系统理念一致,汽车气囊和安全带等装置均在向着多级可调的方向发展。以美国为例,为了适应 FMVSS 208 等法规中的相关规定,双级气囊已经普遍装配于量产车型上,以保护离位乘员免受气囊伤害[图 4-68a)]。为满足不同乘员的碰撞保护需求,有研究或产品中提出开发连续可调气囊,即通过对排气孔进行控制,实现气囊的不同展开强度或可变体积,通过控制气囊内束带的长度以控制展开体积[214][图 4-68b)]。带双级可调限力器的安全带已经获得了广泛的应用。安全带正在向约束力连续可控这一方向发展,通过在碰撞发生早期对安全带约束力进行控制,乘员在碰撞中相对乘员舱的向前移动空间可被充分利用,以降低乘员损伤[215]。

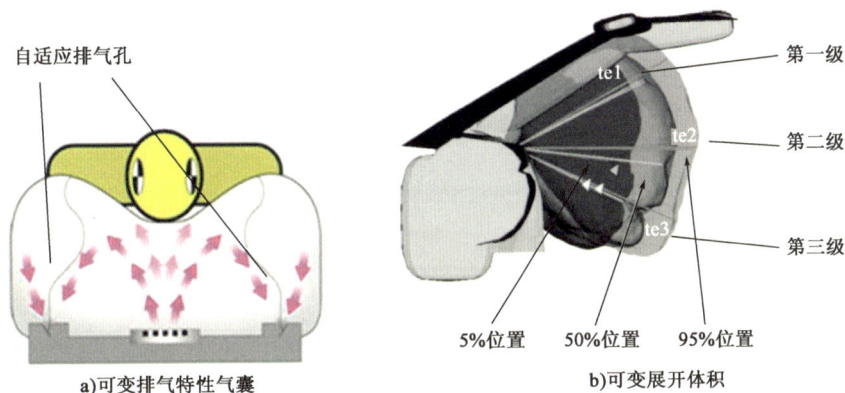

自适应排气孔

te1 第一级

te2 第二级

te3 第三级

5%位置 50%位置 95%位置

a)可变排气特性气囊   b)可变展开体积

图 4-68 多级可调的乘员气囊[[214]]

2. 自适应乘员约束系统构型技术

自适应乘员约束的具体技术主要分成两步构建:首先,通过实验或仿真确立约束系统的参数与碰撞模式、乘员特征和损伤结果之间的关系,找出可靠合理的系统构型谱,通过寻优计算,确认达到"个性化"保护效果的约束方式。其次,基于反馈控制的策略,利用先进的约束装置,如半主动式连续可变安全带,对乘员进行实时约束。因各个参数变量之间具有强耦合关系,约束寻优是一个强非线性优化问题[216],多以加权损伤指标等作为优化目标,这种单一的指标比较直观,方便对实验的结果进行快速评价。启发式算法和拟合响应面在处理如约束系统优化时均表现出良好的性能。启发式算法应用简单和稳健性强,可用于处理具有多个局部最优解的问题,但是需要较多的运算次数才可获得较好的结果[217];响应面算法则能通过更少的求解次数获得较好的结果,但具体响应面类型的选择制约了模型预测精度[218]。

自适应乘员约束系统寻优可通过搭建能够自动进行仿真前处理的优化平台实现。优化平台的结构关系与工作流程如图 4-69 所示,主要包括三个部分:核心模块、前处理和后处理。核心模块主要负责模型参数的设定、约束系统参数优化迭代过程关键损失指标的输出。前处理主要依托于运动学计算平台中所提供的交互接口进行,例如由于不同体型乘员座椅位置改变时,进行预仿真,判断座椅位置是否满足体型要求等,实现模型替换、属性调整与安全带贴合等功能。后处理部分通过脚本程序提取与损伤相关的输出信息,下一步的优化迭代主要基于预测估算的乘员损伤值,不断反馈给核心模块进行优化。

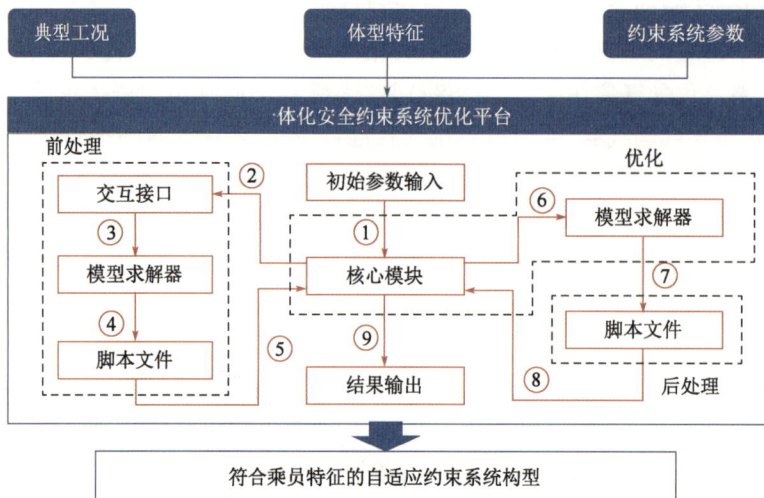

图4-69 自适应乘员约束系统优化平台
①～⑨-工作流程顺序

3. 均衡约束的理念与概念样机

目前常规车用乘员约束形式以"安全带-气囊"为主,这一形式仍然无法发挥出针对人体解剖学结构特点的最为理想的约束保护性能。均衡约束的出发点是在给定工况下,在最优的约束系统参数配置下,实现使得人体损伤风险最低的近理想化的约束形式。一些极端工况下的乘员碰撞保护研究(例如赛车)和生物力学研究(例如尸体实验)中,均衡约束力的施加方式已经被证实为更加理想的约束形式。例如,和常规的道路交通事故相比,在赛车碰撞事故中,人体有能力承受更大的碰撞速度和加速度。通过统计1993—1998年的202起Indy Car赛车事故数据,最大的碰撞速度高达307km/h,最大的碰撞加速度高达127g(重力加速度)。其中62起事故的碰撞加速度高达60g,3起事故的碰撞加速度高达100g。而在这202起事故中,车内人员只出现了一些轻微损伤,并未出现严重损伤[219]。

在赛车中,驾驶人的椅背与竖直方向的夹角大约为45°,驾驶人佩戴了6点式安全带、头盔、颈部支持(Head and Neck Support,HANS)等碰撞保护装置[220]。其中,头盔还通过一根滑绳与HANS装置相连,相关研究表明这样的约束形式可以有效减小头部位移和颈部受力,从而降低损伤风险[221]。同时,针对侧面碰撞工况,赛车还提供了侧面防撞网来降低头颈部的损伤风险[222]。6点式安全带、头盔加HANS、侧面防撞网的保护机理都是将约束力更加均匀地施加在人体上,同时控制碰撞中乘员的运动响应,既能减小直接加载部位的损伤,又能减小部位之间相对运动导致的损伤(图4-70)。和普通乘用车中的安全带—气囊约束相比,赛车中的约束装置可以在更高的碰撞强度下提供有效的保护。虽然赛车中的约束装置直接应用到普通乘用车中会牺牲一定的舒适性,但是也说明普通乘用车中的人体碰撞保护装置仍有提升空间。

针对加速度载荷对人体心血管损伤的影响,有研究开展了施加均匀约束载荷的沙箱台车试验(图4-71),通过沙子向躯干和胸腔提供均匀载荷,试验发现,在60km/h初始速度的冲击载荷下,未发生肋骨骨折和心脏血管破裂,仅出现了由于惯性作用产生的轻微内脏创伤[223]。这表明,在均布约束载荷下,胸部可以承受较高强度的碰撞载荷。此结论与前述赛车的人体约束系统设计经验相符,即碰撞中人体损伤不仅发生在约束力直接加载的部位,还发生在并非约束力直接加载,但相连部位之间发生较大相对运动的部位。因此,充分利用均衡约束的思想,能够有效约束人体各部位之间的相对运动,使之比较均匀地承受碰撞载荷,最终实现在比目前汽车碰撞法规要求中更大的碰撞载荷作用下,人体不产生严重损伤的目标。

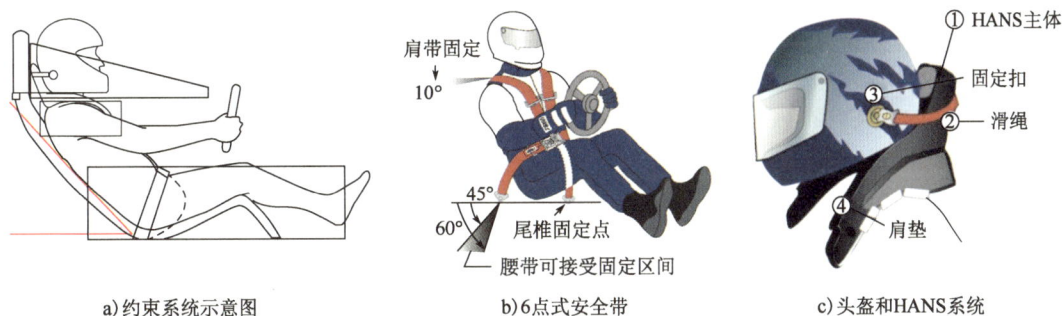

a)约束系统示意图　　　　　　b)6点式安全带　　　　　　c)头盔和HANS系统

图 4-70　赛车中驾驶人约束系统

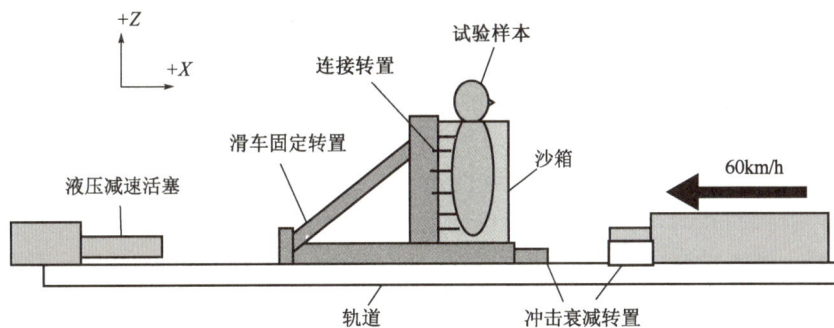

图 4-71　汽车乘员沙箱台车试验示意图[223]

均衡约束的概念样机的设计目标为:将约束载荷均匀施加在人体比较强壮的部位、降低整体损伤风险为目标进行设计。其满足如下 3 点基本原理:

(1)在约束力的空间分布上,充分利用人体的承载能力,将约束力均匀施加在人体比较强壮的部位,包括肩部、胸部、髋部和膝部,同时为了兼顾相邻部位的相对运动对颈部造成的损伤风险,还需要对头部施加约束。

(2)约束力大小在时间历程上尽量保持恒定。在给定空间内使得人体尽量匀减速,避免载荷的幅值导致直接受载部位的损伤。

(3)在各部位的约束力相对幅值上,合理分配各部位约束力,控制整体运动的同时控制各部位之间相对运动,防止非直接受载部位由于相邻部位之间运动不协调而发生损伤。

利用人体模型对该均衡约束概念模型的保护效果进行仿真分析,结果表明,相比于普通安全带约束,均衡约束可以有效降低胸部变形量和肋骨应变;在 80km/h 高速正面碰撞强度下,乘员损伤输出仍可控;膝部挡板相比于安全带约束可以有效控制后倾乘员在碰撞过程中的运动姿态和损伤输出,初步证明了均衡约束相比于安全带-气囊约束是一种更为理想的约束形式。基于均衡约束系统的原理,在给定工况下,可以通过优化各个部位的约束力幅值,寻找可使乘员损伤风险最低的约束系统参数配置。均衡约束形式和相应的约束系统参数配置可以作为真实约束系统的设计目标。

(二)弱势交通群体协同防护技术

针对以行人为代表的弱势交通群体的智能防护技术是自动驾驶汽车安全的重要内容,需要将主被动防护技术相结合,实施协同防护,降低碰撞事故发生风险及其严重性。首先行人碰撞预防预警系统需要对行人进行感知、跟踪和预测。感知探测端依靠传感器探测车身前方区域,检测区域内存在的行人,同时能够得到行人的位置和运动姿态信息并对行人行为和行人与车辆的交互风险进行预测,系统依据得到的信息进行危险程度判断,进而提醒驾驶人或控制车辆做出避撞操作。

1. 行人检测

行人感知与检测是碰撞预警的第一环节,可通过车载光学摄像头、红外摄像头、雷达等多种传感器实现。以视觉传感器如电耦合元件(Charge Coupled Device,CCD)摄像头为例,其具有探测范围广、视角大、图像清晰等优点,且视觉采集信息符合人类眼睛的认知方式。基于传感信息,目前行人检测算法主要有两类:一是基于机器学习训练分类器的传统检测算法;二是基于深度学习训练大规模网络模型的新型检测算法。机器学习方法选取可以描述目标特征的特征点,再通过训练分类器的方法来实现目标的检测,例如,将人体分为头、身、左右臂等部分,用哈尔(Haar)小波特征分别描述这些部件,再分别训练对应的分类器,通过将分类器组合来达到描述整个人体的检测[224]。可变形部件模型(Deformable Part Model,DPM)是另一种较常用的行人检测分类器,利用了方向梯度直方图(Histogram of Oriented Gradient,HOG)特征和训练行人部件子模型。这种方法考虑了行人的运动和变形,对不同姿态的行人都有很好的检测效果[225-226]。

传统的机器学习有鲁棒性差、计算效率低、效果差等缺点,无法适应行人姿态的多变性。深度学习的出现带来了很多新的检测性能和表现更为优秀的算法。深度学习的主要流程是通过构建多层神经网络模型,将底层特征反向逐层传播,形成语义特征,最终能够准确形成刻画行人目标的特征图,目前深度学习已经成为主流的目标检测方法。在满足实时性要求方面,Yolo检测网络表现得更好[227],该网络模型将检测问题作为一个回归问题来解决,利用卷积网络学习整个输入图像的特征来预测行人目标的边框位置和类别信息,实现端对端的目标检测,其检测速度非常快,对于小目标的检测精度也较高。

2. 行人行为预测

行人行为预测是碰撞预警系统中的难点。交通环境中的行人行为机动性强、随机性高,仅靠视觉信息获得行为特征实现精确预测的难度大。常见行人行为预测模型主要分为三类:

(1)基于人与人、人与物之间相互作用的社会力模型,将行人运动简化为刚体运动,通过引力与斥力的相互作用规划预测行人行走轨迹,该模型表征简单参数较少,但对模型参数的设置要求较高,实际应用中对单个行人的行为预测效果有限,更适用于研究人类的群体运动行为[228]。

(2)基于不同状态之间转换的推理模型,将行人运动过程中不同状态之间的转换视为马尔可夫过程,在行为观测变量之上将行人站立、行走、慢跑和快跑等状态离散化为有限个变量,研究并定义不同状态量之间的转换关系,实现行人行为的预测[229]。另外一种常用的方法是基于动态贝叶斯网络(Dynamic Bayesian Network,DBN),通过表征行人的视觉方向、行人与车辆之间的动态相对位置,表征行人感知危险的程度,结合行人的运动状态进一步推理行人未来的运动行为[230]。

(3)基于数据驱动的机器学习模型,其方法是首先采集到大量的行人在交通环境下的轨迹数据,使用机器学习算法进行大规模数据学习,基于学习的高维预测模型推断行人未来时刻的运动状态,包括位置、速度等信息[231]。

3. 行人与车辆的交互风险预测

在行人与车辆的交互风险方面,若行人与车辆互相感知到对方,则其交互过程中可能会采取主动避让行为,这是影响碰撞是否发生及其严重程度的重要因素。基于车辆与行人的感知能力,结合量化的行人避让行为(参见第四章第二节),可定义如下四类人车交互情况:

(1)行人与车辆都注意到对方,行人发现危险后主动采取避让行为,车辆(驾驶人或车载主动安全系统)采取紧急制动。

(2)行人注意到驶来的车辆,采取主动避让行为;车辆未注意到行人,仍然以初始速度行驶。

(3)行人未注意到驶来的危险车辆仍以初始速度前进;车辆注意到行人,采取紧急制动。

(4)行人与车辆都未注意到对方,都以各自的初始速度继续前进。

在任意给定交互工况下,可以基于车辆动力学与行人运动学计算出行人-车辆交互风险域并将其可视化。以表4-15中的典型工况为例,图4-72中给出相应的人车交互过程中的四种情况,若行人出现在阴影区域内则存在碰撞风险。其中 I^* 和 I^{**} 相交的区域表示,在该区域内无论车辆和行人采取任何避让行为,该碰撞都不能避免。对碰撞不可避免区域的识别有助于实现行人主被动防护的协同,即,车辆在事故前对危险进行预判并及时采取必要的避让措施,对于碰撞不可避免的工况可以及时启动被动防护措施,最大化降低行人损伤风险。

一个典型的行人-车辆交互工况(举例),假设车辆的探测系统可以感知到行人　表 4-15

车辆参数	$L_{vw}(m)$	$a_{v.a}(g)$	$a_{v.al}(g)$	$v_v^0(km/h)$	$D_{vr}(m)$	$D_v^0(m)$
	2	−0.7	−0.65	60	100	$(0, D_{vr})$
行人参数	$v_p(m/s^2)$	移动方向				
	1.0	从车辆的左前靠近,前进方向与车辆前进方向垂直				

其中,L_{vw} 表示车身宽度;$a_{v.a}$ 表示车辆紧急制动减速度;$a_{v.al}$ 表示车辆最大侧向加速度;v_v^0 表示车辆初始速度;D_{vr} 表示车载探测系统的探测距离;D_v^0 表示车辆前进方向上距离行人的距离(距离潜在碰撞点的距离);v_p 表示行人初始速度。

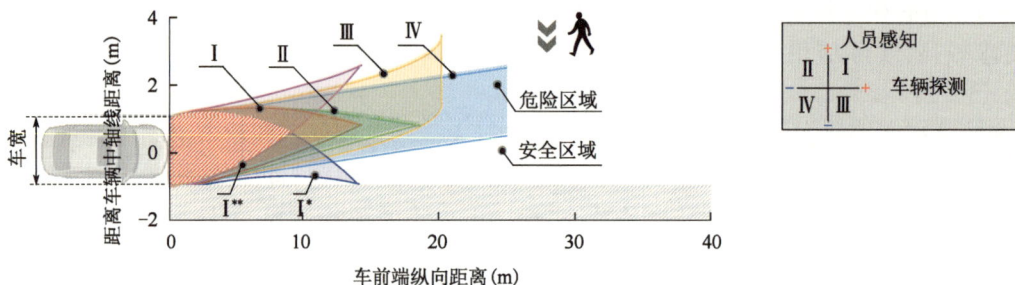

图 4-72　行人-车辆交互风险域

I*-在保证车身稳定性的前提下,车辆同时采取紧急制动和向左转向;I**-在保证车身稳定性的前提下,车辆同时采取紧急制动和向右转向

第四节　智能防护系统

智能防护系统涉及安全风险预警与具体防护行为的自动实施,根据防护对象的不同,可以分为智能防护型车身,动力系统防护和交通参与者安全防护。

一、碰撞风险预警与自动防护系统

在自动驾驶交通场景的发展中,碰撞风险预警系统通过对碰撞风险的感知与判断,尽量避免碰撞事故发生;自动防护系统在不可避免的事故中提供有效的车载防护装置。人-车-路系统中交通参与者、智能汽车与道路场景之间存在实时交互,以避撞过程为例,智能汽车自动感知并持续监测可能与自车发生碰撞的其他车辆、行人或障碍物,做出发出警报或同时采取制动、转向等措施,以改变车辆动力学,最小化事故发生风险(图 4-73)。同时,智能座舱是乘员防护系统的物理载体,它作为未来自动驾驶场景下的新产物,还可提供其他请如状态检测等方面的功能。

(一)车辆风险辨识及安全防护系统

车辆风险辨识将人-车-路系统看作一个整体,融合车辆运动状态特征、驾驶人状态特点以及道路环境信息,监测车辆行驶过程中的潜在碰撞冲突风险,保障安全防护系统能够及时启动,降低事故风险。以 AEB 为例,其工作原理是通过雷达、摄像头、激光雷达等传感器检测道路上的周围车辆、摩托车、自行车、行人等障碍物的运动状态,并根据估算的碰撞时间判断是否进行报警(如提醒驾驶人制动),或主动制动来避免或减轻碰撞伤害。其功能实现一般分为三个阶段:当系统检测到有碰撞风险时,会通过视觉(报警灯闪烁)、听觉(报警音提示)或者触觉(振动)等多种方式来提醒驾驶人注意碰撞风险,进行制动避险;但当驾驶人没有响应时,系统会进入预制动阶段,若此时驾驶人开始制动,制动系统会比平时响应更快,同时增加制动力以辅助驾驶人完成制动过程;若驾驶人在系统预制动阶段仍未做出响应,则系统将自动制动来避免风险。

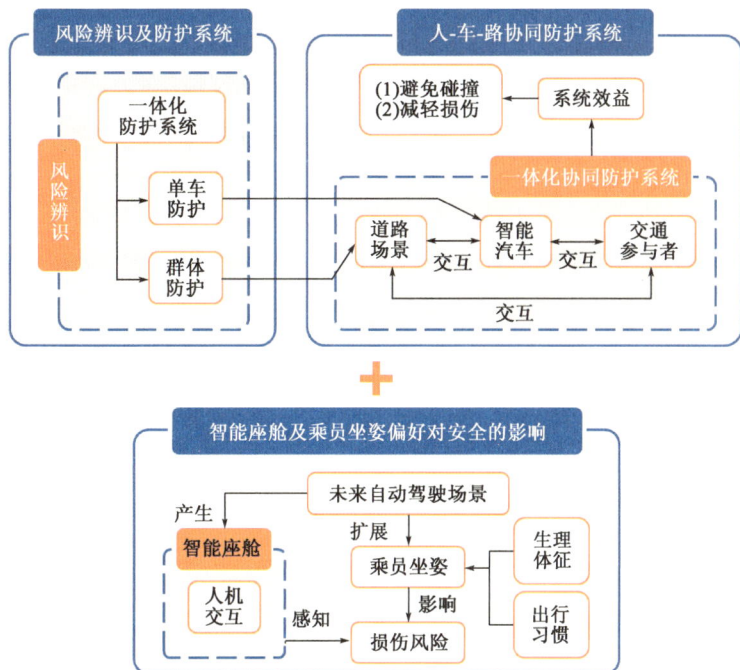

图 4-73　碰撞风险预警与自动防护系统研究框架

基于风险预警实施安全防护的系统可以分为单车和群体实时交互两类。车内乘员和乘员约束系统等可以视为一个单车系统,其交互作用决定了该系统的安全性。基于群体实时交互的安全防护系统是物联网技术在交通运输领域的重要应用,也是智能交通系统的终极发展形式。通过先进的车、路感知设备(如雷达、车载摄像头等)对道路交通环境进行高精度实时感知,按照约定的通信协议和数据交互标准,实现车-车、车-路、车-人、车-道路交通设施间的实时通信以及控制指令执行,最终形成智能化交通管理控制、动态信息服务以及网联车辆自动驾驶一体化的最优安全防护系统。

(二)智能座舱与安全防护

智能座舱(Intelligent Cockpit)是指智能化的汽车驾驶与乘坐空间,主要包括汽车座椅、内饰和座舱电子领域等智能化的产品集成,与人、路、车、云协同运作,最终发展为智能移动空间[232]。在汽车行业智能化的发展过程中,汽车座舱形态、功能、交互方式均在发生变化。狭义上,智能座舱主要从驾驶人的角度出发,通过座舱内饰和车内电子产品的创新与联动,形成多种信息输入和输出方式,构建智能化的人机交互体系,在行驶过程中完成驾驶辅助与出行类服务功能。

现有智能座舱还处于相对初级的发展阶段。从智能防护的角度,智能座舱不仅能够通过疲劳驾驶检测、驾驶人健康状态监测等为碰撞风险预警提供输入信息,同时也是自动防护系统的载体。智能座舱系统通过独立感知层,获得足够的感知数据,例如车内视觉(光学)、语音(声学)以及转向盘、制动踏板、加速踏板、挡位、安全带等底盘和车身数据,利用生物识别技术(车舱内以人脸识别、声音识别为主),综合判断驾驶人和乘员的生理状态(人像特征等)和行为状态(驾驶行为、声音、肢体行为),随后根据具体场景推送交互请求,如提供咨询信息,提供车辆状态信息、提供"车对人"主动交互、降低驾驶人在驾驶过程中"人对车"的交互负担、改善交互体验、减少驾驶人注意力不集中的频次等,从而提高行车安全。对驾驶人状态的监测,常见手段是基于眼动追踪技术监测其心理生理活动过程,基于脑电、心电、肌电等监测其生理信号变化,进而对驾驶人当前的疲劳状态和健康情况做出估计,或将获取的反映驾驶人状态的数据输入到计算模型中,精准地预测出驾驶人后续行为状态,进而估计出其行为模式对道路安全的影响,判断是否启用相应的智能技术手段(如风险预警、紧急制动等)以保障道路安全。

智能座舱也可与自适应约束系统结合,服务于被动安全技术的性能提升。例如,在发生事故时,系统根据车内环境和车内人员状态,进行有针对性的保护,使得乘员伤害程度降到最低。相关技术对于改善车内操作系统的布置、提升人机交互体验感、降低事故发生率、保障道路安全有重要作用。

(三)自动驾驶场景中乘员坐姿偏好及其对安全的影响

随着自动驾驶和智能交通技术的发展,当车内乘员不再需要执行驾驶任务时,其对车内环境和乘坐姿态的需求趋向于个性化、多样化。因此,了解乘员在未来自动驾驶场景中的坐姿偏好以及不同的坐姿对安全的影响,合理设计车内座椅排布,并对乘员提出合理的坐姿建议,对改善道路交通安全具有重要意义。

乘车坐姿偏好与乘员体征及日常出行习惯具有显著相关性[233]。基于对我国不同地区人员的调研,根据具体数据类型采用不同的非参数检验,可以推断不同自变量对坐姿偏好的相关性。结果表明,女性、年龄较大、体重较大、日常乘坐公共交通出行的乘员倾向于选择座椅靠背后仰的坐姿;事实上,后仰坐姿在碰撞事故中的安全风险相对较高,而且年龄、体重等参数本身又与损伤风险相关。在出行方式方面,日常采用公共交通工具出行的乘员倾向于躯干后仰至座椅靠背,身体呈舒展状;相反,日常驾车出行的乘员则更多选择躯干远离座椅靠背。在出行距离方面,短途日常出行中,绝大多数乘员选择了相对传统的座椅排布模式;而在长距离出行中,"面对面"的座椅排布方式的选择率达 42.0%(图 4-74)。这些基于观察和调研的结论为针对不同类型的乘员设计合理的个性化车内座椅布置方案提供了重要参考。

(四)人-车-路协同系统的内涵、目标与效益

群体实时交互的防护系统需要基于人-车-路协同实现,包含:①人-车交互系统:人-车交互状态即交通运行过程中行人和车辆间相互影响的状态[234];②车-车交互系统:在有限的地理区域内车辆之间的双向通信,让相接近的汽车之间互相发送基本的安全信息,如位置、速度以及行驶方向等,从而大大降低车辆碰撞事故的发生概率;③车-路协同系统:利用较为先进的无线通信和新型互联网等技术,实现车-车、路-车、人-车之间全方位、实时、动态的信息交互和判断,对车辆进行主动控制,实现人-车-路的充分交互,保障交通安全,提高道路通行效率,形成安

全、高效、畅通的道路交通环境[235]。

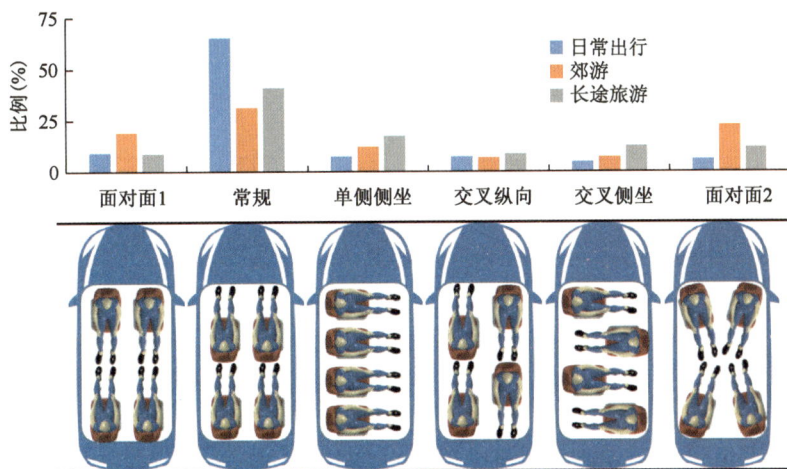

图 4-74　不同出行场景中的座椅布置偏好

人-车-路协同系统的主要应用目标包括:①确保信息传递可靠,使系统可实时获取车辆和路段的信息,为交通参与者提供必要的信息和可靠的综合服务;②提高道路通行效率,保障道路安全,从而保证整个路网能够安全、高效地运行,最大限度地减少拥堵和交通事故的发生[236]。其中,在信息传递方面,行人和车辆通过交互各自的信息,判断对方意图,进而做出有利于保障自身安全的决策。车辆通过车载设备及传感器获取路段情况,将这些数据通过信息交互传输到路侧设备,路侧设备分析处理数据并为车辆制定合理的行驶策略,保证车辆通过最优路径到达目的地。车辆通过信息交互,将自身运行状态传输给相邻其他车辆,保证车辆安全运行。在运行保障方面,车辆在遭遇紧急转向、制动等突发交通状况时,通过信息交互告知周围车辆、行人本路段突发的情况,使其他车辆驾驶人、行人迅速做出换道决策,避免交通事故的发生。

人-车-路协同系统的效益主要体现在以下三个方面:①经济效益,通过控制交通行为,充分利用交通系统的时空资源,提升路网的交通承载能力,从而减少出行时间,降低出行成本;②安全效益,突破人类自身感知和反应能力有限的约束,通过相关通信设备自动感知并预先制动,有效避免碰撞事故的发生;③环境效益,车路协同技术使得道路上车流更加顺畅有序,提高了车辆的行驶速度和道路整体的通行效率,从而降低了车辆的能源消耗。但在当前时代背景下,人-车-路协同系统的大范围推广应用也面临着诸多问题,如信息化基础设施亟待提升、互联共享程度偏低、获得的外部数据较为单一、市场机制不健全、标准化体系不健全、安全事故责任界定不明确、成本较高等[235]。综上,人-车-路协同系统仍然具有极大的发展空间和潜力。

二、面向智能防护的车身与动力系统监测系统

面向智能防护的车载监测系统分别面向车身结构、新能源动力系统、行驶系统三个对象。将结构制造、新型材料等应用于轻量化车身结构,可以提高其耐撞性;以电池管理系统为代表

的新能源动力系统失控状态实时监测与预警装置,通过监测过充放电、温度异常、烟雾、漏电、碰撞等特征参数,估计电池状态、诊断故障类型、进行早期预警,为人员防护争取时间;此外,电磁主动悬架、自适应前照灯系统等动态自适应防护型系统,分别通过相应机理实现防护目标(图 4-75)。

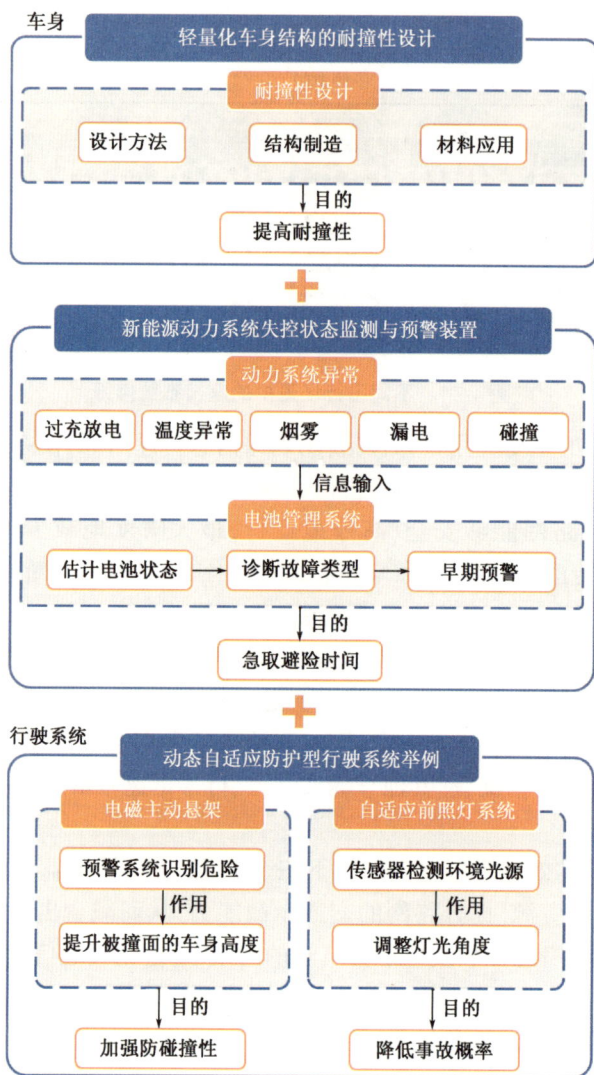

图 4-75　面向智能防护的车身结构、动力系统监测系统与自适应行驶系统

(一)轻量化车身结构的耐撞性设计

车身结构在汽车碰撞事故中具有吸收变形能量、传递碰撞载荷、维持生存空间、降低乘员损伤风险的重要作用。轻量化车身设计可以实现车身减重,减少碰撞动能以及降低人员损伤风险,对于提高汽车的动力性、经济性、安全性有着重要的意义[237]。提高轻量化车身结构的耐撞性,是实现汽车节能、环保和安全三大主题的关键技术手段。

一项具体的车身轻量化设计技术往往涵盖设计方法选择、材料选择和结构制造三个方面，三者在一定约束条件下相互补充，共同实现设计最优化。其中，设计方法主要包括拓扑优化、尺寸优化、形状优化、单目标及多目标协同优化等；轻量化材料主要包括高强钢，轻质合金（如铝合金、镁合金、钛合金等）、工程塑料、复合材料和碳纤维增强复合材料（Carbon Fibre Reinforced Plastic，CFRP）等；结构制造技术主要包括热冲压成型、液压成型、激光拼焊板、连续变截面辊轧板、结构胶粘技术、异种材料连接技术等。目前超过 90% 的车身零部件由不同截面和形状的薄壁管件结构组成（图 4-76），薄壁管件耐撞性能是组成整体车身抗撞性能的基本要素，薄壁结构质量轻、抗撞吸能特性好、可设计性强且易于加工制造，有助于提升汽车的安全性与轻量化。

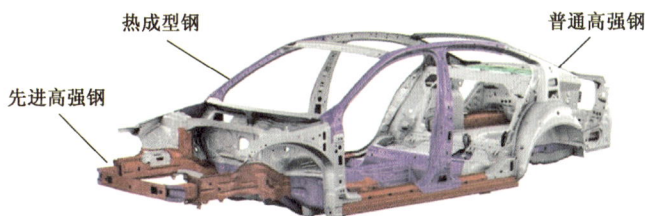

图 4-76 典型轻量化白车身结构（不同颜色区域代表使用了不同强度的金属材料，图示为 2015 款大众帕萨特）[238]

泡沫填充是目前比较成熟的一项针对车身薄壁管件结构的轻量化设计技术，简言之，即在原有空心薄壁零部件结构中填充轻质泡沫材料，如聚氨酯泡沫塑料、金属泡沫铝等（图 4-77），以在结构质量变化不大的前提下进一步提升其吸能特性。应用最广泛的填充材料是金属泡沫铝，它具有以下性能优势：①密度低，质量轻，其密度随孔隙率变化，仅为同体积实心铝的 0.1～0.6 倍；②强度高，吸能特性好，其在压缩过程中，有高而宽的应力平台，可在基本恒定的应力下吸收能量；③制备简单，可设计性强，应用范围广。

图 4-77 泡沫铝材料及泡沫铝填充薄壁结构

功能梯度设计技术是指令薄壁管件结构或材料参数按照某种梯度规律变化，以满足不同位置的功能或性能需求，从而实现整体设计优化。汽车保险杠吸能盒和前纵梁的配合设计常使用功能梯度设计的思想，具体设计参数可包括：

（1）部件几何尺寸：将薄壁结构的几何外形尺寸（如圆管渐变直径、方管渐变边长等）按一定的连续函数进行设计。

（2）梯度壁厚：将薄壁结构的壁厚在轴向上按一定规律调整和优化。

（3）填充材料的梯度变化：以泡沫材料或负泊松比材料填充管件结构时，将其密度按一定的吸能需求规律进行设计。

（4）梯度材料强度：对薄壁结构材料采取一定的热处理方式，使构件在轴向上产生强度的差异性变化。

(5)组合梯度:将上述四种梯度设计方法按一定要求进行自由组合,构成复合的梯度设计,以兼具不同设计类型的性能优点。

(二)新能源动力系统失控状态监测与预警装置

锂离子蓄电池由于机械滥用等因素导致的热失控,将引发冒烟、起火燃烧、爆炸等事故,对驾乘人员生命安全产生极大威胁。根据相关规定,锂离子蓄电池包或系统在单个电池热失控引起热扩散并进而导致乘员舱发生危险之前,应预先约5min提供热事故报警,提醒车内乘员提前疏散[239]。因此,为电动汽车的动力蓄电池组配备一套具有针对性的动力蓄电池管理系统(Battery Management System,BMS)尤为重要,以实现对电池组的有效保护、监控、预警,保障电池组运行安全,提高工作效率和使用寿命。动力蓄电池管理系统的主要组成包括电池终端模块(主要进行数据采集,包括电压参数、电流参数、温度、通信信号等)、中间控制模块(主要控制充电机,并与整车系统进行通信等)、显示模块(主要进行数据呈现,实现人机交互)(图4-78)。

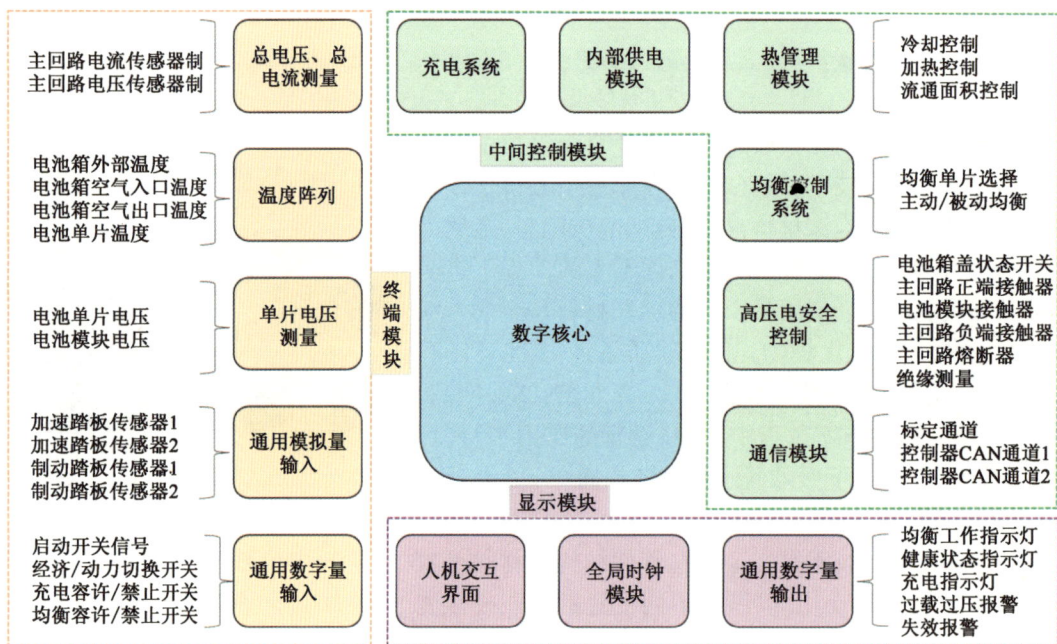

图4-78 动力蓄电池管理系统软硬件基本框架[240]

BMS工作原理如图4-79所示,通过配备不同的传感器,动力蓄电池管理系统可以检测总电流和总电压,并检测单体电池电压(防止出现过充电、过放电甚至反极现象)和温度,探测烟雾(监测电解液泄漏)、检测漏电(绝缘监测)、检测碰撞等,进而估计动力蓄电池状态,包括荷电状态、功能状态、能量状态、健康状态、故障及安全状态等。基于采集到的传感器信号,采用诊断算法诊断故障类型,进行早期预警,并要求整车控制器进行有效处理(超过一定阈值时,BMS可以自主切断主回路电源)从而防止过充、过放、高温、低温、过流、漏电等,避免损伤动力蓄电池或危及乘员安全。

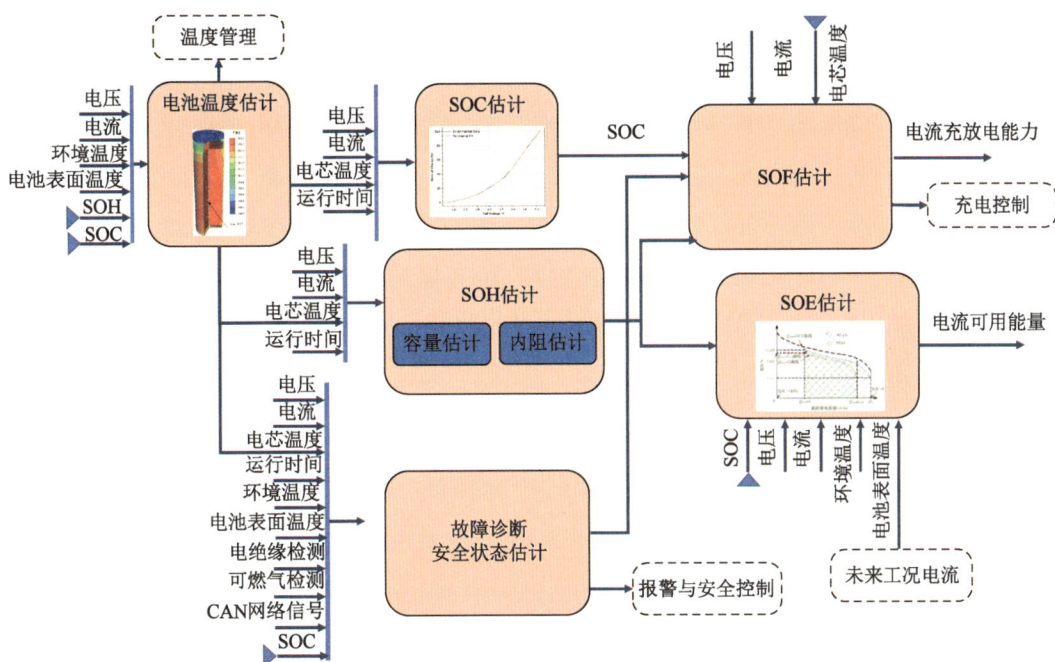

图 4-79　动力蓄电池管理系统工作原理示意图

　　动力蓄电池管理系统依据拓扑架构可分为集中式(Centralized)和分布式(Distributed)两类(图 4-80),分别服务于不同项目需求。其中,集中式 BMS 硬件系统可分为高压区域和低压区域:高压区域负责进行单体电池电压的采集、系统总压的采集、绝缘电阻的监测;低压区域包括供电电路、中央处理器电路、控制器局域网、通信电路、控制电路等。集中式 BMS 具有成本低、结构紧凑、可靠性高的优点,一般常见于容量低、总压低、电池系统体积小的电动观光车、巡逻车、轻混合动力电动汽车等。

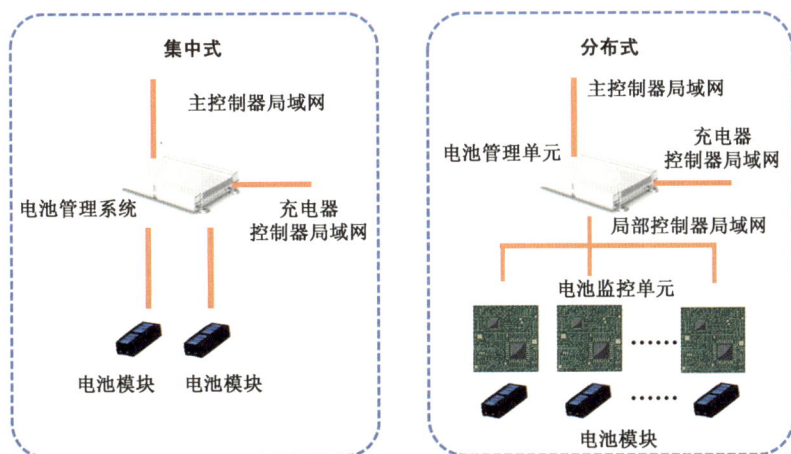

图 4-80　集中式和分布式动力蓄电池管理系统示意图

分布式 BMS 架构能较好地实现模块级和系统级的分级管理,其优势在于可以根据不同的动力蓄电池系统串并联设计进行高效的配置,BMS 连接到动力蓄电池之间的线束距离更短、更均匀、可靠性更高,同时也可以支持体积更大的动力蓄电池系统设计。随着乘用车动力蓄电池系统不断向高容量、高总压、大体积的方向发展,在插电式混合动力电动汽车、纯电动汽车上主要采用分布式架构的 BMS。

(三)动态自适应防护型行驶系统举例

动态自适应防护型行驶系统主要以电磁主动悬架和自适应前照灯系统为例。电磁主动悬架在碰撞不可避免的情况下,可以通过调节车身高度从而提高车辆碰撞性能。自适应前照灯系统可以根据行车照明环境自动调节前照灯的照明区域,从而提高行车安全性。

1. 电磁主动悬架

主动悬架又称主动制导悬架或主动式悬架,具有控制车身振动和车身高度的功能。纯主动悬架可以根据汽车运动状态及路面状况,适时地调节悬架刚度和阻尼,使其处于最佳减振状态,在车身振动的全频段范围内兼顾汽车的平顺性与操纵稳定性,实时地控制车身高度,改善通过性,如图 4-81 所示,该模型为二自由度主动悬架系统模型。搭载纯主动式机电悬架系统的汽车各车轮均配有一台电动机,由电气系统分别驱动四个车轮(图 4-82),可尽可能降低汽车转弯时的扭转(Rolling)运动、制动或加速时的俯仰(Pitching)运动的幅度[241]。

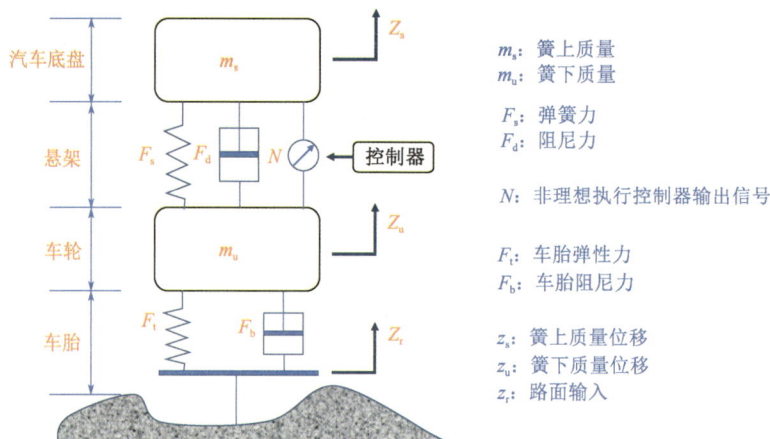

图 4-81 二自由度主动悬架系统模型[241]

纯主动式电磁悬架系统与安全预警系统配合作用可以提高车辆的安全防护性能。安全预警系统采用中央驾驶辅助控制器内置互联传感器和前置摄像头等探查车辆周边情况,并对主动式悬架进行实时控制调整,以防止车辆发生碰撞。若碰撞无法避免且车辆可能发生侧面碰撞时,悬架系统可短时间内提升被撞面的车身高度,加强车辆的防碰撞性。同时,预警系统的控制单元将介入干预,可将汽车在碰撞发生前的速度降低多达 40km/h,从而显著降低潜在碰撞事故的严重性。

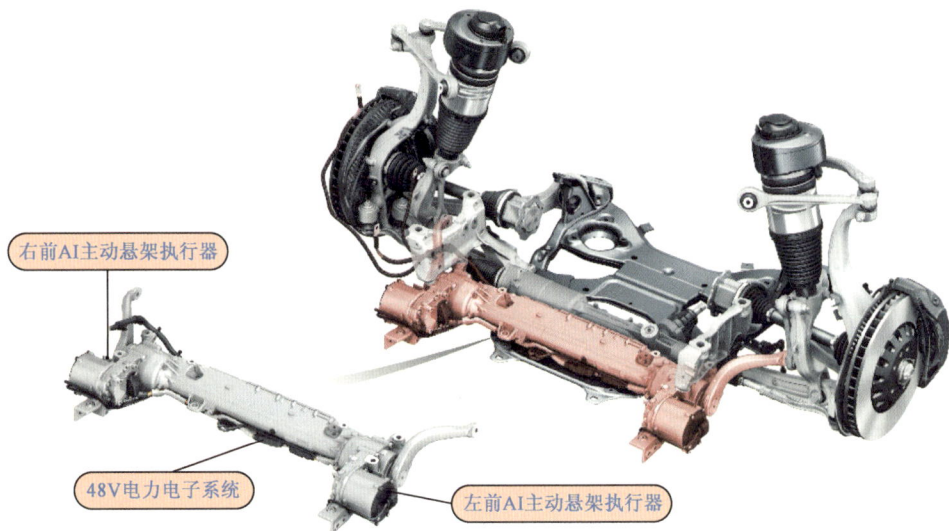

右前AI主动悬架执行器

48V电力电子系统

左前AI主动悬架执行器

图 4-82　纯主动式机电悬架系统[242]

2. 自适应前照灯系统

自适应前照灯系统(Adaptive Front-Lighting System, AFS)能够根据行驶过程中汽车偏转率、转向盘角度和行驶速度,对前照灯进行动态调节,适应当前的转向角,保持灯光方向与车辆当前行驶方向一致,以确保对前方道路提供最佳照明,并对驾驶人提供最佳可见度。AFS 在路面照明差或多弯道的路况中,可以扩大驾驶人的视野(效果图如图 4-83 所示),并及时提醒驾驶人对方来车[243],从而显著增强了黑暗环境中的驾驶安全性。

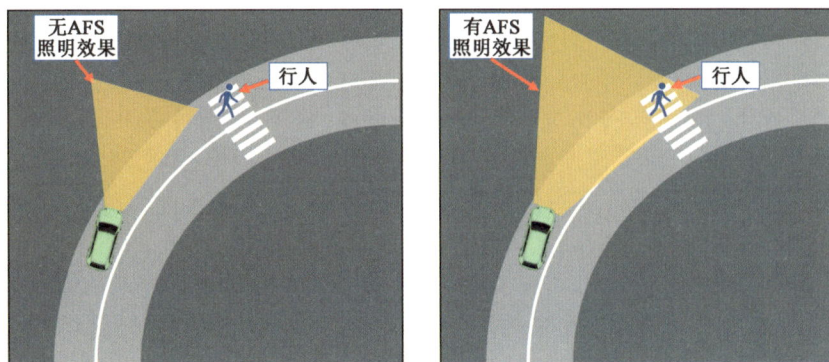

无AFS
照明效果

行人

有AFS
照明效果

行人

图 4-83　自适应转向前照灯系统作用效果图[244]

AFS 主要由传感器、信号调理电路、执行电动机等部分组成,具体划为传感器模块(包括光敏传感器、车速传感器、车身高度传感器、转向盘转角传感器、雨量传感器、雾传感器、风速传感器、颗粒物传感器、汽车位置传感器)、主控制器模块以及前照灯控制模块。AFS 的工作原理如图 4-84 所示,光敏传感器、车速传感器等不断将检测到的信号传递给主控制器,在进行数据和信号处理后,主控制器向前照灯控制模块下达指令,调节前照灯照明角度和高度。车辆行驶工况遭遇较大波动时,AFS的信号处理系统将快速反应,几毫秒内就可调整好灯光角度,使驾驶人视野更为清晰。

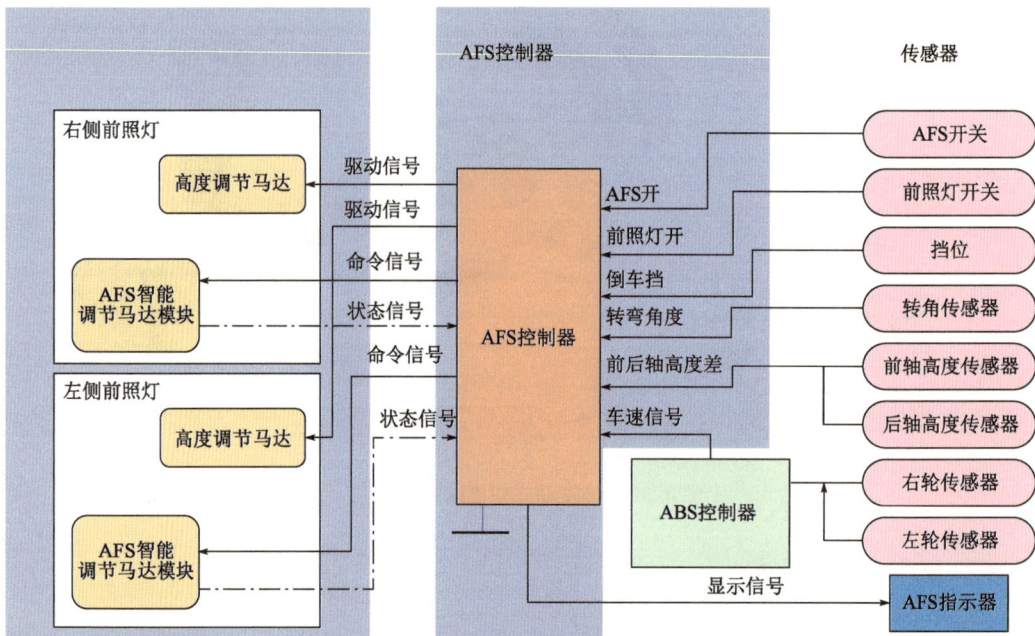

图 4-84 AFS 的工作原理

车辆在行驶过程中,传统前照灯可能会因自身因素或外界因素影响,造成驾驶人视野存在盲区,或对会车驾驶人造成眩目,影响行车安全。自车因素主要是行驶状态变化(加减速、转弯、制动等),例如,车辆在加速或满载行驶过程中会出现后倾现象,而在紧急制动过程中会出现前倾现象,或在不平路面行驶时,均会造成前照灯的灯光高度显著变化;当汽车转弯时,灯光会随着左转或右转而在两边留下盲区。外界因素包括如天气(雨天、雾天)、行驶环境(城市或者郊区)、路况等。

AFS 系统工作时,以这些内外因素作为触发信号。例如,车辆转弯时,前照灯系统随动转向,减少驾驶人视野盲区,降低碰撞弱势交通群体或障碍物的概率;识别外界因素,需要用到雨量传感器和光敏传感器,当汽车在黄昏行驶,或者进入隧道时,AFS 自动打开,补充照明灯光;当外界光强度升高到系统设定的强度阈值时,前照灯自动关闭。另外,当汽车在城市道路行驶时,必须要考虑车灯光照给会车的驾驶人造成的干扰。针对夜间交通事故的研究表明,眩目是造成事故的主要原因之一,所以,此时具有自适应转向功能的汽车前照灯,在垂直方向偏转一定的角度,可以降低对会车驾驶人或者对行人等其他弱势交通群体造成眩目的光照强度,对交通事故的预防起到重要作用。

三、交通参与者安全防护系统

交通参与者防护系统是在碰撞事故中保护车内驾乘人员和车外行人等弱势交通群体的最后屏障。针对驾乘人员,较为典型的主被动防护系统包括可逆预紧式安全带、可旋转座椅等,针对弱势交通群体,防护系统包括行人安全预警系统、弹起式发动机舱盖、夹层式发动机舱盖等。在事故发生时,各个车载主被动系统协同工作,共同实现降低人员损伤风险的目标(图4-85)。

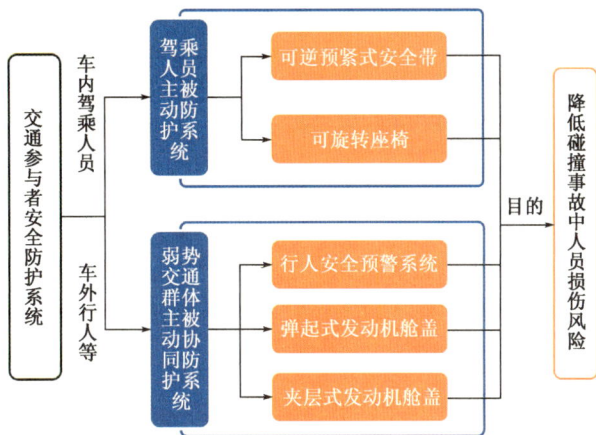

图4-85 交通参与者安全防护系统逻辑图

(一)驾乘人员主被动防护系统

传统的被动安全系统设计以碰撞发生时刻作为时间零点,未能充分考虑事故发生前的一些关键信息(例如乘员姿态等)对人员安全防护的影响。近年来,随着主动安全技术的提升,传统安全防护设计流程的不足之处逐渐显现。例如,若直接将主动、被动安全系统进行简单串联,碰撞发生前的主动干预作用可能会影响被动安全系统在碰撞阶段的保护效果,反而产生不利影响。有实验研究结果表明,在相同强度的正面碰撞工况下,与未经紧急制动的情况相比,带有紧急制动的车辆中的乘员可能承受更为严重的损伤风险[245]。原因在于,紧急制动造成驾乘人员在惯性作用下相对车辆产生纵向位移,偏离被动安全设计中的正常坐姿位置,使原本的约束匹配方案不能发挥最佳约束效果,导致损伤程度增加。换言之,主动安全技术的介入虽可以在碰撞事故中降低碰撞严重程度,但紧急制动或转向带来的车辆动力学改变也会使车内乘员出现明显离位(Out of Position)现象,带来较高损伤风险。

主被动系统分割的现状无法满足智能化车辆的安全防护需求,主被动协同设计成为智能化车辆防护系统发展的新方向,也成为有效连接传统主被动安全技术的桥梁。主被动协同防护以从冲突出现到发生碰撞整个过程中的人员损伤风险最低为设计目的,在碰撞前阶段,通过各类传感器接收交通环境、车辆运动和人员姿态等信息,调整相应的执行器。当进入临碰撞阶段,防护系统提前介入,约束车内乘员并确保其在碰撞发生时处于有利于被动安全系统实施的姿态。

1. 可逆预紧式安全带

可逆预紧式安全带(Reversible Pretension Seatbelt,RPS)是现阶段公认的直接、有效避免乘员离位的技术手段。尤其是对带有紧急制动的智能辅助驾驶车辆,可逆预紧式安全带有效减少了由于车辆制动引起的乘员前向离位量。在感知方面,传统约束系统的点火触发时刻仍依赖于车载加速度传感器接收的车辆碰撞减速度,无法实现碰撞前的预紧触发[246]。相比之下,可逆预紧式安全带系统在冲突风险出现时(事故发生前),通过感知环境信息获取 TTC 等危险量化指标作为触发信号源,及时准确驱动预紧安全带发挥作用。在驱动方面,相比传统火药爆炸式预紧机制,可逆预紧式安全带由直流电动机驱动,通过减速传动机构带动卷收器收紧安全织带(图 4-86)。减速传动系统中设计离合机构连接减速轮系与卷收器芯轴。在正常行驶工况中,离合机构处于分离状态,预紧式安全带的使用与普通安全带没有区别。当需要预紧时,直流电动机起动,离合机构啮合,带动卷收器芯轴旋转回收安全带织带,拉紧安全带,直至电动机负载过大而被堵转为止。车载系统识别到碰撞危险,安全带在事故发生前就开始回收织带,延长了安全带预紧过程的时间,并降低了因爆炸式卷收器产生的安全带高速回收而导致的非正常乘坐姿态乘员的损伤风险;此外,电动机驱动还可重复使用,实现预紧作用可逆。

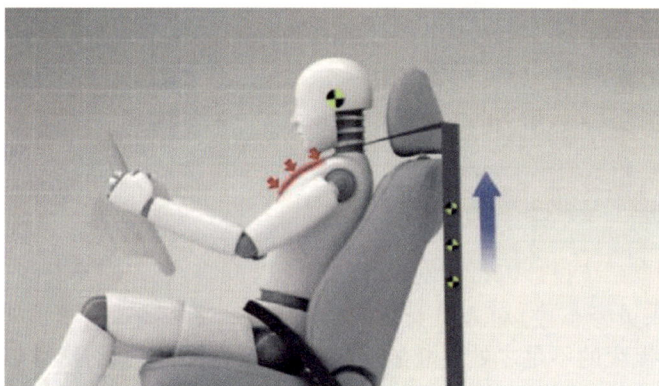

图 4-86　可逆预紧式安全带作用原理示意图[247]

注:图中红色箭头表示危险出现时,主动收紧减少安全带与乘员间隙;蓝色箭头表示危险状态解除后,主动释放织带以保证乘坐舒适性。

2. 可旋转座椅

智能汽车理论上可以有效减少由驾驶人人为因素造成的交通事故,但由于现有技术条件的限制,还难以实现零事故的目标。在高度自动化的车辆中,由于不再需要驾驶人操作,乘员舱内座椅布置有了更高的自由度,具备不同乘坐朝向功能的旋转座椅概念被广泛讨论(图 4-87)。传统的乘员约束系统保护性能的有效性对乘员初始乘坐位置较为敏感[248]。在正面碰撞仿真研究中,将乘员置于四种不同的乘坐位置(座椅朝向),即 0°(正对碰撞方向)、90°、135° 和 180°(背对碰撞方向),可对比相应的损伤风险和约束系统保护性能。0° 座椅朝向时,乘员骨盆被很好地限制在座椅上,胸部安全带阻止人体躯干的向前位移,起到了较好的约束效果。在 90° 和 135° 朝向中,虽然乘员躯干被安全带限制运动,但是颈部由于受到安全带挤压,会产生较为严重的损伤,头部在碰撞后由于惯性而侧向偏转,造成颈部进一步被拉伸;在颈部作用下,头部回转时有撞击头枕刚性外壳的风险。在 180° 背对碰撞方向的坐姿中,乘员与座椅靠背和头枕之间有较大的接触面积,靠背和头枕能够产生变形,承受一部分冲击载荷。另外,头枕在碰撞过程中限制了头部的偏转,降低了乘员因头部旋转造成损伤的严重程度。在所有碰撞角度中,虽然180°朝向的乘员胸骨某些位置压缩量较大,但是肋骨骨折数最少,颈部韧带损伤值更低,综合损伤也最低,因此180°朝向为相对安全的座椅朝向。

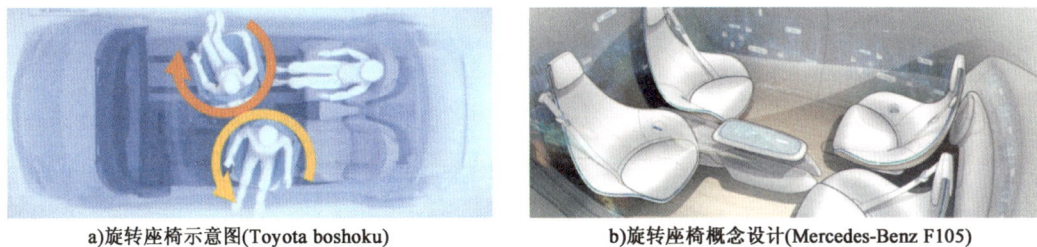

a)旋转座椅示意图(Toyota boshoku)　　　　b)旋转座椅概念设计(Mercedes-Benz F105)

图4-87　高度自动化车辆中的旋转座椅[249-250]

一种智能乘员约束系统的实施方案是,在检测到危险且判断不可避免发生碰撞后,主动将座椅朝向旋转到180°,以有效降低人体综合损伤。实验发现,旋转速度过快会造成头部与头枕刚性支撑结构边缘直接接触,可能导致脑部损伤。在不引起乘员额外损伤的前提条件下,在碰撞发生前200ms旋转座椅朝向,使其达到最有利于乘员保护的朝向是可行的方案[251]。这说明,旋转座椅不仅能满足智能汽车乘员舱内的部分功能需求,相比非旋转座椅也能够有效降低乘员在碰撞阶段的损伤严重程度。

(二)弱势交通群体主被动协同防护系统

弱势交通群体安全防护技术可划分为主动、被动防护系统两大方面(图4-88)。以面向行人安全的主动防护系统为例,感知模块通过摄像头、雷达等感知行人并对其行为进行预测,对人-车交互风险进行预判。若存在潜在的危险,则通过控制系统调整车辆运动避免碰撞。对于不能避免的碰撞工况,主动安全系统为被动防护系统提供碰撞工况的预判信息,并控制被动防护设备触发,实现碰撞损伤最小化。

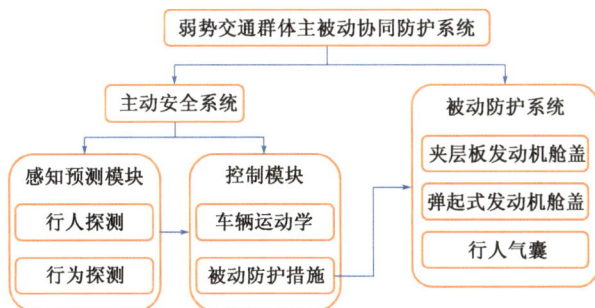

图4-88　行人主被动协同防护系统框架

1.行人安全预警系统

行人安全预警系统逐渐在量产车型中得到应用,主要工作流程是基于视频或雷达信息提前感知车辆前方的行人并对行为意图进行预测,当发现人车存在冲突时,警告驾驶人或自动控制车辆,或者在必要时(特别是对于驾驶人分心驾驶的情况)实施制动或转向避让避免危险发生。由于行人行为随机性高,交通环境复杂,现有基于视觉信息的行人感知和行为预测还面临一些难点。其中,戴姆勒公司基于图像识别和行人避让过程中的人-车相对位置数据,使用动态贝叶斯模型框架建立行人行为预测模型,并基于该模型开发安全预警系统[252](图4-89)。

图4-89 行人碰撞风险预警系统[252]

克莱斯勒汽车公司在2005年开发的SAVE-U系统也是较有代表性的行人检测系统之一,该系统以光学摄像头、红外摄像头、雷达等多种传感器为基础,能够适应不同的车速和天气,对行人进行快速检测并及时给予警示信息。Mobileye公司开发的C2-270系统是典型的基于计算机视觉的行人检测预警系统,能够有效地检测出道路、行人、车辆及其他物体,有助于减少交通事故的发生。行人行为预测算法还可进一步通过行人当前运动预估未来走向和人车碰撞点[253],或结合行人走向、速度、对自车的认知以及自车的速度、纵向距离信息,对人-车冲突风险进行预测,实现多源信息融合的多级预警策略[254]。

2. 弹起式发动机舱盖

行人碰撞事故不可避免时,车辆需要启动被动防护系统以降低行人损伤严重性。弹起式发动机舱盖作为其中一项代表性技术,一般应用于发动机舱较低的轿车车型,有效解决行人头部与发动机舱盖碰撞时舱盖下部吸能空间有限的设计难题[255]。弹起式发动机舱盖主要由控制单元、发动机舱盖抬升器、舱盖铰链释放机构、压力传感器、速度传感器组成。发生碰撞时,通过安装于与吸能盒平行位置的压力传感器测得的速度和力,对碰撞对象的有效质量进行估计,判断碰撞对象是否为行人,若是,则向系统执行器发送信号,在行人头部与发动机舱盖接触前使发动机舱盖弹起约70~100mm,在发动机舱盖与发动机及其他硬点之间保持一段空间,实现头部碰撞的缓冲,降低损伤风险。根据本田汽车公司内部基于碰撞法规的测试结果,使用弹起式发动机舱盖可以使行人头部损伤严重性降低约40%。

行人气囊一般与弹起式发动机舱盖配合使用,安装在靠近挡风玻璃处的发动机舱盖下方,其功能主要是降低碰撞过程中行人头部因与发动机舱盖后边缘、A柱区域接触碰撞造成的头部损伤。行人气囊的工作流程与弹起式发动机舱盖类似,即位于前保险杠处的压力传感器检测碰撞并判断是否与行人发生碰撞以避免误启动,以一定速度(其触发速度一般为20~50km/h)与行人发生碰撞后发动机舱盖抬起,气囊在几毫秒内充满,并维持约300毫秒的满气状态,对行人头部与车辆碰撞起到缓冲作用,Euro NCAP的头部撞击测试结果表明,该系统对行人头部保护效果较为明显[256]。

3.夹层板式发动机舱盖设计

车辆-行人碰撞事故中,发动机舱盖结构设计对行人头部保护有重要影响。行人头部与发动机舱盖的加速度时间曲线是评价行人头部保护效果的重要因素。具有波浪形夹层结构的发动机舱盖结构设计是优化头部碰撞波形的设计方案之一[257]。行人头部与车身前端结构的碰撞过程机理是,初始阶段发动机舱盖产生局部变形,并在冲击作用下产生第一个峰值力;在碰撞阶段中期,发动机舱盖面内变形增大,产生膜力(Membrane Force),并产生碰撞力的第二个峰值;当发动机舱盖下方的吸能位移用尽以后,舱盖局部压溃可吸收残余动能。夹层发动机舱盖构型可以使碰撞波形在时间历程上比较均匀,提高吸能位移的利用效率,同时可通过结构设计参数优化控制头碰撞损伤指标(图4-90)。以某量产车型为例,发动机舱盖中心区域设计为夹层板结构,通过补充夹层板结构,与传统"中间偏软,边缘偏硬"的刚度分布形成互补,形成较为均匀的结构刚度分布和较为优化的行人头部碰撞波形。

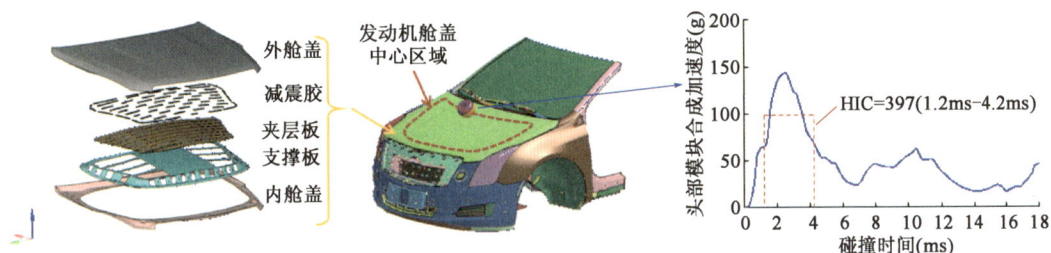

图4-90　具有夹层板结构的发动机舱盖设计

本章小结

智能防护以人-车-路微观交通系统中的交通参与者(包括驾乘人员与行人等)为核心要素,降低其在危险行驶工况中损伤的风险及严重程度。随着新能源汽车的发展,电池等车用动力系统失控反应机理及防护技术也是智能防护的重要组成部分。本章对相关研究涉及的基础理论、损伤量化方法、损伤抑制技术、自适应防护系统等四个方面进行了介绍,主要内容包括:

(1)通过对道路交通事故的特征信息抽样及数据挖掘,准确辨识汽车碰撞事故的分布特性与演化机理,确立影响人-车系统损伤的关键要素,为实施智能防护提供参考。同时,从损伤生物力学等角度探究了人体冲击损伤机理;从冲击动力学等角度辨识车身结构在冲击载荷下的变形和失效行为,以及动力电池在机械滥用等诱因下的热失控反应机理等。

(2)建立了面向交通参与者、汽车结构和新能源动力系统损伤或失效的量化方法、损伤指标及其对应的风险概率关系。对危险交通场景下交通参与者主动行为抽取有助于建立驾驶人和行人主动行为模型,为实施合理的辅助驾驶或者拟人化安全决策提供方法支撑。通过量化评估人-车系统多级碰撞损伤风险,可实现碰撞风险与严重性预测。

（3）基于针对人-车系统状态监测、风险预警等技术，借助多源传感信息与先进材料，形成了自适应约束等智能防护系统，可为交通参与者及新能源动力系统提供有效的危险工况及碰撞过程安全保障，提高行车安全性。

本章参考文献

［1］WHO. Global launch：decade of action for road safety 2011—2020［R］. Geneva：World Health Organization，2011.

［2］WHO. Global status report on road safety 2018：Summary［R］. Geneva：World Health Organization，2018.

［3］KAMNIK R，PERC M N，TOPOLŠEK D. Using the scanners and drone for comparison of point cloud accuracy at traffic accident analysis［J］. Accident Analysis Prevention，2020，135 105391.

［4］SU S，LIU W，LI K，et al. Developing an unmanned aerial vehicle-based rapid mapping system for traffic accident investigation［J］. Australian Journal of Forensic Sciences，2016，48（4）：454-468.

［5］IRTAD. International Traffic Safety Data and Analysis Group（IRTAD）［EB/OL］.［2021-01-20］. https：//www. itf-oecd. org/IRTAD.

［6］GIDAS. German In-Depth Accident Study［EB/OL］.［2021-01-20］. https：//www. gidas. org/start-en. html.

［7］CIDAS. China In-Depth Accident Study［EB/OL］.［2020-12-27］. http：//www. c-ncap. org/cncap/yqlj.

［8］NAIS. National Automobile Accident In-Depth Investigation System［EB/OL］.［2022-3-27］. https：//www. dpac. org. cn/NAIS/.

［9］NTHSA. Crash Data Systems［EB/OL］.［2020-11-06］. https：//www. nhtsa. gov/crash-data-systems.

［10］CISS. Crash Investigation Sampling System［EB/OL］.［2020-12-27］. https：//www. nhtsa. gov/crash-data-systems/crash-investigation-sampling-system.

［11］NASS. National Automotive Sampling System［EB/OL］.［2022-3-27］. https：//www. nhtsa. gov/research-data/national-automotive-sampling-system-nass.

［12］PCDS. The Pedestrian Crash Data Study（PCDS）［EB/OL］.［2020-10-21］. https：//catalog. data. gov/sv/dataset/the-pedestrian-crash-data-study-pcds.

［13］WADB. World Accident Data Base［EB/OL］.［2021-10-21］. https：//www. fia. com/wadb-world-accident-database.

［14］孙川. 基于自然驾驶数据的车辆驾驶风险辨识及控制研究［D］. 武汉：武汉理工大学，2016.

［15］EUROFOT. European Field Operational Test［EB/OL］.［2020-3-27］. https：//www. eurofot-ip. eu/.

［16］SHRP2. TRB′s Second Strategic Highway Research Program Naturalistic Driving Study［EB/OL］.［2021-10-21］. https：//www. shrp2nds. us/.

［17］ZHAN W，SUN L，WANG D，et al. Interaction dataset：An international，adversarial and cooperative motion dataset in interactive driving scenarios with semantic maps.［EB/OL］. arXiv preprint arXiv：1910. 03088. 2019. https：//arxiv. org/abs/1910. 03088.

［18］国家统计局. 中国统计年鉴 2020［EB/OL］.［2022-3-27］. http：//www. stats. gov. cn/tjsj/ndsj/2020/indexch. htm.

［19］SHI L，HAN Y，HUANG H，et al. Evaluation of injury thresholds for predicting severe head injuries in vulnerable road users resulting from ground impact via detailed accident reconstructions［J］. Biomechanics and Modeling in Mechanobiology，2020，19（5）：1845-1863.

［20］CIREN. Crash Injury Research［EB/OL］.［2021-12-27］. https：//one. nhtsa. gov/Research/Crash-Injury-Research-(CIREN).

［21］WANG S，LI Z. Exploring the mechanism of crashes with automated vehicles using statistical modeling approaches[J]. PLoS ONE,2019,14（3）:e0214550.

[22] BUCSUHÁZY K,MATUCHOVÁ E,ZŮVALA R,et al. Human factors contributing to the road traffic accident occurrence[J]. Transportation Research Procedia,2020,45 555-561.

[23] DINGUS T A,GUO F,LEE S,et al. Driver crash risk factors and prevalence evaluation using naturalistic driving data[J]. Proceedings of the National Academy of Sciences,2016,113（10）:2636-2641.

[24] LOMBARDI D A,HORREY W J,COURTNEY T K. Age-related differences in fatal intersection crashes in the United States[J]. Accident Analysis & Prevention,2017,99 20-29.

[25] MARTíN L,BAENA L,GARACH L,et al. Using data mining techniques to road safety improvement in Spanish roads[J]. Procedia Social and Behavioral Sciences,2014,160 607-614.

[26] LI L,SHRESTHA S,HU G. Analysis of road traffic fatal accidents using data mining techniques,2017 IEEE 15th International Conference on Software Engineering Research,Management and Applications（SERA）. 2017 [C]. IEEE.

[27] CHEN C,ZHANG G,TAREFDER R,et al. A multinomial logit model-bayesian network hybrid approach for driver injury severity analyses in rear-end crashes[J]. Accident Analysis & Prevention,2015,80（jul.）:76-88.

[28] DAS S,DUTTA A,TSAPAKIS I. Automated vehicle collisions in California:applying bayesian latent class model[J]. IATSS Research,2020,44（4）:300-308.

[29] KOCKELMAN K M,KWEON Y J. Driver injury severity:an application of ordered probit models[J]. Accident Analysis & Prevention,2002,34（3）:313-321.

[30] ABU-ZIDAN F M,EID H O. Factors affecting injury severity of vehicle occupants following road traffic collisions[J]. Injury,2015,46（1）:136-141.

[31] KRöYER H R. Is 30 km/ha'safe'speed? Injury severity of pedestrians struck by a vehicle and the relation to travel speed and age[J]. IATSS research,2015,39（1）:42-50.

[32] 姬佩君.均衡约束概念的乘员碰撞保护研究[D].北京:清华大学,2016.

[33] LONGHITANO D,HENARY B,BHALLA K,et al. Influence of vehicle body type on pedestrian injury distribution[J]. SAE Transactions,2005,2283-2288.

[34] SHANG S,OTTE D,LI G,et al. Detailed assessment of pedestrian ground contact injuries observed from indepth accident data[J]. Accident Analysis & Prevention,2018,110:9-17.

[35] OTTE D. Influence of the fronthood length for the safety of pedestrians in car accidents and demands to the safety of small vehicles[J]. SAE Transactions,1994,1923-1933.

[36] HOWSON J E,LORD D,BULLARD D L. The effect of driver height on the death rate in single-vehicle rollover accidents[C]. Transportation Research Board 91st Annual Meeting,2012.

[37] ZHU S,KIM J E,MA X,et al. BMI and Risk of Serious Upper Body Injury Following Motor Vehicle Crashes: Concordance of Real-World and Computer-Simulated Observations[J]. PLoS Medicine,2010,7（3）:e1000250.

[38] ITTI L,KOCH C. Computational modelling of visual attention[J]. Nature Reviews Neuroscience,2001,2（3）: 194-203.

[39] RUAN J S,PRASAD P. Head injury potential assessment in frontal impacts by mathematical modeling[J]. SAE Transactions,1994:1677-1687.

[40] NAHUM A M,MELVIN J W. Accidental Injury:Biomechanics and Prevention[M]. New York:Springer-Verlag New York,2012.

[41] RUAN J,EL-JAWAHRI R,CHAI L,et al. Prediction and analysis of human thoracic impact responses and injuries in cadaver impacts using a full human body finite element model[J]. SAE Technical Paper,2003,

[42] CRANDALL J R,MYERS B S,MEANEY D F,et al. Pediatric injury biomechanics:archive & textbook[M].

Berlin：Springer Science & Business Media，2012.

[43] MORAN S G，MCGWIN JR G，METZGER J S，et al. Relationship between age and lower extremity fractures in frontal motor vehicle collisions[J]. Journal of Trauma and Acute Care Surgery，2003，54（2）：261-265.

[44] KUPPA S，FESSAHAIE O. An overview of knee-thigh-hip injuries in frontal crashes in the United States[J]. National Highway Traffic Safety Administration，ISSI，2003，416：1-9.

[45] WEISS J A，GARDINER J C. Computational modeling of ligament mechanics [J]. Critical Reviews™ in Biomedical Engineering，2001，29（3）.

[46] WOO S L，DEBSKI R E，WITHROW J D，et al. Biomechanics of knee ligaments[J]. The American Journal of Sports Medicine，1999，27（4）：533-543.

[47] WOO S L-Y，ABRAMOWITCH S D，KILGER R，et al. Biomechanics of knee ligaments：injury，healing，and repair[J]. Journal of Biomechanics，2006，39（1）：1-20.

[48] HENNINGER H B，UNDERWOOD C J，ROMNEY S J，et al. Effect of elastin digestion on the quasi-static tensile response of medial collateral ligament[J]. Journal of Orthopaedic Research，2013，31（8）：1226-1233.

[49] WAN C，HAO Z，WEN S. A review on research on development of ligament constitutive relations on macro, meso，and micro levels[J]. Acta Mechanica Solida Sinica，2013，26（4）：331-343.

[50] FUNG Y-C. Bio-viscoelastic solids，in Biomechanics. Springer，New York：New York. p. 196-260. 1981.

[51] SEEMAN E，DELMAS P D. Bone quality—the material and structural basis of bone strength and fragility[J]. The New England Journal of Medicine，2006，354（21）：2250-2261.

[52] MEACHIM G. Effect of age on the thickness of adult articular cartilage at he shoulder joint[J]. Annals of the Rheumatic Diseases，1971，30（1）：43.

[53] ACCARDI M A，MCCULLEN S D，CALLANAN A，et al. Effects of fiber orientation on the frictional properties and damage of regenerative articular cartilage surfaces[J]. Tissue Engineering Part A，2013，19（19-20）：2300-2310.

[54] BURSTEIN A H，ZIKA J，HEIPLE K，et al. Contribution of collagen and mineral to the elastic-plastic properties of bone[J]. The Journal of Bone and Joint Surgery，1975，57（7）：956-961.

[55] 孙兴冻. 复合载荷作用下皮质骨材料力学行为与变形机理多尺度试验研究[D]. 长春：吉林大学，2018.

[56] WANG X，XU X. Assessing the relationship between self-reported driving behaviors and driver risk using a naturalistic driving study[J]. Accident Analysis & Prevention，2019，128 8-16.

[57] HAUFE S，KIM J-W，KIM I-H，et al. Electrophysiology-based detection of emergency braking intention in real-world driving[J]. Journal of Neural Engineering，2014，11（5）：056011.

[58] DENG T，YAN H，QIN L，et al. How do drivers allocate their potential attention? driving fixation prediction via convolutional neural networks[J]. IEEE Transactions on Intelligent Transportation Systems，2019，21（5）：2146-2154.

[59] FANG J，YAN D，QIAO J，et al. DADA：Driver attention prediction in driving accident scenarios[J]. IEEE Transactions on Intelligent Transportation Systems，2021.

[60] CHOI H Y，SAH S J，LEE B. Experimental and numerical studies of muscular activations of bracing occupant [C]. 19th ESV，2005.

[61] KALLIERIS D，OTTE D，MATTERN R，et al. Comparison of sled tests with real traffic accidents[C]. Stapp Car Crash Conference，1995.

[62] BEGEMAN P C，KING A I，LEVINE R S，et al. Biodynamic response of the musculoskeletal system to impact acceleration[C]. Stapp Car Crash Conference，1980.

[63] SHAW G，LESSLEY D，CRANDALL J，et al. Elimination of thoracic muscle tensing effects for frontal crash dummies[J]. SAE Transactions，2005，2005（724）：177-191.

［64］ HUBER P,CHRISTOVA M,D'ADDETTA G A,et al. Muscle activation onset latencies and amplitudes during lane change in a full vehicle test［C］. Proceedings of the IRCOBI Conference,2013.

［65］ ÖSTH J, ÓLAFSDÓTTIR M,DAVIDSSON J,et al. Driver kinematic and muscle responses in braking events with standard and reversible pre-tensioned restraints:validation data for human models,Stapp Car Crash Conference. 2013［C］. SAE Technical Paper.

［66］ EJIMA S,ZAMA Y,SATOU F,et al. Prediction of the physical motion on human body based on muscle activities during Pre-ImpactIn［C］. IRCOBI Conference,2008.

［67］ NIE B,ZHOU Q. Can new passenger cars reduce pedestrian lower extremity injury? A review of geometrical changes of front-end design before and after regulatory efforts［J］. Traffic Injury Prevention,2016,17（7）:712-719.

［68］ MIZUNO K,ANDRISH J T,VAN DEN BOGERT A J,et al. Gender dimorphic ACL strain in response to combined dynamic 3D knee joint loading:implications for ACL injury risk［J］. The Knee,2009,16（6）:432-440.

［69］ HUANG Y,ZHOU Q,KOELPER C,et al. Are riders of electric two-wheelers safer than bicyclists in collisions with motor vehicles? ［J］. Accident Analysis & Prevention,2020,134 105336.

［70］ HU J,KLINICH K D. Toward designing pedestrian-friendly vehicles［J］. International Journal of Vehicle Safety,2015,8（1）:22-54.

［71］ YANG J. Review of injury biomechanics in car-pedestrian collisions［J］. International Journal of Vehicle Safety,2005,1（1-3）:100-117.

［72］ KRAMER M,BUROW K,HEGER A. Fracture Mechanism of Lower Legs Under Impact Load［M］. 1973.

［73］ KLINICH K,SCHNEIDER L. Biomechanics of pedestrian injuries related to lower extremity injury assessment tools:a review of the literature and analysis of pedestrian crash database ［R］. University of Michigan Transportation Research Institute,2003.

［74］ CHOU C C,HOWELL R,CHANG B. A review and evaluation of various HIC algorithms ［J］. SAE Transactions,1988:713-747.

［75］ 黄俊. 面向行人下肢碰撞保护的汽车前端结构快速优化设计研究［D］. 北京:清华大学,2013.

［76］ 余同希,卢国兴,张雄. 能量吸收:材料与结构的能量吸收［M］. 北京:科学出版社,2019.

［77］ FORRESTAL M,WESENBERG D. Elastic-Plastic Response of Simply Supported 1018 Steel Beams to Impulse Loads［J］. Journal of Applied Mechanics,1977,44.

［78］ FORRESTAL M J,SAGARTZ M J. Elastic-Plastic Response of 304 Stainless Steel Beams to Impulse Loads ［J］. Journal of Applied Mechanics,1978,45.

［79］ SYMONDS P. Viscoplastic behavior in response of structures to dynamic loading［J］. Behavior of Materials Under Dynamic Loading,1965,1:106-124.

［80］ BODNER S,SPEIRS W G. Dynamic plasticity experiments on aluminium cantilever beams at elevated temperature ［J］. Journal of The Mechanics and Physics of Solids-J MECH PHYS SOLIDS,1963,11:65-68.

［81］ KREMPL E,KHAN F. Rate（time）-dependent deformation behavior:an overview of some properties of metals and solid polymers［J］. International Journal of Plasticity,2003,19（7）:1069-1095.

［82］ 余同希,卢国兴. 能量吸收:材料与结构的能量吸收［M］. 北京:化学工业出版社. 2006.

［83］ ANDREWS K R F,ENGLAND G L,GHANI E. Classification of the axial collapse of cylindrical tubes under quasi-static loading［J］. International Journal of Mechanical Sciences,1983,25（9）:687-696.

［84］ ALEXANDER J. An approximate analysis of the collapse of thin cylindrical shells under axial loading［J］. Quarterly Journal of Mechanics and Applied Mathematics-QUART J MECH APPL MATH,1960,13:10-15.

[85] STRONGE W J. Impact on metal tubes: Indentation and perforation, in structural crashworthiness and failure [J]. International Journal of Solids and Structures, 1993, 165-188.

[86] SINGACE A. Axial crushing analysis of tubes deforming in the multi-lobe mode [J]. International Journal of Mechanical Sciences-INT J MECH SCI, 1999, 41: 865-890.

[87] GUILLOW S R, LU G, GRZEBIETA R H. Quasi-static axial compression of thin-walled circular aluminium tubes [J]. International Journal of Mechanical Sciences, 2001, 43 (9): 2103-2123.

[88] 冯旭宁. 车用锂离子动力电池热失控诱发与扩展机理、建模与防控 [D]. 北京: 清华大学, 2016.

[89] WEN J, YU Y, CHEN C. A review on lithium-ion batteries safety issues: existing problems and possible Solutions [J]. Materials Express, 2012, 2 (3): 197-212.

[90] CRANDALL J R, BOSE D, FORMAN J, et al. Human surrogates for injury biomechanics research [J]. Clinical Anatomy, 2011, 24 (3): 362-371.

[91] CARTER P M, FLANNAGAN C A, REED M P, et al. Comparing the effects of age, BMI and gender on severe injury (AIS 3 +) in motor-vehicle crashes [J]. Accident Analysis & Prevention, 2014, 72: 146-160.

[92] ZHOU Q, ROUHANA S W, MELVIN J W. Age effects on thoracic injury tolerance [J]. SAE Transactions, 1996: 1819-1830.

[93] BURSTEIN A H, REILLY D T, MARTENS M. Aging of bone tissue: mechanical properties [J]. The Journal of Bone and Joint Surgery, 1976, American volume 58 (1): 82-86.

[94] KENT R, LEE S-H, DARVISH K, et al. Structural and material changes in the aging thorax and their role in crash protection for older occupants [J]. SAE Technical Paper, 2005,

[95] REED M P, EBERT-HAMILTON S M, RUPP J D. Effects of obesity on seat belt fit [J]. Traffic Injury Prevention, 2012, 13 (4): 364-372.

[96] KENT R W, FORMAN J L, BOSTROM O. Is there really a "cushion effect"?: a biomechanical investigation of crash injury mechanisms in the obese [J]. Obesity, 2010, 18 (4): 749-753.

[97] CORMIER J M. The influence of body mass index on thoracic injuries in frontal impacts [J]. Accident Analysis & Prevention, 2008, 40 (2): 610-615.

[98] BOSE D, SEGUI-GOMEZ S, CRANDALL J R. Vulnerability of female drivers involved in motor vehicle crashes: an analysis of US population at risk [J]. American Journal of Public Health, 2011, 101 (12): 2368-2373.

[99] 黄毅. 考虑乘员身材和碰撞强度差异的约束系统影响参数研究 [D]. 北京: 清华大学, 2014.

[100] 王琼. 针对多种碰撞工况的乘员约束系统构型设计方法研究 [D]. 北京: 清华大学, 2010.

[101] MELVIN J W. Injury assessment reference values for the CRABI 6-month infant dummy in a rear-facing infant restraint with airbag deployment [J]. SAE Transactions, 1995: 1553-1564.

[102] LUCAS S R, BASS C R, CRANDALL J R, et al. Viscoelastic and failure properties of spine ligament collagen fascicles [J]. Biomechanics and Modeling in Mechanobiology, 2009, 8 (6): 487-498.

[103] LIAO H, BELKOFF S M. A failure model for ligaments [J]. Journal of Biomechanics, 1999, 32 (2): 183-188.

[104] SHI X, CAO L, REED M P, et al. A statistical human rib cage geometry model accounting for variations by age, sex, stature and body mass index [J]. Journal of Biomechanics, 2014, 47 (10): 2277-2285.

[105] YATES K M, LU Y-C, UNTAROIU C D. Statistical shape analysis of the human spleen geometry for probabilistic occupant models [J]. Journal of Biomechanics, 2016, 49 (9): 1540-1546.

[106] BOSE D, CRANDALL J R, UNTAROIU C D, et al. Influence of pre-collision occupant parameters on injury outcome in a frontal collision [J]. Accident Analysis & Prevention, 2010, 42 (4): 1398-1407.

[107] NIE B, FORMAN J L, JOODAKI H, et al. Scaling approach in predicting the seatbelt loading and kinematics of

vulnerable occupants:How far can we go? [J]. Traffic Injury Prevention,2016,17 (sup1):93-100.

[108] NICOLELLA D P,THACKER B H,KATOOZIAN H,et al. The effect of three-dimensional shape optimization on the probabilistic response of a cemented femoral hip prosthesis[J]. Journal of Biomechanics,2006,39 (7):1265-1278.

[109] FARAWAY J,REED M P. Statistics for digital human motion modeling in ergonomics[J]. Technometrics, 2007,49 (3):277-290.

[110] LIU Y,ZHOU Q,GAN S,et al. Influence of population variability in ligament material properties on the mechanical behavior of ankle:a computational investigation[J]. Computer Methods in Biomechanics and Biomedical Engineering,2020,23 (2):43-53.

[111] NIE B,XIA Y,ZHOU Q,et al. A response-surface-based tool for vehicle front-end design for pedestrian impact protection using human body model[J]. International Journal of Vehicle Design,2014,66 (4):347-362.

[112] NIE B,FORMAN J L,PANZER M B,et al. Fiber-based modeling of in situ ankle ligaments with consideration of progressive failure[J]. Journal of Biomechanics,2017,61:102-110.

[113] NIE B,PANZER M B,MANE A,et al. A framework for parametric modeling of ankle ligaments to determine the in situ response under gross foot motion [J]. Computer Methods in Biomechanics and Biomedical Engineering,2016,19 (12):1254-1265.

[114] DOKKO Y,ITO O,OHASHI K. Development of human lower limb and pelvis fe models for adult and the elderly[J]. SAE Technical Paper,2009.

[115] KLEIN K F,HU J,REED M P,et al. Validation of a parametric finite element human femur model[J]. Traffic Injury Prevention,2017,18 (4):420-426.

[116] OLAFSDOTTIR J M,BROLIN K,BLOUIN J S,et al. Dynamic Spatial Tuning of Cervical Muscle Reflexes to Multidirectional Seated Perturbations[J]. Spine,2015,40 (4):E211-E219.

[117] HAUG E,CHOI H-Y,ROBIN S,et al.,Human Models for Crash and Impact Simulation,in Handbook of Numerical Analysis[M]. Elsevier,2004.

[118] CHANG C-Y,RUPP J D,KIKUCHI N,et al. Development of a finite element model to study the effects of muscle forces on knee-thigh-hip injuries in frontal crashes[C]. Stapp Car Crash Conference. 2008.

[119] BLOECHER H L,DICKMANN J,ANDRES M. Automotive active safety & comfort functions using radar[C]. 2009 IEEE International Conference on Ultra-Wideband,2009.

[120] MANSOURI M,REINBOLT J A. A platform for dynamic simulation and control of movement based on OpenSim and MATLAB[J]. Journal of Biomechanics,2012,45 (8):1517-1521.

[121] IWAMOTO M,NAKAHIRA Y,KIMPARA H,et al. Development of a Human Body Finite Element Model with Multiple Muscles and their Controller for Estimating Occupant Motions and Impact Responses in Frontal Crash Situations[C]. Stapp Car Crash Conference,2012.

[122] IWAMOTO M. Modeling Passive and Active Muscles,in Basic Finite Element Method as Applied to Injury Biomechanics[M]. Amsterdam:Elsevier,2018.

[123] CHANG C Y. Prediction of the Effects of Lower-extremity Muscle Forces on Knee,Thigh,and Hip Injuries in Frontal Motor Vehicle Crashes[D]. Michigan:University of Michigan,2009.

[124] NIE B,SATHYANARAYAN D,YE X,et al. Active muscle response contributes to increased injury risk of lower extremity in occupant-knee airbag interaction[J]. Traffic Injury Prevention,2018,19:S76-S82.

[125] HAPPEE R,DE BRUIJN E,FORBES P A,et al. Dynamic head-neck stabilization and modulation with perturbation bandwidth investigated using a multisegment neuromuscular model[J]. Journal of Biomechanics, 2017,58:203-211.

［126］ÖSTH J,ELIASSON E,HAPPEE R,et al. A method to model anticipatory postural control in driver braking events［J］. Gait and Posture,2014,40（4）:664-669.

［127］ROOIJ L V. Effect of Various Pre-Crash Braking Strategies on Simulated Human Kinematic Response With Varying Levels of Driver Attention［C］. The 22nd International Technical Conference on the Enhanced Safety of Vehicles（ESV）,2011.

［128］IWAMOTO M,NAKAHIRA Y,KIMPARA H. Development and Validation of the Total HUman Model for Safety（THUMS）Toward Further Understanding of Occupant Injury Mechanisms in Precrash and During Crash［J］. Traffic Injury Prevention,2015,16:36-48.

［129］BEHR M. Tonic Finite Element Model of the Lower Limb［J］. Journal of Biomechanical Engineering,2005, 128（2）:223-227.

［130］MO F,LI F,BEHR M,et al. A Lower Limb-Pelvis Finite Element Model with 3D Active Muscles［J］. Annals of Biomedical Engineering,2018,46（1）:86-96.

［131］SUGIYAMA T,KIMPARA H,IWAMOTO M. Effects of muscle tense on impact responses of lower extremity ［C］. IRCOBI Conference,2007.

［132］LI F,LU R,HU W,et al. The Influence of Neck Muscle Activation on Head and Neck Injuries of Occupants in Frontal Impacts［J］. Applied Bionics & Biomechanics,2018,2018（4）:1-14.

［133］GENNARELLI T A,WODZIN E. AIS 2005:a contemporary injury scale［J］. Injury,2006,37（12）: 1083-1091.

［134］HOLLOWELL W T,GABLER H C,STUCKI S L,et al. Updated review of potential test procedures for FMVSS No. 208［R］. 1999.

［135］KUPPA S. Injury criteria for side impact dummies［R］. New York:NTBR,2004.

［136］TAKHOUNTS E G,CRAIG M J,MOORHOUSE K,et al. Development of brain injury criteria（BrIC）［J］. SAE Technical Paper,2013,

［137］国家标准化管理委员会. 汽车正面碰撞的乘员保护　GB 11551—2014［S］. 北京:中国标准出版社,2014.

［138］GABLER L F,CRANDALL J R,PANZER M B. Development of a Metric for Predicting Brain Strain Responses Using Head Kinematics［J］. Annals of Biomedical Engineering,2018,46（7）:972-985.

［139］TANNOUS R,EPPINGER R,SUN E,et al. Development of Improved Injury Criteria for the Assessment of Advanced Automotive Restraint Systems-II［R］. 1999.

［140］EICHBERGER A,STEFFAN H,GEIGL B,et al. Evaluation of the applicability of the neck injury criterion （NIC）in rear end impacts on the basis of human subject tests［C］. Proceedings of the International Research Council on the Biomechanics of Injury conference,1998. International Research Council on Biomechanics of Injury.

［141］CAVANAUGH J M,ZHU Y,HUANG Y,et al. Injury and response of the thorax in side impact cadaveric tests ［J］. SAE Technical Paper,1993.

［142］KUPPA S,WANG J,HAFFNER M,et al. Lower extremity injuries and associated injury criteria［J］. SAE Technical Paper,2001.

［143］IVARSSON J,LESLEY D,KERRIGAN J,et al. Dynamic Response Corridors and Injury Thresholds of the Pedestrian Lower Extremities［J］. Proceedings of the International Research Council on the Biomechanics of Injury conference,2004,32.

［144］QUAPP K M,WEISS J A. Material characterization of human medial collateral ligament［J］. Journal of Biomechanical Engineering,1998,120（6）:757.

[145] RACE A, AMIS A A. The mechanical properties of the two bundles of the human posterior cruciate ligament [J]. Journal of Biomechanics, 1994, 27 (1): 13-24.

[146] BUTLER D L, KAY M D, STOUFFER D C. Comparison of material properties in fascicle-bone units from human patellar tendon and knee ligaments[J]. Journal of Biomechanics, 1986, 19 (6): 425-432.

[147] BAKER S P, O'NEILL B, HADDON JR W, et al. The injury severity score: a method for describing patients with multiple injuries and evaluating emergency care[J]. Journal of Trauma and Acute Care Surgery, 1974, 14 (3): 187-196.

[148] OSLER T, BAKER S P, LONG W. A modification of the injury severity score that both improves accuracy and simplifies scoring[J]. Journal of Trauma and Acute Care Surgery, 1997, 43 (6): 922-926.

[149] STEVENSON M, SEGUI-GOMEZ M, LESCOHIER I, et al. An overview of the injury severity score and the new injury severity score[J]. Injury Prevention, 2001, 7 (1): 10-13.

[150] TAY S-Y, SLOAN E P, ZUN L, et al. Comparison of the new injury severity score and the injury severity score [J]. Journal of Trauma and Acute Care Surgery, 2004, 56 (1): 162-164.

[151] BALOGH Z, OFFNER P J, MOORE E E, et al. NISS predicts postinjury multiple organ failure better than the ISS[J]. Journal of Trauma and Acute Care Surgery, 2000, 48 (4): 624-628.

[152] BALOGH Z J, VARGA E, TOMKA J, et al. The new injury severity score is a better predictor of extended hospitalization and intensive care unit admission than the injury severity score in patients with multiple orthopaedic injuries[J]. Journal of Orthopaedic Trauma, 2003, 17 (7): 508-512.

[153] MUNHOZ D, GREGOLIN J A R, DE FARIA L I L, et al. Automotive Materials: current status, technology trends and challenges[C]. SAE Conference, 2007. SAE International.

[154] BAI Y, WIERZBICKI T. Application of extended Mohr-Coulomb criterion to ductile fracture[J]. International Journal of Fracture, 2010, 161: 1-20.

[155] BEESE A, LUO M, LI Y, et al. Partially coupled anisotropic fracture model for aluminum sheets [J]. Engineering Fracture Mechanics-ENG FRACTURE MECH, 2010, 77: 1128-1152.

[156] LUO M, WIERZBICKI T. Numerical failure analysis of a stretch-bending test on dual-phase steel sheets using a phenomenological fracture model[J]. International Journal of Solids and Structures, 2010, 47: 3084-3102.

[157] DØRUM C, HOPPERSTAD O, LADEMO O-G, et al. Numerical Modeling of the Structural Behavior of Thin-Walled Cast Magnesium Components Using a Through-Process Approach[J]. Materials & Design, 2007, 28: 2619-2631.

[158] DØRUM C, HOPPERSTAD O, BERSTAD T, et al. Numerical modelling of magnesium die-castings using stochastic fracture parameters[J]. Engineering Fracture Mechanics-ENG FRACTURE MECH, 2009, 76: 2232-2248.

[159] FARROKH B, KHAN A S. A strain rate dependent yield criterion for isotropic polymers: Low to high rates of loading[J]. European Journal of Mechanics-A/Solids, 2010, 29 (2): 274-282.

[160] HOLLIDAY L, MANN J, POGANY G A, et al. Ductility of Polystyrene[J]. Nature, 1964, 202 (4930): 381-382.

[161] BOWDEN P B, JUKES J A. The plastic flow of isotropic polymers[J]. Journal of Materials Science, 1972, 7 (1): 52-63.

[162] LUBINEAU G, LADEVÈZE P. Construction of a micromechanics-based intralaminar mesomodel, and illustrations in ABAQUS/Standard[J]. Computational Materials Science, 2008, 43 (1): 137-145.

[163] 陈冠华. 锂离子电池模组碰撞响应研究和结构优化[D]. 北京:清华大学, 2018.

[164] 李威. 基于精细模型的锂离子电池变形失效研究[D]. 北京:清华大学, 2019.

［165］罗海灵. 机械滥用下的锂离子软包电池结构失效机理与建模研究［D］. 北京：清华大学，2018.

［166］SONI A，ROBERT T，BEILLAS P. Effects of pedestrian pre-crash reactions on crash outcomes during multi-body simulations［C］. 2013 IRCOBI Conference Proceedings-International Research Council on the Biomechanics of Injury，2013.

［167］DING L，GLAZER M，WANG M，et al. MIT-AVT Clustered Driving Scene Dataset：Evaluating Perception Systems in Real-World Naturalistic Driving Scenarios［C］. 2020 IEEE Intelligent Vehicles Symposium（IV），2020. IEEE.

［168］ZHOU H，ZHONG Z，HU M，et al. Determining the steering direction in critical situations：A decision tree-based method［J］. Traffic Injury Prevention，2020，21（6）：395-400.

［169］HU M，LI Y. Drivers´ avoidance patterns in near-collision intersection conflicts［C］. 2017 IEEE 20th International Conference on Intelligent Transportation Systems（ITSC），2017，IEEE.

［170］GAN S，LI Q，WANG Q，et al. Capturing Driver Evasive Manoeuvres In Pre-crash Phases From Large-scale Real-world Critical Scene Videos［C］. IRCOBI Asia Conference，2021.

［171］HAN Y，LI Q，WANG F，et al. Analysis of pedestrian kinematics and ground impact in traffic accidents using video records［J］. International Journal of Crashworthiness，2019，24（2）：211-220.

［172］LI Q，HAN Y，MIZUNO K. Ground Landing Mechanisms in Vehicle-To-Pedestrian Impacts Based on Accident Video Records［J］. SAE Technical Paper，2018.

［173］SPORTILLO D，PALJIC A，OJEDA L. Get ready for automated driving using Virtual Reality［J］. Accident Analysis and Prevention，2018，118：102-113.

［174］NIE B，LI Q，GAN S，et al. Safety envelope of pedestrians upon motor vehicle conflicts identified via active avoidance behaviour［J］. Scientific Reports，2021，11（1）：3996.

［175］LI Q，SHANG S，PEI X，et al. Kinetic and kinematic features of pedestrian avoidance behavior in motor vehicle conflicts［J］. Frontiers in Bioengineering and Biotechnology，2021，9.

［176］陈龙. 基于多源数据挖掘的汽车智能驾驶系统有效性评价［D］. 北京：清华大学，2017.

［177］MALLIARIS A C，DIGGES K H，DEBLOIS J H. Relationships between crash casualties and crash attributes［C］. SAE International Congress and Exposition，1997.

［178］BAHOUTH G，DIGGES K，SCHULMAN C. Influence of Injury Risk Thresholds on the Performance of an Algorithm to Predict Crashes with Serious Injuries［J］. Annals of Advances in Automotive Medicine，2012，56：223-230.

［179］STITZEL J D，WEAVER A A，TALTON J W，et al. An Injury Severity-，Time Sensitivity-，and Predictability-Based Advanced Automatic Crash Notification Algorithm Improves Motor Vehicle Crash Occupant Triage［J］. Journal of the American College of Surgeons，2016，222（6）：1211-1219. e6.

［180］WANG Q，GAN S，CHEN W，et al. A data-driven，kinematic feature-based，near real-time algorithm for injury severity prediction of vehicle occupants［J］. Accident Analysis & Prevention，2021，156：106149.

［181］BANCE I，NIE B. A Framework for Near Real-Time Occupant Injury Risk Prediction using a Sequence-to-Sequence Deep Learning Approach［C］. International Research Council on Biomechanics of Injury（IRCOBI），2019.

［182］GABLER H C，WEAVER A A，STITZEL J D. Automotive Field Data in Injury Biomechanics［M］. New York：Springer 2015.

［183］LORD D，MANNERING F. The Statistical Analysis of Crash-Frequency Data：A Review and Assessment of Methodological Alternatives［J］. Transportation Research Part A，2010，44（5）：291-305.

［184］SAVOLAINEN P T，MANNERING F L，LORD D，et al. The Statistical Analysis of Highway Crash-Injury

Severities：A Review and Assessment of Methodological Alternatives［J］. Accident Analysis & Prevention，2011，43（5）：1666-1676.

［185］JEONG H，JANG Y，BOWMAN P J，et al. Classification of motor vehicle crash injury severity：A hybrid approach for imbalanced data［J］. Accident Analysis & Prevention，2018，120：250-261.

［186］AL-MOQRI T，HAIJUN X，NAMAHORO J P，et al. Exploiting Machine Learning Algorithms for Predicting Crash Injury Severity in Yemen：Hospital Case Study［J］. Applied and Computational Mathematics，2020，9（5）：155-164.

［187］FIORENTINI N，LOSA M. Handling imbalanced data in road crash severity prediction by machine learning algorithms［J］. Infrastructures，2020，5（7）：61.

［188］DELEN D，TOMAK L，TOPUZ K，et al. Investigating Injury Severity Risk Factors in Automobile Crashes with Predictive Analytics and Sensitivity Analysis Methods［J］. Journal of Transport & Health，2017，4：118-131.

［189］ZHENG M，LI T，ZHU R，et al. Traffic Accident's Severity Prediction：A Deep-Learning Approach-Based CNN Network［J］. IEEE Access，2019，（99）：1.

［190］GEYIK B，KARA M. Severity Prediction with Machine Learning Methods，2020 International Congress on Human-Computer Interaction［C］. Optimization and Robotic Applications（HORA），2020.

［191］YOSINSKI J，CLUNE J，BENGIO Y，et al. How Transferable are Features in Deep Neural Networks？［C］. International Conference on Neural Information Processing Systems，2014.

［192］SONG H S，LEE Y，PARK S，et al. A Study on Classification of Traffic Accident Injury Grade Using CNN and NASS-CDS Data［C］. The 2018 VII International Conference，2018.

［193］KIM T，POPLIN G，BOLLAPRAGADA V，et al. Monte Carlo method for estimating whole-body injury metrics from pedestrian impact simulation results［J］. Accident Analysis & Prevention，2020：147.

［194］MACKENZIE E J，DAMIANO A，MILLER T，et al. The development of the Functional Capacity Index［J］. Journal of Trauma and Acute Care Surgery，1996，41（5）：799-807.

［195］柳艳杰. 汽车低速碰撞吸能部件的抗撞性能研究［D］. 哈尔滨：哈尔滨工程大学，2012.

［196］段利斌. 汽车变厚度前纵梁的轻量化和耐撞性设计方法研究［D］. 长沙：湖南大学，2017.

［197］聂冰冰. 汽车前端结构及造型设计对行人碰撞保护的影响［D］. 北京：清华大学，2013.

［198］XIA Y，WIERZBICKI T，SAHRAEI E，et al. Damage of cells and battery packs due to ground impact［J］. Journal of Power Sources，2014，267：78-97.

［199］ZHU J，ZHANG X，WIERZBICKI T，et al. Structural Designs for Electric Vehicle Battery Pack against Ground Impact［J］. SAE Technical Paper，2018.

［200］周青，夏勇，聂冰冰，等. 汽车碰撞安全与轻量化研发中的若干挑战性课题［J］. 中国公路学报，2019，32（7）：1-14.

［201］ZHANG S，ZHOU Q，XIA Y. Influence of mass distribution of battery and occupant on crash response of small lightweight electric vehicle［J］. SAE Technical Paper，2015.

［202］LI B，PAREKH M H，ADAMS R A，et al. Lithium-ion Battery thermal Safety by early internal Detection，prediction and prevention［J］. Scientific Reports，2019，9（1）：1-11.

［203］邓原冰. 锂离子动力电池热失控及其预警机制的试验与仿真研究［D］. 武汉：华中科技大学，2017.

［204］王春力，贡丽妙，亢平，等. 锂离子电池储能电站早期预警系统研究［J］. 储能与科学技术，2018，7（6）：1152-1158.

［205］FERNANDES Y，BRY A，DE PERSIS S. Identification and quantification of gases emitted during abuse tests by overcharge of a commercial Li-ion battery［J］. Journal of Power Sources，2018，389：106-119.

［206］王书洋. 锂离子电池气体发生行为的研究［D］. 哈尔滨：哈尔滨工业大学，2012.

［207］ CUMMINGS S L,SWARTZ N. Off-gas monitoring for lithium ion battery health and safety ［R］. Wright Patterson AFB:Power Sources Committee Meeting,2017.

［208］ CUERDEN R,HILL J,KIRK A,et al. The potential effectiveness of adaptive restraints［C］. International Research Council on Biomechanics of Injury（IRCOBI）,2001.

［209］ FRAUNHOFER-GESELLSCHAFT. Activity detection inside the vehicle ［EB/OL］.［2021-12-27］. https://www. iosb. fraunhofer. de/en/press/press-releases/2021/activity-detection-inside-the-vehicle. html.

［210］ RICHERT J,COUTELLIER D,GÖTZ C,et al. Advanced smart airbags:The solution for real-life safety? ［J］. International Journal of Crashworthiness,2007,12（2）:159-171.

［211］ WANG C,ZHOU Q. Concept study of adaptive seatbelt load limiter using magnetorheological fluid［C］. The 21st International Technical Conference on the Enhanced Safety of Vehicles Conference（ESV）,Stuttgart, Germany,2009.

［212］ BENNETT J,PARK G. Automotive occupant dynamics optimization［J］. Shock and Vibration,1995,2（6）: 471-479.

［213］ TANG L,LUO M,ZHOU Q. Optimization of a child restraint system by using a particle swarm algorithm［C］. International Conference on Intelligent Computing,2006.

［214］ YEH I,FU Y,KACHNOWSKI B,et al. Optimization of a vehicle restraint system using a genetic algorithm ［J］. SAE Transactions,2005,1504-1511.

［215］ MELVIN J W,BARON K J,LITTLE W C,et al. Biomechanical analysis of Indy race car crashes［J］. SAE Transactions,1998:2872-2891.

［216］ HUBBARD R P,BEGEMAN P C. Biomechanical performance of a new head and neck support［J］. SAE Technical Paper,1990.

［217］ MELVIN J W,GIDEON T. Biomechanical principles of racecar seat design for side impact protection［J］. SAE Technical Paper,2004.

［218］ GIDEON T,MELVIN J,BEGEMAN P. Race car nets for the control of neck forces in side impacts［J］. SAE Technical Paper,2004.

［219］ FORMAN J,STACEY S,EVANS J,et al. Posterior acceleration as a mechanism of blunt traumatic injury of the aorta［J］. Journal of Biomechanics,2008,41（6）:1359-1364.

［220］ MOHAN A,PAPAGEORGIOU C,POGGIO T. Example-based object detection in images by components［J］. IEEE Transactions on Pattern Analysis and Machine Intelligence,2001,23（4）:349-361.

［221］ FELZENSZWALB P F,GIRSHICK R B,MCALLESTER D,et al. Object detection with discriminatively trained part-based models［J］. IEEE Trans Pattern Anal Mach Intell,2010,32（9）:1627-45.

［222］ FELZENSZWALB P,GIRSHICK R,MCALLESTER D,et al. Visual object detection with deformable part models［J］. Communications of the ACM,2013,56（9）:97-105.

［223］ REDMON J,DIVVALA S,GIRSHICK R,et al. You only look once:Unified,real-time object detection［C］. Proceedings of the IEEE conference on computer vision and pattern recognition,2016.

［224］ HELBING D,MOLNAR P. Social force model for pedestrian dynamics［J］. Physical Review E,1998,51.

［225］ WAKIM C F,CAPPERON S,OKSMAN J. A Markovian model of pedestrian behavior［C］. 2004 IEEE International Conference on Systems,Man and Cybernetics（IEEE Cat. No.04CH37583）,2004.

［226］ KOOIJ J F P,SCHNEIDER N,FLOHR F,et al. Context-based pedestrian path prediction［C］. European Conference on Computer Vision,2014.

［227］ BONNIN S,WEISSWANGE T,KUMMERT F,et al. General Behavior Prediction by a Combination of Scenario-Specific Models［J］. Intelligent Transportation Systems,IEEE Transactions on,2014,15:1478-1488.

［228］ BERGER R,ROBOTICS H. 智能座舱发展趋势白皮书［R］. 2019.

［229］ NIE B,GAN S,CHEN W,et al. Seating preferences in highly automated vehicles and occupant safety awareness:A national survey of Chinese perceptions［J］. Traffic Injury Prevention,2020,21（4）:247-253.

［230］ 姚广鹏. 城市平面信号交叉口人车交互状态的安全与效率分析［D］. 西安:长安大学,2016.

［231］ 汪林,李赵,詹鹏宇. 基于 IEEE802.11p 的车路协同系统设计［J］. 工业控制计算机,2017,（8）:1-2.

［232］ 蔡志理,孙丰瑞,韦凌翔,等. 基于车联网技术的车路协同系统设计［J］. 山东交通学院学报,2011,19（4）:17-23.

［233］ 熊锋. 车身结构轻量化与抗撞性多目标协同优化设计方法研究［D］. 长春:吉林大学,2018.

［234］ EXTRICATION B. 2015 Volkswagen Passat Body Structure［EB/OL］.［2021-7-20］. http://www.boronextrication.com/2014/07/12/2015-volkswagen-passat-body-structure-extrication/.

［235］ 国家标准化管理委员会. 电动汽车用动力蓄电池安全要求 GB 38031-2020［S］. 北京:中国标准出版社,2020.

［236］ LU L,HAN X,LI J,et al. A review on the key issues for lithium-ion battery management in electric vehicles［J］. Journal of Power Sources,2013:226 272-288.

［237］ PAN H,SUN W,JING X,et al. Adaptive tracking control for active suspension systems with non-ideal actuators［J］. Journal of Sound and Vibration,2017,399:2-20.

［238］ Author. Audi details new A8 active suspension［EB/OL］. Automotive Engineering（2017-07-14）［2021-7-20］. https://www.sae.org/news/2017/07/audi-details-new-a8-active-suspension.

［239］ MAGAR S G. Adaptive Front Light Systems of Vehicle for Road Safety［C］. 2015 International Conference on Computing Communication Control and Automation,2015.

［240］ MAZDA. AFS（ADAPTIVE FRONT-LIGHTING SYSTEM）［EB/OL］.［2020-3-27］. https://www.mazda.com/en/innovation/technology/safety/active_safety/afs/.

［241］ MAGES M,SEYFFERT M,CLASS U. Analysis of the pre-crash benefit of reversible belt pre-pretensioning in different accident scenarios［C］. Proceedings of the 22nd ESV Conference,2011.

［242］ SCHOENEBURG R,BAUMANN K-H,FEHRING M,et al. The efficiency of PRE-SAFE systems in pre-braked frontal collision situations［C］. Proceedings of the 22nd ESV Conference,2011.

［243］ TOYOTA-BOSHOKU. MX191［EB/OL］.［2021-7-20］. https://www.toyota-boshoku.com/global/special/ces2020/mx191.html.

［244］ 武和全,张家飞,胡林. 自动驾驶中座椅旋转速度对乘员的影响［J］. 汽车工程,2021,43（2）:226-231.

［245］ MERCEDES-BENZ. The F 015 Luxury in Motion［EB/OL］.［2021-11-20］. https://www.mercedes-benz.com/en/innovation/autonomous/research-vehicle-f-015-luxury-in-motion.

［246］ 武和全,侯海彬,胡林,等. 自动驾驶汽车中乘员在不同座椅朝向下的损伤风险及规避策略［J］. 中国公路学报,2019,32（6）:206-215,225.

［247］ ROTH M,FLOHR F,GAVRILA D M. Driver and pedestrian awareness-based collision risk analysis［C］. 2016 IEEE Intelligent Vehicles Symposium（IV）,2016.

［248］ KUO Y-C,FU C-M,TSAI C-T,et al. Pedestrian Collision Warning of Advanced Driver Assistance Systems［M］. 2016.

［249］ HARIYONO J,SHAHBAZ A,KURNIANGGORO L,et al. Estimation of collision risk for improving driver´s safety［C］. IECON 2016-42nd Annual Conference of the IEEE Industrial Electronics Society,2016.

［250］ TAKAHASHI H,MIYAZAKI H,NARITA S,et al. Development of Pop-Up Hood System for Pedestrian Protection［C］. 23rd International Technical Conference on the Enhanced Safety of Vehicles（ESV）,2013.

［251］ JAKOBSSON L,BROBERG T,KARLSSON H,et al. Pedestrian airbag technology-a production system［C］.

23rd International Technical Conference on the Enhanced Safety of Vehicles（ESV）National Highway Traffic Safety Administration，2013.

［252］ 聂冰冰，周青，夏勇.行人头部撞击汽车发动机罩盖的多波峰特征与结构设计［J］.汽车安全与节能学报，2017，8（1）：65-71.

第五章

安全测评

第五章 内容架构

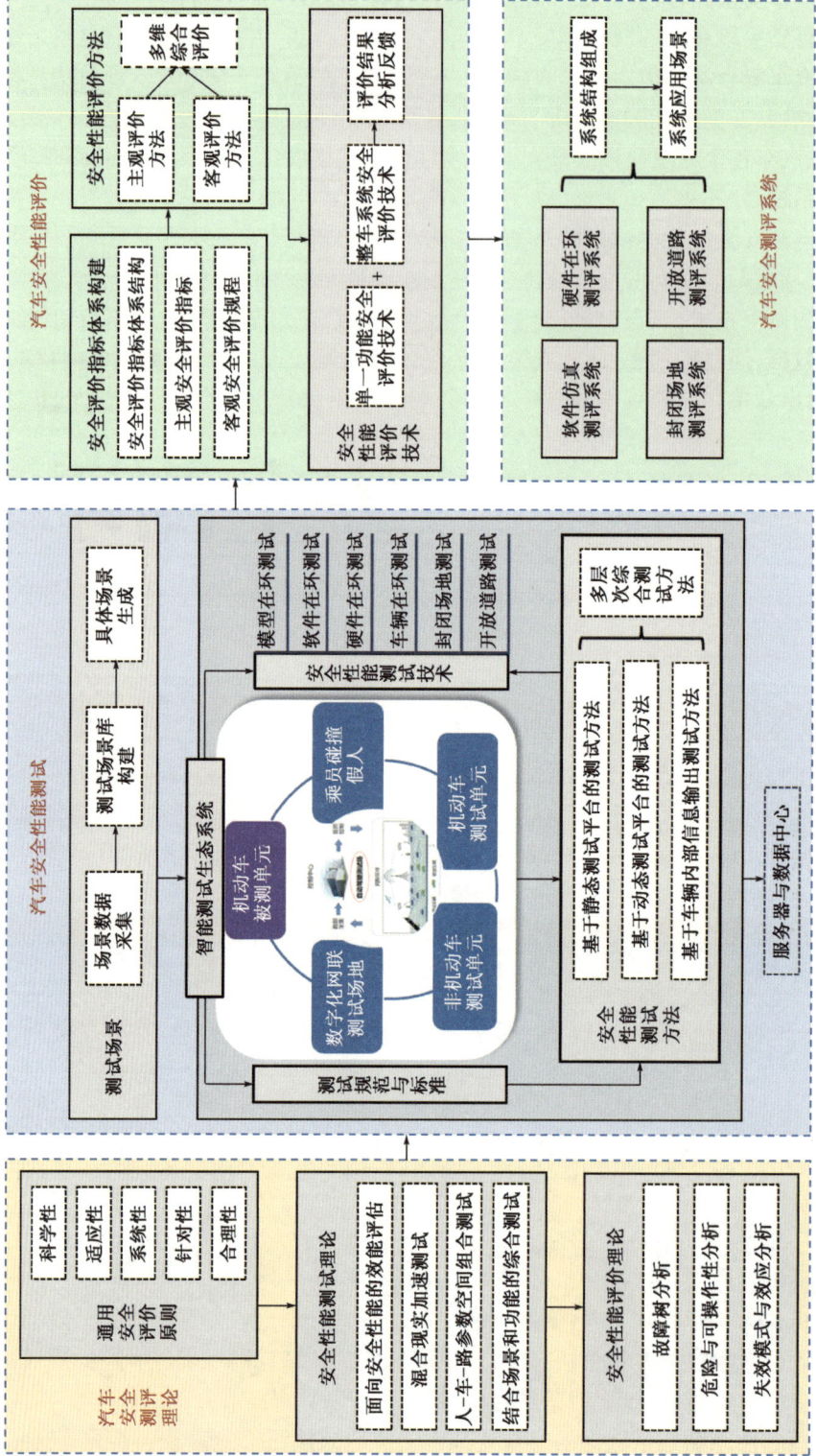

汽车安全性能评价

安全性能评价方法
- 多维综合评价
- 主观评价方法
- 客观评价方法

安全评价指标体系构建
- 安全评价指标体系结构
- 主观安全评价指标
- 客观安全评价规程

- 评价结果分析反馈

安全性能评价技术
- 整车系统安全评价技术
- 单一功能安全评价技术

汽车安全测评系统

- 系统结构组成
- 系统应用场景
- 软件仿真测评系统
- 硬件在环测评系统
- 封闭场地测评系统
- 开放道路测评系统

汽车安全性能测试

测试场景
- 场景数据采集
- 测试场景库构建
- 具体场景生成

智能测试生态系统
- 机动车被测单元
- 乘员碰撞假人
- 机动车测试单元
- 数字化网联测试场地
- 非机动测试单元

安全性能测试技术
- 模型在环测试
- 软件在环测试
- 硬件在环测试
- 车辆在环测试
- 封闭场地测试
- 开放道路测试

- 测试规范与标准

安全性能测试方法
- 多层次综合测试方法
- 基于静态测试平台的测试方法
- 基于动态测试平台的测试方法
- 基于车辆内部信息输出测试方法

- 服务器与数据中心

汽车安全测评理论

通用安全评价原则
- 科学性
- 适应性
- 系统性
- 针对性
- 合理性

安全性能测试理论
- 面向安全性能的效能评估
- 混合现实加速测试
- 人-车-路参数空间同组合测试
- 结合场景和功能的综合测试

安全性能评价理论
- 故障树分析
- 危险与可操作性分析
- 失效模式与效应分析

汽车安全测评(Testing and Evaluation for Vehicle Safety,TEVS)是指参照一定标准,通过一系列科学手段和方法对汽车安全性能进行测量、分析、判断,并给出定性或定量的评判结论。

汽车安全测评以对汽车实施充分高效的测试、给出全面合理的评价为目标,基于通用安全评价原则、安全性能测试与评价理论,以测试和评价过程中的核心方法和关键技术为研究对象,在汽车各个开发阶段实现对其安全性能的多维度综合测评,并形成可规范执行的汽车安全测评系统。

汽车安全性能测试以测试场景为输入数据,依托智能测试生态系统,使用多层次综合测试方法,从虚拟和现实两个角度出发,通过仿真测试、硬件及车辆在环测试、封闭场地测试和开放道路测试等技术,实现对部件、系统和整车的安全性测试。汽车安全性能评价基于测试过程得到的数据,通过构建主、客观安全评价指标体系,建立主观评价、客观评价和多维度综合评价方法,给出从单一功能到整车系统的安全评价结果。

第一节 汽车安全测评理论

一、通用安全评价原则

安全评价是测评的重要基础,它指应用系统安全工程原理和方法,对工程或系统中存在的危险进行识别和分析,判断发生事故的可能性及其严重程度,并制定相应预防措施。这一过程通常包括对象选取、危险辨识、后果分析、定性评价、定量评价、提出预防措施等内容[1]。在进行安全评价时,应以被评价对象的实际情况为基础,以国家相关法律法规和技术标准为依据,全面、严谨地开展安全评价工作。在选择安全评价方法时,应遵循科学性、适应性、系统性、针对性、合理性等原则[2],如图 5-1 所示。

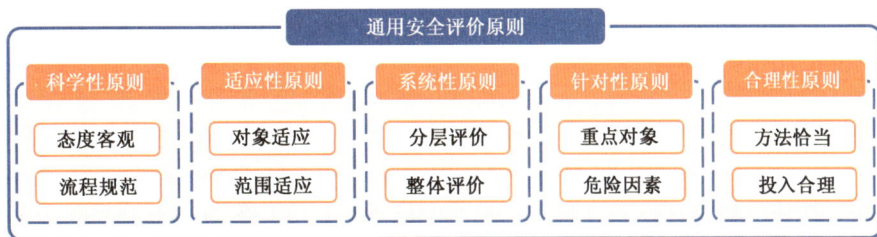

图 5-1　通用安全评价原则

科学性原则是指在评价过程中,需要本着科学的精神,对事物进行理性剖析,将定性与定量分析作为科学实践过程,实事求是得出客观评价结果。遵循科学性原则,可保证安全评价方法对评价对象进行客观分析,并以规范的流程保证结论的准确性和评价结果的有效性,最终提出相应的改进措施,确保对策的合理性[3]。

适应性原则是指选择的安全评价方法应适应被评价的对象。遵循适应性原则可以适应被评价对象的系统组成,根据需要分别对各部分的重点进行评价,使所采用的安全评价方法与被评价对象相适应。在采用不同的安全评价方法时,应注意各自的适用范围和适用对象,根据系统和子系统的特性来选择合适的安全评价方法[3]。

系统性原则是指安全评价方法与被评价对象应被当作一个完整的系统来看待。遵循系统性原则可以通过从不同角度、不同层次来评价整个系统,使用分层评价与整体评价相结合的方法,可以更加全面地了解被评价对象,对其产生真实、合理的评价,从而得到系统化的数据与科学可靠的结论[3]。

针对性原则是指安全评价方法应找准评价重点,有针对性地分析事故发生原因、发生概率和可能产生的后果。遵循针对性原则可根据被评价对象的实际情况和评价需求确定目标,对于重点的或有危险性的被评价对象,应针对可能的危险源进行分析,并对其潜在危害进行重点评价。同样,在后续改进措施中,也应针对性地提出安全性高、可操作性强的应对方法,保证评价与对策的有效性[3]。

合理性原则是指在满足安全评价的前提下应合理分配资源。遵循合理性原则可以在安全评价的过程中,使用较为简单、直观、合理的评价方法,以较低的投入来实现评价目的。此外,对于动态数据应采用合理的评价频率,过于频繁的评价会带来额外的负担[85]。合理安排安全评价,不应追求过于复杂的安全评价方法,避免资源浪费[4]。

二、安全性能测试理论

在进行车辆道路测试之前,要对其安全性能进行多方面的测试与验证。安全性能测试主要分为混合现实加速测试、人-车-路参数空间组合测试以及结合场景和功能的综合测试,如图 5-2 所示。在安全性能测试之前,还须对车辆进行基于安全机制的效能评估,即根据不同测试场景,选择对应的能够描述其安全性的参数并加以综合,进而形成安全性能评估结果。其中,混合现实加速测试针对复杂繁多的测试场景,利用场景自动生成等工具以加速测试过程,提高测试效率,同时较好地解决交通场景全覆盖问题;人-车-路参数空间组合测试方法在有效减小参数空间规模的同时,保持较高的潜在故障检测率;结合场景和功能的综合测试连接场景与功能之间的内在联系和共性,具有迭代效率高、重复性好等特点。

(一)面向安全性能的效能评估

面向安全性能的效能评估旨在量化评估车辆能够达到使用安全要求的程度。本部分首先阐述效能评估的相关概念与一般步骤,接着对效能评估中常用的方法进行介绍,给出效能值的计算方法。

1. 效能评估定义

效能一般定义为系统满足一系列特定任务及其要求的能力,即在规定条件下达到规定目标的能力[89]。从概率的角度,效能定义为系统在规定工作条件下和规定时间内,能够满足运用要求的概率[5]。智能汽车作为一个复杂的信息物理系统,往往具有一系列性能参数,显然不能以个别参数指标来评价车辆安全性能,而应根据测试场景选择能够描述其安全性的参数,这就需要把各个指标加以综合,形成一个或几个数值,作为安全性能的量化结果。各指标量纲与物理属性各不相同,因此需要引入量纲归一化的预处理过程。此外,不同指标对车辆安全性能的表征能力也有所不同,综合时应根据指标的重要性,对其赋予不同的权重,并以之评价智能汽车对运用要求的满足情况,即效能。以上对各类指标进行选择、预处理、综合以及评价的过程,就是效能评估的一般过程,通常包含三部分内容:①筛选合理的效能指标,并建立评估指标体系;②计算效能指标的具体数值;③对多指标进行综合,详细步骤如图 5-3 所示:

第一步:确定目标,面向智能汽车安全性能,明确效能评估中要达到的目标。

第二步:定义系统,对评估系统进行结构、功能、性能等分析。

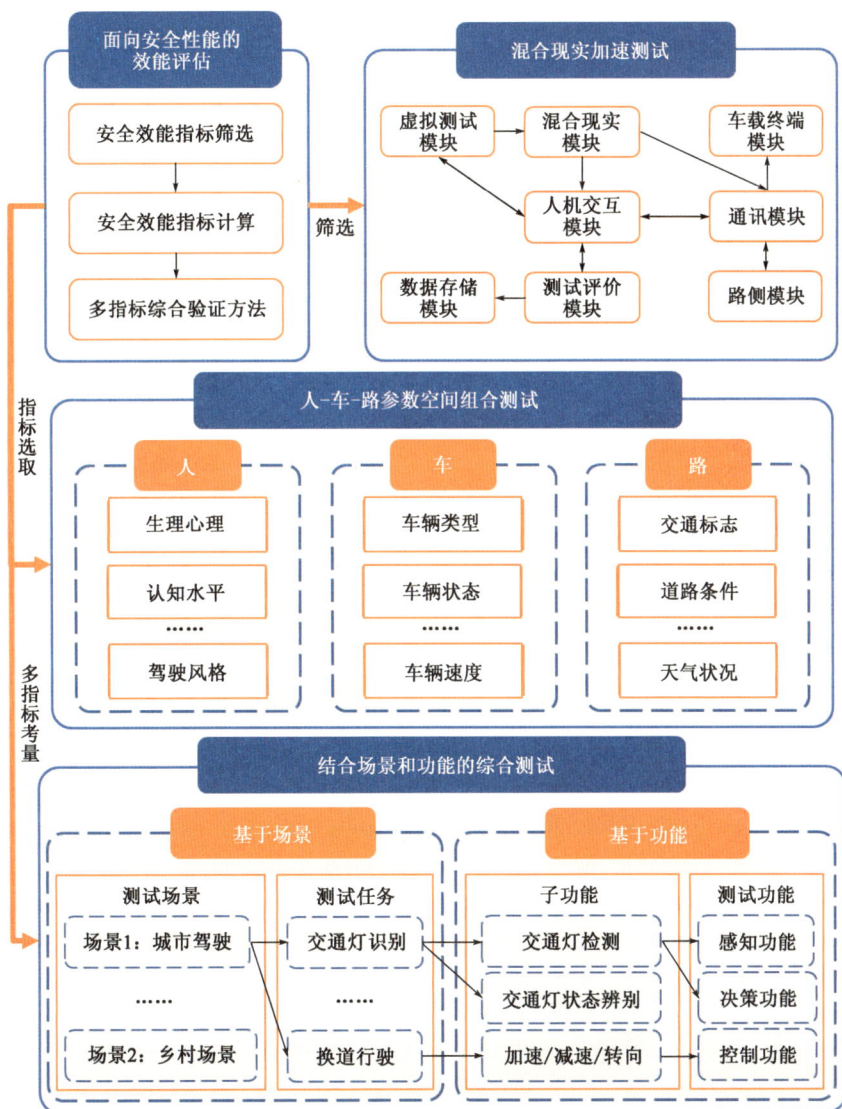

图 5-2 安全性能测试理论逻辑图

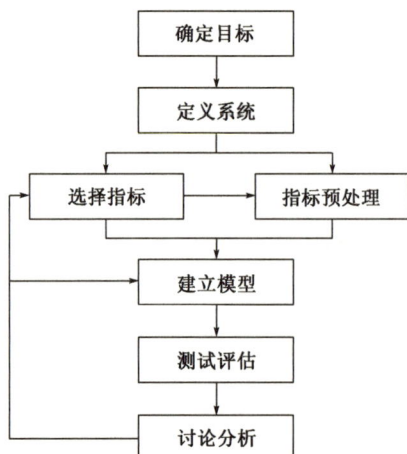

图 5-3　面向安全性能的效能评估步骤

第三步：指标选择与指标预处理，即按照全面性、明确性、敏感性等准则进行筛选，选择用于描述系统效能的指标，并进行量纲归一化等预处理。

第四步：建立模型，确定效能评估方法，构建评估模型。

第五步：测试评估，设计评估实验，进行分析评估测试。

第六步：对评估结果进行分析验证，根据发现的问题进行修改和完善。

2. 效能评估方法

可用性-可信性-能力（Availability-Dependability-Capability，ADC）法是应用较为广泛的效能量化评估方法之一[83]，于 20 世纪 60 年代中期被美国工业界武器系统效能咨询委员会（Weapon System Effectiveness Industry Advisory Commission，WSEIAC）提出。其基本原理可概括为：规定系统效能指标是系统可用度、任务可信度和系统能力三个性能要求的函数，这三者对评估系统完成其目标任务起重要作用。首先对三个性能要求分别进行分析，然后根据三者之间的依存关系，确定它们之间的耦合方式，最后计算该系统完成目标任务的能力，即系统运用效能值，公式如下：

$$E^* = A \cdot D \cdot C \tag{5-1}$$

其中，$E^* = (e_1, e_2, \cdots, e_m)$ 表示系统效能指标向量；e_i 表示对于系统完成第 i 项任务的效能指标分量。

A 表示可用度向量，反映系统在开始使用时的状态水平，其形式如下：

$$A = (a_1, a_2, \cdots, a_n) \tag{5-2}$$

其中，a_j 表示系统开始执行任务时处于第 j 种状态的概率，系统的可能状态是各子系统的可工作状态、工作保障状态、故障状态等集合。可用度与系统的可信赖性、维修性、质量水平等因素有关[6]。

D 表示可信度（或称可信赖度）矩阵，与系统可信赖性和使用过程中的可修复性等因素有关，其形式如下：

$$D = \begin{bmatrix} d_{11} & d_{12} & \cdots & d_{1n} \\ d_{21} & d_{22} & \cdots & d_{2n} \\ \vdots & \vdots & \ddots & \vdots \\ d_{n1} & d_{n2} & \cdots & d_{nn} \end{bmatrix} \tag{5-3}$$

其中，d_{ij} 表示系统在执行任务过程中，以 i 状态开始执行的前提下，执行过程中处于 j 状态（有效状态）的概率。

C 表示在系统处于可用且可信状态下，能达到任务目标的概率，也称作系统固有能力。c_{ij} 为系统在 i 状态下的第 j 个能力因素特征值。矩阵形式如下：

$$C = \begin{bmatrix} c_{11} & c_{12} & \cdots & c_{1m} \\ c_{21} & c_{22} & \cdots & c_{2m} \\ \vdots & \vdots & \ddots & \vdots \\ c_{n1} & c_{n2} & \cdots & c_{nm} \end{bmatrix} \tag{5-4}$$

（二）混合现实加速测试

混合现实加速测试是安全性能测试理论中常见的测试方法，其通过场景自动生成技术对测试过程进行加速，以期在降低测试成本的同时显著提高测试效率。

1. 混合现实测试

车辆在进行道路测试之前，要对其性能进行多方面的测试与验证以保证安全。传统封闭场地测试方法场景数量有限、路况相较开放道路环境简单、无法进行长途测试，在某些极限工况下测试较难进行，因此很难完整的验证车辆性能[7]。混合现实测试较好地解决了上述缺陷，它将软件仿真的优点与驾驶试验的代表性相结合，从车辆层面到交通层面同时扩展硬件在环技术，使得测试过程在保证高精度与高安全性的前提下，更加灵活，可重复，并且允许车辆在关键场景进行测试。

混合现实方法常使用蒙特卡洛法生成虚拟测试环境，即按照样本的分布概率密度进行采样，近似地估计样本函数值的数学期望，如下式所示：

$$E[f(x)] = \int_x f(x)p(x)\,\mathrm{d}x \tag{5-5}$$

以行车风险为例，$f(x)$ 对应场景参数 x 下车辆行驶风险。$E[f(x)]$ 对应在参数的自然概率分布 $p(x)$ 下，风险具有的数学期望。风险期望越小、智能汽车驾驶能力越强。

在典型应用方面，例如，结合智能汽车与自动交叉路口模拟器构建测试平台，利用混合现实方法，能够实现对交叉路口场景的仿真与测试。又如，将虚拟环境测试数据通过云服务器传输给真实测试车辆，将虚拟环境与真实环境的数据融合，使得真实测试车辆可根据融合后的数据选择行驶方案，同时控制中心计算平台将行驶参数进行保存[9]，可提高车辆性能测试的完整性。其架构如图 5-4 所示。

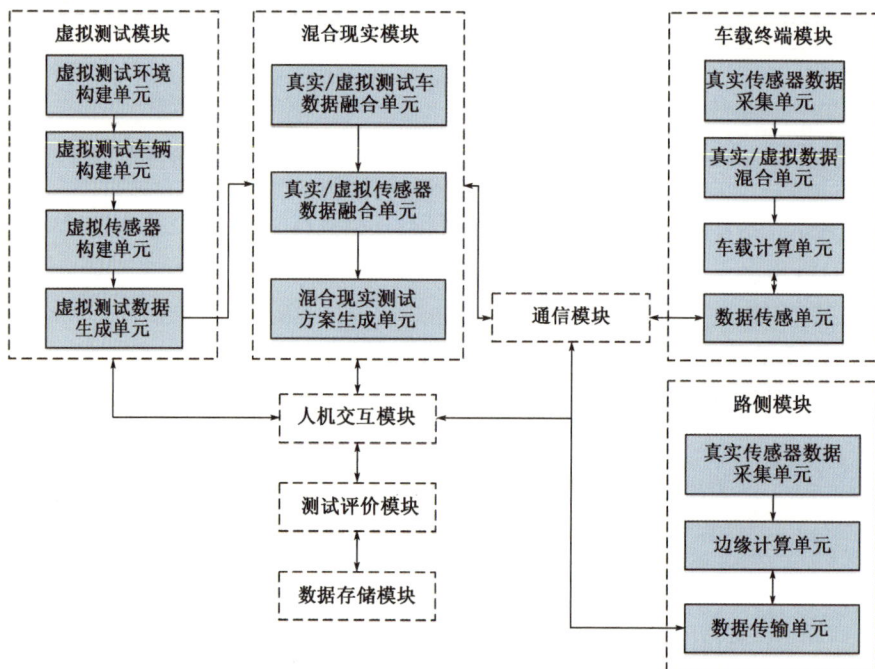

图 5-4   基于混合现实的自动驾驶测试系统架构

　　混合现实汽车测试是软件在环测试与开放道路测试的良好过渡,在显著降低测试成本的同时,可有效提高测试效率。

2. 加速测试

　　伴随车辆自动化水平的提高,自动驾驶系统的使用场景与需要应对的情况逐渐复杂,对测试用例与测试场景数量的要求也日益提高[10]。在此需求下,对测试环节进行加速操作是十分必要的。现有研究[8]在混合现实方法的基础上提出混合现实加速测试方法。具体流程为:首先通过场景自动生成工具(图 5-5)重构与配置仿真环境,并在基于真实交通场景建立的仿真环境中进行虚拟测试,然后在相应的实际环境中进行测试,并对各部件的仿真模型进行反馈修正,从而克服仿真模型不准确的问题。该方法可以在较为完整地验证自动驾驶汽车性能的同时,显著提高测试效率并降低测试成本。

　　在虚拟测试环境生成时,若仅使用自然场景中的概率分布 $p(x)$,则危险场景占比较低,导致采样次数较少,危险场景数学期望也难以准确。因此,在加速测试过程中,通常使用重要性采样的方法来对特殊场景进行加强,同时引入重要性权重的概念,即真实分布中采样占比更高的样本,在场景生成时对应的权重应更低,具体如式(5-6)所示:

$$E[f(x)] = \int_x f(x)p(x)\,\mathrm{d}x = \int_x f(x)\frac{p(x)}{q(x)}q(x)\,\mathrm{d}x = \int_x g(x)q(x)\,\mathrm{d}x \qquad (5-6)$$

　　其中,$p(x)$ 为原始场景生成时各场景的概率密度分布;$q(x)$ 为采用重要性采样方法时各场景的概率密度分布。从中可看出,重要性采样的方法使用一个更好的采样概率密度分布 $q(x)$ 来代替 $p(x)$,能够提升小概率事件采样频率,从而在较少的采样次数下实现较高的期望估计准确性。

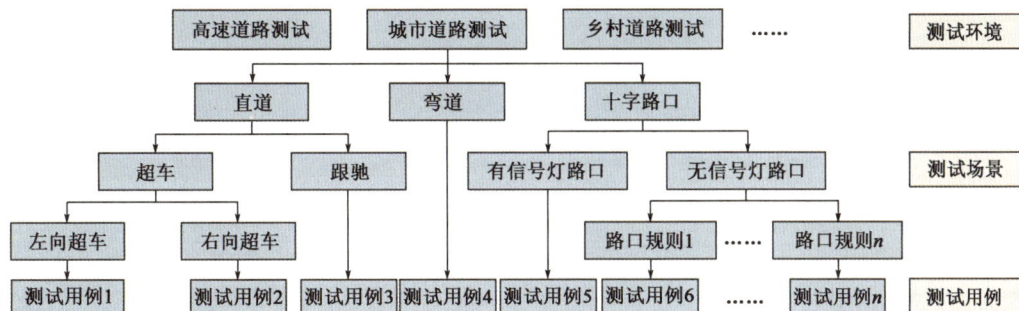

图 5-5　汽车测试场景自动生成

混合现实加速测试方法应用于模拟环境中时,与传统的测试方法相比,可自动运行和评估大量模拟场景;使用场景自动生成工具可以显著加速测试过程,提高测试效率,同时较好地解决交通场景覆盖问题。该方法还可以模拟和评价交通事故场景下智能汽车的性能。

(三)人-车-路参数空间组合测试

随着汽车智能化水平不断提高,人-车-路交通系统涉及巨大参数空间,具体如图 5-6 所示,这是导致汽车安全测试技术较为复杂的主要原因。人-车-路参数空间组合测试方法的提出,在有效减小参数空间规模的同时保持了较高的潜在危险检测率。在组合测试中,首先需要明确场景要素的参数空间。智能汽车及其所处的交通环境包含了大量的未标记信息,常可使用聚类算法对这些无标记训练样本的学习,来揭示数据内在的性质及规律,进而得到场景要素的参数空间是十分必要的。现有的聚类算法主要有 K-Means 聚类、高斯混合聚类等。其中 K-Means 聚类假设人-车-路参数空间的样本集可以划分为 K 个簇,首先对此划分原型进行初始化,然后逐步迭代求解得到最终的聚类划分,具体如式(5-7)所示:

$$E = \sum_{i=1}^{k} \sum_{p \in C_i} \mathrm{dist}(p, c_i)^2 \tag{5-7}$$

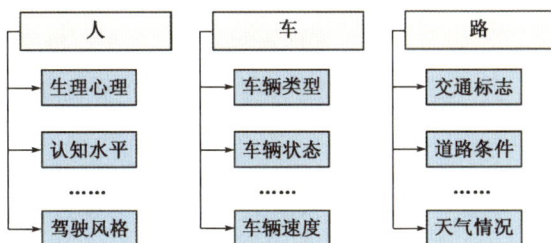

图 5-6　人-车-路系统中的参数空间

其中,E 表示数据集中的所有对象的欧氏距离平方和;dist 表示任意两点的欧氏距离;k 表示参数空间中数据点的总数量;p 表示参数空间中的数据点;c_i 表示参数空间的中心。E 越小,则聚类划分的效果越好。

高斯混合聚类方法采用概率模型描述人-车-路参数空间的划分,最终得到数据点属于每个类别的概率。对每个数据点 x_i,它属于第 k 个类别的概率 $\gamma(i,k)$ 记为:

$$\gamma(i,k) = \frac{\pi_k N(x_i \mid \mu_k, \sum_k)}{\sum_{j=1}^{K} \pi_j N(x_i \mid \mu_j, \sum_j)} \tag{5-8}$$

其中,π_k 表示第 k 类别在总参数空间中的占比;μ_k,$\sum_k$ 分别表示第 k 类别的高斯分布的均值与方差。

在汽车测试研究的用例生成方面,如何从参数空间中选取一个规模较小的子集作为测试用例集是关键性问题。应用广泛的组合测试方法便是在测试性能与代价之间做出了折中,其原理为:选择测试用例,使得对于任意 t(一般取 2 或 3)个参数,其所有可能取值的组合至少被一个测试用例覆盖。此测试准则也被称为 t 组合测试。

组合测试方法在系统测试中是非常有效的,若参数空间包含 k 个参数,则完成 t 组合测试所需要的最小测试用例数目是按照 k 的对数级增长的。基于组合测试方法建立的模型简洁且有效,能够较好应对规模较大的测试需求[11-12],是一种可行的实用测试方案,能够显著降低测试成本与测试难度。基于参数组合测试原理,首先将测试参数分为驾驶人认知水平与驾驶风格、车辆自身配置参数、车辆运动状态参数以及车辆周围环境参数四类,进而使用 t 组合测试方法对场景参数进行选取与组合[13],可以在减小测试工作量的同时有效检测出潜在故障,显著提高智能汽车的测试效率。

(四)结合场景和功能的综合测试

基于场景的测试是指要求待测车辆在预先设定的场景下,完成指定目标和任务。用于自动驾驶测试的场景目前尚无公认的明确定义,其中一种为:在特定时间范围内,待测车辆周围动态环境的持续变化,包括待测车辆在该环境中的行为[14],诸多定义在场景的核心要素上存在共性,即包含随时间变化的动态道路环境、交通参与者以及车辆驾驶任务等,因此场景可认为是行驶场合与驾驶情景的组合。

基于场景的测试方法具有可控、可定制性的特点,有效解决了公开道路测试过程中测试成本高、测试周期长的难题,同时对测试结果没有明确要求,在不违背给定目标或任务的情况下,自动驾驶系统可以自主选择采取何种方式来处理当前状况,具有较高自由度[7]。一个典型应用是 DARPA 无人车挑战赛和中国未来挑战赛,通过在场地内模拟多种交通场景和环境,考察待测车辆在实际测试场景中的综合性能表现。但无论是基于虚拟仿真还是封闭场地下的场景测试,都建立在一定假设之上,存在一定的局限性:用于测试的场景,无法遍历所有可能的真实交通场景。此外,与智能汽车相关的测试场景设计方法与复杂度量化方法的研究还并不充分。

另一类测试方法是基于功能的测试方法,具有迭代效率高、重复性好等特点。基于功能的测试方法一般是指对智能汽车单一的感知、决策、规划、执行等模块进行测试[15],各模块可进一步分解为具体功能,如基于视觉的识别功能包括路面车道标志、车辆、交通标志、交通灯、行人、障碍物等识别。从测试角度来看,一辆能够成功通过功能测试的智能汽车应具备与人类相似的所有驾驶能力。但基于功能的测试方法在应用于相对复杂和综合的自动驾驶系统时,存在一定不足,如许多现有的基于功能的测试都是独立进行的,无法测试多项功能的综合表现。

总的来看,两种测试方法各自关注智能汽车测试过程中的整体或部分性能表现,无法完整全面地进行测试,因此结合场景和功能的综合测试,可以一定程度上弥补两种测试方法的不足。测试任务被认为是场景与功能之间的内在联系和共性,由此建立的基于测试任务的自动驾驶测试语义图,如图5-7所示[16]。将测试设计过程抽象为测试功能筛选、测试任务生成、任务时空分配以及交通场景关联四个步骤,结合设定的评价准则定量地评价待测车辆的性能,该测试理论和方法已应用于2016年和2017年的中国智能车未来挑战赛。

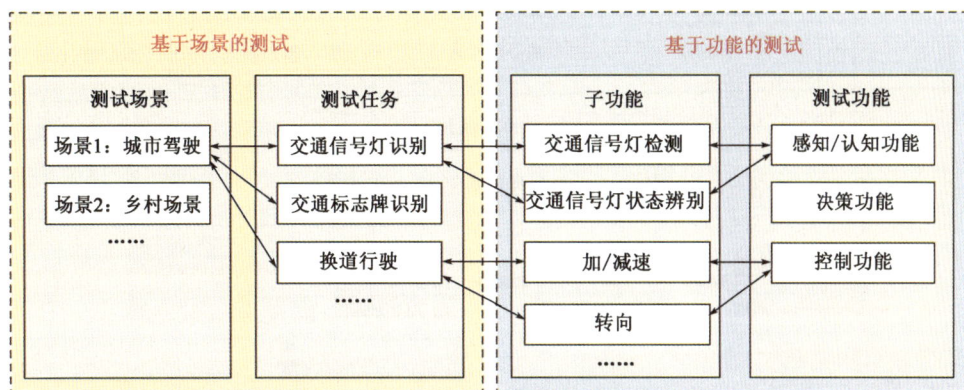

图5-7 结合场景和功能测试语义图[16]

此外,德国PEGASUS项目在场景与功能的综合测试方面也做了探索与尝试。该项目提出按场景信息的抽象程度划分为三类场景:功能场景、逻辑场景与具体场景[17]。功能场景主要用于开展特定场景的驾驶任务划分,以文字术语描述为主;逻辑场景通过场景关键要素的分布特征,构建各功能场景的多维测试参数空间,针对各功能场景进行表征、细化;具象场景则是虚拟测试的最小基本单元,也是逻辑场景的多要素参数组合。三类场景之间相互关联,共同构建高覆盖度的测试场景库。PEGASUS的场景划分及定义方式目前已被较为广泛地接受和应用[18]。

三、安全性能评价理论

安全性能评价理论主要包括故障树分析(FTA)、失效模式与效应分析(FMEA)和危险与可操作性分析(HAZOP),其逻辑如图5-8所示。其中FTA从事故整体入手,使用演绎推理的方法由整体到局部寻找事故的直接原因和基本事件,主要针对特定事故进行分析。FMEA从具体失效现象入手,使用分析归纳法挖掘导致失效的本质原因。HAZOP基于定性的方法,对设计缺陷和事件风险等问题进行全面而系统的辨识。

故障树分析(FTA)自上而下按照树形结构对系统分层展开,在此过程中,对可能造成系统故障的各种因素(如硬件因素、软件因素、环境因素、人为因素等)进行由整体到局部逐层分级细化的演绎推理分析,确定故障的产生原因和发生概率,找到系统的薄弱环节,便于后续进行针对性的改进与优化,其分析流程如图5-9所示[23-24]。

失效模式与效应分析(FMEA)是从实践中发展起来的一种理论,在工业领域有着广泛应用前景,它既可以用在事先预防阶段,通过失效模式分析找到可能发生事故的薄弱环节,提前采取措施进行改进,也可以用在事后改进阶段,通过分析事故原因找到问题所在,进而对缺陷或漏洞进行弥补,其分析流程如图 5-10 所示[25]。

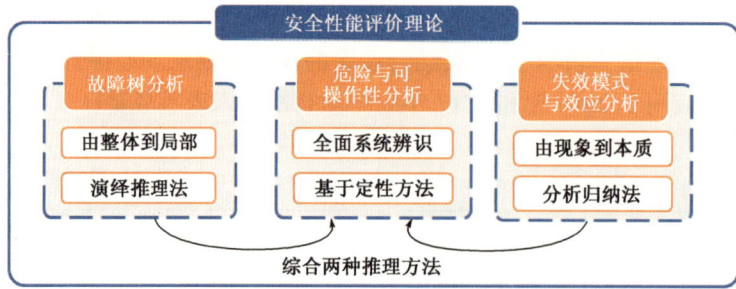

图 5-8 安全性能评价理论逻辑图

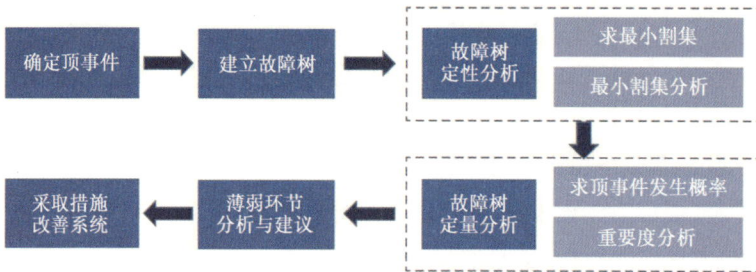

图 5-9 FTA 分析流程

图 5-10 FMEA 分析流程

危险与可操作性分析(HAZOP)可用于辨识设计开发过程、生产工艺过程以及操作过程中的潜在危害,系统全面地辨识各种与设计目的不符的偏差,分析产生原因并评估相应后果,最终提出针对性改进建议以提高系统的安全性[19]。HAZOP 分析是一个创造性的过程,一般由具备不同专业知识背景的专家组成的团队来完成,通过头脑风暴来收集观点和思路,比各专家独立工作更具有创造性和系统性,能够识别出更多的问题[20],其分析流程如图 5-11 所示[21-22]。

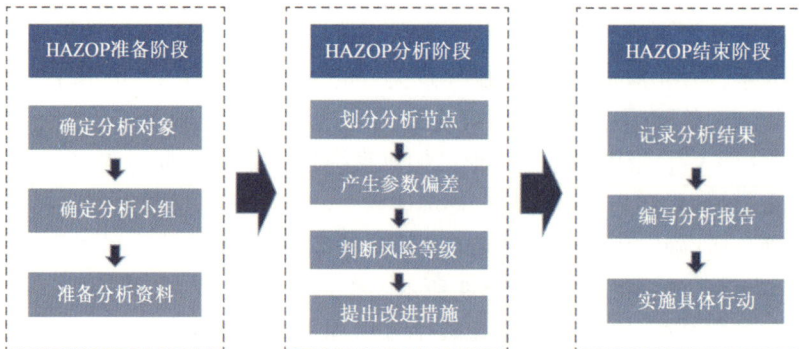

图 5-11 HAZOP 分析流程

第二节　汽车安全性能测试

一、测试规范与标准

为规范汽车零部件的生产制造及其使用安全,汽车安全的强制法规最早在欧美等国被提出。随着汽车在全球的普及,日韩中等国也先后参考欧美法规提出了自己国家的强制性法规。近几十年汽车技术的高速革新,现有法规已经难以满足对智能汽车安全性能评价的需求,各国新车认证评价体系应运而生。近十年,国内新车评价规程也紧跟汽车智能化和电气化的发展趋势,以及我国实际道路交通情况,逐步补充和完善测试项目。

(一)汽车安全强制法规

汽车安全法规的执行是由交通事故伤亡人数不断攀升驱动的,其完善是伴随汽车工业逐步发展的。世界各国逐步建立相应的测试标准和法规,对汽车安全性作出强制性要求,最早出现在欧美国家。1929 年,英国开始实施道路车辆照明法,1931 年开始实施《机动车辆的制造和使用》规定。1952 年,德国颁布道路交通法汽车及零部件安全规定。1958 年,欧洲经济委员会制定了统一的欧洲经济共同体(European Economic Community,EEC)指令和欧洲经济委员会法规(Economic Commission of Europe,ECE),以消除贸易壁垒并促进欧洲立法的国际化。ECE 法规涉及汽车照明、车锁、轮胎、转向系统、风窗玻璃、安全带、儿童座椅和典型碰撞工况等诸多方面,涉及超百余测试项目,被大多数欧盟成员国所接受并引入本国的法规体系中。

1966 年,美国参、众两院通过了《国家交通与汽车安全法》,同时规定对 1968 年以后的车型实施强制法规。NHTSA 是法规执行部门,负责制定和推行汽车安全标准。同年先后实施了 17 项规定,不久又增加了 9 项,这些规定是 FMVSS 的前身。经过几十年的发展,FMVSS 已形成一套完整的体系,其内容包括了汽车主被动安全的各个方面,事故避免、碰撞伤害保护及其他能帮助提高汽车碰撞安全性的规则。

参考欧美的汽车安全法规,包括日本、加拿大以及中国在内的全球多数国家在 20 世纪末先后颁布汽车安全法规。中国汽车行业政府部门于 20 世纪 80 年代开始引进 FMVSS 系列汽车安全法规,并于 90 年代后期开始实施。相关安全法规最早重点关注车辆前部正面碰撞,如汽车乘员碰撞保护。随着中国汽车工业的发展,先后建立了包括强制性国家标准(GB)、推荐性国家标准(GB/T)、汽车行业标准(QC/T)在内的汽车标准体系。早期的强制性国家标准主要参考 ECE 体系,包括安全、环保、节能和防盗。安全部分包括主动安全标准、被动安全标准和通用安全标准。主动安全项目主要涉及灯光信号装置的照明、制动、转向、轮胎等;被动安全项目涉及座椅、门锁、安全带、突出物、车身防撞和防火等;一般安全项目包括视野、指示灯、信号装置、防盗等。强制性国家标准对汽车企业生成销售的汽车产品作出了全面的规范,也是新车上市销售的先决条件。

(二)国外新车认证评价体系

新车认证测试项目(New Car Assessment Program，NCAP)用来评估耐撞性等车辆安全水平，不同于安全强制法规，直接面向公众公布试验结果。NCAP 一般由地区政府部门或汽车行业协会发起，选择本地区的畅销车型及在市场上随机购买的车辆进行规定项目的试验，将试验结果向消费者公布[26]。1978 年，美国公路交通安全管理局提出并组织建立了最早的 NCAP 体系。至 20 世纪 90 年代末期，欧洲、日本、澳大利亚及韩国等也先后组建了自己的汽车安全评价体系，分别为美国的 US-NCAP 和 IIHS、欧洲的 Euro-NCAP、日本的 J-NCAP、澳大利亚的 A-NCAP 和韩国的 K-NCAP。

尽管 NCAP 体系不是强制性规定，但它采用更加严格的测试标准以及综合的量化评价体系，对新车的安全性能有全面的考察，因此公开的试验结果直接会影响消费者对车型安全的认可度。以最具影响力的 Euro-NCAP 为例，它由欧洲各国汽车联合会、政府机关、消费者权益组织、汽车俱乐部等组织构成，由国际汽车联合会牵头。Euro-NCAP 不依附于任何汽车生产企业，所需经费由欧盟提供，不定期对上市或进口车辆进行测试。同样以减少交通事故中人员伤亡率为目的和满足保险行业对不同车型碰撞损伤风险的评估，美国公路安全保险协会(IIHS)是标准最严格的第三方安全检测机构之一，其测试结果直接与车辆保险费率挂钩。由于评价结果会影响产品的销售以及保费，新车评价体系得到了各大主机厂的高度重视，优秀的测试成绩常被作为车型宣传推广的主要卖点。新车评价体系成为推动主机厂主动改进车辆设计、提高汽车安全性的重要力量。

(三)国内新车认证评价体系

中国新车评价规程(C-NCAP)最早由中国汽车技术研究中心于 2006 年发布，每 3 年进行一次规程改版，14 年来先后完成 6 个版本的修订，最新的 2021 版规程已正式发布，其演变过程如图 5-12。C-NCAP 的发展不仅吸取了国外新车测评体系的一些优点，在测试规程和评分项设定上也考虑了中国交通事故及不同车型市场占有量等特点，一定程度上有助于提高国内交通安全水平。例如，中国人-车碰撞事故中行人致死率较高，C-NCAP 于 2018 年新增行人保护测试，于 2021 年进一步增大了行人头部冲击器与车辆前端的碰撞试验区域。随着中国新能源汽车占有率持续增加，最近两版评价体系中增加了与新能源汽车安全有关的碰撞测试要求。

与 Euro-NCAP 相似，C-NCAP 由成人(驾乘人员)保护、儿童保护、行人保护和安全辅助系统四部分组成(图 5-13)。涵盖了车内乘员碰撞保护、人-车碰撞行人保护、儿童约束系统装置、自动紧急制动和电子稳定系统等在内的各项安全测试。每部分单独进行测试评分，最终计算总得分情况，并分为 6 个等级。对满足电气安全要求的纯电动汽车/混合动力电动汽车(EV/HEV)除公布星级结果之外，还会采用电安全标识单独标示。官方数据显示仅从 2015 年至今，C-NCAP 已经对市场上超过 200 款车型进行了安全评价。

- 对新能源汽车使用侧面柱碰撞试验
- 增加车身和零部件碰撞安全性能评
- 增加第二排座椅鞭打试验及第二排儿童乘员保护评价
- 修改侧气帘加分技术要求
- 增加事故紧急呼叫系统加分
- 扩大行人保护头型试验区域
- 增加紧急制动系统、车道保护辅助系统、车道偏离报警系统等试验与评价

- 更改侧面碰撞壁障
- 提高鞭打试验速度
- 增加气帘加分要求
- 增加后排安全带提醒加分
- 增加碰撞试验后排假人得分权重
- 增加行人保护试验及评价
- 增加AEB系统试验及评价
- 考虑电动/混动汽车的安全

2021

2018

- 增加鞭打试验
- 偏置碰撞提速
- 定量评价后排乘员
- 增加ESC主动配置加分
- 重新调整星级划分

2015

2012

- 调整胸部评价指标
- 下潜量化
- 调整鞭打试验分数计算
- 取沙ISOFIX和驾驶员安全带提醒加分
- 调整星级分数

2009

中国汽车技术研究中心
2006年首次推出C-NCAP

2006

- 侧碰后排乘员
- 增加儿童假人

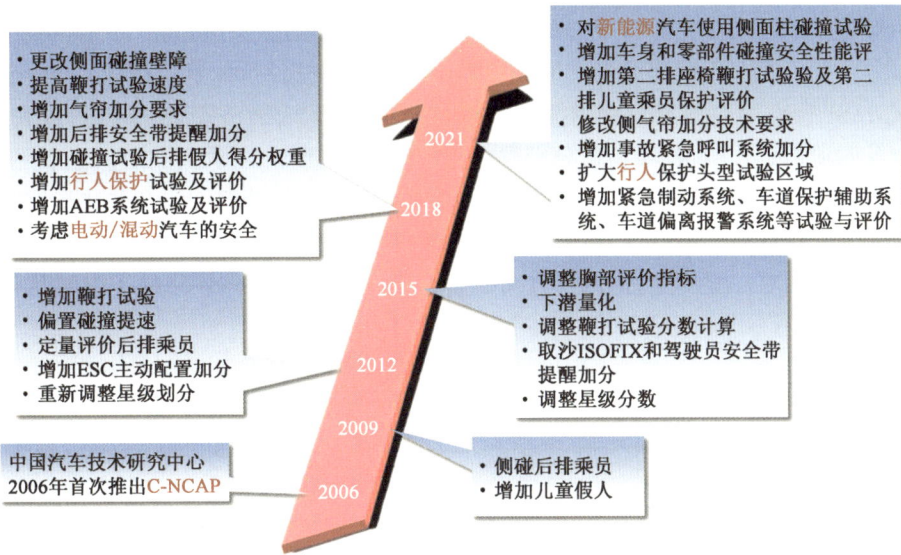

图 5-12　C-NCAP 测试项目的历史演变

成人（司乘人员）保护

40%偏置可变性壁障（64km/h）　　正面100%刚性壁障（50km/h）

侧面移动可变形壁障（50km/h）　　侧面柱碰撞（32km/h）

颈部挥鞭伤（16～24km/h）　　低速自动紧急制动（10～50km/h）

行人保护

行人头部、骨盆、大腿和小腿模块测试

具有行人识别的自动紧急制动系统

儿童保护

①车辆适应各种尺寸的儿童约束装置；
②儿童约束装置安装检查；
③在正面和侧面碰撞试验中儿童约束系统保护性能；

安全辅助系统

①电子稳定控制系统：ESC(ESP/VSC/VDC)
②安全带提醒转置
③速度辅助系统
④城际自动紧急制动系统
⑤车道辅助系统

图 5-13　Euro-NCAP 测试场景[90]

参考美国 IIHS 测试标准,中国保险行业协会于 2015 年 3 月牵头发起,多家公司共同出资成立了中保研汽车技术研究院有限公司(China Insurance Research Institute of Automobile Technology,CIRI),并发布了中国保险汽车安全指数(C-IASI)测试评价体系。相比 C-NCAP 的四方面内容,C-IASI 管理中心涉及车辆耐撞性与维修经济性、车内乘员安全、车外行人安全、车辆辅助安全等四项指数,并对各项指数分别发布评价结果,以直观的等级形式呈现:优秀(G)、良好(A)、一般(M)、较差(P);并围绕交通事故中存在的车辆损失情况,重点关注车辆在低速正面碰撞中的维修经济性。此外,C-IASI 引入正面 25% 小偏置碰撞测试工况,对车身耐撞性提出了更加严苛的要求。整体上,国内外针对新车认证评价涉及的具体碰撞工况对比如图 5-14 所示。

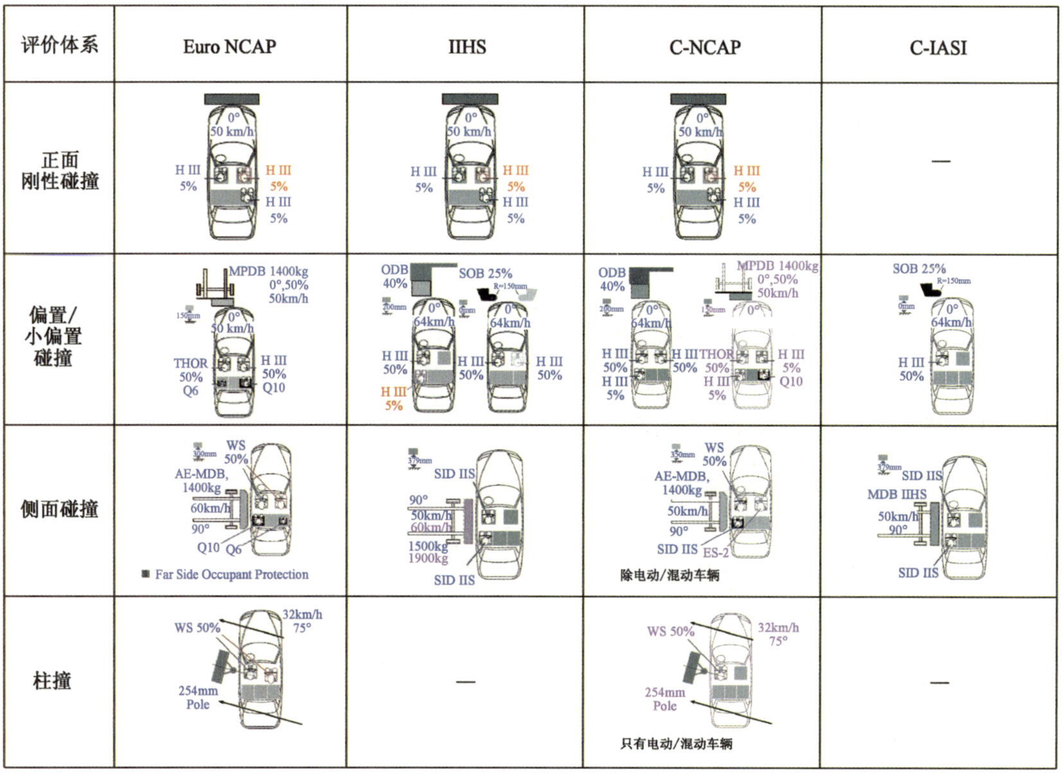

图 5-14　国内外新车评价碰撞工况对比

二、测试场景

测试场景是测试过程的输入数据,是测试执行的基础。测试场景构建包括场景数据采集、测试场景库构建和具体场景生成三步,具体流程如图 5-15 所示。

场景数据采集是为了获取大量类型丰富、场景真实的测试数据,基于真实数据、模拟数据和专家经验数据,提取数据中的交通环境要素和测试车辆基础信息,其丰富度和真实度决定了后续生成的场景是否充分并有效。构建测试场景库是指对场景数据进行归类整理,并以数据库的形式统一存储和管理,在进行测试时,可以根据测试需求设定逻辑场景参数,然后自动从测试场景库中生成具体场景。在具体场景生成过程中,根据测试需求的不同,可分为典型场景自动生成和高风险场景加速生成。典型场景自动生成是指基于现实中各场景发生的概率密度,通过随机采样的方法生成具体测试场景。高风险场景加速生成是指通过增大高风险场景的概率密度,增加其在测试场景中的数量,从而在相同测试里程下呈现更多高风险场景,实现加速测试的目的。

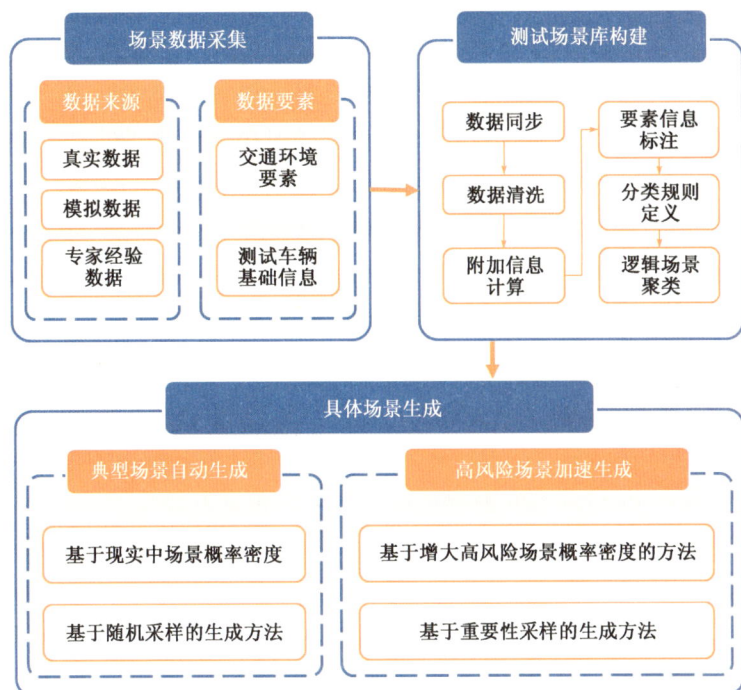

图 5-15 测试场景构建流程

(一)场景数据采集

场景数据是对各种场景的具体描述,来源有三种,分别为真实数据、模拟数据和专家经验数据。其中,真实数据主要通过数据采集车通过加装雷达、摄像头和高精度惯性导航等多传感器采集得到。其他真实数据还包括事故数据、路侧单元监测数据、驾驶人考试数据和封闭试验场数据。模拟数据主要包括驾驶模拟仪数据和仿真数据。驾驶模拟仪利用计算机技术模拟驾驶过程中的虚拟视景、声音效果和运动效果,通过将驾驶人置于模拟驾驶座舱中,使其产生实车驾驶感觉,进而采集得到测试场景数据。仿真数据是指在虚拟仿真环境中对智能汽车进行测试所得到的数据,目前主流的仿真软件包括 VTD、PreScan、PanoSim、CARLA、CarMaker 等。专家经验数据是指相关专家通过总结历史测试数据得出的典型场景要素信息,智能汽车相关测试标准中的测试场景即可视作一种专家经验数据[7]。

场景数据用于提取生成测试场景所需的关键信息,一般可抽象成两大要素,即测试车辆基础信息与交通环境要素[27]。测试车辆基础信息主要包括车辆固有状态、目标信息和驾驶行为。车辆固有状态包括车辆的几何特征、性能特征、驾驶系统等,其会对自动驾驶系统的行为决策起到关键作用;目标信息即为驾驶任务,它会影响测试场景覆盖范围及持续时间;驾驶行为指测试车辆当前的运动状态,如纵向速度、横向速度等。在测试过程中,测试车辆和周围驾驶环境之间形成闭环,包括其他交通参与者在内的环境要素都会受到测试车辆行为的影响,因此测试车辆基础信息在测试场景中不可或缺[7]。

交通环境要素主要包含天气光照信息、静态道路信息、动态道路信息、其他交通参与者信息[7]。天气光照信息会影响智能汽车的感知系统。静态道路信息是场景要素的基础,包括车道信息(车道数、路口形状等)和道路设施信息(信号灯、交通指示牌等)。动态道路信息包括道路变化(道路维修、封堵、塌陷等)、道路设施动态变化(路侧设备移动、树木折断等)和通信环境动态变化(信号遮挡、电磁干扰等)等,动态道路信息会极大增加行驶场景的复杂程度,增加智能汽车决策的难度。其他交通参与者信息包括行人信息、非机动车信息和机动车信息,在真实的行驶环境中具有很大的不确定性,其下一时刻运动状态与行人意图或驾驶人特性息息相关。

(二)测试场景库构建

测试场景库是以数据库形式表现的测试场景的集合,基于真实数据、虚拟数据以及专家经验数据,有层级、有规划地完整构建而成。典型测试场景库的构建流程包括数据同步、数据清洗、附加信息计算、要素信息标注、分类规则定义和逻辑场景聚类等,如图5-16所示。对于采集到的数据来说,由于不同传感器具有不同的工作频率,其数据分辨率也通常不同,因此首先需要进行时间和空间同步处理。时间同步可以利用全球定位、格洛纳斯卫星导航、伽利略卫星导航等系统,能够实现纳秒级同步;空间同步则可通过对多传感器进行联合标定,将不同传感器数据统一于同一坐标系。

数据清洗一般包括清除冗余数据和利用统计学规律修复不完整数据,对于无法修复的数据则将其删除。在进行数据清洗时,需制定合理的清洗规则,保证数据的完整性约束,同时在不降低数据质量的前提下,尽量减小清洗成本[7]。场景关键附加信息计算是指解析对场景设计十分重要但却无法直接从传感器中获取的数据,例如碰撞时间、车头时距、制动时间等。场景要素信息标注是指通过语义分析、机器学习等方法标注场景中的关键信息。完成要素信息标注后,接下来需要依据标注结果和被测车辆的功能需求设置场景分类规则,然后使用聚类方法将符合分类规则的场景聚合为同一逻辑场景,最后将生成的逻辑场景集合以数据库的形式保存在计算机系统中。通过构建测试场景库,可以实现对场景数据的统一管理,并在需要时自动生成测试场景并注入给测试工具。

(三)具体场景生成

构建完成的测试场景库包含不同种类的逻辑场景数据,而将逻辑场景导出为具体场景还需要经过具体场景生成。具体场景生成通常包括典型场景自动生成和高风险场景加速生成。根据测试需求,综合使用这两种方法可以全面地生成常见场景,同时又高效地生成高风险场景。

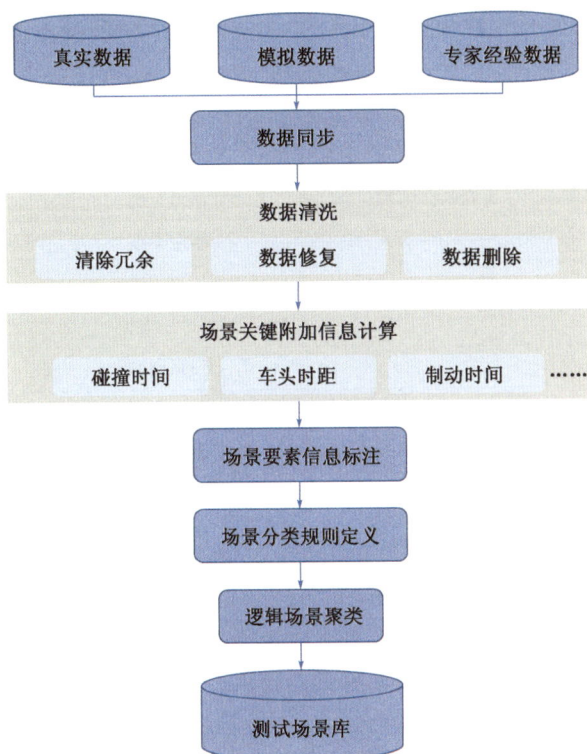

图 5-16　典型的测试场景库构建方法

1. 典型场景自动生成

典型场景自动生成是具体场景生成的方法之一,以现实中各场景发生的概率密度为基础,依据车辆测试需求实现对测试场景的随机生成,在短时间内生成大量测试场景,其主要的技术路线包括以蒙特卡洛法、快速搜索随机树法为代表的基于随机采样的方法,基于层次分析的生成方法和基于机器学习的生成方法。

为了提高决策规划系统的测试效率,一种典型方法是基于国际自动化及测量系统标准协会制定的 OpenX 标准系列[29]来实现测试场景的自动生成[30]。该方法首先需要基于层次模型定义决策规划系统的功能场景。层次模型共包含六层,分别是基础道路层、基础设施层、临时静态障碍物层、交通参与者层、环境和电子通信设施层[31]。根据决策规划系统的测试要求,必须存在的信息包括:道路拓扑结构(基础道路层)、交通环境信号(基础设施层)和交通参与者信息(交通参与者层)。在此基础上,将一定道路条件下,自驾车辆和其他交通参与者位置和动作的组合定义为决策规划系统测试的功能场景。

根据上述定义,设置关键字为:道路拓扑结构信息、交通信号信息、自车信息及其他交通参与者信息。接下来将关键字映射为参数并构建参数空间(表 5-1),最终生成逻辑场景。需要注意的是,实际测试中关键字对应的参数类型需根据测试条件具体分析。

关键字与关键参数类型的映射关系[30]　　　　　　　表 5-1

层　级	关　键　字	关键参数类型	能否直接赋值
基础道路	道路拓扑结构	拓扑类型	不能
		车道 ID	能
		车道起点坐标	能
		车道宽度	能
		车道曲率	能
		车道长度	能
		车道线类型	能
交通基础设施	交通信号	交通灯状态	能
		限速标志	能
		交通信号位置	能
交通参与者	自车	初始位置	能
		初始速度	能
		动作	不能
	其他交通参与者	初始相对位置	不能
		初始速度	能
		动作	不能

不同交通参与者依据动作特征不同可划分为车辆和非车辆参与者。对于车辆动作类别目前已有较多研究[32]，一般可将其分为包括左右转弯、左右换道在内的横向动作和包括匀速、加速、减速在内的纵向动作[28,33]。非车辆交通参与者的动作行为自由度较高，不确定性更强。表 5-2 为各交通参与者的动作类别和对应参数。

各交通参与者的动作类别和对应参数[30]　　　　　　　表 5-2

交通参与者	动　作　类　别		对　应　参　数
智能汽车	自动驾驶		目的地坐标
人工驾驶车辆	横向动作	左/右转	转弯时长/目标车道
		左/右换道	换道时长
	纵向动作	匀速	速度
		加速	加速度/加速时长
		减速	减速度/减速时长
非车辆	匀速		速度
	加速		加速度/加速时长
	减速		减速度/减速时长

在进行仿真测试时，为了协调各动作的开始时间，动作参数还需要包含触发条件。基于时间的触发条件比较容易设置，但由于其他交通参与者的行为存在未知性，因此可以综合运用基于时间、事件或空间的触发条件。在生成具体场景文件时，可使用静态场景格式标准 OpenDrive 确定静态场景，然后分析逻辑场景参数空间与 OpenSCENARIO 格式的映射关系，自动化生成

具体场景文件[30]。OpenSCENARIO 格式可分为目录、对象、事件板三层结构,各结构对应的逻辑场景参数空间如图 5-17 所示。将车辆目录等非关键内容映射为非关键参数,并将其关键字设置为缺省值,最终得到内容、关键字与参数类型映射关系(表 5-3)。依据场景关键字在参数空间中进行随机采样,并将内容、关键字和参数值按格式要求表达,最终得到完整的场景文件,实现测试场景的自动生成。

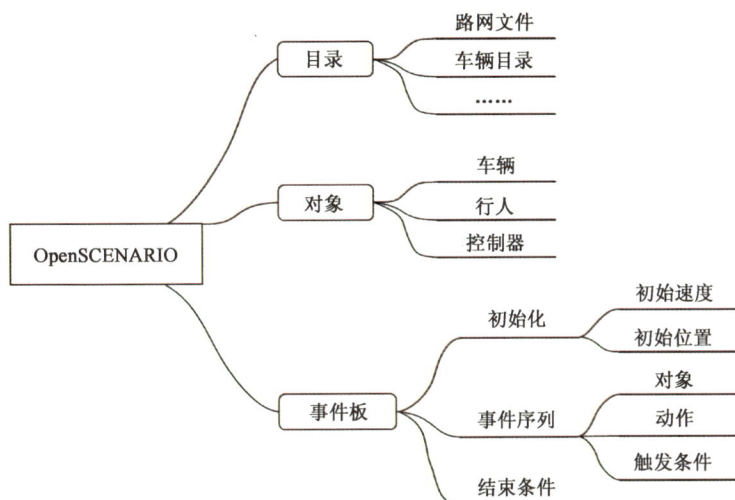

图 5-17 OpenSCENARIO 格式分析[30]

OpenSCENARIO、关键字及参数类型映射关系[30] 表 5-3

OpenSCENARIO 内容	关 键 字	参 数 类 型
路网文件	道路拓扑结构交通信号	关键参数
车辆目录	无	非关键参数
控制器	无	非关键参数
初始化	自车、其他交通参与者	初始速度 初始位置
事件序列	自车、其他交通参与者	动作
结束条件	无	非关键参数

2. 高风险场景加速生成

如果智能汽车能够在高风险场景中表现出良好的安全性能,那么在普通场景中其安全性能理论上也能得到较好地保障[34]。因此,针对高风险场景的智能汽车测试逐渐成为科研人员的研究重点[7]。依据测试需求,通过设定场景中预计制动时间、预计碰撞时间、期望制动减速度、交通流量、速度波动、平均速度和加速度变化等具体参数数值,可以筛选出所需的高风险场景[35]。然后通过重要性采样方法,替换原本场景生成的概率密度函数,增大高风险场景的生成概率,即可实现高风险场景的加速生成[36]。高风险场景加速生成可以用较少的试验次数测试大量

高风险场景,提高了测试效率。使用随机采样方法生成高风险场景时,所需要的测试次数n_1至少为:

$$n_1 = \frac{\gamma^2}{\alpha^2} \frac{1-\beta}{\beta} \tag{5-9}$$

其中,α表示给定常数;β表示高风险场景发生的概率;γ与标准正态分布的逆累积分布函数有关。

使用重要性采样进行高风险场景生成时,高风险场景的概率密度函数为$g^*(x)$,需要的测试次数n_2至少为:

$$n_2 = \frac{\gamma^2}{\alpha^2} \left\{ \frac{E_{g^*}\left[I^2(x)\,L^2(x)\right]}{\beta^2-1} - 1 \right\} \tag{5-10}$$

$$I(x) = \begin{cases} 1, x \in \varepsilon \\ 0, 其他 \end{cases} \tag{5-11}$$

$$L(x) = \frac{g(x)}{g^*(x)} \tag{5-12}$$

其中,$I(x)$表示高风险场景ε的指示函数,取值为0或1;$g(x)$表示使用随机采样方法时,高风险场景生成的概率密度函数;$g^*(x)$表示使用重要性采样时,高风险场景生成的概率密度函数;$E_{g^*}\left[I^2(x)L^2(x)\right]$表示概率密度函数由$g(x)$变为$g^*(x)$后,高风险场景发生的概率[37]。

试验表明,使用高风险场景加速生成方法对前车切入、前车制动等典型场景进行测试时,其测试速度可达到随机场景生成方法的7000倍。

三、智能测试生态系统

智能测试生态系统是指以数字化网联测试场地为核心,利用经典测试单元,构建具有高还原度的测试场景,实现对机动车被测单元整车和部件功能安全测试的闭环系统,如图5-18所示。数字化网联测试场地以计算、存储、通信、感知、交通场景基础设施等硬件设备为基础,通过测试系统参数配置、信息传输与存储、车辆及环境信息采集和测试信息处理系统,实现对测试过程的高效监控与管理。经典测试单元包括乘员碰撞假人、行人碰撞冲击器、非机动车和机动车测试单元,其物理特征与实物相似,可重复使用,既保证了高风险场景测试时数据的真实性,也保障了测试的安全性。机动车被测单元是测试过程中的被测对象,通过收集测试过程中车内设备的感知、决策和控制数据,可以实现对各部件的功能及性能测试。

(一)数字化网联测试场地

为了保障智能汽车的安全性、舒适性、智能性和经济性,需要对整车的功能和性能开展相关测试。从2018年起,有关部门纷纷出台相关的政策法规,用以规范和引导智能汽车测试的进行。在此背景下,数字化网联测试环境的规范建设也势在必行。

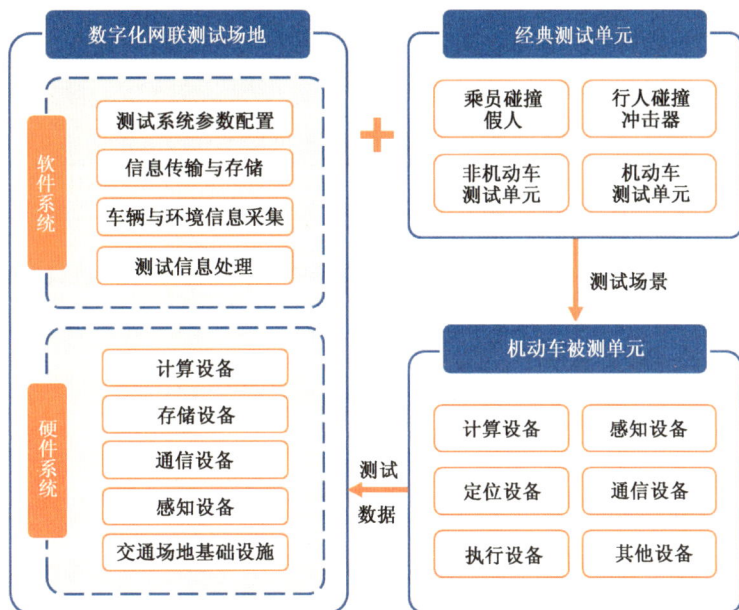

图 5-18　智能测试生态系统结构图

数字化网联测试场地是指利用数据库和通信网络技术,采用数字化管理方法,可高效实现测试场景生成、模拟真实场景搭建、测试数据采集和处理等功能的封闭、半封闭智能网联交通试验场。其硬件系统包括:由服务器等组成的计算设备;由磁盘阵列等组成的存储设备;由基站、交换机、路由器等组成的通信设备;由摄像头、激光雷达、地感线圈等组成的感知设备;由信号灯、标志牌等组成的交通场地基础设施。软件系统包含测试系统参数配置、信息传输与存储、车辆与环境信息采集和测试信息处理四部分。图 5-19 展示了一种数字化网联测试场地的构建方法[38],该方法使用模块化设计思路,将场地的测试系统划分四个层次,分别为应用场景层、感知发布层、网络链路层和管理服务层。其中,应用场景层负责模拟真实的交通场景,包括气象条件、道路状态和网络通信条件等。感知发布层依靠信息发布平台和相机、激光雷达等传感器采集环境信息并发布相应的控制和服务信息。网络链路层由 LTE-V(长期演进技术-车辆通信)、DSRC(专用短程通信技术)、5G(第五代移动通信技术)、Wi-Fi(无线保真)、EUHT(增强型超宽带)等无线通信技术设备组成,用于为感知发布层和应用场景层提供信息传输服务。管理服务层负责其他各层数据的处理、存储和备份,以及各层设备的管理和维护。

在上述测试系统中,每层的功能模块独立运行,不会相互依赖干扰。系统中的所有模块通过全 IP 网络连接至以太网并统一分配地址。当有新的设备或模块加入时,只需要将其定位到具体的功能层级中,为其分配 IP 地址并配置相应的网络服务即可实现设备互联。

(二)机动车被测单元

图 5-20 所示为清华大学智能汽车实验室改装的机动车被测单元物理架构,其特点在于,所有外接智能网联驾驶相关的计算设备、感知设备、定位设备、通信设备等都通过一台千兆网管交换机实现星形拓扑的以太网通信。外接系统通过单片机(即图中底层控制器),经由网关

实现和原车控制器间的高可靠性通信,完成车辆底层信息的读取及控制指令的发送。在软件层面,该平台基于 ZeroMQ 套件搭建了外接设备间的虚拟总线,实现各个设备之间低时延高带宽的信息灵活交互,也方便挂载新的设备。

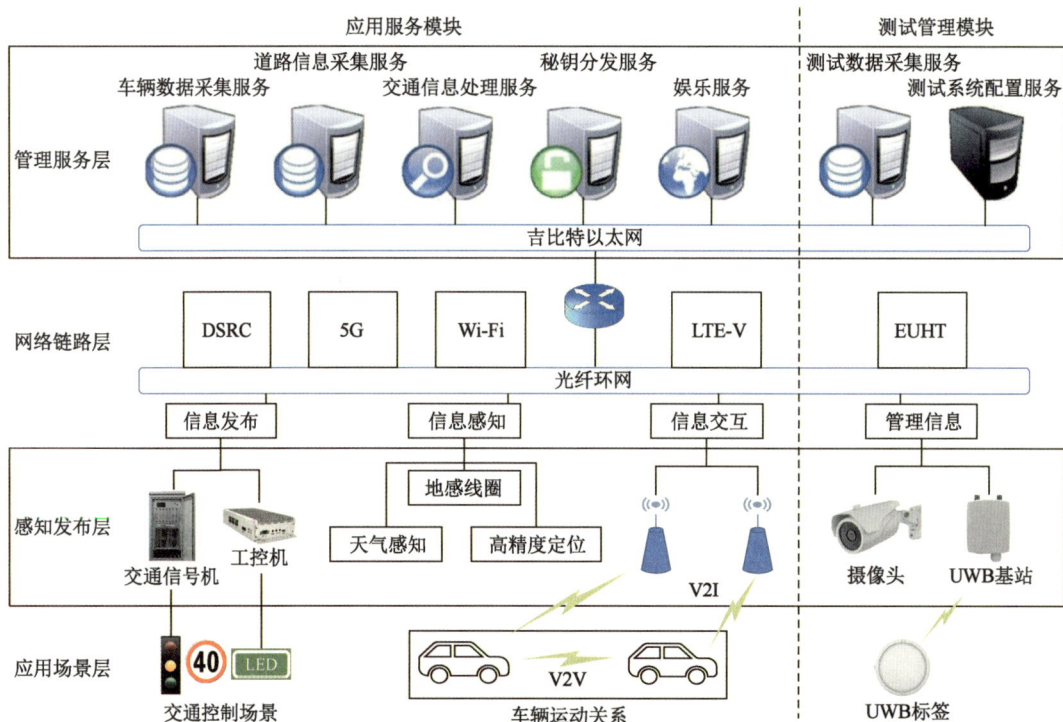

图 5-19　智能网联交通系统测试环境[38]

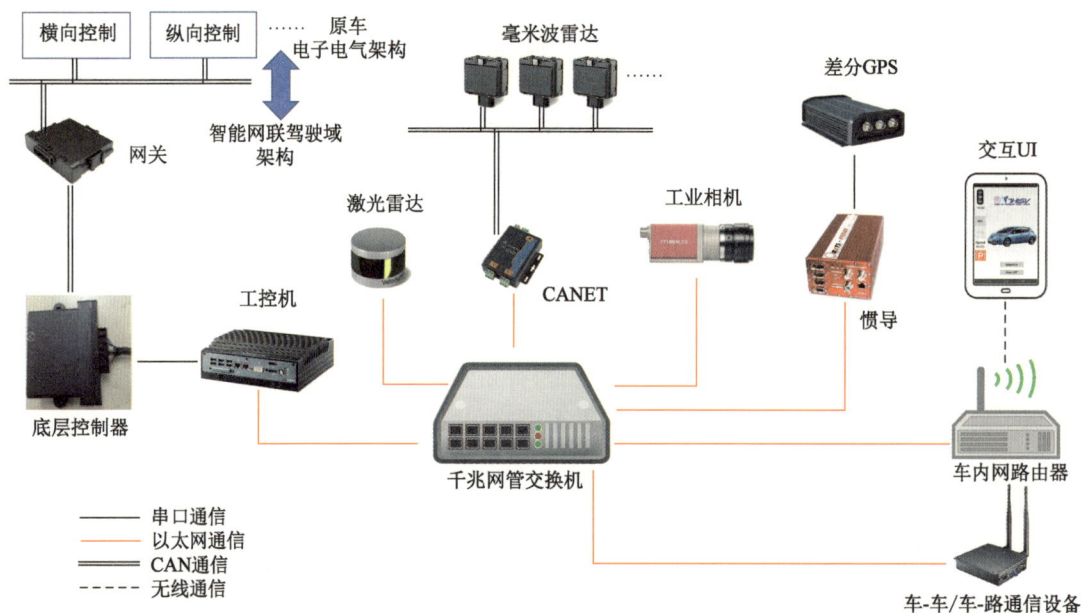

图 5-20　机动车被测单元物理架构

1.计算设备

计算设备主要包括 AI 单元、计算单元和控制单元三部分。其中 AI 单元主要负责处理各传感器感知数据,使用 GPU、FPGA、ASIC 等芯片实现信息处理与融合;计算单元由若干个多核 CPU 组成,主要负责装载车用操作系统,完成任务调度,执行自动驾驶相关算法等任务;控制单元由多个 ECU 和 DCU 构成,主要负责与安全相关的车辆底层控制任务,例如实现车辆驱动总成控制、动力学横纵向控制等。

2.感知设备

感知设备主要包括摄像头、毫米波雷达、激光雷达和超声波雷达等,其检测范围及优缺点见表5-4。这些设备可通过传感器信息融合实现协同感知,进而达到更大的感知范围和更高的识别精度。

感知设备优缺点对比　　　　　　　　　　　　　　　　表5-4

传感器类型	最大检测范围	优　点	缺　点
摄像头	200m 左右	感知方式直接,能识别交通信号	受天气影响大,距离误差大
毫米波雷达	150～250m	精确位置速度检测,分辨率高	远距离精度低,感知信息少
激光雷达	100～200m	感知信息丰富,能获得三维点云信息	成本高,恶劣天气信号难穿透
超声波雷达	5m 左右	成本低廉,小型化,技术成熟	测量精度有限,无法用于高速场景

摄像头可分为单目、双目等类别。单目摄像头成本较低,应用广泛。其可在获得图像后通过图像匹配等算法进行目标识别,进而获取道路车辆、车道线、交通标识和交通信号灯等信息。双目摄像头的成本相对较高,通过三角测距原理可以获得远高于单目摄像头的测距精度,同时摄像头的标定和计算也都相对更为复杂。

毫米波雷达通过发射波长在 1～10mm 的电磁波进行环境感知,与摄像头相比拥有更好的对烟雾和灰尘的穿透能力,受天气影响较小。但与此同时,由于覆盖区域呈扇形,毫米波雷达的盲区较大,且无法获得环境的颜色特征,难以识别道路标识与交通标志。

激光雷达工作在光频波段,其原理与毫米波雷达类似,使用激光束对目标进行探测。由于激光雷达可获取更高精度的速度、位置、角度等信息,因此其物体检测效果好于毫米波雷达,成本也更高。超声波雷达通过发射超声波进行环境感知,主要用于低速短距离测距,比如泊车场景中辅助探测周围障碍物。

3.定位设备

定位设备主要包含全球卫星导航定位设备和惯性导航定位设备。全球卫星导航定位设备利用卫星发射无线电信号进行导航定位,具有全球、全天候、高精度、快速实时的特点,其组成如图 5-21 所示,代表性

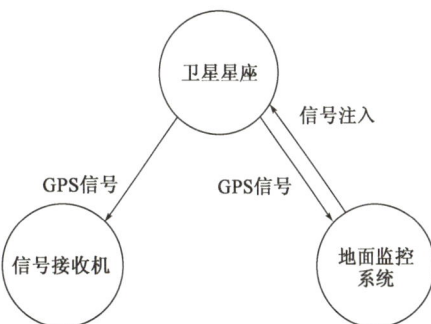

图5-21　卫星导航定位系统组成

的应用主要包括美国的全球定位系统(Global Positioning System, GPS)、俄罗斯的格洛纳斯卫星导航系统(Global Navigation Satellite System, GLONASS)、中国的北斗卫星导航系统(Beidou Navigation Satellite System, BDS)与欧盟的伽利略卫星导航系统(Galileo Satellite Navigation System, GALILEO)。惯性导航定位设备则利用陀螺仪和加速度计对车辆的位置和方向进行测量,该设备不受信号遮挡等外界影响,长时间工作存在累计误差的问题,一般与卫星导航定位设备结合使用。

4.通信设备

通信设备主要包括车载通信设备和路侧通信设备两种。车载通信设备中集成了移动通信模块、无线通信模块、卫星定位模块、数据采集和储存模块等,在中央处理单元的统一调度下可以实现车内通信、车车通信和车路通信。路侧通信设备安装在道路两侧,使用无线通信技术获取车辆的速度、位置等状态信息,并将信息发送至云端交通控制中心进行分析处理,最后将处理结果返回至车载通信设备。

5.执行设备

执行设备主要包括线控驱动、线控转向和线控制动三类设备。线控驱动设备主要由加速踏板、踏板位置传感器、电控单元、数据总线、伺服电动机和节气门执行机构等组成,如图 5-22 所示。线控驱动设备将传统的踏板控制节气门开度的机械连接结构改为了电子连接,由电信号驱动的控制方式可使系统或驾驶人更精确地操控车辆。

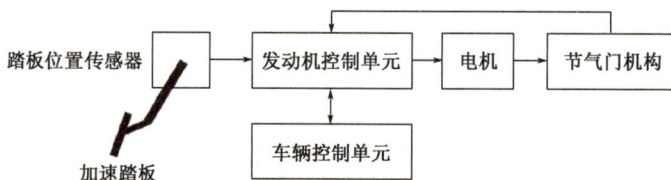

```
踏板位置传感器 ──→ 发动机控制单元 ──→ 电机 ──→ 节气门机构
                      │
加速踏板              车辆控制单元
```

图 5-22　线控驱动系统的结构

线控转向设备包括转向盘总成(转向盘、转向盘转角传感器、转向盘回正力矩电机)、ECU、转向执行电机、电源等,如图 5-23 所示。线控转向设备将传统的转向轴、万向节等连接结构改为了电信号驱动电机控制转向器的形式,并增加了路感模拟电机产生转向盘回正力矩,以提供给驾驶人相应的路感信息。

线控制动设备由制动踏板、踏板行程传感器、制动控制器、制动执行器等组成。其中制动控制器负责接收制动信号控制执行器进行制动,还可识别车轮抱死、打滑等异常状态,实现车轮防抱死和驱动防滑等功能。

6.其他设备

其他设备包括智能座舱设备等,通过液晶仪表、抬头显示、中控屏、车内外后视镜等载体与驾驶人和乘客进行交互,使用触摸控制、语音控制、手势控制等智能化交互方式来提高驾乘体验。

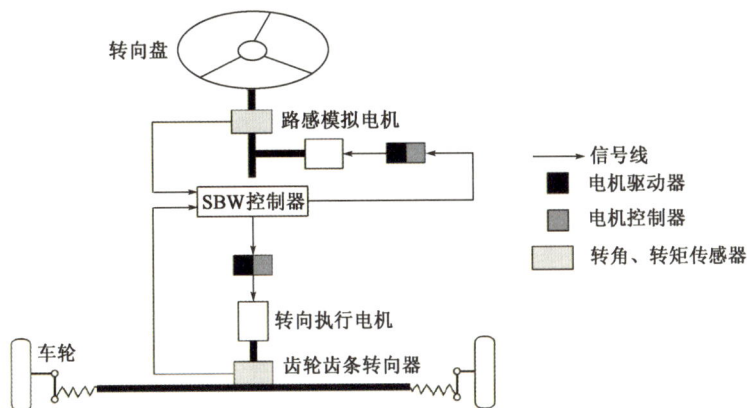

图 5-23 线控转向系统的结构

（三）经典测试单元

测试单元定义为交通场景中典型对象的替代物（Surrogate），包括代表汽车乘员的碰撞测试假人、代表行人的碰撞冲击器，以及代表非机动车、机动车的模型等。测试单元作为汽车安全性能测试中的关键工具，已被广泛应用于道路交通工具的安全开发流程中。

1. 碰撞测试假人

碰撞测试假人（Anthropomorphic Test Device，ATD）作为碰撞试验中的人体替代物（Human Surrogate），是一种根据人体工程学原理，用特殊材料制成的试验仪器（图 5-24）。假人各个身体部分的几何尺寸、质量及分布与人体相似，骨骼由金属或塑料制成，并包含关节部分，外部覆盖有用塑料或泡沫模拟的软组织。碰撞试验中最常用的是 50 百分位的标准体格成年男性假人，即，将所有测定的人体数据的中位数编入一个"中型"假人，便得到其几何与质量特性，身高为 175cm，体重为 77.5kg。在碰撞试验中使用的其他成年假人尺寸还有 95 百分位的较大体型男性假人（AM95）和 5 百分位的小体型女性假人（AF05）[39]。假人身上安装有可测量加速度、力和变形量等与人体损伤相关物理量的传感器。假人在冲击工况下的运动学和动力学响应能基本再现真人的碰撞响应，可有效输出伤害参数，且在同一种试验中具有重复性和再现性。

1949 年，美国 Sierra 公司推出世界上第一个试验假人 Sierra Sam，主要研发目的是测试歼击机的座椅弹射系统。1966 年，美国 ARL 公司研制开发了 VIP（Very Important People）系列碰撞假人。Sierra Sam 和 VIP 系列假人的几何尺寸和质量分布基本合理，从 20 世纪 50 年代起，开始被应用于汽车的安全性能评估实验，但其生物逼真度低，缺少现代传感器，难以适用汽车碰撞测试的需求。1974 年，由 Sierra 公司制造的假人头部、美国通用公司制造的橡胶颈部和美国军队研究试验室（Army Research Laboratory，ARL）制造的躯干 VIP50A 组合在一起，形成了混 Ⅱ（Hybrid Ⅱ）假人，名称中的"混"字取各组成部分来自不同制造商的混合之意。混 Ⅱ 是首次用于汽车碰撞测试的假人。1975 年，通用汽车公司开发出更新一代的混 Ⅲ（Hybrid Ⅲ）假人，着重对头部和胸部进行了改良，使对其颈部载荷和胸部变形量等生物力学参数的测量成为可能,具备更高的生物逼真度和测试性能。通用汽车将混Ⅲ假人知识产权转让给 NHTSA,并被美国的前碰撞法规(FMVSS 208)作为标准测试设备采用[40]。

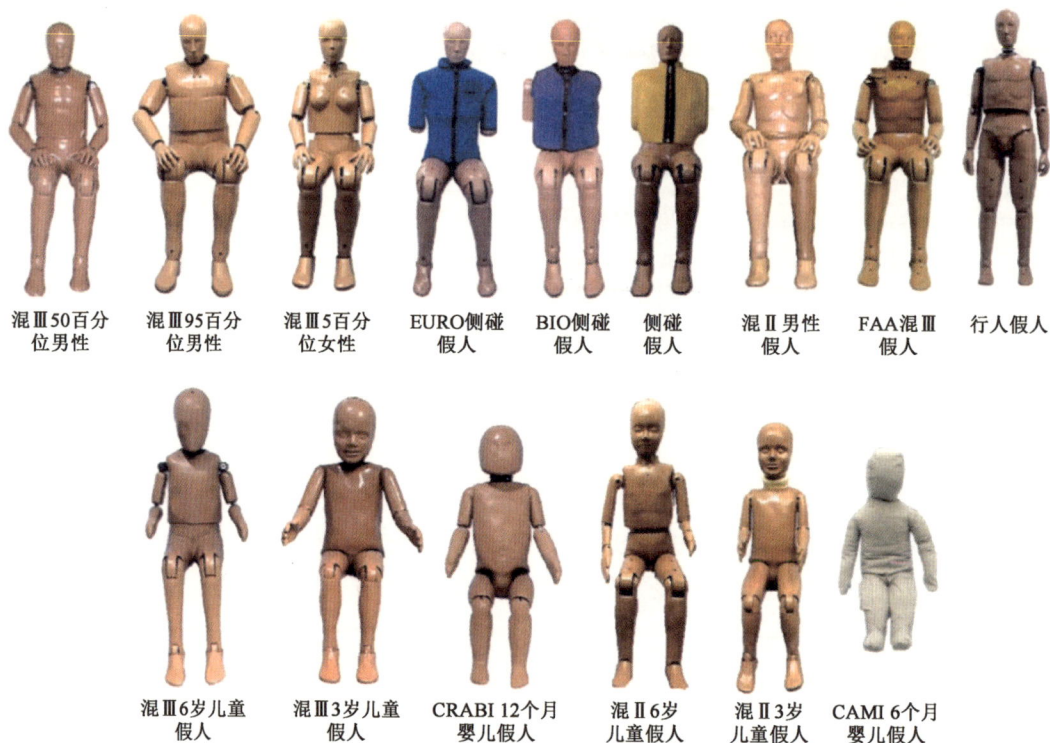

| 混Ⅲ50百分位男性 | 混Ⅲ95百分位男性 | 混Ⅲ5百分位女性 | EURO侧碰假人 | BIO侧碰假人 | 侧碰假人 | 混Ⅱ男性假人 | FAA混Ⅲ假人 | 行人假人 |

| 混Ⅲ6岁儿童假人 | 混Ⅲ3岁儿童假人 | CRABI 12个月婴儿假人 | 混Ⅱ6岁儿童假人 | 混Ⅱ3岁儿童假人 | CAMI 6个月婴儿假人 |

图 5-24　汽车碰撞测试假人家族

由于混Ⅲ假人的生物逼真度只在前碰撞试验中得到验证,并不适用于侧面碰撞等工况中。从 20 世纪 70 年代开始,研究人员基于大量侧面碰撞生物力学试验的结果,进行了适用于侧面碰撞工况的假人研发工作。最初用于侧面碰撞假人原型 EuroSID 由 EEVC 下属的以 TNO(the Netherlands Organization)为中心的欧盟研究机构设计并制造。EuroSID 的量产型 EuroSID-1 于 1989 年完成,被于 1998 年被欧洲侧面碰撞法规 ECE R95 采用,也曾应用于美国侧面碰撞法规 FMVSS 214 中[41]。但是,EuroSID-1 肋骨斜向刚度较大,在应用到美国 FMVSS 214 规定的侧面碰撞试验条件中时,出现了在斜向载荷输入增加的情况下,肋骨变形量无明显增加的问题。而且,由于座椅靠背和假人背板在侧面碰撞试验中相互干扰,EuroSID-1 假人的运动响应表现不够真实。在 SID-2000 项目中,针对这些缺点进行改良后,由 EEVC WG12 开发的 ES-2 假人诞生了,现应用于欧洲 ECE R95 侧面碰撞法规中。现行美国法规(FMVSS 214)使用的是在 ES-2 的改进版 ES-2re 假人,后者肋骨长度较前者进行了增加。

2. 行人碰撞冲击器

相比乘员试验中使用的全尺寸碰撞假人,行人碰撞安全主要以代表不同身体部件的冲击器(impactor)作为测试单元。欧洲车辆安全委员会(European Experimental Vehicles Committee,

EEVC)从 1987 年起开始研究针对行人碰撞保护的试验方法,先后成立了工作组 WG 10 和 WG 17,在充分调研事故统计、生物力学、试验分析等领域研究成果的基础上,先后制定了 WG 10 和 WG 17 标准[42],提出了采用行人冲击器来检验并评价车辆前端结构对行人保护性能的试验方法,该测试方法目前仍然应用于各国的汽车安全评价法规或新车认证测试项目。行人冲击器试验包括成人和儿童头部冲击器(headform impactor)撞击发动机舱盖及风窗玻璃试验,下肢冲击器(lower legform impactor)撞击车辆保险杠试验,髋部冲击器(upper legform impactor)撞击发动机舱盖前缘试验等。

目前使用的行人保护测试是以 EEVC 于 1994 年提出的行人保护条例为蓝本,由 UN R127 (表 5-5)和其他法规根据 EEVC WG17 于 1998 年提出的欧洲行人保护测试法案,经 IHRA 讨论制定的。在中国,C-NCAP 行人安全测试规程中,头部冲击器通过发射装置加速后与发动机舱盖顶指定位置进行碰撞,测量头部质心处平动加速度并求出损伤指数。考虑到不同年龄人群身高不同,头部与车辆碰撞位置也不相同,法规中将汽车发动机舱盖划分为成人和儿童不同碰撞区域,在相应区域分别使用质量、几何不同的成人头部冲击器(4.5kg)和儿童头部冲击器(3.5kg)进行撞击试验。下肢冲击器为 JAMA/JARI 开发的 FlexPLI 柔性冲击器,具有与人体相似的弯曲特性,可测量冲击力、胫骨力矩、股骨力矩及等效韧带的伸长量。部分测试方法及其相应的行人损伤指标基准见表 5-5。

部分法规与标准中针对行人保护的损伤指标基准　　　　　　　　　　表 5-5

部　　位	项　　目	UN R127(2015 年)		C-CNAP(2021 年)
头部	发动机舱盖前部(儿童头部)			
	冲击器质量	3.5kg		3.5kg
	撞击速度	35km/h		40km/h
	撞击角度	50°		50°
	试验区域	WAD④1000 或 BLE②+82.5～1700mm		若 BLE②≤1700, 则 WAD④1000～BLE② 若 BLE②≥1700, 则 WAD④1000～1700mm
	判断基准	HIC≤1000 1/2 区域 HIC≤1700 剩余区域		—
	发动机舱盖后部(成人头部)			
	冲击器质量	4.5kg		4.5kg
	撞击速度	35km/h		40km/h
	撞击角度	65°		65°
	试验区域	WAD④1700～2100mm 或 BRR③		若 BLE②≤1700, 则 BLE②～WAD④2300mm 若 BLE②≥1700, 则 WAD④1700～2300mm
	判断基准	与儿童区域合计得 HIC≤1000 2/3 区域 HIC≤1700 剩余区域		与儿童区域合计得 HIC≤1000 2/3 区域 HIC≤1700 剩余区域

续上表

部　位	项　目		UN R127（2015 年）	C-CNAP（2021 年）
腿部	冲击器		FlePLI（LBRL[①] ＜500mm）	aPLI
	撞击速度		40km/h	40km/h
	判断基准	胫骨骨折	340N・m（缓和域 380N・m）	400N・m
		膝关节弯曲程度	22mm（MCL 伸长量）	38mm
		膝关节剪切变形程度	13mm（ACL,PCL 伸长量）	
	冲击器		髋部冲击器（LBRL≥425）	—
	撞击速度		40km/h	—
	判断基准	载荷	7.5kN	—
		力矩	510N・m	600N・m

注：①Lower bumper reference line,保险杠下基准线。
　　②Bonnet leading edge,发动机舱盖前缘。
　　③Bonnet rear reference,发动机舱盖后基准线。
　　④Wrap around distance,包络线距离。

3. 非机动车测试单元

非机动车测试单元主要包括自行车、电动踏板车等,如图 5-25 所示。这些模型使用特定的材料制作,对于雷达和摄像头在各个角度和高度下的检测都可以模拟真实的非机动车外观形状和反射特征。测试模型的车轮可转动,形成特定的微多普勒效应,以模拟真实的非机动车行驶状态。

图 5-25　非机动车测试单元模型[82]

4. 机动车测试单元

机动车测试单元主要包括摩托车、汽车等,如图 5-26 所示。这些模型同样使用特定的反射材料制作,单体重量在数十千克左右,便于操作人员迅速拆解、运输和组装。机动车测试单元还可配合相应的滑板平台使用,通过电脑或遥控器操控,使其可以达到所需的运动速度。

图 5-26 机动车测试单元模型[82]

四、安全性能测试方法

安全性能测试方法是指基于测试环境与场景,实现测试数据采集,完成整个测试过程所采用的方法。具体包括基于静态测试平台、动态测试平台和车辆内部信息输出三种方法。在测试过程中合理选择测试方法可以快速、准确地采集到测试场景中各目标的运动状态信息,保证测试数据准确无误,提高测试效率。

(一)基于静态测试平台的测试方法

基于静态测试平台的测试方法通过在各种道路测试环境中相应地点设置静态测试设备,实现对智能汽车具体行为表现数据的采集。静态测试设备包括有线和无线通信设备,其可将测试信息实时回传至测试监控中心[43]。为保证测试的准确性,所采用的测试设备应选用实际应用的成熟产品及其组合,如道路交通管理中使用的车速检测设备、驾校考核入库停车的红外测试设备等[44]。

由于测试过程中,车辆行驶范围广,行驶环境复杂,仅利用单一传感器很难满足数据采集要求,尽管目前的视频检测技术已经能够对移动车辆的状态参数及特定行为(如倒车、转弯)在一定程度上进行自动检测,但是受遮挡、阴影、光照变化等因素影响很大。

静态测试平台融合多台激光雷达,采集车辆行驶状态数据(如位置、车速等)。融合数据,检测并跟踪车辆的运动状态,输出其行驶轨迹。车辆的行驶轨迹数据包含速度、航向、位置等信息,可用于估计被测车辆在特定检测点(如交叉路口、停车场、高速公路出入口等)下的状态[45]。

图 5-27 是多台激光雷达融合静态测试系统的示意图,该系统在十字路口等监控区域内放置多个激光雷达,可以获得覆盖区域内车辆、行人、骑车人等目标的外形轮廓。各个激光雷达通过客户端将监测数据发送给服务器端,实现数据空间、时间同步并进行数据融合。由于不同的激光雷达放置于不同位置,其监测视角不同,因此融合后的数据可以实现更大范围的监测并可以避免因遮挡造成的部分测量等问题[45]。

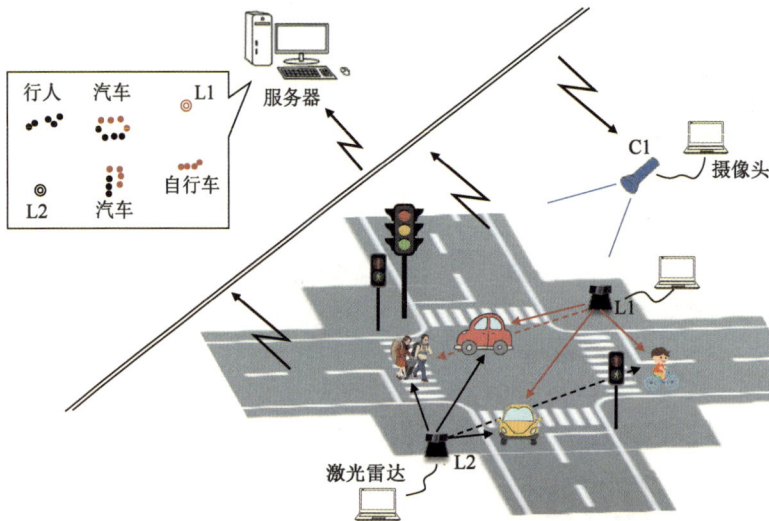

图 5-27　多台激光雷达融合静态测试系统示意图[44]

基于静态平台的测试方法能够准确测量车辆通过局部检测区域的详细行为表现数据,具有较高的测试精度,但存在测试覆盖区域范围小的缺点。虽然通过增加静态测试设备的数量,可进一步提高测试的覆盖范围,但要实现整个测试区域的全面覆盖,就需要花费更多人力和物力布设大量的固定测试设备。

(二)基于动态测试平台的测试方法

基于动态测试平台的测试方法所使用的测试传感设备安装在移动平台上,该移动平台在测试过程中跟随车辆行驶,测试传感器设备通过检测车辆与该移动平台的相对位置变化信息以及移动平台自身的行驶状态信息,通过数据融合解算,获得车辆的行驶状态信息。测试传感器通常包括相机、激光雷达和全球卫星定位系统/惯性导航组合定位装置等。相机用于全程拍摄被测车辆的行驶状态。激光雷达用于测量移动平台与被测车辆间的距离,进而计算得到相对速度。全球卫星定位系统/惯性导航组合定位装置可以记录移动平台的运动轨迹,基于移动平台的运动轨迹及平台和被测车辆间的相对位置关系可以得到被测车辆的轨迹和行驶状态等信息[43]。为了使测试监控中心能够实时获得车辆行驶状态信息,可在动态移动平台上设置无线通信装置,将拍摄图像、推算的车辆行驶状态信息发送至测试监控中心。

图 5-28 所示为基于动态测试平台的车辆评价系统框架,其可以分为两部分内容。

(1)车辆行驶参数获取(图 5-28 右侧虚线区域):利用车载激光雷达及全球卫星定位系统/惯性单元组合导航系统作为传感器数据输入,通过同时定位/地图创建与移动目标检测跟踪,实行对主体车辆周边移动目标的检测及跟踪。通过建立交互式方法,人工指定特定被跟踪的移动目标,并输入其相关信息,如序号等,从而实现对特定目标行驶参数的精确估计及信息输出。

(2)车辆及其行驶环境的三维可视化(图 5-28 左侧虚线区域):利用其他车载激光雷达、非水平设置的单线或多线激光及摄像头作为传感器数据输入,通过激光与摄像头数据的融合,利用车辆位置、姿态及传感器坐标参数进行坐标转换,建立无人驾驶车辆行驶环境的三维模型;利用无人驾驶车辆行驶参数模块的输入,形成对无人驾驶车辆及其行驶环境的实时动态三维可视化。

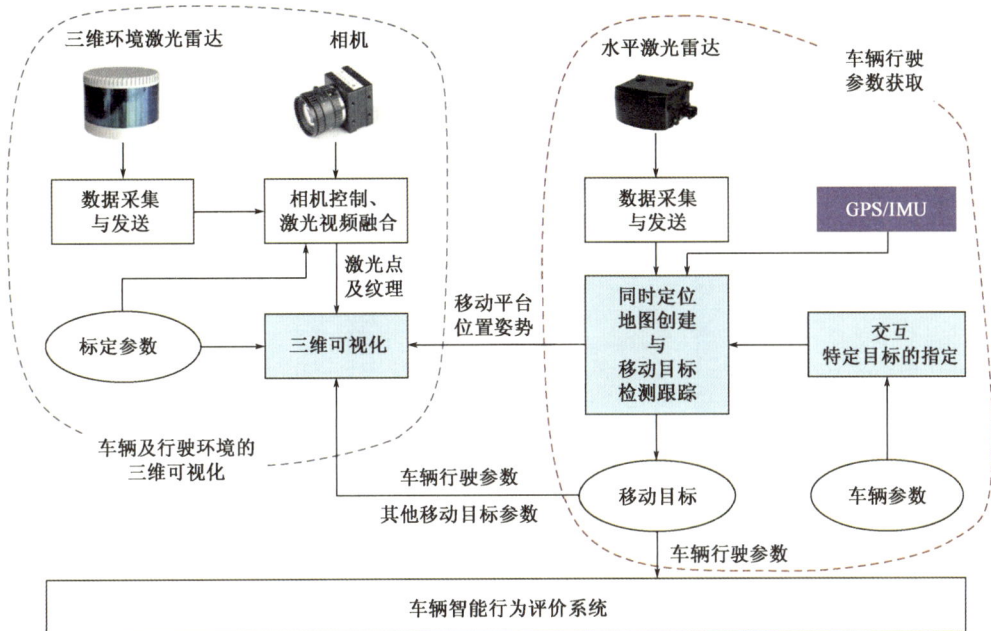

图 5-28 基于动态测试平台的车辆评价系统框架[44]

(三)基于车辆内部信息输出的测试方法

基于车辆内部信息输出的测试方法指在测试过程中对被测车辆感知、决策、控制等系统的所有过程数据和中间输出结果,进行实时采集。根据测试要求,被测车辆可将数据直接存储至车载数据采集装置,或采用无线通信手段传输至测试移动平台或监控中心。以停止线停车测试为例,要求车辆在检测到停止线后减速,并在距离停止线 1m 内停车。在实际测试过程中,被测车辆需要采集检测到停止线时,车辆距离停止线的距离、车速以及车辆停止后距停止线的距离等数据,并将其发送给监控中心[45]。

为避免评测车辆输出误导信息,该测试方法也可以与基于静态传感器的测试方法或基于动态传感器的测试方法同时使用,综合车辆的内部数据和外在行为数据,为客观评价车辆提供重要的依据。

针对复杂行驶环境下的车辆智能行为测试,可综合基于静态、动态平台及车辆内部信息输出的测试方法,以利用多传感器全方位获取被测试车辆的相关数据,避免采用单一平台获取的车辆数据的局限性。

五、安全性能测试技术

安全性能测试技术涉及汽车从功能设计到实车生产的开发全过程,如图 5-29 所示。其中,模型与软件在环测试基于虚拟仿真测试环境,可以在无实物的需求分析和功能设计阶段,实现对算法功能的早期验证。硬件与车辆在环测试通过将部分实物或整车接入虚拟仿真环境中,实现对部件或整车的安全性能测试。封闭场地测试依托专用的试验场,在模拟真实的场景中实现对车辆综合性能的测试。开放道路测试通过合理选取真实道路路段,在不影响整体交通安全的情况下,实现在真实道路环境中对车辆的测试。

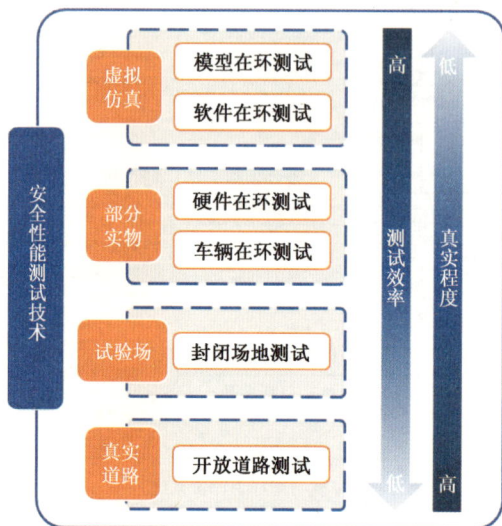

图 5-29　安全性能测试技术

从模型在环测试到开放道路测试,测试场景的真实程度不断提高,测试结果更加可靠,但场景构建的复杂度也在不断增加,测试效率逐渐降低。通过合理搭配使用各种测试技术,例如在虚拟环境下测试大量随机场景,在真实环境下测试典型场景,可以兼顾测试的高效性和有效性,保证测试结果的可信度。

(一)模型在环测试

在各种控制算法开发流程中,为了降低研发成本,更早地发现算法中存在的问题和错误,常常需要在设计阶段进行相应的测试。模型在环测试是指结合虚拟仿真环境,在实际控制器开发完成之前对相关算法进行测试的技术[1]。通过模型在环测试,可以在系统开发初期,没有硬件实物的情况下,对算法正确性进行验证。完整的模型在环测试通常包含决策规划算法、传感器模型、车辆动力学模型和模拟场景四个部分[7,46]。决策规划算法是模型在环测试中的被测对象。传感器模型主要包括基于小孔成像的单目相机模型[47]、基于扩展卡尔曼滤波的双目相机模型[48]、基于目标几何、物理特性的雷达信号反射模型[49]等。在车辆动力学建模方面,除了较为成熟的基于理论的车辆动力学模型外,还有包括基于数据、基于系统辨识和面向对象的建模方法[50-52]。模拟场景则根据测试需求,由开发人员进行设计并搭建。

模型在环测试的流程一般包括测试需求分析、测试环境配置、测试用例设计、测试执行和测试结果分析五个步骤[81]。测试需求分析包括对被测自动驾驶系统的功能和性能、仿真平台本身的性能需求以及对仿真结果的输出需求进行分析。测试环境配置是指根据测试需求,对仿真测试平台进行参数配置,具体包括:车辆模型、静态场景、动态场景和传感器模型配置。测试用例设计是指针对被测系统的功能和性能需求设计具体的测试场景,应兼顾充分和高效两个原则且具有可重复性。测试执行指根据被测系统测试需求,制定试验大纲,再通过软件运行,开展具体的仿真场景测试工作,从而取得测试对象针对仿真平台输入信号的响应数据的过程。测试执行具体包括初始状态设置、测试车辆运行、目标车辆添加、测试车辆决策、测试过程监控、测试过程自动化、数据存储等环节。测试结果分析是指对仿真结果进行数据处理,具体包括数据分类、统计、筛选和可视化等。若测试结果表明被测系统已按要求完成预定的系统测试任务,或针对测试中的异常现象有合理解释或者存在正确有效的处理方式,则测试过程可以结束。

(二)软件在环测试

软件在环测试一般是指在主机上对仿真中生成的代码或手写代码进行评估,即被测对象由算法变为了算法的代码。软件在环测试的目的是对代码进行早期验证,即代码和用于代码生成的模型在行为上是否是一致的,防止代码生成过程出错。因此,软件在环测试可看成是模型在环测试的等效性测试,如图5-30所示,软件在环测试中的"软件"是指"模型"转换成代码(图中以"C代码"为例)编译之后的软件。

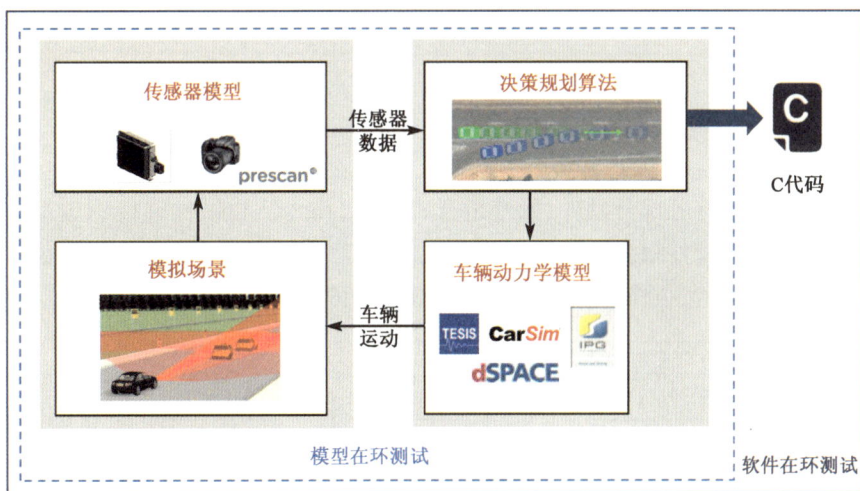

图5-30 模型在环测试与软件在环测试

(三)硬件在环测试

硬件在环测试将实物部件和软件模型联合,是广泛运用于部件或控制系统测试的技术形式。自动驾驶系统的部分部件或系统是真实的,而环境是虚拟的。智能汽车的环境感知系统、控制执行系统等均可实现硬件在环测试[53]。典型的感知系统硬件在环试验台如图5-31所示[7],融合了雷达、摄像头、V2X等真实感知设备,同时搭建雷达回波模拟系统、相机视野模拟系统和V2X信道模拟系统。真实传感器可获得实际感知信息,并传输给实时控制器,实时控制器负责分析感知结果的准确性,并实时更新各模拟系统中的场景。

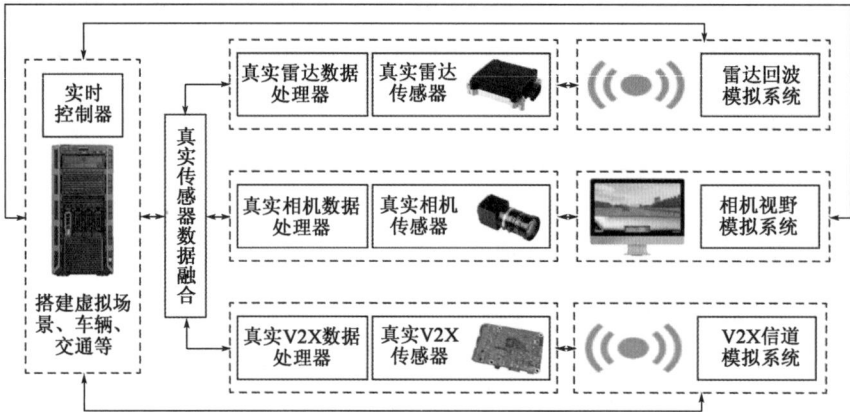

图 5-31 典型感知系统硬件在环试验台框架[7]

控制执行系统在环测试通常包括制动、转向等系统在环测试。以制动系统为例,通过上位机计算单元、下位机控制器单元、驱动器单元和执行器单元四部分可以组成硬件在环测试系统。其中上位机计算单元通过以太网与控制器连接,将控制模型载入控制器中。控制器采集驱动单元的电流、电压信号,并控制驱动单元对执行器的电压输出。执行器通过控制电磁阀通断,从而驱动轮缸形成压力并形成目标制动力[54]。上述机电过程通常以硬件在环测试进行验证。

(四)车辆在环测试

车辆在环测试,即将各部分硬件、系统组合成整车,作为实物硬件连接到虚拟仿真环境中进行统一测试,以检测硬件组合过程中可能产生的偏差,使测试结果更加准确,包括封闭场地车辆在环测试和转鼓平台车辆在环测试[9],典型测试方案如图 5-32 所示。

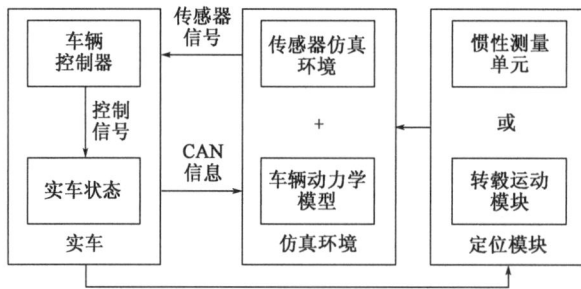

图 5-32 车辆在环测试方案[7]

封闭场地车辆在环测试是指将置于封闭空旷场地的实车接入虚拟仿真环境的测试方法。该方法由仿真软件生成虚拟环境(包括道路、天气、其他交通参与者等),并将虚拟环境的电子信号输入给车辆控制单元,车辆将依据环境信息作出决策并控制车辆运动,同时仿真软件实时读取车辆位置、航向等信息用于更新虚拟环境,如此周而复始。

如图 5-33 所示,转鼓平台车辆在环测试是指将车辆置于转鼓平台上,用虚拟或模拟设备生成周围环境的测试方法。在测试过程中,车辆绝对位置不变,通过改变其他目标与车辆的相对位置模拟车辆的行驶状态。相比于封闭场地车辆在环测试,转鼓平台车辆在环测试克服了场地受限问题,可以对大规模的交通场景进行测试,同时由于环境信息是由真实传感器感知得到的,对感知系统的测试结果更加可靠。但是,由于转鼓平台的动态性能有限,难以准确测试控制执行等系统的性能。

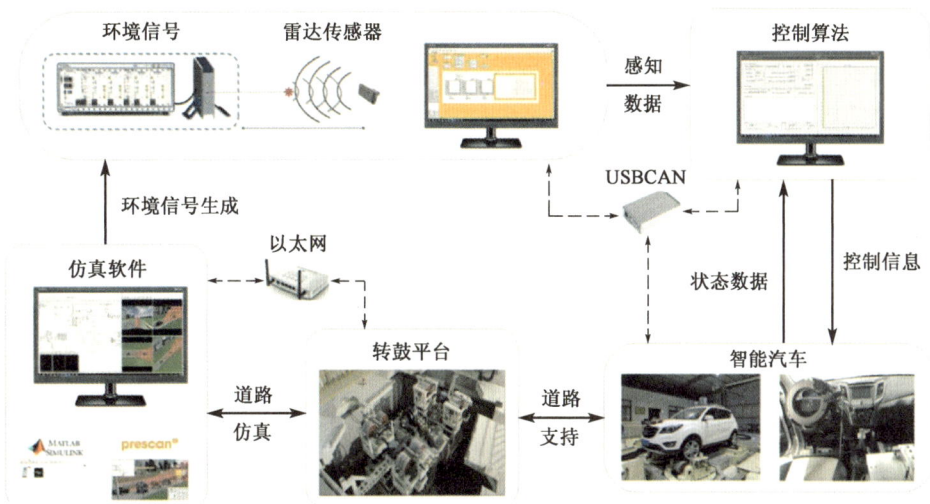

图 5-33 转鼓平台车辆在环测试[88]

(五)封闭场地测试

封闭场地测试通过建设专用的封闭测试场,搭配真实度较高的道具或实物,在有限场地中模拟或还原真实场景,实现对车辆综合性能的测试[9]。目前很多国家和地区都改造或建立了一些封闭测试场。位于美国密歇根州的 MCity 是较为典型的自动驾驶车辆封闭测试场地,该测试场地由多种路面和道路要素构成,同时试验区内还设置了丰富的交通标志、信号灯等道路要素,城市场景中搭建了各种模拟建筑物、城市辅助设施等自动驾驶车辆在真实世界中可能遇到的道路元素。

封闭场地测试与封闭场地车辆在环测试有所不同。在后者中,车辆行驶在空旷场地中,但车辆周围的环境是虚拟的,是通过传感器模型生成的模拟信号。在前者中,车辆行驶在专业的封闭场地,车辆周围的环境是实物而非电子信号,其他交通参与者可通过轮式移动机器人平台等进行模拟。

封闭场地测试的优点在于通过在场地内设置场景所需的交通要素道具和运行条件,可以方便地实现对特定场景的测试,相同工况可多次重复测试,同时由于封闭场地测试所使用的道具一般都具有较高的真实度,其物理特性与实物类似,因此测试结果具备较高的可靠性。封闭场地测试的缺点在于测试效率较低且存在一定的测试风险。在进行封闭场地测试之前,需要花费较多的人力物力设计并布置场景,在极端情况下存在对车辆或驾驶人造成伤害的风险。因此,为提高测试效率,减小测试风险,通常先进行充分的软、硬件在环测试,选取最有价值的场景进行封闭场地测试。

(六)开放道路测试

开放道路测试是指在为智能汽车配备安全员的情况下,在开放环境中行驶并记录智能汽车的行驶状态。当前情况下,并不是所有的开放道路区域都允许智能汽车进行测试。如何科学合理地选取测试开放道路、协调测试需求与交通安全的关系,是当前各个城市开展智能汽车测试工作面临的实际问题[55]。根据现有开放道路测试经验,在车辆功能还不甚完善的初期,最好选取道路结构较为简单、交通流量小的路段,这样既可以保障测试安全,又能避免影响城市道路的通行效率。但是,为了推动智能汽车技术的发展进步,保证智能汽车能够在复杂场景下也能安全舒适地运行,也需要选取部分交通流量密集、行驶工况复杂的路段,并逐渐增加测试难度[55]。

对于测试道路,不同企业不同车辆产品的自动化水平不同,为保障测试过程的交通安全,提高测试效率,需要差异化地开放与产品自动化能力匹配的路段,因此有必要提出对应不同测试难度的道路分级方法。车辆自动驾驶难度与道路交通复杂度正相关,可依据开放道路特征进行分级。根据北京市提出的道路分级方法,以道路交通基础设施、交通运行环境和道路社会环境三大因素作为一级指标,下设不同的二级指标,可以构建出如图 5-34 所示的测试道路交通综合复杂度评价指标体系[55]。

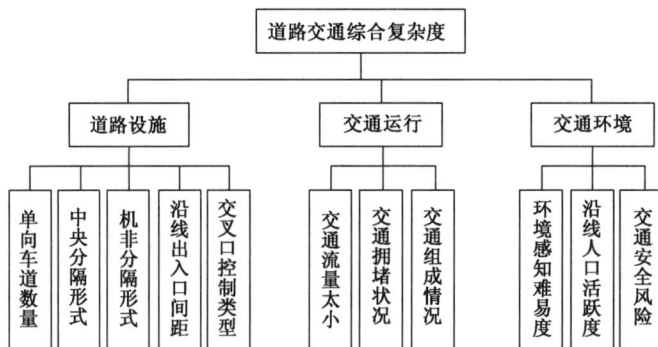

图 5-34　测试道路交通综合复杂度评价指标体系[55]

根据智能汽车技术特征和道路交通特征,可进一步确定测试道路交通综合复杂度指标体系中各一、二级指标的权重系数(表 5-6)。结合上述指标体系,道路综合复杂度计算公式如下:

$$\text{Score}_l = \sum_{i=0}^{m} \left(\alpha_i \sum_{j=0}^{n_i} \gamma_{ijl} \beta_{ij} \right) \tag{5-13}$$

其中,Score_l 为第 l 条路段的总分值;α_i 表示第 i 个一级指标的权重;β_{ij} 表示第 i 个一级指标中第 j 个二级指标的权重;γ_{ijl} 表示第 l 条路段第 i 个一级指标中第 j 个二级指标的赋分值,m 表示一级指标的数量,n_i 表示第 i 个一级指标下二级指标的数量[55]。

由式 5-13 可以计算得到各路段的交通复杂度评分,评分越高代表道路越复杂。根据评分和测试需求,得到对不同测试开放路段的分级划分方案,最终可实现分级测试。

测试道路交通综合复杂度指标体系权重系数 表5-6

一级指标	权重	二级指标	权重
道路设施	0.4	单向车道数	0.20
		机非分隔形式	0.20
		中央分隔形式	0.05
		交叉路口控制类型	0.25
		沿线出入口间距	0.30
交通运行	0.30	交通流量大小	0.35
		交通拥堵状况	0.35
		交通组成情况	0.30
交通环境	0.30	环境感知难度	0.30
		沿线人口活跃程度	0.35
		交通安全风险	0.35

第三节 汽车安全性能评价

一、安全评价指标体系构建

安全问题是公众对智能汽车诸多关注点中的关键要素[86]，因此，对智能汽车开展科学准确的安全性能评价，对于智能汽车的技术突破与应用落地至关重要。评价指标常作为评价结果的量化表现，反映评价主体的性能水平。而单一的汽车安全评价指标只能体现汽车在某一测试环节中所表现出的性能，难以科学合理地反映汽车的整体安全水平。考虑到汽车安全性能评价是一个综合评价问题，应按照多层级、多角度的评价思路来开展，其体系逻辑如图5-35所示，以通用安全评价原则为指导，经广泛的指标初选与精细化的筛选优化，自上而下地建立具有多级树形结构的评价指标体系。评价指标依据不同的定义与特点，总体上可分为主、客观两类，在获取手段、灵敏程度与侧重点等方面有所不同，但对于安全评价过程都是不可或缺的。

汽车安全性评价指标体系可按照树形结构分为4个级别，依次为评价目标、评价方面、评价角度和评价指标。汽车安全水平的评价目标为指标体系中的最高层。以此为出发点，根据评价维度的不同，可从安全性能的不同评价方面展开，从不同维度反映汽车在不同环节的安全水平。评价方面的下一层为评价角度，更加精细化地展开待评价内容，直接影响后续评价指标的选择。评价指标，直接对应各评价角度，它的选取包括初选、筛选与优化；初选一般包括综合法、分析法等，本着全面性原则，允许重复的或难以操作的指标存在，以提供一种所有可能的指

455

标集合,后续进行筛选和优化,如采用专家决策法辅助选择合理的评价指标以及排除不合理或冗余的评价指标。

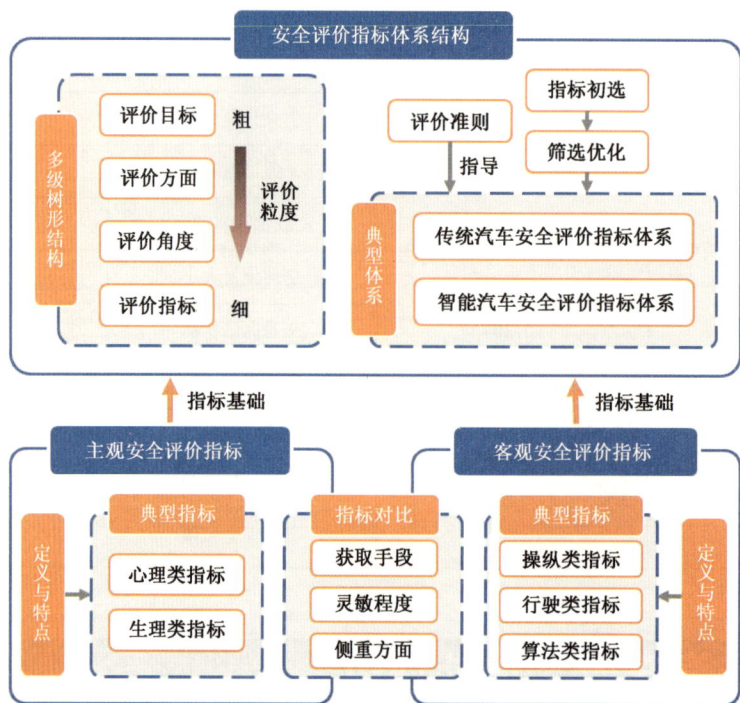

图 5-35　安全评价指标体系逻辑图

在评价传统汽车的安全性能时,常按照主动安全与被动安全两个评价方面构建安全性能指标体系,一个典型树形结构如图 5-36 所示。对于智能汽车性能评价指标体系的构建,目前研究还并不充分,缺乏兼具全面性、科学性的统一指标体系。一种较为主流的评价体系将智能汽车安全性能评价划分为功能安全、预期功能安全与信息安全三个方面[84],如图 5-37 所示。

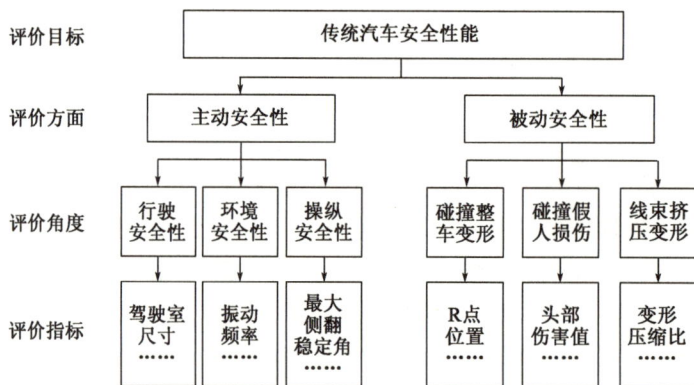

图 5-36　传统汽车安全评价指标体系

评价目标

智能汽车安全性能

评价方面

功能安全　　预期功能安全　　信息安全

评价角度

| ASIL | 随机硬件失效 | 潜在故障 | 可控性 | 执行器响应 | 主观感受 | 数据安全 | 通信安全 | 网络安全 |

评价指标

| 等级…… | 单点故障指标…… | 潜在故障率…… | 预期制动减速度…… | 响应延迟 | 信心度…… | 安全保密机制 | 双向认证 | 丢包率…… |

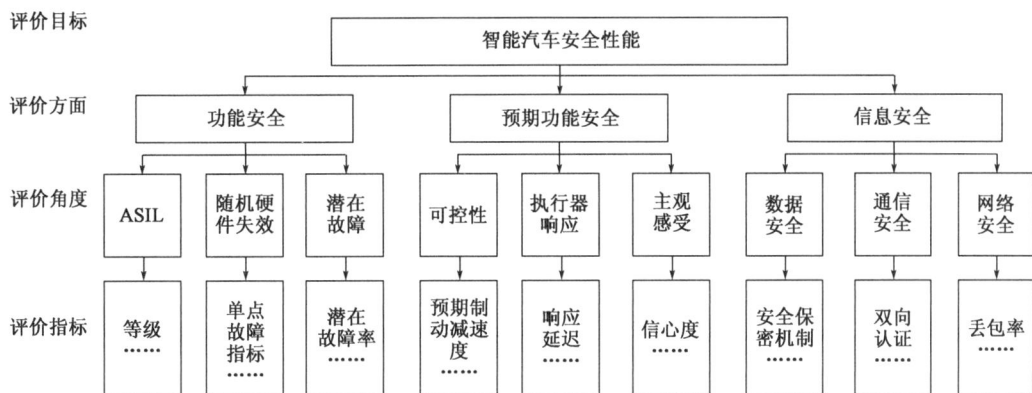

图 5-37　智能汽车安全性能评价指标体系

（一）主观安全评价指标

智能汽车安全评价指标体系中的指标可以选择客观评价指标（如汽车行驶过程中的纵横向加速度大小），或主观评价指标（为确定的指标属性值，如乘坐汽车的安全感）。驾驶人作为人-车-路系统中至关重要的环节，其在交通行驶环境中表现出的心理、生理信号的变化，可以直接体现车辆行驶过程中的安全性，因此驾驶人的心理与生理指标在主观评价指标体系中不可或缺。

常用的驾驶人生理信息主要包括心电及通过对原始心电信号分析得到的心率变异性、脑电信号和皮肤水平信号等[56]。心率与心率变异性通过表征驾驶人在不同驾驶负荷下心理状态变化水平，判断驾驶人当前的状态，反映其执行驾驶任务时的主观安全感受。例如，利用非驾驶任务（如听音乐）对驾驶人进行干扰，采集心率数据，能够发现随音乐节奏的不同，驾驶速度受一定影响，并且伴随着心率的增加，人出现忽略红灯、斑马线等具有安全隐患的驾驶行为[57]。脑电信号指标被广泛用于基于认知的驾驶行为实验，通常采用电位分析法与功率谱分析法对其进行分析，能够发现部分功率谱随着驾驶任务变化而发生规律性变化。具体而言，随着驾驶任务难度上升，驾驶人脑电信号中的 α 波活动逐渐减弱，θ 波活动逐渐增强[58]。皮肤电反应是心理测试方法中常见的指标之一，当面临紧急驾驶工况时，驾驶人会呈现出紧张与压力较大的状态，此时汗腺分泌活动增强，改变皮肤电阻值[59]。

（二）客观安全评价指标

对车辆操作行为的客观评价指标主要包括横向和纵向车辆操作指标[56]，其中横向包括对转向盘、转向灯等操作指标，纵向包括对制动踏板、加速踏板等输入量的操作指标。车速、运动轨迹、横向加速度等整车状态表征参数也属于客观指标。从更为宏观的道路交通行驶方面，客观评价指标还包括行驶里程、行驶时间、行驶时段（如是否在夜间、高峰期行驶等）、急加速次数、急减速次数、超速次数、急转弯次数等。还可从接管行为方面进行智能汽车安全性评价，例如，通过采用驾驶模拟器进行实验，提取接管反应时间、合成加速度和最小 TTC 等客观指标，建立接管安全性评价模型,发现非驾驶类任务会增大驾驶人的接管反应时间,且在一定程度上降低接管安全性[60]。

对于高级自动驾驶系统来说,算法对于保证智能汽车安全行驶发挥着至关重要的作用,因此,选择科学合理的客观评价指标对算法作出评价,也是安全性能评价中的关键环节。如对环境感知算法而言,其感知结果是决策控制环节中的主要数据来源,故在对环境感知算法进行评价时,常从准确性、实时性、鲁棒性等角度进行,具体评价指标包括漏检率、误检率、单帧处理时间、不同场景下的稳定性等。

总体来说,主观评价指标与客观评价指标在评价过程中各有侧重和优劣,具体对比见表5-7。主观评价指标实施方便,更加接近人的真实感受,但存在着个体差异导致的敏感度不同、再现性差等问题;客观评价指标反映的车辆性能水平更加具体和准确,但无法真实表现实际驾驶感受。

主、客观评价指标对比 表5-7

比 较 维 度	主观评价指标	客观评价指标
获取手段	人(驾驶人、乘员等)	各类传感器
评价过程	生理、心理	物理
输出	驾驶人主观参数与描述	系统与整车测量数值
灵敏度	低	高
再现度	低	高
侧重	驾乘感受	车辆状态

(三)基于数值模型的虚拟安全评价

相比真实世界中的硬件试验,基于数值模型的虚拟评价具有低成本、高效率、可重复性、参数可控和便于优化等优点,广泛应用于工业产品的开发设计中。虚拟评价可以追溯到2006年美国国家科学基金会(National Science Foundation,NSF)的 Helen Gill 所提出的信息物理系统(Cyber-Physical Systems,CPS)概念。2011年,德国基于该概念提出了以"智能化"和"网络化"为特征的工业4.0(Industrie 4.0)。西门子公司在2016年开始尝试利用数字孪生体来完善工业4.0应用,并于2017年底正式发布了完整的数字孪生(Digital Twin)应用模型(图5-38)。

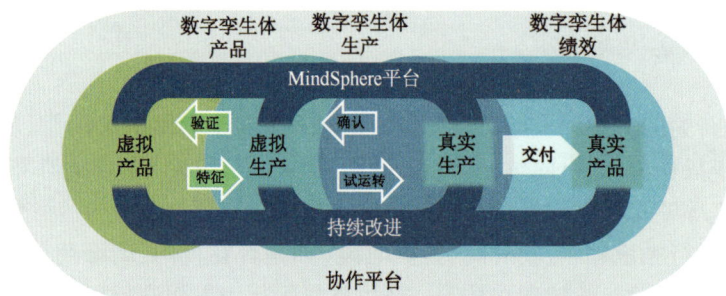

图5-38 德国西门子公司的数字孪生应用模型

在安全虚拟评价体系方面,数字模型具备对各类虚拟场景与工况下的响应快速预测能力,可服务于面向真实场景智能汽车的安全评价系统。以碰撞安全性为例,精细化的整车数值模型不仅能够精准地模拟出车辆在各项测试规程中的力学行为,还能准确输出耐撞性能指标。同时,人体数值模型(如 THUMS 和 GHBMC)作为交通参与者的数字替代物,也已较广泛地应用于学术研究和安全系统开发。相比经典测试单元的物理碰撞假人,人体数值模型具有以下优点:具备高生物仿真度,即能够表征不同尺度下的人体组织或器官的冲击力学响应(详见第四章第一节内容);能够对人体体征进行参数化表征,相比于碰撞假人家族只能对人群分布中典型体征的个体进行表征,而参数化人体模型能在虚拟环境中对包括年龄、身高、体重在内的参数进行个性化调整(详见第四章第二节内容);具备主被动行为耦合特性,现有的物理碰撞假人尚无主动应激行为表征能力,而主动人体模型能对主动行为(如肌肉紧张)影响下的被动损伤行为进行测试评估(详见第四章第一节内容)。

总体上,虚拟评价正在成为试验评价的有效补充,并有希望在极大程度上替代硬件试验,实现一体化安全评价。现有部分法规和试验标准已基于人体数值模型等手段提出虚拟测试标准化需求,如最新版的 Euro NCAP 规定,行人头部安全系统评价由主机厂提供数值模型,针对儿童与成人行人头部碰撞区域的指定碰撞点,测试机构随机选择若干测试点位置进行物理测试,通过与相同碰撞位置下的数值模型结果对比,判断是否需要扩大测试采样数量。虚拟测试为主,物理测试为辅的安全评价规程不仅表明虚拟测试已逐步被官方机构所接纳,更体现了数字模型在安全测试中的重要性与可靠性。

相应地,考虑未来智能汽车主被动协同安全系统在全碰撞过程中的虚拟评价体系也亟待建立,相关体系应面向智能交通行驶场景,考虑不同区域及人群特点,以及多工况、全阶段需求(图 5-39),具体内容应包括开发和示范具备可重复性的试验方法及典型测试场景,综合传统硬件试验建立基于数值模型的标准化测试方法,对精细化人体数值模型进行验证与应用,建立通用的损伤风险判断与评定方法,构建相应的安全保护策略和产品开发准则等。考虑不同国家人群在体型特点、生理参数与损伤容限上的差别,以及中国道路交通特点,建立一体化安全评价体系,既能为智能汽车安全性评价提供真正适用的行业标准,也能够进一步为国际标准提供草案或技术建议。

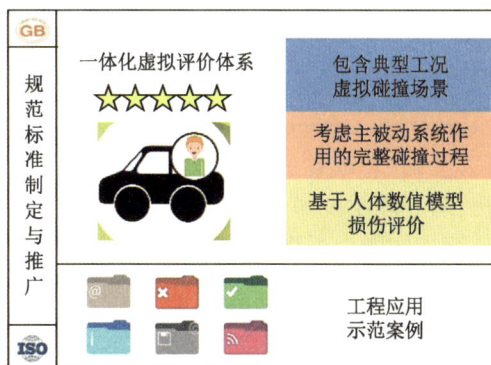

图 5-39　一体化安全评价体系的研究及建立

二、安全性能评价方法

在确定安全评价指标体系后,需要应用具体评价方法,基于综合体系中的各级指标数值,给出整体评价结果,方法逻辑如图5-40所示。主观评价方法从人类驾驶人的主观驾驶感受出发,结合主观评价规程,在操作车辆的过程中,通过感官对车辆的性能进行观察评价并记录结果用于后续分析。基于实测数据的客观评价则从被测车辆的实际性能数值出发,用量化指标描述车辆在某一测试任务的客观表现。结合主客观评价方法的多维度综合评价能够结合被测车辆的实际驾乘感受与实测性能量化结果,给出更为全面合理的评价结果。

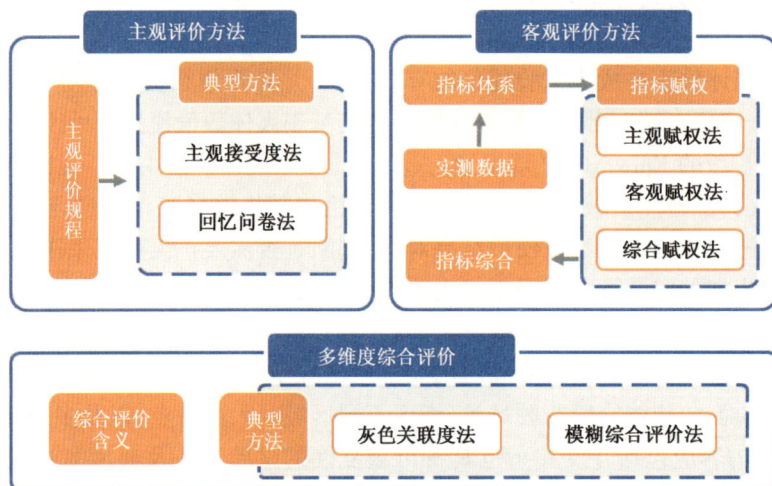

图 5-40　安全性能评价方法逻辑图

(一)基于驾驶人接受度的主观评价

无论对于传统汽车还是智能汽车来说,常用的评价方法一般分为主观评价与客观评价。其中主观评价方法指由经过培训的评价人员按照一定的主观评价规程,在典型的道路场景或测试环境中,通过感官对车辆的某一性能进行观察、操作、评价结果记录与分析,进而得出驾乘感受的评价过程,是汽车评价体系中不可或缺的重要环节。

布鲁内尔大学(Brunel University London)研究人员从心理学层面,对 ACC 系统进行了主观评价,研究以驾驶模拟器为基础,受试者被要求分别在模拟器上进行手动驾驶和 ACC 开启辅助驾驶。应用方差分析法,对心理学变量进行分析,发现 ACC 系统工作时会导致驾驶人的控制感、对车辆的信任度、环境感知能力下降,但是会使驾驶人工作负荷和压力降低[59]。

美国 NHTSA 与密歇根大学交通研究所(University of Michigan Transportation Research Institute,UMTRI)开展了智能巡航控制系统场地测试项目(Intelligent Cruise Control Field Operational Test,ICCFOT)[61],以主观调查问卷形式进行了 ACC 系统主观评价,调查问卷就系统的舒适性、安全性、信任度等方面,针对不同年龄段、驾龄和 ACC 系统使用经验的驾驶人员,设计分层详细的问卷问题,将问题按照上述主观感觉进行分类,评价采用 7 分制打分原则,根据各类问题评价分数的平均值与标准差对 ACC 系统进行评价。

(二)基于实测数据的客观评价

由于主观评价的评价主体是人类驾驶人,存在个体差异、敏感度不同、易受外部环境影响的问题,因此导致单纯的主观评价有着模糊性强、再现性差的缺点。而基于实测数据的客观评价则从待测车辆的实际性能数值出发,用量化的指标描述某一事项的具体表现。在对智能汽车进行客观评价时,首先需要结合待测车辆、测试方法与评价目标,建立评价指标体系,然后利用指标赋权方法给各指标分配权重,最后通过综合评价方法给出系统或整车的性能评价结果。

评价指标的赋权过程是评价过程中十分重要的环节,很大程度上影响最终评价分数,因此本部分首先针对常用的指标赋权方法展开介绍。指标赋权方法可分为主观赋权法和客观赋权法。

1. 主观赋权法

主观赋权法由专家根据经验进行主观判断得到权重,其中应用较多的是层次分析法。层次分析法(Analytic Hierarchy Process, AHP)是特征值法的一种典型代表,其基本思想是先按问题要求建立一个描述系统功能或特征的递阶层次结构,通过两两比较评价指标的相对重要性,给出相应的比例标度,构成上下级指标的判断矩阵,并给出上下级指标间相对重要程度组成的重要序列。下面具体介绍采用此方法确定指标权重的步骤[44]。

第一步,构造层次分析法所需的合理且保持一致性的判断矩阵。智能汽车的评价指标可为多层级,对于每一层级的各项评价指标,均可采用如下方法构建判断矩阵。评价者需要权衡智能汽车中两两评价指标的相对重要性,采用 1~9 比例标度对重要度赋予一定数值,见表5-8。

重要度/次要度与比例标度定义　　　　　　　　　　　　　　　　表 5-8

序　号	重要度/次要度	比 例 标 度
1	两个指标具有同样重要性	1
2	一个指标比另一个指标稍微重要	3
3	一个指标比另一个指标重要	5
4	一个指标比另一个指标重要得多	7
5	一个指标比另一个指标极为重要	9
6	一个指标比另一个指标稍微次要	1/3
7	一个指标比另一个指标次要	1/5
8	一个指标比另一个指标次要得多	1/7
9	一个指标比另一个指标极为次要	1/9

专家及评价者根据上述定义表,对智能汽车的各项评价指标之间的相对重要度进行两两权衡与比较,进而确定重要程度的比较结果,见表5-9。

同层级指标	A_1	A_2	……	A_n
A_1	a_{11}	a_{12}	……	a_{1n}
A_2	a_{21}	a_{22}	……	a_{2n}
……	……	……	……	……
A_n	a_{n1}	a_{n2}	……	a_{nn}

根据上述重要程度比较结果表,可得判断矩阵 A^*,如下式所示:

$$A^* = [a_{ij}]_{n \times n} \tag{5-14}$$

其中, a_{ij} 为第 i 个因素相对于第 j 个因素的重要程度。根据判断矩阵的构造定义和方法,可以明确矩阵 A^* 具有以下性质:

任一元素为正数: $a_{ij} > 0$;

对角元素取值为 1: $a_{ii} = 1$;

对称元素互为倒数: $a_{ij} = 1/a_{ji}$。

第二步,计算智能汽车各评价指标的权重。

假定存在 n 个同一层级的评价指标,按以下步骤即可计算得到各评价指标的权重。

首先,对智能汽车的评价指标的判断矩阵 A^* 按列规范化,即对判断矩阵 A^* 的每一列进行归一化处理,如下式所示:

$$\overline{a}_{ij} = \frac{a_{ij}}{\sum_{i=1}^{n} a_{ij}}, \forall i,j = 1,2,\cdots,n \tag{5-15}$$

其次,将归一化后的判断矩阵按行相加,得到和向量 W,其各元素 W_i 如下式所示:

$$W_i = \sum_{j=1}^{n} \overline{a}_{ij}, \forall i = 1,2,\cdots,n \tag{5-16}$$

再次,将得到的和向量正规化,得到权重向量 $\overline{W}$,其各元素 $\overline{W}_i$ 如下式所示:

$$\overline{W}_i = \frac{W_i}{\sum_{i=1}^{n} W_i}, \forall i = 1,2,\cdots,n \tag{5-17}$$

最后,在确定权重向量前还需要进行一致性检验,以避免指标矛盾,确保评价结果的可靠性。进行一致性检验,需要首先求得判断矩阵 A^* 的最大特征根 γ_{max},此处选用和积法进行计算,如下式所示:

$$\gamma_{max} = \sum_{i=1}^{n} \frac{[A^* \overline{W}_i]_i}{n(\overline{W}_i)_i} \tag{5-18}$$

其中, $[A^* \overline{W}_i]_i$ 表示向量 $A^* \overline{W}_i$ 的第 i 个元素; $(\overline{W}_i)_i$ 表示向量 $\overline{W}_i$ 的第 i 个元素。各符号含义与上文保持一致。

根据上式可计算一致性指标 C.I.,如下式所示:

$$\text{C.I.} = \frac{\gamma_{max} - n}{n - 1} \tag{5-19}$$

再基于评价指标的数量 n,查表得到平均随机一致性指标 C.R.(表 5-10),只要满足下式的关系,即可认为一致性检验通过,权重向量 $\overline{W}_i$ 有效,否则需要修改判断矩阵 A^* 并重新进行计算、检验,直至通过。

$$\frac{C.I.}{C.R.} < 0.1 \tag{5-20}$$

平均随机一致性指标取值

表 5-10

n	3	4	5	6	7	8	9	10	11
$C.R.$	0.58	0.9	1.12	1.24	1.32	1.41	1.45	1.49	1.51

2. 客观赋权法

客观赋权法通过对实际获得的指标属性值进行计算分析,进而得出权重系数。应用较多的是熵权法,其基本思想源于克劳德·香农(Claude Shannon)的信息论。针对评论指标的权重系数设定原则,在样本数量相同情况下,某个评价指标的信息熵越大,该指标观测值的差异越小,无序程度越高,对于各样本的排序作用越弱,在综合评价中的作用越小,所赋权重就应越小;反之,信息熵越小,该指标观测值的差异越大,系统的有序程度越高,对样本的排序作用越强,所赋权重就应越高。以下简要介绍采用熵权法确定智能汽车评价指标权重的步骤。

第一步,根据测试数据计算各评价指标的信息熵。首先,需要对智能汽车的测试数据进行标准化处理。这里,假定存在 k 辆待评价智能汽车,每辆车都存在 n 个同一层级的评价指标。对所获取的测试数据进行归一化处理后,根据信息论中信息熵的定义,任一指标对应的一组测试数据的信息熵可由下式计算得到:

$$e_j = -\frac{1}{lnk}\sum_{i=1}^{k} x_{ij}^{*} \cdot \ln x_{ij}^{*}, j = 1,2,\cdots,n \tag{5-21}$$

其中,x_{ij}^{*} 表示第 i 辆被测车辆的第 j 个评价指标的测试数据;e_j 表示第 j 个评价指标的信息熵。

第二步,计算智能汽车各评价指标的权重。根据上述评价指标信息熵的计算公式,定义指标的差异因素 g_j,如下式所示:

$$g_j = 1 - e_j \tag{5-22}$$

而后即可计算指标的权重系数 w_j,如下式所示:

$$w_j = \frac{g_j}{\sum_{j=1}^{n} g_j}, j = 1,2,\cdots,n \tag{5-23}$$

得到各评价指标的权重向量 W 如下式所示:

$$W = (w_1,w_2,\cdots,w_n)^{\mathrm{T}} \tag{5-24}$$

3. 综合赋权法

综合赋权法结合了主、客观赋权法的特点,根据具体的评价情况,确定主、客观赋权法在指标赋权过程中各自所占的比例,最后求得综合赋权法的权重系数。假设对任一评价指标,通过主、客观赋权法确定其对应的权重系数分别为 α_i 和 β_i,则一种采用综合赋权法的权重系数确定方法如下式所示[1]:

$$w_i = \varepsilon\,\alpha_i + (1 - \varepsilon)\,\beta_i, i = 1,2,\cdots,n \tag{5-25}$$

其中,w_i 表示第 i 个评价指标对应的权重系数;ε 表示主、客观赋权法的折中系数,表示两种赋权法的相对重要程度,取值范围为 $[0,1]$。

该方法通过调整主、客观赋权法在赋权过程中的贡献水平,可以根据具体评价任务,调整评价结果受主、客观成分的影响程度,既反映了评价者的主观评价信息,同时利用了客观实测数据,使得最终的评价结论兼顾评价者的使用感受和横向可比性。

(三)多维度综合评价方法

在确定各主客观评价指标的权重大小后,通过综合评价模型将多个评价指标整合为一个综合评价值,以反映待评价车辆的多维度综合评价结果。多维度综合评价的具体方法包括加权平均法、模糊综合评价法、灰色关联度法和优劣解距法等。下面主要介绍灰色关联度法与模糊综合评价法。

灰色关联度法根据各评价指标的实测数据,设定各评价指标的最优属性值作为参考数据,并将实测数据与最优属性值做比较,并采用灰色关联度法得到用于加权的各评价指标对应的结果值,再结合赋权过程得到的各评价指标权重,得到定量评价结果。例如,在实际研究与应用中,可将灰色关联度法应用于智能汽车 U 形转向行为的性能评价[62]。灰色关联度法的评价结果依赖于最优属性值以及各待评价的智能汽车对象,当最优属性值和评价对象发生变化时,评价结果有可能随之变化。又例如,对于 m 个待评价智能汽车和 n 个评价指标,各车辆经指标联合后的综合评价结果可如下式计算得到:

$$S_i = \sum_{j=1}^{n} w_j \cdot \xi_i(j), i = 1,2,\cdots,m \tag{5-26}$$

其中,S_i 表示第 i 辆待评价车辆的综合评价结果;ξ_i 表示第 i 辆待评价车辆的关联度系数;w_j 表示第 j 个评价指标对应的权重系数,由赋权过程得到。

关于各评价指标的关联度系数的确定,需要首先设定各评价指标的最优属性值,并进行标准化处理,而后基于灰色系统理论,计算各指标关联度系数 ξ 如下式所示:

$$\xi_i(j) = \frac{\min\limits_{i}\min\limits_{j}\left|x_o^*(j) - x_i^*(j)\right| + \rho\,\max\limits_{i}\max\limits_{j}\left|x_o^*(j) - x_i^*(j)\right|}{\left|x_o^*(j) - x_i^*(j)\right| + \rho\,\max\limits_{i}\max\limits_{j}\left|x_o^*(j) - x_i^*(j)\right|} \tag{5-27}$$

其中,x_o^* 表示经标准化处理后的各评价指标最优属性值;x_i^* 表示经标准化处理后的第 i 辆待评价车辆各评价指标的数据;ρ 表示分辨系数且 $0<\rho<1$,分辨系数越小表示分辨率越高,在实际研究中分辨系数可取为 0.5。

模糊综合评价法是利用模糊数学隶属度理论,将边界不清、不易量化的因素转化为定量评价的方法。由于它具有数学模型简单、结构清晰等优点,在许多科学领域得到了广泛的应用[63]。模糊综合评价法首先需要确定评价指标集合与评价等级集合,前者构成了评价框架,后者规定了评价结果的选择范围,然后确定各评价指标对各评价等级的隶属度(Membership Degree),形成评判矩阵(Decision Matrix),再与权重向量相结合,合成模糊综合评价结果向量,并与各评价等级的相应分值向量运算,得到最终的综合评价结果。同时,此方法还适用于多级指标体系,并能较好地对主观指标进行量化处理。在实际研究与应用中,可将模糊综合评价法与层次分析法相结合,通过层次分析法确定各指标权重,再由模糊综合评价法对智能汽车的安全性能进行多维度的综合评价[44]。

对于 n 个评价指标和 m 个评价等级构成的评价指标集合和评价等级集合,隶属度评判矩阵可表示为:

$$R = \left[r_{ij} \right]_{n \times m} \tag{5-28}$$

其中,R 表示评判矩阵;r_{ij} 表示智能汽车第 i 个评价指标对第 j 个评价等级的模糊隶属度,$0 \leqslant r_{ij} \leqslant 1$。评判矩阵中隶属度通常依赖于专家的知识、经验和判断确定。

模糊综合评价结果向量的计算可由权重向量与评判矩阵合成得到,一般采用矩阵乘法即可,如下式所示:

$$B = W \cdot R \tag{5-29}$$

其中,B 表示模糊综合评价结果向量;W 表示权重向量。

综合评价结果由模糊综合评价结果向量与各评价等级的相应分值向量运算得到,如下式所示:

$$G = B \cdot \mu \tag{5-30}$$

其中,G 表示综合评价结果;μ 表示各评价等级的相应分值向量,比如,对于 5 级评价等级(如好、较好、一般、较差、差),其相应分值向量可取为 $\mu = \left[1.0, 0.8, 0.6, 0.4, 0.2 \right]$。

三、安全性能评价技术

汽车安全性能评价技术分别从车辆的单一功能与整车系统的安全水平给出车辆局部与整体的评价结果,如图 5-41 所示。以车辆 ADAS 功能的评价为例,单一功能安全评价技术结合多场景测评规程,形成评价分数计算方法。整车系统的评价技术从接管程度与场景通过性角度,考察车辆在整车评价环境中的安全性能评价结果。通过对安全性能评价结果进行分析,可推断出易发生事故的高风险场景,明确车辆安全行驶边界;应用诊断分析方法可以定位车辆存在的问题,并针对性给出改善建议;最后在降低测评风险与成本的基础上,可以指导测试评价方法的改进,从而更加高效地获得准确的评价结论。

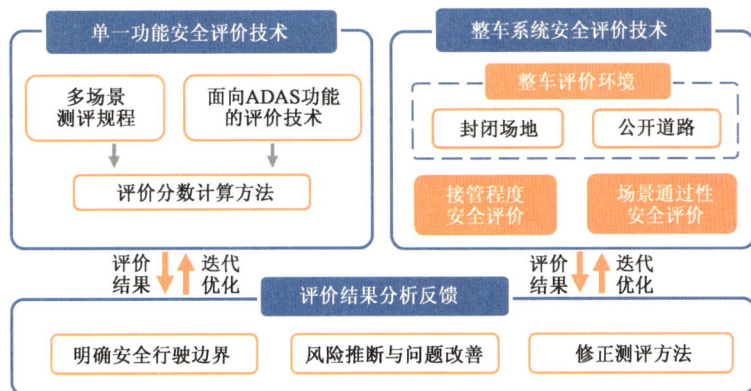

图 5-41 安全性能评价技术逻辑图

1. 单一功能安全评价技术

低等级智能汽车常集成多个辅助驾驶功能,对其功能安全水平进行量化评价是保证整车安全的基础。以 AEB 为例,Euro-NCAP 从 2014 年开始将 AEB 纳入评价规程,起初对于 AEB 的评价内容包含了市区驾驶环境及郊区驾驶环境下的两类测试,并各自有不同的评分方法[64],在 2020 版 Euro-NCAP 中,安全辅助部分细化 AEB 车-车碰撞(Car-to-Car)的评价,评价总分主要由三部分组成:后车追尾(Car-to-Car Rear,CCR)分数、前车转弯穿过路口(Car-to-Car Front turn across path,CCFtap)分数以及人机交互(Human Machine Interaction,HMI)分数[65]。CCR 场景测试中所用到的车辆包括被测车辆(Vehicle Under Test,VUT)和内部以气体填充物做支撑,外部覆盖绘有车辆特征的聚氯乙烯材料的目标车辆(Euro-NCAP Vehicle Target,EVT),CCR 具体测试场景如图5-42 所示[64]。因 FCW 是 AEB 系统中的前置触发功能,故 Euro-NCAP 对 AEB 系统的评价规程也包含了对 FCW 的测评标准。在上述规定的 CCR 场景下,AEB 与 FCW 功能的评分标准见表5-11[65]。

场景描述	场景示意图
后方车辆追尾前方静止车辆 (Car to Car Rear Stationary,CCRs)	10～50km/h 30～80km/h　　　静止
后方车辆追尾前方匀速行驶车辆 (Car to Car Rear Moving,CCRm)	30～80km/h　　　20km/h
后方车辆在前方车辆由匀速行驶突然减速情况下引发的追尾 (Car to Car Rear Braking,CCRb)	50km/h　12m或40m　50km/h 　　　　　　　　-2或-6m/s²

图 5-42　CCR 测试场景[64]

CCR 评价速度评分表[65]　　　　　　　　　　　　　　　表 5-11

测试速度 (km/h)	AEB			FCW		
	CCRs	CCRm	CCRb	CCRs	CCRm	CCRb
10	1					
15	2					
20	2					
25	2					
30	2	1		2		
35	2	1		2		
40	1	1		2		
45	1	1		2		
50	1	1	4	3	1	4
55		1		2	1	

续上表

测试速度 （km/h）	AEB			FCW		
	CCRs	CCRm	CCRb	CCRs	CCRm	CCRb
60		1		1	1	
65		2		1	2	
70		2		1	2	
75		2		1	2	
80		2		1	2	
总分	14	15	4	18	11	4

CCFtap 场景要求 VUT 左转，目标车匀速行驶并制造冲突，如图 5-43 所示。当 VUT 在特定车速下成功避免碰撞，即可得分，见表 5-12。

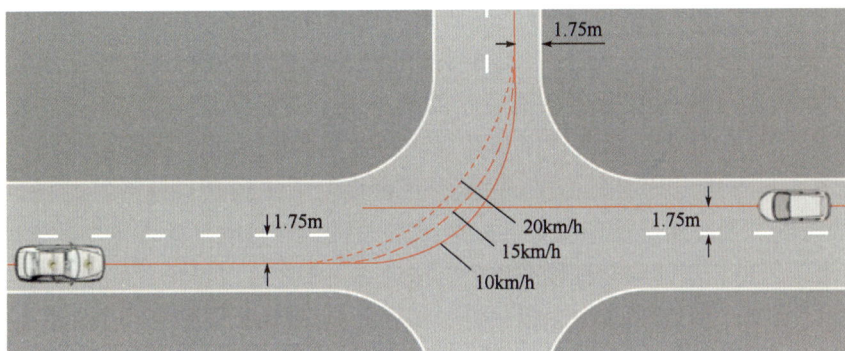

图 5-43　CCFtap 场景示意图[66]

CCFtap 评分表[65]　　　　　　　　　　　　　　　表 5-12

测试速度 （km/h）	CCFtap		
	GVT：30km/h	GVT：45km/h	GVT：55km/h
10	1	1	1
15	1	1	1
20	1	1	1
总分	9		

HMI 评分总分为 2 分，当系统满足如下要求时，每一点可得一分：

（1）FCW 系统的补充警告。除了所需的视听警告外，在 TTC > 1.2s 时可发出抬头显示、安全带抖动、制动抖动或任何其他触觉反馈。

（2）安全带具有预紧功能。当检测到可能发生碰撞的紧急情况时，安全带可提前预紧以应对碰撞。

通过对以上三个分项进行测试，得到分项的评价分数，再将得分加以综合，得到 AEB Car-to-Car 的总分，总分计算方式为[65]：

$$S_{\text{total}} = 2 \cdot S_{\text{CCR}}^{\text{AEB}} \cdot f_{\text{correction}}^{\text{AEB}} + 1.5 \cdot S_{\text{CCR}}^{\text{FCW}} \cdot f_{\text{corretion}}^{\text{FCW}} + 2 \cdot S_{\text{CCFtap}} + 0.5 \cdot S_{\text{HMI}} \tag{5-31}$$

其中，S_{CCR}^{AEB}、S_{CCR}^{FCW} 表示 AEB 与 FCW 分别在 CCR 场景下的得分；S_{CCFtap} 表示 AEB 在 CCFtap 场景下的得分；S_{HMI} 表示 HMI 得分；$f_{correction}^{AEB}$、$f_{correction}^{FCW}$ 分别表示 AEB 与 FCW 的修正因数（Correction Factors），f 由实际测试分数 S_{actual} 与预期测试分数 $S_{predicted}$ 计算得到，如下式所示：

$$f = \frac{S_{actual}}{S_{predicted}} \tag{5-32}$$

2. 整车系统安全评价技术

除了对智能汽车的各个功能进行评价，还需要对车辆整体的安全性能作出相应评价。目前，智能汽车大多需要在公开道路或封闭试验场地进行安全性测试，根据测试试验数据，结合整车安全评价技术，给出待测车辆安全性量化评价结果。在选择整车安全性评价指标时并没有统一的标准，可以通过使用更多面向应用的指标来进行评估，如车辆碰撞概率等[87]。有研究将人工接管次数与场景测试通过性作为主要的评价指标[67]。人工接管次数也即每行驶 1000 英里（约合 1600km）驾驶人需要接管智能汽车的平均次数，反映了智能汽车在测试过程中，自动驾驶系统达到规定系统边界的频率，也说明了该智能汽车对规定测试任务与场景的覆盖情况，但该指标的测试风险高且获得数据的效率低。场景测试通过性指标是指整车系统安全通过所设计的具体测试场景的能力，但考虑到其只针对特定场景的片面评价，应用十分有限。考虑到行驶环境复杂多变，安全性测试评价须面向多维度场景进行综合评价。面向多维度逻辑场景的安全性聚类评价方法通过对多维度逻辑场景的聚类与危险场景分析，将危险域离散度、危险域范围两个指标进一步耦合，得到场景危险率安全性聚类评价指标。应用该方法对自动驾驶算法进行的测试评价，可得到更为全面的系统安全性量化评价结果[68]。

3. 评价结果分析与反馈

基于智能汽车在单一功能与整车系统的安全性评价结果，还需要进一步开展安全性诊断、分析等工作，以指导车辆功能与系统开发工作不断优化，或改进测评技术方法，在降低测评风险与成本的基础上，获得更为全面客观的安全性测评结果。具体包括：

（1）根据安全性评价结果，研究智能汽车高风险行为致因的推断方法，将相互耦合的整车系统各功能模块进行解耦，建立高风险行为与各功能模块算法之间的因果关系，从而减少乃至规避车辆高风险行为与危险场景。或从人机交互安全角度优化人机交互逻辑，在风险出现前及时交由人类驾驶人接管。

（2）由于智能汽车采用大量深度学习算法，导致算法复杂，可解构性差，仅通过直观的评价结果无法直接指导算法做出改进，故需要研究智能汽车各算法的诊断分析方法，对需要改进的算法进行问题分类（如结构性问题、参数性问题等），进而针对性地提出改善建议[18]。

（3）评价结果除了可以为车辆安全性的改进提供指导外，还可以指导测试评价方法的改进，在测试场景关键元素与参数设计、测试边界条件、指标类型选择与权重分配等方面通过迭代优化的方式，使测试评价方法的设计更为合理。

第四节 汽车安全测评系统

汽车安全测评系统依据车辆自身性能与周车环境的不同交互需求,分为软件仿真、硬件在环、封闭场地以及开放道路测评系统等四类,分别在车辆功能开发早期阶段、部件或控制系统测试阶段、封闭场地测试阶段以及开放道路综合测试阶段,对车辆进行综合安全测评。汽车安全测评系统对汽车实现智能安全起重要的保障作用。

一、软件仿真测评系统

软件仿真测评系统是纯数字仿真测试工具,应用于功能开发早期,即在没有实物硬件的情况下,以仿真需求为目标,针对具体需求,通过静态环境仿真与动态场景仿真对车辆模型提供环境信息,实现对相关系统功能的算法验证[9]。

软件仿真测评系统结构组成通常包括静态与动态场景仿真(也称外部环境与场景模块)、环境感知、决策规划、执行控制等四部分,系统逻辑如图5-44所示。根据仿真需求,通过传感器仿真、通信仿真、定位仿真及感知融合等环境感知模块首先从仿真环境中获得感知数据;决策规划模块含决策算法、行为预测、任务决策、轨迹规划等,依据事先设定的算法,以感知数据为输入,输出决策行为与规划轨迹,并将指令传输至控制执行模块;控制执行模块包含状态跟踪、控制执行等车辆动力学内容,根据决策规划结果控制车辆模型的转向、驱动、制动等行为。

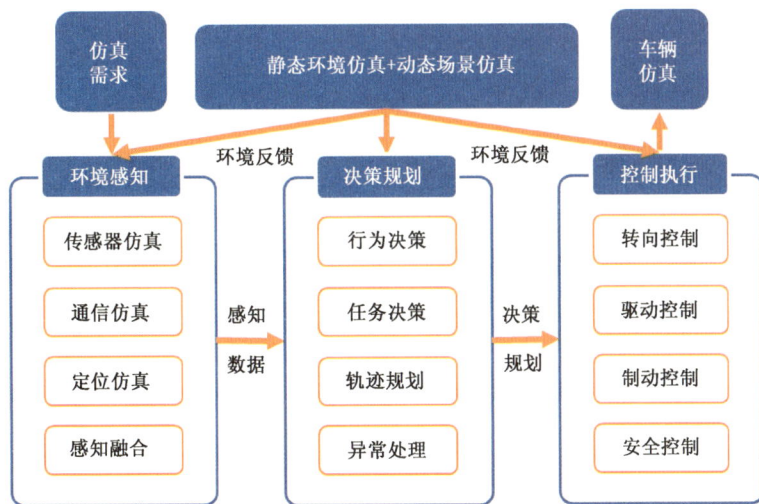

图 5-44　软件仿真测试系统逻辑图

在系统典型应用方面,现有基于软件的仿真测试主要利用车辆虚拟仿真软件实现[1](表5-13)。以广泛应用的PreScan为例[69],其核心功能包括传感器感知系统建模,主要用于ADAS系统及自动驾驶功能的开发。但其车辆动力学模型精度有限,建模效率低,只能应对简单的交通场景。SiVIC 软件[70]与 PreScan 功能类似,但传感器模型更加真实且种类更加齐全,并可通过第三方软件如 RTMap(Real Timemap)记录传感器生成的数据。VTD(Virt Test Drive)用于创建、配置、呈现和评估基于公路和铁路模拟范围内的虚拟环境,其涵盖从 3D 内容的生成到复杂交通场景的模拟,接口简洁且便于集成。SUMO(Simulation of Urban Mobility)[71]作为一款基于宏观交通环境的仿真软件,具有搭建复杂交通环境、复现现实交通场景等功能,常与 USARSim(Unified System for Automation and Robot Simulation)软件进行联合仿真,可用于网联条件下的交通流仿真,也可用于大尺度交通网下的多辆智能汽车的仿真测试。不足之处在于车辆模型简单,还原度较低,且只提供少数车载传感器的信息。谷歌搭建的 Carcraft 虚拟测试环境,基于 Waymo 智能汽车安装的传感器系统所采集的数据,并结合高精地图信息,对真实的道路交通环境实现了较为完整的复现,具体包含驾驶人模型、交通环境模型、车辆动力学模型等,常用于高级驾驶人辅助系统和车辆动力学相关控制系统的开发及测试。

不同类型车辆虚拟仿真软件比较　　　　　　　　　　　表 5-13

软 件 名 称	应 用 场 景	局　　限
PreScan 和 SiVIC	ADAS 系统及自动驾驶功能开发;适用于小空间尺度、少量交通参与者的微观交通场景	对大空间尺度和复杂交通场景的建模效率较低
SUMO	搭建复杂交通环境,模拟交通流以及大尺度交通网	车辆模型还原度较低,车辆动力学特性较差
Carcraft	准确还原真实、复杂交通场景	开发成本较高
VTD	场景覆盖全面,接口简洁	车辆物理引擎有所简化,动力学特性较差

基于软件仿真测评系统的虚拟仿真测试可以摆脱对真实测试环境和硬件的需求,具有测试效率高[9]、成本和风险较低的优点,但其面临两个方面的主要问题,一是测试结果依赖于传感器模型与车辆模型的正确性,二是在仿真环境中难以快速还原现实场景,进而影响整体的测评效率。

二、硬件在环测评系统

硬件在环测试将实物部件和软件模型联合,广泛运用于部件或控制系统测试。其测试要求主要包括三点:以测试目的为导向的持续测试要求;对安全性、舒适性等性能指标不同组合的组合测试;对预期功能的测试结果具有一定的扩展性。其结构组成包括环境感知系统、决策规划系统及控制执行系统的在环测试等三部分,如图 5-45 所示[7]。

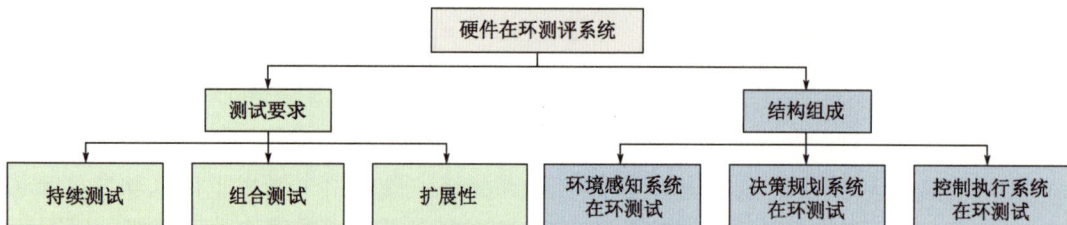

图 5-45　硬件在环测评系统结构组成及测试要求

汽车硬件在环测评系统是实现并行开发的重要工具,有着诸多典型应用。例如,环境感知系统在环测试包括相机、雷达、V2X 及多源传感器融合系统在环测试等。基于环境感知系统所提出的在环融合环境感知框架还可实现数据在系统中的交互测试功能[72]。

决策规划系统在环测试是基于虚拟整车环境,将真实的车辆动力学模型放置于其中,并通过 CAN、I/O 接口等实现车辆数据的实时传输,将实车模型与仿真环境同步结合起来。将不同的部件或系统进行整合,可以构建硬件在环集成测试系统[73]。福特公司利用 Carsim-Simulink 联合仿真,基于动力总成和底盘硬件在环平台,对智能汽车的路径跟随算法进行了试验。考虑到智能汽车的测试复杂性及安全性,在对决策规划等功能进行验证时,硬件在环测试系统将对功能的可行性进行进一步的验证。

控制执行系统的硬件在环测试方法发展较早,目前已经较为成熟。基于硬件在环测试试验台[74-75],相关车辆控制执行算法可通过硬件平台与执行控制系统相结合的方法得到有效验证。

三、封闭场地测评系统

封闭场地测评系统依托于专用的封闭测试场地,从环境到车辆系统均为实物,强调环境和场景的还原能力。系统多采用柔性化设计,保证车辆能够在有限的场地条件下,尽可能多地经历不同环境和场景的测试,具体由五部分结构组成,如图 5-46 所示。

(1)基础测试场地:主要包括 ADAS 测试场地、模拟高速公路(快速路)、城市路网、公路、低等级道路、隧道、停车场、街景等,以及相关配套建设。

(2)自然环境模拟系统:模拟行车时的周围自然环境,包括雨天、雾天、雪天以及自然光照等。

(3)交通要素系统:主要包括机动车、非机动车、行人、交通管制设施和异常物体(如动物)等。

(4)通信系统:主要包括有线通信系统、无线通信系统、交通环境检测系统、边缘计算系统和高精度定位系统。

(5)控制中心:主要包括场地管理系统、云存储系统、交通信号控制系统和交互系统等,可实现信息的实时传递与系统的实时控制。

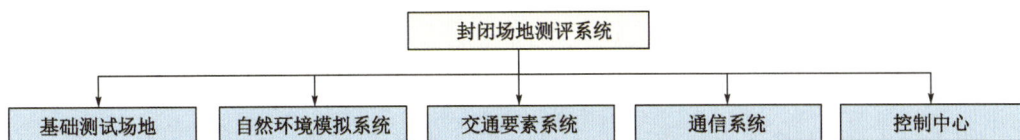

图 5-46　封闭场地测评系统结构组成

封闭场地测评系统可以对单项或多项特定功能进行测试。在典型应用方面,根据车辆功能在研发过程中具体的测试需求,美国、欧盟、日本与中国等地新建和改造了一些专门的封闭测试场地(图 5-47)。前文介绍过的美国密歇根的 MCity[76]即是全球著名的无人驾驶示范测试基地,其面积小,但具有丰富的测试环境和设施建设,可集中体现美国普通城镇的道路特征,主要用来进行自动驾驶技术、车联网技术及电动安全系统的测试。位于瑞典哥德堡附近的AstaZero[77]，也是较为典型的智能汽车封闭测试场地，包含乡村路段、城市区、高速公路区以及多车道路段四种测试环境，并配有差分GPS、模拟测试系统、控制中心等测试设施，可以实现各种定制的测试环境，例如拥挤的城市道路、高速公路、多车道并行路况、环岛以及交叉路口，尤其是能够进行一些危险道路工况环境模拟和测试。该测试场与高校及行业机构开展合作，是面向未来的汽车安全技术研发平台，沃尔沃汽车等企业已经在该试验场进行汽车智能安全辅助系统的研发和测试。位于日本的J-town[78]自动驾驶测试场是成立较早、功能齐全、发展较为成熟的封闭测试场地，主要包含了基于市区设立的V2X测试、多用途测试以及特殊环境测试区域。位于上海的智能汽车试点示范区[78]是中国首个智能网联开放式试验场，场景规划覆盖了各种典型的道路交通特征，同时覆盖安全、效率、信息服务和新能源汽车应用四类领域。

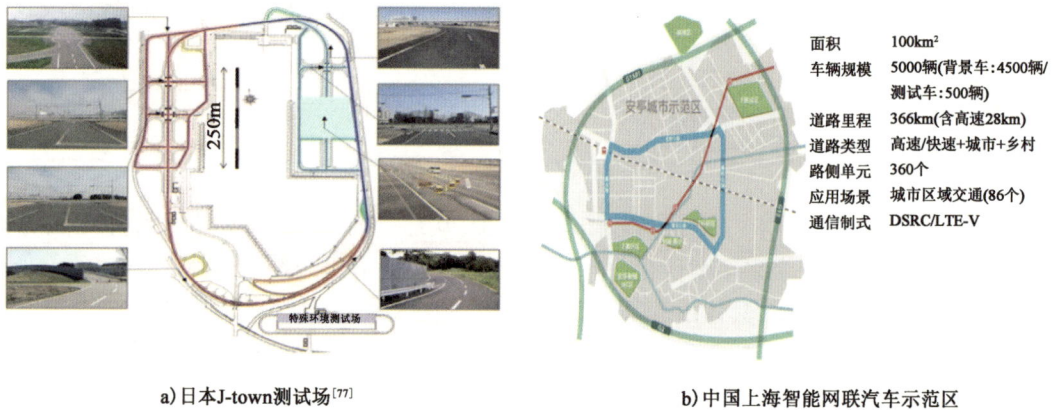

面积	100km²
车辆规模	5000辆(背景车:4500辆/测试车:500辆)
道路里程	366km(含高速28km)
道路类型	高速/快速+城市+乡村
路侧单元	360个
应用场景	城市区域交通(86个)
通信制式	DSRC/LTE-V

a) 日本J-town测试场[77]　　　　b) 中国上海智能网联汽车示范区

图5-47　封闭场地测评系统典型应用

四、开放道路测评系统

开放道路测评系统通过实时获取自身车辆与周边环境信息，支持自动驾驶系统进行开放道路上的交互式功能测评，为相应车载系统与车辆技术的落地提供测试保障。

(一)系统结构组成

开放道路测评系统是验证智能汽车安全性与可靠性的必要途径，是从技术研发走向规模化量产的必经之路。现有的开放道路测评系统结构组成与封闭场地测评系统类似，不同之处在于道路交通要素由封闭变为开放，引入了真实交通流，同时还需要考虑如信号灯、天气条件等因素。通常系统由五部分构成，如图5-48所示：

（1）控制平台：为车辆测试提供通信链路、交通全要素实时数据与应用实时运行环境，可实现信息的实时传递与系统的实时控制。

（2）路侧基础设施：实现路侧的感知融合，在人、车、路之间实现信息实时传递等功能的设施。

（3）通信系统：基于标准化通信机制，实现系统中人、车、路、云的广泛互联通信，利用5G、软件定义网络等先进通信技术实现高性能与高可控性。

（4）交通要素系统：包含开放道路中存在的随机机动车流、非机动车流、行人、交通设施和异常物体等。

（5）资源平台：提供协同应用运行服务，且包含其他数据的专业平台，涉及高精地图、地基增强定位、气象、交通管理、公安等。

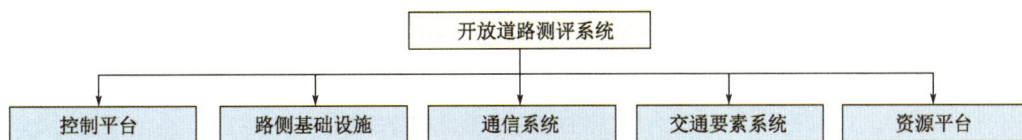

图5-48　开放道路测评系统结构组成

（二）系统典型应用

目前国内外加速开放测试道路的规划，并建设高度智能网联化示范区，推动开放道路测试的发展。在智能联网车辆的初始测试阶段，应将开放式道路测评系统应用于交通条件简单、交通流量小的路段，以优先考虑城市通勤交通、降低交通安全风险为目标。为了促进智能汽车技术发展，保证未来智能汽车可以在各种道路安全通行，在测试道路选择方面，还需要一部分路况复杂的道路，并逐渐增加测试的难度，最终提供更全面的智能汽车测试场景。

1. 国外开放道路测评现状

多国政府及相关机构均已开始大力发展智能汽车的研发与测试工作。在政府及政策方面，以美国为首的发达国家均已开始进行相关研究。美国始终支持并主张开放自动驾驶的道路测试，截至2020年，已有超过20个州颁布了有关自动驾驶相关的法律条文，并逐步允许自动驾驶汽车进行开放道路运营。德国、法国、瑞典、韩国、日本等国家也逐步发布了有关道路测试的条例，开始支持自动驾驶车辆的道路测试。

在企业方面，美国Waymo公司拥有600辆规模克莱斯勒Pacificas车型的测试车队，在美国25个城市同时进行道路测试，每天可采集2.5万英里（约合4万km）数据，截至2020年，已累计超过2000万英里（约合3200万km）的自动驾驶实车数据用于算法的开发与改进。

在测试场地方面，国外用于测试的开放道路以高速公路居多，目前逐渐拓展至城市中心城区。较为典型的开放测试场有美国GoMentum Station[79]测试场、得克萨斯自动化车辆试验联盟等，其基本概况见表5-14。

国外典型智能网联车开放测试场　　　　　　　　　　表5-14

名　称	开放道路测评类型及特征
美国GoMentum Station测试场	主要为公路走廊，并支持开放环境下的商业区自动驾驶车辆测试。在商业区开放环境下进行共享无人驾驶车辆测试
得克萨斯自动化车辆试验联盟	包括多样化的城市交通测试环境，如园区、高速公路、城市低速路、边境口岸等真实测试环境

2.国内开放道路测评现状

在国家推动智能网联车发展的政策背景下,各地方政府也积极响应布局,开始着力打造智能交通和智能汽车示范区等建设工作。中国已有多个城市开放了智能汽车的测试场地,其中,发展较早的城市包括北京、上海、深圳等[78],基本情况见表5-15。除此之外,还有正在布局或快速发展的城市,如重庆、长春等。总体而言,国内搭建的开放测试场地及开放道路主要分布在城市周边及城郊地区,具有良好的交通运行环境,路况相对简单,提高了开放道路测试的灵活性与安全性。

国内主要智能网联车测试开放道路 表5-15

城　　市	测试道路交通概况
北京	开放自动驾驶测试道路超过200条,总长度达700km,具备全天候测试、天气测试以及高速测试多种测试环境
上海	多样化的城市交通测试环境,其中包含城市高速路、园区等测试环境
深圳	路况良好,主要包括次干路与一般性主干路,交通场景较为简单

中国工业和信息化部、公安部、交通运输部联合发布的《智能网联汽车道路测试管理规范(试行)》[80]对测试内容与场景进行了明确规范,涉及14个方面的测试内容和34个测试场景,具体包括交通标志和标线的识别及响应、交通信号灯的识别及响应、前方车辆(含对向车辆)行驶状态的识别及响应、障碍物的识别及响应、行人和非机动车的识别及响应、跟车行驶(包括停车和起步)、靠路边停车、超车、并道行驶、交叉路口通行、环形路口通行、自动紧急制动、人工操作接管、联网通信等,对封闭场地和开放道路测评系统均有指导作用。

本章小结

准确、高效、全面的安全性能测评是汽车智能化发展趋势下的重要需求。本章从理论、方法和系统三个方面进行了介绍。

(1)安全评价方法的选择应遵循科学性、适应性、系统性、针对性和合理性等五项基本原则。在安全性能测试理论中,基于安全机制的效能评估可在规定条件下,定量或定性评价智能汽车或系统达到安全使用目标的程度。混合现实加速测试将软件仿真与驾驶试验相结合,提高了测试流程的灵活性与可重复性。人-车-路参数空间组合测试通过组合测试技术可有效减小参数空间规模。结合场景测试与功能测试的特点,探究两者的内在联系,可建立测试维度更加全面的综合测试方法。利用安全性能评价理论可以找到系统失效的原因及其产生的影响,进而针对系统的设计缺陷对其进行改进和优化。

(2)构建测试场景库并以此生成典型场景或高风险场景,可以加速测试过程,提高测试效率。在智能测试生态系统中,通过网联化的环境和丰富的测试单元可以布置各类测试场景,高效实现测试过程并监督汽车行驶状态。基于静态、动态测试平台等测试方法可以在测试过程中准确获取行驶数据。各类在环测试技术可以在汽车研发全周期对各部件或系统进行测试,及早发现问题并及时解决。

（3）安全性评价指标体系的建立一般依据安全评价准则,对各项安全性指标进行筛选、优化与分级。主观评价方法可以得出驾乘人员的实际感受,客观评价方法可以得到汽车安全性的量化数值。通过主客观评价方法的结合,可以从多维度得出对性能的全面评价。单一功能与整车系统评价技术可以探究汽车各功能响应情况与整车在场景道路测试时的安全程度。在对评价结果进行充分分析后,不仅可以为汽车各模块软硬件的优化提供理论基础,减少高风险行为与场景,还可以指导测试评价方法的改进,使评价结果更为准确合理。

（4）汽车安全测评系统一般可分为四类,即软件仿真、硬件在环、封闭场地以及开放道路测评系统。软件仿真系统可有效减小开发成本;硬件在环测试对真实部件的工况有着较好的还原能力;封闭场地可以模拟真实的交通环境而开放道路测评系统则可通过真实的交通环境,对相关技术进行测评,是汽车实现智能安全性能的重要保障。

本章参考文献

[1] 中国电子信息产业发展研究院.智能网联汽车测试与评价技术[M].北京:人民邮电出版社,2019.

[2] 曹庆贵.安全评价[M].北京:机械工业出版社,2017.

[3] 朱东杰.基于层次分析法的建筑火灾安全评价方法研究[D].合肥:中国科学技术大学,2005.

[4] 王海.基于FSA的危险化学品码头安全评价的研究[D].大连:大连海事大学,2007.

[5] 刘杲靓.综合航空电子系统效能评估研究[D].西安:西北工业大学,2007.

[6] 陈磊,姚伟召,郭全魁.效能评估理论、方法及应用[M].北京:北京邮电大学出版社,2016.

[7] 朱冰,张培兴,赵健,等.基于场景的自动驾驶汽车虚拟测试研究进展[J].中国公路学报,2019,32(06):1-19.

[8] HUANG W L,WANG K F. Autonomous vehicles testing methods review [C] // International Conference on Intelligent Transportation Systems (ITSC). 2016 IEEE 19th.

[9] 张子辉,李研强,王建强,等.基于混合现实的自动驾驶测试方法及系统[P].山东省:CN109781431A,2019-05-21.

[10] 余卓平,邢星宇,陈君毅.自动驾驶汽车测试技术与应用进展[J].同济大学学报(自然科学版),2019,47(04):540-547.

[11] KUHN D R,REILLY M J. An investigation of the applicability of design of experiments to software testing. In:Caulfield M,ed. Proc. of the Annual NASA/IEEE Software Engineering Workshop (SEW). Los Alamitos:IEEE Press,2009. 5. 91

[12] GRINDAL M. Handling combinatorial explosion in software testing [D]. Linköpings:Linköpings Universitet,2007.

[13] WOTAWA F. Testing Autonomous and Highly Configurable Systems:Challenges and Feasible Solutions[M] // Automated Driving. Springer International Publishing,2017.

[14] ELROFAI H,WORM D,CAMP O O D. Scenario Identification for Validation of Automated Driving Functions [M] // Advanced Microsystems for Automotive Applications 2016. Springer International Publishing,2016.

[15] HUANG W L,LV Y,CHEN L,et al. Accelerate the autonomous vehicles reliability testing in parallel paradigm [C] // IEEE 20th International Conference on Intelligent Transportation Systems (ITSC),2017:922-927.

[16] LI L,HUANG W L,LIU Y,et al. Intelligence Testing for Autonomous Vehicles:A New Approach[J]. IEEE Transactions on Intelligent Vehicles,2017,1(2):158-166.

[17] MENZEL T,BAGSCHIK G,MAURER M. Scenarios for Development,Test and Validation of Automated Vehicles[J]. IEEE Intelligent Vehicles Symposium (Ⅳ),2018：1821-1827.

[18] 余荣杰,田野,孙剑.高等级自动驾驶汽车虚拟测试:研究进展与前沿[J].中国公路学报,2020,33(11)：125-138.

[19] DUNJO J,FTHENAKIS V,VILCHEZ J A,et al. Hazard and operability (HAZOP) analysis. A literature review[J]. Journal of Hazardous Materials,2010,173(1-3):19-32.

[20] 李娜,孙文勇,宁信道. HAZOP、LOPA 和 SIL 方法的应用分析[J].中国安全生产科学技术,2012.

[21] 中国国家标准化管理委员会.危险与可操作性分析(HAZOP 分析)应用指南:GB/T 35320—2017[S].北京:中国标准出版社,2018.

[22] 张艳辉,陈晓春.改进的 HAZOP 风险评价方法[J].中国安全生产科学技术,2011,07(007):174-178.

[23] 张根保,杨兴勇.可靠性分析技术[J].制造技术与机床,2015(1):7-14.

[24] 曾声奎.系统可靠性设计分析教程[M].北京:北京航空航天大学出版社,2001.

[25] 孙海云.FMEA 在汽车车桥中的应用研究[D].青岛:青岛理工大学,2014.

[26] 许英博,张金换,马春生,等.国外 NCAP 的研究及开展中国 NCAP 的几点思考[J].汽车技术,2006(S1):1-4.

[27] 李克强.电动汽车工程手册第六卷:智能网联[M].北京:机械工业出版社,2019.

[28] 李玮,高德芝,段建民,等.智能车辆自由换道模型研究[J].公路交通科技,2010,27(2):119-123.

[29] BEST A,NARANG S,BARBER D,et al. AutonoVi：Autonomous Vehicle Planning with Dynamic Maneuvers and Traffic Constraints[C] // 2017 IEEE / RSJ International Conference on Intelligent Robots and Systems (IROS). IEEE,2017：2629-2636.

[30] 陈君毅,冯天悦,刘力豪,等.面向决策规划系统测试的具体场景自动化生成方法[J].汽车技术,2020(10):45-50.

[31] SCHULDT F. Ein Beitrag für den methodischen Test von automatisierten Fahrfunktionen mit Hilfe von virtuellen Umgebungen[D]. Braunschweig：Technische Universitat Braunschweig,2017.

[32] 耿新力.城区不确定环境下无人驾驶车辆行为决策方法研究[D].合肥:中国科学技术大学,2017.

[33] RIGOLLI M,BRADY M. Towards a Behavioural Traffic Monitoring System[C] // International Joint Conference on Autonomous Agents & Multiagent Systems. ACM,2005：449-454.

[34] ECKSTEIN L,ZLOCKI A. Safety potential of ADAS-combined methods for an effective evaluation[C] // 23rd International Technical Conference on the Enhanced Safety of Vehicles (ESV) Seoul,South Korea. 2013：15-25.

[35] HALLERBACH S,XIA Y,EBERLE U,et al. Simulation-based identification of critical scenarios for cooperative and automated vehicles[J]. SAE International Journal of Connected and Automated Vehicles,2018,1(2018-01-1066)：93-106.

[36] ZHAO D,HUANG X,PENG H,et al. Accelerated Evaluation of Automated Vehicles in Car-following Maneuvers [J]. IEEE Transactions on Intelligent Transportation Systems,2017：1-12.

[37] ROYDEN H L. Real Analysis [M]. Englewood Cliffs：Prentice Hall,1948.

[38] 李骁驰,赵祥模,徐志刚,等.面向智能网联交通系统的模块化柔性试验场[J].中国公路学报,2019,32(06):137-146.

[39] WISMANS J,JANSSEN E,BEUSENBERG M,et al. Injury Biomechanics (4J610)：Third printing,Eindhoven University of Technology,Eindhoven,The Netherlands,2000.

[40] FOSTER J K,KORTGE J O,WOLANIN M J. Hybrid Ⅲ-a biomechanically-based crash test dummy[J]. SAE Transactions,1977：3268-3283.

［41］ NEILSON L, LOWNE R, TARRIERE C, et al. The EUROSID side impact dummy［R］. SAE Technical Paper,1985.

［42］ EEVC. Improved test methods to evaluate pedestrian protection afforded by passenger cars（December 1998 with September 2002 updates）［R］. EEVC Working Group 17,2002.

［43］ 孙扬,陈慧岩.无人地面车辆测评体系研究［J］.兵工学报,2015,36(06):978-986.

［44］ 熊光明,高利,吴绍斌,等.无人驾驶车辆智能行为及其测试与评价［M］.北京:北京理工大学出版社,2015.

［45］ 沙杰,赵卉菁,崔锦实,等.基于分布式激光扫描仪的交叉路口交通数据采集与分析［J］.公路交通科技,2009,26(S1):30-34.

［46］ KIROVSKII O. Determination of Validation Testing Scenarios for an ADAS Functionality:Case Study［J］. SAE Paper 2019-01-0137.

［47］ DA VISION A J, REID I D, MOLTON N D, et al. MonoSLAM:Real-time Single Camera SLAM［J］. IEEE Transactions on Pattern Analysis and Machine Intelligence,2007,29（6）: 1052-1067.

［48］ 夏侯凯顺,陈善星,邬依林.基于双目云台相机的目标跟踪系统建模与仿真［J］.系统仿真学报,2015,27(2):362-368.

［49］ ETINGER A, LITVAK B, PINHASI Y. Multi Ray Model for Near-ground Millimeter Wave Radar［J］. Sensors,2017,17（9）:1983.

［50］ 王慧丽,杨海忠.基于系统辨识的车辆动力学建模方法［J］.仪器仪表学报,2015,36(6):1275-1282.

［51］ 聂隐愚.数据驱动的车辆动力学建模与仿真研究［D］.西安:西安交通大学,2016.

［52］ 徐学进.基于驾驶模拟器的车辆动力学建模研究［D］.武汉:武汉理工大学,2007.

［53］ OTTEN S, BACH J, WOHLFAHRT C, et al. Automated Assessment and Evaluation of Digital Test Drives［M］∥ Springer. Advanced Microsystems for Automotive Applications 2017. Berlin:Springer,2017:189-199.

［54］ 陈志成,吴坚,赵健,等.混合线控制动系统制动力精确调节控制策略［J］.汽车工程,2018,40(4):86-93.

［55］ 李晓庆,刘奇,李炳林,等.智能网联汽车测试开放道路选线及分级研究［J］.交通工程,2019,19(05):74-78.

［56］ 李扬.驾驶行为安全性多属性评价方法及应用研究［D］.长春:吉林大学,2016.

［57］ BRODSKY W, SLOR Z. Background music as a risk factor for distraction among young-novice drivers［J］. Accid Anal Prev,2013,59(oct.):382-393.

［58］ SMITH M E, GEVINS A, BROWN H, et al. onitoring task loading with multivariate EEG measures during complex forms of human-computer interaction［J］. Human Factors:The Journal of the Human Factors and Ergonomics Society,2001,43(3): 366-380.

［59］ 郭章勇.自适应巡航控制系统驾驶员接受性评价方法研究［D］.长春:吉林大学,2014.

［60］ 林庆峰,王兆杰,鲁光泉.L3级自动驾驶汽车的接管安全性评价模型［J］.汽车工程,2019,41(11):1258-1264.

［61］ FANCHER, P. Intelligent cruise control field operational test. No. UMTRI-98-17［R］. New York:NHTSA,1998.

［62］ DONG F, ZHAO Y N, GAO L. Application of gray correlation and improved AHP to evaluation on intelligent U-Turn behavior of unmanned vehicles［C］∥2015 8th International Symposium on Computational Intelligence and Design（ISCID）. IEEE,2015,1: 25-29.

［63］ XIONG G, HAO L, DING Z, et al. Subjective evaluation of vehicle active safety using PreScan and Simulink:Lane departure warning system as an example［C］∥ 2017 IEEE International Conference on Vehicular Electronics and Safety（ICVES）. IEEE,2017.

[64] 孙勇,郭魁元,高明秋. 自主紧急制动系统在新车评价规程中的现状与发展[J]. 汽车技术,2016(02): 1-6.

[65] European new car assessment programme assessment protocol:Safety Assist Version 9. 0. 4. [S/OL]. Euro NCAP,2021.

[66] European new car assessment programme test protocol:AEB Car-to-Car systems Version 3. 0. 3. [S/OL]. Euro NCAP,2021.

[67] GOOGLE. On the road to fully self-driving-waymo safety report [DB/OL]. https://storage. googleapis. com/sdc-prod/v1/safetyreport/waymo-safety-report-2017-10. pdf.

[68] 朱冰,张培兴,赵健. 面向多维度逻辑场景的自动驾驶安全性聚类评价方法[J]. 汽车工程,2020,42 (11):1458 – 1463 + 1505.

[69] GIETELINK O J. Design and validation of advanced driver assistance systems [D]. Delft:Delft University of Technology,2007.

[70] GRUYER D,PERCHBERTI S,GLASER S. Development of full speed range ACC with SIVIC,a virtual platform for ADAS prototyping,test and evaluation [C] // Intelligent Vehicles Symposium. Gold Coast:IEEE,2013: 100-105.

[71] ROSSETTI R J F. An integrated architecture for autonomous vehicles simulation [C] // ACM Symposium on Applied Computing. Riva del Garda:ACM,2012:286-292.

[72] HAGER B,ALLEN J. Raw Data Injection and Failure Testing of Camera,Radar,and Lidar for Highly Automated Systems [J]. SAE Paper 2019-01-1378.

[73] DROLIA,WANG Z,VEMURI,et al. Demo Abstract:AutoPlug -An Automotive Test-bed for ECU Testing,Validation and Verification [C] // IEEE. International Conference on Information Processing in Sensor Networks. New York:IEEE,2011:131-132.

[74] WE K S,LEE C G,LEE J,et al. ECU-in-the-Loop Real-time Simulation Technique for Developing Integrated Vehicle Safety System[C] // IEEE. International Conference on Control,Automation and Systems. New York: IEEE,2014:1432-1437.

[75] YE Y ,JIAN Z ,JIAN W ,et al. Real-Time Automatic Test of AEB with Brake System in the Loop[C] // WCX World Congress Experience,2018.

[76] BRIEFS U. M-city grand opening [J]. The UMTRI Research Review,2015,46(3):1.

[77] JACOBSON J,JANEVIK P,WALLIN P. Challenges in creating AstaZero,the active safety test area [C] // Transport Research Arena (TRA) 5th Conference. Paris:Transport Research Arena (TRA),2014:14-20.

[78] 陈桂华,于胜波,李乔,等. 中国智能网联汽车测试示范区发展调查研究[J]. 汽车工程学报,2020,10 (02):79-87.

[79] American Honda. GoMentum Station And Honda Offer Demo Of Autonomous Vehicle Technology[J]. Journal of Transportation,2016.

[80] 中华人民共和国交通运输部科技司.《智能网联汽车道路测试管理规范(试行)》[EB/OL]. [2021-07-15]. https://xxgk. mot. gov. cn/2020/jigou/kjs/202006/t20200623_3317132. html.

[81] 焉知. 自动驾驶虚拟仿真技术(四):仿真测试流程及要求[EB/OL]. [2021-12-27]. https://auto. vogel. com. cn/c/2021-05-24/1110694. shtml.

[82] Author. 4activesystems[EB/OL]. [2022-02-15]. https://www. 4activesystems. at/downloads.

[83] 刘仕雷,李昊. 改进 ADC 方法及其在武器装备系统效能评估中的应用[J]. 国防科技大学学报,2017,39 (03):130-135.

[84] 李骏. 中国预期功能安全的挑战与解决方案[J]. 智能网联汽车,2021(05):12-13.

［85］廖军,安毅生,张绍阳,等.路段动态交通安全综合评价模型［J］.交通运输工程学报,2009,9（04）:79-84.

［86］唐立,卿三东,徐志刚,等.自动驾驶公众接受度研究综述［J］.交通运输工程学报,2020,20（02）:131-146.

［87］王润民,邓晓峰,徐志刚,等.车联网仿真测试评价技术研究综述［J］.计算机应用研究,2019,36（07）:1921 – 1926 + 1939.

［88］GAO Y, XU Z, ZHAO X, et al. Hardware-in-the-Loop Simulation Platform for Autonomous Vehicle AEB Prototyping and Validation［C］//2020 IEEE 23rd International Conference on Intelligent Transportation Systems（ITSC）. IEEE, 2020:1-6.

［89］郭齐胜.装备效能评估概论［M］.北京:国防工业出版社,2005.

［90］THE RATINGS EXPLAINED［EB/OL］.［2022-02-15］.https://www.euroncap.com/en/vehicle-safety/the-ratings-explained.

第六章

汽车智能安全技术展望

第一节　汽车智能安全愿景与发展需求

一、安全愿景

新一轮科技革命与产业的颠覆性创新扩展了汽车的固有属性和内涵,汽车正朝着电动化、智能化、网联化和共享化的"新四化"方向快速发展。智能汽车在提供多元化出行体验的同时,也显著提升了道路交通行驶安全性和通行效率。以减少事故伤亡及人民财产损失发展为目标,主、被动协同融合的智能安全技术将最大限度辨识车辆行驶过程潜在风险、提高行车安全、减少事故损失,为智能汽车产业应用提供最重要的基础保障。

二、发展需求

汽车是国之重器,是国民经济和国防现代化的重要抓手,是大国竞争的重要领域。安全且高效既是公众对交通出行的美好期盼,也是汽车设计、发展与应用的初衷。汽车安全运行及智能化发展得到了政府和行业的高度重视,国家、社会以及人民对汽车发展也提出了更高效、更便捷、更智能、更安全的新需求。

1. 国家需求

中共中央、国务院在《交通强国建设纲要》[1]指出,要在 2035 年基本建成交通强国。中国汽车产业体量大、人员多、产值高,是国民经济和社会发展的支柱产业,在交通强国建设中具有战略地位。2020 年,国家发改委、工信部、科技部等十一部委联合发布了《智能汽车创新发展战略》[2],对协同开放的智能汽车技术创新、跨界融合的智能汽车产业生态、先进完备的智能汽车基础设施、系统完善的智能汽车法规标准、科学规范的智能汽车产品监管、全面高效的智能汽车网络安全六大体系进行了战略规划,将对加快推进智能汽车创新发展、增强新时代国家综合实力发挥重要作用。

相关法律法规和标准规范中明确了智能汽车发展范式、示范应用与标准化工作。2019年,工信部在《智能网联汽车标准化工作要点》[3]中提出,有序推进汽车信息安全标准制定,深入参与预期功能安全、信息安全等重点标准制定,并于 2021 年与公安部、交通运输部联合印发《智能网联汽车道路测试与示范应用管理规范(试行)》[4],规范智能网联汽车道路测试与示范应用。2021 年由公安部起草并公布的《道路交通安全法(修订建议稿)》中,进一步从道路交通安全及管理层面,推动解决新情况、新问题。以保证人们的安全、高效出行为核心指导思想,近几年国家从战略引领、标准规范和法规约束等方面为智能汽车安全发展提供了多方面举措,如图 6-1 所示。

图6-1　国家有关智能汽车安全相关政策

2. 社会需求

道路交通事故是全球范围内一项重大的公共卫生问题。《中国统计年鉴》数据显示[5-9]，全国汽车交通事故数量居高不下，以2015—2019年为例，平均每年高达14万起，不仅造成巨大的直接或间接经济损失，更对个人及家庭造成身体和精神重大伤害；既对社会资源造成巨大浪费，又对社会和谐稳定产生重大不良影响。预防和减少交通事故、提高通行效率是重要的社会需求，而汽车智能安全是满足这样需求的关键措施，汽车智能安全是以人-车-路系统为研究对象，考虑系统工程安全开发理论，以功能安全、预期功能安全与信息安全作为保障，提升环境感知、态势评估、协同决策与安全控制能力，有望在全过程防止事故发生、保障安全行驶并显著减少人员伤害和财产损失。

3. 人民需求

我国民用汽车规模呈现快速增长趋势，《中国统计年鉴》中的数据显示[5-9]，截至2019年，中国民用汽车拥有量约为2.54亿辆，比2018年增长9.23%。其中多数汽车聚集在大中型城市。《2019年度中国城市交通报告》[10]研究表明，多数城市存在不同程度的交通拥堵现象，在高峰时间段情况尤为明显。交通事故是道路拥堵的主要致因之一，继而引发能源消耗和环境污染等问题，造成巨大损失。安全、高效、绿色、便捷出行是人民的美好生活需要，而汽车智能安全技术的发展，能够为满足此类需求提供更多可能。通过智能化、网联化技术，汽车与智能交通系统、云端协调系统等多个平台进行信息交换，应用多车协同路径规划等算法，可优化出行方案，提高交通效率，保障出行安全。

第二节　未来智能汽车及其安全

汽车是新技术集成应用的最佳载体之一。"新四化"驱动人-车-路系统中要素属性及耦合关系深远改变，相应地，实现未来智能汽车感知、决策、控制、执行等功能的智能化系统（统称为智能驾驶系统），促进汽车的内涵不断延伸，除了自动驾驶服务于驾乘人员外，还能通过状态自监测、故障自诊断、安全自防护、自动送检与维保等服务于汽车自身运维，也可作为智能移动信息终端服务于交通管理者和其他道路使用者；智能测评系统为汽车的性能提升与内涵延伸提供安全保障。由此，通过智能驾驶系统及其涵盖的先进技术，使人从汽车驾驶与维护等任务中完全解放出来，实现安全、高效、绿色、便捷、舒适出行，成为未来智能汽车的典型特征和基本内涵，其系统组成如图 6-2 所示。

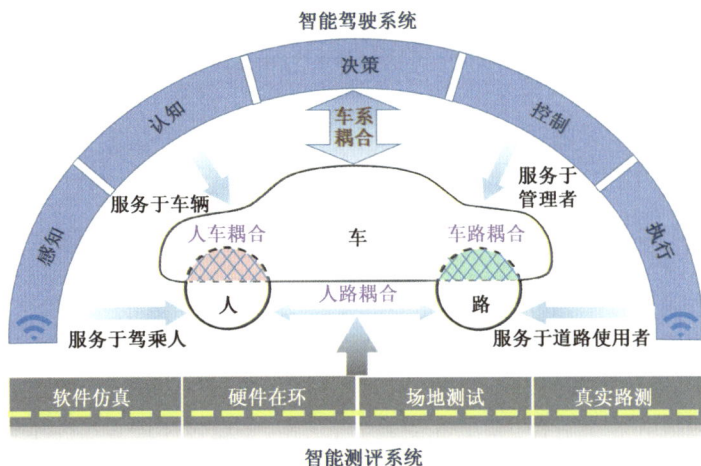

图 6-2 未来智能汽车的系统组成

随着新型能源、电动线控及车辆设计等技术的发展，汽车动力系统、底盘构型以及车身结构等要素属性及不同要素间耦合关系将发生改变。汽车由"载人工具"向"智能移动空间"转化，被赋予新的科学内涵，如：低碳化驱动动力系统突破性变革，通过多域融合与集成控制，优化匹配汽车稳定性可控区域，促进其面向高维化、多域化、协同化、一体化发展，实现人-车-环境系统匹配；电动化驱动底盘构型适应性革新，通过简化底盘结构并增大控制自由度，实现分布式、线控化和通用化的深度融合，传动链短、效率高、空间布置灵活，可改善车辆动力性、安全性等；轻量化驱动车身结构颠覆性变化，通过深入构建材料-结构-架构-评价多维协同设计理论与方法，建立个性化、模块化、数字化的多维协同，实现新型车身设计与优化健康管理。

同时，智能汽车作为多领域交叉研究载体，大数据、人工智能及通信技术产生变革，驱动汽车、交通参与者与道路环境各要素间的耦合关系逐渐演变，人-车-路系统特性及其运行规律将发生改变。车路协同、车联网及云端控制等技术的逐步应用，使得要素间的协同性不断增强，更能从整体系统的角度提升汽车的安全性、经济性和运输效率，从而能够应对高原山地、城市巷道等复杂地域环境，以及雨、雪、雾等恶劣天气条件下，实现自主驾驶与快速机动，保障使用便捷性、行驶安全性及绿色高效性。

针对智能汽车存在的多部件、非线性及强耦合的特点，未来智能汽车将从需要服务于车辆的角度，围绕运行状态监测、性能失效机理、可靠通信机制及云端信息管理等方面开展实时数据检测，故障自主分析与诊断，形成车路云数据共享，实现车辆系统自动升级与维护，从汽车角度提升其运维安全。

针对不同驾驶人具有的意图时变性、行为个性化、认知差异化等特点,未来智能汽车将从服务于驾乘人的角度,考虑运载平台人机切换功能设计与功能应用方式,辨识动态驾驶行为及其生理信号,实施高精度预测,构建自适应驾驶人行为特性的安全决策控制算法,以人为服务中心,为驾乘人员提供全局安全策略,实现安全、高效的汽车驾乘体验。

针对不同类型的车外道路使用者行为习惯随机性大、运行混杂、与驾驶人间存在交互行为和相互制约等特点,未来智能汽车将从服务于道路使用者的角度,关注汽车全方位智能辅助技术的发展,通过主动感知、协同感知等手段形成环境态势认知与驾驶场景理解,辨识其他道路使用者的安全需求,结合道路资源优化配置和协同利用,为多类型道路使用者和驾驶人提供双向安全保障。

针对不同交通场景要素随机性大,耦合性强,可复现性低的特点,未来智能汽车发展从服务于管理者的角度,围绕道路法规的遵守度、标准规范的符合度、应用环境的适应性等方面,从感知认知、决策规划、控制执行等方面进行全面而高效的测试及验证,推动交通态势应对策略的准确制定,充分保障任意场景下的行车安全。

在智能汽车发展过程中,其属性、内涵的改变也明确了未来智能安全技术的发展方向。未来智能汽车系统要素多样,相互耦合作用关系复杂时变,其核心部分突发故障的概率将增加,且易受到网络攻击、通信干扰等环境影响,亟须对智能汽车系统安全中的功能安全、预期功能安全及信息安全领域开展全方位、系统性完善;同时,由于真实环境复杂多变,多类交通要素的认知决策难,现有安全技术使用场景单一,功能独立,多适用于特定场景及特定工况。相应地,未来智能汽车需要具备自适应性,以学习人、模拟人、超越人为研究驱动力,保障汽车在复杂行车环境下的运行安全;当不可避免发生事故时,同样需要自适应考虑不同驾驶系统要素的行为规律,综合利用系统感知、认知、决策、控制、执行能力,利用辅助安全技术实现多维智能防护。以上汽车智能安全技术能够支持原本相对独立的系统要素实现有机融合,协同人-车-路-环境各要素影响效应,从宏观整体角度保障系统安全与高效运行,实现各要素互联互通,资源共享,为协同运行优化以及安全性能提升提供支撑。

第三节　系统安全前沿技术

智能汽车是一个集感知定位、决策规划、控制执行等功能于一体的综合系统,系统自身的复杂多样和环境条件的动态多变导致智能汽车可能面临各种系统安全问题挑战,包括多种类型的潜在故障、功能不足和信息安全漏洞等。汽车系统安全的发展目标是实现智能汽车系统的全面安全保障,在设计开发阶段通过安全分析、功能改进和验证确认等工作以充分降低残余风险的基础上,实现在运行过程中对潜在系统风险的实时监测和预防。成熟的汽车系统安全技术需要针对不同智能化等级的自动驾驶汽车及其运行设计域,面向来自潜在故障、功能不足和网络攻击等导致的系统风险进行实时防护,充分发挥其智能化潜力,实现系统风险的最小化。汽车系统安全技术应以系统思维为导向,结合机械、电子、人工智能、统计等多学科交叉技术进行研究。发展趋势主要包括以下三个方面:

(1)针对智能汽车特点的功能安全解决方案。整车及核心器件在现有汽车电子技术基础上,将涵盖更多技术领域,例如机械、电化学、光学等,以满足整体安全要求;从系统层面纳入开源操作系统及不确定性算法,完善功能安全设计、测试、评价及安全论证策略及体系;引入 IT 领域的面向服务架构(Service-Oriented Architecture, SOA)设计理念,适应智能汽车供应链复杂且交叉耦合的特点,并形成多维度、模块化复用与架构多因素权衡设计准则;突破现行功能安全标准仅适用于单车系统的局限,构建考虑多车及车-路-云-网一体化的设计、分析、风险评估及测试评价体系。

(2)针对预期功能安全的智能汽车风险传播机理与预测预控机制。系统功能不足问题和相关潜在触发条件有待深入分析,以构建定性或定量的预期功能安全相关风险触发机制,并结合智能汽车功能实现逻辑,探究预期功能安全问题的内在产生机理和动态传播理论;智能汽车预期功能安全风险受到外界触发条件和系统自身功能不足的共同影响,有待探究综合考虑外界环境和系统自身因素的预期功能安全风险认知和量化方法,结合行车环境态势认知与系统性能表现评估方法研究,建立风险量化统一模型;在风险量化模型的基础上,有待进一步探索智能汽车预期功能安全风险预测预控技术,对行车过程中的预期功能安全风险进行监测和预测,同时考虑不同风险源的共性和特性因素,结合智能汽车系统的功能逻辑与结构框架,构建针对性的系统风险预控机制,自适应地调整系统策略,以保证在复杂动态交通场景下智能汽车的安全稳定运行。

(3)贯穿智能汽车"端-管-云"全链条的信息安全综合防御体系。建立智能汽车可信环境,借助密码技术和可信计算体系,逐步完善车联网的可信环境,增强对未知威胁的防御能力和效率;突破动态、主动信息安全防护技术,开展威胁自动识别、风险主动管理和攻击溯源等研究,实现从单点或被动防御向动态感知安全检测和主动安全管理相结合的综合防御转变;构建全生命周期层次分明的纵深防御体系,围绕智能汽车设计、研发、生产、维修和报废全生命周期,基于安全分级、访问控制、加密安全、入侵检测和安全审计保障等关键技术,构建覆盖车载智能终端、移动智能终端、车联网服务平台及多模式网络通信协议的分级多域防护系统。

针对上述三方面的汽车系统安全技术发展趋势,其对应的科学问题及面临的主要困难、挑战归纳如下:

(1)在功能安全领域,智能汽车核心传感器缺乏功能安全设计。尤其是对 L3 及以上级别智能汽车而言,安全责任主体为驾驶系统,传感器在满足车规级器件的质量及可靠性要求的基础上,还需要具备自检、故障诊断及提醒报警等安全功能,当前摄像头、毫米波雷达、超声波雷达及激光雷达等自动驾驶主要传感器仍然缺乏功能安全设计,这成为智能汽车安全的一大障碍;智能汽车对主控芯片同时具有算力多样性要求和安全要求,当前自动驾驶主控芯片广泛采用 CPU、GPU、FPGA 等多种处理器结构,导致芯片高度复杂,进而加大了功能安全设计的难度和挑战;智能汽车领域广泛引入了开源操作系统(如 Linux),无法进行全面的安全分析、控制流和数据流分析,难以进行满足高功能安全等级的覆盖度测试;机器学习等算法具有黑箱特性,这对于车道线及交通参与者等安全强相关的目标识别来说具有高度的不确定性,难以进行充分的安全分析和软件测试,无法保障高功能安全等级要求的安全目标实现。

(2)在预期功能安全领域,当前针对智能汽车预期功能安全风险的产生、量化和防护的研究还远远不足,主要体现在:难以全面深入揭示复杂系统预期功能安全风险的产生及传播机理。预期功能安全问题涉及人-车-路间的复杂交互,场景的复杂性、动态性、不确定性和多变性等特点对智能汽车安全运行造成了重要挑战,而系统的复杂性、耦合性、多样性和黑箱特性导致难以深入探究其功能不足产生机理;难以客观、准确地表征和评估由于外界环境因素和系统功能不足共同导致的综合风险,缺乏有效的风险量化模型;难以在复杂场景下及时、高效地预测系统预期功能安全风险,且缺乏相应的安全决策方法与协调防护机制。现有分层式自动驾驶系统在进行安全决策的过程中,主要通过运动或碰撞预测等估计外界行车风险以实现避撞等目标,对系统功能不足的考虑不充分;端到端自动驾驶系统虽然可隐式考虑传感器和感知、决策模型等的功能不足,但可靠性、可解释性差等问题导致其应用受限;此外,一些系统监测和降级技术采用的监测指标和降级策略较为简单,对复杂环境和系统条件下的风险防护能力非常有限。

(3)在信息安全领域,相关研究仍面临诸多挑战,主要包括:针对智能汽车的信息安全防护技术方案,多集中于采用互联网领域的网络安全手段解决汽车信息安全问题,然而因智能汽车应用对象和场景的不同,效果有待进一步测试验证;相比于数据加密和消息认证技术,如何研究高效精准的入侵检测方法、实现对入侵行为进行准确识别是当前需要重点攻克的难题;智能汽车异构软件和硬件组件的复杂性日益增加,为信息安全的测试和评估带来困难,亟须突破智能汽车信息安全测试评估技术,建立支持统一标准与服务的安全测试基础平台。

为攻克上述难题与挑战,需要对人-车-路系统及其内外部作用导致的系统安全问题进行更加全面、深入的研究。在汽车系统安全领域,存在以下典型的前沿技术:

(1)在功能安全领域,前沿技术主要包括以下方面。①智能汽车核心器件的车规化及功能安全设计技术。提升摄像头、毫米波雷达、超声波雷达及激光雷达等智能汽车主要传感器的车规级器件质量及可靠性,在此基础上,完善单一传感器级别及传感链路级别的自检、故障诊断及提醒报警等安全功能;为满足智能汽车对主控芯片的算力多样性及安全要求,在提供并行计算能力的同时,增强多处理器架构芯片的综合安全设计和制程工艺,实现高复杂性主控芯片的功能安全等级要求。②大规模复杂软件及系统的功能安全保障技术。在系统性思维、规范开发流程及安全文化建设的基础上,通过开源系统白盒化、算法可解释性设计、对抗性训练、增加独立冗余通路、建立全面的测试评价体系等多种技术手段,提升高复杂度的自动驾驶软件的综合安全性。③多维度模块化复用与架构多因素权衡技术。为满足智能汽车供应链复杂且交叉耦合的特点,构建适用于面向服务架构 SOA 理念的模块化复用安全架构拓扑设计方案,使所得出的备选逻辑功能架构满足"重用-抽象-封装-粒度-协调"等服务设计原则,进而基于上述拓扑设计得到多种备选架构,选取权衡元素维度包括 ECU 数目、域内带宽、功能安全、增量开发、系统成本及软件开发难度等,进而开展多因素权衡及架构择优,支撑智能汽车与路云网一体化体系工程的功能安全概念。

(2)在预期功能安全领域,自监测自适应预期功能安全防护技术是典型的前沿技术,具体指在对预期功能安全产生机理和风险量化方法深入研究的基础上,探究多维度的自监测和风险防护技术。①汽车内部状态监测,旨在研究汽车自身功能不足风险的直接量化方法,结合对车载人工智能模型的异常检测、不确定性估计等技术实现对功能模型的在线状态评估,为自适应安全决策提供风险判据。②环境条件监测,主要基于天气情况、道路条件、网联通信状况等外界因素对系统预期功能安全的影响,通过理论分析、试验对比、数据统计等建立两者间的对应关系,进而将导致系统功能不足的外界因素映射为可量化、可监测的环境条件指标。③合规性监测与约束,通过实现道路交通法规的数字化,将其转化为系统安全监测指标,能够保证智能汽车行驶符合交通规则。对自车而言,行驶过程符合法规要求可实现合理规避责任,有利于周围交通参与者对自车行为的预测和避让,进而创建安全的道路生态环境。④驾乘人员状态监测,涉及其疲劳状态、行为与可接管能力等,需要提炼驾乘人员的共性操作机制和个性行为特征,系统辨识其潜在误操作行为及其他状态表现。⑤基于上述信息可综合评估智能汽车面临的预期功能安全风险,进而设计风险敏感的安全决策方法,并构建系统策略自适应调控机制以实现系统整体的风险响应,从而有效保障预期功能安全。如图 6-3 所示为该技术的一种典型实现架构,其包含三个监测层:第一层监测感知、预测和定位等算法的状态;第二层监测运行设计域状态,如天气、路况、V2X 通信状况等;第三层通过道路交通法规数字化监测汽车是否合规运行。三层监测信息共同传递至检验器,以自适应地选择安全决策策略对监测结果进行适配,从而保证运动控制的安全性。

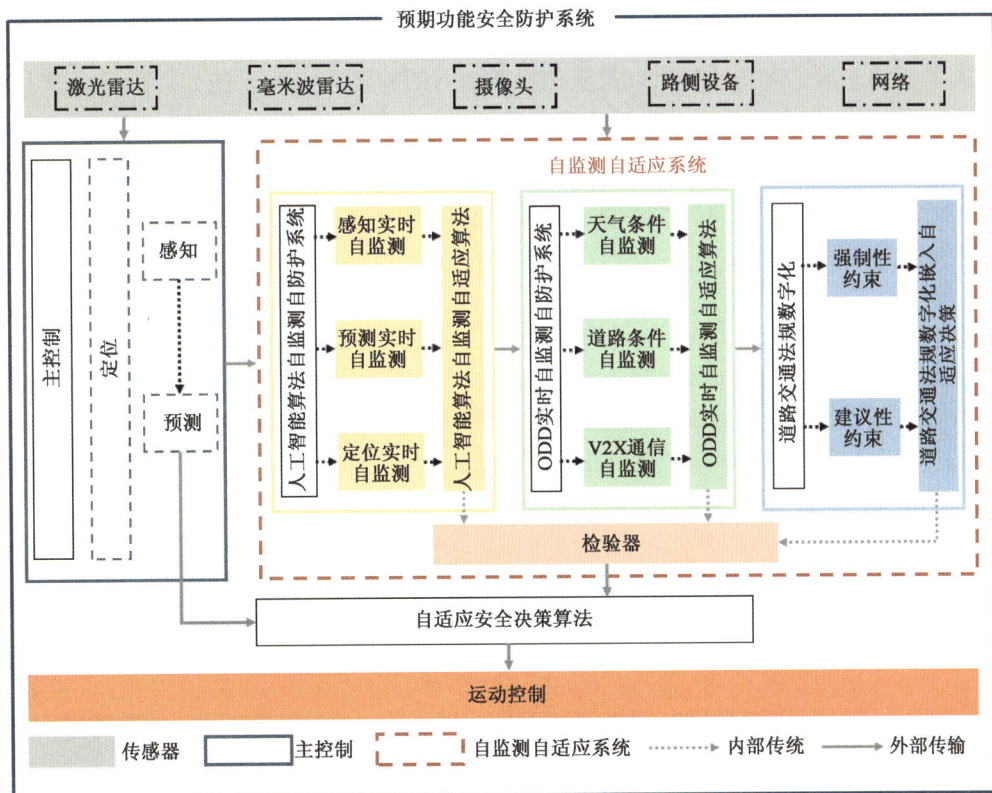

图 6-3　基于自监测自适应的预期功能安全防护系统

其中针对感知功能不足的一种预期功能安全防护技术思路如图 6-4 所示,采用深度集成[11]等方法估计感知模型的认知不确定性,构建对感知不确定性敏感的人工势场作为基于模型预测控制的决策规划控制器的优化目标之一,从而动态调整安全决策以应对感知模型可能错误检测的情况,提升感知功能不足情况下的决策安全性。

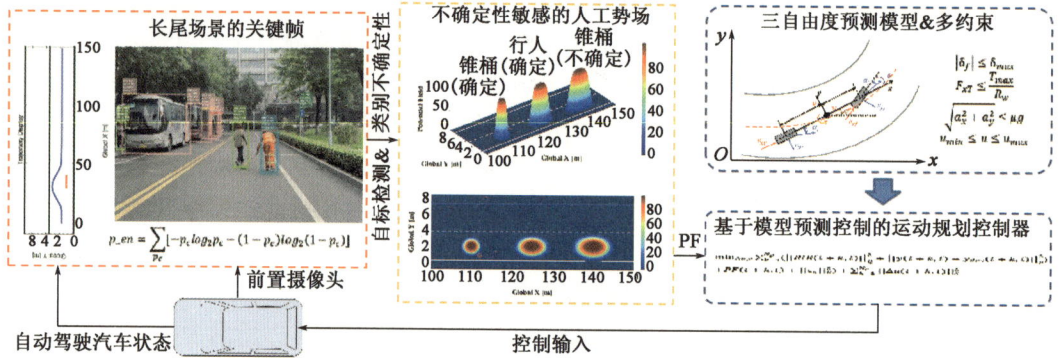

图 6-4   基于感知不确定性估计的安全决策

（3）在信息安全领域，前沿技术主要包括以下方面。①智能汽车车载网络轻量级数据加密和认证技术。为减少加密运算带来的额外算力、网络带宽和存储空间开销，车载网络中消息认证和加密可采用轻量化算法、硬件加速等方式，提升运算效率。②智能汽车入侵检测技术。入侵检测根据数据源可分为基于主机和基于网络的检测方法；根据检测技术又可分为基于特征观察、基于信息理论和统计分析以及基于机器学习的检测方法等。在如何降低计算复杂度和对车载网络通信带宽的消耗上是一个有待进一步解决的问题，同时提高检测精度、降低误报率、缩短响应时间和提高稳健性也是需要改善的方向。③智能汽车信息安全测试评估技术。从测试和评估的角度开展研究，突破高效可靠的信息安全测评关键技术，开发相关测评工具；在此基础上建立智能汽车的关键零部件、操作系统、通信环境和信息服务系统四个方向的信息安全测试平台。

此外，应构建三类系统安全问题的综合技术体系，如探究复杂环境下智能汽车与车路云网多域电子电气信息（Electrical/Electronic/Information, EEI）架构的危害/威胁机理分析与风险量化评估技术，突破现行安全标准中危害与威胁分离且仅适用于单车系统的局限，研究车-路-云-网多域多维度混合建模技术与危害/威胁综合机理分析方法，全面覆盖 EEI 架构中软硬件故障、功能不足与网络攻击等风险源，进一步结合车-路-云-网的运行场景分析，对影响风险等级的功能安全因素"严重度/暴露率/可控性"及信息安全因素"安全/财产/操作/隐私"进行量化评估，建立新一代集中式 EEI 架构下的功能安全、预期功能安全与信息安全风险量化评估理论，形成新一代智能网联汽车车-路-云-网系统安全一体化解决方案。

第四节 运行安全前沿技术

贯彻以人为中心、服务于人的发展理念，汽车运行安全的发展目标为推进智能驾驶安全系统自适应、个性化发展，以实现不同阶段智能汽车（尤其是高等级自动驾驶汽车）安全、高效运行。相应地，汽车运行安全系统需要针对不同等级的智能汽车、面向不同特点的驾乘人员，保障交通参与者行车安全。着手于实现上述发展目标，汽车运行安全技术的发展趋势主要包括以下三个方面：

（1）考虑要素交互耦合特性的人-车-路广义系统建模技术。精确的、符合客观规律的人-车-路广义动力学建模技术对于准确预测人、车、路各要素行为以及保障系统运行安全至关重要。人-车-路系统各要素状态动态变化、耦合特性复杂，因此，探明各要素相互影响关系，明确系统各部分之间的相互作用规律，进而建立人-车-路广义动力学模型，对于汽车运行安全有着重要意义。

（2）自适应复杂行车环境的综合认知与态势评估技术。智能汽车行驶过程中，与其周边车辆、交通动静态障碍物、行人等均有强交互作用，为保障汽车运行安全，需要探究复杂行车环境的认知技术，对交互对象行为与行车环境状态进行准确甄别，对风险态势进行精确评估及预测。

（3）基于多目标、高实时与拟人化的车辆协同控制技术。运行安全是汽车行驶过程中需要考虑的主要因素，需要与机动性、燃油经济性、行车舒适性等多维度指标协同优化，此外，探究人类驾驶者决策机制、设计拟人化汽车决策与控制策略，使汽车在自我学习过程中不断进化形成超越人的智慧，也是重要发展趋势。

针对上述三项汽车运行安全关键技术，其对应的科学问题及面临的主要困难、挑战归纳如下：

（1）针对人-车-路广义系统模型构建，现有研究难以全面描述系统多要素耦合与协同运行机制。现有研究多从单一对象扩展至人-车、人-路、车-路交互视角，较少从人-车-路系统全局视角出发。具体来说，在车-路耦合研究方面，现有研究尽管有所深入，但多基于轮胎动力学-道路动力学的作用机制来展开，难以扩展并构建统一视角下人-车-路闭环系统模型。在人-车交互研究方面，多聚焦面向先进驾驶辅助系统的安全技术，鲜有考虑驾驶人对辅助系统的接受程度，存在宜人性较差的局限。在人-路交互研究方面，主要集中在单一汽车驾驶行为意图研究，交互意图辨识研究尚不深入。总体上，相关研究多集中在狭义概念范围内，对某些因素过度简化，虽涵盖人、车、路交通要素，但缺乏统一、完整的系统描述。迫切需要通过准确解析人类驾驶认知特性，构建认知模型，突破人-车交互过程的信任问题，实现人车协同驾驶；需要构建人-路交互机理模型，探明自车驾驶人与周围交通参与者的交互机制，为规避碰撞风险的主动控制提供理论支撑；此外，需要最终建立一种全新可扩展的人-车-路复杂系统描述和统一建模方法，在此基础上掌握交通环境变化对汽车运行安全的影响规律，为汽车运动控制或交通管理提供理论指导。

（2）针对环境认知与态势评估，现有研究难以揭示人-车-路复杂系统风险产生机理、难以实现统一的量化评估。现有针对行车环境认知和态势评估的研究中，基于汽车运动学的算法模型简单、易于理解，但难以适应复杂的道路工况；基于碰撞概率的算法能考虑环境感知和行为不确定性，但不确定性建模精度有限；基于机器学习等数据驱动方法的风险评估算法，精度尚可，但对数据完备性要求较高、缺乏可解释性；描述系统风险的人工势能场模型能够考虑道路环境对行车风险的影响，但模型复杂且参数标定困难。总体来说，虽然许多已有评估指标容易获得和理解，但很难根据这些指标充分描述驾驶人行为、汽车状态、道路状况、环境特征对行车风险态势的共同影响，不能全面反映行车状态之间的内在转化规律，不利于解析系统运行风险动态演化机制。由此，如何面向人-车-路闭环系统，从驾驶人、汽车和道路环境多要素耦合机理分析入手，揭示人-车、车-车和车-路相互作用与碰撞事故致因机理，如何描述人-车-路闭环系统的不确定性，挖掘统一的系统运行风险动态演化机制，建立态势评估方法，是现有研究亟待解决的技术瓶颈。

（3）针对控制理论研究进展，现有研究难以解析复杂场景人车交互机理与自学习协同决策机制。本质上讲，多种优化目标之间的关联受研究对象耦合特性影响，现有多目标决策控制方法通常利用多种优化目标加权后形成单一优化目标进行运算，或将其作为独立指标探究系统多维性能，缺乏对于多种优化目标内在联系、耦合机理的分析和研究，因此难以解析复杂场景人、车、路交互耦合机理，导致应用受限。此外，现有对驾驶人认知与操控行为规律的研究多关注整体驾驶行为及认知过程之间的关系，难以总结共性驾驶特征并建立自学习协同决策机制。现有决策研究中基于规则的方法难以遍历所有真实交通场景，而基于深度学习的方法在研发过程中需要消耗大量计算资源，可解释性不佳。由此，需要对人类驾驶行为进行准确辨识，并解析行为决策的个体差异，进而形成模拟人、超越人的决策与控制策略，这对实现汽车智能化发展意义深远。

总体上，为解决汽车运行安全技术及其本质科学问题发展过程中的各项难题，需要对人-车-路系统及其内部作用机理进行更深入的研究，尤其是其中"人"的部分对于系统的作用，因此，学习人、模拟人、超越人的智慧驱动思路是解决汽车运行安全技术难题的关键[12]。建立基于驾驶人认知机制驱动的、面向复杂场景自学习协同的拟人化决策及控制方法等是运行安全技术领域典型的前沿技术之一。一种典型解决思路是解析驾驶人行为共性规律及操控机制（图6-5），例如，结合自然生物行为规律（如果蝇热回避现象），归纳安全性、高效性、舒适性、节能型等驾驶人趋利避害特性，同时对驾驶人的横纵向操控行为进行深度挖掘，在此基础上提炼在线动态驾驶人个性辨识方法，并将其关键参数用于设计自动驾驶决策策略。

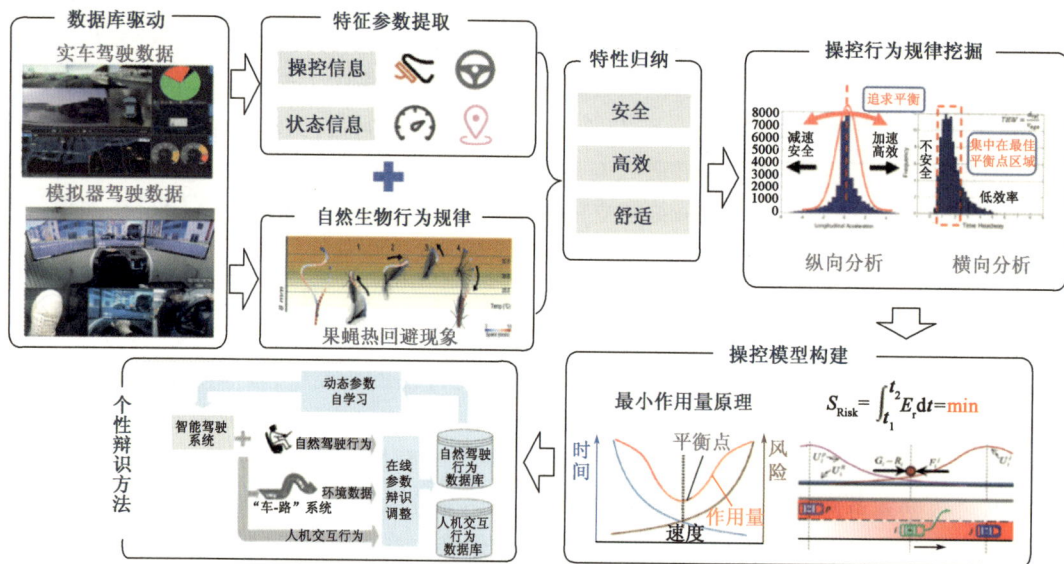

图6-5　驾驶人行为共性规律及操控机制解析思路

研究拟人化智能汽车决策控制方法，需要提炼驾驶人的共性决策机制、建立个性驾驶特征。一种典型的研究思路为基于混合交通中的风险辨识结果，结合考虑高效性、安全性、舒适性的共性驾驶目标模型[13]，设计驾驶人共性决策机制。其次，基于驾驶人风险认知结果与个性驾驶目标建模结果,设计驾驶人个性驾驶特征,建立统一描述交通要素的虚拟力学系统,引入最小作用量原理,进行路径、速度等关键驾驶参数的统一规划,形成拟人化智能汽车决策控制方法[14]。拟人化智能汽车决策控制思路如图6-6所示。

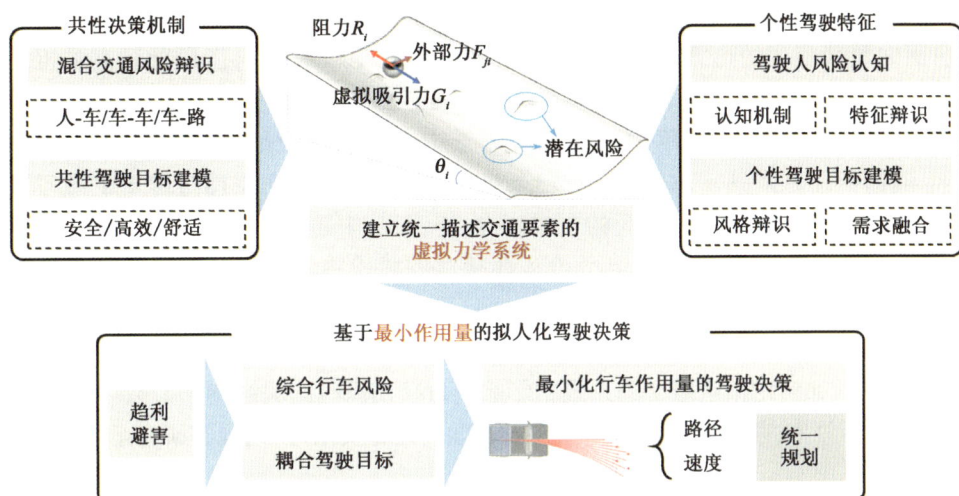

图6-6　拟人化智能汽车决策控制思路

第五节　智能防护前沿技术

面对碰撞事故不可避免等危险道路交通场景,现有辅助安全技术通常采用紧急制动等以降低碰撞强度,未充分考虑碰撞历程中人车动态响应交互和损伤耦合机理,未能实现最优保护性能。借助智能网联汽车的感知、决策、执行能力,准确预测交通参与者(包括车内乘员与车外行人等)损伤风险以及实施以损伤风险最低为优化目标的自适应保护策略,是确立创新性汽车智能安全防护策略的重要路径。着眼于实现上述发展目标,汽车智能防护技术的发展趋势主要包括以下三个方面:

(1)基于人车路状态信息的损伤风险实时预测技术。人-车-路系统各要素状态动态变化、耦合特性复杂,体现在事故发生过程中汽车结构变形、约束系统作用、与人员损伤形成之间多维度、高动态的载荷传递路径。辨识冲击工况损伤产生的基本机制,综合利用智能汽车的环境感知信息,在事故发生前一定时域内实现人员损伤风险的实时、准确量化,能够为智能汽车安全防护决策提供重要数据参考。

(2)考虑车型特异性的算法快速迁移技术。汽车设计对交通参与者损伤行为风险及其严重性有显著影响,各个车型之间在材料、结构、乘员约束系统等方面存在较大差别。建立兼顾车型特异性的人员损伤预测算法,可以实现在不同车型间的快速迁移预测,这对于缩短安全开发周期,降低开发成本具有重要意义,也是相关技术能否在业界得到应用与推广的关键之一。

(3)主被动协同的交通参与者智能防护技术。现有防护技术多以碰撞发生时刻为分割线,将其前后划分为主动安全与被动安全两个防护阶段,彼此间设计割裂进行,缺乏有机协同。

与之对应的,主被动协同的安全保护策略针对危险预警、风险预判及保护策略实施一体化开发,可以共同发挥事故前和事故后防护技术的潜力,实现对交通参与者的"闭环式"最优保护。

在汽车智能防护技术的发展过程中,其背后的本质科学问题亟待探索。与上述三项汽车智能防护关键技术对应的科学问题及面临的主要困难、挑战如下:

(1)面向复杂多变的道路交通危险场景,现有研究难以兼顾损伤风险预测的准确性和实时性。道路交通系统中的人-车-路三要素动态交互,共同构成了动态、强耦合、非线性的广义动力学系统。人员方面,驾驶人在危险场景中的主动行为显著改变汽车动力学状态,同时其生理体征信息及其动态响应(如姿态变化等)会影响其在碰撞过程下的被动损伤行为;汽车方面,汽车是向人传递载荷的主要媒介,车身结构刚度、约束系统状态将显著影响车内人员承受的冲击载荷;道路方面,与汽车发生接触的障碍物将直接决定碰撞强度,同时各种环境条件对初始工况具有直接和间接影响。这些复杂性导致具有高精度的风险预测模型往往依赖于具有复杂结构的深度学习算法,网络参数众多,计算复杂度较高,难以在危险场景中实现实时预测[15]。如何挖掘道路交通系统中影响事故损伤风险的关键特征参数,在计算复杂度较低时提高预测效果,兼顾损伤风险预测技术的准确性和实时性,是现有研究亟待解决的技术瓶颈。

(2)考虑到车型特异性的存在,现有研究尚未实现损伤风险预测技术在不同车型间的快速迁移开发。碰撞事故风险与车型特点显著相关,针对特定车型的损伤风险预测模型难以直接应用于另一车型,同时,现有研究中为建立风险预测算法,需要建立针对单一特定车型的大规模碰撞仿真数据库,利用实车碰撞试验开展数值仿真验证,训练并验证数据驱动的预测算法或模型。如果针对每一种新车型都要完整重复上述流程,这会导致算法开发难度大、周期长、代价高、应用难等问题。因此,对于损伤风险预测模型在不同车型间的快速迁移开发方法尚属空白,不利于损伤风险预测技术的应用与普及。

(3)针对汽车智能保护策略开发,现有研究尚未实现主动安全与被动安全技术的有机结合。现有汽车智能保护策略的研究工作中,主动安全技术以降低事故率、提升驾乘体验为目标,聚焦于事故发生之前的驾驶阶段,被动安全技术以提升汽车耐撞性、降低人员损伤风险为目标,聚焦于事故发生之后的损伤起始与演化阶段。二者产生时间层面分割的根本原因是难以准确评估与预判碰撞前阶段损伤风险,使得系统在事故发生前,难以通过主动干预汽车动力学或提前自适应调整约束系统作用降低损伤;同时,行业内缺乏对于车载安全准则的准确定义,这导致汽车安全决策缺乏简洁明确的指导目标,难以定义优化方向。由此,建立道路交通险态场景下的车载安全准则,实现主动安全与被动安全技术的有机结合,对于真正实现智能防护安全意义深远,也是智能汽车上路的基础保障。

为解决汽车智能防护技术及其本质科学问题发展过程中的各项难题,需要抓住现有问题的关键核心,建立危险场景损伤预测技术,即基于车载感知系统,获取与事故严重性相关的多种源信息,实施对于相关交通参与者(如自车驾乘人员或车外行人)损伤严重性的准确评估。对损伤情况具有显著影响的关键变量具体涉及人、车、路三个层面:人员层面,包括生理学特征(如年龄、性别、身高、体重等)与乘员姿态(座椅朝向、椅背角度、身体姿态等);汽车层面,包括物理参数(质量、尺寸、刚度等)与约束系统信息(安全带、安全气囊等);道路层面,包括障碍物种类(汽车、行人、建筑物、标志物等)、碰撞速度与碰撞位置等。上述关键事故信息的获取是实现损伤准确预测的基础和关键,诸如障碍物种类、碰撞速度等车外因素可由车载摄像头、雷达、激光雷达等车外传感设备捕捉和识别;诸如生理学特征、姿态的车内因素可由车内摄像头、压力传感器、倾角传感器等车内传感设备识别。

损伤严重性预测技术可具体分为两类,即事故前损伤预测和事故后损伤估计(图6-7)。事故前损伤预测主要服务于轨迹规划算法和自适应约束系统,需要在保证算法准确率的同时兼顾实时性,并在判断碰撞事故不可避免时,实时更新损伤预测结果以优化约束系统配置,辅助轨迹规划算法完成最小化损伤的轨迹操作[15]。事故后损伤估计技术主要服务于事故自动报警等先进系统,在道路交通事故发生之后,根据车载事故数据记录系统的碰撞信息(如碰撞速度、汽车碰撞波形等),估计损伤严重性并及时传递给合适的急救中心,兼顾救援工作的效率和存活率,对于预测精度有较高的要求。实现碰撞过程全时段损伤预测,能够优化控制策略,提高智能汽车安全防护水平。

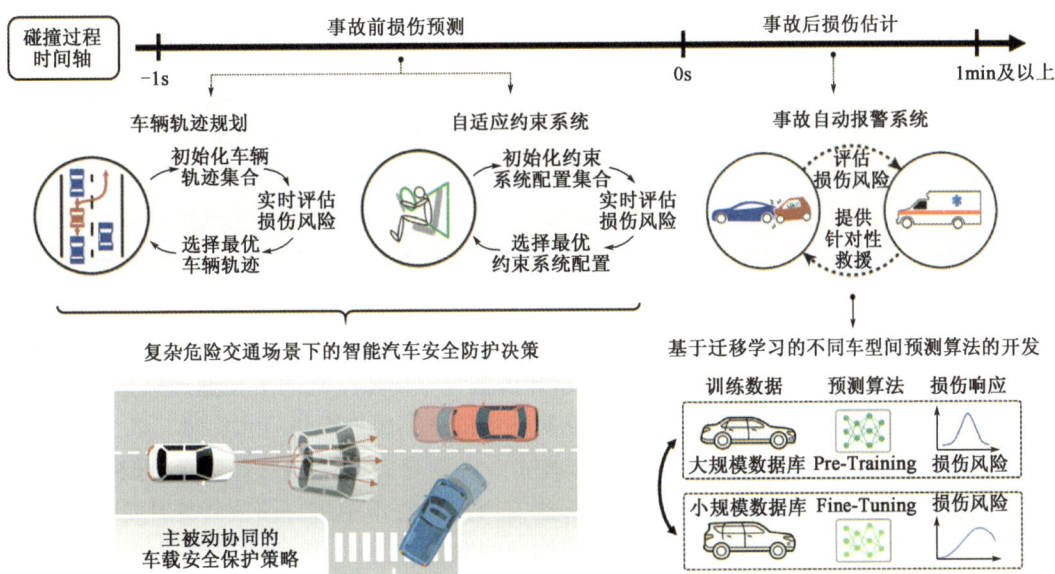

图6-7 危险场景中的损伤风险预测及防护策略

主被动协同交通参与者保护策略是智能汽车安全防护的关键,也是安全系统设计与开发的基础。以车内乘员为例,为构建危险预警、风险预判及主被动协同的"闭环式"乘员安全保护,需要针对碰撞事故不可避免的道路交通危险场景,充分利用汽车感知信息,结合人员姿态、汽车、场景状况,确立未来一定时间窗内的汽车运动学状态及乘员姿态,基于机理融合的人员损伤风险分阶预测算法,构建综合考虑危险场景中全部道路交通参与者综合潜在损伤的车载安全准则,并依据车载安全准则和汽车感知信息,主动干预智能汽车的动力学状态,结合传统被动安全保护策略,将潜在损伤风险融入汽车轨迹规划算法和自适应约束系统,执行潜在损伤风险最小化的乘员安全保护最优决策,构建主被动协同的车载协同保护策略[15-17]。

在临碰撞等危险道路交通场景下,结合损伤风险预测算法和车载安全准则,实施以潜在损伤风险最小化为目标的主被动协同保护策略,是智能汽车进一步提升交通参与者安全保护水平的重要路径。

第六节　协同安全前沿技术

协同安全的发展目标是在满足国家法规、保证功能安全完备的基础上，从交通系统全局的角度出发，以智能网联汽车为载体，构建互联互通的云控驾驶交通模式。传统的交通设施与汽车是相互独立的，即汽车在整个交通控制网中处于离线状态，车与路之间没有形成协同体系。现有技术割裂了人、车、路、云的广泛通信及其所形成的物理层、信息层、应用层，为当前基于单车智能的自动驾驶框架带来两方面的问题：一是感知层面，受限于单车感知范围与协同能力，无法解决远距离大规模实时交通调度控制的要求，难以保证整体交通的安全性与高效性；二是计算层面，单车智能技术将感知、决策、控制等功能模块置于车端计算平台进行，计算能力有限，在进行大规模优化求解运算时无法满足车辆控制的实时性要求。

智能网联汽车通过车联网技术实现与人、车、路、云等信息的互联互通、数据共享与资源的统一配置，为协同运行优化以及路网整体交通性能提升提供全域交通要素数据支撑，也能为复杂交通系统多群体、多目标融合感知、智能决策、协同控制等提供系统支持。协同安全针对智能决策、协同控制等智能安全相关科学问题与关键技术，发展趋势主要包括以下三个方面：

（1）基于多源协同的环境融合感知技术。现有技术条件下，单车环境感知算法的检测识别精度受到感知范围、天气环境、光照条件等诸多因素的限制。在极端环境条件下，无法保证单一传感器可靠性，危害驾驶安全。视觉传感器、毫米波雷达、激光雷达、超声波雷达、车载多传感器信息融合及基于 C-V2X 的多源协同感知可融合车端和路端的多类感知信息，提升视觉盲区、恶劣天气等条件下的检测效果，为车辆对环境的全面感知提供有力保障。

（2）基于车路实时协同的车辆安全控制技术。在融合环境感知的基础上，车路协同技术可在车路融合感知、意图识别与协同决策、车辆安全控制技术中进一步发挥作用。具体而言，首先构建智能网联汽车多车协同通信拓扑结构和编队优化方法，接着通过分层级的网联辅助信息交互，在不同智能网联汽车市场渗透率下，应用适用于多种场景的多车协同控制算法，可进一步提升汽车安全性与驾驶舒适性。

（3）基于云控基础平台的交通安全管控技术。交通大数据云控基础平台是具有实时信息融合与共享、计算、应用编排、数据分析和信息安全等基础服务机制的智能网联驾驶基础设施。在交通管控中，需要进行大量的交通数据的信息收集、协同决策、调度指派等工作，而现有的路侧处理器无法满足这一实时性需求。云控基础平台可有效解决这一问题，为智能网联汽车及其用户、监管部门等提供汽车运行、道路基础设施、交通环境、交通管理等实时动态数据与大规模网联应用实时协同计算环境。通过云控基础平台，可以在未来的交通管控中降低自动驾驶汽车总体成本，最终达到系统资源优化利用、提高道路交通安全的目标。

协同安全技术的发展同样面临一系列困难与挑战，这里将其总结如下：

（1）现有车路协同技术可以实现点点相通，但仍缺乏系统级协同决策功能，多车群体决策中的系统安全问题难以保障。传统车路协同主要强调车与路侧设备能力的协同，虽然可以解决部分单车智能安全层面的问题，但其应用场景有限，难以实现面向路网大范围的智能网联应用与群体协同安全决策,不能满足智能网联汽车组成的交通系统在发展过程中对车-路-云的全局优化、安全管控与交通数据交互的高级别应用技术要求。

(2)感知、决策等海量计算都在车端进行,车载计算平台难以提供安全有效的算力支持。现有商用化的自动驾驶技术的绝大多数感知决策算法仍然在车端进行,协同安全领域局限于与路侧设施的少量信息交互和协同。根据中国信息通信研究院的报告,智能网联汽车每小时将产生高达 4TB 的实时信息数据,包括道路状况、天气、周围物体、交通和街道标志等,这些信息需要用于极低时延要求下的实时车辆控制,现有计算能力下难以保证车辆安全性。因此,单一车载计算平台的计算压力大,难以保证高效、安全的计算能力。

(3)产业缺乏统一标准的基础设施体系,缺乏关键共性技术的研发,无法为协同安全关键算法在不同厂商设备中执行时提供保障。目前各汽车企业的基础设施、各类道路基础设施中,不同平台、不同接口的设备缺乏统一的、标准化的基础设施或者相关的中间件产品、通用的关键共性技术。如何有效利用现有道路基础设施,为协同安全关键算法提供保障,是未来汽车智能安全领域技术发展的重要问题。目前各类企业的开发者都通过与互联网企业合作,聚焦于增值效应明显的协同安全类技术算法,对于支撑云控平台的关键共性技术关注较少。

综上所述,基于单车的汽车智能安全技术难以保证未来交通系统的安全、高效运行。为克服上述难题,需要构建车路云统一的互联互通系统,即智能网联汽车云控系统。该系统利用新一代信息与通信技术,将人、车、路、云的物理层、信息层、应用层连为一体,进行多源融合下的感知、决策与控制,利用多车协同技术进一步提升汽车智能安全[18]。如图 6-8 所示,云控系统通过智能网联汽车、路侧基础设施与资源平台的融合,建立物理系统的数字映射,实施分层融合决策与智能网联汽车及路侧基础设施的协同控制。

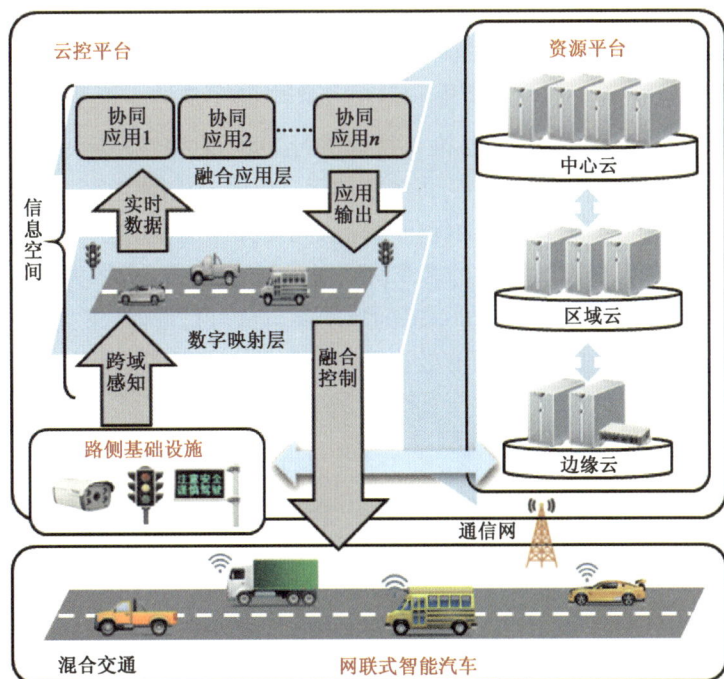

图 6-8　智能网联汽车云控系统基本架构

多车协同智能安全的应用在云控系统中拆分为三类,分别在三级云计算平台中完成,分别为边缘云支撑智能网联汽车的高可靠低时延服务,区域云支撑交通管理与控制部门的交通管控应用服务,中心云支撑产业链用户的基于交通大数据使能服务。其中边缘云是多车协同智能安全算法的基础运行平台,其主要目标是:①为不同层级的多车协同智能安全应用提供基于边缘计算的协同决策与控制功能、提升汽车行驶安全,如盲区与超视距危险预警、最优车速规划、协同换道规划、编队控制等;②为各类协同安全应用平台提供基于汽车及其行驶环境相关的各类实时、准实时和非实时的基础数据,及通过容器化管理和统一接口,按需为车企或外部系统提供安全、高效、舒适、节能等维度的共性服务。

在边缘云系统中,信息传输的毫秒级时延和超高可靠性的需求可以得到满足,可支持多种基于智能网联汽车云控系统的协同安全技术应用。其中的典型技术为超视距感知与轨迹重规划算法、车路协同下的交叉路口多车系统通行算法。云控超视距感知平台通过标准化通信协议,针对不同汽车的标准化互联服务,将所有连接汽车的运行信息通过云控平台进行共享,形成包含时间和空间的四维时空感知结果(图6-9)。这使得智能网联汽车具有对道路状态的超视距感知与动态更新的能力,为出行决策与行为控制提供强有力的安全保障。

图6-9 超视距感知与轨迹重规划算法

云控驾驶平台将交通与汽车通过标准化协议进行互联,使得汽车运动的决策与控制以及交通的调控系统在云控平台中协同起来,将汽车的运动决策与控制引入到交通优化中,从而使得汽车与交通信号之间能够基于共同的优化目标协同发挥作用,真正解决交通出行中存在的瓶颈问题。如图6-10所示为交叉路口的多车协同通行算法,通过先到先得[19]、虚拟队列[20]等集中式决策方法在边缘路侧端计算最优车辆到达次序与信号灯配时,下发调度结果后在车端进行分布式车辆控制,多车协同安全可有效提升交叉路口的交通安全性。

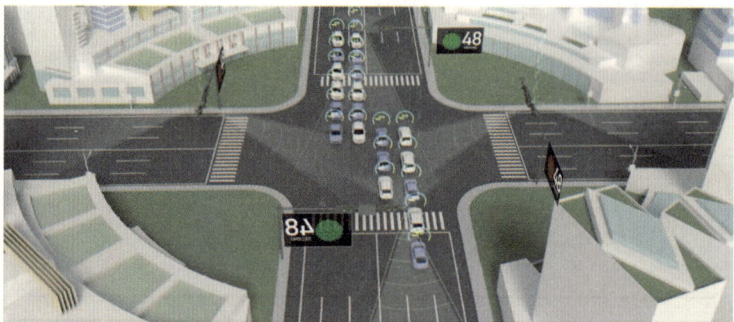

图6-10 交叉路口多车协同通行算法

本章小结

汽车智能安全技术从人-车-路系统出发,形成了以系统安全、运行安全、智能防护与安全测评为主体的综合技术。随着汽车智能化程度和网联化程度的提高,自监测自适应预期功能安全防护系统、拟人化决策控制、损伤风险预测及智能防护、基于智能网联汽车云控系统的协同安全等前沿技术将不断发展,全方位、多角度提升驾驶安全性,保护交通参与者,改善道路交通安全。

本章参考文献

［1］ 中共中央国务院.交通强国建设纲要［EB/OL］.(2019-9-19)［2022-2-21］.http://www. gov. cn/gongbao/content/2019/content_5437132. htm.

［2］ 国家发展改革委员会.智能汽车创新发展战略［EB/OL］(2020-02-24)［2022-2-21］.https://www. ndrc. gov. cn/xxgk/zcfb/tz/202002/t20200224_1221077. html？ code = &state = 123.

［3］ 工业和信息化部.2019 年智能网联汽车标准化工作要点［EB/OL］.(2019-05-18)［2021-07-08］.http://www. gov. cn/xinwen/2019-05/18/content_5392700. htm.

［4］ 工业和信息化部.智能网联汽车道路测试与示范应用管理规范(试行)［EB/OL］(2021-07-27)［2022-2-21］.http://www. gov. cn/zhengce/zhengceku/2021-08/03/content_5629199. htm.

［5］ 国家统计局.中国统计年鉴 2020［M］.北京:中国统计出版社,2020.

［6］ 国家统计局.中国统计年鉴 2019［M］.北京:中国统计出版社,2019.

［7］ 国家统计局.中国统计年鉴 2018［M］.北京:中国统计出版社,2018.

［8］ 国家统计局.中国统计年鉴 2017［M］.北京:中国统计出版社,2017.

［9］ 国家统计局.中国统计年鉴 2016［M］.北京:中国统计出版社,2016.

［10］ 百度地图.2019 年度中国城市交通报告.［2021-07-08］.http://jiaotong. baidu. com/landings/landing？ id=50.

［11］ LAKSHMINARAYANAN B, Pritzel A, Blundell C. Simple and scalable predictive uncertainty estimation using deep ensembles［J］. Advances in neural information processing systems, 2017, 30.

［12］ WANG J, WU J, ZHENG X, et al. Driving safety field theory modeling and its application in pre-collision warning system［J］. Transportation Research Part C：Emerging Technologies, 2016, 72：306-324.

［13］ HUANG H, ZHENG X, YANG Y, et al. An integrated architecture for intelligence evaluation of automated vehicles［J］. Accident Analysis & Prevention, 2020, 145：105681.

［14］ ZHENG X, HUANG H, WANG J, et al. Behavioral decision-making model of the intelligent vehicle based on driving risk assessment［J］. Computer-Aided Civil and Infrastructure Engineering, 2021, 36(7)：820-837.

［15］ WANG Q, CHEN W, SUN Z, et al. A Safety-focused Vehicle Driving Strategy Towards Minimal Injury Severity In Imminent Collision Scenarios［J］. Proceedings of the Internation Research Council on Biomechanics of Injury Asia (IRCOBI Aisa), 2021.

［16］ PARSEH M, ASPLUND F, SVENSSON L, et al. A data-driven method towards minimizing collision severity for highly automated vehicles［J］. IEEE Transactions on Intelligent Vehicles, 2021, 6(4)：723-735.

［17］ WANG Q, GAN S, CHEN W, et al. A data-driven, kinematic feature-based, near real-time algorithm for injury severity prediction of vehicle occupants［J］. Accident Analysis & Prevention, 2021, 156：106149.

［18］ 李克强,常雪阳,李家文,等.智能网联汽车云控系统及其实现［J］.汽车工程,2021,42(12):1595-1605.

［19］ XU B, BAN X J, BIAN Y, et al. Cooperative method of traffic signal optimization and speed control of connected vehicles at isolated intersections［J］. IEEE Transactions on Intelligent Transportation Systems, 2018, 20(4): 1390-1403.

［20］ XU B, LI S E, BIAN Y, et al. Distributed conflict-free cooperation for multiple connected vehicles at unsignalized intersections［J］. Transportation Research Part C: Emerging Technologies, 2018, 93: 322-334.

英文缩略语说明

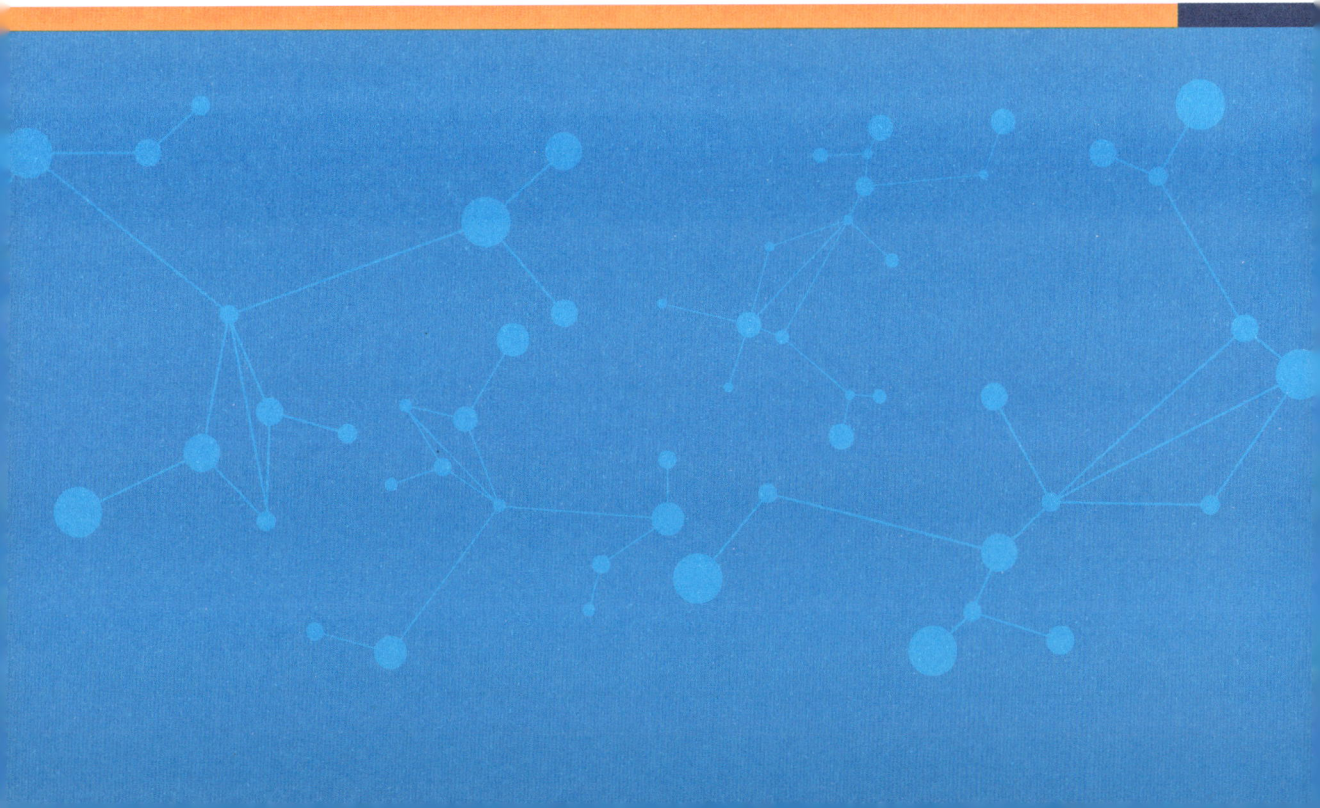

缩　略　语	具　体　说　明
ACC	主动巡航控制（Active Cruise Control）
ADAS	先进辅助驾驶系统（Advanced Driver Assistance Systems）
AEB	自动紧急制动（Autonomous Emergency Braking）
AFTC	主动容错控制（Active Fault Tolerant Control）
AHP	层次分析法（Analytic Hierarchy Process）
AIDE	自适应人车集成交互界面（Adaptive Integrated Driver-vehicle Interface）
AIS	简明损伤定级等级（Abbreviated Injury Scale）
APF	人工势能场（Artificial Potential Field）
ARP	主动侧翻保护系统（Active Rollover Protection）
ASR	驱动防滑控制系统（Anti-Slip Regulation）
ATC	牵引力自动控制（Automatic Traction Control）
AV	自动驾驶汽车（Autonomous vehicles）
BDS	北斗卫星导航系统（Beidou Navigation Satellite System）
BF	贝叶斯滤波（Bayesian Filtering）
CIDAS	中国交通事故深入研究数据库（China In-Depth Accident Study）
CODES	碰撞结果数据评估系统（Crash Outcome Data Evaluation System）
CPU	中央处理器（Central Processing Unit）
CIDAS	中国交通事故深入研究数据库（China In-Depth Accident Study）
DDT	动态驾驶任务（Dynamic Driving Task）
DFW	驾驶人疲劳警示系统（Driver Fatigue Warning）
DTC	碰撞距离（Distance to Collision）
DSF	行车安全场（Driving Safety Field）
DSRC	短程无线通信技术（Dedicated Short Range Communication）
ECU	电子控制单元（Electronic Control Unit）
EEG	脑电信号（Electroencephalography）
EMG	肌电（Electromyography）
ESP	动力学稳定性控制系统（Electronic Stability Program）
FCW	前向碰撞预警（Forward Collision Warning）
FDD	故障检测与诊断（Fault Detection and Diagnosis）
FMECA	失效模式影响与危害分析（Failure Mode Effects and Criticality analysis）
FSM	有限状态机（Finite State Machine）
FTA	故障树分析（Fault Tree Analysis）
GIDAS	德国事故深度调查数据库（German In-Depth Accident Study）

缩　略　语	具　体　说　明
GNSS	全球导航卫星系统(Global Navigation Satellite System)
GPR	高斯过程回归(Gaussian Process Regression)
HAZOP	危险与可操作性分析(Hazard and Operability Study)
HIC	头部损伤指标(Head injurycriterion)
HMI	人机交互(Human-Machine Interaction)
HOG	方向梯度直方图(Histogram of Oriented Gradient)
HPC	头部性能指标(Head Performance Criterion)
IDBRA	国际驾驶人行为研究协会(International Drivers' Behavior Research Association)
IV	智能汽车(Intelligent vehicles)
IVI	车载信息娱乐系统(In-Vehicle Infotainment)
ISS	损伤严重度评分(Injury Severity Score)
LADM	最小作用量决策模型(Least Action Decision-making Model)
LCM	纵向控制模型(Longitudinal Control Model)
LCL	侧副韧带(Lateral Collateral Ligament)
LDW	车道偏离预警(Lane Departure Warning)
LKAS	车道保持辅助系统(Lane Keeping Assist System)
LSTM	长短期记忆网络(Long Short-Term Memory)
MAIS	最大简明损伤定级(Max Abbreviated Injury Scale)
MCL	膝关节内侧副韧带(Medial Collateral Ligament)
MLE	极大似然估计(Maximum Likelihood Estimate)
MPS	最大主应变(Maximum Principal Strain)
MRC	最小风险条件约束(Minimal Risk Condition)
MSE	均方误差(Mean-Square Error)
NAIS	国家车辆事故深度调查体系(National Automobile Accident In-Depth Investigation System)
NASS	国家机动车事故抽样系统(National Automotive Sampling System)
NCAP	新车评价测试(New Car Assessment Program)
ND	自然驾驶(Naturalistic Driving)
NHTSA	美国高速交通安全管理局(National Highway Traffic Safety Administration)
ODC	设计运行条件(Operational Design Conditional)
ODD	运行设计域(Operational Design Domain)
OSC	安全运行条件(Operational Safety Condition)
OSD	运行安全域(Operational Safety Domain)

续上表

缩　略　语	具　体　说　明
PA	概率分析（Probabilistic Analysis）
PCDS	行人碰撞事故的调查数据库（The Pedestrian Crash Data Study）
PCSI	潜在碰撞严重指数（Potential Crash Severity Index）
POSG	可观测随机博弈（Partially Observable Stochastic Game）
RA-SMT	可满足性模理论（Reachability Analysis Satisfiability Modulo Theories）
RBF	径向基算法（Radial Basis Function）
RPS	可逆预紧式安全带（Reversible Pretension Seatbelt）
SEI	固态电解质界面（Solid Electrolyte Interphase）
SHRP2 NDS	美国公路战略研究计划二期自然驾驶研究（TRB's Second Strategic Highway Research Program Naturalistic Driving Study）
SSA	形状统计分析（Statistical Shape Analysis）
TBOX	车载智能互联终端（Telematics-BOX）
TCS	牵引力控制系统（Traction Control System）
THW	车头时距（Time Headway）
TRB	交通研究理事会（Transportation Research Board）
TTC	碰撞时间（Time to Collision）
TTCi	避撞时间倒数（Inverse Time-to-Collision）
UBrIC	全局脑损伤准则（Universal Brain Injury Criterion）
UKF	无迹卡尔曼滤波算法（Unscented Kalman Filtering）
VDC	车辆动力学控制（Vehicle Dynamics Control）
VDS	汽车运行安全（Vehicle Driving Safety）
VIS	汽车智能安全（Vehicle Intelligent Safety）
VR	虚拟现实技术（Virtual Really）
VRU	弱势道路使用者（Vulnerable Road Users）
VSC	车辆稳定性控制（Vehicle Stability Control）
VUT	试验车辆（Vehicle Under Test）
WBIMs	综合损伤指标（Whole-Body Injury Metrics）
WBFCI	全身功能能力指数（Whole-Body Functional Capacity Index）
WHO	世界卫生组织（World Health Organization）
WIC	加权综合损伤指标（Weighted Injury Criteria）